2023年全国税务师职业资格考试教材

财务与会计

全国税务师职业资格考试教材编写组　编

中国税务出版社

图书在版编目(CIP)数据

财务与会计/全国税务师职业资格考试教材编写组编. ——北京：中国税务出版社,2023.4
2023年全国税务师职业资格考试教材
ISBN 978-7-5678-1353-3

Ⅰ.①财⋯　Ⅱ.①全⋯　Ⅲ.①财务会计－资格考试－教材　Ⅳ.①F234.4

中国国家版本馆CIP数据核字(2023)第048618号

版权所有·侵权必究

丛　书　名：	2023年全国税务师职业资格考试教材
书　　　名：	财务与会计
	CAIWU YU KUAIJI
作　　　者：	全国税务师职业资格考试教材编写组　编
责任编辑：	张　敏
责任校对：	姚浩晴
技术设计：	林立志
出版发行：	中国税务出版社
	北京市丰台区广安路9号国投财富广场1号楼11层
	邮政编码：100055
	网址：https://www.taxation.cn
	投稿：https://www.taxation.cn/qt/zztg
	发行中心电话：(010)83362083/85/86
	传真：(010)83362047/49
经　　　销：	各地新华书店
印　　　刷：	北京中科印刷有限公司
规　　　格：	787毫米×1092毫米　1/16
印　　　张：	30
字　　　数：	711000字
版　　　次：	2023年4月第1版　2023年4月第1次印刷
书　　　号：	ISBN 978-7-5678-1353-3
定　　　价：	69.00元

如有印装错误　本社负责调换

前　言

税务师职业资格属国家专业技术人员水平评价类职业资格,列入国家职业资格目录清单,其前身为注册税务师执业资格。2014年,国家职业资格制度改革,国务院发布了《关于取消和调整一批行政审批项目等事项的决定》(国发〔2014〕27号),取消了注册税务师执业资格的行政许可和认定;2015年,人力资源和社会保障部、国家税务总局联合印发了《关于〈税务师职业资格制度暂行规定〉和〈税务师职业资格考试实施办法〉的通知》(人社部发〔2015〕90号,以下简称人社部发〔2015〕90号文件),开启了税务师职业资格考试的新时代。税务师作为税务专业人员,已列入2015年版《中华人民共和国职业分类大典》(职业代码为2-06-05-01)。

人社部发〔2015〕90号文件明确规定,税务师职业资格实行全国统一大纲、统一命题、统一组织的考试制度,通过考试并取得职业资格证书的人员,表明其已具备从事涉税专业服务的职业能力和水平,可以进入税务师事务所等涉税专业服务机构,从事纳税申报代理、一般税务咨询、专业税务顾问、税收策划、涉税鉴证、纳税情况审查等涉税服务。人力资源和社会保障部、国家税务总局对中国注册税务师协会实施的税务师职业资格考试工作进行指导、监督和检查。

为做好2023年全国税务师职业资格考试工作,更好地为广大考生服务,中国注册税务师协会发布了经人力资源和社会保障部、国家税务总局审定的《2023年度全国税务师职业资格考试大纲》。根据考试大纲要求，税务师职业资格考试教材编写组对全国税务师职业资格考试的各科教材进行了系统修订，使其适应2023年税务师职业资格考试要求。

2023年全国税务师职业资格考试教材包括《税法（Ⅰ）》《税法（Ⅱ）》《涉税服务相关法律》《涉税服务实务》《财务与会计》5种。全套教材力求突出税务师应具备的基本专业知识和操作技能，内容翔实、具体，具有很强的时效性、权威性和适用性，是广大考生参加税务师考试的必备用书，同时也可作为纳税人、缴费人和社会各界学习税法、掌握纳税技能的工具书。

本套教材适用的法律、法规、规章和规范性文件的截止日期以大纲规定为准。

在本套教材出版之际，谨对参加教材编写、审定的有关领导和专家学者表示衷心感谢！

由于编写时间紧迫，书中疏漏之处在所难免，恳请读者批评指正。

全国税务师职业资格考试教材编写组

2023年4月

目 录

上篇 财 务

第一章 财务管理概论 (1)
 第一节 财务管理概念与内容 (1)
 第二节 财务管理目标 (3)
 第三节 财务管理环境 (6)
 第四节 货币时间价值 (10)
 第五节 风险与收益 (14)

第二章 财务预测和财务预算 (26)
 第一节 资金需要量预测 (26)
 第二节 利润预测 (30)
 第三节 财务预算 (36)

第三章 筹资与股利分配管理 (40)
 第一节 筹资管理概述 (40)
 第二节 筹资方式 (41)
 第三节 资本成本与资本结构 (49)
 第四节 股利分配 (57)

第四章 投资管理 (63)
 第一节 投资管理概述 (63)
 第二节 固定资产投资管理 (64)
 第三节 有价证券投资管理 (73)
 第四节 公司并购与收缩 (76)

第五章 营运资金管理 (84)
 第一节 营运资金管理概述 (84)
 第二节 现金管理 (87)

第三节　应收账款管理 …………………………………………………… (89)
　　第四节　存货管理 ………………………………………………………… (93)
　　第五节　流动负债管理 …………………………………………………… (96)

第六章　财务分析与评价 …………………………………………………… (101)
　　第一节　财务分析概述 …………………………………………………… (101)
　　第二节　基本财务分析 …………………………………………………… (103)
　　第三节　综合分析与评价 ………………………………………………… (117)

下篇　会　　计

第七章　财务会计概论 ……………………………………………………… (123)
　　第一节　财务会计目标、会计基本假设和会计基础 …………………… (123)
　　第二节　财务会计要素及其确认、计量和报告 ………………………… (125)
　　第三节　企业财务会计信息质量要求及其核算规范 …………………… (130)

第八章　流动资产（一） …………………………………………………… (135)
　　第一节　货币资金的核算 ………………………………………………… (135)
　　第二节　应收款项的核算 ………………………………………………… (138)
　　第三节　以公允价值计量且其变动计入当期损益的金融资产的核算 … (145)
　　第四节　外币交易的核算 ………………………………………………… (149)

第九章　流动资产（二） …………………………………………………… (156)
　　第一节　存货的确认和计量 ……………………………………………… (156)
　　第二节　原材料的核算 …………………………………………………… (167)
　　第三节　其他存货的核算 ………………………………………………… (172)
　　第四节　存货清查的核算 ………………………………………………… (177)

第十章　非流动资产（一） ………………………………………………… (179)
　　第一节　固定资产的确认和计量 ………………………………………… (179)
　　第二节　固定资产取得的核算 …………………………………………… (181)
　　第三节　固定资产折旧的核算 …………………………………………… (185)
　　第四节　固定资产后续支出、处置的核算 ……………………………… (191)
　　第五节　无形资产的核算 ………………………………………………… (193)
　　第六节　固定资产、无形资产等资产减值的核算 ……………………… (200)
　　第七节　持有待售的非流动资产、处置组和终止经营 ………………… (206)

第十一章　非流动资产（二） (209)
第一节　以摊余成本计量的金融资产的核算 (209)
第二节　以公允价值计量且其变动计入其他综合收益的金融资产的核算 (216)
第三节　长期股权投资的核算 (221)
第四节　投资性房地产的核算 (249)

第十二章　流动负债 (255)
第一节　应付账款和应付票据的核算 (255)
第二节　应交税费的核算 (255)
第三节　应付职工薪酬的核算 (271)
第四节　其他流动负债的核算 (285)

第十三章　非流动负债 (294)
第一节　借款费用的核算 (294)
第二节　应付债券的核算 (300)
第三节　其他非流动负债的核算 (304)
第四节　预计负债的核算 (317)
第五节　债务重组的核算 (323)

第十四章　所有者权益 (337)
第一节　所有者权益核算的基本要求 (337)
第二节　实收资本和其他权益工具的核算 (342)
第三节　资本公积和其他综合收益的核算 (347)
第四节　留存收益的核算 (349)

第十五章　收入、费用、利润和产品成本 (352)
第一节　收入 (352)
第二节　费用 (373)
第三节　利润 (374)
第四节　产品成本 (381)

第十六章　所得税 (391)
第一节　所得税会计概述 (391)
第二节　资产、负债的计税基础及暂时性差异 (393)
第三节　递延所得税资产及递延所得税负债的确认和计量 (400)
第四节　所得税费用的确认和计量 (404)

第十七章　会计调整 (407)
第一节　会计政策变更 (407)

第二节　会计估计变更 …………………………………………………………… (412)
　　第三节　前期差错更正 …………………………………………………………… (413)
　　第四节　资产负债表日后事项 …………………………………………………… (415)

第十八章　财务报告 …………………………………………………………………… (421)
　　第一节　资产负债表 ……………………………………………………………… (421)
　　第二节　利润表 …………………………………………………………………… (425)
　　第三节　现金流量表 ……………………………………………………………… (428)
　　第四节　所有者权益变动表 ……………………………………………………… (437)
　　第五节　财务报表附注 …………………………………………………………… (439)

第十九章　企业破产清算会计 ………………………………………………………… (443)
　　第一节　企业破产清算会计概述 ………………………………………………… (443)
　　第二节　企业破产清算财务报表的列报 ………………………………………… (448)

附录
　　附表1　复利终值系数表$(F/P,i,n)=(1+i)^n$ ………………………………… (454)
　　附表2　复利现值系数表$(P/F,i,n)=(1+i)^{-n}$ ……………………………… (456)
　　附表3　年金终值系数表$(F/A,i,n)=[(1+i)^n-1]/i$ ………………………… (458)
　　附表4　年金现值系数表$(P/A,i,n)=[1-(1+i)^{-n}]/i$ ……………………… (460)
　　《财务与会计》考试大纲(2023年度) …………………………………………… (462)

上篇 财务

第一章 财务管理概论

第一节 财务管理概念与内容

一、财务管理概念

企业财务是指企业在生产经营过程中关于资金收支方面的事务。企业在再生产过程中,从货币资金形态出发,经过若干阶段,依次转换其形态,又回到货币形态,这一过程称为资金运动过程,也称为财务活动过程。企业的生产经营过程伴随资金的循环过程。这种资金的循环在时间上有继起性、在空间上有并存性。企业的资金循环可以分为资金的筹集、资金的投放与使用、资金的收回与分配等内容,资金只有不断地循环,才能在周转过程中实现价值的增值。

企业财务管理是以价值增值为目标,围绕企业各项财务活动而展开的决策、控制和评价的过程。财务管理涉及企业管理的所有方面,它具有综合性,其本质是一种价值管理。财务管理的实质在于决策与控制。决策是前提,是一种事前管理活动;控制是日常性的管理活动,是事中管理活动;评价则是一种事后管理活动。

在财务管理过程中,一切管理活动都离不开价值判断、价值控制与绩效评价,因此,价值属性是财务管理的最主要特征。在财务管理过程中,由于介入了人的因素,对被管理对象所涉及的人的行为控制,也就成为财务管理与制度建设主要内容之一,因此财务管理既是价值管理,又是行为管理。

二、财务管理内容

企业的资金循环可以分为资金的筹集、资金的投放与使用、资金的收回与分配等内容,因此,财务管理主要包括筹资管理、投资管理、营运资金管理、股利分配管理四个方面的内容。

(一) 筹资管理

企业的生存和发展离不开资金,筹集资金是企业资金运动的前提,也是企业资金运动的起点。企业资金按投资者权益的不同可分为债务资本和股权资本。债务资本包括流动负债和非流动负债,其所有权属于企业债权人;股权资本包括所有者投入企业的资本金和企业在生产经营活动中形成的资本公积、盈余公积和未分配利润等,其所有权属于企业所有者。企业资金按企业占用时间长短可分为长期资本和短期资本,长期资本包括权益资本和非流动负债,短期资本是指企业的流动负债。企业可以依法采取吸收直接投资、发行股票等方式筹集权益资本,通过银行借款、发行债券等方式筹集债务资本。企业财务人员要科学地确定所需资金金额,合理选择筹集资金的来源渠道和筹资方式,保持较低的资本成本和合理的资本结构。

(二)投资管理

企业筹集资金的动因是投资,企业只有将资金投入使用,才能在资金周转过程中实现其增值。企业投资可分为对内投资和对外投资。对内投资是企业将资金用于自身的生产经营,通过投资形成企业的固定资产、流动资产、无形资产和其他资产等;对外投资是企业将资金投放给其他企业。对外投资的形式有多种,主要有股权投资和债权投资,股权投资是企业将资金投给其他企业形成所有者权益,债权投资是将资金投给其他企业形成债权。按照形成资产的不同,企业投资又可分为固定资产投资和营运资金投资。投资是财务管理的重要内容,因此,要审慎选择投资方向和投资方式,合理安排资产结构,提高投资报酬率,降低企业风险。

(三)营运资金管理

营运资金是企业流动资产和流动负债的总称,流动资产减流动负债的余额称为净营运资金。营运资金管理包括流动资产管理和流动负债管理。流动资产包括货币资金、交易性金融资产、应收账款、应收票据、预付账款及存货等;流动负债包括短期借款、应付票据、应付账款、预收账款、应交税费及应付职工薪酬等。合理控制流动资产和流动负债的数量及优化两者之间的配比,既可以增强资产的流动性,使短期资金得到有效利用,提高资金的整体利用效率,同时也可以降低企业风险。

(四)股利分配管理

企业投资者投资企业的目的是获取收益。企业的经营成果在补偿生产耗费,缴纳企业所得税以后,税后利润应属于企业所有者。企业在考虑发展对资金的需要和投资者意愿的前提下,决定向投资者分配的股利和留存利润的比例。制定合理的股利分配政策,可以缓解企业对资金需求的压力,降低企业筹资的资本成本,影响企业股价在市场上的走势,满足投资者对投资回报的要求。

财务管理的上述四项基本内容构成有机联系的整体,它们共同为实现企业财务管理目标服务。此外,财务管理的内容还包括企业破产、清算和重整管理,企业收购与兼并管理,企业财务分析与绩效评价等内容。

三、财务管理环节

财务管理环节是企业财务管理的工作步骤与一般工作程序。企业财务管理包括以下三个环节。

(一)财务预测与预算

1. 财务预测

财务预测是根据企业财务活动的历史资料,考虑现实的要求和条件,对企业未来的财务活动做出较为具体的预计和测算的过程。财务预测可以测算各项生产经营方案的经济效益,为决策提供可靠的依据;可以预计财务收支的发展变化情况,以确定经营目标;可以测算各项定额和标准,为编制计划、分解计划指标服务。

财务预测的方法主要有定性预测法和定量预测法两类。定性预测法,主要是利用直观材料,依靠个人的主观判断和综合分析能力,对事物未来的状况和趋势做出预测的一种方法;定量预测法,主要是根据变量之间存在的数量关系建立数学模型来进行预测的方法。

2. 财务计划与预算

财务计划是根据企业整体战略目标和规划,结合财务预测的结果,对财务活动进行规划,并以指标形式落实到每一计划期间的过程。财务计划主要通过指标和表格,以货币形式反映,在一定的计划期内企业生产经营活动所需要的资金及其来源、财务收入和支出、财务成果及其分配的情况。

财务预算是根据财务战略、财务计划和各种预测信息,确定预算期内各种预算指标的过程。它是财务战略的具体化,是财务计划的分解和落实。

(二)财务决策与控制

1. 财务决策

财务决策是指按照财务战略目标的总体要求,利用专门的方法对各种备选方案进行比较和分析,从中选出最佳方案的过程。财务决策是财务管理的核心,决策成功与否直接关系到企业的兴衰成败。

财务决策的方法主要有两类:一类是经验判断法,是根据决策者的经验来判断选择,常用的方法有淘汰法、排队法、归类法等;另一类是定量分析法,常用的方法有优选对比法、数学微分法、线性规划法、概率决策法等。

2. 财务控制

财务控制是指利用有关信息和特定手段,对企业的财务活动施加影响或调节,以便实现计划所规定的财务目标的过程。

财务控制的方法通常有前馈控制、过程控制、反馈控制等。财务控制措施一般包括预算控制、运营分析控制和绩效考评控制等。

(三)财务分析与评价

1. 财务分析

财务分析是指根据企业财务报表等信息资料,采用专门方法,系统分析和评价企业财务状况、经营成果以及未来趋势的过程。

财务分析的方法通常有比较分析、比率分析、综合分析等。

2. 财务评价

财务评价是指将报告期实际完成数与规定的考核指标进行对比,确定有关责任单位和个人完成任务的过程。财务评价与奖惩紧密联系,是贯彻责任制原则的要求,也是构建激励与约束机制的关键环节。

财务评价的形式多种多样,可以用绝对指标、相对指标、完成百分比考核,也可采用多种财务指标进行综合评价考核。

第二节 财务管理目标

财务管理是企业管理的重要组成部分,财务管理的目标既取决于企业的总体目标,又受财务管理本身特点制约。财务管理目标是企业进行财务管理活动所要达到的目的和评价企业财务活动是否科学、合理的标准,它决定了财务管理的基本方向。

一、企业财务管理目标

关于企业财务管理目标主要有三种观点:

(一)利润最大化

利润最大化是指企业财务管理以实现利润最大为目标。以利润最大化作为财务管理目标的主要原因:①利润代表了企业新创造的价值,利润增加代表着企业财富的增加,利润越多,代表企业新创造的财富越多;②人类从事生产经营活动的目的是创造更多的剩余产品,在市场经济条件下,剩余产品的多少可以用利润指标来衡量;③在自由竞争的资本市场中,资本的使用权最终属于获利最多的企业;④只有每个企业都最大限度地创造利润,整个社会的财富才可能实现最大化,从而推动社会的进步和发展。

利润指标计算简单,易于理解。企业追求利润最大化,就必须讲求经济核算,加强管理,改进技术,提高劳动生产率,降低产品成本。这些措施都有利于企业资源的合理配置,有利于企业整体经济效益的提高。

但是,以利润最大化作为财务管理目标存在以下缺陷:①没有考虑利润实现时间和资金时间价值;②没有考虑风险问题。不同行业具有不同的风险,同等利润值在不同行业中的意义也不相同,比如,风险比较高的高科技企业和风险相对较小的制造业企业无法简单比较其利润额的高低;③没有反映创造的利润与投入资本之间的关系;④可能导致企业财务决策短期化的倾向,影响企业长远发展。

利润最大化的另一种表现方式是每股收益最大化,它反映了所创造利润与投入资本之间的关系。在实践中,许多投资人把每股收益作为评价公司业绩的重要标准之一。但是每股收益最大化并不能弥补利润最大化目标的其他缺陷。

(二)股东财富最大化

股东财富最大化是指企业财务管理以实现股东财富最大为目标。对于上市公司,股东财富是由股东所拥有的股票数量和股票市场价格两方面决定的。在股票数量一定时,股票价格达到最高,股东财富也就达到最大。

与利润最大化相比,股东财富最大化的主要优点是:①考虑了风险因素,因为通常股价会对风险作出较敏感的反应;②在一定程度上能避免企业短期行为,因为不仅目前的利润会影响股票价格,预期未来的利润同样会对股价产生重要影响;③对上市公司而言,股东财富最大化目标比较容易量化,便于考核和奖惩。

但是,以股东财富最大化作为财务管理目标存在以下缺点:①通常只适用于上市公司,非上市公司难以应用,因为非上市公司无法像上市公司一样及时准确得出公司股价。②股价受众多因素影响,特别是企业外部因素,有些还可能是非正常因素。股价不能完全准确反映企业财务管理状况,如有的上市公司处于破产的边缘,但由于可能存在某些机会,其股票市价还在走高。③股东财富最大化目标强调得更多的是股东利益,而对其他相关者的利益重视不够。

(三)企业价值最大化

企业价值最大化是指企业财务管理以实现企业价值最大为目标。企业价值可以理解为企业所有者权益和债权人权益的市场价值,它等于企业所能创造的预计未来现金流量的现值。因为未来现金流量的预测包含了不确定性和风险因素,而现金流量的现值是以资金的时间价值为基础对现金流量进行折现计算得出的,因此,企业价值最大化考虑了风险因素和货币的时间价值。企业价值最大化要求企业通过采用最优的财务政策,充分考虑资金的时间价值、风险与报酬的关系,在保证企业长期稳定发展的基础上使企业总价值达到最大。

以企业价值最大化作为财务管理目标,具有以下优点:①考虑了取得报酬的时间,并用时间价值的原理进行了计量;②考虑了风险与报酬的关系;③将企业长期、稳定的发展和持续的获利能力放在首位,能克服企业在追求利润上的短期行为,因为不仅目前的利润会影响企业的价值,预期未来的利润对企业价值增加也会产生重大影响;④用价值代替价格,避免过多受外界市场因素的干扰。

但是,以企业价值最大化作为财务管理目标过于理论化,不易操作。再者,对于非上市公司而言,只有对企业进行专门的评估才能确定其价值,而在评估企业的资产时,由于受评估标准和评估方式的影响,很难做到客观和准确。

上述利润最大化、股东财富最大化、企业价值最大化等各种财务管理目标,都以股东财富最大化为基础。因为,企业是市场经济的主要参与者,企业的创立和发展都必须以股东的投入为基础,离开了股东的投入,企业就不复存在;而且,在企业的日常经营过程中,作为所有者的股东在企业中承担着最大的义务和风险,相应也需享有最高的报酬,即股东财富最大化,否则就难以为市场经济的持续发展提供动力。因此,本书以股东财富最大化作为财务管理目标。

二、利益相关者的要求

在企业价值一定的情况下,股东财富最大化可能意味着其他利益相关者的利益得不到充分保护。因此,股东财富最大化目标理论是有前提假设的,这些假设包括:①股东与经营者目标是一致的;②债权人的利益得到充分保障;③资本市场是有效的;④企业不存在外部不经济。但这些假设与现实并不完全一致,这就可能产生股东利益与其他利益相关者之间的利益冲突,因此,以股东财富最大化作为财务管理目标的首要任务是要协调相关者的利益关系,协调他们之间的利益冲突。而在所有的利益冲突协调中,股东与经营者、股东与债权人的利益冲突协调至关重要。

(一)股东和经营者的利益冲突与协调

在现代企业中,经营者一般不拥有占支配地位的股权,他们只是股东的代理人。股东期望经营者代表他们的利益工作,实现股东财富最大化,而经营者则有其自身的利益考虑,二者的目标经常会不一致。通常而言,股东支付给经营者报酬的多少,在于经营者能够为股东创造多少财富。经营者和股东的主要利益冲突,就是经营者希望在创造财富的同时,能够获取更多的报酬、更多的享受,并避免各种风险;而股东则希望以较小的代价(支付较少报酬)实现更多的财富。为了协调上述利益冲突,通常采取以下主要方式解决:

1. 解聘

解聘是一种通过股东约束经营者的办法。股东对经营者进行考核监督,如果经营者绩效不佳,就可能解聘经营者;经营者为了不被解聘就需要努力工作,为实现财务管理目标服务。

2. 接收

接收是一种通过市场约束经营者的办法。如果经营者决策失误,经营不力,绩效不佳,企业就可能被其他企业强行接收或兼并,相应的经营者也会被解聘。经营者为了避免这种接收,就必须努力实现财务管理目标。

3. 激励

激励就是将经营者的报酬与其绩效直接挂钩,以使经营者自觉采取能提高股东财富的措施。激励通常有以下两种方式:

(1)股票期权。允许经营者以约定的价格购买一定数量的本企业股票,股票的市场价格高于约定价格的部分就是经营者所得的报酬。经营者为了获得更大的股票涨价益处,就必然主动采取能够提高股价的行动,从而增加股东财富。

(2)绩效股。企业运用每股收益、资产收益率等指标来评价经营者绩效,并视其绩效大小给予经营者数量不等的股票作为报酬。如果经营者绩效未能达到规定目标,经营者将丧失原先持有的部分绩效股。这种方式使经营者不仅为了多得绩效股而不断采取措施提高经营绩效,而且为了使每股市价最大化,也会采取各种措施使股票市价稳定上升,从而增加股东财富。即使由于客观原因股价并未提高,经营者也会因为获取绩效股而获利。

(二)股东和债权人的利益冲突与协调

股东的目标可能与债权人期望实现的目标发生矛盾。首先,股东可能要求经营者改变举债资金的原定用途,将其用于风险更高的项目,这会增大偿债风险,债权人的负债价值也必然会降低,造成债权人风险与收益的不对称。因为高风险的项目一旦成功,额外的利润就会被股东独享;但若失败,债权人却需与股东共同承担由此而造成的损失。其次,股东可能在未征得现有债权人同意的情况下,要求经营者举借新债,从而使偿债风险相应增大,致使原有债权的价值降低。股东与债权人的上述利益冲突,通常采取以下主要方式解决:

1. 限制性借债

债权人通过事先规定借债用途限制、借债担保条款和借债信用条件,使股东不能通过以上方式削弱债权人的债权价值。

2. 收回借款或停止借款

当债权人发现企业有侵蚀其债权价值的意图时,采取收回债权或不再给予新的借款的措施,从而保护自身权益。

第三节 财务管理环境

财务管理环境,是指对企业财务活动和财务管理产生影响的外部条件。财务管理环境涉及范围非常广泛,包括经济、法律、税收、金融、社会文化、自然资源和技术环境等方面。财务管理环境是实施财务管理的基本条件。以下介绍法律、经济及金融三种对企业财务活动和财务管理有重大影响的环境因素。

一、法律环境

法律环境是指对企业财务活动和财务管理产生影响的各种法律因素。市场经济是法制经济,企业的经营活动总是在一定法律规范内进行的。对企业来说,法律为企业经营活动规定了活动空间,也为企业在规定空间内自由经营提供了法律保护。这些法律、法规和规章制度,主要包括公司法、证券法、金融法、证券交易法、合同法、税法、企业财务通则、内部控制基本规范、管理会计体系等,它们从不同方面规范或制约企业的筹资、投资和分配活动,对企业财务管理产生影响。下面主要介绍一下财政部颁布的管理会计体系。

党的十八届三中全会对全面深化改革作出了总体部署,建立现代财政制度、推进国家治理体系和治理能力现代化已经成为财政改革的重要方向;建立和完善现代企业制度,增强价值创造力已经成为企业的内在需要;推进预算绩效管理、建立事业单位法人治理结构,已经成为行政事业单位的内在要求。为顺时应势,财政部提出并大力推进发展管理会计。财政部颁布了《关于全面推进管理会计体系建设的指导意见》(财会〔2014〕27号)。该指导意见强调,全面推进管理会计体系建设,是建立现代财政制度、推进国家治理体系和治理能力现代化的重要举措;是推动企业建立、完善现代企业制度,推动事业单位加强治理的重要制度安排;是激发管理活力,增强企业价值创造力,推进行政事业单位加强预算绩效管理、决算分析和评价的重要手段;是财政部门更好发挥政府作用,进一步深化会计改革,推动会计人才上水平、会计工作上层次、会计事业上台阶的重要方向。目前财政部已颁布《管理会计基本指引》(财会〔2016〕10号)、《管理会计应用指引第100号——战略管理等22项管理会计应用指引的通知》(财会〔2017〕24号)、《管理会计应用指引第202号——零基预算等7项管理会计应用指引的通知》(财会〔2018〕22号)、《管理会计应用指引第204号——作业预算等5项管理会计应用指引的通知》(财会〔2018〕38号)等。目标是形成以管理会计基本指引为统领、以管理会计应用指引为具体指导、以管理会计案例示范为补充的管理会计指引体系。

二、经济环境

在影响财务管理的各种外部环境中,经济环境是最为重要的。经济环境内容十分广泛,包括经济体制、经济周期、经济发展水平、宏观经济政策及社会通货膨胀水平等。

(一)经济体制

在计划经济体制下,财务管理活动的内容比较单一,财务管理方法比较简单。在市场经济体制下,企业可以从其自身需要出发,合理确定资本需要量,然后到市场上筹集资本,再把筹集到的资本投放到高效益的项目上获取更大的收益,最后将收益根据需要和可能进行分配,企业自始至终根据自身条件和外部环境作出各种财务管理决策并组织实施。因此,财务管理活动的内容比较丰富,方法也复杂多样。

(二)经济周期

在市场经济条件下,经济发展与运行带有一定的波动性。大体上经历复苏、繁荣、衰退和萧条四个阶段的循环,这种循环叫作经济周期。在经济周期的不同阶段,企业应采用不同的财务管理战略,如表1-1所示。

表 1－1　　　　　　　　　经济周期中的财务管理战略

复苏	繁荣	衰退	萧条
1. 增加厂房设备	1. 扩充厂房设备	1. 停止扩张	1. 建立投资标准
2. 实行长期租赁	2. 继续增加存货	2. 出售多余设备	2. 保持市场份额
3. 建立存货储备	3. 提高产品价格	3. 停产不利产品	3. 压缩管理费用
4. 开发新产品	4. 开展营销规划	4. 停止长期采购	4. 放弃次要利益
5. 增加劳动力	5. 增加劳动力	5. 削减存货	5. 削减存货
		6. 停止扩招雇员	6. 裁减雇员

（三）经济发展水平

财务管理的发展水平与经济发展水平密切相关,经济发展水平越高,财务管理水平也越高。财务管理水平的提高,将推动企业降低成本,增进效率,提高效益,从而促进经济发展水平的提高;而经济发展水平的提高,将改变企业的财务战略、财务理念、财务管理模式和财务管理的方法手段,从而促进企业财务管理水平的提高。财务管理应当以经济发展水平为基础,以宏观经济发展目标为导向,从业务工作角度保证企业经营目标和经营战略的实现。

（四）宏观经济政策

我国经济体制改革的目标是建立和完善社会主义市场经济体制,以进一步解放和发展生产力。在这个总目标的指导下,财税体制、金融体制、外汇体制、外贸体制、价格体制、投资体制、社会保障制度等各项改革正在深化。所有这些改革措施,深刻地影响着我国的经济生活,也深刻地影响着我国企业的发展和财务活动的运行。如金融政策中的货币发行量、信贷规模会影响企业投资的资金来源和投资的预期收益;财税政策会影响企业的资本结构和投资项目的选择等;价格政策会影响资金的投向和投资的回收期及预期收益。

（五）通货膨胀水平

通货膨胀对企业财务活动的影响是多方面的。主要表现在:①引起资金占用的大量增加,从而增加企业的资金需求;②引起企业利润虚增,造成企业资金由于利润分配而流失;③引起利润上升,加大企业的权益资本成本;④引起有价证券价格下降,增加企业的筹资难度;⑤引起资金供应紧张,增加企业的筹资困难。

为了减轻通货膨胀对企业造成的不利影响,企业应当采取措施予以防范。在通货膨胀初期,货币面临着贬值的风险,这时企业进行投资可以避免风险,实现资本保值;与客户签订长期购货合同,以减少物价上涨造成的损失;取得长期负债,保持资本成本的稳定。在通货膨胀持续期,企业可以采用比较严格的信用条件,减少企业债权;调整财务政策,防止和减少企业资本流失。

三、金融环境

（一）金融工具

金融工具是指融通资金双方在金融市场上进行资金交易、转让的工具。借助金融工具,资金从供给方转移到需求方。金融工具分为基本金融工具和衍生金融工具两大类。常见的基本金融工具有货币、票据、债券、股票等;衍生金融工具又称派生金融工具,是在基本金融工具的基础上通过特定技术设计形成的新的金融工具,如各种远期合约、互换、掉期等,种类非常复杂、繁多,具有高风险、高杠杆效应的特点。

一般而言,金融工具具有流动性、风险性和收益性的特征。①流动性,是指金融资产在转换成货币时,其价值不会蒙受损失的能力。②风险性,是指投资于某种金融资产不能恢复它原来投资价值的可能性。风险主要有违约风险和市场风险。前者是指由于债务人不履行债务而产生的风险;后者是指由于投资于某种金融资产的市场价格发生波动而产生的投资风险。③收益性,是指金融工具能定期或不定期给持有人带来收益的特性。

(二)金融市场

金融市场是指资金供应者和资金需求者双方通过一定的金融工具进行交易而融通资金的场所。金融市场的构成要素包括资金供应者和资金需求者、金融工具、交易价格、组织方式等。金融市场的主要功能就是把社会各个单位和个人的资金有条件地转让给社会各个有资金需求的单位和个人,使财尽其用,促进社会发展。资金供应者为了取得利息或利润,期望在最高利率条件下贷出;资金需求者则期望在最低利率条件下借入。因利率、时间、安全性条件不会使借贷双方都满意,故金融机构和金融市场就应运而生,承担从中协调的职责,实现各得其所。

金融市场不仅为企业融资和投资提供了场所,还可以帮助企业实现长短期资本转换、引导资本流动,提高资金周转效率。

(三)利率

利率是资金的价格,它是衡量资金增值的基本单位,是资金的增值同投入资金的价值比。利率可以用下式表示:

$$K = 纯利率 + 通货膨胀预期补偿率 + 风险补偿率 = K_0 + IP + (DP + LP + MP)$$

式中,K 为名义利率;K_0 为纯利率;IP 为通货膨胀预期补偿率;DP 为违约风险补偿率;LP 为流动性风险补偿率;MP 为期限风险补偿率。

纯利率是指没有风险、没有通货膨胀情况下的平均利率,它只受货币的供求关系、平均利润率和国家调节的影响。通货膨胀预期补偿率是由于通货膨胀造成货币实际购买力下降而对投资者的补偿,它与将来的通货膨胀水平有关,与当前的通货膨胀水平关系不大。风险补偿率是资本提供者因承担风险所获得的超过纯利率、通货膨胀预期补偿率的回报,包括违约风险补偿率、流动性风险补偿率和期限风险补偿率。风险补偿率受风险大小的影响,风险越大,要求的报酬率越高,当风险升高时,就相应要求提高报酬率。违约风险是指由于借款人无法按时支付利息或偿还本金而给投资者带来的风险。流动性风险是指一项资产能否迅速转化为现金,如果能迅速转化为现金,说明其变现能力强,流动性风险小,反之,流动性风险大。期限风险是指在一定时期内利率变动的幅度,利率变动幅度越大,期限风险越大,反之,期限风险越小。

在市场经济条件下,金融市场作为资金融通的场所,是企业筹集资金和投资的重要场所,金融环境的好坏关系到企业资金来源和闲置资金的利用,关系到现代财务管理手段的发挥。企业财务管理人员必须懂得金融市场的各种类型和管理规则,有效地利用金融市场来组织资金的筹集和开展资本投资活动。

第四节 货币时间价值

一、货币时间价值的含义

货币时间价值,是指一定量货币资本在不同时点上的价值量差额。货币的时间价值来源于货币进入社会再生产过程后的价值增值。通常情况下,货币的时间价值是指没有风险也没有通货膨胀情况下的社会平均利润率,是利润平均化规律发生作用的结果。根据货币具有时间价值的理论,可以将某一时点的货币价值金额折算为其他时点的价值金额。

二、终值和现值的计算

终值又称将来值,是现在一定量的货币折算到未来某一时点所对应的金额,通常记作 F。现值,是指未来某一时点上一定量的货币折算到现在所对应的金额,通常记作 P。现值和终值是一定量货币在前后两个不同时点上对应的价值,其差额即为货币的时间价值。现实生活中计算利息时所称本金、本利和的概念相当于货币时间价值理论中的现值和终值,利率(用 i 表示)可视为货币时间价值的一种具体表现;现值和终值对应的时点之间可以划分为 n 期($n \geq 1$),相当于计息期。为计算方便,假定有关字母符号的含义如下:

I 为利息;F 为终值;P 为现值;A 为年金值;i 为利率(折现率);n 为计算利息的期数。

单利和复利是计息的两种不同方式。单利是指按照固定的本金计算利息的一种方式。按照单利计算的方法,只有本金在贷款期限中获得利息,不管时间多长,所生利息均不加入本金重复计算利息。复利是指不仅对本金计算利息,还对利息计算利息的一种计息方式。财务估值中一般都按照复利方式计算货币的时间价值。

(一)复利的终值和现值

复利计算方法是指每经过一个计息期,要将该期所派生的利息加入本金再计算利息,逐期滚动计算,俗称"利滚利"。这里所说的计息期,是指相邻两次计息的间隔,如年、月、日等。除非特别说明,计息期一般为 1 年。

1. 复利终值

复利终值指一定量的货币,按复利计算的若干期后的本利总和。复利终值的计算公式为:

$$F = P(1+i)^n$$

式中,$(1+i)^n$ 为复利终值系数,记作 $(F/P, i, n)$;n 为计息期。

【例 1-1】 某人将 100 元存入银行,年利率 2%,求 5 年后的终值。

$F = P(1+i)^n = 100 \times (1+2\%)^5 = 110.41(元)$

2. 复利现值

复利现值是指未来某期的一定量的货币,按复利计算的现在价值。复利现值的计算公式为:

$$P = F/(1+i)^n$$

式中，$1/(1+i)^n$ 为复利现值系数，记作 $(P/F,i,n)$；n 为计息期。

【例 1-2】 某人为了 5 年后能从银行取出 100 元，在年利率 2% 的情况下，求当前应存入的金额。

$$P = F/(1+i)^n = 100/(1+2\%)^5 = 90.57（元）$$

通过上述计算可知：①复利终值和复利现值互为逆运算；②复利终值系数 $(1+i)^n$ 和复利现值系数 $1/(1+i)^n$ 互为倒数。

(二) 年金终值和年金现值

年金是指间隔期相等的系列等额收付款。年金包括普通年金、预付年金、递延年金、永续年金等形式。普通年金是年金的最基本形式，它是指从第一期起，在一定时期内每期期末等额收付的系列款项，又称为后付年金。预付年金是指从第一期起，在一定时期内每期期初等额收付的系列款项，又称先付年金或即付年金。预付年金与普通年金的区别仅在于收付款时间的不同，普通年金发生在期末，而预付年金发生在期初。递延年金是指隔若干期后才开始发生的系列等额收付款项。永续年金是指无限期收付的年金，即一系列没有到期日的等额现金流。在年金中，系列等额收付的间隔期间只需要满足"相等"的条件即可，间隔期间可以不是 1 年，如每季末等额支付的债务利息也是年金。

1. 年金终值

(1) 普通年金终值。普通年金终值是指普通年金最后一次收付时的本利和，它是每次收付款项的复利终值之和。普通年金终值的计算实际上就是已知年金 A，求终值 F_A。普通年金终值的计算公式为：

$$F_A = A \times [(1+i)^n - 1]/i = A \times (F/A,i,n)$$

式中，$[(1+i)^n - 1]/i$ 为年金终值系数，记作 $(F/A,i,n)$。

【例 1-3】 小李热心于公益事业，自 2×14 年 12 月底开始，他每年都向一位失学儿童捐款 1000 元，帮助这位失学儿童从小学一年级读完九年义务教育。假设每年定期存款利率为 2%，则小李 9 年的捐款在 2×22 年底相当于多少元？

$$F_A = A \times [(1+i)^n - 1]/i = 1000 \times [(1+2\%)^9 - 1]/2\% = 9754.63（元）$$

或者：$F_A = 1000 \times (F/A, 2\%, 9) = 1000 \times 9.75463 = 9754.63（元）$

(2) 预付年金终值。预付年金终值是指一定时期内每期期初等额收付的系列款项的终值。预付年金终值的计算公式为：

$$F_A = A \times [(1+i)^n - 1]/i \times (1+i) = A(F/A,i,n) \times (1+i)$$

或者：

$$F_A = A[(F/A,i,n+1) - 1]$$

【例 1-4】 为给儿子上大学准备资金，王先生连续 6 年于每年年初存入银行 3000 元。若银行存款利率为 5%，则王先生在第 6 年年末能一次取出本利和多少元？

$$F_A = A[(F/A, i, n+1) - 1]$$
$$= 3000 \times [(F/A, 5\%, 7) - 1]$$
$$= 3000 \times (8.1420 - 1) = 21426(元)$$

(3)递延年金终值。递延年金的终值计算与普通年金的终值计算一样,计算公式为:

$$F_A = A(F/A, i, n)$$

注意:式中,n 表示 A 的个数,与递延期无关。

2. 年金现值

(1)普通年金现值。普通年金现值是指将在一定时期内按相同时间间隔在每期期末收付的相等金额,折算到第一期期初的现值之和。根据复利现值的方法计算年金现值的公式为:

$$P_A = A \times [1 - (1 + i)^{-n}]/i = A(P/A, i, n)$$

式中,$[1 - (1+i)^{-n}]/i$ 为年金现值系数,记作 $(P/A, i, n)$。

【例1-5】 某投资项目于2×23年年初动工,假设当年投产,从投产之日起每年年末可得收益40000元。按年利率6%计算预期10年收益的现值。

$$P_A = 40000 \times [1 - (1 + 6\%)^{-10}]/6\%$$
$$= 40000 \times (P/A, 6\%, 10)$$
$$= 40000 \times 7.3601 = 294404(元)$$

(2)预付年金现值。预付年金现值是指在一定时期内按相同时间间隔在每期期初收付的相等金额,折算到第一期期初的现值之和。预付年金现值的计算公式为:

$$P_A = A \times [1 - (1 + i)^{-n}]/i \times (1 + i)$$
$$= A \times (P/A, i, n)(1 + i)$$
$$= A \times [(P/A, i, n - 1) + 1]$$

(3)递延年金现值。递延年金现值是指间隔一定时期后每期期末或期初收付的系列等额款项,按照复利计息方式折算的现时价值,即间隔一定时期后每期期末或期初等额收付资金的复利现值之和。递延年金现值有三种计算方法:

方法一:先将递延年金视为 n 期普通年金,求出在递延期期末的普通年金现值,然后再折算到现在,即第0期价值。计算公式为:

$$P_A = A \times (P/A, i, n) \times (P/F, i, m)$$

式中,m 为递延期;n 为连续收支期数,即年金期。

方法二:先计算 $m+n$ 期年金现值,再减去 m 期年金现值。计算公式为:

$$P_A = A \times [(P/A, i, m+n) - (P/A, i, m)]$$

方法三:先求递延年金终值再折算为现值。计算公式为:

$$P_A = A \times (F/A, i, n) \times (P/F, i, m+n)$$

【例 1-6】 某企业向银行借入一笔款项,银行贷款的年利率为10%,每年复利一次。银行规定前10年不用还本付息,但第11~20年每年年末偿还本息5000元。下面用两种方法计算这笔款项的现值。

方法一:$P_A = A \times (P/A, 10\%, 10) \times (P/F, 10\%, 10)$
$= 5000 \times 6.1446 \times 0.3855 = 11843.72(元)$

方法二:$P_A = A \times [(P/A, 10\%, 20) - (P/A, 10\%, 10)]$
$= 5000 \times (8.5136 - 6.1446) = 11845(元)$

两种计算方法相差1.28元,是因货币时间价值系数的小数点位数保留造成的。后面的例题中也有类似的情况,不再一一说明。

(4)永续年金现值。永续年金现值可以看成是一个 n 无穷大时普通年金的现值,永续年金现值计算公式为:

$$P_A(n \to \infty) = A[1 - (1+i)^{-n}]/i = A/i$$

当 n 趋向无穷大时,由于 A、i 都是有界量,$(1+i)^{-n}$ 趋向无穷小,因此 $P(n \to \infty) = A[1 - (1+i)^{-n}]/i$ 趋向 A/i。

【例 1-7】 归国华侨吴先生为支持家乡建设,在祖籍所在县设立奖学金。奖学金每年发放一次,奖励每年高考的文理科状元各10000元。奖学金的基金保存在该县某银行,银行一年的定期存款利率为2%,则吴先生要投资多少作为奖励基金,才能保证这一奖学金的成功运行?

由于每年都要拿出20000元,因此奖学金的性质是一项永续年金,其现值应为:

$P_A = 20000/2\% = 1000000(元)$

即:吴先生要存入1000000元作为基金,才能保证这一奖学金的成功运行。

3. 年偿债基金

年偿债基金是指为了在约定的未来某一时点清偿某笔债务或积聚一定数额的资金而必须分次等额形成的存款准备金,也就是为使年金终值达到既定金额的年金数额(即已知终值 F_A,求年金 A)。在普通年金终值公式中解出 A,这个 A 就是年偿债基金。

$$A = F_A \times i/[(1+i)^n - 1]$$

式中,$i/[(1+i)^n - 1]$ 为偿债基金系数,记作 $(A/F, i, n)$。

【例 1-8】 徐先生拟在5年后还清10000元债务,从现在起每年年末等额存入银行一笔款项。假设银行利率为10%,则徐先生每年需存入多少元?

$A = F_A \times i/[(1+i)^n - 1]$
$= 10000 \times 10\%/[(1+10\%)^5 - 1]$
$= 10000 \times (A/F, 10\%, 5)$
$= 10000 \times 0.1638 = 1638(元)$

由上述计算可知:①偿债基金和普通年金终值互为逆运算;②偿债基金系数和普通年金终值系数互为倒数。

4. 年资本回收额

年资本回收额是指在约定年限内等额回收初始投入资本的金额。年资本回收额的计算实际上是已知普通年金现值 P_A,求年金 A。

$$A = P_A \times i/[1-(1+i)^{-n}]$$

式中,$i/[1-(1+i)^{-n}]$ 为资本回收系数,记作 $(A/P,i,n)$。

【例 1-9】 某企业取得 1000 万元的贷款,需在 10 年内以年利率 12% 等额偿还,则每年应付的金额为多少元?

$$\begin{aligned}A &= P_A \times i/[1-(1+i)^{-n}] \\ &= 10000000 \times 12\%/[1-(1+12\%)^{-10}] = 1769849(元)\end{aligned}$$

由上述计算可知:①年资本回收额与普通年金现值互为逆运算;②资本回收系数与普通年金现值系数互为倒数。

第五节 风险与收益

一、资产的收益与收益率

(一)资产收益的含义与计算

资产的收益是指资产的价值在一定时期的增值。一般情况下,有两种表述资产收益的方式。

1. 以金额表示

以金额表示的,称为资产的收益额,通常以资产价值在一定期限内的增值量来表示,该增值量来源于两部分:一是期限内资产的现金净收入;二是期末资产的价值(或市场价格)相对于期初价值(价格)的升值。前者多为利息、红利或股息收益,后者为资本利得。

2. 以百分比表示

以百分比表示的,称为资产收益率,是资产增值量与期初资产价值(价格)的比值,该收益率也包括两部分:一是利息(股息)的收益率;二是资本利得的收益率。显然,以金额表示的收益与期初资产的价值(价格)相关,不利于不同规模资产之间收益的比较,而以百分数表示的收益则是一个相对指标,便于不同规模下资产收益的比较和分析,所以通常都用资产收益率表示资产的收益。

另外,由于收益率是相对于特定期限的,它的大小受计算期限的影响,但是计算期限常常不一定是 1 年,为了便于比较和分析,对于计算期限短于或长于 1 年的资产,在计算收益率时一般将不同期限的收益率转化成年收益率。

因此,如果不作特殊说明的话,资产的收益指的就是资产的年收益率。

单期资产的收益率计算公式为:

$$单期资产的收益率 = 资产价值(价格)的增值/期初资产价值(价格)$$
$$= [利息(股息)收益 + 资本利得]/期初资产价值(价格)$$
$$= 利息(股息)收益率 + 资本利得收益率$$

【例1-10】 某股票1年前的价格为10元,1年中的税后股息为0.25元,现在的市价为12元。在不考虑交易费用的情况下,1年内该股票的收益率是多少?

1年中资产的收益 = 0.25 + (12 - 10) = 2.25(元)

股票的收益率 = [(0.25 + 12 - 10)/10] × 100% = 22.5%

其中股利收益率为2.5%,资本利得收益率为20%。

(二)资产收益率的类型

在实际的财务工作中,由于工作角度和出发点不同,收益率有以下三种类型:

1. 实际收益率

实际收益率表示已经实现或者确定可以实现的资产收益率,表述为已实现或确定可以实现的利息(股息)率与资本利得收益率之和。当存在通货膨胀时,应当扣除通货膨胀率的影响,剩余的才是真实的收益率。

2. 预期收益率

预期收益率是指在不确定的条件下,预测的某资产未来可能实现的收益率。对预期收益率的直接估算,可参考以下三种方法:

第一种方法:先描述影响收益率的各种可能情况,然后预测各种可能发生的概率,以及在各种可能情况下收益率的大小,那么预期收益率就是各种情况下收益率的加权平均,权数是各种可能情况发生的概率。计算公式为:

$$E(R) = \sum P_i \times R_i$$

式中,$E(R)$表示预期收益率;P_i表示情况i可能出现的概率;R_i表示情况i出现时的收益率。

【例1-11】 王某以5000元购买某股票,预计未来1年内不会发放红利,且未来1年后市值达到5200元的可能性为50%,市值达到5600元的可能性也是50%。那么预期收益率是多少?

预期收益率 = [50% × (5200 - 5000) + 50% × (5600 - 5000)]/5000 = 8%

第二种方法:首先,收集事后收益率(即历史数据),将这些历史数据按照不同的经济状况分类,并计算发生在各类经济状况下的收益率观测值的百分比,将所得百分比作为各类经济情况可能出现的概率;其次,计算各类经济情况下所有收益率观测值的平均值,将其作为该类情况下的收益率;最后,计算各类情况下收益率的加权平均数就得到预期收益率。

第三种方法:先收集能够代表预测期收益率分布的历史收益率的样本,假定所有历史收益率的观测值出现的概率相等,那么预期收益率就是所有数据的简单算术平均值。

【例1-12】 某公司股票的历史收益率数据如表1-2所示,请用算术平均值估计其预期收益率。

表1-2　　　　　　　　　　某公司股票的历史收益率

年度	1	2	3	4	5	6
收益率	14%	11%	14%	14%	12%	13%

$$E(R)=(14\%+11\%+14\%+14\%+12\%+13\%)/6=13\%$$

3. 必要收益率

必要收益率表示投资者对某资产合理要求的最低收益率。这里所说的投资者可以是每个个体,但如果不作特殊说明,通常指全体投资者。每个人对某特定资产都会要求不同的收益率,如果某股票的预期收益率超过大多数人对该股票要求的至少应得到的收益率时,实际的投资行为才会发生。

必要收益率与认识到的风险有关,人们对资产的安全性有不同的看法。如果某公司陷入财务困境的可能性很大,也就是说,投资该公司股票产生损失的可能性很大,那么投资者将会要求一个较高的收益率,所以该股票的必要收益率就会较高。相反,如果某项资产的风险较小,那么,对这项资产要求的必要收益率也就小。因此,必要收益率由以下两部分构成:

(1)无风险收益率是指无风险资产的收益率,由纯利率(资金的时间价值)和通货膨胀补偿两部分组成。无风险资产一般满足两个条件:一是不存在违约风险;二是不存在再投资收益率的不确定性。实际上,满足这两个条件的资产几乎是不存在的,一般用与所分析的资产的现金流量期限相同的国债来表示。因此,一般用国债的利率表示无风险收益率,该国债应该与所分析的资产的现金流量有相同的期限。为了方便起见,通常用短期国债的利率近似地代替无风险收益率。

(2)风险收益率是指某资产持有者因承担该资产的风险而要求的超过无风险利率的额外收益。风险收益率衡量了投资者将资金从无风险资产转移到风险资产而要求得到的"额外补偿",它的大小取决于两个因素:一是风险的大小,二是投资者对风险的偏好。

二、资产的风险及其衡量

(一)风险管理理念与工具方法

1. 风险管理理念

风险管理,是指企业为实现风险管理目标,对企业风险进行有效识别、评估、预警和应对等管理活动的过程。企业风险,是指对企业的战略与经营目标实现产生影响的不确定性。

企业应强化风险管理意识,形成与本企业经营状况相适应的风险管理理念,培育和塑造良好的风险管理文化,建立风险管理培训、传达、监督和激励约束机制,将风险管理意识转化为员工的共同认识和自觉行动。企业应根据相关法律法规的要求和风险管理的需要,建立组织架构健全、职责边界清晰的风险管理结构,明确董事会、监事会、管理层、业务部门、风险管理责任部门等在风险管理中的职责分工,建立风险管理决策、执行、监督与评价等职能既相互分离与制约,又相互协调的运行机制。企业应建立健全能够涵盖风险管理主要环节的风险管理制度体系。通常包括风险管理决策制度、风险识别与评估制度、风险监测预警制度、应急处理制度、风险管理评价制度、风险管理考核制度等。

企业进行风险管理,一般应遵循融合性、全面性、重要性、平衡性等原则。

2. 风险管理工具方法

企业进行风险管理的工具方法一般包括风险矩阵、风险清单等,可结合自身的风险管理目标和实际情况,单独或综合应用不同的方法。

(二)资产风险的衡量

资产的风险是资产收益率的不确定性,其大小可用资产收益率的离散程度来衡量。离散程度是指资产收益率的各种可能结果与预期收益率的偏差。衡量风险的指标主要有收益率的方差、标准差和标准离差率等。

1. 概率分布

在现实生活中,某一事件在完全相同的条件下可能发生也可能不发生,既可能出现这种结果又可能出现那种结果,人们称这类事件为随机事件。概率就是用百分数或小数来表示随机事件发生可能性及出现某种结果可能性大小的数值。用 X 表示随机事件,X_i 表示随机事件的第 i 种结果,P_i 为出现该种结果的相应概率。若 X_i 出现,则 $P_i = 1$;若不出现,则 $P_i = 0$,同时,所有可能结果出现的概率之和必定为1。因此,概率必须符合下列两个要求:

(1) $0 \leq P_i \leq 1$

(2) $\sum_{i=1}^{n} P_i = 1$

将随机事件各种可能的结果按一定的规则进行排列,同时列出各结果出现的相应概率,这一完整的描述称为概率分布。

概率分布有两种类型:一种是离散型分布,也称不连续的概率分布,其特点是概率分布在各个特定的点(指 X 值)上;另一种是连续型分布,其特点是概率分布在连续图像的两点之间的区间上。两者的区别在于,离散型分布中的概率是可数的,而连续型分布中的概率是不可数的。

2. 期望值

期望值是一个概率分布中的所有可能结果,以各自相应的概率为权数计算的加权平均值,是加权平均的中心值,通常用符号 $\bar{E}$ 表示。期望收益反映预计收益的平均化,在各种不确定性因素影响下,它代表着投资者的合理预期。期望值可以按预期收益率的计算方法计算,常用计算公式为:

$$\bar{E} = \sum_{i=1}^{n} X_i P_i$$

【例1-13】 某企业有A、B两个投资项目,两个投资项目的收益率及其概率分布情况如表1-3所示。

表1-3 项目A和项目B投资收益率的概率分布

项目实施情况	该种情况出现的概率		投资收益率	
	项目A	项目B	项目A	项目B
好	0.20	0.30	15%	20%
一般	0.60	0.40	10%	15%
差	0.20	0.30	0	-10%

根据公式分别计算项目 A 和项目 B 的预期收益率：

项目 A 的预期收益率 = (0.2×0.15 + 0.6×0.1 + 0.2×0) × 100% = 9%

项目 B 的预期收益率 = [0.3×0.2 + 0.4×0.15 + 0.3×(-0.1)] × 100% = 9%

从计算结果可以看出，两个项目的预期收益率都是 9%。但是否就此认为两个项目是等同的呢？还需要了解概率分布的离散情况，即计算标准离差和标准离差率。

3. 离散程度

离散程度是用以衡量风险大小的统计指标。一般来说，离散程度越大，风险越大；离散程度越小，风险越小。反映随机变量离散程度的指标包括平均差、方差、标准离差、标准离差率和全距等。本书主要介绍方差、标准离差和标准离差率三项指标。

(1) 方差。方差是用来表示随机变量与期望值之间的离散程度的一个数值。其计算公式为：

$$\sigma^2 = \sum_{i=1}^{n}(X_i - \bar{E})^2 P_i$$

(2) 标准离差。标准离差也叫均方差，是方差的平方根。其计算公式为：

$$\sigma = \sqrt{\sum_{i=1}^{n}(X_i - \bar{E})^2 \times P_i}$$

标准离差以绝对数衡量决策方案的风险，在期望值相同的情况下，标准离差越大，风险越大；反之，标准离差越小，则风险越小。

【例 1-14】 以【例 1-13】中的数据为例，分别计算 A、B 两个项目投资收益率的方差和标准离差。

项目 A 的方差 $\sigma^2 = \sum_{i=1}^{n}(X_i - \bar{E})^2 P_i$
$= 0.2 \times (0.15 - 0.09)^2 + 0.6 \times (0.10 - 0.09)^2 + 0.2 \times (0 - 0.09)^2 = 0.0024$

项目 A 的标准离差 $\sigma = \sqrt{\sum_{i=1}^{n}(X_i - \bar{E})^2 \times P_i} = \sqrt{0.0024} = 0.049$

项目 B 的方差 $\sigma^2 = \sum_{i=1}^{n}(X_i - \bar{E})^2 P_i$
$= 0.3 \times (0.20 - 0.09)^2 + 0.4 \times (0.15 - 0.09)^2 + 0.3 \times (-0.10 - 0.09)^2 = 0.0159$

项目 B 的标准离差 $\sigma = \sqrt{\sum_{i=1}^{n}(X_i - \bar{E})^2 \times P_i} = \sqrt{0.0159} = 0.1261$

以上计算结果表明，项目 B 的风险要高于项目 A 的风险。

(3) 标准离差率。标准离差率是标准离差同期望值之比，通常用符号 V 表示，其计算公式为：

$$V = \sigma / \overline{E} \times 100\%$$

标准离差率是一个相对指标,它以相对数反映决策方案的风险程度。方差和标准离差作为绝对数,只适用于期望值相同的决策方案风险程度的比较。对于期望值不同的决策方案,评价和比较其各自的风险程度只能借助于标准离差率这一相对数值。在期望值不同的情况下,标准离差率越大,风险越大;反之,标准离差率越小,风险越小。

【例1-15】 现仍以【例1-13】中的有关数据为依据,分别计算项目A和项目B的标准离差率。

项目A的标准离差率 $V_A = 0.049/0.09 \times 100\% = 54.4\%$

项目B的标准离差率 $V_B = 0.1261/0.09 \times 100\% = 140.1\%$

当然,项目A和项目B的预期收益率是相等的,可以直接根据标准离差来比较两个项目的风险水平。但如果比较项目的预期收益率不同,则一定要计算标准离差率才能进行比较。

通过上述方法将决策方案的风险加以量化后,决策者便可据此作出决策。对于单个方案,决策者可根据其标准离差(率)的大小,并将其同设定的可接受的此项指标最高限值对比,看前者是否低于后者,然后作出取舍。对于多方案择优,决策者的行动准则应是选择低风险高收益的方案,即选择标准离差率最低、期望收益最高的方案。然而高收益往往伴有高风险,低收益方案其风险程度往往也较低,究竟选择何种方案,就要权衡期望收益与风险,而且还要视决策者对风险的态度而定。对风险比较反感的人可能会选择期望收益较低同时风险也较低的方案,喜欢冒风险的人则可能选择风险虽高但同时收益也高的方案。

三、证券资产组合的风险与收益

两个或两个以上资产所构成的集合,称为资产组合。如果资产组合中的资产均为有价证券,则该资产组合也称为证券资产组合或证券组合。证券资产组合的风险与收益具有与单个资产不同的特征。尽管方差、标准离差、标准离差率是衡量风险的有效工具,但当某项资产或证券成为投资组合的一部分时,这些指标就可能不再是衡量风险的有效工具。下面先讨论证券资产组合的预期收益率的计算,再进一步讨论组合风险及其衡量。

(一)证券资产组合的预期收益率

证券资产组合的预期收益率就是组成证券资产组合的各种资产收益率的加权平均数,其权数为各种资产在组合中的价值比例,即:

$$E(R_P) = \sum W_i \times E(R_i)$$

式中,$E(R_P)$ 表示证券资产组合的预期收益率;$E(R_i)$ 表示组合内第 i 项资产的预期收益率;W_i 表示第 i 项资产在整个组合中所占的价值比例。

【例1-16】 某投资公司的一项投资组合中包含A、B和C三种股票,权重分别为30%、30%和40%,三种股票的预期收益率分别为10%、12%和16%。要求计算该投资组合的预期收益率。

该投资组合的预期收益率 $E(R_P) = 30\% \times 10\% + 30\% \times 12\% + 40\% \times 16\%$
$= 13\%$

（二）证券资产组合的风险及其衡量

1. 证券资产组合的风险分散功能

两项证券资产组合的收益率的方差满足以下关系式：

$$\sigma_P^2 = w_1^2 \sigma_1^2 + w_2^2 \sigma_2^2 + 2 w_1 w_2 \rho_{1,2} \sigma_1 \sigma_2$$

式中，σ_P 表示证券资产组合的标准差，它衡量的是组合的风险；σ_1 和 σ_2 分别表示组合中两项资产的标准差；w_1 和 w_2 分别表示组合中两项资产所占的价值比例；$\rho_{1,2}$ 反映两项资产收益率的相关程度，即两项资产收益率之间的相对运动状态，称为相关系数。理论上，相关系数在区间 $[-1,1]$ 内。

当 $\rho_{1,2}$ 等于 1 时，表明两项资产的收益率具有完全正相关的关系，即它们的收益率变化方向和变化幅度完全相同。这时，$\sigma_P^2 = (w_1 \sigma_1 + w_2 \sigma_2)^2$，即 σ_P^2 达到最大。由此表明，组合的风险等于组合中各项资产风险的加权平均值。换句话说，当两项资产的收益率完全正相关时，两项资产的风险完全不能相互抵消，所以这样的组合不能降低任何风险。

当 $\rho_{1,2}$ 等于 -1 时，表明两项资产的收益率具有完全负相关的关系，即它们的收益率变化方向相反、变化幅度相同。这时，$\sigma_P^2 = (w_1 \sigma_1 - w_2 \sigma_2)^2$，即 σ_P^2 达到最小，甚至可能是 0。因此，当两项资产的收益率完全负相关时，两项资产的风险可以充分地相互抵消，甚至完全消除。因而，这样的组合能够最大限度地降低风险。

在实务中，两项资产的收益率具有完全正相关和完全负相关的情况几乎是不可能的。绝大多数资产两两之间都具有不完全的相关关系，即相关系数小于 1 大于 -1（大多数情况下大于 0）。因此，会有 $0 < \sigma_P < (w_1 \sigma_1 + w_2 \sigma_2)$，即证券资产组合收益率的标准差小于组合中各资产收益率标准差的加权平均值，也即证券资产组合的风险小于组合中各项资产风险之加权平均值。因此，大多数情况下，证券资产组合能够分散风险，但不能完全消除风险。

一般来说，随着证券资产组合中资产个数的增加，证券资产组合的风险会逐渐降低，当资产的个数增加到一定程度时，证券资产组合的风险程度将趋于平稳，这时组合风险的降低将非常缓慢直到不再降低。

在证券资产组合中，能够随着资产种类增加而降低直至消除的风险，称为非系统风险；不能随着资产种类增加而分散的风险，称为系统风险。

2. 非系统风险

非系统风险是指由于某种特定原因对某特定资产收益率造成影响的可能性。它是特定企业或特定行业所特有的，与政治、经济和其他影响所有资产的市场因素无关。对于特定企业而言，非系统风险可进一步分为经营风险和财务风险。

经营风险是指因生产经营方面的原因给企业目标带来不利影响的可能性，如由于原材料供应地的政治经济情况变动、新材料的出现等因素带来的供应方面的风险；由于生产组织不合理而带来的生产方面的风险；由于销售决策失误带来的销售方面的风险。

财务风险又称筹资风险，是指由于举债而给企业目标带来的可能影响。企业举债经营，全部资金中除自有资金外还有一部分借入资金，这会对自有资金的获利能力造成影响；

同时,借入资金需还本付息,一旦无力偿付到期债务,企业便会陷入财务困境甚至破产。

值得注意的是,在风险分散的过程中,不应当过分夸大资产多样性和资产个数的作用。实际上,在证券资产组合中资产数目较低时,增加资产的个数,分散风险的效应会比较明显,但资产数目增加到一定程度时,风险分散的效应就会逐渐减弱。经验数据表明,组合中不同行业的资产个数达到20个时,绝大多数非系统风险均已被消除掉。此时,如果继续增加资产数目,对分散风险已经没有多大的实际意义,只会增加管理成本。另外,不要指望通过资产多样化达到完全消除风险的目的,因为系统风险是不能够通过风险的分散来消除的。

3. 系统风险及其衡量

系统风险是影响所有资产的、不能通过资产组合而消除的风险。这部分风险是由那些影响整个市场的风险因素所引起的,这些因素包括宏观经济形势的变动、国家经济政策的变化、税制改革、企业会计准则改革、政治因素等。

尽管绝大部分企业和资产都不可避免地受到系统风险的影响,但并不意味着系统风险对所有资产或所有企业有相同的影响。有些资产受系统风险的影响大一些,而有些资产受系统风险的影响较小。单项资产或证券资产组合受系统风险影响的程度,可以通过系统风险系数(β系数)来衡量。

(1) 单项资产的系统风险系数(β系数)

单项资产的β系数是指可以反映单项资产收益率与市场平均收益率之间变动关系的一个量化指标,它表示单项资产收益率的变动受市场平均收益率变动的影响程度。换句话说,就是相对于市场组合的平均风险而言,单项资产所含的系统风险的大小。

系统风险系数(β系数)的定义式如下:

$$\beta_i = \mathrm{cov}(R_i, R_m)/\sigma_m^2 = \rho_{i,m}\sigma_i\sigma_m/\sigma_m^2 = \rho_{i,m} \times \sigma_i/\sigma_m$$

式中,$\rho_{i,m}$表示第i项资产的收益率与市场组合收益率的相关系数;σ_i表示该项资产收益率的标准差,反映该资产的风险大小;σ_m表示市场组合收益率的标准差,反映市场组合的风险。

(2) 市场组合

市场组合是指由市场上所有资产组成的组合。它的收益率就是市场平均收益率,实务中通常用股票价格指数的收益率来代替。而市场组合收益率的方差则代表了市场整体的风险。由于包含了所有的资产,因此,市场组合中的非系统风险已经被消除,所以市场组合的风险就是市场风险或系统风险。

根据上述β系数的定义可知,当某资产的β系数等于1时,说明该资产的收益率与市场平均收益率成同方向、同比例的变化,即如果市场平均收益率增加(或减少)1%,那么该资产的收益率也相应地增加(或减少)1%,也就是说,该资产所含的系统风险与市场组合的风险一致;当某资产的β系数小于1时,说明该资产收益率的变动幅度小于市场组合收益率的变动幅度,因此,其所含的系统风险小于市场组合的风险;当某资产的β系数大于1时,说明该资产收益率的变动幅度大于市场组合收益率的变动幅度,因此,其所含的系统风险大于市场组合风险。

大多数资产的β系数是大于0的,也就是说,它们收益率的变化方向与市场平均收益率的变化方向是一致的,只是变化幅度不同而导致 β 系数的不同;极个别资产的 β 系数是负数,表明这类资产与市场平均收益的变化方向相反,当市场平均收益增加时,这类资产的收益却在减少。

(3)证券资产组合的系统风险系数

对于证券资产组合来说,其所含的系统风险的大小可以用组合 β 系数来衡量。证券资产组合的 β 系数是所有单项资产 β 系数的加权平均数,权数为各种资产在证券资产组合中所占的价值比例。计算公式为:

$$\beta_p = \sum W_i \beta_i$$

式中,β_p 表示证券资产组合的风险系数;W_i 表示第 i 项资产在组合中所占的价值比重;β_i 表示第 i 项资产的 β 系数。

由于单项资产的 β 系数不尽相同,因此,通过替换资产组合中的资产或改变不同资产在组合中的价值比例,可以改变组合的风险特性。

【例 1-17】 某证券资产组合中有三只股票,相关的信息如表 1-4 所示,要求计算证券资产组合的 β 系数。

表 1-4　　　　　　　　　　某证券资产组合的相关信息

股票	β 系数	股票的每股市价(元)	股票的数量
A	0.6	8	400
B	1.0	4	200
C	1.5	20	200

首先计算 A、B、C 三只股票所占的价值比例:
A 股票比例 = (8×400)/(8×400＋4×200＋20×200) = 40%
B 股票比例 = (4×200)/(8×400＋4×200＋20×200) = 10%
C 股票比例 = (20×200)/(8×400＋4×200＋20×200) = 50%
然后计算加权平均 β 系数,即证券资产组合的 β 系数为:
β_p = 40% × 0.6 + 10% × 1.0 + 50% × 1.5 = 1.09

四、资本资产定价模型(CAPM)

(一)资本资产定价模型的基本原理

资本资产定价模型中,所谓资本资产主要指的是股票资产,而定价则试图解释资本市场如何决定股票收益率,进而决定股票价格。

根据风险与收益的一般关系,某资产的必要收益率是由无风险收益率和风险收益率决定的,即:

必要收益率 = 无风险收益率 + 风险收益率

资本资产定价模型的一个主要贡献就是解释了风险收益率的决定因素和度量方法,并且给出了下面一个简单易用的表达公式:

$$R = R_f + \beta \times (R_m - R_f)$$

这是资本资产定价模型的核心关系式。式中,R 表示某资产的必要收益率;β 表示该资产的系统风险系数;R_f 表示无风险收益率,通常以短期国债的利率来近似替代;R_m 表示市场组合收益率,通常用股票价格指数收益率的平均值或所有股票的平均收益率来代替。

公式中 $R_m - R_f$ 称为市场风险溢酬。它是附加在无风险收益率之上的,由于承担了市场平均风险所要求获得的补偿,它反映的是市场作为整体对风险的平均"容忍"程度,也就是市场整体对风险的厌恶程度,对风险越是厌恶和回避,要求的补偿就越高,因此,市场风险溢酬的数值就越大。反之,如果市场的抗风险能力强,则对风险的厌恶和回避就不是很强烈,因此,要求的补偿就越低,所以市场风险溢酬的数值就越小。不难看出,某项资产的风险收益率是该资产系统风险系数与市场风险溢酬的乘积,即:

$$风险收益率 = \beta \times (R_m - R_f)$$

(二)证券市场线(SML)

如果把资本资产定价模型公式中的 β 看作自变量(横坐标),必要收益率 R 作为因变量(纵坐标),无风险利率(R_f)和市场风险溢酬($R_m - R_f$)作为已知系数,那么这个关系式在数学上就是一个直线方程,叫作证券市场线(SML),即下列关系式所代表的直线:

$$R = R_f + \beta \times (R_m - R_f)$$

证券市场线对任何公司、任何资产都是适合的。只要将该公司或资产的 β 系数代入上述直线方程中,就能得到该公司或资产的必要收益率。

证券市场线上每个点的横、纵坐标值分别代表每一项资产(或证券资产组合)的系统风险系数和必要收益率。因此,证券市场上任意一项资产或证券资产组合的系统风险系数和必要收益率都可以在证券市场线上找到相对应的一点。

在证券市场线关系式的右侧,唯一与单项资产相关的就是 β 系数,而 β 系数正是对该资产所有的系统风险的度量,因此,证券市场线一个重要的暗示就是"只有系统风险才有资格要求补偿"。该公式中并没有引入非系统风险,也就是说,投资者要求补偿只是因为他们"忍受"了市场风险的缘故,而不包括非系统风险,因为非系统风险可以通过证券资产组合来消除。

【例 1-18】 某年由 MULTEX 公布的美国通用汽车公司的 β 系数是 1.17,短期国库券利率为 4%,标准普尔股票价格指数的收益率是 10%,那么,该年通用汽车股票的必要收益率应为:

$$R = R_f + \beta \times (R_m - R_f) = 4\% + 1.17 \times (10\% - 4\%) = 11.02\%$$

(三)证券资产组合的必要收益率

证券资产组合的必要收益率也可以通过证券市场线来描述:

$$R = R_f + \beta_p \times (R_m - R_f)$$

此公式与前面的资本资产定价模型公式非常相似,它们的右侧唯一不同的是 β 系数的主体,前面的 β_p 系数是单项资产或个别公司的 β 系数;而这里的 β_p 则是证券资产组合

的 β 系数。

【例 1-19】 假设当前短期国债收益率为 3%，股票价格指数平均收益率为 12%，并利用【例 1-17】中的有关信息和求出的 β 系数，计算 A、B、C 三只股票组合的必要收益率。

三只股票组合的必要收益率 $R = 3\% + 1.09 \times (12\% - 3\%) = 12.81\%$

（四）财务估值方法

财务估值的方法可分为两大类：一是折现法，如未来现金流量折现法；二是非折现法，如市场比较法。

1. 未来现金流量折现法

经典的价值评估理论认为，一项资产的价值取决于该项资产创造未来现金流量的能力，因此资产的价值等于其未来现金流量的现值。未来现金流量折现法下的价值模型如下：

$$V = \sum_{i=1}^{n} CF_t / (1+r)^t$$

式中，V 表示资产的价值；CF 表示未来现金流量；r 表示折现率；t 表示期限。

由上述公式可知，资产价值的决定因素有三个：未来现金流量、折现率和期限。

(1) 未来现金流量

现金流量是指现金的流入量和流出量。在财务管理中，现金流量的具体含义与特定决策相关。如进行项目投资决策时，该现金流量是指与项目投资相关的现金净流量；在进行并购决策时，该现金流量是指自由现金流量；在进行股票买卖决策时，该现金流量是指投资者预期可获得的现金股利；在进行债券投资决策时，该现金流量是指债券的本金和利息。

(2) 折现率

企业的各项经济活动都或多或少包含风险的成分。一般来说，大多数人都反感风险，但又在从事各种有风险的活动。追求风险收益是人们从事风险投资的动机，所谓风险收益是指投资者冒风险投资所要求获得的超过货币时间价值的那部分收益。风险和收益的基本关系是风险越大，要求的风险回报就越高，也即风险与收益均衡。因此，在进行估值时，折现率应当等于无风险收益率与风险报酬率之和。

以上是确定折现率的基本原理，但是针对不同的估值对象，折现率是不同的。在进行股票价值评估时，折现率应当是投资者期望的最低收益率，一般可用资本资产定价模型确定。在进行债券估值时，应选择市场利率作为折现率。在进行项目投资决策时，应选择项目的必要报酬率或项目所在行业的平均收益率作为折现率。在进行企业价值评估时，一般选择加权资本成本作为折现率。

(3) 期限

在每年现金流量和折现率一定的情况下，期限越长，资产的价值越大。在财务估值中，对一项资产或业务创造现金流量的预测必须涵盖该资产或业务的整个生命周期。一般来说，债券和项目投资的期限是一个有限的时期，而股票和企业价值评估时 t 的取值为 ∞。

2. 市场比较法

市场比较法是利用可比公司的价格或价值参数来估计被评估公司的相应参数的一种方法。这种方法面临的挑战是如何确认真正"可比"的公司。一般来说,"可比"公司应当具有以下特征:①处于同一个行业;②股本规模、经营规模、盈利能力、成长性、经营风险、资本结构等相同或相近。

市场比较法的比较基准包括市盈率、市净率、托宾 Q、价格/现金流比率、价格/分红率等,其中应用最为广泛的是市盈率法和市净率法。以下以市盈率法为例进一步阐述。

市盈率指股票的价格和每股收益的比率。市盈率法是借助可比公司市盈率(P/E),用被评估公司的预期收益来估计其权益资本的市场价值的一种方法。市盈率法下的估值模型如下:

$$每股价值 = 预计每股收益 \times 标准市盈率$$

尽管参照企业尽量与目标企业相接近,但是,目标企业与参照企业在成长性、市场竞争力、盈利能力及股本规模,甚至品牌等方面总会存在一定的差异,在对目标企业的价值估价时,必须对上述影响价值因素进行分析、比较,确定差异调整量。

市盈率法通常被用于对未公开发行股票,或者刚刚向公众发行股票的企业进行估价。

第二章 财务预测和财务预算

第一节 资金需要量预测

一、资金需要量预测的意义

财务预测作为财务管理的一个重要环节,其内容包括资金需要量预测、成本费用预测、收入预测等,其中,资金需要量预测是财务预测的重要内容,本章简要介绍财务预测中有关资金需要量预测和利润预测的一些方法。

资金需要量预测是指企业根据生产经营的需求,对未来所需资金的估计和推测,它是企业制订融资计划的基础。企业持续的生产经营活动不断产生对资金的需求,同时企业对外投资和调整资本结构,也需要筹措资金。企业需要的这部分资金,一部分来自企业内部,另一部分通过外部融资取得。由于对外融资时,企业不但需要寻找资金提供者,而且需要作出还本付息的承诺或展现企业盈利前景,使资金提供者确信其投资是安全并可获利的,这个过程往往需要花费较长的时间。因此,企业需要预先知道自身的财务需求,确定资金的需要量,提前安排融资计划,以免影响资金周转。

资金需要量预测有助于改善企业的投资决策,虽然投资是决定是否需要筹资和筹资多少的重要因素,但是根据销售前景估计的融资需求,并不一定能够得到全部满足。这时,就需要根据可能筹措到的资金来安排销售增长以及有关的投资项目,使投资决策建立在可行的基础上。

二、资金需要量预测的方法

资金需要量预测的方法主要包括因素分析法、销售百分比法和资金习性预测法等。

(一)因素分析法

因素分析法又称分析调整法,是以有关项目基期年度的平均资金需要量为基础,根据预测年度的生产经营任务和资金周转加速的要求进行分析调整,来预测资金需要量的一种方法。因素分析法计算简便,容易掌握,但预测结果不太精确。它通常适用于品种繁多、规格复杂、资金用量较小的项目。因素分析法的计算公式为:

$$资金需要量 = \left(\begin{array}{c} 基期资金 \\ 平均占用额 \end{array} - \begin{array}{c} 不合理资 \\ 金占用额 \end{array} \right) \times \left(1 \pm \begin{array}{c} 预测期销 \\ 售增减率 \end{array} \right) \times \left(1 - \begin{array}{c} 预测期资金周 \\ 转速度变动率 \end{array} \right)$$

【例2-1】 甲企业上年度资金平均占用额为3400万元,经分析,其中不合理部分400万元,预计本年度销售增长率为6%,资金周转速度变动率为2%,则:

预测本年度资金需要量 = (3400 - 400) × (1 + 6%) × (1 - 2%) = 3116.4(万元)

(二)销售百分比法

1. 基本原理

销售百分比法,是假设某些资产、负债与销售额存在稳定的百分比关系,根据该假设预计外部资金需要量的方法。企业的销售规模扩大时,要相应增加流动资产;如果销售规模增加很多,还必须增加长期资产。为取得扩大销售所需增加的资产,企业需要筹措资金。这些资金一部分来自随销售额同比例增加的流动负债,还有一部分来自预测期的收益留存,另一部分通过外部筹资取得。

销售百分比法,是将反映生产经营规模的销售因素与反映资金占用的资产因素联系起来,根据销售与资产之间的数量比例关系,预计企业的外部筹资需要量。销售百分比法首先假设某些资产与销售额存在稳定的百分比关系,根据销售与资产的比例关系预计资产额,并根据资产额预计相应的负债和所有者权益,进而确定筹资需要量。

2. 基本步骤

(1)确定随销售额变动而变动的资产和负债项目。随着销售额的变化,经营性资产项目将占用更多的资金,这类资产称为"敏感性资产"。同时,随着经营性资产的增加,相应的经营性短期债务也会增加,如存货增加会导致应付账款增加,此类债务称为"自发性债务"或"敏感性负债",可以为企业提供暂时性资金来源。经营性资产与经营性负债的差额通常与销售额保持稳定的比例关系。经营性资产项目包括库存现金、应收账款、存货等项目;经营性负债项目包括应付票据、应付账款等项目,不包括短期借款、短期融资券、长期负债等筹资性负债。

(2)确定有关项目与销售额的稳定比例关系。如果企业资金周转的营运效率保持不变,经营性资产项目与经营性负债项目将会随销售额的变动而成正比例变动,并保持稳定的百分比关系。企业应当根据历史资料和同业情况,剔除不合理的资金占用,寻找与销售额的稳定百分比关系。

(3)确定需要增加的筹资数量。预计由于销售增长而需要的资金需求增长额,扣除利润留存后,即为所需要的外部筹资额,即:

$$外部融资需求量 = A/S_1 \times \Delta S - B/S_1 \times \Delta S - P \times E \times S_2$$

式中,A 为随销售而变化的敏感性资产;B 为随销售而变化的敏感性负债;S_1 为基期销售额;S_2 为预测期销售额;ΔS 为销售变动额;P 为销售净利率;E 为利润留存率;A/S_1 为敏感性资产与销售额的关系百分比;B/S_1 为敏感性负债与销售额的关系百分比。

【例2-2】 光华公司2×22年12月31日的简要资产负债表如表2-1所示。假定光华公司2×22年销售额为20000万元,销售净利率为10%,利润留存率为50%。2×23年销售额预计增长20%,光华公司有足够的生产能力,无须追加固定资产投资。

表2-1　　　　　　　　光华公司资产负债表(2×22年12月31日)　　　　　　单位:万元

资产	金额	占销售额的比重(%)	负债与权益	金额	占销售额的比重(%)
现金	1000	5	短期借款	5000	N
应收账款	3000	15	应付账款	2000	10

续表

资产	金额	占销售额的比重(%)	负债与权益	金额	占销售额的比重(%)
存货	6000	30	应付票据	1000	5
固定资产	6000	N	公司债券	2000	N
			实收资本	4000	N
			留存收益	2000	N
合计	16000	50	合计	16000	15

首先,确定有关项目及其与销售额的关系百分比。在表2-1中,N表示不变动,是指该项目不随销售额的变化而变化。

其次,确定需要增加的资金量。从表2-1可以看出,销售收入每增加100元,必须增加50元的资金占用,但同时自动增加15元的资金来源,两者差额的35元产生了资金需求。因此,销售额从20000万元增加到24000万元,增加了4000万元,按照35%的比率可预测将增加1400万元的资金需求。

最后,确定外部融资需求的数量。2×23年的净利润为2400万元(24000×10%),利润留存率为50%,则将有1200万元利润被留存下来,还有200万元的资金必须从外部筹集。

根据光华公司的资料,可求得外部融资需求量为:

外部融资需求量 = 50% × 4000 - 15% × 4000 - 10% × 50% × 24000 = 200(万元)

销售百分比法的优点,是能为筹资管理提供短期预计的财务报表,以适应外部筹资的需要,且易于使用。但在有关因素发生变动的情况下,必须相应地调整原有的销售百分比。

(三)资金习性预测法

资金习性预测法是根据资金习性预测未来资金需要量的一种方法。所谓资金习性,是指资金的变动同产销量变动之间的依存关系。按照资金同产销量之间的依存关系,可以把资金区分为不变资金、变动资金和半变动资金。

不变资金是指在一定的产销量范围内,不受产销量变动的影响而保持固定不变的那部分资金。这部分资金包括:为维持经营活动而占用的最低数额的现金,原材料的保险储备,必要的成品储备,厂房、机器设备等固定资产占用的资金。

变动资金是指随产销量的变动而同比例变动的那部分资金。它一般包括直接构成产品实体的原材料、外购件等占用的资金。另外,在最低储备以外的现金、存货、应收账款等也具有变动资金的性质。

半变动资金是指虽然受产销量变化的影响,但不成同比例变动的资金,如一些辅助材料占用的资金。半变动资金可采用一定的方法划分为不变资金和变动资金两部分。

资金习性预测法一般需根据历史上企业资金占用总额与产销量之间的关系,把资金分为不变和变动两部分,然后结合预计的销售量来预测资金需要量。

设产销量为自变量 X,资金占用为因变量 Y,它们之间关系可用下式表示:

$$Y = a + bX$$

式中，a 为不变资金；b 为单位产销量所需变动资金。

可见，只要求出 a 和 b，并知道预测期的产销量，就可以用上述公式测算资金需求情况。a 和 b 可用高低点法或回归直线法求出。

1. 高低点法

资金预测的高低点法是指根据企业一定期间资金占用的历史资料，按照资金习性原理和 $Y=a+bX$ 直线方程式，选用最高收入期和最低收入期的资金占用量之差，同这两个收入期的销售收入之差进行对比，先求 b 的值，然后再代入原方程式求出 a 的值，从而估计资金需要量的一种方法。相关计算公式为：

$$b = (最高收入期的资金占用量 - 最低收入期的资金占用量)/(最高销售收入 - 最低销售收入)$$

$$a = 最高收入期的资金占用量 - b \times 最高销售收入$$

或者：

$$a = 最低收入期的资金占用量 - b \times 最低销售收入$$

【例 2-3】 某企业历年现金占用与销售额之间的关系如表 2-2 所示，需要根据两者的关系，运用高低点法计算现金占用项目中不变资金和变动资金的数额。

表 2-2　　　　　　　　　　现金与销售额变化情况　　　　　　　　　单位：万元

年度	销售收入（X）	现金占用（Y）
2×18	10000	600
2×19	12000	550
2×20	13000	700
2×21	14000	730
2×22	15000	800

根据表 2-2 的资料，采用高低点法来计算现金占用项目中不变资金和变动资金的数额。

$b = (800 - 600)/(15000 - 10000) = 0.04$

将 $b = 0.04$ 及 2×22 年数据代入 $Y = a + bX$，得：

$a = 800 - 0.04 \times 15000 = 200（万元）$

存货、应收账款、流动负债、固定资产等也可根据历史资料作这样的划分，然后汇总，预测出总的资金需要量。

2. 回归直线法

回归直线法是根据若干期业务量和资金占用的历史资料，运用最小平方法原理计算不变资金和单位产销量所需变动资金的一种资金习性分析方法。相关计算公式为：

$$a = \left[\sum X_i^2 \sum Y_i - \sum X_i \sum X_i Y_i\right] / \left[n \sum X_i^2 - \left(\sum X_i\right)^2\right]$$

$$b = \left[n \sum X_i Y_i - \sum X_i \sum Y_i\right] / \left[n \sum X_i^2 - \left(\sum X_i\right)^2\right]$$

式中字母含义同前。

第二节 利润预测

利润预测是企业确定计划期目标并选择实现目标利润最佳途径的过程,它是企业编制期间预算的基础,也是财务预测的基本内容。利润预测的具体方法很多,本节只介绍利用本量利分析法预测企业利润的原理和操作方法。

一、本量利分析概述

(一)本量利分析的含义

本量利分析,是指以成本性态分析和变动成本法为基础,运用数学模型和图式,对成本、利润、业务量与单价等因素之间的依存关系进行分析,发现变动的规律性,为企业进行预测、决策、计划和控制等活动提供支持的一种方法。其中,"本"是指成本,包括固定成本和变动成本;"量"是指业务量,一般指销售量;"利"一般指利润。该方法广泛应用于企业的生产决策、成本决策和定价决策,也可以用于投融资决策等。

(二)本量利分析的基本假设

在本量利分析中,成本、业务量和利润之间的数量关系是建立在一系列假设基础上的。这些假设一方面有助于建立简单数学模型来反映成本、业务量和利润之间的关系;另一方面也使本量利分析方法在实际运用中具有一定局限性。一般而言,本量利分析主要基于以下四个假设前提。

1. 总成本由固定成本和变动成本两部分组成

该假设要求企业所发生的全部成本可以按其性态区分为固定成本、变动成本和混合成本。固定成本是指与商品产销数量没有直接联系,在一定时期和一定产销数量内其发生总额保持相对稳定的成本,例如,固定月工资、固定资产折旧费、取暖费、财产保险费、职工培训费等;变动成本是指其发生额随商品产销量的增减变化而相应变动的成本,例如,直接材料、直接人工、销售佣金等;混合成本是指除固定成本和变动成本之外的成本,它们因业务量变动而变动,但不成正比例关系,可以运用一定的方法分解为固定成本和变动成本。

2. 销售收入与业务量呈完全线性关系

该假设要求销售收入必须随业务量的变化而变化,两者之间应保持完全线性关系。但在现实中,销售收入是随着销售量增长的,而随着销售量的进一步增长,销售收入的增长速度会放慢,这主要是因为扩大销售量,通常需要通过降价才能实现。

3. 产销平衡

假设当期产品的生产量与业务量相一致,不考虑存货变动对利润的影响。即假定每期生产的产品总量均能在当期全部销售出去,实现产销平衡,在进行保本分析时不考虑存货的影响。因为保本分析是一种短期决策,仅仅考虑特定时期全部成本的收回,而存货中包含了以前时期的成本,所以不在考虑范围内。

4. 产品产销结构稳定

假设同时生产销售多种产品的企业,其销售产品的品种结构不变。即在一个生产与销售多种产品的企业,以价值形式表现的产品产销总量发生变化时,原来各产品的产销额在全部产品的产销额中所占的比重不会发生变化。这是因为在产销多种产品的情况下，保本点会受到多种产品贡献和产销结构的影响，只有在产销结构不变的基础上进行保本分析才会有效。

(三) 本量利分析的基本原理

1. 本量利分析的基本关系式

本量利分析所考虑的相关因素主要包括销售量、单价、销售收入、单位变动成本、固定成本、目标利润等。这些因素之间的关系可以用下列基本公式来反映：

$$利润 = 销售收入 - 总成本$$
$$= 销售收入 - (变动成本 + 固定成本)$$
$$= 销售量 \times 单价 - 销售量 \times 单位变动成本 - 固定成本$$
$$= 销售量 \times (单价 - 单位变动成本) - 固定成本$$

这个方程式是明确表达本量利之间数量关系的基本关系式，它含有五个相互联系的变量，给定其中四个变量，便可求出第五个变量的值。本量利分析的基本原理就是在假设单价、单位变动成本和固定成本为常量以及产销一致的基础上，将利润、产销量分别作为自变量与因变量，给定产销量，便可以求出其利润，或者给定目标利润，可计算出目标产量。

【例 2-4】某企业每月固定成本为 1000 元，生产一种产品，单价为 10 元，单位变动成本为 6 元，本月计划销售 500 件，请计算预期利润是多少。

将有关数据代入损益方程式：

利润 = 单价 × 销售量 - 单位变动成本 × 销售量 - 固定成本 = $10 \times 500 - 6 \times 500 - 1000 = 1000$（元）

本量利分析的主要优点，是可以广泛应用于规划企业经济活动和营运决策等方面，简单易行、通俗易懂和容易掌握；主要缺点是仅考虑单因素变化的影响，是一种静态分析方法，且对成本性态较为依赖。

2. 边际贡献

边际贡献又称边际利润或贡献毛益，是指产品的销售收入减去变动成本后的金额。边际贡献的表现形式有两种：一种是以绝对数表示的，分为边际贡献总额和单位边际贡献；另一种是以相对数表示的，为边际贡献率。边际贡献总额是产品销售收入减去变动成本后的余额；单位边际贡献是产品销售单价减去单位变动成本后的差额；边际贡献率是指边际贡献总额在销售收入中所占的百分比，或单位边际贡献与单价的百分比。三者之间可以相互转换，计算公式及转换关系可以表示为：

$$边际贡献总额 = 销售收入 - 变动成本$$
$$= (单价 - 单位变动成本) \times 销售量$$
$$= 单位边际贡献 \times 销售量$$
$$= 固定成本 + 利润$$

$$边际贡献率 = 边际贡献总额 / 销售收入 = 单位边际贡献 / 单价$$

另外，还可以根据变动成本率计算边际贡献率：

变动成本率 = 变动成本总额/销售收入 = 单位变动成本/单价

边际贡献率 = 1 − 变动成本率

【例2−5】 某企业生产甲产品,售价为60元/件,单位变动成本24元,固定成本总额100000元,当年产销量20000件。请计算该产品单位边际贡献、边际贡献总额、边际贡献率及利润。

单位边际贡献 = 单价 − 单位变动成本 = 60 − 24 = 36(元)

边际贡献总额 = 单位边际贡献 × 产销量 = 36 × 20000 = 720000(元)

边际贡献率 = 36 ÷ 60 × 100% = 60%

利润 = 720000 − 100000 = 620000(元)

(四)盈亏临界点的确定

盈亏平衡分析(也称保本分析),是指分析、测定盈亏平衡点,以及有关因素变动对盈亏平衡点的影响等,是本量利分析的核心内容。盈亏平衡分析的原理是,通过计算企业在利润为零时处于盈亏平衡的业务量,分析项目对市场需求变化的适应能力等。

盈亏临界点的表示方法有两种:一种是用实物数量表示,即盈亏临界点销售量;另一种是用货币金额表示,即盈亏临界点销售额。盈亏临界点销售量(额)是企业利润总额为0时的销售量(额),当达到企业的盈亏临界点销售量(额)时,企业处于保本状态;当企业的销售量(额)大于盈亏临界点销售量(额)时,企业处于盈利状态;当企业的销售量(额)小于盈亏临界点销售量(额)时,企业处于亏损状态。

1. 盈亏临界点销售量

由于计算利润的公式为:

利润 = 单价 × 销售量 − 单位变动成本 × 销售量 − 固定成本

令利润 = 0,此时的销售量为盈亏临界点销售量:

0 = 单价 × 销售量 − 单位变动成本 × 销售量 − 固定成本

盈亏临界点销售量 = 固定成本/(单价 − 单位变动成本)

又由于: 单价 − 单位变动成本 = 单位边际贡献

所以,上式又可写成:

盈亏临界点销售量 = 固定成本/单位边际贡献

这一公式适用于产销单一产品的企业。

【例2−6】 假设计划年度某种产品的销售价格为38元,单位变动成本为22元,固定成本总额为16000元,则该产品的盈亏临界点销售量为:

盈亏临界点销售量 = 16000/(38 − 22) = 1000(件)

2. 盈亏临界点销售额

由于计算利润的公式为:

利润 = 销售额 × 边际贡献率 − 固定成本

令利润 = 0，此时的销售额为盈亏临界点销售额：

0 = 盈亏临界点销售额 × 边际贡献率 − 固定成本

盈亏临界点销售额 = 固定成本/边际贡献率

【例 2 − 7】 假设某公司计划年度的销售收入为 78 万元，固定成本总额为 175000 元，变动成本率为 65%，则该公司计划年度的盈亏临界点销售额为：

盈亏临界点销售额 = 175000/(1 − 65%) = 500000(元)

3. 盈亏临界点作业率

盈亏临界点作业率，是指盈亏临界点销售量(额)占正常经营情况下销售量(额)的百分比，其计算公式为：

盈亏临界点作业率 = 盈亏临界点销售量/正常经营销售量 × 100%
= 盈亏临界点销售额/正常经营销售额 × 100%

【例 2 − 8】 沿用【例 2 − 7】的资料及有关计算结果，并假定该公司正常经营条件下的销售额为 800000 元。请计算该公司的盈亏临界点作业率。

盈亏临界点作业率 = 500000/800000 × 100% = 62.5%

计算结果表明，该公司的作业率必须达到正常作业的 62.5% 以上才能盈利，否则会发生亏损。

(五)安全边际和安全边际率

安全边际，是指正常销售额超过盈亏临界点销售额的差额，它表明销售额下降多少企业仍不至亏损。

安全边际的计算公式如下：

安全边际 = 正常销售额 − 盈亏临界点销售额

有时企业为了考察当年的生产经营情况，还可以用本年实际订货额代替正常销售额来计算安全边际。企业生产经营的安全性，还可以用安全边际率表示，即安全边际与正常销售额(或当年实际订货额)的比值。安全边际率的计算公式如下：

安全边际率 = 安全边际/正常销售额(或实际订货额) × 100%

安全边际主要用于衡量企业承受营运风险的能力，尤其是销售量下降时承受风险的能力，也可以用于盈利预测。安全边际或安全边际率的数值越大，企业发生亏损的可能性越小，抵御营运风险的能力越强，盈利能力越强。

二、预测目标利润额

利用本量利分析法预测目标利润的计算公式为：

$$P = (S - S_{Bep}) - (S - S_{Bep}) \times V_r = (S - S_{Bep}) \times (1 - V_r) = (S - S_{Bep}) \times M_r$$

式中，P 表示利润预测值；S 表示销售收入预测值；S_{Bep} 表示盈亏临界点销售收入；V_r 表示变动成本率；M_r 表示边际贡献率。

公式中 $S - S_{Bep}$ 是盈亏临界点以上的销售额，由于企业的固定成本已经从盈亏临界点销售收入中扣除，所以盈亏临界点以上的销售额减去其中的变动成本就是利润额。

【例 2-9】 承【例 2-7】，销售收入为 78 万元时的利润为：
$P = (780000 - 500000) \times (1 - 65\%) = 98000(元)$

三、预测实现目标必须达到的经济指标

影响企业利润的主要经济指标有产品销售数量、销售价格、固定成本、变动成本等。为了保证目标利润的实现，企业可以从以上几个方面采取相应措施。

【例 2-10】 某企业 2×22 年度甲产品的销售数量（Q）为 1000 件，售价（SP）为 18000 元，单位变动成本（V）为 12000 元，固定成本总额（F）为 500 万元。那么，甲产品 2×22 年度的利润为：

$P = Q \times SP - Q \times V - F$
$= 1000 \times 18000 - 1000 \times 12000 - 5000000 = 1000000(元)$

在此基础上，如果要求 2×23 年度的利润增长 12%，即达到 1120000 元 [$1000000 \times (1 + 12\%)$]，可以从以下四个方面采取措施：

(1) 增加销售数量

根据：$1120000 = 18000Q - 12000Q - 5000000$

可得：$Q = 6120000/(18000 - 12000) = 1020(件)$

在其他条件不变时，销售数量增加 2% [$(1020 - 1000)/1000 \times 100\%$]，达到 1020 件时，可实现目标利润。

(2) 提高销售价格

根据：$1120000 = 1000 \times SP - 1000 \times 12000 - 5000000$

可得：$SP = 18120000/1000 = 18120(元)$

在其他条件不变时，销售价格提高 0.67% [$(18120 - 18000)/18000 \times 100\%$]，达到 18120 元时，可实现目标利润。

(3) 降低固定成本总额

根据：$1120000 = 1000 \times 18000 - 1000 \times 12000 - F$

可得：$F = 18000000 - 12000000 - 1120000 = 4880000(元)$

在其他条件不变时，固定成本总额降低 2.4% [$(4880000 - 5000000)/5000000 \times 100\%$]，降低为 4880000 元时，可实现目标利润。

(4) 降低单位变动成本

根据：$1120000 = 1000 \times 18000 - 1000 \times V - 5000000$

可得：$V = 11880000/1000 = 11880(元)$

在其他条件不变时，单位变动成本降低 1% [$(11880 - 12000)/12000 \times 100\%$]，

降低为 11880 元时,可实现目标利润。

四、利润敏感性分析

在计算盈亏临界点时,假定单价、固定成本、单位变动成本等诸多因素均不变动,但实际上,这种静态平衡不可能维持很久,这些因素也会发生变化,如价格波动、成本升降等。所谓利润敏感性分析,就是研究本量利分析的假设前提中的诸因素发生微小变化时,对利润的影响方向和程度。

本量利分析的基本内容是确定企业的盈亏临界点,并规划目标利润。因此,基于本量利分析的利润敏感性分析主要应解决两个问题:一是各因素的变化对最终利润变化的影响程度;二是当目标利润要求变化时允许各因素的升降幅度。

(一)各因素对利润的影响程度

各相关因素变化都会引起利润的变化,但其影响程度各不相同。如有些因素虽然只发生了较小的变动,却导致利润很大的变动,利润对这些因素的变化十分敏感,称这些因素为敏感因素。与此相反,有些因素虽然变动幅度很大,却有可能只对利润产生较小的影响,称为不敏感因素。反映各因素对利润敏感程度的指标为利润的敏感系数,其计算公式为:

$$敏感系数 = \frac{利润变动百分比}{因素变动百分比}$$

【例 2-11】 某企业生产和销售单一产品,计划年度内有关数据预测如下:销售量 100000 件,单价 30 元,单位变动成本为 20 元,固定成本为 200000 元。假设没有利息支出和所得税,则预计的目标利润为:

$P = (30 - 20) \times 100000 - 200000 = 800000(元)$

(1)销售量的敏感程度。设销售量增长 10%,则:

销售量 $= 100000 \times (1 + 10\%) = 110000(件)$

利润 $= (30 - 20) \times 110000 - 200000 = 900000(元)$

利润变动百分比 $= \frac{900000 - 800000}{800000} \times 100\% = 12.5\%$

销售量的敏感系数 $= \frac{12.5\%}{10\%} = 1.25$

可见,销售量变动 10%,利润就会变动 12.5%,当销售量增长时,利润会以更大的幅度增长,这是由于企业固定成本的存在而导致的。对销售量进行敏感分析,实际上就是分析经营杠杆现象,利润对销售量的敏感系数其实就是经营杠杆系数。

(2)单价的敏感程度。设单价增长 10%,则:

单价 $= 30 \times (1 + 10\%) = 33(元)$

利润 $= (33 - 20) \times 100000 - 200000 = 1100000(元)$

利润变化的百分比 $= \frac{1100000 - 800000}{800000} \times 100\% = 37.5\%$

单价的敏感系数 $= \frac{37.5\%}{10\%} = 3.75$

可见,单价对利润的影响很大,从百分率来看,利润以3.75倍的速率随单价变化。涨价是提高盈利的有效手段,反之,价格下跌也将对企业构成很大威胁。经营者根据敏感系数分析可知,每降价1%,企业将失去3.75%的利润,必须格外予以关注。

(3)单位变动成本的敏感程度。设单位变动成本增长10%,则:

单位变动成本 = 20 × (1 + 10%) = 22(元)

利润 = (30 - 22) × 100000 - 200000 = 600000(元)

$$利润变化百分比 = \frac{600000 - 800000}{800000} \times 100\% = -25\%$$

$$单位变动成本的敏感系数 = \frac{-25\%}{10\%} = -2.5$$

由此可见,单位变动成本对利润的影响比单价小,单位变动成本每上升1%,利润将减少2.5%。但是,敏感系数绝对值大于1,说明单位变动成本的变化会造成利润更大的变化,仍属于敏感因素。

(4)固定成本的敏感程度。设固定成本增长10%,则:

固定成本 = 200000 × (1 + 10%) = 220000(元)

利润 = (30 - 20) × 100000 - 220000 = 780000(元)

$$利润变化百分比 = \frac{780000 - 800000}{800000} \times 100\% = -2.5\%$$

$$固定成本的敏感系数 = \frac{-2.5\%}{10\%} = -0.25$$

这说明固定成本每上升1%,利润将减少0.25%。

敏感系数的绝对值越大,该因素越敏感。由【例2-11】可知,将这四个因素按敏感系数的绝对值排列,其顺序依次是单价、单位变动成本、销售量、固定成本。即:影响利润最大的因素是单价,然后才是单位变动成本、销售量和固定成本。上述各因素敏感系数的排序是在【例2-11】所设定的条件下得到的,如果条件发生变化,各因素敏感系数的排序也可能发生变化。

(二)目标利润要求变化时允许各因素的升降幅度

当目标利润有所变化时,只有通过调整各因素现有水平才能达到目标利润变动的要求。因此,对各因素允许升降幅度的分析,实质上是各因素对利润影响程度分析的反向推算,在计算上表现为敏感系数的倒数。

第三节 财务预算

一、全面预算

(一)全面预算的内容

全面预算是通过企业内外部环境的分析,在预测与决策的基础上,调配相应的资源,对企业未来一定时期的经营和财务等作出一系列具体计划。预算以战略规划目标为导向,它既是决策的具体化,又是控制经营和财务活动的依据。预算是计划的数字化、表格化、明细化的表达。全面预算体现了预算的全员、全过程、全部门的特征。

全面预算通常包括经营预算、资本支出预算和财务预算三部分,其中,财务预算的综合性最强,是预算的核心内容。而财务预算的各项指标又依赖于经营预算和资本支出预算。

(二) 全面预算的作用

全面预算管理,是指企业以战略目标为导向,通过对未来一定期间内的经营活动和相应的财务结果进行全面预测和筹划,科学、合理配置企业各项财务和非财务资源,并对执行过程进行监督和分析,对执行结果进行评价和反馈,指导经营活动的改善和调整,进而推动实现企业战略目标的管理活动。

1. 明确企业经营目标

全面预算是企业目标的具体化,而预算管理体系将企业各个部门都纳入预算来管理,将企业的总目标分解为各个部门的目标,使各个部门根据各自的预算,对当年的生产经营情况有明确的目标。

2. 协调各方面关系

为了使各个职能部门向着共同的战略目标前进,它们的经济活动必须密切配合,相互协调,统筹兼顾,全面安排,搞好综合平衡。各部门之间只有协调一致,才能最大限度地实现企业整体目标。全面预算经过综合平衡后可以提供解决各级各部门冲突的最佳办法,代表企业的最优方案,可以使各级各部门的工作在此基础上协调进行。

3. 控制经济活动

通过预算指标可以控制实际活动过程,随时发现问题,采取必要的措施,纠正不良偏差,避免经营活动的漫无目的、随心所欲,通过有效的方式实现预期目标。因此,预算具有规划、控制、引导企业经济活动有序进行、以最经济有效的方式实现预定目标的功能。

4. 考核评价业绩

预算作为企业财务活动的行为标准,使各项活动的实际执行有章可循。预算标准可以作为各部门责任考核的依据。经过分解落实的预算规划目标能与部门、责任人的业绩考评结合起来,成为奖勤罚懒、评估优劣的准绳。

二、财务预算

(一) 财务预算的内容

在企业全面预算体系中,财务预算非常重要,财务预算包括:现金预算、预计利润表、预计资产负债表和预计现金流量表。

现金预算又称现金收支预算,是反映企业在预算期内全部现金流入和现金流出,以及由此预计的现金收支所产生的结果的预算。现金预算以销售预算、生产预算、成本与费用预算、预计资本支出预算为基础编制,是财务预算的核心。现金预算的内容包括现金收入、现金支出、现金余缺及资金的筹集与运用四个部分。现金收入包括期初现金余额、预算期销售现金收入;现金支出包括预算期内各种现金支出;现金余缺指预算期内现金收入和现金支出的差额;资金的筹集与运用反映预算期内向银行借款、还款、支付利息、短期投资、投资收回等内容。

预计利润表是反映和控制企业在预算期内损益情况和盈利水平的预算,它是在汇总销售预算、各项成本费用预算、资本支出预算等资料的基础上编制的;预计资产负债表是用来反映企业在计划期末预计的财务状况,它的编制须以计划期开始日的资产负债表为基础,然后结合计划期间业务预算、专门决策预算、现金预算和预计利润表进行编制;预计现金流量表是从现金流入和流出两个方面反映企业经营活动、投资活动和筹资活动所产生的现金流量的预算。

(二)财务预算的编制方法

常见的预算编制方法主要包括增量预算法与零基预算法、固定预算法与弹性预算法、定期预算法与滚动预算法。

1. 增量预算法与零基预算法

按其出发点的特征不同,编制预算的方法可分为增量预算法和零基预算法两大类。

(1)增量预算法

增量预算法是指以历史期实际经济活动及其预算为基础,结合预算期经济活动及相关影响因素的变动情况,通过调整历史期经济活动项目及金额形成预算的预算编制方法。增量预算法以过去的费用发生水平为基础,主张不需要在预算内容上作较大的调整,它的编制遵循以下假定:

第一,企业现有业务活动是合理的,不需要进行调整;

第二,企业现有各项业务的开支水平是合理的,在预算期予以保持;

第三,以现有业务活动和各项活动的开支水平,确定预算期各项活动的预算数。

增量预算法的缺陷是可能导致无效费用开支项目无法得到有效控制,因为不加分析地保留或接受原有的成本费用项目,可能使原来不合理的费用继续开支而得不到控制,形成不必要开支合理化,造成预算上的浪费。

(2)零基预算法

零基预算法是指企业不以历史期经济活动及其预算为基础,以零为起点,从实际需要出发分析预算期经济活动的合理性,经综合平衡,形成预算的预算编制方法。采用零基预算法在编制费用预算时,不考虑以往期间的费用项目和费用数额,主要根据预算期的需要和可能分析费用项目和费用数额的合理性,综合平衡编制费用预算。

零基预算法的程序如下:

第一,根据企业预算期利润目标、销售目标和生产指标等,分析预算期各项费用项目,并预测费用水平;

第二,拟订预算期各项费用的预算方案,衡量轻重缓急,划分费用支出的等级并排列先后顺序;

第三,根据企业预算期预算费用控制总额目标,按照费用支出等级及顺序,分解落实相应的费用控制目标,编制相应的费用预算。

零基预算的主要优点:①以零为起点编制预算,不受历史期经济活动中的不合理因素影响,能够灵活应对内外环境的变化,预算编制更贴近预算期企业经济活动需要;②有助于增加预算编制透明度,有利于进行预算控制。

零基预算的主要缺点:①预算编制工作量较大、成本较高;②预算编制的准确性受企业管理水平和相关数据标准准确性影响较大。

零基预算适用于企业各项预算的编制,特别是不经常发生的预算项目或预算编制基础变化较大的预算项目。

2. 固定预算法与弹性预算法

按其业务量基础的数量特征不同,可分为固定预算法和弹性预算法两大类。

(1)固定预算法

固定预算法又称静态预算法,是指在编制预算时,只将预算期内正常、可实现的某一固定的业务量(如生产量、销售量等)水平作为唯一基础来编制预算的方法。

固定预算法的缺点表现在两个方面:①适应性差。在这种方法下,不论预算期内业务量水平实际可能发生哪些变动,都只按事先确定的某一个业务量水平作为编制预算的基础。②可比性差。当实际的业务量与编制预算所依据的业务量发生较大差异时,有关预算指标的实际数与预算数就会因业务量基础不同而失去可比性。

固定预算法一般适用于经营业务稳定,生产产品产销量稳定,能准确预测产品需求及产品成本的企业,也可用于编制固定费用预算。

(2)弹性预算法

弹性预算法又称动态预算法,是在成本性态分析的基础上,依据业务量、成本和利润之间的联动关系,按照预算期内可能的一系列业务量(如生产量、销售量、工时等)水平编制系列预算的方法。理论上,弹性预算法适用于编制全面预算中所有与业务量有关的预算,但实务中主要用于编制成本费用预算和利润预算,尤其是成本费用预算。

弹性预算的主要优点:考虑了预算期可能的不同业务量水平,更贴近企业经营管理实际情况。主要缺点:一是编制工作量大,二是市场及其变动趋势预测的准确性、预算项目与业务量之间依存关系的判断水平等会对弹性预算的合理性造成较大影响。

弹性预算适用于企业各项预算的编制,特别是市场、产能等存在较大不确定性,且其预算项目与业务量之间存在明显的数量依存关系的预算项目。

3. 定期预算法与滚动预算法

按其预算期的时间特征不同,可分为定期预算法和滚动预算法两大类。

(1)定期预算法

定期预算法是指在编制预算时,以不变的会计期间(如日历年度)作为预算期的一种编制预算的方法。这种方法的优点是能够使预算期间与会计期间相对应,便于将实际数与预算数进行对比,也有利于对预算执行情况进行分析和评价。但该方法不利于前后各个期间的预算衔接,不能适应连续不断的业务活动过程的预算管理。

(2)滚动预算法

滚动预算法是指企业根据上一期预算执行情况和新的预测结果,按既定的预算编制周期和滚动频率,对原有的预算方案进行调整和补充,逐期滚动,持续推进的预算编制方法。

采用滚动预算法编制预算,按照滚动的时间单位不同可分为逐月滚动、逐季滚动和混合滚动。

运用滚动预算法编制预算的主要优点是:通过持续滚动预算编制、逐期滚动管理,实现动态反映市场、建立跨期综合平衡,从而有效指导企业营运,强化预算的决策与控制职能。主要缺点:一是预算滚动的频率越高,对预算沟通的要求越高,预算编制的工作量越大;二是过高的滚动频率容易增加管理层的不稳定感,导致预算执行者无所适从。

第三章 筹资与股利分配管理

第一节 筹资管理概述

一、筹资分类

企业筹资,是指企业为了满足经营活动、投资活动、资本结构管理和其他需要,运用一定的筹资方式,通过一定的筹资渠道,筹措和获取所需资金的一种财务行为。

企业采用不同方式所筹集的资金,按照不同的分类标准,可分为不同的筹资类别。

按企业所取得资金的权益特性不同,企业筹资分为股权筹资、债务筹资及混合筹资三类。

股权筹资是股东投入的、企业依法长期拥有、能够自主调配运用的资本;债务筹资是企业按合同向债权人取得的、在规定期限内需要清偿的债务;混合筹资兼具股权与债务筹资性质,我国上市公司目前最常见的混合筹资方式是发行可转换债券和发行认股权证。

按是否借助于金融机构为媒介来获取社会资金,企业筹资分为直接筹资和间接筹资两类。

直接筹资是企业直接与资金供应者协商融通资金的筹资活动,不需要通过金融机构来筹措资金,是企业直接从社会取得资金的方式,主要有发行股票、发行债券、吸收直接投资等。间接筹资是企业借助于银行和非银行金融机构而筹集资金,基本方式是银行借款、融资租赁等。

按资金的来源范围不同,企业筹资分为内部筹资和外部筹资两种类型。

内部筹资是指企业通过利润留存而形成的筹资来源;外部筹资是指企业向外部筹措资金而形成的筹资来源。

按所筹集资金的使用期限不同,企业筹资分为长期筹资和短期筹资两种类型。

长期筹资是指企业筹集使用期限在 1 年以上的资金;短期筹资是指企业筹集使用期限在 1 年以内的资金。

二、筹资管理原则

企业筹资管理的基本要求,是要在严格遵守国家法律法规的基础上,分析影响筹资的各种因素,权衡资金的性质、数量、成本和风险,合理选择筹资方式,提高筹资效果。

1. 筹措合法原则,是指企业筹资要遵循国家法律法规,合法筹措资金。
2. 规模适当原则,是指要根据生产经营及其发展的需要,合理安排资金需求。

3. 取得及时原则,是指要合理安排筹资时间,适时取得资金。
4. 来源经济原则,是指要充分利用各种筹资渠道,选择经济、可行的资金来源。
5. 结构合理原则,是指筹资管理要综合考虑各种筹资方式,优化资本结构。

第二节 筹资方式

一、股权筹资

股权筹资是企业最基本的筹资方式,它包括吸收直接投资、发行股票和留存收益三种基本形式。

(一)吸收直接投资

吸收直接投资,是指企业按照"共同投资、共同经营、共担风险、共享收益"的原则,直接吸收国家、法人、个人和外商投入资金的一种筹资方式。吸收直接投资是非股份制企业筹集权益资本的基本方式,采用吸收直接投资的企业,资本不分为等额股份,无须公开发行股票。吸收直接投资的实际出资额中,注册资本部分,形成实收资本;超过注册资本的部分,属于资本溢价,形成资本公积。

1. 吸收直接投资的出资方式

吸收直接投资的出资方式包括以货币资产出资、以实物资产出资、以土地使用权出资、以工业产权出资和以特定债权出资。

特定债权,是指企业依法发行的可转换债券,以及按照国家有关规定可以转作股权的债权。在实践中,企业可以将特定债权转为股权的情形主要有:①上市公司依法发行的可转换债券;②金融资产管理公司持有的国有及国有控股企业债权;③企业实行公司制改建时,经银行以外的其他债权人协商同意,可以按照有关协议和企业章程的规定,将其债权转为股权;④根据《利用外资改组国有企业暂行规定》,国有企业的境内债权人将持有的债权转给外国投资者,企业通过债转股改组为外商投资企业;⑤按照《企业公司制改建有关国有资本管理与财务处理的暂行规定》,国有企业改制时,账面原有应付工资余额中欠发职工工资部分,在符合国家政策、职工自愿的条件下,依法扣除个人所得税后可转为个人投资;未退还职工的集资款也可转为个人投资。

2. 吸收直接投资的筹资特点

(1)能够尽快形成生产能力

吸收直接投资不仅可以取得一部分货币资金,而且能够直接获得所需的先进设备和技术,尽快形成生产经营能力。

(2)容易进行信息沟通

吸收直接投资的投资者比较单一,股权没有社会化、分散化,投资者还可以直接担任公司管理层职务,公司与投资者易于沟通。

(3)资本成本较高

相对于股票筹资方式来说,吸收直接投资的资本成本较高。但与发行股票相比,吸收直接投资的手续相对比较简便,筹资费用较低。

(4)不易进行产权交易

吸收直接投资由于没有以证券为媒介,不利于产权交易,难以进行产权转让。

（二）发行股票

股票是股份有限公司为筹措股权资本而发行的有价证券，是公司签发的证明股东持有公司股份的凭证。股票作为一种所有权凭证，代表着对发行公司净资产的所有权。股票只能由股份有限公司发行。

1. 股票的种类

（1）按股东权利和义务的不同，分为普通股股票和优先股股票。

（2）按票面是否记名，分为记名股票和无记名股票。

（3）按票面是否标明金额，分为有面值股票和无面值股票。

2. 股票的发行方式

（1）公开发行。公开发行股票，是指股份公司通过中介机构向社会公众公开发行股票。采用募集设立方式成立的股份有限公司，向社会公开发行股票时，必须由有资格的证券经营中介机构承销，如证券公司、信托投资公司等。上市公司公开发行股票，既包括首次公开发行股票，也包括增发新股和配股。

（2）非公开发行。非公开发行股票，是指股份公司只向少数特定对象发行股票，一般不需要中介机构承销。

3. 发行普通股股票的筹资特点

普通股股票简称普通股，是公司发行的代表着股东享有平等的权利、义务，不加特别限制的，股利不固定的股票。

（1）两权分离，有利于公司自主经营管理。公司通过对外发行股票筹资，公司的所有权与经营权相分离，分散了公司控制权，有利于公司自主管理、自主经营。普通股筹资的股东众多，公司日常经营管理事务主要由公司的董事会和经理层负责。但公司的控制权分散，公司也容易被经理人控制。

（2）资本成本较高。股票筹资比债务筹资的成本高，这是因为：①对投资者来说，投资于普通股得不到固定的收益，而且普通股除依法转让以外不能要求收回投资，当公司发生亏损或者破产清算时还要以投资承担有限责任，投资风险很大。因此，投资者对普通股投资要求得到较高的收益率，这就增加了筹资公司的资本成本。②股利由净利润支付，而净利润是企业利润总额扣除应缴所得税后的部分，筹资公司得不到抵减税款的好处。③普通股的发行手续复杂，发行费用一般比其他筹资方式高。

（3）能提高公司的社会声誉，促进股权流通和转让。普通股筹资，股东的大众化为公司带来了广泛的社会影响。特别是上市公司，其股票的流通性强，有利于市场确认公司的价值。普通股筹资以股票作为媒介，便于股权的流通和转让，吸收新的投资者。

（4）不易及时形成生产能力。普通股筹资吸收的一般都是货币资金，还需要通过购置和建造固定资产等形成生产经营能力。相对吸收直接投资方式来说，不易及时形成生产能力。

4. 发行优先股股票的筹资特点

优先股股票简称优先股，是公司发行的相对于普通股具有一定优先权的股票。其优先权利主要表现在股利分配优先权和分配剩余财产优先权上。优先股股东在股东大会上无表决权，在参与公司经营管理上受到一定限制，仅对涉及优先股股利的问题有表决权。

（1）优点。优先股的股息率一般为固定比率，使得优先股融资具有财务杠杆作用；优先股一般没有到期日，实际上可将优先股看成一种永久性负债，但不需要偿还本金，只需支付固定股息;优先股股东也是公司的所有者,不能强迫公司破产,因而发行优先股能增强公司的信誉,提高公司的举债能力;另外,由于优先股股东一般没有投票权,所以发行优先股不会因稀释控制权而引起普通股股东的反对,其筹资能顺利进行。当使用债务融资风险很大,利率很高,而发行普通股又会产生控制权问题时,优先股是一种较好的筹资选择。

(2)缺点。优先股的资本成本虽低于普通股,但高于债券;优先股在股息分配、资产清算等方面拥有优先权,使普通股股东在公司经营不稳定时收益受到影响;优先股筹资后对公司的限制较多。

(三) 留存收益

企业通过合法有效经营所实现的税后利润,都属于企业的所有者。企业将本年度的利润部分甚至全部留存下来的原因很多,主要包括:第一,法律法规从保护债权人利益和要求企业可持续发展等角度出发,限制企业将利润全部分配出去。《中华人民共和国公司法》(以下简称《公司法》)规定,企业每年的税后利润,应当提取利润的10%列入公司法定公积金。公司法定公积金累计额为公司注册资本的50%以上的,可以不再提取。第二,企业基于自身的扩大再生产和筹资需求,也会将一部分利润留存下来。

1. 留存收益的筹资途径

(1)提取盈余公积金

盈余公积金,是指有指定用途的留存净利润,其提取基数是抵减年初累计亏损后的本年度净利润。盈余公积金主要用于企业未来的经营发展,经投资者审议后也可以用于转增股本(实收资本)和弥补以前年度经营亏损。

(2)未分配利润

未分配利润,是指未限定用途的留存净利润。未分配利润有两层含义:第一,这部分净利润本年没有分配给公司的股东投资者;第二,这部分净利润未指定用途,可以用于企业未来经营发展、转增股本(实收资本)、弥补以前年度经营亏损、以后年度利润分配。

2. 利用留存收益的筹资特点

(1)不用发生筹资费用

与普通股筹资相比较,留存收益筹资不需要发生筹资费用,资本成本较低。

(2)维持公司的控制权分布

利用留存收益筹资,不用对外发行新股或吸收新投资者,由此增加的权益资本不会改变公司的股权结构,不会稀释原有股东的控制权。

(3)筹资数额有限

留存收益的最大数额是企业当期的净利润和以前年度未分配利润之和,不如外部筹资一次性可以筹集大量资金。

二、债务筹资

债务筹资的前提是资产回报率大于债务利率。债务筹资不仅可以满足企业投资和经营的资金需要,而且存在杠杆效应,能够提高股权资本回报率。债务资金的高风险性,能够限制经理人的扩张冲动,因此,债务筹资也具有公司治理效应。债务筹资主要包括银行借款、发行债券、融资租赁和商业信用等方式,其中商业信用是由企业间的商品或劳务交易形成的,故在"第五章 营运资金管理"中予以介绍。

（一）银行借款

银行借款是指企业向银行或其他非银行金融机构借入的、需要还本付息的款项,包括偿还期限超过1年的长期借款和不足1年的短期借款,主要用于企业购建固定资产和满足流动资金周转的需要。

1. 银行借款的种类

（1）按提供贷款的机构,分为政策性银行贷款、商业银行贷款和其他金融机构贷款。

（2）按机构对贷款有无担保要求,分为信用贷款和担保贷款。

（3）按企业取得贷款的用途,分为基本建设贷款、专项贷款和流动资金贷款。

2. 长期借款的保护性条款

长期借款的金额高、期限长、风险大,除借款合同的基本条款之外,债权人通常还在借款合同中附加各种保护性条款,以确保企业按要求使用借款和按时足额偿还借款。保护性条款一般有以下三类:

（1）例行性保护条款

例行性保护条款作为例行常规,在大多数借款合同中都会出现。主要包括:①定期向提供贷款的金融机构提交公司财务报表,以使债权人随时掌握公司的财务状况和经营成果;②保持存货储备量,不准在正常情况下出售较多的非产成品存货,以保持企业正常生产经营能力;③及时清偿债务,包括到期清偿应缴纳税金和其他债务,以防被罚款而造成不必要的现金流失;④不准以资产作其他承诺的担保或抵押;⑤不准贴现应收票据或出售应收账款,以避免或有负债等。

（2）一般性保护条款

一般性保护条款是对企业资产的流动性及偿债能力等方面的要求条款,这类条款应用于大多数借款合同,主要包括:①保持企业的资产流动性。要求企业需持有一定最低额度的货币资金及其他流动资产,以保持企业资产的流动性和偿债能力,一般规定了企业必须保持的最低营运资金数额和最低流动比率数值。②限制企业非经营性支出。如限制支付现金股利、购入股票和职工加薪的数额规模,以减少企业资金的过度外流。③限制企业资本支出的规模。控制企业资产结构中的长期性资产的比例,以减少公司日后不得不变卖固定资产以偿还贷款的可能性。④限制公司再举债规模。目的是防止其他债权人取得对公司资产的优先索偿权。⑤限制公司的长期投资。如规定公司不准投资于短期内不能收回资金的项目,不能未经银行等债权人同意而与其他公司合并等。

（3）特殊性保护条款

特殊性保护条款是针对某些特殊情况而出现在部分借款合同中的条款,只有在特殊情况下才能生效。主要包括:要求公司的主要领导人购买人身保险;借款的用途不得改变;违约惩罚条款;等等。

3. 银行借款的筹资特点

（1）筹资速度快

与发行公司债券、融资租赁等其他债务筹资方式相比,银行借款的程序相对简单,所花时间较短,公司可以迅速获得所需资金。

（2）资本成本较低

利用银行借款筹资,一般都比发行债券和融资租赁的利息负担要低。而且,无须支付证券发行费用、租赁手续费用等筹资费用。

(3) 筹资弹性较大

在借款之前,公司根据当时的资本需求与银行等贷款机构直接商定贷款的时间、数量和条件。在借款期间,若公司的财务状况发生某些变化,也可与债权人再协商,变更借款数量、时间和条件,或提前偿还本息。因此,借款筹资对公司具有较大的灵活性,特别是短期借款更是如此。

(4) 限制条款多

与发行公司债券相比较,银行借款合同对借款用途有明确规定,通过借款的保护性条款,对公司资本支出额度、再筹资、股利支付等行为有严格的约束,以后公司的生产经营活动和财务政策必将受到一定程度的影响。

(5) 筹资数额有限

银行借款的数额往往受到贷款机构资本实力的制约,难以像发行公司债券、股票能一次筹集到大笔资金,无法满足公司大规模筹资的需要。

(二) 发行公司债券

公司债券是由企业发行的有价证券,是企业为筹措资金而公开负担的一种债务契约,表示企业借款后,有义务偿还其所借金额的一种期票,即发行债券的企业以债券为书面承诺,答应在未来的特定日期,偿还本金并按事先规定的利率付给利息。发行公司债券是企业筹集债务资金的重要途径。

1. 公司债券的种类

公司债券的种类很多,发行企业可根据需要和可能合理选择债券的种类。按债券是否记名,可分为记名债券和无记名债券;按能否转换为公司股票,可分为可转换债券和不可转换债券;按是否上市流通,可分为上市债券和非上市债券;按偿还期限的长短,可分为长期债券和短期债券;按支付利息的形式不同,可分为固定利息债券、浮动利息债券和贴息债券;按发行的保证条件不同,可分为抵押债券、担保债券和信用债券。

2. 发行公司债券的筹资特点

(1) 一次筹资数额大

利用发行公司债券筹资能够筹集大额的资金,满足公司大规模筹资的需要。这是与银行借款、融资租赁等债务筹资方式相比,企业选择发行公司债券筹资的主要原因。

(2) 募集资金的使用限制条件少

与银行借款相比,发行公司债券募集的资金在使用上具有相对灵活性和自主性。特别是发行公司债券所筹集的大额资金,能够用于流动性较差的长期资产上。从资金使用的性质来看,银行借款一般期限短、额度小,主要用途为增加适量存货或增加小型设备等。反之,期限较长、额度较大,用于公司扩展、增加大型固定资产和基本建设投资的需求多采用发行公司债券方式筹资。

(3) 资本成本负担较高

相对于银行借款筹资,发行公司债券的利息负担和筹资费用都比较高。而且债券不能像银行借款一样进行债务展期,加上大额的本金和较高的利息,在固定的到期日将会对公司现金流量产生巨大的财务压力。不过尽管公司债券的利息比银行借款高,但公司债券的期限长、利率相对固定。在预计市场利率持续上升的金融市场环境下,发行公司债券筹资能够锁定资本成本。

(4) 提高公司的社会声誉

公司债券的发行主体有严格的资格限制。发行公司债券的主体往往是股份有限公司和有实力的有限责任公司。通过发行公司债券,一方面筹集了大量资金,另一方面扩大了公司的社会影响。

(三) 融资租赁

租赁,是指在一定期间内,出租人将资产的使用权让与承租人以获取对价的合同。租赁分为融资租赁和经营租赁。

1. 融资租赁的基本形式

(1) 直接租赁

这种租赁是指出租人直接向承租人提供租赁资产的租赁形式。直接租赁只涉及出租人和承租人双方。

(2) 杠杆租赁

这种租赁是有贷款者参与的一种租赁形式。在这种形式下,出租人引入资产时只支付所需款项的一部分(通常为资产价值的20%~40%),其余款项则通过该资产抵押担保的方式,向第三方申请贷款解决。资产出租后,出租人以收取的租金偿还贷款。这样,出租人利用自己的少量资金推动了大额的租赁业务,故称为杠杆租赁。

(3) 售后回租

这种租赁是指承租人先将某资产卖给出租人,再将该资产租回的一种租赁形式。在这种形式下,承租人一方面通过出售资产获得了现金,另一方面又通过租赁满足了对资产的需要,而租赁费却可以分期支付。

2. 融资租赁的筹资特点

(1) 无须大量资金就能迅速获得资产

在缺乏资金情况下,融资租赁能迅速获得所需资产。

(2) 财务风险小

能够避免一次性支付的负担,而且租金支出是未来的、分期的,企业无须一次筹集大量资金偿还。还款时,租金可以通过项目本身产生的收益来支付,是一种基于未来的"借鸡生蛋、卖蛋还钱"的筹资方式。

(3) 筹资的限制条件较少

企业运用股票、债券、长期借款等筹资方式,都受到相当多资格条件的限制,如足够的抵押品、银行贷款的信用标准、发行债券的政府管制等。相比之下,租赁筹资的限制条件很少。

(4) 租赁能延长资金融通的期限

通常为购置设备而贷款的借款期限比该资产的物理寿命要短得多,而租赁的融资期限却可接近其全部使用寿命期限;并且其金额随设备价款金额而定,无融资额度的限制。

(5) 资本成本较高

租赁的租金通常比银行借款或发行公司债券所负担的利息高得多,租金总额通常要比设备价值高出30%。尽管与借款方式相比,租赁能够避免到期一次性集中偿还的财务压力,但高额的固定租金也给各期的经营带来了负担。

三、筹资方式创新

企业筹资方式和筹资渠道的变化与国家金融业的发展密切相关。随着经济的发展和金融政策的完善,我国企业筹资方式和筹资渠道逐步呈现多元化趋势。

(一)商业票据融资

商业票据融资是指通过商业票据进行融通资金。商业票据是一种商业信用工具,是由债务人向债权人开出的、承诺在一定时期内支付一定款项的支付保证书,即由无担保、可转让的短期期票组成。商业票据融资具有融资成本较低、灵活方便等特点。

(二)中期票据融资

中期票据是指具有法人资格的非金融类企业在银行间债券市场按计划分期发行的、约定在一定期限还本付息的债务融资工具。中期票据具有如下特点:

(1)发行机制灵活。中期票据发行采用注册制,一次注册通过后两年内可分次发行;可选择固定利率或浮动利率,到期还本付息;付息可选择按年或季等。

(2)用款方式灵活。中期票据可用于中长期流动资金、置换银行借款、项目建设等。

(3)融资额度大。企业申请发行中期票据,按规定发行额度最多可达企业净资产的40%。

(4)使用期限长。中期票据的发行期限在1年以上,一般3~5年,最长可达10年。

(5)成本较低。根据企业信用评级和当时市场利率,中期票据利率较中长期贷款等融资方式往往低20%~30%。

(6)无须担保抵押。发行中期票据,主要依靠企业自身信用,无须担保和抵押。

(三)股权众筹融资

股权众筹融资主要是指通过互联网形式进行公开小额股权融资的活动。股权众筹融资必须通过股权众筹融资中介机构平台(互联网网站或其他类似的电子媒介)进行。股权众筹融资方应为小微企业,应通过股权众筹融资中介机构向投资人如实披露企业的商业模式、经营管理、财务、资金使用等关键信息,不得误导或欺诈投资者。股权众筹融资业务由证监会负责监管。

(四)企业应收账款证券化

企业应收账款资产支持证券,是指证券公司、基金管理公司子公司作为管理人,通过设立资产支持专项计划开展资产证券化业务,以企业应收账款债权为基础资产或基础资产现金流来源所发行的资产支持证券。

根据《应收账款质押登记办法》,应收账款是指权利人因提供一定的货物、服务或设施而获得的要求义务人付款的权利以及依法享有的其他付款请求权,包括现有的和未来的金钱债权,但不包括因票据或其他有价证券而产生的付款请求权,以及法律、行政法规禁止转让的付款请求权。

上述质押登记办法所称应收账款包括以下权利:

(1)销售、出租产生的债权,包括销售货物,供应水、电、气、暖,知识产权的许可使用,出租动产或不动产等;

(2)提供医疗、教育、旅游等服务或劳务产生的债权;

(3)能源、交通运输、水利、环境保护、市政工程等基础设施和公用事业项目收益权;

(4)提供贷款或其他信用活动产生的债权；
(5)其他以合同为基础的具有金钱给付内容的债权。

(五)融资租赁债权资产证券化

融资租赁债权资产支持证券是指证券公司、基金管理公司子公司作为管理人，通过设立资产支持专项计划开展资产证券化业务，以融资租赁债权为基础资产或基础资产现金流来源所发行的资产支持证券。

(六)商圈融资

商圈融资模式包括商圈担保融资、商铺经营权和租赁权质押、仓单质押、存货质押、动产质押、企业集合债券等。发展商圈融资是缓解中小商贸企业融资困难的重大举措，有助于增强中小商贸经营主体的融资能力，促进中小商贸企业健康发展；有助于促进商圈发展，增强经营主体集聚力，提升产业关联度，整合产业价值链，从而带动税收、就业增长和区域经济发展，实现搞活流通、扩大消费的战略目标；也有助于银行业金融机构和融资性担保机构等培养长期稳定的优质客户群，扩大授信规模，降低融资风险。

(七)供应链融资

供应链融资，是将供应链核心企业及其上下游配套企业作为一个整体，根据供应链中相关企业的交易关系和行业特点制定基于货权和现金流控制的"一揽子"金融解决方案的一种融资模式。供应链融资解决了上下游企业融资难、担保难的问题，而且通过打通上下游融资瓶颈，还可以降低供应链条融资成本，提高核心企业及配套企业的竞争力。

(八)绿色信贷

绿色信贷，也称可持续融资或环境融资。它是指银行业金融机构为支持环保产业、倡导绿色文明、发展绿色经济而提供的信贷融资。绿色信贷重点支持节能环保、清洁生产、清洁能源、生态环境、基础设施绿色升级和绿色服务六大类产业。

(九)能效信贷

能效信贷，是指银行业金融机构为支持用能单位提高能源利用效率，降低能源消耗而提供的信贷融资。能效信贷业务的重点服务领域包括：

(1)工业节能，主要涉及电力、煤炭、钢铁、有色金属、石油石化、化工、建材、造纸、纺织、印染、食品加工等重点行业；

(2)建筑节能，主要涉及既有和新建居住建筑，国家机关办公建筑和商业、服务业、教育、科研、文化、卫生等其他公共建筑，建筑集中供热、供冷系统节能设备及系统优化，可再生能源建筑应用等；

(3)交通运输节能，主要涉及铁路运输、公路运输、水路运输、航空运输和城市交通等行业；

(4)与节能项目、服务、技术和设备有关的其他重要领域。

能效信贷包括用能单位能效项目信贷和节能服务公司合同能源管理信贷两种方式。

(1)用能单位能效项目信贷，是指银行业金融机构向用能单位投资的能效项目提供的信贷融资。用能单位是项目的投资人和借款人。

(2)合同能源管理信贷，是指银行业金融机构向节能服务公司实施的合同能源管理项目提供的信贷融资。节能服务公司是项目的投资人和借款人。

第三节 资本成本与资本结构

一、资本成本的概念

资本成本是指资金使用者为筹集和使用资金所支付的代价,包括筹资费用和用资费用。资本成本是资本所有权与资本使用权分离的结果。对出资者而言,由于让渡了资本使用权,必须要求取得一定的补偿,资本成本表现为让渡资本使用权所带来的投资报酬。对筹资者而言,由于取得了资本使用权,必须支付一定代价,资本成本表现为取得资本使用权所付出的代价。

资本成本可用绝对数表示,也可用相对数表示。但为了便于比较和应用,一般采用相对数表示资本成本,它是年用资费用与净筹资额的比率,计算公式为:

$$资本成本 = 年用资费用/(筹资总额 - 筹资费用)$$
$$= 年用资费用/[筹资总额 \times (1 - 筹资费用率)]$$

式中,年用资费用是指在资金使用期内按年或按月支付给资金供应者的报酬,如股息、红利、利息、租金等;筹资总额是指通过某种方式筹集的全部资金;筹资费用是指在资金筹集过程中所支付的费用,如委托证券经营机构代理发行股票、债券所支付的代办费等,这些费用都是一次性的,不需要在资金使用期内按年、按月支付。筹资费用实际上是筹资总额的减少,所以要从筹资总额中扣除。

二、各种资本成本的计算

(一) 银行借款资本成本

银行借款资本成本包括借款利息和借款手续费用,手续费用是筹资费用的具体表现。利息费用在税前支付,可以起抵税作用。一般计算税后资本成本,以便与权益资本成本具有可比性。银行借款资本成本的计算公式为:

$$K_l = i(1-T)/(1-f) \times 100\%$$

式中,K_l 表示银行借款资本成本;i 表示银行借款年利率;f 表示筹资费用率;T 表示所得税税率。

【例 3-1】 甲公司取得 4 年期长期借款 100 万元,年利率为 6%,每年付息一次,到期一次还本,借款费用率为 0.2%,企业所得税税率为 25%,该项借款的资本成本是多少?

$$K = 6\% \times (1-25\%)/(1-0.2\%) \times 100\% = 4.51\%$$

(二) 公司债券的资本成本

公司债券资本成本包括债券利息和借款发行费用。债券可以溢价发行,也可以折价发行,其资本成本的计算公式为:

$$K_b = I(1-T)/B(1-f) \times 100\%$$

式中，B表示公司债券筹资总额；I表示公司债券年利息；f表示筹资费用率；T表示所得税税率。

【例3-2】 甲公司以6500万元的价格，溢价发行面值为6000万元、期限为5年、利率为8%的公司债券，每年付息一次，到期一次还本。筹资费用率为2%，所得税税率为25%，则该债券的资本成本是多少？

$$K = \frac{6000 \times 8\% \times (1-25\%)}{6500 \times (1-2\%)} \times 100\% = 5.65\%$$

（三）普通股的资本成本

普通股的资本成本是企业以普通股方式筹集资金所支付的各项费用。企业发行普通股筹集资金要支付筹资费用和股利，普通股的股利是不固定的，一般假定各期股利的变化呈一定规律性。如果是上市公司普通股，其资本成本还可以根据该公司股票收益率与市场收益率的相关性，按资本资产定价模型法估计。

1. 股利增长模型法

假定资本市场有效，股票市场价格与价值相等。假定某股票本期支付的股利为D_0，未来各期股利按g速度增长。目前股票市场价格为P_0，则普通股资本成本为：

$$K_S = D_0(1+g)/[P_0(1-f)] + g = D_1/[P_0(1-f)] + g$$

式中，K_S表示普通股资本成本；D_0表示当年的每股股利；D_1表示预计下年的每股股利；P_0表示当前每股市价；f表示普通股筹资费用率；g表示股利的年增长率。

【例3-3】 甲公司发行普通股每股市价为20元，预计下年每股股利为2元，每股筹资费用率为2.5%，预计股利每年增长3%，则该普通股资本成本是多少？

$$K = 2/[20 \times (1-2.5\%)] + 3\% = 13.26\%$$

2. 资本资产定价模型法

假定资本市场有效，股票市场价格与价值相等。假定无风险报酬率为R_f，市场平均报酬率为R_m，某股票贝塔系数为β，则普通股资本成本为：

$$K_S = R_f + \beta(R_m - R_f)$$

【例3-4】 甲公司普通股β系数为1.5，此时1年期国债利率为5%，市场平均报酬率为10%，则该普通股资本成本是多少？

$$K = 5\% + 1.5 \times (10\% - 5\%) = 12.5\%$$

（四）优先股的资本成本

优先股要定期支付股息，但是没有到期日，其股息用税后收益支付，不能获得税收优惠。如果优先股股利每年相等，则可视为永续年金，采用下式计算资本成本：

$$K_p = \frac{D}{P_0(1-f)}$$

式中，D表示优先股年股息；P_0表示当前每股市价；f表示优先股筹资费用率。

(五) 留存收益的资本成本

留存收益是由企业税后净利润形成的,是一种所有者权益,其实质是所有者向企业的追加投资。企业利用留存收益筹资无须发生筹资费用。如果企业将留存收益用于再投资,所获得的收益率低于股东自己进行一项风险相似的投资项目的收益率,企业就应该将其分配给股东。留存收益资本成本,表现为股东追加投资要求的报酬率,其计算与普通股成本相同,也分为股利增长模型法和资本资产定价模型法,不同点在于不考虑筹资费用。

(六) 加权资本成本

加权资本成本是指多元化融资方式下的综合资本成本,反映着企业资本成本整体水平的高低。在衡量和评价单一融资方案时,需要计算个别资本成本;在衡量和评价企业筹资总体的经济性时,需要计算企业的加权资本成本。加权资本成本用于衡量企业资本成本水平,确立企业理想的资本结构。

企业加权资本成本,是以各项个别资本在企业总资本中的比重为权数,对各项个别资本成本进行加权平均而得到的总资本成本。计算公式为:

$$K_w = \sum_{j=1}^{n} K_j W_j$$

式中,K_w 表示加权资本成本;K_j 表示第 j 种个别资本成本;W_j 表示第 j 种个别资本在全部资本中的比重。

加权资本成本的计算,存在着权数价值的选择问题,即各项个别资本按什么权数来确定资本比重。通常,可供选择的价值形式有账面价值、市场价值、目标价值等。

1. 账面价值权数

账面价值权数以各项个别资本的会计报表账面价值为基础来计算资本权数,确定各类资本占总资本的比重。

2. 市场价值权数

市场价值权数以各项个别资本的现行市价为基础来计算资本权数,确定各类资本占总资本的比重。

3. 目标价值权数

目标价值权数以各项个别资本预计的未来价值为基础来确定资本权数,确定各类资本占总资本的比重。目标价值是目标资本结构要求下的产物,是公司筹措和使用资金对资本结构的一种要求。对于公司筹措新资金,需要反映期望的资本结构而言,目标价值是有益的,适宜于未来的筹资决策,但目标价值的确定难免具有主观性。

【例3-5】 甲公司本年年末长期资本账面总额为2000万元,其中:银行长期贷款800万元,占40%;长期债券300万元,占15%;普通股900万元(共400万股,每股面值1元,市价8元),占45%。个别资本成本分别为5%、7%和10%。则该公司的加权资本成本是多少?

按账面价值计算:

$K_w = 5\% \times 40\% + 7\% \times 15\% + 10\% \times 45\% = 7.55\%$

按市场价值计算:

$$K_w = 800/(800+300+400\times8)\times5\% + 300/(800+300+400\times8)\times7\% +$$
$$3200/(800+300+400\times8)\times10\%$$
$$= 8.86\%$$

三、杠杆效应

杠杆效应表现为：由于特定固定支出或费用的存在，当某一财务变量以较小幅度变动时，另一相关变量会以较大幅度变动。财务管理中的杠杆效应，包括经营杠杆、财务杠杆和总杠杆三种效应形式。杠杆效应既可以产生杠杆利益，也可能带来杠杆风险。

（一）经营杠杆效应

1. 经营杠杆

经营杠杆，是指由于固定性经营成本的存在，使企业的资产报酬（息税前利润）变动率大于业务量变动率的现象。经营杠杆反映资产报酬的波动性，用以评价企业的经营风险。用息税前利润（EBIT）表示资产总报酬，则：

$$EBIT = S - V - F = (P - V_c)Q - F = M - F$$

式中，$EBIT$ 表示息税前利润；S 表示销售额；V 表示变动性经营成本；F 表示固定性经营成本；Q 表示产销业务量；P 表示销售单价；V_c 表示单位变动成本；M 表示边际贡献。

上式中，影响 $EBIT$ 的因素包括产品售价、产品需求、产品成本等因素。当产品成本中存在固定成本时，如果其他条件不变，产销业务量的增加虽然不会改变固定成本总额，但会降低单位产品分摊的固定成本，从而提高单位产品利润，使息税前利润的增长率大于产销业务量的增长率，进而产生经营杠杆效应。当不存在固定性经营成本时，所有成本都是变动性经营成本，边际贡献等于息税前利润，此时息税前利润变动率与产销业务量的变动率完全一致。

2. 经营杠杆系数

只要企业存在固定性经营成本，就存在经营杠杆效应。但以不同产销业务量为基础，其经营杠杆效应的大小程度是不一致的，常用经营杠杆系数测算经营杠杆效应程度。经营杠杆系数（DOL）是息税前利润变动率与产销业务量变动率的比值，计算公式为：

$$DOL = (\Delta EBIT/EBIT_0)/(\Delta Q/Q_0) = 息税前利润变动率/产销业务量变动率$$

式中，DOL 表示经营杠杆系数；$\Delta EBIT$ 表示息税前利润变动额；ΔQ 表示产销业务量变动值。

令基期：$EBIT_0 = (P - V_c)Q_0 - F$

本期：$EBIT_1 = (P - V_c)Q_1 - F$

则：$\Delta EBIT = [(P - V_c)Q_1 - F] - [(P - V_c)Q_0 - F] = (Q_1 - Q_0)(P - V_c)$

$$DOL = (\Delta EBIT/EBIT_0)/(\Delta Q/Q_0)$$
$$= (Q_1 - Q_0)(P - V_c)/[(P - V_c)Q_0 - F] \times [Q_0/(Q_1 - Q_0)]$$
$$= [Q_0(P - V_c)]/[(P - Vc)Q_0 - F]$$

经整理,经营杠杆系数的计算也可以简化为:

$$DOL = 基期边际贡献/基期息税前利润 = M_0/(M_0 - F_0) = (EBIT_0 + F_0)/EBIT_0$$

【例3-6】 甲公司产销某种服装,单价为1000元且始终保持不变。年产销额5000万元时,变动成本为3500万元,固定成本为500万元,息税前利润为1000万元;年产销额7000万元时,变动成本为4900万元,固定成本为500万元,息税前利润为1600万元。

$$DOL = (\Delta EBIT/EBIT_0)/(\Delta Q/Q_0) = (600/1000)/(20000/50000) = 1.5$$

或者:$DOL = M_0/EBIT_0 = (5000 - 3500)/1000 = 1.5$

可以看出,该公司产销量增长了40%,息税前利润增长了60%,产生了1.5倍的经营杠杆效应。

经营杠杆放大了市场和生产等因素变化对利润波动的影响。经营杠杆系数越高,表明息税前利润受产销量变动的影响程度越大,经营风险也就越大。根据经营杠杆系数的计算公式,有:

$$DOL = M_0/(M_0 - F_0) = (EBIT_0 + F_0)/EBIT_0 = 1 + 基期固定成本/基期息税前利润$$

上式表明,在息税前利润为正的前提下,经营杠杆系数最低为1,不会为负数;只要有固定性经营成本存在,经营杠杆系数总是大于1。

(二)财务杠杆效应

1. 财务杠杆

财务杠杆,是指由于固定性资本成本的存在,而使得企业的普通股收益(或每股收益)变动率大于息税前利润变动率的现象。财务杠杆反映了权益资本报酬的波动性,用以评价企业的财务风险。用每股收益(EPS)表示普通股权益资本报酬,则:

$$EPS = [(EBIT - I)(1 - T)]/N$$

式中,EPS表示每股收益;I表示债务资金利息;$EBIT$表示息税前利润;T表示企业所得税税率;N表示普通股股数。

上式中,影响每股收益的因素包括资产收益、资本成本、所得税税率等。当有利息费用等固定性资本成本存在时,如果其他条件不变,息税前利润的增加虽然不改变固定利息费用总额,但会降低每元息税前利润分摊的利息费用,从而提高每股收益,使得每股收益的增长率大于息税前利润的增长率,进而产生财务杠杆效应。当不存在固定利息等资本成本时,息税前利润就是利润总额,此时利润总额变动率与息税前利润变动率完全一致。

2. 财务杠杆系数

只要企业融资方式中存在固定性资本成本,就存在财务杠杆效应。测算财务杠杆效应程度,常用指标为财务杠杆系数。财务杠杆系数(DFL),是普通股每股收益变动率与息税前利润变动率的比值,计算公式为:

$$DFL = 普通股每股收益变动率/息税前利润变动率 = (\Delta EPS/EPS_0)/(\Delta EBIT/EBIT_0)$$

令基期：$EPS_0 = [(EBIT_0 - I)(1-T)]/N$

本期：$EPS_1 = (EBIT_1 - I) \times (1-T)/N$

则：$\Delta EPS = EPS_1 - EPS_0 = [(EBIT_1 - I) \times (1-T)/N] - [(EBIT_0 - I)(1-T)/N]$
$= [\Delta EBIT \times (1-T)]/N$

$DFL = (\Delta EPS/EPS_0)/(\Delta EBIT/EBIT_0)$
$= \{[\Delta EBIT \times (1-T)]/N\}/\{[(EBIT_0 - I)(1-T)]/N\} \times (EBIT_0/\Delta EBIT)$
$= [\Delta EBIT/(EBIT_0 - I)] \times (EBIT_0/\Delta EBIT)$

经整理，财务杠杆系数的计算也可以简化为：

$$DFL = 基期息税前利润/基期利润总额 = EBIT_0/(EBIT_0 - I)$$

财务杠杆放大了资产报酬变化对普通股收益的影响，财务杠杆系数越高，表明普通股收益的波动程度越大，财务风险也就越大。根据财务杠杆系数的计算公式，有：

$$DFL = 1 + 基期利息/(基期息税前利润 - 基期利息)$$

上式表明，在企业有正的税后利润的前提下，财务杠杆系数最低为1，不会为负数；只要有固定性资本成本存在，财务杠杆系数总是大于1。

（三）总杠杆效应

1. 总杠杆

总杠杆是用来反映经营杠杆和财务杠杆之间共同作用结果的，即权益资本报酬与产销业务量之间的变动关系。由于固定性经营成本的存在，产生经营杠杆效应，导致产销业务量变动对息税前利润变动有放大作用；同样，由于固定性资本成本的存在，产生财务杠杆效应，导致息税前利润变动对普通股每股收益有放大作用。两种杠杆共同作用，将导致产销业务量稍有变动，就会引起普通股每股收益更大的变动。

2. 总杠杆系数

只要企业同时存在固定性经营成本和固定性资本成本，就存在总杠杆效应。产销量变动通过息税前利润的变动，传导至普通股每股收益，使得每股收益发生更大的变动。用总杠杆系数（DTL）表示总杠杆效应程度，可见，总杠杆系数是经营杠杆系数和财务杠杆系数的乘积，是普通股每股收益变动率与产销量变动率的倍数，计算公式为：

$$DTL = 普通股每股收益变动率/产销量变动率$$

上式经整理，财务杠杆系数的计算也可以简化为：

$$DTL = DOL \times DFL = 基期边际贡献/基期利润总额 = 基期税后边际贡献/基期税后利润$$

总杠杆系数反映了经营杠杆和财务杠杆之间的关系，用以评价企业的整体风险水平。在总杠杆系数一定的情况下，经营杠杆系数与财务杠杆系数此消彼长。

四、资本结构

资本结构及其管理是企业筹资管理的核心问题。企业应综合考虑有关影响因素，运用适当的方法确定最佳资本结构，提升企业价值。如果企业现有资本结构不合理，应通过筹资活动优化调整资本结构，使其趋于科学合理。

(一)资本结构的概念

资本结构是指企业资本总额中各种资本的构成及其比例关系。资本结构有广义和狭义之分,广义资本结构是指全部债务与股东权益的构成比例;狭义资本结构则是指长期负债与股东权益的构成比例。狭义资本结构下,短期债务作为营运资金来管理。本书所指的资本结构,是指狭义的资本结构。

资本结构是企业多种筹资方式下筹集资金形成的,各种筹资方式不同的组合,决定着企业资本结构及其变化。企业筹资方式虽然很多,但总的来看,可分为债务资本和权益资本两大类。权益资本是企业必备的基础资本,因此,资本结构问题实际上也就是债务资本的比例问题,即债务资本在企业全部资本中所占的比重。

(二)影响资本结构的因素

影响资本结构的因素包括:
(1)企业经营状况的稳定性和成长性。
(2)企业的财务状况和信用等级。
(3)企业的资产结构。
(4)企业投资人和管理当局的风险态度。
(5)行业特征和企业发展周期。
(6)税收政策和货币政策。

(三)最优资本结构决策方法

企业资本结构决策就是要确定最优资本结构。所谓最优资本结构,是指在适度财务风险的条件下,使企业加权平均资本成本最低,同时使企业价值最大的资本结构。资本结构决策是企业财务决策的重要组成部分。企业应综合考虑有关影响因素,运用适当的方法确定最优资本结构,并在以后追加筹资时继续保持。

资本结构决策的方法主要包括比较资本成本法、每股收益无差别点分析法和公司价值分析法。比较资本成本法就是在多个筹资方案中,选择加权资本成本最低的方案,本部分不再进行阐述,以下对其他两种方法进行讲解。

1. 每股收益无差别点分析法

每股收益无差别点分析法是通过计算各备选筹资方案的每股收益无差别点,并进行比较选择最佳资本结构融资方案的方法。所谓每股收益无差别点,是指不同筹资方式下每股收益都相等时的息税前利润或业务量水平。

在每股收益无差别点上,无论是采用债务筹资方案还是股权筹资方案,每股收益都是相等的。当预期息税前利润或业务量水平大于每股收益无差别点时,应当选择财务杠杆效应较大的筹资方案,反之亦然。每股收益无差别点的计算公式如下:

$$[(\overline{EBIT} - I_1) \times (1-T) - D_1]/N_1 = [(\overline{EBIT} - I_2)(1-T) - D_2]/N_2$$

式中,$\overline{EBIT}$ 表示息税前利润平衡点,即每股收益无差别点;I_1、I_2 表示两种筹资方式下的债务利息;D_1、D_2 表示两种筹资方式下的优先股股利;N_1、N_2 表示两种筹资方式下的普通股股数;T 表示所得税税率。

【例 3-7】 甲公司资本总额为 1000 万元,资本结构如表 3-1 所示。

表 3-1　　　　　　　　　　　　　资本结构

资本来源	筹资
实收资本	26 万股(面值 1 元,发行价格 25 元)
资本公积	624 万元
应付债券	350 万元(利率 8%)

甲公司发展需要资金 500 万元,现有两个方案可供选择:

A 方案:采用发行股票方式筹集资金,股票的面值为 1 元,发行价格为 25 元,发行 20 万股,不考虑筹资费用。

B 方案:采用发行债券方式筹集资金,债券票面利率为 10%,不考虑发行价格。

适用的所得税税率为 25%,预计息税前利润为 200 万元,甲公司应当选择哪个筹资方案?

如果两个方案的每股收益相等,则:

$$[(\overline{EBIT}-28)\times(1-25\%)]/(26+20)=[(\overline{EBIT}-78)\times(1-25\%)]/26$$

解出每股收益无差别点的息税前利润 $\overline{EBIT}=143$(万元)

预计息税前利润大于每股收益无差别点,故应选择 B 方案,即发行 500 万元的债券进行筹资。

2. 公司价值分析法

公司价值分析法,是在考虑市场风险基础上,以公司市场价值为标准,进行资本结构优化。即能够提升公司价值的资本结构,则是合理的资本结构。同时,在公司价值最大的资本结构下,公司的加权资本成本也是最低的。

设:V 表示公司价值;S 表示权益资本价值;B 表示债务资本价值。公司价值等于资本的市场价值,即:

$$V = S + B$$

为简化分析,假设公司各期的 $EBIT$ 保持不变,债务资本的市场价值等于其面值,权益资本的市场价值可通过下式计算:

$$S = (EBIT - I) \times (1 - T)/K_s$$

式中,K_s 为权益资本的成本,可用资本资产定价模型来计算,即:

$$K_s = R_f + \beta(R_m - R_f)$$

企业的加权资本成本可用以下公式计算:

$$K_w = K_b \times B(1-T)/V + K_s \times S/V$$

式中,K_w 为企业的加权资本成本;K_b 为债务资本的税前成本。

通过比较多种资本结构下的公司价值和加权资本成本,公司价值最大、资本成本最低的资本结构就是最优资本结构。

【例 3-8】 甲公司现有的资本结构为 100% 的普通股,账面价值为 1000 万元,息税前利润 (EBIT) 为 400 万元,假设无风险报酬率 R_f 为 6%,市场证券组合的平均报酬率 R_m 为 10%,所得税税率为 25%,甲公司准备通过发行债券调整其资本结构。已知其不同负债水平下的税前成本及 β 系数情况如表 3-2 中前三列数据列示,可根据以上公式计算出后四列数据。

表 3-2　　　　　　　　不同负债水平的 K_s、S、V 和 K_w 计算

债务资本的市场价值(万元)	债务资本的税前成本 K_b(%)	股票 β 系数	权益资本的成本 K_s(%)	普通股市场价值 S(万元)	公司总价值 V(万元)	加权资本成本 K_w(%)
0	0	1.5	12	2500	2500	12.00
200	8	1.6	12.4	2322.58	2522.58	11.89
800	10	2.1	14.4	1666.67	2466.67	12.16
1000	12	2.3	15.2	1381.58	2381.58	12.60
1200	15	2.5	16	1031.25	2231.25	13.45

可见,在没有债务的情况下,甲公司的总价值就是其原有股票的价值,当甲公司增加债务资本比重时,一开始甲公司总价值上升,加权资本成本下降。在债务上升到 200 万元时,甲公司总价值最高,加权资本成本最低。债务超过 200 万元后,甲公司总价值下降,加权资本成本上升。因此,200 万元的负债是甲公司的最优资本结构。

第四节　股利分配

一、股利分配方式与支付程序

(一) 股利的分配方式

企业向股东分配股利的方式,通常有以下四种。

1. 现金股利

支付现金是企业向股东分配股利的基本形式。在企业营运资金和现金较多而又不需要增加投资的情况下,采用现金分配形式既有利于改善企业长短期资金结构,又有利于股东取得现金收入和增强投资能力。否则,采用现金分配形式将会增加企业的财务压力,从而导致偿债能力下降。

2. 股票股利

股票股利,是公司以增发股票的方式所支付的股利,我国实务中通常也将其称为"红股"。发放股票股利对公司而言并没有现金流出,也不会导致公司的财产减少,而只是将公司的未分配利润转化为股本和资本公积。但股票股利会增加流通在外的股票数量,同时降低股票的每股价值。它不改变公司股东权益总额,但会改变股东权益各项目结构。

3. 财产股利

财产股利,是公司以现金以外的资产支付的股利,主要有两种形式:一是证券股利,即以本公司持有的其他公司的有价证券或政府公债等证券作为股利发放;二是实物股利,即

以公司的物资、产品或不动产等充当股利。

4. 负债股利

负债股利,是公司以负债支付的股利,通常以公司的应付票据支付给股东,在不得已的情况下,也有公司发行公司债券抵付股利。

财产股利和负债股利实际上是现金股利的替代,实务中很少使用,但并非法律所禁止。

(二)股利的支付程序

1. 决策程序

上市公司股利分配的基本程序是:首先由公司董事会根据公司盈利水平和股利政策,制订股利分配方案,提交股东大会审议,通过后方能生效。然后,由董事会依股利分配方案向股东宣布,并在规定的股利发放日以约定的支付方式派发。在经过上述决策程序之后,公司方可对外发布股利分配公告、具体实施分配方案。我国股利分配决策权属于股东大会。我国上市公司的现金分红一般是按年度进行,也可以进行中期现金分红。

2. 信息披露

根据有关规定,股份有限公司利润分配方案、公积金转增股本方案须经股东大会批准,董事会应当在股东大会召开后两个月内完成股利派发或股份转增事项。在此期间,董事会必须对外发布股利分配公告,以确定分配的具体程序与时间安排。

股利分配公告一般在股权登记前3个工作日发布。如果公司股东较少,股票交易又不活跃,公告日可以与股利支付日在同一天。公告内容包括:

(1)利润分配方案。

(2)股利分配对象,为股权登记日当日登记在册的全体股东。

(3)股利发放方法。我国上市公司的股利分配程序应当按登记的证券交易所的具体规定进行。

(三)股利支付过程中的重要日期

(1)股利宣告日,即公司董事会将股东大会通过本年度利润分配方案的情况以及股利支付情况予以公告的日期。公告中将宣布每股派发股利、股权登记日、除息日、股利支付日以及派发对象等事项。

(2)股权登记日,即有权领取本期股利的股东资格登记截止日期。只有在股权登记日这一天登记在册的股东(即在此日及之前持有或买入股票的股东)才有资格领取本期股利,而在这一天之后登记在册的股东,即使是在股利支付日之前买入的股票,也无权领取本期分配的股利。

(3)除息日,也称除权日,是指股利所有权与股票本身分离的日期,将股票中含有的股利分配权利予以解除,即在除息日当日及以后买入的股票不再享有本次股利分配的权利。我国上市公司的除息日通常是在登记日的下一个交易日。

(4)股利支付日,是公司确定的向股东正式发放股利的日期。公司通过资金清算系统或其他方式将股利支付给股东。

二、股利分配政策

股利分配政策是指公司确定股利以及与之有关的事项所采取的方针和策略,其核心是正确处理公司与股东之间、当前利益与长远利益之间的关系,依据实际情况,确定出一个恰当的股利支付比例、支付形式和支付时间。在企业实现税后利润一定的情况下,选择股利分配政策就是要寻求股利与企业留存收益之间的最佳比例关系。实务中股利分配政策主要有以下四种类型。

(一)剩余股利政策

剩余股利政策是指公司在有良好的投资机会时,根据目标资本结构,测算出投资所需的权益资本额,先从盈余中留用,然后将剩余的盈余作为股利来分配,即净利润首先满足公司的资金需求,如果还有剩余,就派发股利;如果没有,则不派发股利。

【例3-9】 甲公司2×22年税后净利润为1000万元,2×23年的投资计划需要资金1200万元,公司的目标资本结构为权益资本占60%,债务资本占40%。

按照目标资本结构的要求,公司投资方案所需的权益资本数额为:

权益资本数额 = 1200 × 60% = 720(万元)

甲公司2×22年全部可用于分派的盈利为1000万元,除了满足上述投资方案所需的权益资本数额外,还有剩余可用于发放股利。

2×22年甲公司可以发放的股利额 = 1000 - 720 = 280(万元)

假设甲公司2×22年流通在外的普通股为1000万股,则每股股利为:

每股股利 = 280/1000 = 0.28(元)

剩余股利政策的优点:留存收益优先满足再投资的需要,有助于降低再投资的资金成本,保持最佳的资本结构,实现企业价值的长期最大化。

剩余股利政策的缺点:若完全遵照执行剩余股利政策,股利发放额就会每年随着投资机会和盈利水平的波动而波动。剩余股利政策不利于投资者安排收入与支出,也不利于公司树立良好的形象,一般适用于公司初创阶段。

(二)固定或稳定增长的股利政策

固定或稳定增长的股利政策是指公司将每年派发的股利额固定在某一特定水平或是在此基础上维持某一固定比率逐年稳定增长。公司只有在确信未来盈余不会发生逆转时才会宣布实施固定或稳定增长的股利政策。在这一政策下,应首先确定股利分配额,而且该分配额一般不随资金需求的波动而波动。

固定或稳定增长股利政策的优点:①稳定的股利向市场传递着公司正常发展的信息,有利于树立公司的良好形象,增强投资者对公司的信心,稳定股票的价格;②稳定的股利额有助于投资者安排股利收入和支出,有利于吸引那些打算进行长期投资并对股利有很高依赖性的股东;③固定或稳定增长的股利政策可能会不符合剩余股利理论,但考虑到股票市场会受多种因素影响(包括股东的心理状态和其他要求),为了将股利或股利增长率维持在稳定的水平上,即使推迟某些投资方案或暂时偏离目标资本结构,也可能比降低股利或股利增长率更为有利。

固定或稳定增长股利政策的缺点:股利的支付与企业的盈利相脱节,即不论公司盈利多少,均要支付固定的或按固定比率增长的股利,这可能会导致企业资金紧缺,财务状况恶化。此外,在企业无利可分的情况下,若依然实施固定或稳定增长的股利政策,也是违反《公司法》的行为。

(三)固定股利支付率政策

固定股利支付率政策是指公司将每年净利润的某一固定百分比作为股利分派给股东。这一百分比通常称为股利支付率,股利支付率一经确定,一般不得随意变更。在这一股利政策下,只要公司的税后利润一经计算确定,所派发的股利也就相应确定了。固定股利支付率越高,公司留存的净利润越少。

固定股利支付率政策的优点:①采用固定股利支付率政策,股利与公司盈余紧密地配合,体现了"多盈多分、少盈少分、无盈不分"的股利分配原则;②由于公司的获利能力在年度间是经常变动的,因此,每年的股利也应当随着公司收益的变动而变动。采用固定股利支付率政策,公司每年按固定的比例从税后利润中支付现金股利,从企业的支付能力的角度分析,这是一种稳定的股利政策。

固定股利支付率政策的缺点:①大多数公司每年的收益很难保持稳定不变,导致年度间的股利额波动较大,由于股利的信号传递作用,波动的股利很容易给投资者带来经营状况不稳定、投资风险较大的不良印象,成为影响股价的不利因素;②容易使公司面临较大的财务压力,这是因为公司实现的盈利多,并不能代表公司有足够的现金流用来支付较多的股利额;③合适的固定股利支付率的确定难度比较大。

(四)低正常股利加额外股利政策

低正常股利加额外股利政策,是指公司事先设定一个较低的正常股利额,每年除了按正常股利额向股东发放股利外,还在公司盈余较多、资金较为充裕的年份向股东发放额外股利。但是,额外股利并不固定化,不意味着公司永久地提高了股利支付额。

低正常股利加额外股利政策的优点:①赋予公司较大的灵活性,使公司在股利发放上留有余地,并具有较大的财务弹性。公司可根据每年的具体情况,选择不同的股利发放水平,以稳定和提高股价,进而实现公司价值的最大化;②使那些依靠股利度日的股东每年至少可以得到虽然较低但比较稳定的股利收入,从而吸引住这部分股东。

低正常股利加额外股利政策的缺点:①由于各年度之间公司盈利的波动使额外股利不断变化,造成分派的股利不同,容易给投资者造成收益不稳定的感觉;②当公司在较长时间持续发放额外股利后,可能会被股东误认为"正常股利",一旦取消,传递出的信号可能会使股东认为这是公司财务状况恶化的表现,进而导致股价下跌。

(五)不同股利政策的选择

以上四种股利政策各有利弊,公司选取股利政策时,必须结合自身情况,选择最适合本公司当前和未来发展的股利政策。公司应根据自己所处的发展阶段来确定相应的股利政策。

在初创阶段,公司面临的经营风险和财务风险都很高,公司急需大量资金投入,融资能力差,即使获得了外部融资,资金成本一般也很高。因此,为降低财务风险,公司应贯彻先发展后分配的原则,剩余股利政策为最佳选择。

在高速增长阶段,公司的产品销售急剧上升,投资机会快速增加,资金需求大而紧迫,不宜宣派股利。但此时公司的发展前景已相对较明朗,投资者有分配股利的要求。为平衡这两方面的要求,应采取低正常股利加额外股利政策,股利支付方式应采用股票股利的形式,避免现金支付。

在稳定增长阶段,公司产品的市场容量、销售收入稳定增长,对外投资需求减少,公司已具备持续支付较高股利的能力。此时,理想的股利政策应是固定或稳定增长的股利政策。

在成熟阶段,产品市场趋于饱和,销售收入不再增长,利润水平稳定。此时,公司通常已积累了一定的盈余和资金。为了与公司的发展阶段相适应,公司可考虑由稳定增长的股利政策转为固定股利支付率政策。

在衰退阶段,产品销售收入减少,利润下降,公司为了不被解散或被其他公司兼并重组,需要投入新的行业和领域,因此,公司已不具备较强的股利支付能力,应采用剩余股利政策。

公司管理层在确定股利分配政策时,应综合考虑各种影响因素,包括相关法律的制约、股东的要求以及公司自身实际情况和经营能力等,权衡各种股利分配政策的利弊得失,从中选择最佳的股利分配政策。

三、股票分割与股票回购

(一)股票分割

1. 股票分割的概念

股票分割又称拆股,即将一股股票拆分成多股股票的行为。股票分割一般只会增加发行在外的股票总数,但不会对公司的资本结构产生任何影响。股票分割与股票股利非常相似,都是在不增加股东权益的情况下增加了股份的数量,所不同的是,股票股利虽不会引起股东权益总额的改变,但股东权益的内部结构会发生变化,而股票分割之后,股东权益总额及其内部结构都不会发生任何变化,变化的只是股票面值。

2. 股票分割的作用

(1)降低股票价格。股票分割会使每股市价降低,买卖该股票所需资金量减少,从而可以促进股票的流通和交易。流通性的提高和股东数量的增加,会在一定程度上加大对公司股票恶意收购的难度。此外,降低股票价格还可以为公司发行新股做准备,因为股价太高会使许多潜在投资者力不从心而不敢轻易对公司股票进行投资。

(2)向市场和投资者传递"公司发展前景良好"的信号,有助于提高投资者对公司股票的信心。

(二)股票回购

1. 股票回购的概念

股票回购是指上市公司出资将其发行在外的普通股以一定价格购买回来予以注销或作为库存股的一种资本运作方式。公司不得随意收购本公司的股份,只有满足相关法律规定的情形才允许股票回购。

2. 股票回购的方式

股票回购主要包括公开市场回购、要约回购和协议回购三种方式。其中,公开市场回购,是指公司在公开交易市场上以当前市价回购股票;要约回购是指公司在特定期间向股东发出以高出当前市价的某一价格回购既定数量股票的要约,并根据要约内容进行回购;协议回购则是指公司以协议价格直接向一个或几个主要股东回购股票。

3. 股票回购的影响

(1)股票回购需要大量资金支付回购成本,容易造成资金紧张,降低资产流动性,影响公司的后续发展。

(2)股票回购无异于股东退股和公司资本的减少,也可能会使公司的发起人股东更注重创业利润的变现,从而不仅在一定程度上削弱了对债权人利益的保护,而且忽视了公司的长远发展,损害了公司的根本利益。

(3)股票回购容易导致公司操纵股价。公司回购自己的股票容易导致其利用内幕消息进行炒作,加剧公司行为的非规范化,损害投资者的利益。

第四章 投资管理

第一节 投资管理概述

一、投资的意义

投资是指企业把资金直接或间接投放于一定对象,以期望在未来获取收益的经济活动,它对企业具有重要意义。

(一)投资是企业获得利润的前提

利润是企业从事生产经营活动取得的财务成果。企业要获得利润,必须将筹集的资金投入使用:将资金直接用于企业的生产经营中,或将资金以股权、债权的方式投给其他企业以获取报酬。

(二)投资是企业生存和发展的必要手段

企业从事正常的生产经营活动时,各项生产要素不断更新,为了保证生产的持续进行,就要求企业不断地将现金形态的资金投入使用,这是企业生存的基本条件。同样,当企业要扩大生产规模时,也需要进一步地投资,才能使企业的资产增加,而当企业生产规模扩大后,为了保证正常的生产,还需要追加营运资金,而这一切只有投资才能实现。

(三)投资是企业降低风险的重要途径

在市场经济条件下,企业的生产经营活动不可避免地存在风险。为了降低风险,企业经常要保持质量、技术的领先水平,通过投资提高企业设备的技术含量;为了降低风险,企业还要进行多品种、跨行业经营,同样需要投资来支持。

二、企业投资管理的特点

与日常经营活动相比,企业投资的主要特点表现在以下三方面:

(一)属于企业的战略性决策

企业的投资活动一般涉及其未来的经营发展方向、生产能力规模等问题,如厂房设备的新建与更新、新产品的研制与开发、对其他企业的股权控制等。企业的投资活动先于经营活动,这些投资活动往往需要一次性地投入大量的资金,并在一段较长时期内发生作用,对企业经营活动的方向产生重大影响。

(二)属于企业的非程序化管理

企业的投资项目涉及的资金数额较大。这些项目的管理不仅是一个投资问题,也是一个资金筹集问题,特别是对设备和生产能力的购建、对其他关联企业的并购等,需要大量的资金。对于单个产品制造或商品流通的实体性企业而言,这种筹资和投资不会经常发生。因此,企业对于这类非重复性特定经济活动,应根据特定的影响因素、相关条件和具体要求来进行审查和抉择。

(三)投资价值的波动性大

投资项目的价值是由投资标的物资产的内在获利能力决定的。这些标的物资产的形态是不断转换的,未来收益的获得具有较强的不确定性,其价值也具有较强的波动性。同时,各种外部因素如市场利率、物价等变化,也时刻影响投资标的物的资产价值。因此,企业投资管理决策时,要充分考虑投资项目的时间价值和风险价值。

三、投资的分类

投资是一项很复杂的经济活动,为了加强管理和提高投资收益,有必要对投资进行科学的分类。

(一)短期投资与长期投资

按投资回收期限的长短,投资可分为短期投资和长期投资。短期投资是指回收期在1年以内的投资,主要包括现金、应收款项、存货、短期有价证券等投资;长期投资是指回收期在1年以上的投资,主要包括固定资产、无形资产、对外长期投资等。本章主要介绍固定资产投资、有价证券投资等内容,其中固定资产投资又称为项目投资。现金、应收款项、存货等短期投资内容将在"第五章 营运资金管理"中介绍。

(二)对内投资与对外投资

按投资活动资金投出的方向,投资可分为对内投资与对外投资。对内投资是指把资金投向企业内部,形成各项流动资产、固定资产、无形资产和其他资产的投资;对外投资是指把资金投向企业外部,兴建子公司、分公司或购买股票进行权益性投资和购买其他企业的债券等债权性投资。

(三)直接投资与间接投资

按投资活动与公司本身的生产经营活动的关系,投资可分为直接投资与间接投资。直接投资是把资金投放于形成生产经营能力的实体性资产,直接谋取经营利润的投资行为;间接投资是把资金投放于股票、债券等权益性资产上的投资行为,以获取投资收益和资本利息。

在实际经济活动中,投资还可以根据不同的标准分为不同的种类。例如,按照投资者的权益不同,可分为股权投资与债权投资;按照投资所起作用不同,可分为战略性投资和战术性投资。

第二节 固定资产投资管理

一、固定资产投资的特点与意义

固定资产投资又称项目投资,具有投资数额大、影响时间长(至少1年或一个营业周期以上)、发生频率低、变现能力差和投资风险高的特点。

从宏观角度看,项目投资是实现社会资本积累功能的主要途径,也是扩大社会再生产的重要手段,有助于促进社会经济的长期可持续发展;能够为社会提供更多的就业机会,提高社会总供给量。从微观角度看,项目投资能够增强企业经济实力,提高企业创新能力和市场竞争能力。

二、投资项目现金流量估计

现金流量是投资项目财务可行性分析的主要分析对象,净现值、内含报酬率、回收期等财务评价指标,均是以现金流量为对象进行可行性评价的。利润只是期间财务报告的结果,对于投资方案财务可行性而言,项目的现金流量状况比会计期间盈亏状况更为重要。固定资产投资决策是建立在投资项目现金流估算基础之上的。

(一) 投资项目现金流量的构成

现金流量,是指在项目投资决策中与项目投资决策相关的现金流入和现金流出的数量。现金流量是指由于投资项目实施而引起的现金收入的增加或现金支出的减少;现金流出量是指由于投资项目实施而引起的现金支出的增加或现金收入的减少。净现金流量是指现金流入量与现金流出量之差。

投资项目的现金流量由建设期现金流量、经营期现金流量、终结期现金流量三部分组成。

1. 建设期现金流量

建设期现金流量即项目建设期开始至项目建设完成投资使用过程中发生的现金流量,主要为现金流出量,即在该投资项目上的原始投资,包括在长期资产上的投资和垫支的营运资金。一般包括:固定资产投资,即房屋和建筑物、机器设备等的购入,或建造、运输、安装成本等;流动资产投资,即由于新增固定资产而增加的营运资金;其他投资费用,与固定资产投资有关的其他费用,如筹建费用、职工培训费;原有固定资产的变现收入,表现为现金流入,常见于固定资产更新投资。建设期投资可以一次投入,也可以分期投入。

营运资金一般在经营期的期初投入,并随着生产规模的扩大而追加。在进行投资分析时,通常假定开始时投资的营运资金在项目结束时收回。流动资金投资额估算方法如下:

某年流动资金投资额(垫支数) = 本年流动资金需用额 - 截至上年的流动资金投资额

或:某年流动资金投资额(垫支数) = 本年流动资金需用额 - 上年流动资金需用额

本年流动资金需用额 = 本年流动资产需用额 - 本年流动负债需用额

【例 4-1】 甲公司拟建的生产线项目,预计投产第 1 年的流动资产需用额为 30 万元,流动负债需用额为 15 万元;预计投产第 2 年流动资产需用额为 40 万元,流动负债需用额为 20 万元。

根据上述资料,可估算该项目各项指标如下:

投产第 1 年的流动资金需用额 = 30 - 15 = 15(万元)

第 1 年流动资金投资额 = 15 - 0 = 15(万元)

投产第 2 年的流动资金需用额 = 40 - 20 = 20(万元)

第 2 年流动资金投资额 = 20 - 15 = 5(万元)

流动资金投资额合计 = 15 + 5 = 20(万元)

2. 经营期现金流量

经营期是指项目投产至项目终结的时间段。经营期现金流量表现为净现金流量

(NCF),等于现金流入量减去现金流出量。其计算公式为:

$$经营期现金净流量 = 销售收入 - 付现成本 - 所得税$$

$$经营期现金净流量 = 净利润 + 折旧等非付现成本$$

$$经营期现金净流量 = (销售收入 - 付现成本) \times (1 - 所得税税率) + 折旧等非付现成本 \times 所得税税率$$

【例 4-2】 甲公司计划投资购买 1 台设备,其价值为 35 万元,使用寿命为 5 年,以年限平均法计提折旧,期末无残值,使用该设备每年给甲公司带来销售收入 38 万元,付现成本 15 万元,若甲公司适用的所得税税率为 25%,计算甲公司该项目经营期每年现金净流量。

折旧额 = 35/5 = 7(万元)

税前利润 = 38 - 15 - 7 = 16(万元)

所得税 = 16 × 25% = 4(万元)

净利润 = 16 - 4 = 12(万元)

经营期每年现金净流量 = 38 - 15 - 4 = 19(万元)

3. 终结期现金流量

终结期的现金流量主要是现金流入量,包括固定资产变价净收入、固定资产变现净损益对现金净流量的影响和垫支营运资金的收回。

(1)固定资产变价净收入

投资项目在终结期,原有固定资产将退出生产经营,企业对固定资产进行清理处置。固定资产变价净收入,是指固定资产出售或报废时的出售价款或残值收入扣除清理费用后的净额。

(2)固定资产变现净损益对现金净流量的影响

固定资产变现净损益对现金净流量的影响用公式表示如下:

$$固定资产变现净损益对现金净流量的影响 = (账面价值 - 变价净收入) \times 所得税税率$$

$$固定资产的账面价值 = 固定资产原值 - 按照税法规定计提的累计折旧$$

如果(账面价值 - 变价净收入)> 0,则意味着发生了变现净损失,可以抵税,减少现金流出,增加现金净流量。如果(账面价值 - 变价净收入)< 0,则意味着实现了变现净收益,应该纳税,增加现金流出,减少现金净流量。

【例 4-3】 甲公司 2×22 年 12 月 31 日以 20000 元价格处置 1 台闲置设备,该设备于 2×14 年 12 月以 80000 元价格购入,并于当期立即投入使用,预计可使用年限为 10 年,预计净残值率为零。按年限平均法计提折旧(均与税法规定相同)。若甲公司适用的所得税税率为 25%,不考虑其他相关税费,计算该业务对甲公司当期现金流量的影响。

年折旧额 = 80000/10 = 8000(元)

目前账面价值 = 80000 - 8000 × 8 = 16000(元)

该业务对甲公司当期现金流量的影响 = 20000 - (20000 - 16000) × 25% = 19000(元)

(3) 垫支营运资金的收回

伴随着固定资产的出售或报废,投资项目的经济寿命结束,企业将与该项目相关的存货出售,应收账款收回,应付账款也随之偿付。营运资金恢复到原有水平,项目开始垫支的营运资金在项目结束时得到回收。

(二) 现金流量估计需要注意的问题

在确定投资方案相关的现金流量时,应遵循最基本的原则是:只有增量现金流量才是与项目相关的现金流量。所谓增量现金流量,是指接受或拒绝某个投资方案后,企业总现金流量因此发生的变动。只有那些由于采纳某个项目引起的现金支出增加额,才是该项目的现金流出;只有那些由于采纳某个项目引起的现金流入增加额,才是该项目的现金流入。

为了正确计算投资方案的增量现金流量,需要正确判断哪些支出会引起企业总现金流量的变动,哪些支出不会引起企业总现金流量的变动。在进行这种判断时,要注意以下四个问题。

1. 区分相关成本和非相关成本

相关成本是指与特定决策有关的、在分析评价时必须加以考虑的成本。例如,差额成本、未来成本、重置成本、机会成本等都属于相关成本。与此相反,与特定决策无关的、在分析评价时不必加以考虑的成本是非相关成本。例如,沉没成本、过去成本、账面成本等往往是非相关成本。

例如,某公司在 2×20 年曾经打算新建一个车间,并请一家咨询公司做过可行性分析,支付咨询费 5 万元。后来由于公司有了更好的投资机会,该项目被搁置下来,该笔咨询费作为费用已经入账。2×23 年旧事重提,在进行投资分析时,这笔咨询费是否仍是相关成本?答案当然是否定的。该笔支出已经发生,不管公司是否采纳新建一个车间的方案,它都已无法收回,与公司未来的总现金流量无关。

如果将非相关成本纳入投资方案的总成本,则一个有利的方案可能因此变得不利,一个较好的方案可能变为较差的方案,从而造成决策错误。

2. 不可忽视机会成本

在投资方案的选择中,如果选择了一个投资方案,则必须放弃投资于其他途径的机会。其他投资机会可能取得的收益是实行本方案的一种代价,被称为这项投资方案的机会成本。

例如,上述公司新建车间的投资方案,需要使用公司拥有的一块土地。在进行投资分析时,因为公司不必动用资金去购置土地,可否不将此土地的成本考虑在内?答案是否定的。因为公司若不利用这块土地来兴建车间,则它可将这块土地移作他用,并取得一定的收入。只是由于在这块土地上兴建车间才放弃了这笔收入,而这笔收入代表兴建车间使用土地的机会成本。假设这块土地出售可净得 1500 万元,它就是兴建车间的一项机会成本。值得注意的是,不管该公司当初是以 500 万元还是 2000 万元购进这块土地,都应以现行市价作为这块土地的机会成本。

机会成本不是通常意义上的"成本",不是一种支出或费用,而是失去的收益。这种收益不是实际发生的,而是潜在的。机会成本总是针对具体方案的,离开被放弃的方案就无从计量确定。

3. 要考虑投资方案对公司其他项目的影响

当采纳一个新的项目后,该项目可能对公司的其他项目造成有利或不利的影响。例如,新建车间生产的产品上市后,原有其他产品的销路可能减少,而且整个公司的销售额也许不增加甚至减少。因此,公司在进行投资分析时,不应将新车间的销售收入作为增量收入来处理,而应扣除其他项目因此减少的销售收入。当然,也可能发生相反的情况,新产品上市将促进其他项目的销售增长。这要看新项目和原有项目是竞争关系还是互补关系。

4. 要考虑投资方案对营运资金的影响

在一般情况下,当公司开办一个新业务并使销售额扩大后,对于存货和应收账款等经营性流动资产的需求也会增加,公司必须筹措新的资金以满足这种额外需求;另外,公司扩充的结果,应付账款与一些应付费用等经营性流动负债也会同时增加,从而降低公司营运资金的实际需要。所谓营运资金的需要,指增加的经营性流动资产与增加的经营性流动负债之间的差额。

当投资方案的寿命周期快要结束时,公司将与项目有关的存货出售,应收账款变为现金,应付账款和应付费用也随之偿付,营运资金恢复到原有水平。通常,在进行投资分析时,假定开始投资时筹措的营运资金在项目结束时收回。

三、固定资产投资决策方法

(一)非贴现法

1. 投资回收期法

投资回收期是指收回全部投资所需要的时间。缩短投资回收期可以提高资金的使用效率,降低投资风险,因此,投资回收期是评选投资方案的重要标准。投资回收期一般不能超过固定资产使用期限的一半,多个方案中则以投资回收期最短者为优。

根据各年现金净流量是否相等,投资回收期的计算方法分以下两种情况。

(1)若各年的现金净流量相等:

$$投资回收期(年) = 原始投资额 / 年现金净流量$$

(2)若各年的现金净流量不相等:

考虑各年年末的累积现金净流量与投资额的关系。如果原始投资额是在第 n 年和第 $n+1$ 年之间收回,则投资回收期的计算公式为:

$$投资回收期 = n + (第 n 年年末尚未收回的投资额 / 第 n+1 年的现金净流量)$$

【例 4-4】 长江公司有甲、乙两个投资方案,甲方案需要投资 4500 万元,设备使用 6 年,每年现金净流量为 2500 万元;乙方案需要投资 4000 万元,设备使用 6 年,每年现金净流量为 1600 万元。计算甲、乙两个投资方案的投资回收期并判断选择投资方案。

甲方案的投资回收期 = 4500/2500 = 1.8(年)

乙方案的投资回收期 = 4000/1600 = 2.5(年)

从计算结果看,甲方案的投资回收期比乙方案的投资回收期短,所以选择甲方案。

【例4-5】 黄河公司计划投资一个项目,需要投资1亿元,现有甲、乙两个投资方案,有关资料如表4-1所示。

表4-1 甲、乙两个方案有关资料 单位:万元

使用期间(年)	甲方案各年现金净流量	甲方案年末累积现金净流量	乙方案各年现金净流量	乙方案年末累积现金净流量
1	6000	-4000	0	-10000
2	5000	1000	2000	-8000
3	3000	4000	6000	-2000
4	2000	6000	8000	6000

两个方案的现金流量不相等,投资回收期为:
甲方案的投资回收期 = 1 + 4000/5000 = 1.8(年)
乙方案的投资回收期 = 3 + 2000/8000 = 3.25(年)

从计算结果分析,甲方案的投资回收期比乙方案的投资回收期短,所以选择甲方案投资。

投资回收期的优点是能够直观地反映原始投资的返本期限,便于理解,计算简便,可以直接利用回收期之前的净现金流量信息。缺点是没有考虑资金时间价值因素和回收期满后继续发生的净现金流量,不能正确反映不同投资方式对项目的影响。现举例说明其不足。

【例4-6】 A、B两个方案的预计现金流量如表4-2所示。应选择哪个方案?

表4-2 A、B两个方案的预计现金流量 单位:元

t	0	1	2	3	4	5
A方案	-60000	10000	20000	30000	20000	10000
B方案	-60000	20000	20000	20000	30000	30000

两个方案的投资回收期都是3年,但是B方案显然优于A方案。首先,在前3年内,虽然二者的营业现金流量之和都是60000元,但是第1年B方案流入较多,而第3年A方案流入较多。其次,在初始投资收回后的第4年和第5年,B方案的营业现金流量都明显多于A方案。这两个因素投资回收期都未考虑。

2. 投资回报率法

投资回报率是年均现金净流量与原始投资额的比率。投资回报率的高低以相对数的

形式反映投资回报水平的高低,投资回报率越高,则方案越好。通过比较各方案的投资回报率,选择投资回报率最高的方案。投资回报率的计算公式为:

$$投资回报率 = 年均现金净流量 / 原始投资额$$

用【例4-4】的资料,可计算投资回报率为:

甲方案的投资回报率 = (2500/4500) × 100% = 55.56%

乙方案的投资回报率 = (1600/4000) × 100% = 40%

从计算结果来看,甲方案的投资回报率比乙方案的投资回报率高,所以,选择甲方案投资。但是,利用投资回报率指标有时可能得出与投资回收期指标不一致的情况。

用【例4-5】的资料,可计算投资回报率为:

甲方案的投资回报率 = (16000/4)/10000 × 100% = 40%

乙方案的投资回报率 = (16000/4)/10000 × 100% = 40%

这个结论与使用投资回收期法得出的结论不一致。

投资回报率法的优点是计算公式简单;缺点是没有考虑资金时间价值因素,不能正确反映建设期长短及投资方式等条件对项目的影响。

(二)贴现法

1. 净现值法

净现值(NPV),是指一个投资项目在项目计算期内,按设定折现率或基准收益率计算的各年净现金流量现值的代数和。计算公式为:

$$NPV = \sum_{t=0}^{n} NCF_t / (1 + r)^t$$

式中,NCF_t 表示第 t 年的现金净流量;n 表示项目预计使用年限;r 表示折现率。

计算净现值时,要按预定的折现率对投资项目的未来现金流量和原始投资额进行折现。预定折现率是投资者所期望的最低投资报酬率。净现值大于0,说明方案的实际报酬率高于所要求的报酬率,项目具有财务可行性;净现值小于0,说明方案的实际投资报酬率低于所要求的报酬率,项目不可行;净现值等于0,说明方案的实际报酬率等于所要求的报酬率,不改变股东财富,没有必要采纳。多个方案中,应选择净现值最大的方案。

【例4-7】 甲投资项目的所得税税前净现金流量:NCF_0 为 -1100 万元,NCF_1 为 0,NCF_{2-10} 为 200 万元,NCF_{11} 为 300 万元。假定甲投资项目的基准折现率为 10%。根据上述资料,按公式计算的甲投资项目净现值为:

$NPV = -1100 × 1 + 0 × 0.9091 + 200 × (6.1445 - 0.9091) + 300 × 0.3505$
$= 52.23(万元)$

甲投资项目的净现值大于0,方案具有财务可行性。

在净现值法中,设定折现率或基准收益率是一个重要参数,财务可行性评价中的折现率可以按以下方法确定:①以拟投资项目所在行业的平均收益率作为折现率;②如果项目风险与企业风险不一致,则采用项目本身的加权资本成本作为折现率;③如果项目风险与企业风险一致,则可采用企业的加权资本成本作为折现率。

净现值法简便易行,其主要的优点在于:①适用性强,能基本满足项目年限相同的互斥投资方案的决策;②能灵活地考虑投资风险。净现值法在所设定的折现率中包含投资风险报酬率要求,所以能有效地考虑投资风险。

净现值法也具有明显的缺点,主要表现在:①所采用的折现率不易确定;②不适宜于对投资额差别较大的独立投资方案的比较决策;③净现值法有时也不能对寿命期不同的互斥投资方案进行直接决策。

2. 年金净流量法

投资项目的未来现金净流量与原始投资额的差额,构成该项目的现金净流量总额。项目期间内全部现金净流量总额的总现值或总终值折算为等额年金的平均现金净流量,称为年金净流量($ANCF$)。年金净流量的计算公式为:

$$年金净流量 = 现金净流量总现值/年金现值系数$$
$$= 现金净流量总终值/年金终值系数$$

与净现值指标一样,年金净流量指标的结果大于0,说明每年平均的现金流入能抵补现金流出,投资项目的净现值(或净终值)大于0,方案的报酬率大于所要求的报酬率,方案可行。在两个以上寿命期不同的投资方案比较时,年金净流量越大,方案越好。

【例4-8】 甲、乙两个投资方案,甲方案需一次性投资10000元,可用8年,残值2000元,每年取得净利润3500元;乙方案需一次性投资10000元,可用5年,无残值,第一年获利3000元,以后每年递增10%。如果资本成本率为10%,应采用哪种方案?

两项目使用年限不同,净现值是不可比的,应考虑它们的年金净流量。

甲方案经营期每年 $NCF = 3500 + (10000 - 2000)/8 = 4500(元)$

乙方案经营期各年 NCF 为:

第1年 $= 3000 + 10000/5 = 5000(元)$

第2年 $= 3000 \times (1 + 10\%) + 10000/5 = 5300(元)$

第3年 $= 3000 \times (1 + 10\%)^2 + 10000/5 = 5630(元)$

第4年 $= 3000 \times (1 + 10\%)^3 + 10000/5 = 5993(元)$

第5年 $= 3000 \times (1 + 10\%)^4 + 10000/5 = 6392.30(元)$

甲方案净现值 $= 4500 \times 5.335 + 2000 \times 0.467 - 10000 = 14941.50(元)$

乙方案净现值 $= 5000 \times 0.909 + 5300 \times 0.826 + 5630 \times 0.751 + 5993 \times 0.683 + 6392.30 \times 0.621 - 10000 = 11213.77(元)$

甲方案年金净流量 $= 14941.50/(P/A,10\%,8) = 2801(元)$

乙方案年金净流量 $= 11213.77/(P/A,10\%,5) = 2958(元)$

尽管甲方案净现值大于乙方案,但它是8年内取得的。而乙方案年金净流量高于甲方案,如果按8年计算可取得15780.93元(2958×5.335)的净现值,高于甲方案。因此,乙方案优于甲方案。本例中用终值进行计算也可得出同样的结果。

年金净流量法是净现值法的辅助方法,在各方案寿命期相同时,实质上就是净现值法。因此,它适用于期限不同的投资方案决策。但同时,它也具有与净现值法同样的缺点,不便于对原始投资额不相等的独立投资方案进行决策。

3. 内含报酬率法

内含报酬率又称内部收益率,是指项目投资实际可望达到的收益率。从计算角度分析,内含报酬率是使投资方案净现值为0时的贴现率。内含报酬率大于基准收益率时,投资项目具有财务可行性;内含报酬率小于基准收益率时,投资项目则不可行。多方案比较中,选择内含报酬率最大的投资方案。

令 $NPV = \sum_{t=0}^{n} NCF_t/(1+r)^t = 0$,求出公式中使等式成立的 r 值,就是内含报酬率。

【例4-9】 甲公司有一个投资项目,需要在项目起点投资4500万元,设备使用10年,每年现金净流量1000万元,计算该项目的内含报酬率。如果甲公司资金成本为16%,该项目是否可行?

根据内含报酬率计算公式,有:

$1000 \times (P/A, r, 10) - 4500 = 0$

$(P/A, r, 10) = 4.5$

查年金现值系数表,得:

$(P/A, 18\%, 10) = 4.4941$

$(P/A, 16\%, 10) = 4.8332$

由于4.4941 < 4.5 < 4.8332,采用插值法:

$r = r_{低} + [(P/A, r, n) - (P/A, r, n)_{低}] \times (r_{高} - r_{低})/[(P/A, r, n)_{高} - (P/A, r, n)_{低}]$

$= 16\% + (4.5 - 4.8332) \times (18\% - 16\%)/(4.4941 - 4.8332)$

$= 17.97\%$

该项目内含报酬率为17.97%,高于资金成本16%,项目可行。

内含报酬率法的主要优点在于:①内含报酬率反映了投资项目可能达到的报酬率,易于被高层决策人员所理解;②对于独立投资方案的比较决策,如果各方案原始投资额现值不同,可以通过计算各方案的内含报酬率,反映各独立投资方案的获利水平。

内含报酬率法的主要缺点在于:①计算复杂,不易直接考虑投资风险大小;②在互斥投资方案决策时,如果各方案的原始投资额现值不相等,有时无法作出正确的决策。

4. 现值指数法

现值指数法又称获利指数法,是投资项目的未来现金净流量现值与原始投资额现值的比率。计算公式为:

现值指数 = 未来现金净流量现值/原始投资额现值

现值指数法是使用现值指数作为评价方案优劣标准的方法,现值指数大于1的方案是可取的;否则不可取。在现值指数大于1的诸多投资方案中,现值指数最大的方案为最优方案。现值指数法是净现值法的辅助方法,在各方案原始投资额现值相同时,实质上就是净现值法。由于现值指数是未来现金净流量现值与所需投资额现值之比,是一个相对数指标,反映了投资效率,所以用现值指数指标来评价独立投资方案,可以克服净现值指标不便于对原始投资额现值不同的独立投资方案进行比较和评价的缺点,从而对方案的分析评价更加合理、客观。

【例4-10】 甲公司有A、B两个独立投资方案,有关资料如表4-3所示。

表4-3　　　　　　　　　　　　净现值计算　　　　　　　　　　　　单位:元

项目	方案A	方案B
原始投资额现值	30000	3000
未来现金净流量现值	31500	4200
净现值	1500	1200

从净现值的绝对数分析,方案A大于方案B,似乎应采用方案A;但从投资额来看,方案A的原始投资额现值大大超过了方案B。所以,在这种情况下,如果仅用净现值来判断方案的优劣,就难以作出正确的比较和评价。按现值指数法计算:

A方案现值指数 = 31500/30000 = 1.05

B方案现值指数 = 4200/3000 = 1.40

计算结果表明,方案B的现值指数大于方案A,应当选择方案B。

第三节　有价证券投资管理

企业在金融市场上购买有价证券是其对外投资的主要形式,根据购买有价证券的种类,可以分为股票投资和债券投资。

一、股票投资

(一)股票投资的优缺点

1. 股票投资的优点

(1)投资收益高。虽然普通股票的价格变动频繁,但优质股票的价格总是呈上涨趋势。随着股份公司的发展,股东获得的股利也会不断增加。只要投资决策正确,股票投资收益是比较高的。

(2)能降低购买力的损失。普通股票的股利是不固定的,其随着股份公司收益的增长而提高。在通货膨胀时期,股份公司的收益增长率一般仍大于通货膨胀率,股东获得的股利可全部或部分抵消通货膨胀带来的购买力损失。

(3)流动性很强。上市公司股票的流动性很强,投资者有闲散资金可随时买入,需要资金时又可随时卖出。这既有利于增强资产的流动性,又有利于提高其收益水平。

(4)能达到控制股份公司的目的。投资者是股份公司的股东,有权参与或监督公司的生产经营活动。当投资者的投资额达到公司股本一定比例时,就能实现控制公司的目的。

2. 股票投资的缺点

股票投资的缺点主要是投资风险较大。

(二) 股票的估价模型

投资于股票预期获得的未来现金流量的现值,即为股票的价值,或内在价值、理论价格。股票是一种权利凭证,它之所以有价值,是因为它能给持有者带来未来的收益,这种未来的收益包括各期获得的股利、转让股票获得的价差收益、股份公司的清算收益等。价格小于内在价值的股票,是值得投资者投资购买的。股份公司的净利润是决定股票价值的基础。股票给持有者带来未来的收益一般是以股利形式出现的,因此可以通过股利计算确定股票价值。

股票估价是股票投资的基础。股票的估价模型有以下四种:

1. 股票估价的基本模型

由于普通股票的价值是通过各年股利所形成的现金流入量表示出来的,因此,将各年股利的现值加总即为普通股票的价值。

对永久持有的普通股票估价模型为:

$$P = d_1/(1+k) + d_2/(1+k)^2 + \cdots + d_n/(1+k)^n = \sum_{t=1}^{n} d_t/(1+k)^t$$

式中,P 表示普通股票的价值;d_t 表示预计第 t 年的股利;k 表示投资者要求的报酬率。

2. 零增长模型

零增长模型是普通股票的股利增长速度为 0,即每年的股利保持不变,这种股票价值的估价模型为:

$$P = d_0/k$$

式中,P 表示普通股票的价值;d_0 表示上一期支付的固定股利;k 表示投资者要求的报酬率。

3. 固定增长模型

若普通股票的股利每年都增长,并且增长速度相等,这种条件下,容易得到其估价模型:如果上年刚分配的股利为 d_0,股利的增长速度为 g,根据股票估价的基本模型,可推导出固定增长模型的计算公式为:

$$P = d_0 \times (1+g)/(k-g) = d_1/(k-g)$$

式中,P 表示普通股票的价值;d_0 表示上一期支付的股利;d_1 表示下一期预计支付的股利;g 表示股利的增长率;k 表示投资者要求的报酬率,并且 k 大于 g。

【例 4-11】 甲公司普通股票上年每股分配股利 1.2 元,甲公司每年股利的增长率为 3%,投资者要求的报酬率为 8%,则甲公司的股票价值为多少元?

根据固定增长股票的估价模型,计算甲公司的股票价值为:

$$P = 1.2 \times (1+3\%)/(8\% - 3\%) = 24.72(元)$$

4. 阶段性增长模型

实务中,有些公司的股利是不固定的,例如,在一段时间里高速增长,在另一段时间里正常固定增长或固定不变。对于阶段性增长的股票,需要分段计算,才能确定股票的价值。

【例 4-12】 投资人持有甲公司的股票,投资必要报酬率为 15%。预计甲公司未来 3 年股利将高速增长,增长率为 20%。在此以后转为正常增长,增长率为 12%。甲公司最近支付的股利是 2 元。现计算该公司股票的价值。

首先,计算非正常增长期的股利现值,如表 4-4 所示。

表 4-4　　　　　　　　非正常增长期的股利现值计算　　　　　　　　单位:元

年份	股利(D_t)	复利现值系数(15%)	股利现值(P_t)
1	$2 \times (1+20\%) = 2.4$	0.870	2.088
2	$2.4 \times (1+20\%) = 2.88$	0.756	2.177
3	$2.88 \times (1+20\%) = 3.456$	0.658	2.274
合计	3 年股利的现值		6.54

其次,计算第 3 年年底的普通股价值:

$$P_3 = \frac{D_4}{k-g} = \frac{D_3 \times (1+g)}{k-g} = \frac{3.456 \times 1.12}{15\% - 12\%} = 129.02(元)$$

计算其现值 = $129.02 \times (P/F, 15\%, 3) = 129.02 \times 0.658 = 84.90(元)$

最后,计算该股票的价值 = $6.54 + 84.90 = 91.44(元)$。

二、债券投资

(一)债券投资的优缺点

1. 债券投资的优点

(1)投资收益比较稳定。债券收益主要包括利息和买卖差价两部分。由于债券票面一般标有固定利率,而发行单位又有按规定支付利息的法定义务,所以利息收入是稳定的;同样,由于债券的未来利息比较稳定,所以,债券的转让价格及买卖价差也比较稳定。

(2)投资安全性好。政府债券有国家的财力作后盾,通常称为无风险债券;公司债券优先于股票求偿,保证了债券投资的安全性优于股票。

2. 债券投资的缺点

购买债券不能达到参与和控制发行企业经营管理活动的目的。

(二)债券的估价模型

将在债券投资上未来收取的利息和收回的本金折为现值,即可得到债券的内在价值。债券的内在价值也称为债券的理论价格,只有债券价值大于其购买价格时,该债券才值得投资。影响债券价值的因素主要有债券的面值、期限、票面利率和所采用的贴现率等。债券估值模型有以下三种:

1. 一年付息一次的债券估价模型

一年付息一次的债券,是指每年年底债券的持有人都会得到当年的利息,在债券到期日收回债券的本金,该债券的价值可由下式计算:

$$P = \sum_{t=1}^{n} I/(1+k)^t + F/(1+k)^n$$

式中,P 表示债券价值;k 表示市场利率;F 表示债券面值;n 表示付息期数;I 表示每年利息额,每年利息额 = 债券面值 × 票面利率。

【例 4-13】 甲公司投资购入一种债券,该债券的面值为 1000 元,票面利率为 8%,每年年末付息一次,期限为 10 年。若市场利率为 10%,则该债券的价值为多少元? 若市场利率为 6%,则该债券的价值又为多少元?

根据债券估价模型,该债券价值分以下两种情况:

(1) 当市场利率为 10% 时:

$$P = \sum_{t=1}^{10} 80/(1+10\%)^{10} + 1000/(1+10\%)^{10} = 877.1(元)$$

(2) 当市场利率为 6% 时:

$$P = \sum_{t=1}^{10} 80/(1+6\%)^{10} + 1000/(1+6\%)^{10} = 1147.2(元)$$

从【例 4-13】中可以看到,当市场利率发生变化时,债券的价值也会发生变化。一般来讲,当市场利率高于票面利率时,市场利率越高,债券价值越低;当市场利率低于票面利率时,市场利率越低,债券价值越高;当市场利率等于票面利率时,债券实际价值等于债券票面价格。

2. 到期一次还本付息的债券估价模型

这种债券在未到期之前不支付利息,当债券到期时,一次支付全部的本金及利息,一般情况下,这种债券的利息是按单利计息。到期一次还本付息的债券估价模型为:

$$P = F \times (1 + n \times i)/(1+k)^n$$

式中,P 表示债券价值;F 表示债券面值;i 表示票面利率;k 表示市场利率;n 表示付息期数。

3. 贴现发行债券的估价模型

贴现发行的债券是在债券上没有票面利率,只有票面值的债券。在债券发行时,以低于票面值的价格发行,到期时按面值偿还,面值与发行价格的差额作为债券的利息。贴现发行债券的估价模型为:

$$P = F/(1+k)^n$$

式中,P 表示债券价值;F 表示债券面值;k 表示市场利率;n 表示付息期数。

第四节 公司并购与收缩

资本运营是指对企业所拥有的一切有形与无形的存量资产,通过流动、裂变、组合、优化配置等各种方式进行有效运营,以最大限度地实现增值。从这个角度分析,资本运营分为并购与收缩两种运营模式。

一、公司并购

(一)并购的概念

并购是合并与收购的简称,其中合并又细分为吸收合并与新设合并。吸收合并也叫兼并,是指以主并企业法人地位存续为前提,将目标公司的产权折合为股份,连同相应的资产与负债整合到主并企业之中的资本运作方式。新设合并是指两个或两个以上公司合并组成一个新的统一的法人公司,被合并的各公司原有的法人地位均不复存在。

收购指的是主并企业对目标公司实施的股权收购,包括非控制权性收购(即参股性收购)与控制权性收购(取得目标公司第一大股东地位)。在非控制权性收购的情况下,主并企业与目标公司各自原有的法人地位继续存在;在控制权性收购的情况下,目标公司通常作为主并企业的一个子公司,而继续保持其原有的法人地位。

(二)并购动因

企业并购是个复杂的经济现象,西方经济学家对其产生发展的动因进行了广泛而深入的研究。大量案例研究发现,追求市场控制力、增加利润、增加股东价值、增加销售额、取得规模经济效益、降低成本、提高竞争力、分散风险、应对市场失效等经营目标的经济动机,仍然是企业并购的主要动因。

1. 获取公司控制权增效

所谓控制权增效,是指由于取得对公司的控制权,而使公司效率改进和获得价值增大的效果。并购的目的在于获得对企业的控制权,通过运用控制权而产生控制权增效。

2. 取得协同效应

所谓协同效应,指的是两个企业组成一个企业之后,其产出比原先两个企业产出之和还要大的情形,即俗称的"1+1>2"效应。协同效应主要来源于管理协同、经营协同、多样化经营以及财务协同。

3. 向市场传递公司价值低估的信息

收购活动会传递关于目标企业股票被低估的信息,并且促使市场对这些股票进行重新估价,收购要约会激励目标企业的管理层自身贯彻更有效的战略。公司收到并购要约这一事实可能会传递给市场这样的信息:该公司拥有迄今为止尚未被认识到的额外价值,或者企业未来的现金流量将会增长。

4. 降低代理成本

当管理者只拥有一小部分公司股份时,便会产生代理问题。这种部分的所有权可能会导致管理者的工作缺乏活力,或导致其进行额外的消费(如豪华办公室、公司轿车、俱乐部的会员资格等)。在所有权极为分散的大公司中,单个所有者没有足够的动力去花费大量的资源用于监督管理者行为。

降低代理成本一般可以考虑两个方面的途径:其一是组织机制方面的制度安排,其二是市场机制方面的制度安排。通过公开收购或代理权争夺而造成的接管,将会改选现任经理和董事会成员,使原来那些潜在的经理和董事取而代之。

5. 管理者扩张动机

经理阶层扩张动机论认为,管理者具有很强烈的扩大公司规模的欲望,因为经理的报酬是公司规模的函数。这样,经理将会接受资本预期回收率很低的项目,并热衷于扩大规模。希望通过并购扩张公司,不断促使公司迅速发展,以实现其在事业上的雄心壮志。

(三)被并购企业的价值评估

企业价值评估是并购方制定合理支付价格范围的主要依据。目前,企业价值评估模式大致可分为两类:折现式价值评估模式和非折现式价值评估模式。

1. 折现式价值评估模式

现金流量折现模式是折现式价值评估模式中最科学的一种,其基本估值模型如下:

$$V = \sum_{t=1}^{n} FCF_t / (1+K)^t$$

式中,V 表示目标公司价值;FCF 表示目标公司自由现金流量;K 表示折现率;t 表示期限;n 表示折现期。

通过这个模型估计的是企业整体价值,因为并购中实际使用的是目标公司的股权价值,因此,目标公司股权价值=V-目标公司债务价值。

由上述公式可知,现金流量折现模式的应用需要三个重要参数:一是现金流量;二是折现率;三是期限。由于目标公司为可持续经营企业,因此,并购估值中期限一般取无穷大。

2. 非折现式价值评估模式

非折现式价值评估模式包括市盈率法、账面资产净值法和清算价值法等,下面主要介绍市盈率法的应用。市盈率法下的每股价值计算公式如下:

$$每股价值 = 预计每股收益 \times 标准市盈率$$

其中:
$$市盈率 = 每股价格 / 每股收益$$

这种估值方法一般适用于并购公司或目标公司为上市公司的情况。

预计未来每年收益可在目标公司当前盈利水平的基础上,考虑并购后的整合效应来确定。标准市盈率的确定一般要遵循下列原则:①以一家或多家具有相似的发展前景和风险特征的公司为参照;②考虑主并企业自身的市盈率。这主要因为并购整合后的目标公司可能会得到与并购公司相同或相近的市场评价;③以最近10个或20个交易日的市盈率进行加权平均。这主要为了克服参照企业价格波动的影响。

【例 4-14】 HK 公司已进入第五个营业年度的年末,且股份全部获准挂牌上市,年平均市盈率为 12。该公司 2×22 年 12 月 31 日资产负债表主要数据如下:资产总额为 20000 万元,债务总额为 5000 万元。当年净利润为 3500 万元。

HK 公司现准备向 ML 公司提出收购意向(并购后 ML 公司依然保持法人地位),ML 公司是一家制造商,其产品及市场范围正可以弥补 HK 相关方面的不足。2×22 年 12 月 31 日 ML 公司资产负债表主要数据如下:资产总额为 5000 万元,债务总额为 1000 万元。当年净利润为 500 万元,前 3 年平均净利润为 450 万元。与 ML 公司具有相同经营范围和风险特征的上市公司平均市盈率为 10。

HK公司收购ML公司的理由是可以取得一定程度的协同效应,并相信能使ML未来的效率提高到同HK一样的水平。要求:运用市盈率法,分别按下列条件对目标公司的股权价值进行估测:

(1)基于目标公司ML最近的盈利水平和同业市盈率。

(2)基于目标公司ML近3年平均盈利水平和同业市盈率。

(3)假定目标公司ML被收购后的盈利水平能够迅速提高到并购公司HK当前的资产报酬率水平,且市盈率能够达到HK公司的水平。

则:(1)目标公司价值 = 500 × 10 = 5000(万元)

(2)目标公司价值 = 450 × 10 = 4500(万元)

(3)HK公司资产报酬率 = 3500/20000 × 100% = 17.5%

ML公司预计净利润 = 5000 × 17.5% = 875(万元)

目标公司价值 = 875 × 12 = 10500(万元)

由上述计算结果可见,基于不同的盈利预期和市盈率,目标公司估值差异会比较大,并购公司可以把这些估值结果看作一个估值区间,作为与目标公司谈判的基础。

3. 估值模型的应用

选用恰当的方法,对拟并购的目标公司的价值作出合理的估价,对于指导企业搜寻与择取价位合理的目标公司并获得并购成功非常重要。一般而言,集团公司可以采用非现金流量法对某一个或若干个备选目标公司的财务实力进行初步审查,以大致估算备选目标公司的投资价值并作出初步筛选。当并购对象业已明确,特别是双方签署了初步并购意向书,最好是在一定程度上取得了目标公司的协作后,再利用现金流量折现模式对目标公司的价值作出具体的评估。

不同方法,甚至同一方法在不同人之间使用时,对目标公司的估值都会存在差异。因此,这些方法确定的目标公司的价值只是确定一个价格基准、价格上限,作为与目标公司进行价格谈判的基础。并购价格的确定还需要考虑战略因素,如完善产业链、加强与对手竞争、改善公司的业务结构和资本结构等。此外,并购公司还要考虑并购后需要追加的资本支出和营运资本的资金需求,结合自身的财务资源及风险承受能力,通过与目标公司讨价还价,最终达成一致的并购成交价格。

(四)并购支付方式

并购支付方式是指并购活动中并购公司和目标公司之间的交易形式。不同的支付方式会影响二者的控制权关系和法律地位,甚至影响并购的成败,因此,并购支付方式选择是并购决策的重要环节。

并购支付方式主要包括以下四种:

1. 现金支付方式

用现金支付并购价款是一种最简捷、最迅速的方式,且最受现金拮据的目标公司欢迎。但是对于大宗的并购交易,采用现金支付方式无疑会给并购公司造成巨大的现金压力,甚至无法承受。短期内大量的现金支付还会引起并购公司的流动性问题,而如果寻求外部融资,又会受到公司融资能力限制。同时,一些国家规定,如果目标公司接受的是现金价款,必须缴纳所得税。因此,对于巨额的并购交易,现金支付的比率一般都比较低。

2. 股票对价方式

采用股票对价方式,即集团公司通过增发新股换取目标公司的股权,这种方式可以避免集团公司现金的大量流出,从而并购后能够保持良好的现金支付能力,减少财务风险。但这种方式可能会稀释集团公司原有的控制权结构与每股收益水平,倘若集团公司原有资本结构比较脆弱,极易导致集团公司控制权的稀释、丧失,以致被他人并购。此外,股票支付处理程序复杂,可能会延误并购时机,增大并购成本。

3. 杠杆收购方式

杠杆收购(LBO)是指集团公司通过借款的方式购买目标公司的股权,取得控制权后,再以目标公司未来创造的现金流量偿付借款。通常有两种情况:一是集团公司以目标公司的资产为抵押取得贷款购买目标公司股权;二是由风险资本家或投资银行先行借给集团公司一笔"过渡性贷款"去购买目标公司的股权,取得控制权后,集团公司再安排目标公司发行债务或用目标公司未来的现金流量偿付借款。

杠杆并购需要目标公司具备以下条件:①有较高而稳定的盈利历史和可预见的未来现金流量;②公司的利润与现金流量有明显的增长潜力;③具有良好抵押价值的固定资产和流动资产;④有一支富有经验和稳定的管理队伍等。因此,管理层收购中多采用杠杆收购方式。

4. 卖方融资方式

卖方融资是指作为并购公司的集团公司暂不向目标公司支付全额价款,而是作为对目标公司所有者的负债,承诺在未来一定时期内分期、分批支付并购价款的方式。这种付款方式通常用于目标公司获利不佳急于脱手的情况。在签约时,集团公司还可以向目标公司提出按照未来业绩的一定比率确定并购的价格,并分期付款。这样既可以拉近双方在并购价格认定上的差距,建立起对目标公司原所有者的奖励机制,同时又可以使集团公司避免陷入并购前未曾预料的并购"陷阱",而且由于减少了并购当时的现金负担,从而使企业集团在并购后能够保持正常的运转。此外,这种方式还可以使集团公司获得税收递延支付的好处。但需要注意的是,作为一种未来债务的承诺,采用卖方融资方式的前提是,集团公司有着良好的资本结构和风险承受能力。

上述并购支付方式各有优劣,可单独使用,也可以组合使用。在支付方式的选择上,必须审慎地考虑并购价格及不同的支付方式对未来资本结构与财务风险的影响。

(五)并购后的一体化整合

企业并购并不是两个企业的简单合并或形式上的组合,而是一个复杂的以资本为控制核心,通过管理观念和行为方式的整合,才能达到预期效果的系统运作过程。并购后的整合是决定并购成败的关键。整合工作的质量直接影响到并购双方的资源配置效应和整体经营状况的好坏。企业并购后的整合工作不仅仅是诸如更新公司名称等形式上的整合,更重要的是包括财务整合、文化整合、人力资本整合、组织整合、经营战略整合在内的具有实质内容的一系列整合。其中,财务整合是核心内容与环节之一。财务整合的基本内容包括财务管理目标的整合、财务组织的整合、财务管理制度的整合、会计核算体系的整合、资产与债务的整合、业绩考评体系的整合。

二、公司收缩

(一)公司收缩的概念

公司收缩是公司重组的一种形式,是相对于公司扩张而提出的概念,它是指对公司的股本或资产进行重组从而缩减主营业务范围或缩小公司规模的各种资本运作方式。

公司在考虑重组业务时不能简单考虑如何扩张,这是一种非常重要的战略思维改变。公司收缩也是公司重组领域的两大基本重组类型或方向之一,它和收购兼并、企业联营等公司扩张形成公司重组的完整范畴。公司收缩的目标是通过收缩战线实现公司的最优规模,因此,其确定标准是看重组后的结果是否缩减了主营业务范围或缩小了公司规模,如果通过资本运作能实现其中一个结果,就可认为这一重组行为是公司收缩。

资产剥离、公司分立、分拆上市等是公司收缩的主要方式。

(二)资产剥离

资产剥离指企业将其所拥有的资产、产品线、经营部门、子公司出售给第三方,以获取现金或股票,或现金与股票混合形式回报的一种商业行为。资产剥离的一种特别方式是资产置换。在一个典型的剥离中,购买者是一家已存在的企业,因此,不会产生新的法律实体。

按照剥离是否符合公司的意愿,剥离可以划分为自愿剥离和非自愿剥离(或被迫剥离)。按照剥离业务中所出售资产的形式,剥离又可以划分为出售固定资产、出售无形资产、出售子公司等形式。

资产剥离表面上看是资产的一进一出,对等交易,公司资产总量并没有减少,但其对公司的收缩作用主要表现在业务的收缩上。公司如果想剥离某一行业的业务,就可以把与该行业有关的子公司、部门及所有固定资产与辅助设备都卖给其他公司,回收的资金用于公司核心业务的发展。

资产剥离的动因主要有:①适应经营环境变化,调整经营战略;②提高管理效率;③提高资源利用效率;④弥补并购决策失误或成为并购决策的一部分;⑤获取税收或管制方面的收益。

资产剥离的消息通常会对股票市场价值产生积极的影响。

(三)公司分立

公司分立分为两种类型:一是标准式公司分立;二是衍生式公司分立。

1. 标准式公司分立

标准式公司分立是指母公司将其在某子公司中所拥有的股份,按母公司股东在母公司中的持股比例分配给现有母公司的股东,从而在法律上和组织上将子公司的经营从母公司的经营中分离出去的行为。这会形成一个与母公司有着相同股东和持股结构的新公司。在分立过程中,不存在股权和控制权向母公司和其股东之外第三者转移的情况,因为现有股东对母公司和分立出来的子公司同样保持着它们的权利。

需要说明的是,这里的子公司可以是原来就存在的子公司,也可以是为了分立考虑临时组建的子公司。这样母公司可以根据业务重组的需要对欲分立出去的子公司进行最有效的利用。特别是在下面要提到的解散式分立中,母公司将把自己的所有资产全部事先分解成一个个子公司才能完成最终母公司的自动消失。

2. 衍生式公司分立

除标准分立外,公司分立往往还有多种形式的变化,主要有换股式公司分立和解散式公司分立两种衍生形式。

(1)换股式公司分立

换股式公司分立是指母公司把其在子公司中占有的股份分配给母公司的一些股东(而不是全部母公司股东),用以交换上述股东在母公司中的股份的行为。

换股式分立不同于纯粹的标准式分立,在换股中两个公司的所有权比例发生了变化,母公司的股东在换股以后甚至不能对子公司行使间接的控制权。换股不像纯粹的分立那样会经常发生,因为它需要母公司的一部分股东愿意放弃其在母公司中的利益,转向投资于子公司。实际上换股式分立也可以看成是一种股份回购,即母公司以所持有的子公司的股份向部分母公司股东回购其持有的母公司的股份。在纯粹的分立后,母公司的股本没有变化,而在换股式分立后母公司的股本减少。

(2)解散式公司分立

解散式公司分立是指母公司将子公司的控制权移交给它的股东。在解散式公司分立中,母公司所拥有的全部子公司都分立出来,因此,原母公司不复存在。在拆股后,除管理队伍会发生变化外,所有权比例也可能发生变化,这取决于母公司选择怎样的方式向其股东提供子公司的股票。

(四)分拆上市

分拆上市与公司分立是两种不同的资本运作手段。分拆上市有广义和狭义之分。广义的分拆上市是指已上市公司或者尚未上市公司将其中部分业务独立出来单独上市;狭义的分拆上市指的是已上市公司将其中部分业务或者已上市母公司将其中某个子公司独立出来,另行公开招股上市。在国外,较为普遍的公司分拆是母公司将其控股子公司的股权拿出一部分进行公开出售的行为。这些股权可由母公司二次发行的方式发售,也可由子公司以首次公开发行的方式售出,通常母公司会在这个子公司中继续保留控股地位。

可见,分拆上市在资产规模意义上并没有使公司变小,相反,它使母公司控制的资产规模扩大了。但国外学界一般都把分拆上市看作是一种公司的收缩,其考虑问题的出发点不是看重组前后资产规模的增减,更多的是看母公司直接进行日常控制的业务是否减少。在这个意义上,分拆上市使得原来属于母公司、需要母公司日常经营的全资子公司变成多股东股份制的公司,子公司分拆后有了自己独立的董事会和经理层,与母公司的联系仅表现在每年的分红、配股或会计报表的并表上。在子公司分拆上市后,母公司直接经营的业务和资产会发生收缩。

随着全资子公司部分股权的公开出售,相应会发生一些变化。在这个新生的公司实体(控股子公司)中,资产的管理运作系统将会重新组建。子公司的市场价值开始体现。子公司要作为一个独立实体发布业绩公告,接受市场投资者和金融专家的分析与评估。关系到该子公司价值的公开信息将有助于该子公司改善业绩。对子公司管理层而言,把报酬与公开发行股票的表现相联系将会有助于提高管理者的积极性。另外,由于子公司部分股权已上市,母公司如想再出售其余股权,则会比较容易以合适的价格寻找到合适的买家。

但分拆上市对子公司的运作也有一些负面影响,主要表现在母公司对子公司的干预程度上。一些分拆后的子公司高层管理人员仍然要做一些努力以摆脱母公司的过多干预。从这个角度看,分立比分拆上市对子公司独立程度的贡献更大。分拆上市后,如果母公司仍然对分拆的子公司处于绝对控股地位,可能会动用子公司的现金来满足母公司的需要,如偿还债务、投资新业务等,这也是分拆上市中的风险之一。

第五章 营运资金管理

第一节 营运资金管理概述

一、营运资金的概念及特点

(一)营运资金的概念

营运资金是指在企业生产经营活动中占用在流动资产上的资金。营运资金有广义和狭义之分,广义的营运资金是指一个企业流动资产的总额;狭义的营运资金是指流动资产减去流动负债后的余额。这里指的是狭义的营运资金概念。营运资金的管理既包括流动资产的管理,也包括流动负债的管理。

1. 流动资产

流动资产是指可以在1年以内或超过1年的一个营业周期内变现或运用的资产。流动资产具有占用时间短、周转快、易变现等特点。企业拥有较多的流动资产,可在一定程度上降低财务风险。

2. 流动负债

流动负债是指需要在1年或者超过1年的一个营业周期内偿还的债务。流动负债又称短期负债,具有成本低、偿还期短的特点,必须加强管理。

(二)营运资金的特点

1. 营运资金的来源具有多样性

企业筹集营运资金的方式较为灵活多样,通常有银行短期借款、短期融资券、商业信用、应交税费、应付股利、应付职工薪酬等多种内外部融资方式。

2. 营运资金的数量具有波动性

流动资产的数量会随企业内外条件的变化而变化,时高时低,波动很大。随着流动资产数量的变动,流动负债的数量也会发生相应变动。

3. 营运资金的周转具有短期性

企业占用在流动资产上的资金,通常会在1年或超过1年的一个营业周期内收回,对企业影响的时间比较短。根据这一特点,营运资金可以用商业信用、银行短期借款等短期筹资方式加以解决。

4. 营运资金的实物形态具有变动性和易变现性

企业营运资金的占用形态是经常变化的,营运资金的每次循环都要经过采购、生产、销售等过程,一般按照现金、材料、在产品、产成品、应收账款、现金的顺序转化。为此,在进行流动资产管理时,必须在各项流动资产上合理配置资金数额,做到结构合理,以促进资金周转顺利进行。同时,以公允价值计量且其变动计入当期损益的金融资产、应收账款、存货等流动资产一般具有较强的变现能力,如果遇到意外情况,企业出现资金周转不灵、现金短缺时,便可迅速变卖这些资产,以获取现金,这对财务上应付临时性资金需求具有重要意义。

二、营运资金管理策略

(一)流动资产的投资策略

一个企业必须选择与其业务需要和管理风格相符合的流动资产投资策略。如果企业管理政策趋于保守,就会保持较高的流动资产与销售收入比率,保证更高的流动性(安全性),但盈利能力也更低;如果管理者偏向于为了更高的盈利能力而愿意承担风险,那么它将保持一个低水平的流动资产与销售收入比率。

流动资产的投资策略有以下两种基本类型:

1. 紧缩的流动资产投资策略

在紧缩的流动资产投资策略下,企业维持低水平的流动资产与销售收入比率。需要说明的是,这里的流动资产通常只包括生产经营过程中产生的存货、应收款项以及现金等生产性流动资产,而不包括股票、债券等金融性流动资产。

紧缩的流动资产投资策略可以节约流动资产的持有成本,如节约持有资金的机会成本。但与此同时可能伴随着更高风险,这些风险表现为更紧的应收账款信用政策和较低的存货占用水平,以及缺乏现金用于偿还应付账款等。但是,只要不可预见的事件没有损坏企业的流动性而导致严重的问题发生,紧缩的流动资产投资策略就会提高企业效益。

2. 宽松的流动资产投资策略

在宽松的流动资产投资策略下,企业通常会维持高水平的流动资产与销售收入比率。也就是说,企业将保持高水平的现金、高水平的应收账款(通常给予客户宽松的付款条件)和高水平的存货(通常源于补给原材料或不愿意因为产成品存货不足而失去销售)。在这种策略下,由于较高的流动性,企业的财务与经营风险较小。但是,过多的流动资产投资无疑会承担较大的流动资产持有成本,提高企业的资金成本,降低企业的收益水平。

制定流动资产投资策略时,需要权衡资产的收益性与风险性。增加流动资产投资会增加流动资产的持有成本,降低资产的收益性,减少短缺成本。反之,减少流动资产投资会降低流动资产的持有成本,增加资产的收益性,增加短缺成本。因此,从理论上来说,最优的流动资产投资应该是使流动资产的持有成本与短缺成本之和最低。

(二)流动资产的融资策略

在企业经营状况不发生大的变化的情况下,流动资产最基本的需求具有一定的刚性和相对稳定性,可以将其界定为流动资产的永久性水平。当销售发生季节性变化时,流动资产将会在永久性水平的基础上增加。因此,流动资产可以被分解为两部分:永久性部分和波动性部分。永久性流动资产是指满足企业长期最低需求的流动资产,其占有量通常相对稳定;波动性流动资产或称临时性流动资产,是指那些由于季节性或临时性的原因而形成的流动资产,其占用量随当时的需求而波动。

与流动资产的分类相对应,流动负债也可以分为临时性负债和自发性负债。一般而言,临时性负债又称为筹资性流动负债,是指为了满足临时性流动资金需要所发生的负债,如商业零售企业春节前为满足节日销售需要,超量购入货物而举借的短期银行借款,临时性负债一般只能供企业短期使用。自发性负债又称为经营性流动负债,是指直接产生于企业持续经营中的负债,如商业信用筹资和日常运营中产生的其他应付款,以及应付职工薪酬、应付利息、应交税费等,自发性负债可供企业长期使用。

一般来说,流动资产的永久性部分具有相对稳定性,需要通过长期负债融资或权益性资金解决;而波动性部分的融资则相对灵活,最经济的办法是通过低成本的短期融资解决,如采用1年期以内的短期借款或发行短期融资券等方式。

融资决策主要取决于管理者的风险导向,此外,它还受短期、中期、长期负债的利率差异的影响。根据资产的期限结构与资金来源的期限结构的匹配程度差异,流动资产的融资策略可以划分为期限匹配融资策略、保守融资策略和激进融资策略三种基本类型。这些政策分析方法如图5-1所示。图5-1中的顶端方框将流动资产分为永久性和波动性两类,剩下的方框描述了短期融资和长期融资三种策略的混合。任何一种方法在特定的时间都可能是合适的,这取决于收益曲线的形状、利率的变化、未来利率的预测等,尤其是管理者的风险承受力。图5-1中融资的长期来源包括自发性流动负债、长期负债以及权益资本;短期来源主要是指临时性流动负债。

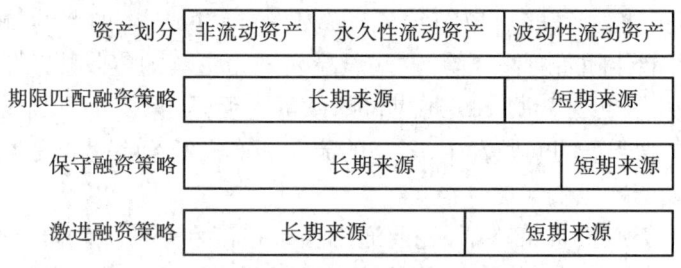

图5-1 可供选择的流动资产融资策略

1. 期限匹配融资策略

在期限匹配融资策略中,永久性流动资产和非流动资产以长期融资(负债或股东权益)融通,波动性流动资产用短期来源融通。这意味着,在给定的时间,企业的短期融资数量反映了当时的波动性流动资产的数量。当波动性流动资产扩张时,信贷额度也会增加,以便支持企业的扩张;当波动性流动资产收缩时,就会释放出资金,以偿付短期借款。

资金来源的有效期与资产的有效期的匹配,只是一种战略性的观念匹配,而不要求实际金额完全匹配。实际上,企业也做不到完全匹配。其原因是:①企业不可能为每一项资产按其有效期配置单独的资金来源,只能分为短期融资和长期融资两类;②企业必须有所有者权益筹资,它是无限期的资本来源,而资产总是有期限的,不可能完全匹配;③资产的实际有效期是不确定的,而还款期是确定的,必然会出现不匹配。

2. 保守融资策略

在保守融资策略中,长期融资支持非流动资产、永久性流动资产和部分波动性流动资产。企业通常以长期融资为波动性流动资产的平均水平融资,短期融资仅用于融通剩余的波动性流动资产,融资风险较低。这种策略通常最小限度地使用短期融资,但由于长期负债成本高于短期负债成本,就会导致融资成本较高、收益较低。

3. 激进融资策略

在激进融资策略中,企业以长期负债和权益为所有的非流动资产融资,仅对一部分永久性流动资产使用长期融资方式融资。短期融资方式支持剩下的永久性流动资产和所有的波动性流动资产。这种策略观念下,通常使用更多的短期融资。

短期融资方式通常比长期融资方式具有更低的成本。然而,过多地使用短期融资会导致较低的流动比率和较高的流动性风险。

第二节 现金管理

现金有广义和狭义之分。广义的现金是指在生产经营过程中以货币形态存在的资金,包括库存现金、银行存款和其他货币资金等;狭义的现金仅指库存现金。本节所讲的现金是指广义的现金。

一、持有现金的动机

现金是企业资产中流动性最强的资产,持有一定数量的现金是企业开展正常生产活动的基础,是保证企业避免支付危机的必要条件;同时,现金是获利能力最弱的一项资产,过多地持有现金会降低资产的获利能力。现金的管理要与其持有现金的动机联系起来考虑,企业持有现金的动机主要有以下三种:

(1)交易性动机。企业持有现金是为了满足日常生产经营的需要,企业在生产经营过程中需要购买原材料,支付各种成本费用,为了满足这种要求,企业应持有一定数量的现金。

(2)预防性动机。企业在现金管理时,要考虑到可能出现的意外情况,应准备一定的预防性现金。确定预防性需求的现金数额时,需考虑以下因素:①企业愿冒现金短缺风险的程度;②企业预测现金收支可靠的程度;③企业临时融资的能力。

(3)投机性动机。企业进行投机性的资本运作通常都是临时性的,捕捉某些转瞬即逝的机会。为满足投机性需要的现金储备是企业确定现金余额时所需考虑的次要因素,其持有量的大小往往与金融市场的投资机会和企业管理层的风险偏好有关。

针对企业持有现金的动机,可以看出,预防性动机和投机性动机持有的现金对于企业来讲不容易确定,现金管理主要指交易性现金的管理,其管理目标为:

(1)在满足需要的基础上尽量减少现金的持有量。
(2)加快现金的周转速度。

二、最佳现金持有量的确定

企业应持有多少现金要根据其生产需要确定,确定现金持有量的方法有很多种,包括成本分析模式、存货模式、随机模式等。下面主要介绍存货模式的计算方法。

该模式的应用基于以下假设条件:①公司的现金流入量是稳定并且可以预测的;②公司的现金流出量是稳定并且可以预测的;③在预测期内,公司的现金需求量是一定的;④在预测期内,公司不能发生现金短缺,并且可以出售有价证券来补充现金。该模式主要考虑两种成本:一是持有成本,是由于持有现金损失了其他投资机会而发生损失,它与现金持有量成正比。二是转换成本,是将有价证券转换成现金发生的手续费等开支,它与转换次数成正比,与现金的持有量成反比;持有现金的总成本为二者之和。用公式表示为:

$$C = 持有成本 + 转换成本 = Q/2 \times R + T/Q \times F$$

式中,C 表示持有现金总成本;Q 表示现金持有量;R 表示有价证券的报酬率;T 表示全年现金需求总量;F 表示每次出售有价证券以补充现金所需的交易成本。

最佳现金持有量是使持有现金总成本最低的现金持有量。根据数学求极值问题的方法,可知最佳现金持有量为:

$$Q^* = \sqrt{2TF/R}$$

【例 5-1】 假设某企业明年需要现金 8400 万元,已知有价证券的报酬率为 7%,将有价证券转换为现金的转换成本为 150 元,则最佳现金持有量应为多少万元?

$$Q^* = \sqrt{2TF/R} = \sqrt{2 \times 84000000 \times 150/7\%} = 60(万元)$$

三、现金收支日常管理

(一)现金周转期

企业的经营周期是指从取得存货开始到销售存货并收回现金为止的时期。其中,从收到原材料,加工原材料,形成产成品,到将产成品卖出的这一时期,称为存货周转期;产品卖出后到收到顾客支付的货款的这一时期,称为应收账款周转期。

但是企业购买原材料并不用立即付款,这一延迟的付款时间段就是应付账款周转期。现金周转期是指介于企业支付现金与收到现金之间的时间段,它等于经营周期减去应付账款周转期。

所以,如果要减少现金周转期,可以从以下方面着手:加快制造与销售产成品来减少存货周转期;加速应收账款的回收来减少应收账款周转期;减缓支付应付账款来延长应付账款周转期。

(二)收款管理

1. 收款成本

收款成本包括浮动期成本,管理收款系统的相关费用(如银行手续费)及第三方处理费用或清算相关费用。在获得资金之前,在途收款项目使企业无法利用这些资金,也会产生机会成本。信息的质量包括收款方得到的付款人的姓名,付款的内容和付款时间。信息要求及时、准确地到达收款人一方,以便收款人及时处理资金,作出发货的安排。

2. 收款浮动期

收款浮动期是指从支付开始到企业收到资金的时间间隔。收款浮动期主要有下列三种类型:

(1)邮寄浮动期:从付款人寄出支票到收款人或收款人的处理系统收到支票的时间间隔。

(2)处理浮动期:支票的接受方处理支票和将支票存入银行以收回现金所花的时间。

(3)结算浮动期:通过银行系统进行支票结算所需的时间。

(三)付款管理

现金支出管理的主要任务是尽可能延缓现金的支出时间。当然,这种延缓必须是合理合法的。控制现金支出的目标是在不损害企业信誉条件下,尽可能推迟现金的支出。

1. 使用现金浮游量

现金浮游量是指由于企业提高收款效率和延长付款时间所产生的企业账户上的现金余额和银行账户上的企业存款余额之间的差额。

2. 推迟应付款的支付

推迟应付款的支付是指企业在不影响自己信誉的前提下，充分运用供货方所提供的信用优惠，尽可能地推迟应付款的支付期。

3. 改进员工工资支付模式

企业可以为支付工资专门设立一个工资账户，通过银行向职工支付工资。为了最大限度地减少工资账户的存款余额，企业要合理预测从开出支付工资的支票到职工去银行兑现的具体时间。

4. 争取现金流出与现金流入同步

企业应尽量使现金流出与流入同步，这样就可以降低交易性现金余额，同时可以减少有价证券转换为现金的次数，提高现金的利用效率，节约转换成本。

5. 使用零余额账户

企业与银行合作，保持一个主账户和一系列子账户。企业只在主账户保持一定的安全储备，而在一系列子账户不需要保持安全储备。当从某个子账户签发的支票需要现金时，所需要的资金立即从主账户划拨过来，从而使更多的资金可以作为他用。

第三节 应收账款管理

一、应收账款管理目标

企业的应收账款是企业在销售产品时由于延迟收款而形成的，企业应收账款的存在有利于增加企业的竞争力，促进产品销售，增加企业盈利。但会占用企业的资金，增加企业管理应收账款的成本，有一些应收账款甚至会出现坏账损失。

由于应收账款的存在，一方面会增加企业的收入，另一方面会使企业产生费用，所以，管理应收账款的目标为：在适当利用赊销增加企业产品的市场占有率的条件下控制应收账款的余额；加快应收账款的周转速度。

二、应收账款的成本

应收账款作为企业为增加销售和盈利进行的投资，会发生一定的成本。应收账款的成本主要有以下四个方面。

（一）应收账款的机会成本

应收账款会占用企业一定量的资金，若企业不把这部分资金投放于应收账款，便可以用于其他投资并可能获得收益，如投资债券获得利息收入。这种因投放于应收账款而放弃其他投资所带来的收益，即为应收账款的机会成本。其计算公式如下：

应收账款占用资金的应计利息（即机会成本）
= 应收账款占用资金 × 资本成本
= 应收账款平均余额 × 变动成本率 × 资本成本
= 日销售额 × 平均收现期 × 变动成本率 × 资本成本
= 全年销售额/360 × 平均收现期 × 变动成本率 × 资本成本

应收账款平均余额 = 日销售额 × 平均收现期

应收账款占用资金 = 应收账款平均余额 × 变动成本率

式中,平均收现期指的是各种收现期的加权平均数。

(二)应收账款的管理成本

应收账款的管理成本主要是指企业管理应收账款所增加的费用。其主要包括调查顾客信用状况的费用、收集各种信息的费用、账簿的记录费用、收账费用、数据处理成本、相关管理人员成本和从第三方购买信用信息的成本等。

(三)应收账款的坏账成本

在赊销交易中,债务人由于种种原因无力偿还债务,债权人就有可能无法收回应收账款而发生损失,这种损失就是坏账成本。可以说,企业发生坏账成本是不可避免的,而此项成本一般与应收账款发生的金额成正比。

坏账成本一般用下列公式测算:

应收账款的坏账成本 = 赊销额 × 预计坏账损失率

(四)应收账款的收账成本

应收账款发生后,企业应采取各种措施,尽量争取按期收回款项,否则会因拖欠时间过长而发生坏账,使企业蒙受损失。通常企业可以采取寄发账单、电话催收、派人上门催收、法律诉讼等方式催收应收账款,然而催收账款要发生费用,某些催款方式的费用还会很高。一般来说,收账的花费越大,收账措施越有力,可回收的账款越多,坏账损失也就越小。

三、企业信用政策

企业信用政策是管理和控制应收账款余额的政策,它由信用标准、信用条件、收账政策组成。

(一)信用标准

信用标准是企业用来衡量客户是否有资格享受商业信用所具备的基本条件。客户达到了信用标准,享受赊销;达不到信用标准,不能享受赊销,必须支付现金。信用标准由企业根据其销售政策来制定,国外通常采用"5C"系统来评价,即品质(Character)、能力(Capacity)、资本(Capital)、抵押(Collateral)和条件(Condition)。

(1)品质。品质指顾客的信誉,即履行偿债义务的可能性。企业必须设法了解顾客过去的付款记录,看其是否有按期如数付款的一贯做法,以及与其他供货企业的关系是否良好。这一点经常被视为评价顾客信用的首要因素。

(2)能力。能力指顾客的偿债能力,即其流动资产的数量和质量以及与流动负债的比例。顾客的流动资产越多,其转换为现金支付款项的能力越强。同时,还应注意顾客流动资产的质量,看是否有存货过多、过时或质量下降,影响其变现能力和支付能力的情况。

(3)资本。资本指顾客的财务实力和财务状况,表明顾客可能偿还债务的背景。

(4)抵押。抵押指顾客拒付款项或无力支付款项时能被用作抵押的资产。这对于不知底细或信用状况有争议的顾客尤为重要。一旦收不到这些顾客的款项,便以抵押品抵补。如果这些顾客提供足够的抵押,就可以考虑向他们提供相应的信用。

(5)条件。条件指可能影响顾客付款能力的经济环境。信用分析必须对企业的经济环境,包括企业发展前景、行业发展趋势、市场需求变化等进行分析,预测其对企业经营效益的影响。

(二)信用条件

信用条件是企业为了鼓励客户尽快付款而给客户提出的付款要求,包括信用期间、现金折扣和折扣期间。信用期间是企业允许客户从购买商品到付款的最长时间,信用期间越长,越利于企业销售商品,但会占用资金,增加坏账损失的可能性。现金折扣是企业为了吸引客户提前付款而给予的价格上的优惠,现金折扣越高,提前付款的客户越多,但会减少企业的利润。折扣期间是企业给予客户享受现金折扣的时间,客户只有在此期间付款才能得到现金折扣。信用条件经常表示为($1/10, n/30$),它的含义是:客户在购买货物后,可以在30日内付款;如果客户在10日内付款,可以享受价格1%的折扣。

(三)收账政策

收账政策是在信用条件被违反时企业采取的收账策略,有积极型和消极型两种。采用积极型收账政策,对超过信用期限的客户通过派人催收等措施加紧收款,必要时行使法律程序;采用消极型收账政策,对超过信用期限的客户通过发函催收或等待客户主动偿还。积极型的收账政策有利于减少坏账损失,加快应收账款的周转速度,但会加大收账成本。消极型的收账政策有利于减少收账成本,但会加大坏账损失,减缓应收账款的周转速度。

(四)信用政策决策

信用政策决策是在比较不同信用标准、信用条件和收账政策的收益与成本的基础上,选择最优信用政策的过程。

【例5-2】 甲公司生产某种家用电器,年销售量为100万台,每台单价8000元,单位变动成本为4800元,销售利润率(税前利润/销售收入)为20%,甲公司为扩大销售,准备下一年度实行新的信用政策,现有A、B两个方案。方案A:信用条件是对所有客户实行"$2/10, n/30$",销量可增加20万台。客户中,享受现金折扣的占40%,其余享受商业信用,商业信用管理成本占销售收入的1%,坏账损失率为销售收入的4%,收账费用为销售收入的2%。方案B:信用条件为"$2/20, n/60$",销量可增加50万台。客户中,享受现金折扣的为20%,其余享受商业信用,商业信用管理成本占销售收入的2%,坏账损失率为销售收入的8%,收账成本占销售收入的7%。如果甲公司预计下一年度销售利润率保持不变,资金的机会成本率为8%,试评价两个方案并从中选出最优方案。

分别计算两个方案能为甲公司带来的利润:

(1)方案A的利润:

销售产品的利润 = 120 × 8000 × 20% = 192000(万元)

应收账款的平均收现期 = 10 × 40% + 30 × 60% = 22(天)

应收账款平均余额 = 120 × 8000 × 22/360 = 58666.67(万元)

应收账款占用资金 = 58666.67 × (4800/8000) = 35200.00(万元)

应收账款的机会成本 = 35200 × 8% = 2816(万元)

现金折扣数额 = 120 × 8000 × 40% × 2% = 7680(万元)

坏账损失 = 120 × 8000 × 4% = 38400(万元)

管理成本 = 120 × 8000 × 1% = 9600(万元)

收账成本 = 120 × 8000 × 2% = 19200(万元)

方案 A 的利润 = 192000 − 2816 − 7680 − 38400 − 9600 − 19200 = 114304(万元)

(2) 方案 B 的利润

销售产品的利润 = 150 × 8000 × 20% = 240000(万元)

应收账款的平均收现期 = 20 × 20% + 60 × 80% = 52(天)

应收账款平均余额 = 150 × 8000 × 52/360 = 173333.33(万元)

应收账款占用资金 = 173333.33 × (4800/8000) = 104000.00(万元)

应收账款的机会成本 = 104000 × 8% = 8320(万元)

现金折扣数额 = 150 × 8000 × 20% × 2% = 4800(万元)

坏账损失 = 150 × 8000 × 8% = 96000(万元)

管理成本 = 150 × 8000 × 2% = 24000(万元)

收账成本 = 150 × 8000 × 7% = 84000(万元)

方案 B 的利润 = 240000 − 8320 − 4800 − 96000 − 24000 − 84000 = 22880(万元)

根据计算可知,方案 A 的利润为 114304 万元,方案 B 的利润为 22880 万元。

因此,方案 A 比较好,应选择执行方案 A。

四、应收账款的日常管理

企业在向客户提供赊销之后,应经常进行测算和分析,并随时了解和掌握客户的信用状况,以保持对应收账款的实时监控。

(一) 应收账款追踪分析

应收账款一旦形成,赊销企业就必须考虑如何按期足额收回的问题,要解决这一问题,企业就需要对该项应收账款的运行过程进行追踪分析。对应收账款实施追踪分析的重点是赊销商品的销售与变现能力。客户以赊购方式购入商品后,必然期望迅速实现销售并收回账款。如果这一期望能够顺利地实现,而客户又具有良好的信用品质,则赊销企业如期足额收回应收账款一般不会有太大的问题。然而,如果客户所赊购的商品不能顺利销售与变现,经常出现的情形有两种:积压或赊销。无论属于哪种情形,对客户而言,都意味着与应付账款相对的现金支付能力匮乏。在这种情况下,客户能否严格履行赊销企业的信用条件,取决于两个因素:客户的信用品质;客户现金的持有量与调剂程度。

(二) 应收账款账龄分析

企业发生的应收账款时间长短不一,有的尚未超过信用期,有的已逾期拖欠很久。一般来讲,逾期拖欠时间越长,账款催收的难度越大,成为坏账的可能性也就越高。因此,进行账龄分析,密切注意应收账款的回收情况,是提高应收账款收现效率的重要环节。

应收账款账龄分析是通过编制账龄分析表,以显示应收账款存账时间(账龄)的长短,并按时间长短进行排序。应收账款账龄分析主要是考查研究应收账款的账龄结构。所谓应收账款的账龄结构,是指各账龄应收账款的余额占应收账款总计余额的比重。

(三) 建立应收账款坏账准备制度

无论企业采取怎样严格的信用政策,只要存在商业信用行为,坏账损失的发生总是不

可避免的。一般来说,确定坏账损失的标准主要有两条:
(1)因债务人破产或死亡,以其破产财产或遗产清偿后,仍不能收回的应收款项;
(2)债务人逾期未履行偿债义务,且有明显特征表明无法收回。

既然应收账款的坏账损失无法避免,因此,遵循谨慎性原则,对坏账损失的可能性预先进行估计,并建立弥补坏账损失的准备制度,即提取坏账准备金就显得极为必要。

(四)应收账款保理

保理又称托收保付,是指卖方(供应商或出口商)与保理商间存在的一种契约关系。根据契约,卖方将其现在或将来的基于其与买方(债务人)订立的货物销售(服务)合同所产生的应收账款转让给保理商,由保理商提供下列服务中的至少两项:贸易融资、销售账户管理、应收账款的催收、信用风险控制与坏账担保。可见,保理是一项综合性的金融服务方式,其同单纯的融资或收账管理有本质区别。

应收账款保理是企业将赊销形成的未到期应收账款,在满足一定条件的情况下转让给保理商,以获得流动资金,加快资金的周转。保理可分为有追索权保理(非买断型)和无追索权保理(买断型)、明保理和暗保理、折扣保理和到期保理。

应收账款保理对于企业而言,其财务管理作用主要体现在:

(1)融资功能。应收账款保理,其实质也是一种利用未到期应收账款这种流动资产作为抵押从而获得银行短期借款的一种融资方式。对于那些规模小、销售业务少的企业来说,向银行贷款将会受很大的限制,而自身的原始积累又不能支撑企业高速发展,通过保理业务进行融资可能是企业较为明智的选择。

(2)减轻企业应收账款的管理负担。面对市场的激烈竞争,企业可以把应收账款让与专门的保理商进行管理,使企业从应收账款的管理中解脱出来,由专业的保理企业对销售企业的应收账款进行管理,他们具备专业技术人员和业务运行机制,会详细地对销售客户的信用状况进行调查,建立一套有效的收款政策,及时收回账款,使企业减轻财务管理负担,提高财务管理效率。

(3)减少坏账损失、降低经营风险。企业只要有应收账款就有发生坏账的可能性,以往应收账款的风险都是由企业单独承担,而采用应收账款保理后,一方面可提供信用风险控制与坏账担保,帮助企业降低其客户违约的风险,另一方面也可以借助专业的保理商去催收账款,能在很大程度上降低坏账发生的可能性,有效控制坏账风险。

(4)改善企业的财务结构。应收账款保理业务是将企业的应收账款与货币资金进行置换。企业通过出售应收账款,将流动性稍弱的应收账款置换为具有高度流动性的货币资金,增强了企业资产的流动性,提高了企业的债务清偿能力。

第四节 存货管理

存货是指企业在日常活动中持有以备出售的产成品和商品、处在生产过程中的在产品、在生产过程或提供劳务过程中耗用的材料和物料等,包括原材料、燃料、包装物、低值易耗品、修理用备件、在产品、自制半成品、产成品、外购商品等。

一、存货管理目标

(一)存货的作用

存货在生产经营过程中起的作用主要有:防止停工待料,适当的存货可以防止因原材料不能及时供应而出现的停工待料现象;适应市场的变化,存货可以调节市场供求出现失衡对企业生产的影响;降低进货成本,大量订货可以使企业享受供应商的价格优惠措施;维持均衡生产,对季节性产品,存货可以维持企业生产的持续。

(二)存货管理目标

根据存货的特点,增加存货会占用企业的资金;而降低存货又可能会影响企业生产。因此,存货管理目标为:合理确定存货量,在保证生产的前提下尽量减少存货;加强存货的日常控制,加快存货的周转速度。

二、存货的成本

(一)取得成本

取得成本是指为取得某种存货而支出的成本,通常用 TC_a 来表示。其又分为订货成本和购置成本。

1. 订货成本

订货成本指取得订单的成本,如办公费、差旅费、邮资、电报电话费、运输费等支出。订货成本中有一部分与订货次数无关,如常设采购机构的基本开支等,称为订货的固定成本,用 F_1 表示;另一部分与订货次数有关,如差旅费、邮资等,称为订货的变动成本。每次订货的变动成本用 K 表示;订货次数等于存货年需要量 D 与每次进货量 Q 之商。订货成本的计算公式为:

$$订货成本 = F_1 + (D/Q) \times K$$

2. 购置成本

购置成本指为购买存货本身所支出的成本,即存货本身的价值,经常用数量与单价的乘积来确定。年需要量用 D 表示,单价用 U 表示,所以购置成本为 DU。

订货成本加上购置成本,就等于存货的取得成本。其公式可表达为:

$$TC_a = F_1 + (D/Q) \times K + DU$$

(二)储存成本

储存成本指为保持存货而发生的成本,包括存货占用资金所应计的利息、仓库费用、保险费用、存货破损和变质损失等,通常用 TC_c 来表示。

储存成本也分为固定成本和变动成本。固定储存成本与存货数量的多少无关,如仓库折旧、仓库职工的固定工资等,通常用 F_2 表示。变动储存成本与存货的数量有关,如存货资金的应计利息、存货的破损和变质损失、存货的保险费用等,单位变动储存成本用 K_c 来表示。储存成本用公式表达为:

$$TC_c = F_2 + K_c \times (Q/2)$$

(三)缺货成本

缺货成本指由于存货供应中断而造成的损失,包括材料供应中断造成的停工损失、产成品库存缺货造成的拖欠发货损失、丧失销售机会的损失及造成的商誉损失等。如果生产企业以紧急采购代用材料解决库存材料中断之急,那么缺货成本表现为紧急额外购入成本。缺货成本用 TC_s 表示。

如果以 TC 来表示储备存货的总成本,它的计算公式为:

$$TC = TC_a + TC_c + TC_s = F_1 + (D/Q) \times K + DU + F_2 + K_c(Q/2) + TC_s$$

企业存货的最优化,就是使企业存货总成本 TC 值最小。

三、经济订货基本模型

经济订货基本模型是建立在一系列严格假设基础上的。这些假设包括:①存货总需求量是已知常数;②订货提前期是常数;③货物是一次性入库;④单位货物成本为常数,无批量折扣;⑤库存储存成本与库存水平呈线性关系;⑥货物是一种独立需求的物品,不受其他货物影响;⑦不允许缺货,即无缺货成本,TC_s 为零。

设立上述假设后,前述的总成本公式可以简化为:

$$TC = F_1 + (D/Q) \times K + DU + F_2 + K_c(Q/2)$$

当 F_1、K、D、U、F_2、K_c 为常数时,TC 的大小取决于 Q。为了求出 TC 的极小值,对其进行求导演算,可以得出经济订货基本模型,公式如下:

$$EOQ = \sqrt{2KD/K_c}$$

式中,EOQ 表示经济订货批量;D 表示存货年需要量;K 表示每次订货的变动成本;K_c 表示单位变动储存成本。

经济批量下,存货的相关总成本公式为:

$$TC(EOQ) = \sqrt{2KDK_c}$$

【例5-3】 甲公司每年所需的原材料为18000件,每次订货变动成本为20元,单位变动储存成本为0.5元/件,则:

$$EOQ = \sqrt{2 \times 18000 \times 20/0.5} = 1200(件)$$

$$TC(EOQ) = \sqrt{2 \times 18000 \times 20 \times 0.5} = 600(元)$$

四、存货的日常控制

存货日常控制的方法有很多,采用不同的存货控制方法,可以更好地对存货进行有效的调节和控制。通过加强对存货的控制,可以改善企业的生产经营活动、提高资金的利用效率,从而实现提高企业价值的目标。

(一)归口分级控制法

归口分级控制法是传统的存货日常管理的基本方法。该方法按存货归属的部门,按资金

控制的级别进行控制,实质上是一种强化经济责任制的做法。其做法可归纳为以下两方面:

1. 在财务部门对存货资金进行统一分配调度、协调、管理的基础上,将存货资金的管理指标分解到产、供、销各部门进行归口管理。根据使用资金和管理资金相结合、物资管理和资金管理相结合的原则,每项资金由哪个部门使用就由哪个部门管理。如原材料、燃料、包装物品等由供应部门管理;在产品、半成品等由生产部门管理;产成品由销售部门管理;低值易耗品由行政部门管理等。

2. 对存货资金实行分级管理。在归口管理的基础上,各职能部门不应一统到底,为了强化责任制,应将指标层层再分配到各基层单位、各个不同层次进行管理。如材料分配到各采购组;在产品与半成品分配到各车间、班组等。

(二) ABC 控制法

ABC 控制法实质上是一种重点管理的办法,它所遵循的基本原则就是"保证重点,照顾一般",把企业的存货按一定的标准与方法区分为重点存货与一般存货,针对不同的存货施以不同的管理。

1. ABC 分类标准

存货分类的标准一般按资金的占用额和品种数量进行划分,划分标准如下:

A 类:金额占到存货总金额的 70% 以上,而品种数量只占 10% 的商品。

B 类:金额占到存货总金额的 20% 左右,品种数量占存货总量的 20% 左右的商品。

C 类:金额占到存货总金额的 10% 左右,而品种数量占到存货总量的 70% 以上的商品。

2. ABC 管理原则

A 类商品品种少,但资金的投入量极大,应作为日常控制的重点,在管理方面,应按品种严格控制,逐项核定经济进货批量,经常检查并掌握库存动态,对每种存货的收、发、存都要做详细记录、定期盘点,努力加快资金的周转速度。

C 类商品品种繁多,但资金的投入量极少,不必花费太多精力去管理,其管理质量无关大局,只需按总额控制。

B 类商品介于 A 类与 C 类之间,可作为一般控制的商品,适当顾及,按类控制。

(三) 适时制存货管理

适时制(JIT)存货管理于 20 世纪 70 年代由日本丰田汽车公司创建。JIT 存货管理强调的是"只在需要的时间、按需要的量、生产需要的产品",以期通过减少存货来降低成本,实现获取利润的目标,因此,零存货是 JIT 存货管理的最高目标。通过均衡生产来实现零库存是 JIT 存货管理的核心内容。

第五节 流动负债管理

一、短期借款

短期借款是企业根据借款合同向银行和其他非银行金融机构借入的期限在 1 年以内的款项。目前我国短期借款按照目的和用途分为生产周转借款、临时借款、结算借款、票据贴现借款等。按照国际惯例,短期借款往往按偿还方式不同分为一次性偿还借款和分期偿还借款;按利息支付方式不同分为收款法借款、贴现法借款和加息法借款;按有无担保分为抵押借款和信用借款。

(一) 短期借款的信用条件

1. 信用额度

信用额度是金融机构对借款企业规定的无抵押、无担保借款的最高限额。企业在信用额度以内可随时使用借款,但金融机构并不承担必须提供全部信用额度的义务。如果企业信用恶化,即使在信用额度内企业也不一定能获得借款,对此金融机构不承担法律责任。

2. 周转信用协议

周转信用协议是金融机构与企业签订的一种正式的最高限额的借款协议。在协议有效期内,只要企业的借款总额未超过协议规定的最高限额,金融机构必须满足企业任何时候提出的借款要求,对周转信用协议负有法律责任,而借款企业则必须按借款限额未使用部分的一定比例向金融机构支付承诺费。

【例5-4】 甲公司与银行商定的周转信贷额度为5000万元,年度内实际使用2800万元,承诺率为0.5%,甲公司应向银行支付的承诺费为:(5000-2800)×0.5%=11(万元)。

3. 补偿性余额

补偿性余额是金融机构要求借款企业在其存款账户上保留按实际借款的一定比例(通常为10%~20%)计算的存款余额。对企业而言,补偿性余额提高了借款的实际利率;从金融机构来看,它可以降低贷款风险,补偿贷款损失。具体计算公式如下:

$$实际利率 = \frac{名义借款金额 \times 名义利率}{名义借款金额 \times (1-补偿性余额比例)} = \frac{名义利率}{1-补偿性余额比例}$$

【例5-5】 甲公司向银行借款800万元,利率为6%,银行要求保留10%的补偿性余额,则甲公司实际可动用的贷款为720万元,该借款的实际利率为:$\frac{800 \times 6\%}{720} = 6.67\%$。

4. 借款抵押

金融机构为了避免投资风险,对企业借款往往要求有抵押品担保。短期借款的抵押品通常是借款企业的存货、有价证券、应收账款等。银行将根据抵押品面值的30%~90%发放贷款,具体比例取决于抵押品的变现能力和银行对风险的态度。

5. 偿还条件

贷款的偿还有到期一次偿还和在贷款期内定期(每月、季)等额偿还两种方式。一般而言,企业不希望采用后一种偿还方式,因为这会提高借款的实际年利率;而银行不希望采用前一种偿还方式,因为这会加重企业的财务负担,增加企业的拒付风险,同时会降低实际贷款利率。

6. 其他承诺

银行有时还要求企业为取得贷款而作出其他承诺,如及时提供财务报表、保持适当的财务水平等。如企业违背所作出的承诺,银行可要求企业立即偿还全部贷款。

(二) 短期借款的成本

短期借款成本主要包括利息、手续费等。短期借款成本的高低主要取决于借款利率的高低和利息的支付方式。短期借款利息的支付方式有收款法、贴现法和加息法三种,付息方式不同,短期借款成本计算也有所不同。

1. 收款法

收款法是在借款到期时向银行支付利息的方法,银行向企业发放贷款一般都采用这种方法收取利息。采用收款法时,短期借款的实际利率就是名义利率。

2. 贴现法

贴现法又称折价法,是指银行向企业发放贷款时,先从本金中扣除利息部分,到期时借款企业偿还全部贷款本金的一种利息支付方法。在该方法下,企业可以利用的贷款只是本金减去利息部分后的差额,因此,借款的实际利率要高于名义利率。

【例5-6】 甲公司从银行取得借款200万元,期限为1年,利率为6%,利息为12万元。按贴现法付息,甲公司实际可动用的贷款为188万元,该借款的实际利率是多少?

甲公司借款实际利率 = (200×6%)/188 = 6%/(1-6%) = 6.38%

3. 加息法

加息法是银行发放分期等额偿还贷款时采用的利息收取方法。在分期等额偿还贷款情况下,银行将根据名义利率计算的利息加到贷款本金上,计算出贷款的本息和,要求企业在贷款期内分期偿还本息之和的金额。由于贷款本金分期均衡偿还,借款企业实际只平均使用了贷款本金的一半,却支付了全额利息。这样企业所负担的实际利率便要高于名义利率大约1倍。

【例5-7】 甲公司借入(名义)年利率为12%的贷款20000元,分12个月等额偿还本息。甲公司该项借款的实际年利率为:$\dfrac{20000 \times 12\%}{20000/2} = 24\%$。

(三)短期借款筹资方式的优缺点

短期借款筹资方式的优点:①筹资速度快;②款项使用灵活;③资本成本低。
短期借款筹资方式的缺点:①借款金额有限;②筹资风险大。

二、商业信用筹资

商业信用是指在商品或劳务交易中,以延期付款或预收货款方式进行购销活动而形成的借贷关系,是企业之间的直接信用行为,也是企业短期资金的重要来源。商业信用产生于企业生产经营的商品、劳务交易之中,是一种"自发性筹资"。

(一)商业信用的形式

1. 应付账款

应付账款是供应商给企业提供的一种商业信用。由于购买者往往在到货一段时间后才付款,商业信用就成为企业短期资金来源,如企业规定对所有账单均见票后若干日付款,商业信用就成为随生产周转而变化的一项内在的资金来源。当企业扩大生产规模,其进货和应付账款相应增长,商业信用就提供了生产周转需要的部分资金。

商业信用条件常包括以下两种:第一,有信用期,但无现金折扣,如"n/30"表示30天内按发票金额全数支付;第二,有信用期和现金折扣,如"2/10,n/30"表示10天内付款享受现金折扣2%,若买方放弃折扣,30天内必须付清款项。供应商在信用条件中规定有现金折扣,目的主要在于加速资金回收。企业在决定是否享受现金折扣时,应仔细考虑。通常,放弃现金折扣的成本是高昂的。

放弃现金折扣的信用成本率计算公式如下:

$$\text{放弃折扣的信用成本率} = [\text{折扣率}/(1-\text{折扣率})] \times 360/[\text{付款期(信用款)} - \text{折扣期}]$$

【例5-8】 甲公司按"2/10,n/30"的付款条件购入货物100万元。如果甲公司在10天以后付款,放弃现金折扣的信用成本率是多少?

放弃现金折扣的信用成本率 = $2\%/(1-2\%) \times [360/(30-10)] = 36.73\%$

公式表明,放弃现金折扣的信用成本率与折扣百分比大小、折扣期长短和付款期长短有关,与货款额和折扣额没有关系。如果企业在放弃折扣的情况下,推迟付款的时间越长,其信用成本便会越小,但展期信用的结果是企业信誉恶化导致信用度的严重下降,日后可能招致更加苛刻的信用条件。

企业放弃应付账款现金折扣的原因,可能是企业资金暂时的缺乏,也可能是基于将应付的账款用于临时性短期投资,以获得更高的投资收益。如果企业将应付账款额用于短期投资,所获得的投资报酬率高于放弃折扣的信用成本率,则应当放弃现金折扣。

2. 应付票据

应付票据是指企业在商品购销活动或对工程价款进行结算中,因采用商业汇票结算方式而产生的商业信用。根据承兑人的不同,应付票据分为商业承兑汇票和银行承兑汇票两种。应付票据可以带息,也可以不带息。应付票据的利率一般比银行借款的利率低,且不用保持相应的补偿余额和支付协议费,所以应付票据的筹资成本低于银行借款成本。

3. 预收货款

预收货款是指销货单位按照合同和协议规定,在发出货物之前向购货单位预先收取部分或全部货款的信用行为。购买单位对于紧俏商品往往乐于采用这种方式购货;销货方对于生产周期长,造价较高的商品,往往采用预收货款方式销货,以缓和本企业资金占用过多的矛盾。

4. 应计未付款

应计未付款是企业在生产经营和利润分配过程中已经计提但尚未以货币支付的款项,主要包括应付职工薪酬、应交税费、应付利润或应付股利等。以应付职工薪酬为例,企业通常以半月或月为单位支付职工薪酬,在应付职工薪酬已计提但尚未支付的这段时间,就会形成应计未付款,它相当于职工给企业的一个信用。应计未付款随着企业规模扩大而增加,企业使用这些自然形成的资金无须支付任何代价。但企业不是总能控制这些款项,因为其支付是有一定时间的,企业不能总拖欠这些款项。

(二)商业信用筹资的优缺点

(1) 商业信用筹资的优点:①商业信用容易获得。商业信用的载体是商品购销行为,企业总有一批既有供需关系又有相互信用基础的客户,所以对大多数企业而言,应付账款和预收账款是自然的、持续的信贷形式。②企业有较大的机动权。企业能够根据需要,选择决定筹资的金额大小和期限长短,同样要比银行借款等其他方式灵活得多。甚至如果在期限内不能付款或交货时,一般还可以通过与客户的协商,请求延长时限。③企业一般不用提供担保。通常,商业信用筹资不需要第三方担保,也不会要求筹资企业用资产进行抵押。

(2)商业信用筹资的缺点:①商业信用筹资成本高。在附有现金折扣条件的应付账款融资方式下,其筹资成本与银行信用相比较高。②容易恶化企业的信用水平。商业信用的期限短,还款压力大,对企业现金流量管理的要求很高。如果长期和经常性地拖欠账款,会造成企业的信誉恶化。③受外部环境影响较大。商业信用筹资受外部环境影响较大,稳定性较差,即使不考虑机会成本,也是不能无限利用的。

第六章　财务分析与评价

第一节　财务分析概述

一、财务分析的意义和内容

(一)财务分析的意义

财务分析是利用财务报表的数据,并结合其他有关的补充信息,对企业的财务状况、经营成果和现金流量进行综合比较与评价的活动。财务分析是企业财务管理的重要环节,它既是对已完成的财务管理工作的总结,也是进行财务预测、开展日常管理的前提。做好财务分析工作具有重要意义：

(1)评价企业的财务状况和经营成果,揭示企业经营活动中存在的矛盾和问题,为改善经营管理提供方向和线索。

(2)预测企业未来的风险和报酬,为投资人、债权人和经营者的决策提供帮助。

(3)检查企业预算完成情况,考核经营管理人员的业绩,为完善合理的激励机制提供帮助。

(二)财务分析的目的

财务分析的主体不同,财务分析的目的也不相同。

1. 债权人

债权人所关心的是企业能否按时支付利息并在债权到期日归还本金,因此,债权人关心的主要问题是企业资产能否及时变现以及偿债能力如何。长期债权人还需要分析企业的盈利状况和资本结构。

2. 投资人

投资人是企业的所有者,除了企业的偿债能力外,还要关心企业的资产管理及使用状况、企业的获利能力,以及企业的长期发展趋势。

3. 企业经营管理人员

财务分析对于企业经营管理人员来说是一种十分重要的工具,利用财务分析,管理者可以了解企业在哪些方面做得比较好,在哪些方面还存在缺陷,距离好的标准还有多大的差距。所以管理者进行财务分析的目的是对企业财务状况及经营成果做出准确判断,提高企业的经营管理水平。

4. 国家宏观调控和监管部门

一方面,国家作为国有企业的所有人要了解企业的生产经营情况;另一方面,国家作为宏观管理机构,也要对企业进行财务分析以了解国民经济的发展方向,考察企业是否合法经营,是否依法纳税。

(三)财务分析的内容

财务分析是由不同的使用者进行的,他们各自有不同的分析重点,也有共同的要求。财务分析的基本内容,主要包括以下四个方面:

(1)分析企业的偿债能力,分析企业资产的结构,估量所有者权益对债务资金的利用程度,制定企业筹资策略。

(2)评价企业资产的营运能力,分析企业资产的分布情况和周转使用情况,测算企业未来的资金需用量。

(3)评价企业的盈利能力,分析企业利润目标的完成情况和不同年度盈利水平的变动情况,预测企业盈利前景。

(4)从总体上评价企业的资金实力,分析各项财务活动的相互联系和协调情况,揭示企业财务活动方面的优势和薄弱环节,找出改进财务管理工作的着力点。

以上四项分析内容互相联系、互相补充,可综合描述出企业的财务状况、经营成果及现金流量,以满足不同使用者对财务信息的需要。

二、财务分析的基本方法

(一)比较分析法

比较分析法是按照特定的指标将客观事物加以比较,从而认识事物的本质和规律并作出正确的评价。财务报表的比较分析法,是指对两个或两个以上的可比数据进行对比,找出企业财务状况、经营成果及现金流量中的差异与问题。

根据比较对象的不同,比较分析法分为趋势分析法、横向比较法和预算差异分析法。趋势分析法的比较对象是本企业的历史;横向比较法的比较对象是同类企业,如行业平均水平或竞争对手;预算差异分析法的比较对象是预算数据。在财务分析中,最常用的比较分析法是趋势分析法。趋势分析法是通过对比两期或连续数期财务报告中的相同指标,确定其增减变动的方向、数额和幅度,来说明企业财务状况、经营成果及现金流量变动趋势的一种方法。采用这种方法,可以分析引起变化的主要原因、变动的性质,并预测企业未来的发展趋势。

比较分析法的具体运用主要有重要财务指标的比较、会计报表的比较和会计报表项目构成的比较三种方式。

采用比较分析法时,应当注意以下问题:①用于对比的各个时期的指标,其计算口径必须保持一致;②应剔除偶发性项目的影响,使分析所利用的数据能反映正常的生产经营状况;③应运用例外原则对某项有显著变动的指标作重点分析,分析其产生的原因,以便采取对策,趋利避害。

(二)比率分析法

比率分析法是通过计算各种比率指标来确定财务活动变动程度的方法。比率指标的类型主要有构成比率、效率比率和相关比率三类。构成比率又称结构比率,是某项财务指标的各组成部分数值占总体数值的百分比,反映部分与总体的关系。效率比率是某项财务活动中所费与所得的比率,反映投入与产出的关系。利用效率比率指标,可以进行得失比较,考察经营成果,评价经济效益。相关比率是以某个项目和与其有关但又不同的项目加以对比所得的比率,反映有关经济活动的相互关系。利用相关比率指标,可以考察企业相互关联的业务安排得是否合理,以保障经营活动顺畅进行。

采用比率分析法时,应当注意以下三点:①对比项目的相关性;②对比口径的一致性;③衡量标准的科学性。

(三)因素分析法

因素分析法是依据分析指标与其影响因素的关系,从数量上确定各因素对分析指标影响方向和影响程度的一种方法。

因素分析法有两种具体方法:连环替代法和差额分析法。

1. 连环替代法

连环替代法是将分析指标分解为各个可以计量的因素,并根据各个因素之间的依存关系,顺次用各因素的比较值(通常为实际值)替代基准值(通常为标准值或计划值),据以测定各因素对分析指标的影响。

2. 差额分析法

差额分析法是连环替代法的一种简化形式,是利用各个因素的比较值与基准值之间的差额,来计算各因素对分析指标的影响。

采用因素分析法时,必须注意以下问题:①因素分解的关联性。构成经济指标的因素,必须客观上存在着因果关系,并能够反映形成该项指标差异的内在构成原因,否则就失去了应用价值;②因素替代的顺序性。确定替代因素时,必须根据各因素的依存关系,遵循一定的顺序并依次替代,不可随意加以颠倒,否则就会得出不同的计算结果;③顺序替代的连环性。因素分析法在计算每一因素变动的影响时,都是在前一次计算的基础上进行,并采用连环比较的方法确定因素变化的影响结果;④计算结果的假定性。由于因素分析法计算的各因素变动的影响数,会因替代顺序不同而有差别,因而计算结果不免带有假定性,即它不可能使每个因素计算的结果都达到绝对的准确。为此,分析时应力求使假定合乎逻辑,才具有实际经济意义,才不至于妨碍分析的有效性。

第二节 基本财务分析

基本财务分析包括反映偿债能力、资产质量状况、盈利能力、经济增长状况、获取现金能力等。为了便于说明,本章以下各项财务比率的计算将以宏大公司为例,该公司的资产负债表、利润表如表6-1、表6-2所示。

表6-1 资产负债表(简式)

单位名称:宏大公司　　　　　　　　　2×22年12月31日　　　　　　　　　单位:万元

资产	期末余额	上年年末余额	负债和所有者权益（或股东权益）	期末余额	上年年末余额
流动资产:			流动负债:		
货币资金	46200	11770	短期借款	22000	11000
交易性金融资产	5500	11000	交易性金融负债	0	0
应收票据	3800	7300	应付票据	8150	4300

续表

资产	期末余额	上年年末余额	负债和所有者权益（或股东权益）	期末余额	上年年末余额
应收账款	60000	40000	应付账款	10000	10000
预付款项	71500	4400	预收款项	7400	7700
其他应收款	1650	550	合同负债	0	0
存货	88000	110000	应付职工薪酬	2200	1100
合同资产	0	0	应交税费	15950	14850
持有待售资产	0	0	其他应付款	3300	2200
一年内到期的非流动资产	0	0	一年内到期的非流动负债	5500	3850
其他流动资产	4400	2200	其他流动负债	0	0
流动资产合计	281050	187220	流动负债合计	74500	55000
非流动资产：			非流动负债：		
债权投资	23000	3000	长期借款	44000	60500
其他债权投资	0	0	应付债券	33000	22000
长期应收款	0	0	租赁负债		
长期股权投资	32000	8000	长期应付款	5500	5500
其他权益工具投资	0	0	预计负债	2500	0
其他非流动金融资产	0	0	递延收益	0	0
投资性房地产	0	0	递延所得税负债	1000	2000
固定资产	111870	82500	其他非流动负债	0	0
在建工程	7700	9900	非流动负债合计	86000	90000
生产性生物资产	0	0	负债合计	160500	145000
油气资产	0	0	所有者权益(或股东权益)：		
无形资产	7700	1100	实收资本（或股本）	110000	110000
开发支出	0	0	其他权益工具	0	0
商誉	0	0	资本公积	10000	9000
长期待摊费用	2200	3300	其他综合收益	0	0
递延所得税资产	0	0	盈余公积	95370	22000
其他非流动资产	0	0	未分配利润	89650	9020
非流动资产合计	184470	107800	所有者权益（或股东权益）合计	305020	150020
资产总计	465520	295020	负债和所有者权益（或股东权益)总计	465520	295020

表 6-2　　　　　　　　　　　利润表(简式)

编制单位:宏大公司　　　　　　2×22 年度　　　　　　　　　　单位:万元

项　　目	本年金额	上年金额(略)
一、营业收入	510000	
减:营业成本	380000	
税金及附加	49500	
销售费用	9000	
管理费用	2400	
研发费用	0	
财务费用	7800	
资产减值损失	1100	
信用减值损失	0	
加:其他收益	0	
投资收益(损失以"-"号填列)	15400	
净敞口套期收益	0	
公允价值变动收益	1100	
资产处置收益(损失以"-"号填列)	0	
二、营业利润(亏损以"-"号填列)	76700	
加:营业外收入	38500	
减:营业外支出	19800	
三、利润总额(亏损总额以"-"号填列)	95400	
减:所得税费用	19080	
四、净利润(净亏损以"-"号填列)	76320	
五、其他综合收益的税后净额		
六、综合收益总额		
七、每股收益		
(一)基本每股收益		
(二)稀释每股收益		

一、反映偿债能力的比率

偿债能力是指企业偿还到期债务的能力。反映偿债能力的比率通常有以下八个:

(一)流动比率

流动比率是企业流动资产与流动负债的比率,计算公式为:

$$流动比率 = 流动资产/流动负债$$

该公司年初、年末流动比率可计算如下:

年初流动比率 = 187220/55000 = 3.40

年末流动比率 = 281050/74500 = 3.77

一般来说,流动比率越高,说明资产的流动性越强,短期偿债能力越强;流动比率越低,说明资产的流动性越差,短期偿债能力越弱。由于各行业的经营性质不同,对资产的流动性的要求也不同。例如,商业零售企业的流动比率往往要高于制造企业,因为前者需要在存货方面投入较大的资金。另外,企业的经营和财务管理方式也影响流动比率。

同时应看到,流动比率作为衡量短期偿债能力的指标还存在一些不足。过高的流动比率,也许是存货超储积压、存在大量应收款项的结果。有时,尽管企业现金流量出现红字,但仍可能流动比率较高。此外,较高的流动比率可能反映了企业拥有过分充裕的现金,未能将这部分多余的现金充分用于效益更好的业务,有可能降低企业的获利能力。

(二)速动比率

速动比率,是指速动资产同流动负债的比率,它反映企业短期内可变现资产偿还短期内到期债务的能力。速动比率是对流动比率的补充。计算公式为:

$$速动比率 = 速动资产/流动负债$$

速动资产是企业在短期内可变现的资产,等于流动资产减去存货、一年内到期的非流动资产及其他流动资产后的金额,包括货币资金、交易性金融资产和各种应收款项等。存货是企业流动资产中流动性最差的一种,其变现不仅要经过销货和收账两道手续,还会发生一些损失。因此,在分析中将存货从流动资产中减去,可以更好地反映一个企业偿还短期债务的能力。根据资料,可计算该公司年初、年末的速动比率为:

年初速动比率 = (187220 - 110000 - 2200)/55000 = 1.36

年末速动比率 = (281050 - 88000 - 4400)/74500 = 2.53

一般来说,速动比率越高,说明资产的流动性越强,短期偿债能力越强;速动比率越低,说明资产的流动性越差,短期偿债能力越弱。速动比率大于1,说明企业速动资产大于流动负债,企业有足够的能力偿还短期债务,但同时也说明企业拥有过多的不能获利的现款和应收账款;速动比率小于1,说明企业速动资产小于流动负债,企业偿还短期负债需要动用存货、固定资产等非流动资产,或举新债偿还到期债务,这就可能造成亟须售出存货带来的削价损失或举新债形成的利息负担,表明企业的偿债能力有一定困难。与流动比率相同,各企业的速动比率应该根据行业特征和其他因素加以评价。在对速动比率进行分析时,还要注重对应收账款变现能力这一因素的分析。

(三)现金比率

现金比率是指企业现金与流动负债的比率。这里所说的现金,是指现金及现金等价物,如交易性金融资产。这项比率可显示企业立即偿还到期债务的能力。计算公式为:

$$现金比率 = 现金及现金等价物/流动负债$$

根据资料,假定公司货币资金即为全部现金及现金等价物,则可计算该公司年初、年末的现金比率计算如下:

年初现金比率 = (11770 + 11000)/55000 = 0.41

年末现金比率 = (46200 + 5500)/74500 = 0.69

一般来说,现金比率越高,说明资产的流动性越强,短期偿债能力越强,但同时表明企业持有大量不能产生收益的现金,可能会使企业获利能力降低;现金比率越低,说明资产的流动性越差,短期偿债能力越弱。

现金比率这项指标近几年随着现金流量信息在财务分析中受到关注而被日益重视。

（四）资产负债率

资产负债率，是指负债总额与全部资产总额之比，用来反映企业的长期偿债能力。计算公式为：

$$资产负债率 = 负债总额/资产总额 \times 100\%$$

根据资料，可计算宏大公司年初、年末资产负债率计算如下：

年初资产负债率 = 145000/295020 × 100% = 49.15%

年末资产负债率 = 160500/465520 × 100% = 34.48%

一般来说，资产负债率越高，债权人发放贷款的安全程度越低，企业偿还长期债务的能力越弱；资产负债率越低，债权人发放贷款的安全程度越高，企业偿还长期债务的能力越强。

从以上计算可见，该公司资产负债率年末较年初低，说明企业的偿债能力增强。

在企业资产净利润率高于负债资本成本的条件下，企业负债经营会使所有者的收益增加。因此，所有者总希望利用负债经营得到财务杠杆利益。但是过度负债可能导致企业偿债困难，还可能导致企业破产，所以企业负债经营要适度。资产负债率具有显著的行业特征，因此，应当将企业资产负债率与行业平均水平进行比较，来判断负债的适度性。

（五）产权比率

产权比率是负债总额与所有者权益总额的比率。产权比率也是衡量企业长期偿债能力的指标，其计算公式为：

$$产权比率 = 负债总额/所有者权益总额 \times 100\%$$

产权比率用来表明由债权人提供的和由投资者提供的资金来源的相对关系，反映企业基本财务结构是否稳定。一般来说，产权比率越高，说明企业偿还长期债务的能力越弱；产权比率越低，说明企业偿还长期债务的能力越强。

根据资料，计算宏大公司年初、年末产权比率计算如下：

年初产权比率 = 145000/150020 × 100% = 96.65%

年末产权比率 = 160500/305020 × 100% = 52.62%

计算结果表明，该公司产权比率年末较年初下降了44.03个百分点，债权人投入的资金受到所有者权益保障的程度提高了44.03个百分点，这对债权人来说显然是有利的。

（六）已获利息倍数

已获利息倍数是企业息税前利润与利息总额的比率，计算公式为：

$$已获利息倍数 = \frac{息税前利润}{利息总额} = \frac{利润总额 + 利息费用}{利息费用 + 资本化利息}$$

已获利息倍数反映企业用经营所得支付债务利息的能力。

一般来说，已获利息倍数至少应等于1。这项指标越大，说明支付债务利息的能力越强；这项指标越小，说明支付债务利息的能力越弱。就一个企业某一时期的已获利息倍数而言，应与本行业该项指标的平均水平比较，或与本企业历年该项指标的水平比较，以评价企业目前的指标水平。

根据资料,假设宏大公司的财务费用全部为利息费用,则该公司本年已获利息倍数计算如下:

本年已获利息倍数 = (95400 + 7800)/7800 = 13.23

(七)现金流动负债比率

现金流动负债比率,是企业一定时期的经营现金净流量同流动负债的比率,计算公式为:

$$现金流动负债比率 = 年经营现金净流量/年末流动负债 \times 100\%$$

该指标是从现金流量角度来反映企业当期偿付短期负债的能力,反映本期经营活动所产生的现金净流量足以抵付流动负债的倍数。

由于净利润与经营活动产生的现金净流量有可能背离,有利润的年份不一定有足够的现金(含现金等价物)来偿还债务,所以利用该指标能充分体现企业经营活动所产生的现金净流量,可以在多大程度上保证当期流动负债的偿还,直观地反映出企业偿还流动负债的实际能力。

一般该指标大于1,表示企业流动负债的偿还有可靠保证。该指标越大,表明企业经营活动产生的现金净流量越多,越能保障企业按期偿还到期债务,但也并不是越大越好,该指标过大则表明企业流动资金利用不充分,盈利能力不强。

(八)带息负债比率

带息负债比率,是指企业某一时点的带息负债总额与负债总额的比率,计算公式为:

$$带息负债比率 = 带息负债总额/负债总额 \times 100\%$$

带息负债总额 = 短期借款 + 一年内到期的长期负债 + 长期借款 + 应付债券 + 应付利息

如果有带息应付票据和带息交易性金融负债也应予以考虑。

该指标反映企业负债中带息负债的比重,在一定程度上体现了企业未来的偿债压力,尤其是偿还利息的压力。

二、反映资产质量状况的比率

(一)应收账款周转率

应收账款周转率是反映应收账款周转速度的比率,有两种表示方法:

1. 应收账款周转次数

反映年度内应收账款平均变现的次数,计算公式为:

$$应收账款周转次数 = 营业收入净额/应收账款平均余额$$

$$营业收入净额 = 营业收入 - 销售退回、折让、折扣$$

$$应收账款平均余额 = (期初应收账款 + 期末应收账款)/2$$

应收账款周转次数计算公式中的分子,理论上应为赊销收入净额,但赊销收入净额属于企业的商业机密,因此,这里用营业收入净额代替赊销收入净额。平均应收账款余额是指未扣除坏账准备的应收账款金额,是资产负债表中"期初应收账款余额"与"期末应收账款余额"分别加上期初、期末"坏账准备"科目余额后的平均数。

应收账款周转次数越多,说明应收账款的变现能力越强,企业应收账款的管理水平越高;应收账款周转次数越少,说明应收账款的变现能力越弱,企业应收账款的管理水平越低。在进行应收账款分析时,还要注意企业由于过度提高应收账款周转次数而没有充分利用赊销来扩大销售规模,提高盈利水平。

宏大公司期初应收账款40000元,期末应收账款60000元,宏大公司2×22年应收账款周转次数为:

应收账款周转次数 = 510000/[(40000+60000)/2] = 10.2(次)

2. 应收账款周转天数

反映年度内应收账款平均变现一次所需要的天数,计算公式为:

$$应收账款周转天数 = 360/应收账款周转次数$$

或:

$$应收账款周转天数 = 应收账款平均余额 \times 360/营业收入净额$$

同应收账款周转率指标一样,应收账款周转天数越少,应收账款周转次数越多,说明应收账款的变现能力越强,企业应收账款的管理水平越高;应收账款周转天数越多,应收账款周转次数越少,说明应收账款的变现能力越弱,企业应收账款的管理水平越低。

宏大公司2×22年的应收账款周转天数为:

应收账款周转天数 = 360/10.2 = 35.29(天)

(二)存货周转率

存货周转率是反映存货周转速度的比率,有以下两种表示方法:

1. 存货周转次数

反映年度内存货平均周转的次数,计算公式为:

$$存货周转次数 = 营业成本/存货平均余额$$

$$存货平均余额 = (期初存货 + 期末存货)/2$$

存货周转次数越多,说明存货周转越快,企业实现的利润会相应增加,企业的存货管理水平越高;存货周转次数越少,说明企业占用在存货上的资金越多,存货管理水平越低。在利用该指标进行分析时,需要考虑企业生产对存货的实际需要量,防止企业为了粉饰存货管理工作而故意减少存货。

根据资料,宏大公司2×22年度的存货周转次数为:

存货周转次数 = 380000/[(110000+88000)/2] = 3.84(次)

2. 存货周转天数

反映年度内存货平均周转一次所需要的天数,计算公式为:

$$存货周转天数 = 360/存货周转次数$$

或:

$$存货周转天数 = 存货平均余额 \times 360/营业成本$$

与存货周转次数相同,存货周转天数越少,存货周转次数越多,说明存货周转快,企业实现的利润会相应增加,企业的存货管理水平越高;存货周转天数越多,存货周转次数越少,说明企业占用在存货上的资金越多,存货管理水平越低。

根据资料，宏大公司2×22年度的存货周转天数为：

存货周转天数 = 360/3.84 = 93.75（天）

（三）流动资产周转率

流动资产周转率，是指企业一定时期内营业收入净额同平均流动资产总额的比率。计算公式为：

$$流动资产周转率（次） = 营业收入净额/平均流动资产总额$$

$$平均流动资产总额 = （流动资产年初数 + 流动资产年末数）/2$$

该指标反映了企业流动资产的周转速度，是从企业全部资产中流动性最强的流动资产角度对企业资产的利用效率进行分析，以进一步揭示影响企业资产质量的主要因素。通过该指标的比较分析，可以促进企业加强内部管理，充分有效地利用流动资产，如降低成本、调动暂时闲置的货币资金用于短期投资创造收益等，还可以促进企业采取措施扩大销售，提高流动资产的综合使用效率。一般情况下，该指标越高，表明企业流动资产周转速度越快，利用越好。在较快的周转速度下，流动资产会相对节约，在一定程度上增强了企业的盈利能力；而周转速度慢，则需要补充流动资金参加周转，会形成资金浪费，降低企业盈利能力。

根据资料，宏大公司2×22年度的流动资产周转率为：

流动资产周转率 = 510000/[（187220 + 281050）/2] = 2.18（次）

（四）总资产周转率

总资产周转率是营业收入净额与企业平均资产总额的比率。计算公式为：

$$总资产周转率 = 营业收入净额/平均资产总额$$

$$平均资产总额 = （期初总资产 + 期末总资产）/2$$

这一比率用来衡量企业资产整体的使用效率。总资产由各项资产组成，在营业收入既定的情况下，总资产周转率的驱动因素是各项资产。因此，对总资产周转情况的分析应结合各项资产的周转情况，以发现影响企业资产周转的主要因素。

根据资料，宏大公司2×22年度的总资产周转率为：

总资产周转率 = 510000/[（465520 + 295020）/2] = 1.34（次）

三、反映盈利能力的比率

（一）营业利润率

营业利润率是企业利润总额与营业收入净额的比率，计算公式为：

$$营业利润率 = 利润总额/营业收入净额 \times 100\%$$

营业利润率是反映企业获利能力的一项重要指标，这项指标越高，说明企业从营业收入中获取利润的能力越强；该指标越低，说明企业从营业收入中获取利润的能力越弱。影响营业利润率的因素较多，主要有产品质量、成本、价格、销售数量、期间费用及税金等，分析时应结合具体情况做出正确评价，以促使企业改进经营管理，提高盈利能力。

根据资料，宏大公司2×22年度营业利润率为：

营业利润率 = 95400/510000 × 100% = 18.71%

(二)总资产报酬率

总资产报酬率是企业净利润与平均资产总额的比率,计算公式为:

$$总资产报酬率 = 净利润/平均资产总额$$

$$平均资产总额 = (期初资产总额 + 期末资产总额)/2$$

总资产报酬率越高,说明企业利用全部资产的盈利能力越强;总资产报酬率越低,说明企业利用全部资产的盈利能力越弱。总资产报酬率与净利润成正比,与平均资产总额成反比,分析工作应从这两个方面进行。

根据资料,宏大公司 2×22 年度总资产报酬率为:

总资产报酬率 = 76320/[(295020 + 465520)/2] × 100% = 20.07%

(三)净资产收益率

净资产收益率,是企业净利润与所有者权益平均余额之比,它反映所有者全部投资的盈利能力。计算公式为:

$$净资产收益率 = 净利润/平均净资产$$

净资产收益率越高,说明企业净资产的盈利能力越强;净资产收益率越低,说明企业净资产的盈利能力越弱。影响净资产收益率的因素,除了企业的获利水平和净资产大小外,企业负债的多少也影响它的高低,一般负债增加会导致净资产收益率的上升。

根据资料,宏大公司 2×22 年度净资产收益率为:

净资产收益率 = 76320/[(150020 + 305020)/2] × 100% = 33.54%

(四)成本费用利润率

成本费用利润率,是企业一定期间的利润总额与成本、费用总额的比率。计算公式为:

$$成本费用利润率 = 利润总额/成本费用总额 × 100\%$$

成本费用一般指营业成本及附加和三项期间费用(销售费用、管理费用、财务费用)。

该指标表明每付出一元成本费用可获得多少利润,反映了经营耗费所带来的经营成果。该项指标越高,利润就越大,反映企业的盈利能力越强。

根据资料,宏大公司 2×22 年度成本费用利润率为:

成本费用利润率 = 95400/(380000 + 49500 + 9000 + 2400 + 7800) × 100% = 21.26%

(五)资本收益率

资本收益率,是企业净利润与平均资本的比率。计算公式为:

$$资本收益率 = 净利润/平均资本 × 100\%$$

资本通常是指资本性投入及其资本溢价。

该指标反映企业运用资本获得盈利的能力。资本收益率越高,说明企业自有投资的盈利能力越强,投资者的风险越少,值得继续投资。对上市公司来说,就意味着股票升值。因此,它是投资者和潜在投资者进行投资决策的重要依据。对企业经营者来说,如果资本收益率高于债务资金成本率,则适度负债经营对投资者来说是有利的;反之,如果资本收益率低于债务资金成本率,则过高的负债经营就将损害投资者的利益。

(六)利润现金保障倍数

利润现金保障倍数,是企业一定时期经营现金净流量同净利润的比值,计算公式为:

$$利润现金保障倍数 = 经营现金净流量/净利润 \times 100\%$$

该指标反映了企业当期净利润中现金收益的保障程度,真实地反映了企业的盈余的质量。利润现金保障倍数从经营现金流量动态的角度,对企业盈利能力的质量进行评价,是对企业的账面盈利能力再一次修正。

四、反映经济增长状况的比率

(一)营业收入增长率

营业收入增长率反映的是相对化的销售收入增长情况,是衡量企业经营状况和市场占有能力、预测企业经营业务拓展趋势的重要指标。在实际分析时应考虑企业历年的销售水平、市场占有情况、行业未来发展及其他影响企业发展的潜在因素,或结合企业前3年的营业收入增长率进行趋势性分析判断。其计算公式为:

$$营业收入增长率 = 本年营业收入增长额/上年营业收入 \times 100\%$$

其中:　　本年营业收入增长额 = 本年营业收入 - 上年营业收入

营业收入增长率大于0,表明企业本年度营业收入有所增长。该指标值越高,表明企业营业收入的增长速度越快,企业市场前景越好。

(二)总资产增长率

总资产增长率是企业本年资产增长额同年初资产总额的比率,反映企业本期资产规模的增长情况。其计算公式为:

$$总资产增长率 = 本年资产增长额/年初资产总额 \times 100\%$$

其中:　　本年资产增长额 = 年末资产总额 - 年初资产总额

总资产增长率越高,表明企业一定时期内资产经营规模扩张的速度越快。但在分析时,需要关注资产规模扩张的质和量的关系,以及企业的后续发展能力,避免盲目扩张。

(三)营业利润增长率

营业利润增长率是企业本年营业利润增长额与上年营业利润总额的比率,反映企业营业利润的增减变动情况。其计算公式为:

$$营业利润增长率 = 本年营业利润增长额/上年营业利润总额 \times 100\%$$

其中:　　本年营业利润增长额 = 本年营业利润 - 上年营业利润

(四)资本保值增值率

资本保值增值率是指所有者权益的期末总额与期初总额之比。其计算公式为:

$$资本保值增值率 = 期末所有者权益/期初所有者权益 \times 100\%$$

如果企业盈利能力提高,利润增加,必然会使期末所有者权益大于期初所有者权益,所以该指标也是衡量企业盈利能力的重要指标。当然,这一指标的高低,除了受企业经营成果的影响外,还受企业利润分配政策和投资者投入资本的影响。

(五)资本积累率

资本积累率是企业本年所有者权益增长额与年初所有者权益的比率,反映企业当年资本的积累能力。其计算公式为:

$$资本积累率 = 本年所有者权益增长额 / 年初所有者权益 \times 100\%$$

$$本年所有者权益增长额 = 年末所有者权益 - 年初所有者权益$$

资本积累率越高,表明企业的资本积累越多,应对风险、持续发展的能力越强。

(六)技术投入比率

技术投入比率是企业本年度科技支出(包括用于研究开发、技术改造、科技创新等方面的支出)与本年度营业收入净额的比率,反映企业在科技进步方面的投入,在一定程度上可从企业的技术创新方面反映企业的发展潜力和可持续发展能力。其计算公式为:

$$技术投入比率 = 本年度科技支出合计 / 本年度营业收入净额 \times 100\%$$

五、反映获取现金能力的比率

(一)销售现金比率

销售现金比率是指企业经营活动现金流量净额与企业销售额的比值。其计算公式为:

$$销售现金比率 = 经营活动现金流量净额 / 销售收入$$

该比率反映每元销售收入得到的现金流量净额,其数值越大越好。

(二)每股营业现金净流量

每股营业现金净流量是通过企业经营活动现金流量净额与普通股股数之比来反映的。其计算公式为:

$$每股营业现金净流量 = 经营活动现金流量净额 / 普通股股数$$

该指标反映企业分派股利能力,超过此限度,可能就要借款分红。

(三)全部资产现金回收率

全部资产现金回收率通过企业经营活动现金流量净额与企业平均总资产之比来反映,它说明企业全部资产产生现金流的能力。其计算公式为:

$$全部资产现金回收率 = 经营活动现金流量净额 / 平均总资产 \times 100\%$$

六、反映上市公司特殊财务分析的比率

(一)每股收益

每股收益反映企业普通股股东持有每一股份所能享有企业利润或承担企业亏损的业绩评价指标。该指标有助于投资者、债权人等信息使用者评价企业或企业之间的盈利能力、预测企业成长潜力,进而做出经济决策。每股收益越高,说明每股获利能力越强,投资者的回报越多;每股收益越低,说明每股获利能力越弱。影响该指标的因素有两个:一是企业的获利水平;二是企业的普通股股数。

每股收益指标的计算分为基本每股收益和稀释每股收益。

1. 基本每股收益

$$\text{基本每股收益} = \text{净利润} / \text{发行在外的普通股加权平均数}$$

其中：

$$\text{发行在外的普通股加权平均数} = \text{期初发行在外普通股股数} + \text{当期新发行普通股股数} \times \frac{\text{已发行时间}}{\text{报告期时间}} - \text{当期回购普通股股数} \times \frac{\text{已回购时间}}{\text{报告期时间}}$$

发行在外的普通股加权平均数的已发行时间、报告期时间和已回购时间一般按天数计算，在不影响计算结果合理性的前提下，也可以采用简化的计算方法，按月数计算。新发行普通股股数，应当根据发行合同的具体条款，从应收对价之日（一般为股票发行日）起计算确定。

【例6-1】 甲公司按月计算每股收益的时间权数。2×22年期初发行在外的普通股为40000万股；2×22年3月1日新发行普通股10800万股；2×22年11月1日回购普通股4800万股，以备将来奖励员工之用。

若甲公司当年度实现净利润为12050万元，则该公司2×22年度基本每股收益可计算如下：

发行在外的普通股加权平均数 $= 40000 \times 12/12 + 10800 \times 10/12 - 4800 \times 2/12$
$= 48200$（万股）

基本每股收益 $= 12050/48200 = 0.25$（元）

2. 稀释每股收益

稀释每股收益是指企业存在具有稀释性潜在普通股的情况下，以基本每股收益的计算为基础，在分母中考虑稀释性潜在普通股的影响，同时对分子也作相应的调整。

计算稀释每股收益，应当根据下列事项对归属于普通股股东的当期净利润进行调整：
(1) 当期已确认为费用的稀释性潜在普通股的利息；
(2) 稀释性潜在普通股转换时将产生的收益或费用。

上述调整应当考虑相关的所得税影响。同时，根据企业存在稀释性潜在普通股，调整分母上发行在外普通股的加权平均数。

稀释性潜在普通股是指假设当期转换为普通股会减少每股收益的潜在普通股。目前，常见的潜在普通股主要包括可转换公司债券、认股权证和股份期权等。

(1) 可转换公司债券。对于可转换公司债券，计算稀释的每股收益时，分子的调整项目为可转换债券当期已确认为费用的利息、溢价或折价摊销等的税后影响额；分母的调整项目为增加的潜在普通股，按照可转换公司债券合同规定，可以转换为普通股的加权平均数。当期已确认为费用的利息、溢价或折价的摊销金额，按照《企业会计准则》相关规定计算。

【例6-2】 甲公司2×22年归属于普通股股东的净利润为25500万元，期初发行在外普通股股数1亿股，年内普通股股数未发生变化。2×22年1月1日，甲公司按面值发行4亿元的3年期可转换公司债券,债券每张面值100元,票面固定年利率为2%,利息自发行之日起每年支付一次,即每年12月31日为付息日。该批可转换公司债券自发行结束后12个月以后即可转换为公司股票,即转股期为发行12个月后至债券到期日止的期间。转股价格为每股10元,即每100元债券可转换为10股面值为1元的普通股。债券利息不符合资本化条件,直接计入当期损益,所得税税率为25%。

假设不具备转股权的类似债券的市场利率为3%。甲公司在对该批可转换公司债券初始确认时,根据《企业会计准则第37号——金融工具列报》的有关规定将负债和权益成分进行了分拆。2×22年度稀释每股收益计算如下:

每年支付利息 = 40000 × 2% = 800(万元)

负债成分公允价值 = 800/(1+3%) + 800/(1+3%)^2 + 40800/(1+3%)^3
= 38868.56(万元)

权益成分公允价值 = 40000 − 38868.56 = 1131.44(万元)

假设转换所增加的净利润 = 38868.56 × 3% × (1−25%) = 874.54(万元)

假设转换所增加的普通股股数 = 40000/10 = 4000(万股)

增量股的每股收益 = 874.54/4000 = 0.22(元)

增量股的每股收益小于基本每股收益,可转换公司债券具有稀释作用。

稀释每股收益 = (25500 + 874.54)/(10000 + 4000) = 1.88(元)

(2)认股权证、股份期权。按照认股权证合同和股份期权合约,认股权证、股份期权等的行权价格低于当期普通股平均市场价格时,应当考虑其稀释性。计算稀释的每股收益时,分子的净利润金额不变,分母应考虑可以转换的普通股股数的加权平均数与按照当期普通股平均市场价格能够发行的普通股股数的加权平均数的差额。

【例6-3】 甲公司2×21年度归属于普通股股东的净利润为500万元,发行在外的普通股加权平均数为1250万股,该普通股平均每股市场价格为4元。2×22年1月1日,甲公司对外发行250万份认股权证,行权日为2×22年3月1日,每份认股权证可以在行权日以3.5元的价格认购本公司1股新发行的股份。

甲公司2×22年度每股收益计算如下:

基本每股收益 = 500/1250 = 0.4(元)

调整增加的普通股股数 = 250 − 250 × 3.5/4 = 31.25(万股)

稀释每股收益 = 500/(1250 + 31.25) = 0.39(元)

(3)多项潜在普通股。每次发行或一系列发行的潜在普通股应当视为不同的潜在普通股,分别判断其稀释性,而不能将其作为总体考虑。企业对外发行不同潜在普通股的,应当按照其稀释程度从大到小的顺序计入稀释每股收益,直至稀释每股收益达到最小值。稀释程度根据增量股的每股收益衡量,即假定稀释性潜在普通股转换为普通股时,将增加的归属于普通股股东的当期净利润除以增加的普通股股数的金额。期权和认股权通常排在前面计算,因为此类潜在普通股转换一般不影响净利润。

3. 计算每股收益时应考虑的其他调整因素

（1）企业派发股票股利、公积金转增资本、拆股或并股等，会增加或减少其发行在外普通股或潜在普通股的数量，并不影响所有者权益金额，也不改变企业的盈利能力。但是，为了保持会计指标的前后期可比性，应当按调整后的股数重新计算各列报期间的每股收益。上述变化发生于资产负债表日至财务报告批准报出日之间的，应当以调整后的股数重新计算各列报期间的每股收益。这种调整应当以相关报批手续全部完成为前提。

（2）配股在计算每股收益时比较特殊，因为配股是向全部现有股东以低于当前股票市价的价格发行普通股，实际上可以理解为按市价发行股票和无对价送股的混合体。也就是说，配股中包含的送股因素导致了发行在外普通股股数的增加，但却没有相应的经济资源的流入。计算基本每股收益时，应当考虑这部分送股因素，据以调整各列报期间发行在外普通股的加权平均数。计算公式为：

$$每股理论除权价格 = (行权前发行在外普通股的公允价值 + 配股收到的款项) / 行权后发行在外的普通股股数$$

$$调整系数 = 行权前每股公允价值 / 每股理论除权价格$$

$$因配股重新计算的上年度基本每股收益 = 上年度基本每股收益 / 调整系数$$

$$本年度基本每股收益 = 归属于普通股东的当期净利润 / (配股前发行在外普通股股数 \times 调整系数 \times 配股前普通股发行在外的时间权重 + 配股后发行在外普通股加权平均数)$$

（二）每股股利

每股股利是企业股利总额与普通股股数的比值。其计算公式为：

$$每股股利 = 现金股利总额 / 期末发行在外的普通股股数$$

每股股利反映的是普通股股东每持有上市公司一股普通股获取的股利大小，是投资者股票投资收益的重要来源之一。由于净利润是股利分配的来源，因此，每股股利的多少很大程度上取决于每股收益的多少。但上市公司每股股利发放多少，除了受上市公司盈利能力大小影响外，还取决于企业的股利分配政策和投资机会。投资者使用每股股利分析上市公司的投资回报时，应比较连续几个期间的每股股利，以评估股利回报的稳定性并作出收益预期。

反映每股股利和每股收益之间关系的一个重要指标是股利发放率，即每股股利分配额与当期的每股收益之比。其计算公式为：

$$股利发放率 = 每股股利 / 每股收益$$

股利发放率反映每1元净利润有多少用于普通股股东的现金股利发放，反映普通股股东的当期收益水平。借助于该指标，投资者可以了解一家上市公司的股利发放政策。

（三）市盈率

市盈率是股票每股市价与每股收益的比率，反映普通股股东为获取1元净利润所愿意支付的股票价格。其计算公式为：

$$市盈率 = 每股市价 / 每股收益$$

市盈率是股票市场上反映股票投资价值的重要指标，该比率的高低反映市场上投资者对股票投资收益和投资风险的预期。一方面,市盈率越高,意味着投资者对股票的收益预期越看好,投资价值越大;反之,投资者对该股票评价越低。另一方面,市盈率越高,也说明获得一定的预期利润投资者需要支付更高的价格,因此,投资于该股票的风险也越大;市盈率越低,说明投资于该股票的风险越小。

(四)每股净资产

每股净资产,是指企业期末净资产与期末发行在外的普通股股数之间的比率。用公式表示为:

$$每股净资产 = 期末净资产 / 期末发行在外的普通股股数$$

每股净资产显示了发行在外每一普通股股份所能分配的企业账面净资产的价值。这里所说的账面净资产是指企业账面上的总资产减去负债后的余额,即股东权益总额。每股净资产指标反映了在会计期末每一股份在企业账面上到底值多少钱,它与股票面值、发行价值、市场价值乃至清算价值等往往有较大差距,是理论上股票的最低价值。

(五)市净率

市净率是每股市价与每股净资产的比率,是投资者用以衡量、分析个股是否具有投资价值的工具之一。市净率的计算公式为:

$$市净率 = 每股市价 / 每股净资产$$

净资产代表的是全体股东共同享有的权益,是股东拥有公司财产和公司投资价值最基本的体现。一般来说,市净率较低的股票,投资价值较高;反之,则投资价值较低。但有时较低市净率反映的可能是投资者对公司前景的不良预期,而较高市净率则相反。因此,在判断某只股票的投资价值时,还要综合考虑当时的市场环境以及公司经营情况、资产质量和盈利能力等因素。

第三节 综合分析与评价

利用财务比率可以分析企业某一方面的财务状况,如企业的偿债能力、资产管理水平、企业获利能力等,但是,财务比率难以全面评价企业的财务状况和经营成果。要想对企业财务状况和经营成果有一个总的评价,就必须采用综合性的分析方法。综合分析方法主要有杜邦分析法和综合绩效评价。

一、杜邦分析法

杜邦分析法是利用各个财务比率指标之间的内在联系,对企业财务状况进行综合分析的一种方法。这种方法由美国杜邦公司最先采用,故称杜邦分析法。利用这种方法可把各种财务指标间的关系,绘制成杜邦分析图,杜邦分析图中指标之间的关系为:

$$净资产收益率 = 总资产报酬率 \times 权益乘数$$

$$总资产报酬率 = 销售(营业)净利润率 \times 总资产周转率$$

$$权益乘数 = 资产总额 / 所有者权益总额 = 资产总额 / (资产总额 - 负债总额) = 1 / (1 - 资产负债率)$$

甲公司的杜邦分析图如图6-1所示。

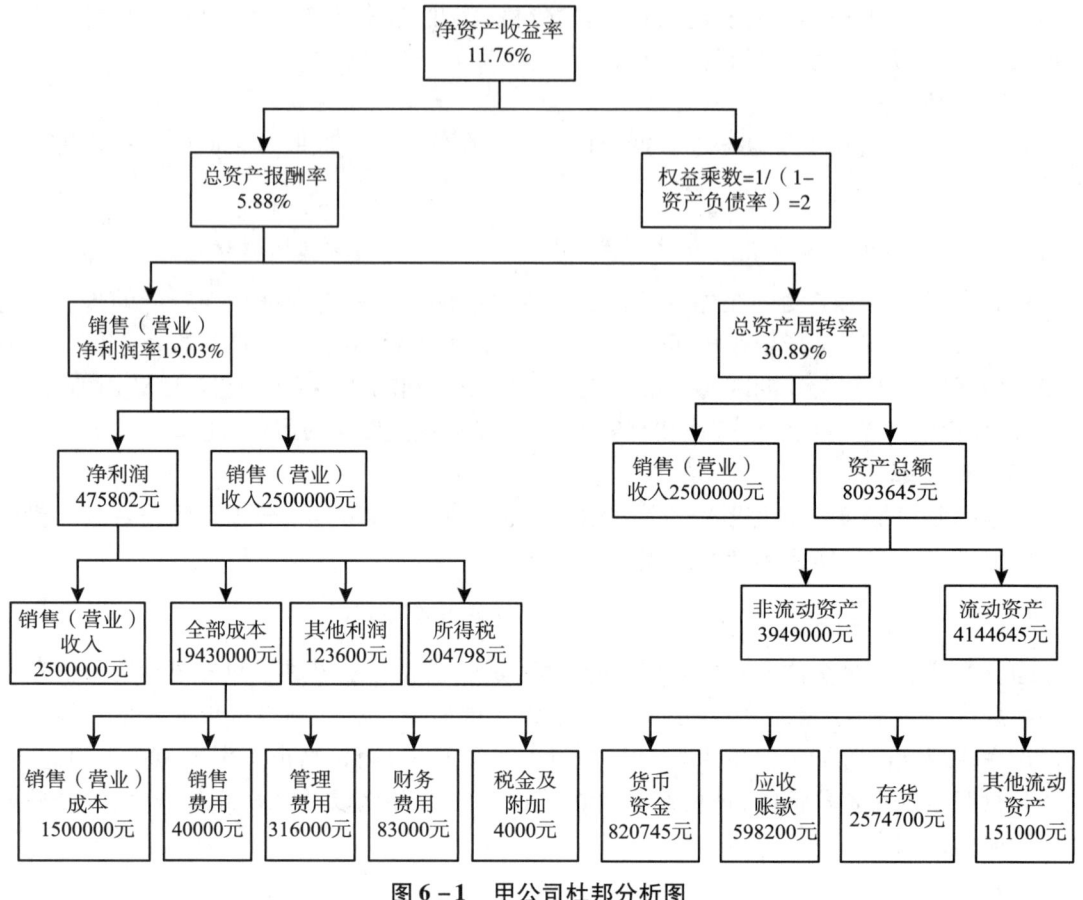

图6-1 甲公司杜邦分析图

杜邦分析法是对企业财务状况进行的综合分析。它通过几种主要的财务指标之间的关系,全面系统地反映出企业的财务状况。杜邦分析图可以提供下列5个主要的财务指标关系:

(1)净资产收益率是综合性最强的财务比率,也是杜邦财务分析系统的核心指标。净资产收益率反映所有者权益的获利能力,反映企业筹资、投资、资产运营等活动的效率,提高净资产收益率是所有者利润最大化的基本保证。从上述公式来看,净资产收益率的高低,取决于总资产报酬率和权益乘数。

(2)总资产报酬率,也是综合性较强的重要财务比率,它是销售净利润率和总资产周转率的乘积,因此,需要进一步从销售成果和资产运营两方面来分析。

(3)销售净利润率反映了企业净利润与销售收入的关系,提高销售净利润率是提高企业盈利能力的关键所在。影响销售净利润率的主要因素,一是销售收入;二是成本费用。分析时,要从这两个方面入手进行详尽分析。

(4)总资产周转率是反映资产管理效率的财务指标。对总资产周转率的分析要从影响总资产周转的各因素进行分析。除了对资产的各构成部分从占用量上是否合理进行分析外,还应对流动资产周转率、存货周转率、应收账款周转率等各有关资产组成部分的使用效率作深入分析,以找出影响总资产周转的问题所在。

(5)权益乘数反映所有者权益同企业总资产的关系,它主要受资产负债率的影响。资产负债率越大,权益乘数就高,说明企业有较高的负债程度,既可能给企业带来较多的杠杆利益,也可能带来较大的财务风险,要联系企业的资本结构进行深入分析。

从杜邦分析图中可以看出,净资产收益率与企业的销售规模、成本水平、资产运营、资本结构有着密切的关系,这些因素构成一个相互依存的系统。只有把这个系统内的各个因素协调好,才能保证净资产收益率最大,进而实现企业的理财目标。

【例6-4】 甲公司有关财务数据及分析如表6-3、表6-4所示。

表6-3　　　　　　　　　　　　基本财务数据　　　　　　　　　　　　单位:万元

年度	净利润	销售收入	平均资产总额	平均负债总额	全部成本	制造成本	销售费用	管理费用	财务费用
2×21	10284.04	411224.01	306222.94	205677.07	403967.43	373534.53	10203.05	18667.77	1562.08
2×22	12653.92	757613.81	330580.21	215659.54	736747.24	684261.91	21740.96	25718.20	5026.17

表6-4　　　　　　　　　　　　财务比率

财务比率	2×21年	2×22年
净资产收益率(%)	10.22	11.00
权益乘数	3.05	2.88
资产负债率(%)	67.2	65.2
总资产报酬率(%)	3.35	3.82
销售净利润率(%)	2.5	1.67
总资产周转率(次)	1.34	2.29

(1)对净资产收益率的分析。甲公司的净资产收益率在2×21—2×22年出现了一定程度的好转,从2×21年的10.22%增加至2×22年的11.00%。甲公司的投资者在很大程度上依据这个指标来判断是否投资或是否转让股份,考察经营者业绩和决定股利分配政策。这个指标对甲公司的管理者也至关重要。

$$净资产收益率 = 总资产报酬率 \times 权益乘数$$

2×21年:净资产收益率 = 3.35% × 3.05 = 10.22%

2×22年:净资产收益率 = 3.82% × 2.88 = 11.00%

通过分解可以明显地看出,甲公司净资产收益率的变动是资本结构(权益乘数)变动和资产利用效果(总资产报酬率)变动两方面共同作用的结果,而甲公司的总资产报酬率太低,显示资产利用效果欠佳。

(2)对总资产报酬率的分析。

$$总资产报酬率 = 销售净利润率 \times 总资产周转率$$

2×21年:总资产报酬率 = 2.5% × 1.34 = 3.35%

2×22年:总资产报酬率 = 1.67% × 2.29 = 3.82%

通过分解可以看出2×22年甲公司的总资产周转率有所提高,说明资产的利用得到了比较好的控制,显示出比前一年较好的效果,表明甲公司利用其总资产产生销售收入的效率在增加。总资产周转率提高的同时销售净利润率减少,阻碍了总资产报酬率的增加。

(3)对销售净利润率的分析。

$$销售净利润率 = 净利润/销售收入$$

2×21年:销售净利润率 = 10284.04/411224.01 × 100% = 2.5%

2×22年:销售净利润率 = 12653.92/757613.81 × 100% = 1.67%

甲公司2×22年大幅提高了销售收入,但是净利润的提高幅度却很小,分析其原因是成本费用增多,从表6-3可知:全部成本从2×21年的403967.43万元增加到2×22年的736747.24万元,与销售收入的增加幅度大致相当。

(4)对全部成本的分析。

$$全部成本 = 制造成本 + 销售费用 + 管理费用 + 财务费用$$

2×21年:全部成本 = 373534.53 + 10203.05 + 18667.77 + 1562.08 = 403967.43(万元)

2×22年:全部成本 = 684261.91 + 21740.96 + 25718.20 + 5026.17 = 736747.24(万元)

本例中,导致甲公司净资产收益率小的主要原因是全部成本过大。也正是因为全部成本的大幅提高导致了净利润提高幅度不大,而销售收入大幅增加,就引起了销售净利润率降低,显示出甲公司销售盈利能力的降低。总资产报酬率的提高当归功于总资产周转率的提高,销售净利润率的降低却起到了阻碍的作用。

(5)对权益乘数的分析。

$$权益乘数 = 平均资产总额/权益总额$$

2×21年:权益乘数 = 306222.94/(306222.94 - 205677.07) = 3.05

2×22年:权益乘数 = 330580.21/(330580.21 - 215659.54) = 2.88

甲公司下降的权益乘数,说明企业的资本结构在2×21—2×22年发生了变动,2×22年的权益乘数较2×21年有所减小。权益乘数越小,企业负债程度越低,偿还债务能力越强,财务风险有所降低。这个指标同时也反映了财务杠杆对利润水平的影响。甲公司的权益乘数一直处于2~5,也即负债率在50%~80%,属于激进战略型企业。管理者应该准确把握企业所处的环境,准确预测利润,合理控制负债带来的风险。

(6)结论。对于甲公司,最为重要的就是要努力降低各项成本,在控制成本上下功夫,同时要保持较高的总资产周转率。这样,可以使销售净利润率得到提高,进而使总资产报酬率有大的提高。

二、综合绩效评价

综合绩效评价是指运用数理统计和运筹学的方法,通过建立综合评价指标体系,对照相应的评价标准,定量分析与定性分析相结合,对企业一定经营期间的盈利能力、资产质量、债务风险以及经营增长等经营业绩和努力程度等各方面进行的综合评判。综合绩效评价是综合分析的一种,一般是站在企业所有者(投资人)的角度进行的。

科学地评价企业绩效,可以为投资人行使经营者的选择权提供重要依据;可以有效地加强对企业经营者的监管和约束;可以为有效激励企业经营者提供可靠依据;还可以为政府有关部门、债权人、企业职工等利益相关方提供有效的信息支持。综合绩效评价指标及权重可以根据需要各自设定。如国务院国有资产监督管理委员会发布的《中央企业综合绩效评价实施细则》附件2确定的企业综合绩效评价指标及权重表如表6-5所示。

表6-5　　　　　　　　　　　企业综合绩效评价指标及权重

评价内容与权重		财务绩效(70%)				管理绩效(30%)	
		基本指标	权重	修正指标	权重	评议指标	权重
盈利能力状况	34	净资产收益率 总资产报酬率	20 14	销售(营业)利润率 利润现金保障倍数 成本费用利润率 资本收益率	10 9 8 7	战略管理 发展创新 经营决策 风险控制 基础管理 人力资源 行业影响 社会贡献	18 15 16 13 14 8 8 8
资产质量状况	22	总资产周转率 应收账款周转率	10 12	不良资产比率 流动资产周转率 资产现金回收率	9 7 6		
债务风险状况	22	资产负债率 已获利息倍数	12 10	速动比率 现金流动负债比率 带息负债比率 或有负债比率	6 6 5 5		
经营增长状况	22	销售(营业)增长率 资本保值增值率	12 10	销售(营业)利润增长率 总资产增长率 技术投入比率	10 7 5		

下篇 会 计

第七章 财务会计概论

第一节 财务会计目标、会计基本假设和会计基础

一、财务会计目标

会计是随着社会生产力的提高和经济管理的需要而产生和发展起来的。对于现代会计来说,会计是企业经济管理活动,也是处理经济信息的一个信息系统。在市场经济条件下,经济活动的各个领域无不需要并存在会计管理活动,而且,经济越发展会计越重要的理念已被人们普遍接受。现代企业会计一般分为财务会计和管理会计两大领域。

财务会计是以会计准则为主要依据,确认、计量企业资产、负债、所有者权益的增减变动,记录收入的取得、费用的发生和归属,以及收益的形成和分配,定期以财务报告的形式报告企业的财务状况、经营成果和现金流量,并分析报表,评价企业的偿债能力、获利能力等的一整套信息处理系统。财务会计信息主要是满足投资者、债权人、政府及有关部门、社会公众等企业外部使用者的需要,同时也可满足企业内部管理部门的需要。管理会计是从传统的会计系统中分离出来的,与财务会计并列,利用财务会计、统计及其他有关资料进行整理、计算、对比和分析并产生一系列信息,以满足企业内部各级管理人员在编制预算、作出决策、控制经济活动等方面的信息需要,并直接参与企业决策控制过程,以改善经营管理,提高经济效益。管理会计信息主要是满足企业内部管理部门等内部使用者开展决策活动等方面的信息需要。本书下篇所述内容属于企业财务会计范畴。

财务会计的主要目的是向外部会计信息使用者提供有用的信息,帮助其作出相关决策,而承担这一信息载体和功能的则是企业编制的财务报告。财务报告的目标是向财务报告使用者提供与企业财务状况、经营成果和现金流量等有关的会计信息,反映企业管理层受托责任履行情况,有助于财务会计报告使用者作出经济决策。

二、会计基本假设

会计基本假设是指组织会计核算工作应具备的前提条件,也是会计准则中规定的各种程序和方法适用的前提条件,包括会计主体、持续经营、会计分期和货币计量等。

(一)会计主体

会计主体是指会计为之服务的特定单位,会计核算应当以一个特定独立的或相对独立

的经营单位的经营活动为对象,对其本身发生的交易或者事项进行会计确认、计量和报告。典型的会计主体是企业,但也可以是企业内部相对独立的经营单位。会计主体不同于法律主体的概念,会计主体可以是一个独立的法律主体,如企业法人;也可以不是一个独立的法律主体,如企业内部相对独立的核算单位,由多个企业法人组成的企业集团,由企业管理的证券投资基金、企业年金基金等。

会计主体规定了会计核算的空间范围,这一前提就是要明确会计所提供的信息,特别是财务报表,反映的是特定会计主体的财务状况与经营成果,既不能与其他会计主体相混淆,也不能将本会计主体的会计事项遗漏或转嫁。

(二)持续经营

持续经营是指企业会计确认、计量和报告应当以企业持续、正常的生产经营活动为前提,并假设在可以预见的未来,企业的经营活动将以既定的经营方针和目标继续经营下去,而不会面临破产清算。有了这一前提,会计信息的可比性等会计信息质量要求才能得到满足,企业在信息的收集和处理上所采用的会计方法才能保持稳定,会计核算才能正常进行。例如,在市场经济条件下,企业破产清算的风险始终存在,一旦企业进入破产清算程序,所有以持续经营为前提的会计程序与方法就不再适用,而应当采用破产清算的会计程序和方法,具体内容详见第十九章"第一节 企业破产清算会计概述"。

(三)会计分期

会计分期是指在企业持续不断的经营过程中,人为地将其划分为一个个间距相等、首尾相接的会计期间,以便确定每一个会计期间的收入、费用和盈亏,确定该会计期间期初、期末的资产、负债和所有者权益的金额,并据以结算账目和编制财务报表。会计分期规定了会计核算的时间范围。

企业应当划分会计期间,分期结算账目和编制财务报告。会计期间分为年度和中期。以年度为会计期间通常称为会计年度,各个国家对会计年度的起讫时间的划分方式不尽相同,有的国家采用公历年度,有的国家则另设起止时间。在我国,以公历年度作为企业的会计年度,即从公历1月1日起至12月31日止,在年度内,再划分为季度和月份等较短的期间,这些短于一个完整的会计年度的报告期间统称为中期。

划分会计期间对企业会计核算有重大影响,它是企业分期反映经营活动和总结经营成果的前提。

(四)货币计量

企业会计应当以货币进行计量。货币计量是指企业会计核算采用货币作为计量单位,记录、反映企业的经济活动,并假设币值基本保持不变。

对企业经济活动的计量,可以有多种计量单位,如实物数量、货币、重量、长度、体积等。人们通常把货币以外的计量单位称为非货币计量单位。由于各种经济活动的非货币计量单位具有不同的性质,在量上无法比较,为了连续、系统、全面、综合地反映企业的经济活动,会计核算客观上需要一种统一的计量单位作为会计核算的计量尺度。在商品经济条件下,货币作为一般等价物,是衡量商品价值的共同尺度,因此,会计核算自然就选择货币作为计量单位,以货币形式来反映和核算企业经营活动的全过程。

企业会计核算采用货币作为经济活动的最好计量单位,如果企业的经济业务存在多种货币计量并存的情形,就需要确定其中一种货币作为记账本位币。记账本位币是指企业经营所处的主要经济环境中的货币。我国企业通常应选择人民币作为记账本位币,业务收支以人民币以外的货币为主的企业,可以选定其中一种货币作为记账本位币,但是,编报的财务报表应当折算为人民币。企业选定记账本位币时应当考虑下列因素:

(1)该货币主要影响商品和劳务的销售价格,通常以该货币进行商品和劳务的计价和结算。

(2)该货币主要影响商品和劳务所需人工、材料和其他费用,通常以该货币进行上述费用的计价和结算。

(3)融资活动获得的货币以及保存从经营活动中收取款项所使用的货币。

如果企业存在境外经营,即通过在境外设立子公司、合营企业、联营企业、分支机构开展经营活动,企业在选定境外经营的记账本位币时,还应当考虑下列因素:

(1)境外经营对其所从事的活动是否拥有很强的自主性。

(2)境外经营活动中与企业的交易是否在境外经营活动中占有较大比重。

(3)境外经营活动产生的现金流量是否直接影响企业的现金流量、是否可以随时汇回。

(4)境外经营活动产生的现金流量是否足以偿还其现有债务和可预期的债务。

企业记账本位币一经确定,不得随意变更,除非企业经营所处的主要经济环境发生重大变化。企业因经营所处的主要经济环境发生重大变化,确需变更记账本位币时,应当采用变更当日的即期汇率将所有项目折算为变更后的记账本位币。

会计上把货币作为计量单位,同时假设货币的内在价值是稳定的,即使有所变动,也应不足以影响会计计量和会计信息的正确性。在恶性通货膨胀环境下,货币价值的波动将给会计计量带来重大的影响,按常规方法编制的财务报表会严重失实,引起报表使用者的误解,在这种情况下,就需要采用通货膨胀会计来解决。

三、会计基础

企业财务会计应当以权责发生制为基础进行会计确认、计量和报告。凡是当期已经实现的收入和已经发生或应当负担的费用,不论款项是否收付,都应当作为当期的收入和费用;凡是不属于当期的收入和费用,即使款项已在当期收付,都不应作为当期的收入和费用。权责发生制以权利取得和义务完成作为收入和费用发生的标志,有助于正确计算企业的经营成果。

在我国政府预算会计实务中,还存在一种与权责发生制相对应的收入和费用的确认方法,称为收付实现制。收付实现制是以收到或支付现金作为确认收入和费用的依据。

第二节 财务会计要素及其确认、计量和报告

一、财务会计要素及其确认

会计要素是会计核算的具体对象,也是组成企业财务报表的基本单位。企业应当按照交易或者事项的经济特征确定会计要素。企业财务会计要素包括资产、负债、所有者权益、收入、费用和利润六项。资产、负债和所有者权益是组成资产负债表的会计要素;收入、费用和利润是组成利润表的会计要素。

会计确认是指将符合会计要素定义及其确认标准的项目纳入资产负债表和利润表的过程。它涉及以文字和金额表述一个项目并将该金额包括在资产负债表或利润表的总额中。符合确认标准的项目,应当在资产负债表或利润表内得到确认。确认一个符合会计要素定义的项目应满足下列两个基本条件:

(1) 与该项目有关的未来经济利益很可能流入或流出主体。

(2) 对该项目的成本或价值能够可靠地加以计量。

(一) 资产

资产是指企业过去的交易或者事项形成的、企业拥有或者控制的、预期会给企业带来经济利益的资源。资产有如下基本特征:

首先,资产是由企业过去的交易或者事项形成的资源。企业过去的交易或者事项包括购买、生产、建造行为,或其他交易或者事项。预期在未来发生的交易或者事项不形成资产。比如,已经发生的固定资产购买交易才形成资产,而计划中的固定资产购买则不形成购买企业的资产。

其次,资产是由企业拥有或控制的资源。所谓企业拥有或者控制,是指企业享有某项资源的所有权,或者虽然不享有某项资源的所有权,但该资源能被企业所控制。这种资源,可以是货币形式存在的,也可以是实物形式存在的;可以是有形的,也可以是无形的。判断某项资源是否属于企业的资产,主要依据企业对该资源是否拥有所有权或控制权。如果企业不能拥有或控制能创造经济利益的某项资源,则企业不能将该资源视作其资产。比如,某项专利权,如果企业不能通过自创并申请成功、购入等方式拥有或控制它,那么企业就不能将该专利权确认为资产。

最后,资产是预期会给企业带来经济利益的资源。所谓预期会给企业带来经济利益,是指直接或者间接导致现金和现金等价物流入企业的潜力。如果某项目不能给企业带来经济利益,那么该项目不能作为企业的资产。资产导致经济利益流入企业的方式有多种,如单独或与其他资产结合起来为企业创造经济利益、换取其他资产、用于偿付债务。

符合上述资产定义的资源,在同时满足以下条件时,应确认为资产:

(1) 与该资源有关的经济利益很可能流入企业。

(2) 该资源的成本或者价值能够可靠地计量。

符合资产定义和资产确认条件的项目,应当列入资产负债表;符合资产定义,但不符合资产确认条件的项目,不应当列入资产负债表。

在资产负债表上,企业的资产应按其流动性,分为流动资产和非流动资产。

资产满足下列条件之一的,应当归类为流动资产:

(1) 预计在一个正常营业周期中变现、出售或耗用。

(2) 主要为交易目的而持有。

(3) 预计在资产负债表日起 1 年内(含 1 年,下同)变现。

(4) 自资产负债表日起 1 年内,交换其他资产或清偿负债的能力不受限制的现金或现金等价物。

流动资产主要包括货币资金、应收及预付款项、交易性金融资产和存货等资产。

流动资产以外的资产应当归类为非流动资产,包括以摊余成本计量的金融资产、以公允价值计量且其变动计入其他综合收益的金融资产、长期股权投资、投资性房地产、固定资产、生产性生物资产、递延所得税资产、无形资产等资产。

(二) 负债

负债是指企业过去的交易或者事项形成的、预期会导致经济利益流出企业的现时义务。负债有如下基本特征：

第一，负债是企业过去的交易或者事项形成的现时义务。现时义务是指企业在现行条件下已承担的义务。比如，银行借款是因为企业接受了银行贷款形成的负债，如果没有接受贷款就不会发生银行借款这项负债。应付账款是因为采用信用购买商品或接受劳务形成的，在购买未发生之前，相应的应付账款并不存在。企业未来发生的交易或者事项形成的义务，不属于现时义务，不应当确认为负债，如企业与供货单位签订在将来可能形成负债的供货合同，在当前就不能将其作为一项负债。

第二，负债是预期会导致经济利益流出企业的现时义务。无论负债对应的现时义务是法定义务还是推定义务，通常需要由企业在未来某个时点加以清偿，其清偿义务的履行预期均会导致企业经济利益的流出。

符合上述负债定义的义务，在同时满足以下条件时，确认为负债：

(1) 与该义务有关的经济利益很可能流出企业。

(2) 未来流出的经济利益的金额能够可靠地计量。

符合负债定义和负债确认条件的项目，应当列入资产负债表；符合负债定义，但不符合负债确认条件的项目，不应当列入资产负债表。

在资产负债表上，企业的负债应按其流动性，分为流动负债和非流动负债。

负债满足下列条件之一的，应当归类为流动负债：

(1) 预计在一个正常营业周期中清偿。

(2) 主要为交易目的而持有。

(3) 自资产负债表日起 1 年内到期应予以清偿。

(4) 企业无权自主地将清偿推迟至资产负债表日后 1 年以上。

流动负债主要包括短期借款、应付及预收款项、应付职工薪酬、应交税费等。

流动负债以外的负债应当归类为非流动负债，包括长期借款、应付债券、长期应付款、专项应付款、递延所得税负债等。

需要注意的是，判断流动资产、流动负债时所称的一个正常营业周期，是指企业从购买用于加工的资产起至实现现金或现金等价物的期间。正常营业周期通常短于 1 年，在 1 年内有若干个营业周期。但是，也存在正常营业周期长于 1 年的情况，如房地产开发企业开发用于出售的房地产开发产品，造船企业制造的用于对外出售的大型舰船等，往往超过 1 年才变现、出售或耗用，但仍应划分为流动资产；应付账款等经营性项目，属于企业正常经营周期中使用的营运资金的一部分，有时在资产负债表日后超过 1 年才到期清偿，也应划分为流动负债。正常营业周期不能确定时，应当以 1 年 (12 个月) 作为划分流动资产或流动负债的标准。不符合流动资产或流动负债标准的，应划分为非流动资产或非流动负债。

(三) 所有者权益

所有者权益是指企业资产扣除负债后由所有者享有的剩余权益。公司的所有者权益又称为股东权益。

所有者权益的来源包括所有者投入的资本、其他权益工具、直接计入所有者权益的利得和损失(即其他综合收益)、留存收益等。所有者投入的资本是指所有者所有投入企业的资本部分,包括构成企业注册资本或股本部分的金额和超过注册资本或股本部分的金额,前者在资产负债表中的实收资本或股本项目下反映,后者即为资本溢价或股本溢价,在资产负债表中的资本公积项目下反映。直接计入所有者权益的利得和损失,是指不应计入当期损益、会导致所有者权益发生增减变动的、与所有者投入资本或者向所有者分配利润无关的利得或者损失。利得是指由企业非日常活动所形成的、会导致所有者权益增加的、与所有者投入资本无关的经济利益的流入。损失是指由企业非日常活动所发生的、会导致所有者权益减少的、与向所有者分配利润无关的经济利益的流出。留存收益是企业历年实现的净利润留存于企业的部分,主要包括累计计提的盈余公积和未分配利润。

所有者权益的确认和计量取决于资产和负债的确认和计量。所有者权益项目应当列入资产负债表。

(四)收入

收入是指企业在日常活动中形成的、会导致所有者权益增加的、与所有者投入资本无关的经济利益的总流入。收入具有以下基本特征:

首先,收入是从企业的日常活动中产生的,而不是从偶发的交易或事项中产生的。这里所谓的"日常活动",是指企业为完成其经营目标所从事的经常性活动,以及与之相关的其他活动。例如,工业企业制造并销售产品、商业企业销售商品、保险公司签发保单、咨询公司提供咨询服务、软件企业为客户开发软件、安装公司提供安装服务、商业银行对外贷款等,均属于企业为完成其经营目标所从事的经常性活动,由此产生的经济利益的总流入构成收入;工业企业转让无形资产使用权、出售原材料、对外投资(收取的利息收入、股利收入)等,属于与经常性活动相关的其他活动,由此产生的经济利益的总流入也构成收入。但是,工业企业处置固定资产、无形资产等活动,不是企业为完成其经营目标所从事的经常性活动,也不属于与经常性活动相关的其他活动,由此产生的经济利益的总流入不构成收入。

其次,收入的取得可能表现为企业资产的增加或负债的减少,或者资产增加和负债减少两者兼而有之,最终将导致企业所有者权益的增加。

最后,收入是与所有者投入资本无关的经济利益的总流入,因所有者投入资本产生的经济利益流入不属于收入。

企业收入的来源渠道多种多样,不同收入来源的特征有所不同,其收入确认条件也往往存在差别。通常,收入只有在经济利益很可能流入从而导致企业资产增加或者负债减少且经济利益的流入额能够可靠计量时才能予以确认。符合收入定义和收入确认条件的项目,应当列入利润表。

(五)费用

费用是指企业在日常活动中发生的、会导致所有者权益减少的、与向所有者分配利润无关的经济利益的总流出。与收入相对应,费用具有以下基本特征:

首先,费用是企业在销售商品、提供劳务等日常活动中发生的经济利益的流出,而像固定资产清理损失因不属于日常活动的经济利益流出,应归为损失。

其次,费用最终会减少企业的所有者权益,具体表现为企业资金的支出。

最后,费用是与向所有者分配利润无关的经济利益的总流出,与向所有者分配利润相关的经济利益流出不属于费用。

费用只有在经济利益很可能流出从而导致企业资产减少或者负债增加,且经济利益的流出额能够可靠计量时才能予以确认。

企业为生产产品、提供劳务等发生的可归属于产品成本、劳务成本等的费用,应当在确认产品销售收入、劳务收入等时,将已销售产品、已提供劳务的成本等计入当期损益。

企业发生的支出不产生经济利益的,或者即使能够产生经济利益但不符合或者不再符合资产确认条件的,应当在发生时确认为费用,计入当期损益。企业发生的交易或者事项导致其承担了一项负债而又不确认为一项资产的,应当在发生时确认为费用,计入当期损益。

符合费用定义和费用确认条件的项目,应当列入利润表。

(六)利润

利润是指企业在一定会计期间的经营成果,利润包括收入减去费用后的净额、直接计入当期利润的利得和损失等。

直接计入当期利润的利得和损失,是指应当计入当期损益、会导致所有者权益发生增减变动的、与所有者投入资本或者向所有者分配利润无关的利得或者损失。

利润金额取决于收入和费用、直接计入当期利润的利得和损失金额的计量。

利润项目应当列入利润表。

二、财务会计计量

计量是指为了在资产负债表和利润表内确认和列示财务报表的要素而确定其金额的过程。企业在将符合确认条件的会计要素登记入账并列报于会计报表及其附注时,应当按照规定的会计计量属性进行计量,确定其金额。会计计量属性反映的是会计要素金额的确定基础,主要包括以下五方面内容:

(一)历史成本

在历史成本计量下,资产按照购买时支付的现金或者现金等价物的金额,或者按照购买资产时所付出的对价的公允价值计量。负债按照因承担现时义务而实际收到的款项或者资产的金额,或者承担现时义务的合同金额,或者按照日常活动中为偿还负债预期需要支付的现金或者现金等价物的金额计量。

(二)重置成本

在重置成本计量下,资产按照现在购买相同或者相似资产所需支付的现金或者现金等价物的金额计量;负债按照现在偿付该项债务所需支付的现金或者现金等价物的金额计量。

(三)可变现净值

在可变现净值计量下,资产按照其正常对外销售所能收到现金或者现金等价物的金额扣减该资产至完工时估计将要发生的成本、估计的销售费用以及相关税费后的金额计量。

(四)现值

在现值计量下,资产按照预计从其持续使用和最终处置中所产生的未来净现金流入量的折现金额计量;负债按照预计期限内需要偿还的未来净现金流出量的折现金额计量。

(五)公允价值

在公允价值计量下,资产和负债按照市场参与者在计量日发生的有序交易中,出售一项资产所能收到或者转移一项负债所需支付的价格计量。有序交易是指在计量日前一段时期内相关资产或负债具有惯常市场活动的交易,清算等被迫交易不属于有序交易。

企业在对会计要素进行计量时,一般应当采用历史成本,采用重置成本、可变现净值、现值、公允价值计量的,应当保证所确定的会计要素金额能够取得并可靠计量。

三、财务报告

财务报告是指企业对外提供的,反映企业某一特定日期的财务状况和某一会计期间的经营成果、现金流量等会计信息的文件。财务报告包括财务报表和其他应当在财务报告中披露的相关信息和资料。财务报表至少应当包括资产负债表、利润表、现金流量表等报表及其附注。财务报告分为年度财务报告和中期财务报告。

财务报告是企业会计人员根据日常会计核算资料归集、加工、汇总而形成的结果,是会计核算工作的最终产品,是企业向与企业有利害关系的各个方面以及其他相关的机构传递信息的基本手段。因此,企业应当按照规定定期编制和报送财务报告。企业不得编制和对外提供虚假的或者隐瞒重要事实的财务报告。企业负责人对本企业财务报告的真实性、完整性负责。企业编制的财务报告应当根据真实的交易、事项以及完整、准确的账簿记录等资料,并按照《企业会计准则》等规定进行编制,不得随意改变财务报告的编制基础、编制依据、编制原则和方法。任何组织或者个人不得授意、指使、强令企业编制和对外提供虚假的,或者隐瞒重要事实的财务报告。

第三节 企业财务会计信息质量要求及其核算规范

一、财务会计信息质量要求

为了规范企业财务会计确认、计量和报告行为,保证会计信息质量,我国《企业会计准则》根据多年来的企业会计实践和理论研究成果,同时借鉴国际会计惯例,确立了我国企业会计信息的质量要求。这些会计信息质量要求可归纳如下。

(一)可靠性

可靠性是指企业应当以实际发生的交易或者事项为依据进行会计核算,如实反映符合确认和计量要求的各项会计要素及其他相关信息,保证会计信息真实可靠、内容完整。

会计核算的可靠性要求会计核算的结果应当与企业实际的财务状况、经营成果和现金流量相一致;对于经济业务的记录和报告,应当做到不偏不倚,以客观的事实为依据,不受会计人员主观意志所左右,避免错误并减少偏差。企业提供会计信息的目的是满足会计信息使用者的决策需要,因此,必须做到内容真实、数字准确和资料可靠。

(二)相关性

相关性是指企业提供的会计信息应当与财务报告使用者的经济决策需要相关,有助于财务报告使用者对企业过去、现在或者未来的情况作出评价或者预测。这一要求也称有用性要求。

会计信息与使用者的决策密切相关,表现在提供的会计信息能帮助决策者预测未来,把握可能的结果,从而改善当前的决策;同时,提供的会计信息也能使决策者证实过去的决策产生的结果,从而修正或坚持原来的决策。因此,在会计核算中应坚持上述基本原则,在收集、加工、处理和提供会计信息的过程中,充分考虑会计信息使用者的信息需求。

(三) 可理解性

可理解性是指企业提供的会计信息应当清晰明了,便于财务报告使用者理解和使用。

对会计信息使用者来说,首先要能弄懂财务报告反映的信息内容,才能加以利用,并作为决策的依据,因此,可理解性是会计信息质量的首要要求。可理解性原则就是要求会计核算提供的信息简明、易懂,能简单地反映企业的财务状况、经营成果和现金流量,能为大多数使用者所理解。在会计核算中只有坚持可理解性原则,才有利于会计信息使用者准确、完整地把握会计信息的内容,从而更好地利用。

(四) 可比性

可比性是指企业提供的会计信息应当具有可比性。同一企业不同时期发生的相同或者相似的交易或者事项,应当采用一致的会计政策,不得随意变更。确需变更的,应当在附注中说明。不同企业发生的相同或者相似的交易或者事项,应当采用规定的会计政策,确保会计信息口径一致、相互可比。

这一原则不仅要求不同企业之间的会计信息具有横向的可比性,而且要求同一企业的不同时期的会计信息具有纵向的可比性。

不同的企业可能处于不同行业、不同地区,经济业务发生于不同时点,为了保证会计信息能够满足会计信息使用者决策的需要,便于比较不同企业的财务状况、经营成果和现金流量,只要是相同的交易或事项,就应当采用相同的会计处理方法。

在同一企业的会计核算中,经常会出现相同的经济业务的会计处理有多种方法可供选择,如存货的计价方法等,企业可以在会计准则或制度允许的范围内选择使用。但是,在一般情况下,企业一经选定某一种方法,就不得随意变动,如果企业在不同的会计期间采用不同的会计核算方法,将不利于会计信息使用者对会计信息的理解,不利于会计信息作用的发挥。当然也不是说企业所选择的会计核算方法不能做任何变更,在符合一定条件的情况下,企业也可以变更会计核算方法,并在企业财务报告中作相应披露。在会计核算中遵循可比性要求,有利于提高会计信息的使用价值,可以防止某些企业和个人利用会计方法的变动,在会计核算上弄虚作假,粉饰财务报表。

(五) 实质重于形式

实质重于形式是指企业应当按照交易或者事项的经济实质进行会计确认、计量和报告,不应仅以交易或者事项的法律形式为依据。

在实际工作中,交易或事项的外在法律形式并不能真实反映其实质内容。为了使会计信息真实反映企业财务状况和经营成果,就不能仅仅依据交易或事项的外在表现形式来进行核算,而要反映交易或事项的经济实质。违背这一原则,就可能会误导会计信息使用者的决策。

(六) 重要性

重要性是指企业提供的会计信息应当反映与企业财务状况、经营成果和现金流量等有关的所有重要交易或者事项。

这一原则要求企业在会计核算过程中,对发生的交易或事项要区别其重要程度,对资产、负债、损益等有较大影响,并进而影响财务报告使用者据以作出合理判断的重要事项,必须按照规定的会计方法和程序进行处理,并在财务报告中予以充分、准确的披露;对于次要的会计事项,在不影响会计信息真实性和不至于误导财务报告使用者作出正确判断的前提下,可适当简化处理。

会计核算中遵循重要性原则的同时要考虑提供会计信息的成本与效益问题,使得提供会计信息的收益大于成本,避免出现提供会计信息的成本大于收益的情况,在全面反映企业财务状况和经营成果的基础上,起到突出重点,简化核算,节约人力、物力和财力,提高会计核算的工作效率。会计核算中,评价某些项目的重要性时,很大程度上取决于会计人员的职业判断。一般来说,应当从质和量两个方面进行分析。从性质上说,当某一事项有可能对决策产生一定影响时,就属于重要项目;从数量方面来说,当某一项目的数量达到一定规模时,就可能对决策产生影响。

(七)谨慎性

谨慎性原则亦称稳健性原则,或称保守主义,是指企业对交易或者事项进行会计确认、计量和报告应当保持应有的谨慎,不应高估资产或者收益、低估负债或者费用。

企业在进行会计核算时,应当遵循谨慎性原则的要求,不得多计资产或收益,少计负债或费用,不得设置秘密准备。遵循这一原则,要求企业在面临经济活动中的不确定因素的情况下作出职业判断并处理会计事项时,应当保持必要的谨慎,充分估计风险和损失,不高估资产或收益,也不低估负债或费用。对于预计会发生的损失应计算入账;对于可能发生的收益则不预计入账。谨慎性原则在会计核算中有多种表现,如对可能发生的各项资产损失计提减值准备等,是这一原则的具体体现。当然,遵循这一原则并不意味着企业可以任意设置各种秘密准备,否则,就属于滥用本原则,需要按照重大会计差错更正的要求进行相应的会计处理。

(八)及时性

及时性是指企业对于已经发生的交易或者事项,应当及时进行会计确认、计量和报告,不得提前或者延后。

对会计信息使用者来说,会计信息与决策的相关性不仅表现在会计信息的真实可靠,而且表现在会计信息时效性上,过时的会计信息对决策者的使用价值就会大大降低,甚至无效。在企业之间竞争日趋激烈的市场经济条件下,对会计信息的及时性要求越来越高,这一原则越发显得重要。在会计核算中,坚持这一原则就是要求及时收集会计信息、及时加工处理会计信息、及时传递会计信息,以满足各方面会计信息使用者的需要。

二、企业财务会计核算规范

会计工作应遵循一定的规范。国家统一的会计制度是企业进行会计处理、生成会计信息的唯一标准,是规范会计行为和会计秩序的重要依据。我国的企业会计核算规范主要由《中华人民共和国会计法》(以下简称《会计法》)、《企业会计准则》等组成,并形成了以《会计法》为核心的一个比较完整的体系。

(一)《会计法》

《会计法》于1985年由全国人民代表大会常务委员会通过,并于同年5月1日起施行。为适应我国社会主义市场经济发展和深化会计改革的需要,1993年12月、1999年10月和2017年11月全国人民代表大会常务委员会对其进行了三次修订。《会计法》是我国会计工作的根本大法,它在我国的会计规范体系中处于最高层次,是其他会计规范制定的基本依据。《会计法》对我国会计工作的主要方面作出规定,涉及我国会计工作的各个领域,它用法律形式确定了会计工作的地位和作用,对我国会计管理的体制、会计核算和会计监督的对象及内容、会计机构、会计人员的职责和权限,以及有关的法律责任作出了明确的规定。这些规定是我国进行会计工作的基本依据。

(二)会计准则

会计准则是制定会计核算制度和组织会计核算的基本规范。会计准则最早出现在20世纪30年代的美国,其后,一些西方资本主义国家也相继制定了本国的会计准则,20世纪70年代,一些西方国家的职业会计团体发起成立了国际会计准则委员会(IASC),制定并发布国际会计准则(IAS)。2001年,为顺应经济全球化和国际资本流动及其监管的需要,国际会计准则委员会改组为国际会计准则理事会(IASB),制定并发布国际财务报告准则(IFRS)。我国《企业会计准则》由财政部制定并发布。早在1992年就发布了企业会计准则的基本准则,从1997年开始,又陆续发布了16项具体会计准则。

2005年以后,我国加快了《企业会计准则》制定步伐。2006年2月15日,财政部发布了包括1项基本准则和38项具体准则在内的企业会计准则体系,实现了与国际财务报告准则的趋同。该企业会计准则体系自2007年1月1日起首先在上市公司施行,目前已几乎在所有大中型企业和金融企业执行。在执行过程中,财政部又印发了若干企业会计准则解释等规范性文件。

2014年财政部又发布了"公允价值计量""合营安排""在其他主体权益的披露"三项具体准则;并对"财务报表列报""职工薪酬""合并财务报表""长期股权投资"和"金融工具列报"五项具体准则进行了修订。2017年财政部新发布了"持有待售的非流动资产、处置组和终止经营"具体准则,并对第14号、第15号、第16号、第22号、第23号、第24号及第37号具体准则进行了修订。2018年对第21号租赁准则进行了修订。2019年对第7号非货币性资产交换、第12号债务重组准则进行了修订。2020年修订印发了《企业会计准则第25号——保险合同》。

我国企业会计准则体系由基本准则、具体准则、应用指南和解释等构成。基本准则在整个准则体系中起统驭作用并能为会计实务中出现的、具体准则尚未规范的新问题提供会计处理依据,主要规范财务报告目标、会计基本假定、会计基本原则、会计要素的确认和计量等。具体准则是在基本准则的指导下,对企业各项会计要素及相关交易事项的确认、计量和报告进行规范的会计准则。应用指南是对具体准则相关条款的细化和有关重点难点问题提供操作性指南并指导实务规范操作。解释则是对具体准则实施过程中出现的问题、具体准则条款规定不清楚或者尚未规定的问题作出的补充说明。整个体系中还包括财政部制定和发布的会计处理规定,如《增值税会计处理规定》等,以及会计准则应用案例、会计准则实施问答和会计准则实务问答。我国境内依法设立并符合《中小企业划型标准规定》所规定的小型企业标准的企业适用财政部发布的《小企业会计准则》,但股票或债券在市场上公开交易的、金融机构或其他金融性质的、属于企业集团内母公司和子公司的小企业除外。

除了上述专业性会计规范外,影响企业财务会计核算工作的还有其他一些相关法规,如公司法、税收法规、证券法规、其他金融法规等。此外,根据财政部印发的《会计人员职业道德规范》(财会〔2023〕1号)规定,会计人员在工作中应遵守的职业道德规范包括:①坚持诚信,守法奉公。牢固树立诚信理念,以诚立身、以信立业,严于律己、心存敬畏。学法知法守法,公私分明、克己奉公,树立良好职业形象,维护会计行业声誉。②坚持准则,守责敬业。严格执行准则制度,保证会计信息真实完整。勤勉尽责、爱岗敬业,忠于职守、敢于斗争,自觉抵制会计造假行为,维护国家财经纪律和经济秩序。③坚持学习,守正创新。始终秉持专业精神,勤于学习、锐意进取,持续提升会计专业能力。不断适应新形势新要求,与时俱进、开拓创新,努力推动会计事业高质量发展。

第八章 流动资产（一）

第一节 货币资金的核算

一、现金的核算

现金是企业中流动性最强的一项资产，是立即可以投入流通的交换媒介。现金有狭义和广义之分。狭义的现金指企业为满足日常零星开支而存放在财会部门金库中的各种货币，即库存现金。广义的现金包括纸币、硬币、银行活期存款、银行本票、银行汇票等内容。广义的现金概念与我国会计中的货币资金概念几乎一致。货币资金是指企业在生产经营过程中处于货币形态的那部分资金，包括库存现金、银行存款、数字货币、其他货币资金。其在资产负债表中往往列在资产项目的首位。

现金具有普遍的可接受性和流动频繁的特点，极易发生差错或被挪用、侵吞。狭义的现金又是一种无法产生盈余的资产，企业不能积压过多现金。因此，必须加强现金的管理和内部控制。

为了核算和监督库存现金的收入、支出和结存情况，企业应设置"库存现金"科目，由负责总账的财会人员进行总分类核算。企业收到现金，借记"库存现金"科目，贷记有关科目；支出现金，借记有关科目，贷记"库存现金"科目。该科目月末余额在借方，表示库存现金的余额。

企业应设置"现金日记账"，由出纳人员根据收、付款凭证，按照业务的发生顺序逐笔登记。每日终了，应计算当日的现金收入合计数、现金支出合计数和结存数，并将结余数与实际库存数核对，做到账款相符。有多币种现金的企业，应当按照币种分别设置"现金日记账"进行明细核算。

二、银行存款的核算

银行存款是企业存入银行或其他金融机构的各种款项。凡是独立核算的企业都必须在当地银行开设账户，以办理存款、取款和支付等结算。企业除了按核定限额留存的库存现金外，其余的货币资金都必须存入银行；企业与其他单位之间的一切货币收付业务，除了在规定范围内可以用现金支付的款项外，都必须通过银行办理结算。

（一）银行结算方式

结算方式是指用一定的形式和条件来实现企业间或企业与其他单位和个人间货币收付的程序和方法，分现金结算和支付结算两种。企业除按规定的范围使用现金结算外，大部分货币收付业务应通过银行办理支付结算。支付结算是指单位、个人在社会经济活动中使用票据、信用卡和汇兑、托收承付、委托收款等结算方式进行货币给付及其资金清算的行为。中国人民银行发布的《支付结算办法》规定的国内人民币的支付结算方式包括支票、银行本票、银行汇票、商业汇票、信用卡、托收承付、委托收款、汇兑 8 种;另外还有国内信用证结算方式等。企业采用上述各种结算方式办理结算,必须遵守国家的法律、法规等各项规定,遵守结算纪律,严格按照《银行账户管理办法》的规定开立、使用账户、不准出租、出借账户。单位、个人和银行办理支付结算必须遵守下列原则:恪守信用,履约付款;谁的钱进谁的账,由谁支配;银行不垫款。

(二)银行存款业务的账务处理

1. 银行存款的核算

我国银行存款包括人民币存款和外币存款两种。银行存款账户分为基本存款账户、一般存款账户、临时存款账户和专用账户等。银行存款的收付由出纳人员办理,由专人保管空白支票和签发支票。银行存款总账由会计登记掌管,银行存款日记账由出纳逐笔登记,并经常与银行提供的对账单进行核对,以便进行内部控制。

为了总括反映银行存款的收支和结存情况,企业应设置"银行存款"总账科目。该科目属于资产类科目,借方登记银行存款的增加数,贷方登记银行存款的减少数,借方余额反映企业存在银行或其他金融机构的各种款项的余额。企业在不同的结算方式下,根据有关的原始凭证编制银行存款的收付款凭证,记入企业的"银行存款"科目。企业将款项存入银行或其他金融机构时,借记"银行存款"科目,贷记"库存现金"或有关科目;提取或支付在银行或其他金融机构中的存款时,借记"库存现金"或有关科目,贷记"银行存款"科目。

企业应当按照开户银行和其他金融机构、存款种类等,分别设置"银行存款日记账",由出纳人员根据收付款凭证,按照业务的发生顺序逐笔登记。每日终了,应结出余额。"银行存款日记账"应定期与"银行对账单"核对,至少每月核对一次。月末,企业银行存款账面余额与银行对账单余额之间如有差额,应按月编制"银行存款余额调节表"调节相符。有外币交易业务的企业,应在本科目下分别设置人民币和各种外币"银行存款日记账"进行明细核算。

企业应当加强对银行存款的管理,定期对银行存款进行检查,对于存在银行或其他金融机构的款项已经部分不能收回或者全部不能收回的,应当查明原因进行处理,有确凿证据表明无法收回的,应当根据企业管理权限报经批准后,借记"营业外支出"科目,贷记"银行存款"科目。

2. 银行存款的对账

为了保证银行存款的安全和核算的正确,企业应按期对账。银行存款的对账包括三个方面:一是银行存款日记账与银行存款收、付款凭证相互核对,做到账证相符;二是银行存款日记账与银行存款总账相互核对,做到账账相符;三是在账证、账账相符的基础上,银行存款日记账与银行对账单相互核对,做到账单相符。银行存款日记账余额与银行对账单余额如有不符,除记账错误外,未达账项的影响是主要原因。所谓未达账项,是指银行与企业之间,由于凭证传递上的时间差,一方已登记入账,而另一方尚未入账的收支项目。银行存款的未达账项具体来说有四种情况:①银行已入账但企业未入账的收入;②银行已入账但企业未入账的支出;③企业已入账但银行未入账的收入;④企业已入账但银行未入账的支出。

对于未达账项,应编制"银行存款余额调节表"进行调节。调节后,若无记账差错,双方调整后的银行存款余额应该相等;调节后,双方余额如果仍不相符,说明记账有差错,须进一步查对,更正错误记录。

调节后的银行存款余额,反映了企业可以动用的银行存款实有数额。需要注意的是,银行存款余额调节表是用来核对企业和银行的记账有无错误的,不能作为记账的依据。对于未达账项,无须进行账面调整,待结算凭证收到后再进行账务处理。

三、数字货币的核算

数字人民币是由中国人民银行发行的数字形式的法定货币,由指定运营机构参与运营并向公众兑换。数字人民币的概念有两个重点,一个重点是数字人民币是数字形式的法定货币;另一个重点是与纸钞和硬币等价,数字人民币主要定位于M0,也就是流通中的现钞和硬币。企业持有数字人民币的,可以增设"数字货币——人民币"科目进行核算,本科目期末借方余额,反映企业持有的数字货币余额。

四、其他货币资金的核算

其他货币资金是指企业除现金、银行存款、数字货币以外的其他各种货币资金,包括外埠存款、银行汇票存款、银行本票存款、信用卡存款、信用证保证金、存出投资款等。为了核算各种其他货币资金,企业应当设置"其他货币资金"总账科目,并按照外埠存款的开户银行,银行汇票或本票、信用证的收款单位,分别设置"外埠存款""银行汇票""银行本票""信用卡""信用证保证金""存出投资款"等进行明细核算。本科目期末借方余额,反映企业持有的其他货币资金余额。

(一)外埠存款

外埠存款是指企业到外地进行临时和零星采购时,汇往采购地银行开立采购专户存款的款项。企业将款项委托当地银行汇往采购地开立专户时,根据汇出款项凭证编制付款凭证,借记"其他货币资金——外埠存款"科目,贷记"银行存款"科目;企业收到采购人员交来的供货单位发票、账单等报销凭证时,据以编制转账凭证,借记"材料采购"或"原材料""库存商品""应交税费——应交增值税(进项税额)"等科目,贷记"其他货币资金——外埠存款"科目;外埠存款采购结束将多余资金转回时,根据银行的收账通知编制收款凭证,借记"银行存款"科目,贷记"其他货币资金——外埠存款"科目。

(二)银行汇票存款

银行汇票存款是指企业为取得银行汇票按照规定存入银行的款项。企业在填送"银行汇票申请书"并将款项交存银行,取得银行汇票后,根据银行签章退回的申请书存根联编制付款凭证,借记"其他货币资金——银行汇票"科目,贷记"银行存款"科目;企业使用银行汇票后,根据发票账单等有关凭证编制转账凭证,借记"材料采购"或"原材料""库存商品""应交税费——应交增值税(进项税额)"等科目,贷记"其他货币资金——银行汇票"科目;如有多余款或因汇票超过付款期限等原因而退回款项,企业应根据银行转来的银行汇票,借记"银行存款"科目,贷记"其他货币资金——银行汇票"科目。

(三)银行本票存款

银行本票存款是指企业为取得银行本票按照规定存入银行的款项。企业向银行提交"银行本票申请书"并将款项交给银行,取得银行签发的银行本票后,应根据银行签章退回的"银行本票申请书"存根联编制付款凭证,借记"其他货币资金——银行本票"科目,贷记"银行存款"科目;企业使用银行本票后,应根据发票账单等有关单据编制转账凭证,借记

"材料采购"或"原材料""库存商品""应交税费——应交增值税（进项税额）"等科目，贷记"其他货币资金——银行本票"科目。若本票因超过付款期等原因要求退款时，借记"银行存款"科目，贷记"其他货币资金——银行本票"科目。

（四）信用卡存款

信用卡存款是指企业为取得信用卡按照规定存入银行的款项。企业应按规定填制申请表，连同支票和有关资料一并送交发卡银行，根据银行盖章退回的进账单第一联，借记"其他货币资金——信用卡"科目，贷记"银行存款"科目；企业用信用卡购物或支付有关费用，借记有关科目，贷记"其他货币资金——信用卡"科目；企业信用卡在使用过程中，需要向其账户续存资金的，借记"其他货币资金——信用卡"科目，贷记"银行存款"科目。

（五）信用证保证金存款

信用证保证金存款是指企业为取得信用证按规定存入银行的保证金。企业向银行缴纳保证金，借记"其他货币资金——信用证保证金"科目，贷记"银行存款"科目；根据开证行交来的信用证通知书及有关单据列明的金额，借记"材料采购"或"原材料""库存商品""应交税费——应交增值税（进项税额）"等科目，贷记"其他货币资金——信用证保证金"科目；企业未用完的信用证保证金余额转回开户银行时，借记"银行存款"科目，贷记"其他货币资金——信用证存款"等科目。

（六）存出投资款

存出投资款是指企业已存入证券公司但尚未进行交易性投资的现金。企业向证券公司划出资金时，应按实际划出的金额，借记"其他货币资金——存出投资款"科目，贷记"银行存款"科目；购买股票、债券等时，按实际发生的金额，借记"交易性金融资产"科目，贷记"其他货币资金——存出投资款"科目。

企业应当加强对其他货币资金的管理，定期对其他货币资金进行检查，对于已经部分不能收回或者全部不能收回的其他货币资金，应当查明原因进行处理，有确凿证据表明无法收回的，应当根据企业管理权限报经批准后，借记"营业外支出"科目，贷记"其他货币资金"科目。

第二节　应收款项的核算

应收款项是指企业在日常生产经营过程中发生的各项债权，包括应收票据、应收账款、预付账款、应收股利、应收利息、其他应收款等。企业应严格将不同内容的应收款项分类加以核算，以正确反映、监督各种短期债权的发生及收回情况，保证企业这部分资产的安全完整，加速企业流动资金的周转。

一、应收票据的核算

应收票据是指企业因销售商品、产品，提供劳务等而收到的商业汇票，按其承兑人不同，分为商业承兑汇票和银行承兑汇票；按其是否计息可分为不带息商业汇票和带息商业汇票。不带息商业汇票是指票据到期时，承兑人只按票面金额（即面值）向收款人或被背书人支付款项的汇票，其票据到期值等于面值。带息商业汇票是指票据到期时，承兑人应按票面金额加上票面规定利息率计算的到期利息向收款人或被背书人支付款项的票据。带息票据的到期值等于其面值加上到期应计利息。

为了核算因销售商品、产品,提供劳务等而收到商业汇票,企业应设置"应收票据"总账科目,该科目属资产类账户,借方登记应收票据的票面金额,贷方登记背书转让或到期收回,或因未能收回票款而转作应收账款的应收票据票面金额,期末借方余额反映企业持有的应收票据的票面金额。企业应当按照开出承兑商业汇票的单位进行明细核算。同时应当设置"应收票据备查簿",逐笔登记每一商业汇票的种类、号数、出票日、票面金额、交易合同号和付款人、承兑人、背书人的姓名或单位名称、到期日、背书转让日、贴现日、贴现率和贴现净额以及收款日、收回金额、退票情况等资料,商业汇票到期结清票款或退票后,应当在备查簿内逐笔注销。

(一)收到票据的账务处理

企业因销售商品、产品,提供劳务等而收到开出、承兑的商业汇票,按商业汇票的票面金额,借记"应收票据"科目,按实现的营业收入,贷记"主营业务收入"等科目,按增值税专用发票上注明的增值税税额,贷记"应交税费——应交增值税(销项税额)"科目。

(二)票据贴现和背书转让的账务处理

1. 票据贴现

贴现是指企业以未到期票据向银行融通资金,银行按票据的应收金额扣除一定期间的利息后的余额付给企业的融资行为。

(1)票据贴现额的计算

$$贴现息 = 票据到期值 \times 贴现率 \times 贴现期$$

$$贴现额 = 票据到期值 - 贴现息$$

式中,贴现率由银行统一制定,贴现期按银行规定计算,通常是指从贴现日至票据到期日前1日的时期。

票据有带息与不带息之分,其到期值的计算及账务处理也有所不同。不带息票据到期值即票据面值,而带息票据到期值等于票据面值与票据利息之和,其中票据到期利息应按下列公式计算:

$$票据到期利息 = 应收票据面值 \times 票面利率 \times 时间$$

式中,票面利率有年、月、日利率之分。如需换算成月利率或日利率,每月统一按30天计算,全年按360天计算。三者之间的关系是:

$$月利率 = 年利率 \div 12$$

$$日利率 = 月利率 \div 30 \text{ 或 } 年利率 \div 360$$

时间是指从票据生效之日起到票据到期之日止的时间间隔。通常有以下两种表示方法:第一种以月表示,即按月计息。第二种以日表示,即按日计息。计算时以实际日历天数计算到期日及利息,到期日那天不计息,称为"算头不算尾"。

(2)票据贴现的账务处理

企业持未到期的不带息票据向银行贴现,应按实际收到的金额(即减去贴现息后的净额),借记"银行存款"科目,按贴现息部分,借记"财务费用"等科目,按商业汇票的票面金额,贷记"应收票据"科目(适用满足《企业会计准则第23号——金额资产转移》规定的金融资产终止确认条件的情形)或"短期借款"科目(适用不满足《企业会计准则第23号——金额资产转移》规定的金融资产终止确认条件的情形)。

贴现的商业承兑汇票到期,承兑人用银行存款支付票据款时,贴现企业借记"短期借款"科目,贷记"应收票据"科目。因承兑人拒付或银行存款账户余额不足支付,申请贴现的企业收到银行退回的商业承兑汇票时,贴现企业按商业承兑汇票的票面金额支付票据款,借记"短期借款"科目,贷记"银行存款"科目;同时将"应收票据"转为"应收账款"科目。如果企业的银行存款账户余额不足,企业应按商业汇票的票面金额,借记"应收账款"科目,贷记"应收票据"科目,银行作逾期贷款处理。

2. 票据背书转让

企业将持有的商业汇票背书转让以取得所需物资时,按应计入取得物资成本的金额,借记"材料采购"或"原材料""库存商品"等科目,按可抵扣的增值税税额,借记"应交税费——应交增值税(进项税额)"科目,按商业汇票的票面金额,贷记"应收票据"科目,如有差额,借记或贷记"银行存款"等科目。

(三)票据到期的账务处理

应收商业汇票到期,应分别以下情况处理:

(1)商业汇票到期,应按实际收到的金额,借记"银行存款"科目,按商业汇票的票面金额,贷记"应收票据"科目。

(2)因付款人无力支付票款,收到银行退回的商业承兑汇票、委托收款凭证、未付票款通知书或拒绝付款证明等,按票据的票面金额,借记"应收账款"科目,贷记"应收票据"科目。

二、应收账款的核算

(一)应收账款的范围

应收账款是企业因销售商品、产品,提供劳务等经营活动应收取的款项。应收账款的范围包括以下三方面:

(1)应收账款是企业因销售商品、产品,提供劳务等经营活动引起的债权。凡不是因销售商品或提供劳务等经营活动而发生的应收款项,不应列入应收账款。如应收职工欠款、应收债务人的利息、应收保险赔款、应收已宣告分配的现金股利、应收股东的认股款等,均不应列入应收账款。

(2)应收账款是指流动资产性质的债权,不包括长期性质的债权,如因销售商品、产品,提供劳务等,合同或协议价款的收取采用递延方式、实质上具有融资性质的,属于长期应收款。

(3)应收账款是企业应收客户的款项,不包括企业付出的各类存出保证金,如投标保证金和租入包装物保证金。

(二)应收账款的计价

应收账款通常是由企业赊销活动所引起的,因此,应收账款的确认时间与收入的确认标准密切相关,应收账款应于收入实现时确认。

应收账款的计价,是指应收账款入账金额的确认。通常情况下,应收账款应按买卖双方成交时的实际金额计价入账。但是在商业活动中由于存在商业折扣、现金折扣(具体内容详见第十五章"第一节　收入")、销货退回与折让等,使交换价格发生变动,从而影响应收账款价值的确定。

商业折扣,是指在商品交易时从价目单所列售价中扣减的一定数额。由于商业折扣在交易成立及实际付款之前予以扣除,因此,对应收账款和营业收入均不产生影响,会计记录只按商品定价扣除商业折扣后的净额入账。

(三)应收账款的账务处理

应收账款的核算是通过"应收账款"科目进行的,该科目属资产类科目,借方登记应收的金额,贷方登记企业收回的应收金额,期末借方余额,反映企业尚未收回的应收账款;期末如为贷方余额,反映企业预收的账款。预收货款不多的企业,为简便起见,也可不设"预收账款"科目,而将预收货款业务直接记入"应收账款"科目。"应收账款"科目应当按照债务人进行明细核算。

(1)企业发生应收账款时,按应收金额,借记"应收账款"科目,按实现的营业收入,贷记"主营业务收入"等科目,按增值税专用发票上注明的增值税税额,贷记"应交税费——应交增值税(销项税额)"科目。收回应收账款时,借记"银行存款"等科目,贷记"应收账款"科目。代购货单位垫付的包装费、运杂费,借记"应收账款"科目,贷记"银行存款"等科目。收回代垫费用时,借记"银行存款"科目,贷记"应收账款"科目。

(2)企业与债务人进行债务重组,应当分别债务重组的不同方式进行账务处理。具体内容见第十三章"第五节　债务重组的核算"。

三、预付账款的核算

预付账款是企业按照购货合同规定预付给供应单位的款项。

按照权责发生制原则,预付账款虽款项已经付出,但对方的义务尚未尽到,要求对方履行义务仍是企业的权利,因此,预付账款和应收账款一样,都是企业的短期债权。但是,两者又有所区别。应收账款是企业销货引起的,是应向购货方收取的款项;而预付账款是企业购货引起的,是预先付给供货方的款项。故二者应分别进行核算。

企业预付的款项,应在款项付出时,以预付金额入账。

企业发生的预付账款业务,通过"预付账款"科目核算。该科目属资产类科目,借方登记预付的款项,贷方登记收到预购的材料或商品价款,借方余额表示预付的货款,贷方余额表示应补付的货款。"预付账款"科目可按供货单位进行明细核算。

企业因购货而预付的款项,借记"预付账款"科目,贷记"银行存款"科目。收到所购物资时,按应计入购入物资成本的金额,借记"材料采购"或"原材料""库存商品"等科目,按可抵扣的增值税税额,借记"应交税费——应交增值税(进项税额)"科目,按应付金额,贷记"预付账款"科目。补付的款项,借记本科目,贷记"银行存款"科目;退回多付的款项,借记"银行存款"科目,贷记"预付账款"科目。

预付账款不多的企业,也可以不设"预付账款"科目,而将预付账款业务在"应付账款"科目核算。预付货款时,借记"应付账款"科目,贷记"银行存款"科目;收到材料或商品时,借记"材料采购""原材料""库存商品""应交税费——应交增值税(进项税额)"科目,贷记"应付账款"科目。但在编制会计报表时,仍然要根据相关明细科目将"预付账款"和"应付账款"的金额分别列报。

四、应收股利和应收利息的核算

(一)应收股利的账务处理

应收股利是企业应收取的现金股利和应收取其他单位分配的利润。企业应设置"应收股利"科目进行核算,该科目借方登记应收的股利,贷方登记实际收到的股利,期末借方余额反映企业尚未收回的现金股利或利润。该科目应按照被投资单位进行明细核算。

应收股利的主要账务处理:

(1)企业取得交易性金融资产时,按其公允价值,借记"交易性金融资产"科目;按发生的交易费用,借记"投资收益"科目;按支付的价款中所包含的、已宣告但尚未发放的现金股利,借记"应收股利"科目;按实际支付的金额,贷记"银行存款"等科目。

交易性金融资产持有期间被投资单位宣告发放的现金股利,应借记"应收股利"科目,贷记"投资收益"科目。

(2)取得长期股权投资时,按根据《企业会计准则第2号——长期股权投资》确定的长期股权投资的成本,借记"长期股权投资——成本"科目,按实际支付的价款中包含的已宣告但尚未发放的现金股利或利润,借记"应收股利"科目,贷记"银行存款"等科目。

被投资单位宣告发放现金股利或利润的,按应享有的份额,借记"应收股利"科目,按长期股权投资后续计量方法的不同,贷记"投资收益"(成本法)、"长期股权投资——损益调整"(权益法)科目。

(3)企业取得其他权益工具投资时,按其公允价值与交易费用之和,借记"其他权益工具投资"科目,按支付的价款中包含的、已宣告但尚未发放的现金股利,借记"应收股利"科目,按实际支付的金额,贷记"银行存款""应交税费"等科目。

其他权益工具投资持有期间被投资单位宣告发放现金股利,按应享有的份额,借记"应收股利"科目,贷记"投资收益"科目。

(二)应收利息的账务处理

应收利息是企业债权投资、其他债权投资、存放中央银行款项等应收取的利息。企业应设置"应收利息"科目进行核算,该科目借方登记应收的利息,贷方登记实际收到的利息,期末借方余额反映企业尚未收回的利息。该科目应按照借款人或被投资单位进行明细核算。

应收利息的主要账务处理:

(1)企业取得的交易性金融资产,按支付的价款中所包含的、已到付息期但尚未领取的利息,借记"应收利息"科目,按交易性金融资产的公允价值,借记"交易性金融资产——成本"科目,按发生的交易费用,借记"投资收益"科目,按实际支付的金额,贷记"银行存款"等科目。

(2)企业取得的债权投资,应按其公允价值(不含支付的价款中所包含的、已到付息期但尚未领取的利息)与交易费用之和,借记"债权投资——成本"科目,按已到付息期但尚未领取的利息,借记"应收利息"科目,贷记"银行存款""存放中央银行款项""应交税费"等科目,按其差额,借记或贷记"债权投资——利息调整"科目。

未发生减值的债权投资如为分期付息、一次还本债券投资,应于资产负债表日按票面利率计算确定的应收未收利息,借记"应收利息"科目,按债权投资期初摊余成本和实际利率计算确定的利息收入,贷记"投资收益"科目,按其差额,借记或贷记"债权投资——利息调整"科目。

未发生减值的债权投资如为一次还本付息债券投资,应于资产负债表日按票面利率计算确定的应收未收利息,借记"债权投资——应计利息"科目,按债权投资期初摊余成本和实际利率计算确定的利息收入,贷记"投资收益"科目,按其差额,借记或贷记"债权投资——利息调整"科目。

（3）未发生减值的其他债权投资如为分期付息、一次还本债券投资,应于资产负债表日按票面利率计算确定的应收利息,借记"应收利息"科目,按其他债权投资期初摊余成本和实际利率计算确定的利息收入,贷记"投资收益"科目,按其差额,借记或贷记"其他债权投资——利息调整"科目。

未发生减值的其他债权投资如为一次还本付息债券投资,应于资产负债表日按票面利率计算确定的应收未收利息,借记"其他债权投资——应计利息"科目,按其他债权投资期初摊余成本和实际利率计算确定的利息收入,贷记"投资收益"科目,按其差额,借记或贷记"其他债权投资——利息调整"科目。

（4）未发生减值贷款于资产负债表日按贷款的合同本金和合同约定的名义利率计算确定的应收未收利息,借记"应收利息"科目,按贷款的期初摊余成本和实际利率计算确定的利息收入,贷记"利息收入"科目,按其差额,借记或贷记"贷款——利息调整"科目。

（5）发生的其他应收利息,按合同约定的名义利率计算确定的应收未收利息,借记"应收利息"科目,贷记"利息收入"等科目。合同约定的名义利率与实际利率差异较大的,应采用实际利率计算确定利息收入。

（6）实际收到利息,借记"银行存款"等科目,贷记"应收利息"科目。

五、其他应收款的核算

其他应收款是企业除应收票据、应收账款和预付账款等经营活动以外的其他各种应收、暂付款项。其内容包括:①应收的各种赔款、罚款;②应收出租包装物的租金;③应向职工收取的各种垫付款项;④备用金(向企业各职能科室、车间等拨付的备用金);⑤存出的保证金,如租入包装物支付的押金;⑥其他各种应收、暂付款项。不包括企业拨出用于投资、购买物资的各种款项。

其他应收款应按实际发生额入账。

企业发生的各种其他应收款项目,应单独归类,以便会计信息的使用者把这些项目与由于日常经营活动而发生的应收账款识别清楚。为此,企业应设置"其他应收款"科目对其他应收款进行核算。该科目属资产类科目,借方登记发生的各种其他应收款,贷方登记企业收到的款项和结转情况,余额一般在借方,表示应收未收的其他应收款项;期末如为贷方余额,反映企业尚未支付的其他应付款。

企业应在"其他应收款"科目下,按债务人设置明细科目,进行明细核算。

六、应收款项减值的核算

（一）应收款项等金融资产发生减值的判断

应收账款等应收款项是企业拥有的金融资产。根据《企业会计准则第22号——金融工具确认和计量》的规定,企业应当在资产负债表日对以公允价值计量且其变动计入当期损益的金融资产以外的金融资产的账面价值进行检查,有客观证据表明该金融资产发生减值的,应当计提减值准备。

表明金融资产发生减值的客观证据,是指金融资产初始确认后实际发生的,对该金融资产的预计未来现金流量有影响,且企业能够对该影响进行可靠计量的事项。金融资产发生减值的客观证据,包括下列各项:

(1)发行方或债务人发生重大财务困难。
(2)债务人违反合同条款,如偿付利息或本金违约或逾期等。
(3)债权人出于与债务人财务困难有关的经济或合同考虑,给予债务人在任何其他情况下都不会做出的让步。
(4)债务人很可能破产或进行其他财务重组。
(5)因发行方或债务人发生重大财务困难,导致该金融资产的活跃市场消失。
(6)以大幅折扣购买或源生一项金融资产,该折扣反映了发生信用损失的事实。

应收款项等按摊余成本计量的金融资产发生减值时,应当将该金融资产的账面价值减记至预计未来现金流量(不包括尚未发生的未来信用损失)现值,减记的金额确认为信用减值损失,计入当期损益。

(二)应收款项减值的确定

企业应当按照应收款项整个存续期内预期信用损失的金额计量其损失准备。企业对应收款项进行减值测试,应根据本单位的实际情况分为单项金额重大和非重大的应收款项,分别进行减值测试,计算确定减值损失,计提坏账准备。应收款项的减值损失也称坏账损失。

对于单项金额重大的应收款项,应当单独进行减值测试,有客观证据表明其发生了减值的,应当根据其未来现金流量现值低于其账面价值的差额,确认减值损失,计提坏账准备。这种情况下,主要是要合理预计各项应收款项的未来现金流量,采用应收款项发生时的初始折现率计算未来现金流量的现值,进一步与该应收款项的账面价值比较,来确定是否发生减值损失。

对于单项金额非重大的应收款项以及单独测试后未发生减值的单项金额重大的应收款项,应当采用组合方式进行减值测试,分析判断是否发生减值。通常情况下,可以将这些应收款项按类似信用风险特征划分为若干组合,在此基础上计算确定减值损失,计提坏账准备。

(三)应收款项减值的账务处理

为了核算企业应收款项减值的情况,应设置"坏账准备"科目,该科目属资产类备抵账户,贷方登记按期估计的坏账准备金额,借方登记已确认为坏账损失应予转销的应收账款金额。余额通常在贷方,表示已经计提尚未转销的坏账准备金额,在期末资产负债表上列作各项应收款项的减项。

应收账款减值的有关账务处理的内容包括三个方面:一是期末按一定方法确定应收款项的减值损失,计提坏账准备的账务处理;二是实际发生坏账时的账务处理;三是已确认的坏账又收回的账务处理。

1. 计提坏账准备的账务处理

资产负债表日,企业根据《企业会计准则第 22 号——金融工具确认和计量》确定应收款项发生减值的,按应计提的坏账准备金额,借记"信用减值损失"科目,贷记"坏账准备"科目。本期应计提的坏账准备大于其账面余额的,应按其差额计提;应计提的金额小于其账面余额的差额作相反的会计分录。

坏账准备可按以下公式计算：

$$当期应提取的坏账准备 = 当期应收款项计算应提取坏账准备金额 - "坏账准备"科目贷方余额$$

当期应收款项计算应提取坏账准备金额大于"坏账准备"科目的贷方余额,应按其差额提取坏账准备;如果当期应收款项计算应提取坏账准备金额小于"坏账准备"科目的贷方余额,应按其差额冲减已计提的坏账准备;当期应收款项计算应提取坏账准备金额为0,应将"坏账准备"科目的余额全部冲回。

2. 发生坏账时的账务处理

对于确实无法收回的应收款项,按管理权限报经批准后作为坏账损失,转销应收款项,借记"坏账准备"科目,贷记"应收账款""预付账款""应收利息""其他应收款""长期应收款"等科目。

3. 收回坏账的账务处理

已确认并转销的应收款项以后又收回的,应按实际收回的金额,借记"应收账款""预付账款""应收利息""其他应收款""长期应收款"等科目,贷记"坏账准备"科目;同时,借记"银行存款"科目,贷记"应收账款""预付账款""应收利息""其他应收款""长期应收款"等科目。

已确认并转销的应收款项以后又收回的,企业也可以按照实际收回的金额,借记"银行存款"科目,贷记"坏账准备"科目。

第三节　以公允价值计量且其变动计入当期损益的金融资产的核算

一、金融资产及其分类

金融资产,是指企业持有的现金、其他方的权益工具以及符合下列条件之一的资产：

(1)从其他方收取现金或其他金融资产的合同权利。

(2)在潜在有利条件下,与其他方交换金融资产或金融负债的合同权利。

(3)将来须用或可用企业自身权益工具进行结算的非衍生工具合同,且企业根据该合同将收到可变数量的自身权益工具。

(4)将来须用或可用企业自身权益工具进行结算的衍生工具合同,但以固定数量的自身权益工具交换固定金额的现金或其他金融资产的衍生工具合同除外。其中,企业自身权益工具不包括应当按照《企业会计准则第37号——金融工具列报》分类为权益工具的可回售工具或发行方仅在清算时才有义务向另一方按比例交付其净资产的金融工具,也不包括本身就要求在未来收取或交付企业自身权益工具的合同。

企业应当根据其管理金融资产的业务模式和金融资产的合同现金流量特征,将金融资产划分为以下三类：

(1)以摊余成本计量的金融资产。

(2)以公允价值计量且其变动计入其他综合收益的金融资产。

(3)以公允价值计量且其变动计入当期损益的金融资产。

二、以公允价值计量且其变动计入当期损益的金融资产

根据《企业会计准则第22号——金融工具确认和计量》的规定，按照该准则第十七条分类为以摊余成本计量的金融资产和第十八条分类为以公允价值计量且其变动计入其他综合收益的金融资产之外的金融资产，企业应当将其分类为以公允价值计量且其变动计入当期损益的金融资产。

在初始确认时，企业可以将非交易性权益工具投资指定为以公允价值计量且其变动计入其他综合收益的金融资产，并按照该准则第六十五条规定确认股利收入。该指定一经做出，不得撤销。企业在非同一控制下的企业合并中确认的或有对价构成金融资产的，该金融资产应当分类为以公允价值计量且其变动计入当期损益的金融资产，不得指定为以公允价值计量且其变动计入其他综合收益的金融资产。

金融资产或金融负债满足下列条件之一的，表明企业持有该金融资产或承担该金融负债的目的是交易性的：

(1)取得相关金融资产或承担相关金融负债的目的，主要是为了近期出售或回购。

(2)相关金融资产或金融负债在初始确认时属于集中管理的可辨认金融工具组合的一部分，且有客观证据表明近期实际存在短期获利模式。

(3)相关金融资产或金融负债属于衍生工具。但符合财务担保合同定义的衍生工具以及被指定为有效套期工具的衍生工具除外。

在初始确认时，如果能够消除或显著减少会计错配，企业可以将金融资产指定为以公允价值计量且其变动计入当期损益的金融资产。该指定一经作出，不得撤销。

三、以公允价值计量且其变动计入当期损益的金融资产核算

为了总括地核算企业以公允价值计量且其变动计入当期损益的金融资产的增减变动及结存情况，应设置"交易性金融资产"科目，该科目属于资产类科目，其借方登记购入股票、债券、基金等以公允价值计量且其变动计入当期损益的金融资产时的初始入账金额；贷方登记企业出售以公允价值计量且其变动计入当期损益的金融资产转出的成本等；期末余额在借方，反映企业以公允价值计量且其变动计入当期损益的金融资产的公允价值。"交易性金融资产"科目应当按照以公允价值计量且其变动计入当期损益的金融资产的类别和品种，分"成本""公允价值变动"等明细科目进行明细核算。

(一)以公允价值计量且其变动计入当期损益的金融资产的取得

企业取得以公允价值计量且其变动计入当期损益的金融资产，应当按照取得时的公允价值作为初始确认金额，相关的交易费用在发生时计入当期损益。取得时所支付价款中包含的已宣告发放的现金股利或债券利息，应当作为应收款项，单独列示。

交易费用，是指可直接归属于购买、发行或者处置金融工具的增量费用。增量费用是指企业没有发生购买、发行或者处置相关金融工具的情形就不会发生的费用，包括支付给

代理机构、咨询公司、券商、证券交易所、政府有关部门等的手续费、佣金、相关税费以及其他必要支出,不包括债券溢价、折价、融资费用、内部管理成本和持有成本等与交易不直接相关的费用。

企业取得以公允价值计量且其变动计入当期损益的金融资产时,按其公允价值(不含支付的价款中所包含的、已到付息期但尚未领取的利息或已宣告但尚未发放的现金股利),借记"交易性金融资产——成本"科目,按发生的交易费用,借记"投资收益"科目,按已到付息期但尚未领取的利息或已宣告但尚未发放的现金股利,借记"应收利息"科目或"应收股利"科目,按实际支付的金额,贷记"银行存款"等科目。

【例8-1】 A企业2×22年3月5日以银行存款购入甲公司已宣告但尚未发放现金股利的股票100000股,作为以公允价值计量且其变动计入当期损益的金融资产,每股成交价19.6元,其中,0.4元为已宣告但尚未发放的现金股利,股权登记日为2×22年3月10日。另支付相关税费等交易费用8000元。A企业于2×22年4月10日收到甲公司发放的现金股利。该企业应作如下会计分录:

(1)3月5日购入股票时:

借:交易性金融资产——成本	1920000
投资收益	8000
应收股利	40000
贷:银行存款	1968000

(2)4月10日收到现金股利时:

借:银行存款	40000
贷:应收股利	40000

(二)以公允价值计量且其变动计入当期损益的金融资产持有期间取得的现金股利和利息

持有以公允价值计量且其变动计入当期损益的金融资产持有期间被投资单位宣告发放现金股利或在资产负债表日按债券票面利率计算利息时,借记"应收股利"科目或"应收利息"科目,贷记"投资收益"科目。

收到现金股利或债券利息时,借记"银行存款"科目,贷记"应收股利"科目或"应收利息"科目。

票面利率与实际利率差异较大的,应采用实际利率计算确定债券利息收入。

(三)以公允价值计量且其变动计入当期损益的金融资产的期末计量

资产负债表日,以公允价值计量且其变动计入当期损益的金融资产的公允价值高于其账面余额的差额,借记"交易性金融资产——公允价值变动"科目,贷记"公允价值变动损益"科目;公允价值低于其账面余额的差额,作相反的会计分录。

【例8-2】 长城公司以公允价值计量且其变动计入当期损益的金融资产采用公允价值进行期末计量。假设该公司2×22年6月30日拥有的以公允价值计量且其变动计入当期损益的金融资产的账面价值和公允价值的资料如表8-1所示。

表 8-1   2×22 年 6 月 30 日金融资产资料   单位：元

项 目	2×22 年 6 月 30 日		
	账面价值	公允价值	差额
交易性金融资产——债券			
甲企业债券	15100	13000	2100
乙企业债券	25000	21500	3500
丙企业债券	100350	101000	-650
小 计	140450	135500	4950
交易性金融资产——股票			
A 企业股票	60200	65000	-4800
B 企业股票	60100	54000	6100
小 计	120300	119000	1300
合 计	260750	254500	6250

根据表 8-1 的资料，长城公司应在 2×22 年 6 月 30 日作如下会计分录：

借：公允价值变动损益   6250
  贷：交易性金融资产——公允价值变动   6250

这样，长城公司 2×22 年 6 月 30 日资产负债表上"交易性金融资产"的金额应为 254500 元，反映企业以公允价值计量且其变动计入当期损益的金融资产的公允价值。

（四）以公允价值计量且其变动计入当期损益的金融资产的处置

企业处置以公允价值计量且其变动计入当期损益的金融资产时，将处置时的该金融资产的公允价值与账面余额之间的差额确认为投资收益。

企业出售以公允价值计量且其变动计入当期损益的金融资产时，应按实际收到的金额，借记"银行存款"等科目，按该项金融资产的成本，贷记"交易性金融资产——成本"科目，按该项金融资产的公允价值变动，贷记或借记"交易性金融资产——公允价值变动"科目，按其差额，贷记或借记"投资收益"科目。

【例 8-3】 承【例 8-2】，长城公司于 2×22 年 10 月 20 日将乙企业债券以 23000 元的价格全部出售（不考虑交易费用），2×22 年 12 月 31 日以公允价值计量且其变动计入当期损益的金融资产账面价值和公允价值资料如表 8-2 所示。

表 8-2   2×22 年 12 月 31 日金融资产资料   单位：元

项 目	2×22 年 12 月 31 日		
	账面价值	公允价值	差额
交易性金融资产——债券			
甲企业债券	13000	16100	-3100
丙企业债券	101000	101150	-150
小 计	114000	117250	-3250

续表

项　目	2×22年12月31日		
	账面价值	公允价值	差额
交易性金融资产——股票			
A企业股票	65000	65200	-200
B企业股票	54000	56900	-2900
小　计	119000	122100	-3100
合　计	233000	239350	-6350

根据表8-2的资料,长城公司应作如下会计分录:
(1)2×22年10月20日,乙企业债券全部出售时:
借:银行存款　　　　　　　　　　　　　　　　　　　　　　　23000
　　交易性金融资产——公允价值变动　　　　　　　　　　　　3500
　　贷:交易性金融资产——成本　　　　　　　　　　　　　　25000
　　　　投资收益　　　　　　　　　　　　　　　　　　　　　1500
(2)2×22年12月31日,期末计量时:
借:交易性金融资产——公允价值变动　　　　　　　　　　　　6350
　　贷:公允价值变动损益　　　　　　　　　　　　　　　　　6350

这样,长城公司2×22年12月31日资产负债表上"交易性金融资产"的金额为239350元。

第四节　外币交易的核算

一、外币交易的内容

(一)外币与外汇

外币有狭义和广义之分。狭义的外币是指本国货币以外的其他国家和地区的货币,包括各种纸币和铸币等。广义的外币是指所有以外国货币表示的,能够用于国际结算的支付手段,除了国外的纸币和铸币外,还包括企业所拥有的外国的有价证券、外币支付凭证、其他货币资金(如各种外币汇款、进出口贸易的外币性货款等)。从会计角度而言,外币就是指记账本位币以外的货币计量单位。

外汇是指以外币表示的用于国际结算的支付手段。外汇概念和外币概念是有区别的。作为外汇必须是:①以外币表示的资产;②在国外能得到偿付的债权;③可以兑换成其他支付手段的外币资产。不能自由兑换成其他国货币的外币不能称为外汇。但在会计上识别外币的标志是看其是否为记账本位币以外的货币。

(二)外币交易的内容

外币交易,是指以外币计价或者结算的交易。外币交易包括:

(1)买入或者卖出以外币计价的商品或者劳务。
(2)借入或者借出外币资金。
(3)其他以外币计价或者结算的交易,如外币兑换业务,即一种货币兑换为另一种货币的业务;投入外币资本业务,即投资人以外币作为资本投入企业的业务;等等。

二、外币交易的会计处理

(一)外币交易的记账方法

企业外币交易记账方法的选择,与企业记账本位币的确定有密切关系。外币交易记账方法有两种:一种是外币统账制,另一种是外币分账制。企业可根据实际情况选择。

1. 外币统账制

外币统账制也称为"记账本位币制",是以记账本位币作为统一记账金额的记账方法。在这种记账方法下,所有外币的收支,都应折算为记账本位币进行反映,外币金额只在账上作为补充资料进行反映。我国企业一般应以人民币作为记账本位币,所以,在外币统账制下,当企业发生外币交易业务时,一般按人民币统一设账,统一记录,外币交易的金额均要换算为人民币金额后入账反映,同时要设立不同外币种类的二级辅助账户,反映外币资金和外币债权、债务的增减情况。

外币统账制适用于涉及外币种类较少,而且外币收支业务不多的企业。本节主要介绍企业选择外币统账制所进行的外币交易核算。

2. 外币分账制

外币分账制又称原币记账制或分别记账制。在这种方法下,企业的记账本位币业务和外币交易业务均应分别设立账户反映,即有几种币种入账,就应设立几套账户。在发生外币交易业务时,以原币记账,而不立即折算为记账本位币记账。如果发生两种货币之间的兑换业务,应通过单独设置的"外币兑换"账户作为两种账户之间的桥梁来进行会计处理,分别与原币的对应账户构成借贷关系。到会计期末,再按一定汇率将各种外币账户的余额换算成记账本位币编制财务报表。各种外币的"外币兑换"账户期末余额按期末即期汇率折算成记账本位币金额,与记账本位币的"外币兑换"账户金额之间的差额,作为汇兑损益处理。

外币分账制适用于涉及外币种类较多,而且外币收支较大的企业,如商业银行等。

采用分账制记账方法,只是账务处理方法不同,但其产生的汇兑差额的确认、计量的结果和列报,应当与统账制处理结果一致。

(二)汇率

1. 买入汇率、卖出汇率与中间汇率

汇率又称"汇价",指两种货币之间的比价,也就是一种货币兑换成另一种货币的比率。我国外汇汇率由中国人民银行公布市场汇价,即基准汇价,各外汇指定银行以此为依据,在中国人民银行规定的浮动范围内自行挂牌,对客户买卖外汇。

汇率从银行买卖外汇的角度可分为买入汇率、卖出汇率和中间汇率。买入汇率是指银行向客户买入外币时所采用的汇率,亦称"买入价"。卖出汇率是指银行向客户出售外币时所采用的汇率,亦称"卖出价"。中间汇率是指银行买入汇率与卖出汇率的简单算术平均数。

我国企业外币交易会计主要采用现行汇率制度。外币交易应当在初始确认时,采用交易发生日的即期汇率将外币金额折算为记账本位币金额;也可以采用按照系统合理的方法确定的,与交易发生日即期汇率近似的汇率折算。

2. 汇率标价方法

汇率的标价方法有两种:一种是直接标价法;另一种是间接标价法。在直接标价法下,外币数量固定,称为"基准货币",本币数量变动,称为"报价货币",表明单位外国货币可以兑换成多少本国货币。间接标价法与之相反,本币是"基准货币",外币是"报价货币",表明单位本国货币可以兑换成多少外国货币。

(三)外币交易的账务处理

1. 外币交易核算的基本程序

首先,应设置外币账户。企业应设置的外币账户主要包括外币现金、外币银行存款等货币资金账户,以及应收账款、应收票据、预付账款、短期借款、长期借款、应付账款、应付票据、应付职工薪酬、应付股利、预收账款等债权债务外币账户。在外币交易核算中涉及的账户如原材料、固定资产、实收资本等,属于非外币账户。企业应在涉及外币交易的账户中按外币种类分别设置明细账户,详细反映外币账款的收付结存情况。不允许开立现汇账户的企业,可以设置外币现金和外币银行存款以外的其他外币账户。

其次,企业对于发生的外币交易,应当在初始确认时选定折算汇率,即记账汇率。记账汇率一般采用交易发生日的即期汇率将外币金额折算为记账本位币金额;当汇率变动不大时,为简化核算,也可以采用按照系统合理的方法确定的,与交易发生日即期汇率近似的汇率折算。

即期汇率通常是指当日中国人民银行公布的人民币外汇牌价的中间价。企业发生的外币兑换业务或涉及外币兑换的交易事项,应当以交易实际采用的汇率,即银行买入价或卖出价折算。即期汇率的近似汇率是按照系统合理的方法确定的,与交易发生日即期汇率近似的汇率,通常是指当期平均汇率或加权平均汇率等。记账汇率的确定是重要的会计政策,企业一旦选定,前后各期应保持一致,不得随意变动。

最后,对于汇兑差额的会计处理,企业应在资产负债表日,按照下列规定分别对外币货币性项目和外币非货币性项目进行处理。

(1)外币货币性项目

货币性项目是指企业持有的货币资金和将以固定或可确定的金额收取的资产或者偿付的负债。货币性项目分为货币性资产和货币性负债。货币性资产包括现金、银行存款、应收账款、其他应收款、长期应收款等;货币性负债包括短期借款、应付账款、其他应付款、长期借款、应付债券、长期应付款等。对于外币货币性项目,应当采用资产负债表日的即期汇率折算,因汇率波动而产生的汇兑差额作为财务费用,计入当期损益,同时调增或调减外币货币性项目的记账本位币金额;需要计提减值准备的,应当按资产负债表日的即期汇率折算后,再计提减值准备。

(2)外币非货币性项目

非货币性项目,是货币性项目以外的项目,包括存货、长期股权投资、固定资产、无形资产、实收资本、资本公积、其他综合收益等。外币预收账款和预付账款均不满足货币性项目的定义,也属于以历史成本计量的外币非货币性项目。

对于以历史成本计量的外币非货币性项目,除其外币价值发生变动外,已在交易发生日按当日即期汇率折算,资产负债表日不应改变其原记账本位币金额,不产生汇兑差额。

对于交易性金融资产等外币非货币性项目,其公允价值变动计入当期损益的,相应的汇率变动的影响也应当计入当期损益,但是以公允价值计量且其变动计入其他综合收益的外币非货币性金融资产形成的汇兑差额,与其公允价值变动应当一并计入其他综合收益。

【例8-4】 境内甲公司的记账本位币为人民币。2×22年12月2日以30000港元购入乙公司H股10000股作为短期投资,当日汇率为1港元=0.91元人民币,款项已付。2×22年12月31日,由于市价变动,当月购入的乙公司H股变为35000港元,当日1港元=0.89元人民币。

2×22年12月2日,该公司应对上述交易应作以下处理:

借:交易性金融资产　　　　　　　　　27300(30000×0.91)
　　贷:银行存款(港元户)　　　　　　　27300(30000×0.91)

由于该项短期股票投资是从境外市场购入、以外币计价,在资产负债表日,不仅应考虑其市价的变动,还应一并考虑汇率变动的影响,上述交易性金融资产以资产负债表日的人民币31150元(即35000×0.89)入账,与原账面价值27300元(即30000×0.91)的差额为3850元人民币,计入公允价值变动损益。相应的会计分录为:

借:交易性金融资产　　　　　　　　　　　　　　　　　3850
　　贷:公允价值变动损益　　　　　　　　　　　　　　　3850

3850元人民币包含甲公司所购H股公允价值变动以及人民币与港币之间汇率变动的双重影响。

2. 外币兑换业务

外币兑换业务,包括企业把外币卖给银行,向银行结汇、购汇以及用一种外币向银行兑换成另一种外币等。

(1)企业把外币卖给银行

企业把持有的外币卖给银行,银行按买入价将人民币兑付给企业。企业按实得人民币金额借记"银行存款(人民币户)"科目,按实际兑出的外币额与按企业选定的折算汇率折算的人民币金额贷记"银行存款(外币户)"科目,因银行买入价与折算汇率不一致而产生的汇兑损益,记入"财务费用"科目。

(2)向银行购汇

企业向银行购入外汇时,银行按卖出价向企业收取人民币。企业实际支付的人民币金额与按企业选定的折算汇率折合的人民币之间的差额记入"财务费用"科目。

3. 借入或借出外币资金业务

企业借入外币资金时,按照借入外币时的选定的折算汇率折算为记账本位币入账,同时按照借入外币的金额登记相关的外币账户。

4. 买入或者卖出以外币计价的商品或者劳务

企业发生买入或者卖出以外币计价的商品或者劳务时,应按企业选定的折算汇率将外币金额折合为记账本位币入账。期末(月末,或季末、年末)对所有外币货币性项目账户余额按期末即期汇率进行调整,调整后的差额记入"财务费用"科目。

【例8-5】 某企业外币交易核算采用当月月初的即期汇率作为即期汇率的近似汇率,并作为当月外币交易业务的折算汇率,按月计算汇兑损益。2×22年10月1日的即期汇率为1美元=7.10元人民币。2×22年9月30日的即期汇率为1美元=7.10元人民币,各外币账户2×22年9月30日的期末余额如表8-3所示。

表8-3　　　　　　　　　　　　　期末余额

外币账户	外币余额(美元)	折算汇率	记账本位币金额(人民币元)
银行存款	100000	7.10	710000
应收账款——甲企业	10000	7.10	71000
应付账款——A企业	10000	7.10	71000
短期借款	15000	7.10	106500

该企业10月外币收支业务如下:
(1)5日,收回甲企业货款8000美元。
(2)8日,支付A企业货款5000美元。
(3)20日,归还短期借款10000美元。
(4)23日,出售甲企业产品一批,货款25000美元,货已发出,货款尚未收到。
根据上述业务资料,该企业应作如下会计分录(不考虑增值税等相关税金):
(1)借:银行存款(美元户)　　　　　　　　56800(8000×7.10)
　　　贷:应收账款——甲企业(美元户)　　56800(8000×7.10)
(2)借:应付账款——A企业(美元户)　　　35500(5000×7.10)
　　　贷:银行存款(美元户)　　　　　　　35500(5000×7.10)
(3)借:短期借款(美元户)　　　　　　　　71000(10000×7.10)
　　　贷:银行存款(美元户)　　　　　　　71000(10000×7.10)
(4)借:应收账款——甲企业(美元户)　　177500(25000×7.10)
　　　贷:主营业务收入　　　　　　　　　177500(25000×7.10)

若2×22年10月31日的即期汇率为1美元=7.18元人民币,则该企业调整各外币账户余额如表8-4至表8-7所示。

表8-4　　　　　　　　　　银行存款(美元户)

摘　要	美　元	汇　率	人民币元
期初余额(借)	100000	7.10	710000
借方发生额	8000	7.10	56800
贷方发生额	15000	7.10	106500
期末余额	93000		660300
期末调整	93000	7.18	667740
汇兑损益			7440(借)

表8-5　　　　　　　　　应收账款——甲企业(美元户)

摘　要	美　元	汇　率	人民币元
期初余额(借)	10000	7.10	71000
借方发生额	25000	7.10	177500
贷方发生额	8000	7.10	56800
期末余额	27000		191700
期末调整	27000	7.18	193860
汇兑损益			2160(借)

表8-6　　　　　　　　　应付账款——A企业(美元户)

摘　要	美　元	汇　率	人民币元
期初余额(贷)	10000	7.10	71000
贷方发生额	0	7.10	0
借方发生额	5000	7.10	35500
期末余额	5000		35500
期末调整	5000	7.18	35900
汇兑损益			400(贷)

表8-7　　　　　　　　　　短期借款(美元户)

摘　要	美　元	汇　率	人民币元
期初余额(贷)	15000	7.10	106500
贷方发生额	0	7.10	0
借方发生额	10000	7.10	71000
期末余额	5000		35500
期末调整	5000	7.18	35900
汇兑损益			400(贷)

根据对上述各外币账户的调整结果编制如下调整会计分录：

借:银行存款(美元)	7440
应收账款——甲企业(美元户)	2160
贷:应付账款——A企业(美元户)	400
短期借款(美元户)	400
财务费用	8800

5. 外币投入资本

外币投入资本属于外币非货币性项目,企业收到投资者以外币投入的资本,应当采用交易日即期汇率折算,不得采用合同约定汇率和即期汇率的近似汇率折算,外币投入资本与相应的货币性项目的记账本位币金额相等,不产生外币资本折算差额。

第九章 流动资产(二)

第一节 存货的确认和计量

一、存货的概念和确认条件

(一)存货的概念

存货是指企业在日常活动中持有以备出售的产成品或商品、处在生产过程中的在产品、在生产或提供劳务过程中耗用的材料和物料等。

具体来讲,存货包括各类原材料、在产品、半成品、产成品、商品、周转材料以及委托代销商品等。

(1)原材料,指企业在生产过程中经加工改变其形态或性质并构成产品主要实体的各种原料及主要材料、辅助材料、外购半成品(外购件)、修理用备件(备品备件)、包装材料、燃料等。

(2)在产品,指企业正在制造尚未完工的产品,包括正在各个生产工序加工的产品和已加工完毕但尚未检验或已检验但尚未办理入库手续的产品。

(3)半成品,指经过一定生产过程并已检验合格交付半成品仓库保管,但尚未制造完工成为产成品,仍需进一步加工的中间产品,但不包括从一个生产车间转给另一个生产车间继续加工的自制半成品以及不能单独计算成本的自制半成品,这类自制半成品属于在产品。

(4)产成品,指制造企业已经完成全部生产过程并验收入库,可以按照合同规定的条件送交订货单位,或者可以作为商品对外销售的产品。企业接受外来原材料加工制造的代制品和为外单位加工修理的代修品,制造和修理完成验收入库后,应视同企业的产成品。

(5)商品,指企业外购或委托加工完成验收入库用于销售的各种商品。

(6)周转材料,指企业能够多次使用,但不符合固定资产定义的材料,如包装物和低值易耗品,以及企业(建筑承包商)的钢模板、木模板、脚手架和其他周转使用的材料等。符合固定资产定义和确认条件的,应当作为固定资产核算。

(7)委托代销商品,指企业委托其他单位代销的商品。

需要注意的是,为建造固定资产等各项工程而储备的各种材料,虽然同属于材料,但是由于用于建造固定资产等各项工程,并不符合存货的定义,因此不能作为企业的存货进行核算。

(二)存货的确认条件

存货同时满足以下两个条件的,才能予以确认:①与该存货有关的经济利益很可能流入企业;②该存货的成本能够可靠地计量。

实务中,存货范围的确认,通常应以企业对存货是否具有法定所有权为依据,凡在盘存日,法定所有权属于企业的所有一切物品,不论其存放地点,都应视为企业的存货。即所有在库、在耗、在用、在途的存货均确认为企业的存货;反之,凡是法定所有权不属于企业的物品,即使存放于企业,也不应确认为企业的存货。对于代销商品,在售出前,所有权属于委托方,因此,代销商品应作为委托方的存货处理。

二、存货的计量

(一)初始计量

存货应当按照成本进行初始计量。这里的"成本"是指存货取得时的实际成本,也称历史成本。存货成本包括采购成本、加工成本和其他成本。不同存货的成本构成内容不同:原材料、商品、周转材料等通过购买而取得的存货的成本由采购成本构成;产成品、在产品、半成品、委托加工物资等通过进一步加工而取得的存货的成本由采购成本、加工成本以及使存货达到目前场所和状态所发生的其他成本构成。

1. 存货的采购成本,包括购买价款、相关税费、运输费、装卸费、保险费以及其他可归属于存货采购成本的费用。

企业(商品流通企业)在采购商品过程中发生的运输费、装卸费、保险费以及其他可归属于存货采购成本的费用等进货费用,应当计入存货采购成本。在实务中,企业也可以将进货费用先进行归集,期末根据所购商品的存销情况进行分摊,对于已售商品的进货费用,计入当期损益;对于未售商品的进货费用,计入期末存货成本。商品流通企业采购商品的进货费用金额较小的,可以在发生时直接计入当期损益。

2. 存货的加工成本,包括直接人工以及按照一定方法分配的制造费用。

制造费用是指企业为生产产品和提供劳务而发生的各项间接费用。企业应当根据制造费用的性质,合理地选择制造费用分配方法。

在同一生产过程中,同时生产两种或两种以上的产品,并且每种产品的加工成本不能直接区分的,其加工成本应当按照合理的方法在各种产品之间进行分配。

3. 存货的其他成本是指除采购成本、加工成本以外的,使存货达到目前场所和状态所发生的其他支出,如为特定客户设计产品所发生的设计费用等。

对某些特殊存货项目,如需要经过相当长时间的生产活动才能够达到可销售状态的存货,占用借款而发生的借款费用,应按《企业会计准则第 17 号——借款费用》的有关规定予以处理。

根据《企业会计准则第 1 号——存货》的规定,企业发生的下列费用应当在发生时确认为当期损益,不计入存货成本:

1. 非正常消耗的直接材料、直接人工和制造费用。
2. 仓储费用(不包括在生产过程中为达到下一个生产阶段所必需的费用)。
3. 不能归属于使存货达到目前场所和状态的其他支出。

通过特定方式取得的存货,其初始计量方法如下:

1. 投资者投入存货的成本,应当按照投资合同或协议约定的价值确定。在投资合同或协议约定价值不公允的情况下,按照该项存货的公允价值作为其入账价值。
2. 企业接受的债务人以非现金资产抵偿债务方式取得的存货的成本,应根据《企业会计准则第 12 号——债务重组》的要求确定。具体内容详见第十三章"第五节 债务重组的核算"。

3. 以非货币性资产交换换入存货的成本,应根据《企业会计准则第7号——非货币性资产交换》的要求确定。

非货币性资产交换,是指企业主要以固定资产、无形资产、投资性房地产和长期股权投资等非货币性资产进行的交换。该交换不涉及或只涉及少量的货币性资产(即补价)。

货币性资产,是指企业持有的货币资金和收取固定或可确定金额的货币资金的权利。

非货币性资产,是指货币性资产以外的资产。

(1)非货币性资产交换同时满足下列条件的,应当以公允价值为基础计量:①该项交换具有商业实质;②换入资产或换出资产的公允价值能够可靠地计量。

换入资产和换出资产的公允价值均能够可靠计量的,应当以换出资产的公允价值为基础计量,但有确凿证据表明换入资产的公允价值更加可靠的除外。

满足下列条件之一的非货币性资产交换,视为有商业实质:

①换入资产的未来现金流量在风险、时间分布或金额方面与换出资产显著不同。

②使用换入资产所产生的预计未来现金流量现值与继续使用换出资产所产生的预计未来现金流量现值不同,且其差额与换入资产和换出资产的公允价值相比是重大的。

以公允价值为基础计量的非货币性资产交换,对于换入资产,应当以换出资产的公允价值和应支付的相关税费作为换入资产的成本进行初始计量;对于换出资产,应当在终止确认时,将换出资产的公允价值与其账面价值之间的差额计入当期损益。

有确凿证据表明换入资产的公允价值更加可靠的,对于换入资产,应当以换入资产的公允价值和应支付的相关税费作为换入资产的初始计量金额;对于换出资产,应当在终止确认时,将换入资产的公允价值与换出资产账面价值之间的差额计入当期损益。

以公允价值为基础计量的非货币性资产交换,涉及补价的,应当按照下列规定进行处理:

①支付补价的,以换出资产的公允价值,加上支付补价的公允价值和应支付的相关税费,作为换入资产的成本,换出资产的公允价值与其账面价值之间的差额计入当期损益。

有确凿证据表明换入资产的公允价值更加可靠的,以换入资产的公允价值和应支付的相关税费作为换入资产的初始计量金额,换入资产的公允价值减去支付补价的公允价值,与换出资产账面价值之间的差额计入当期损益。

②收到补价的,以换出资产的公允价值,减去收到补价的公允价值,加上应支付的相关税费,作为换入资产的成本,换出资产的公允价值与其账面价值之间的差额计入当期损益。

有确凿证据表明换入资产的公允价值更加可靠的,以换入资产的公允价值和应支付的相关税费作为换入资产的初始计量金额,换入资产的公允价值加上收到补价的公允价值,与换出资产账面价值之间的差额计入当期损益。

以公允价值为基础计量的非货币性资产交换,同时换入或换出多项资产的,应当按照下列规定进行处理:

①对于同时换入的多项资产,按照换入的金融资产以外的各项换入资产公允价值相对比例,将换出资产公允价值总额(涉及补价的,加上支付补价的公允价值或减去收到补价的公允价值)扣除换入金融资产公允价值后的净额进行分摊,以分摊至各项换入资产的金额,加上应支付的相关税费,作为各项换入资产的成本进行初始计量。

有确凿证据表明换入资产的公允价值更加可靠的,以各项换入资产的公允价值和应支付的相关税费作为各项换入资产的初始计量金额。

②对于同时换出的多项资产,将各项换出资产的公允价值与其账面价值之间的差额,在各项换出资产终止确认时计入当期损益。

有确凿证据表明换入资产的公允价值更加可靠的,按照各项换出资产的公允价值的相对比例,将换入资产的公允价值总额(涉及补价的,减去支付补价的公允价值或加上收到补价的公允价值)分摊至各项换出资产,分摊额与各项换出资产账面价值之间的差额,在各项换出资产终止确认时计入当期损益。

(2)不满足上述第(1)条规定条件的非货币性资产交换,应当以账面价值为基础计量。对于换入资产,企业应当以换出资产的账面价值和应支付的相关税费作为换入资产的初始计量金额;对于换出资产,终止确认时不确认损益。

以账面价值为基础计量的非货币性资产交换,涉及补价的,应当按照下列规定进行处理:

①支付补价的,以换出资产的账面价值,加上支付补价的账面价值和应支付的相关税费,作为换入资产的初始计量金额,不确认损益。

②收到补价的,以换出资产的账面价值,减去收到补价的公允价值,加上应支付的相关税费,作为换入资产的初始计量金额,不确认损益。

以账面价值为基础计量的非货币性资产交换,同时换入或换出多项资产的,应当按照下列规定进行处理:

①对于同时换入的多项资产,按照各项换入资产的公允价值的相对比例,将换出资产的账面价值总额(涉及补价的,加上支付补价的账面价值或减去收到补价的公允价值)分摊至各项换入资产,加上应支付的相关税费,作为各项换入资产的初始计量金额。换入资产的公允价值不能够可靠计量的,可以按照各项换入资产的原账面价值的相对比例或其他合理的比例对换出资产的账面价值进行分摊。

②对于同时换出的多项资产,各项换出资产终止确认时均不确认损益。

4. 企业以存货换取客户的非货币性资产的,适用《企业会计准则第14号——收入》。企业为履行合同而发生的成本构成存货的,应当按照《企业会计准则第14号——收入》的规定确定。

5. 企业在合并过程中取得的存货的成本,应当按照《企业会计准则第20号——企业合并》的规定确定。

6. 企业提供劳务的,所发生的从事劳务提供人员的直接人工和其他直接费用以及可归属的间接费用,计入存货成本。

(二)后续计量

存货的后续计量是指发出存货成本的确定。由于各种存货是分次购入或分批生产形成的,同一项目的存货的单价或单位成本往往不同,要确定发出存货的成本,就要选择一定的计价方法。《企业会计准则第1号——存货》规定的计价方法有先进先出法、加权平均法、个别计价法等。加权平均法又分为月末一次加权平均法和移动加权平均法。

在选用具体计价方法时需要注意,对于性质和用途相似的存货,应当采用相同的成本计算方法确定发出存货的成本;对于不能替代使用的存货、为特定项目专门购入或制造的存货以及提供的劳务,通常采用个别计价法确定发出存货的成本。

1. 先进先出法

先进先出法是假定"先入库的存货先发出",并根据这种假定的成本流转次序确定发出存货成本的一种方法。

2. 月末一次加权平均法

月末一次加权平均法是在材料等存货按实际成本进行明细分类核算时,以本月各批进货数量和月初存货数量为权数计算材料等存货的平均单位成本的一种方法。即以本月全部进货数量和月初存货数量之和,去除本月全部进货成本和月初存货成本总和,来确定加权平均单位成本,从而计算出本月发出存货及月末存货的成本。计算公式为:

$$存货的加权平均单位成本 = \frac{月初库存存货的实际成本 + \sum(本月各批进货的实际单位成本 \times 本月各批进货的数量)}{月初库存存货数量 + \sum 本月各批进货数量}$$

本月发出存货的成本 = 本月发出存货的数量 × 存货的加权平均单位成本

本月月末库存存货的成本 = 月末库存存货的数量 × 存货的加权平均单位成本

3. 移动加权平均法

移动加权平均法是指在每次收货以后,立即根据库存存货数量和总成本,计算出新的平均单位成本的一种计算方法。计算公式为:

$$存货的移动平均单位成本 = \frac{本次进货之前库存存货的实际成本 + 本次进货的实际成本}{本次进货之前库存存货数量 + 本次进货的数量}$$

发出存货的成本 = 本次发出存货的数量 × 本次发货前的移动平均单位成本

月末库存存货的成本 = 月末库存存货的数量 × 月末存货的移动平均单位成本

4. 个别计价法

个别计价法是指对库存和发出的每一特定存货或每一批特定存货的个别成本或每批成本加以认定的一种方法。采用个别计价法,一般需要具备两个条件:一是存货项目必须是可以辨别认定的;二是必须有详细的记录,据以了解每一个别存货或每批存货项目的具体情况。

在制造业,个别计价法主要适用于为某一特定的项目专门购入或制造并单独存放的存货。这种方法不能用于可替代使用的存货,如果用于可替代使用的存货,则可能导致企业任意选用较高或较低的单位成本进行计价,来调整当期的利润。

5. 其他核算发出存货成本的方法

在实务中,为了管理的需要,企业通常还采用毛利率法、零售价法、计划成本法等来核算发出存货的成本。

(1)毛利率法是根据本期销售净额乘以前期实际(或本月计划)毛利率匡算本期销售毛利,并计算发出存货成本的一种方法。本方法常见于商品流通企业。计算公式为:

销售净额 = 商品销售收入 − 销售退回与折让

$$销售毛利 = 销售净额 \times 毛利率$$

$$销售成本 = 销售净额 - 销售毛利 = 销售净额 \times (1 - 毛利率)$$

$$期末存货成本 = 期初存货成本 + 本期购货成本 - 本期销售成本$$

(2)零售价法是指用成本占零售价的百分比计算期末存货成本的一种方法。该方法主要适用于商业零售企业。其计算步骤和计算公式如下:

①期初存货和本期购货同时按成本和零售价记录,以便计算可供销售的存货成本和售价总额;

②本期销货只按售价记录,从本期可供销售的存货售价总额中减去本期销售的售价总额,计算出期末存货的售价总额;

③计算存货成本占零售价的百分比,即成本率,公式为:

$$成本率 = \frac{期初存货成本 + 本期购货成本}{期初存货售价 + 本期购货售价} \times 100\%$$

④计算期末存货成本,公式为:

$$期末存货成本 = 期末存货售价总额 \times 成本率$$

⑤计算本期销售成本,公式为:

$$本期销售成本 = 期初存货成本 + 本期购货成本 - 期末存货成本$$

在我国的会计实务中,商品零售企业广泛采用售价金额计价法。实际上,售价金额计价法并不是一种单独的存货计价方法,而是零售价法的一种账务处理方式。这种方法是通过设置"商品进销差价"科目进行处理的,平时商品存货的进、销、存均按售价记账,售价与进价的差额记入"商品进销差价"科目,期末通过计算进销差价率的办法计算本期已销商品应分摊的进销差价,并据以调整本期销售成本。进销差价率的计算公式如下:

$$进销差价率 = \frac{期初库存商品进销差价 + 当期发生的商品进销差价}{期初库存商品售价 + 当期发生的商品售价} \times 100\%$$

$$= 1 - 销售成本率$$

$$本期已销售商品应分摊的进销差价 = 本期商品销售收入 \times 进销差价率$$

$$本期销售商品的实际成本 = 本期商品销售收入 - 本期已销售商品应分摊的进销差价$$

上述"当期发生的商品进销差价"包括当期购进、委托加工收回、销售退回等原因发生的库存商品的进销差价。上述"当期发生的商品售价"包括当期购进商品的售价、销售退回商品的售价等。

委托代销商品可用上月的差价率计算应分摊的进销差价;企业的差价率各月之间比较均衡的,也可以采用上月的差价率计算分摊本月已销商品应负担的进销差价。企业无论是采用当月的差价率还是采用上月的差价率计算并分摊进销差价,均应在年度终了,对商品的进销差价进行一次核实调整。企业一般应按商品类别或实物负责人计算确定商品的差价率。

商品进销差价率还可以按下列公式计算：

$$进销差价率 = \frac{月末分摊前"商品进销差价"科目余额}{"库存商品"科目月末余额 + 委托代销商品科目月末余额 + 发出商品科目月末余额 + 本月"主营业务收入"科目贷方发生额} \times 100\%$$

式中所称"主营业务收入"，是指采用售价进行商品日常核算的销售商品所取得的收入。

期末编制资产负债表时，存货项目中的商品存货部分，应根据"库存商品"科目的期末余额扣除"商品进销差价"科目的期末余额（即实际成本）列示。

（3）计划成本法是指存货的收入、发出和结余均按预先制定的计划成本计价，同时另设"材料成本差异"科目，登记、分摊、按期结转实际成本与计划成本的差额，期末将发出和结存存货的成本调整为实际成本的一种计价方法。

发出存货应负担的成本差异，必须按月分摊，不得在季末或年末一次计算。发出存货应负担的成本差异，除委托外部加工发出存货可以按月初成本差异率计算外，都应使用当月的实际成本差异率；如果月初的成本差异率与本月成本差异率相差不大，也可按月初的成本差异率计算。计算方法一经确定，不得随意变更。以材料为例，计算公式如下：

$$本月材料成本差异率 = \frac{月初结存材料成本差异 + 本月收入材料成本差异总额}{月初结存材料计划成本 + 本月收入材料计划成本总额} \times 100\%$$

$$月初材料成本差异率 = \frac{月初结存材料的成本差异}{月初结存材料的计划成本} \times 100\%$$

$$本月发出材料应负担成本差异额 = 发出材料的计划成本 \times 材料成本差异率$$

本月收入存货的计划成本中不包括暂估入账的存货的计划成本。

企业应按照存货的类别或品种，如原材料、包装物、低值易耗品等，对材料成本差异进行明细核算，不能使用一个综合差异率来分摊发出存货和库存存货应负担的材料成本差异。

计划成本法一般适用于存货品种繁多、收发频繁的企业。

选择正确的存货计价方法，对于真实地反映存货的价值是非常重要的。只有正确计算购入和发出存货的价值，才能准确地计算生产成本、销售成本、所得税和净损益。存货计价的方法不同，对企业财务状况、经营损益、所得税均有影响。对存货日常核算采用何种方法，由企业根据实际情况自行决定，但计价方法一经选定，不得随意变更，以保证前后各期一致。

（三）期末计量

企业的存货应当在期末（即资产负债表日）按成本与可变现净值孰低计量，对可变现净值低于存货成本的差额，计提存货跌价准备，计入当期损益。即期末存货的计量方法采用成本与可变现净值孰低法。

成本与可变现净值孰低法，是指对期末存货按照成本与可变现净值两者之中较低者计量的方法。即当成本低于可变现净值时，期末存货按成本计量；当可变现净值低于成本时，期末存货按可变现净值计量。

成本与可变现净值孰低法中的"成本",是指期末存货的实际成本(即历史成本);如企业在存货成本的日常核算中采用计划成本法、售价金额核算法等简化核算方法,则"成本"为经调整后的实际成本。可变现净值是指在日常活动中,以存货的估计售价减去至完工时估计将要发生的成本、估计的销售费用以及相关税费后的金额,并不是指存货的现行售价。

由上述可知,可变现净值是指存货的预计未来净现金流量而不是存货的售价或合同价。企业预计的销售存货现金流量,并不完全等于存货的可变现净值。存货在销售过程中可能发生的销售费用和相关税费以及为达到预定可销售状态还可能发生的加工成本等相关支出,构成现金流入的抵减项目。企业预计的销售存货现金流量扣除这些抵减项目后,才能确定存货的可变现净值。

"成本与可变现净值孰低法"的理论基础主要是使存货符合资产的定义。当存货的可变现净值下跌至成本以下时,由此所形成的损失已不符合资产的定义,因而应将这部分损失从资产价值中扣除,计入当期损益。否则,当存货的可变现净值低于其成本价值时,如果仍然以其历史成本计价,就会出现虚计资产的现象,导致会计信息的失真。因此,成本与可变现净值孰低法是谨慎性原则在存货会计上的具体运用,是对历史成本原则的修正。

不同存货可变现净值的构成不同:

(1)产成品、商品和用于出售的材料等直接用于出售的商品存货,在正常生产经营过程中,应当以该存货的估计售价减去估计的销售费用和相关税费后的金额,确定其可变现净值。

(2)需要经过加工的材料存货,在正常生产经营过程中,应当以所生产的产成品的估计售价减去至完工时估计将要发生的成本、估计的销售费用和相关税费后的金额,确定其可变现净值。

企业在确定存货的可变现净值时,应当以取得的确凿证据为基础,并且考虑持有存货的目的、资产负债表日后事项的影响等因素。

"确凿证据"是指对确定存货的可变现净值和成本有直接影响的客观证明,如产成品或商品的市场销售价格、与产成品或商品相同或类似商品的市场销售价格、销货方提供的有关资料和生产成本资料等;存货的采购成本、加工成本和其他成本以及其他方式取得的存货成本,应当以外来原始凭证、生产成本账簿记录等作为确凿证据。

企业持有存货的目的不同,确定存货可变现净值的计算方法也不同,如用于出售的存货和用于继续加工的存货,其可变现净值的计算就不相同。企业持有存货的目的,通常可以分为:①持有以备出售,如商品、产成品,其中又分为有合同约定的存货和没有合同约定的存货;②将在生产过程或提供劳务过程中耗用,如材料等。企业在确定存货的可变现净值时,应当以资产负债表日取得最可靠的证据估计的售价为基础并考虑持有存货的目的,资产负债表日至财务报告批准报出日之间存货售价发生波动的,如有确凿证据表明其对资产负债表日存货已经存在的情况提供了新的或进一步的证据,应当作为调整事项进行处理;否则,作为非调整事项处理。

对于企业持有的各类存货,在确定其可变现净值时,应区别以下情况确定其估计售价:

(1)为执行销售合同或者劳务合同而持有的存货,通常应当以产成品或商品的合同价格作为其可变现净值的计算基础;如果持有存货的数量多于销售合同订购数量的,超出部分的存货的可变现净值应当以一般销售价格为计算基础;如果企业销售合同所规定的标的物还没有生产出来,但持有专门用于该标的物生产的原材料,其可变现净值也应当以合同价格作为计算基础。

(2)没有销售合同约定的存货(不包括用于出售的材料),其可变现净值应当以产成品或商品一般销售价格(即市场销售价格)作为计算基础。

(3)用于出售的材料等,应当以市场价格作为其可变现净值的计算基础。这里的市场价格是指材料等的市场销售价格。如果用于出售的材料存在销售合同约定,应按合同价格作为其可变现净值的计算基础。

另外,在期末,对于用于生产而持有的材料等,如果用其生产的产成品的可变现净值预计高于产成品的成本,则该材料应当按照其成本计量;如果材料价格的下降表明产成品的可变现净值低于产成品的成本,则该材料应当按其可变现净值计量,按其差额计提存货跌价准备。

企业应当定期或者至少每年年度终了对存货进行全面清查,如由于存货遭受毁损、全部或部分陈旧过时或销售价格低于成本等原因,使存货成本高于可变现净值的,应按可变现净值低于成本的差额,计提存货跌价准备;如果以前减记存货价值的影响因素已经消失,则减记的金额应当予以恢复,并在原已计提的存货跌价准备的金额内转回,以此减少计提的存货跌价准备。在资产负债表中,存货项目按照减去存货跌价准备的净额反映。

当存在下列情况之一时,表明存货的可变现净值低于成本,应计提存货跌价准备:①该存货的市价持续下跌,并且在可预见的未来无回升的希望;②企业使用该项原材料生产的产品的成本大于产品的销售价格;③企业因产品更新换代,原有库存原材料已不适应新产品的需要,而该原材料的市场价格又低于其账面成本;④因企业所提供的商品或劳务过时或消费者偏好改变而使市场的需求发生变化,导致市场价格逐渐下跌;⑤其他足以证明该项存货实质上已经发生减值的情形。

存在下列情形之一的,表明存货的可变现净值为零:①已霉烂变质的存货;②已过期且无转让价值的存货;③生产中已不再需要,并且已无使用价值和转让价值的存货;④其他足以证明已无使用价值和转让价值的存货。

存货跌价准备通常应当按单个存货项目计提。在某些情况下,比如:①与在同一地区生产和销售的产品系列相关、具有相同或类似最终用途或目的,且难以与其他项目分开计量的存货,可以合并计提存货跌价准备;②对于数量繁多、单价较低的存货,可以按存货类别计提存货跌价准备。即企业按成本与可变现净值孰低法对存货进行期末计量时,有三种不同的计算方法可供选择,如表9-1所示。

表9-1　　　　　　　　　成本与可变现净值孰低法的三种计算方法

方　　法	定　　义
单项比较法	也称逐项比较法或个别比较法,指对库存的每一种存货的成本与可变现净值逐项进行比较,每项存货均取较低数确定期末的存货成本
分类比较法	也称类比法,指按存货类别的成本与可变现净值进行比较,每类存货取其较低数确定存货的期末成本

续表

方法	定义
综合比较法	也称总额比较法,指按全部存货的总成本与可变现净值总额相比较,以较低数作为期末全部存货的成本

【例 9-1】 企业有甲、乙两大类 A、B、C、D 四种存货,各种存货分别按三种计算方式确定期末存货的成本,如表 9-2 所示。

表 9-2　　　　　　　　期末存货成本与可变现净值比较　　　　　　　　单位:元

项 目	成 本	可变现净值	单项比较法	分类比较法	总额比较法
甲类存货	10000	9600		9600	
A 存货	4000	3200	3200		
B 存货	6000	6400	6000		
乙类存货	20000	20800		20000	
C 存货	8000	9200	8000		
D 存货	12000	11600	11600		
总计	30000	30400	28800	29600	30000

由表 9-2 可知,单项比较法确定的期末存货成本最低,为 28800 元;分类比较法次之,为 29600 元;总额比较法最高,为 30000 元。相应地,计提的存货跌价准备分别为 1200 元、400 元、0。

【例 9-2】 假定甲公司 2×22 年 12 月 31 日库存 W 型机器 12 台,成本(不含增值税)为 360 万元,单位成本为 30 万元。该批 W 型机器全部销售给乙公司。与乙公司签订的销售合同约定,2×23 年 1 月 20 日,甲公司应按每台 30 万元的价格(不含增值税)向乙公司提供 W 型机器 12 台。

甲公司销售部门提供的资料表明,向长期客户——乙公司销售的 W 型机器的平均运杂费等销售费用为 0.12 万元/台;向其他客户销售 W 型机器的平均运杂费等销售费用为 0.1 万元/台。

2×22 年 12 月 31 日,W 型机器的市场销售价格为 32 万元/台。

在该例中,能够证明 W 型机器的可变现净值的确凿证据是甲公司与乙公司签订的有关 W 型机器的销售合同、市场销售价格资料、账簿记录和甲公司销售部门提供的有关销售费用的资料等。根据该销售合同规定,库存的 12 台 W 型机器的销售价格全部由销售合同约定。

在这种情况下,W 型机器的可变现净值应以销售合同约定的价格 30 万元/台为基础确定。据此,W 型机器的可变现净值 = 30×12 - 0.12×12 = 358.56(万元),

低于W型机器的成本(360万元),应按其差额1.44万元计提存货跌价准备(假定以前未对W型机器计提存货跌价准备)。如果W型机器的成本为350万元,则无须计提存货跌价准备。

因存货价值回升而转回的存货跌价准备,按上述同一原则确定当期应转回的金额。

企业应设置"存货跌价准备"科目核算实际计提的存货跌价准备,贷方登记期末实际计提的存货跌价准备,借方登记冲减或结转的存货跌价准备,期末贷方余额反映企业累计已计提但尚未转销的存货跌价准备。该科目可按存货项目或类别设置明细账进行明细核算。

具体做法是:每一会计期末,比较成本与可变现净值计算出应计提的存货跌价准备,然后与"存货跌价准备"科目的余额进行比较,若应提数大于已提数,应予补提;反之,应冲减部分已提数(必须在原已计提的存货跌价准备金额内冲减)。提取和补提存货跌价准备时,借记"资产减值损失"科目,贷记"存货跌价准备"科目;已计提跌价准备的存货价值以后得以恢复的,应在原已计提的存货跌价准备金额内,按恢复增加的金额,借记"存货跌价准备"科目,贷记"资产减值损失"科目。

已计提跌价准备的存货中已经销售的部分、用于债务重组和非货币性资产交换等方式转出的部分,应在结转成本的同时,结转其已计提的跌价准备,借记"存货跌价准备"科目,贷记"主营业务成本"等科目。

【例9-3】 华丰公司自2×19年起采用"成本与可变现净值孰低法"对期末某类存货进行计价,并运用分类比较法计提存货跌价准备。假设公司2×19—2×22年末该类存货的账面成本均为200000元。

(1)假设2×19年末该类存货的预计可变现净值为180000元,则应计提的存货跌价准备为20000元。会计分录为:

借:资产减值损失　　　　　　　　　　　　　20000
　　贷:存货跌价准备　　　　　　　　　　　　　20000

(2)假设2×20年末该类存货的预计可变现净值为170000元,则应补提的存货跌价准备为10000元。会计分录为:

借:资产减值损失　　　　　　　　　　　　　10000
　　贷:存货跌价准备　　　　　　　　　　　　　10000

(3)假设2×21年11月30日,因存货用于对外销售而转出已提跌价准备5000元。会计分录为:

借:存货跌价准备　　　　　　　　　　　　　5000
　　贷:主营业务成本　　　　　　　　　　　　　5000

(4)假设2×21年末该类存货的可变现净值有所恢复,预计可变现净值为194000元,则应冲减已计提的存货跌价准备为:30000-5000-6000=19000(元)。会计分录为:

借:存货跌价准备　　　　　　　　　　　　　19000
　　贷:资产减值损失　　　　　　　　　　　　　19000

(5)假设2×22年末该类存货的可变现净值进一步恢复,预计可变现净值为

205000元,则应冲减已计提的存货跌价准备6000元(以已经计提的跌价准备为限)。会计分录为:

  借:存货跌价准备   6000
    贷:资产减值损失   6000

  企业应当合理地计提存货跌价准备,如有确凿证据表明企业不恰当地运用了谨慎性原则计提跌价准备的,应当作为重大会计差错予以更正,并在财务报表附注中说明事项的性质、调整金额,以及对企业财务状况、经营成果的影响。

第二节 原材料的核算

一、原材料的核算

  企业原材料的日常核算,可以采用计划成本,也可以采用实际成本。具体采用哪一种方法,由企业根据具体情况自行决定。

  原材料品种繁多、收发频繁的企业,一般可以采用计划成本进行日常核算,对于某些品种不多,但占产品成本比重较大的原料或主要材料,也可以单独采用实际成本进行核算。规模较小,原材料品种简单,采购业务不多的企业,一般采用实际成本进行日常核算。

  采用计划成本进行原材料日常核算的企业,原材料计划成本所包括的内容应与其实际成本相一致,并应当尽可能地接近实际。计划成本除有特殊情况应当及时调整外,在年度内一般不作变动。

  企业应设置"原材料"科目核算库存的各种材料的实际成本或计划成本。借方登记外购、自制、委托加工完成、投资者投入、盘盈等原因增加的原材料实际成本或计划成本;贷方登记领用、发出加工、对外销售以及盘亏、毁损等原因减少的原材料实际成本或计划成本;期末借方余额反映企业库存材料的实际成本或计划成本。

  企业对外进行来料加工装配业务而收到的原材料、零件等,应单独设置备查簿进行登记;委托外单位加工的材料、商品的加工成本,直接在"委托加工物资"科目核算;企业购入的在建工程所需要的材料、机器设备等,在"工程物资"科目核算。

  "原材料"科目应按材料的保管地点(仓库)、材料的类别、品种和规格设置材料明细账(或材料卡片)进行明细核算。材料明细账根据收料凭证和发料凭证逐笔登记。一个企业至少应有一套有数量和金额的材料明细账。这套明细账可以由财务会计部门登记,也可以由材料仓库的管理人员登记。在后一种情况下,财务会计部门对仓库登记的材料明细账,必须定期稽核,以保证记录正确无误。

二、按实际成本计价的原材料核算

(一)在途原材料的核算

  企业应设置"在途物资"科目,核算企业购入的、货款已付但尚未到达或尚未验收入库的各种原材料的采购成本。借方登记支付或承付的材料价款和运杂费等;贷方登记已经付款或已开出承兑商业汇票并已验收入库的材料的采购成本,应向供应单位、运输单位收回的材料物资短缺或其他应增减采购成本的索赔款项,需要报经批准或尚待查明原因处理的途中短缺和毁损,以及由于意外事故造成的非常损失;期末借方余额反映企业已付款或已开出承兑商业汇票但尚未到达或尚未验收入库的在途材料的采购成本。该科目应按供应单位设置的明细账进行明细核算。

企业购入的原材料,在支付货款和运杂费或开出承兑商业汇票时尚未到达或尚未验收入库的,按准予抵扣的增值税税额和消费税税额,借记"应交税费——应交增值税(进项税额)""应交税费——应交消费税"科目;按实际支付金额或应付的款项与准予抵扣的增值税税额和消费税税额的差额,借记"在途物资"科目;按实际支付金额或应付的款项,贷记"银行存款""应付票据"等科目。由企业运输部门以自备运输工具,将外购的原材料运回企业,计算购入原材料应分担的运输费用时,借记"在途物资"科目,贷记"生产成本"等科目。

需要注意的是,企业根据合同规定预付给供应单位的购货定金或部分货款,应作为预付购货款在"预付账款"科目核算,不应将预付的账款作为材料价款在"在途物资"科目核算。只有在收到购货发票和账单后,才能根据发票账单所列金额据以记入"在途物资"科目,同时结转预付的购货款。

(二)原材料的收发核算

1. 企业购入的已验收入库的原材料,分下列情况处理:

(1)发票账单已到,并已支付款项的,借记"原材料""应交税费——应交增值税(进项税额)"科目,贷记"在途物资""预付账款"等科目。

(2)发票账单与原材料同时到达,物资验收入库,但尚未支付货款和运杂费,或尚未开出承兑商业汇票的,借记"原材料""应交税费——应交增值税(进项税额)"等科目,贷记"应付账款"等科目。

(3)发票账单与原材料同时到达,物资验收入库,同时支付货款和运杂费,或开出承兑商业汇票的,借记"原材料""应交税费——应交增值税(进项税额)"等科目,贷记"银行存款""应付票据"等科目。

(4)尚未收到发票账单的,按暂估价值入账,借记"原材料"等科目,贷记"应付账款——暂估应付账款"科目;下月初作相反的会计记录,予以冲回,以便下月付款或开出承兑商业汇票后,按正常程序处理。

2. 自制或委托外单位加工完成的并已验收入库的原材料,按实际成本,借记"原材料""应交税费——应交增值税(进项税额)"科目,贷记"生产成本"科目或"委托加工物资"科目。

3. 投资者投入的原材料,按确定的实际成本,借记"原材料"科目,按增值税专用发票上注明的税额,借记"应交税费——应交增值税(进项税额)"科目,按其在注册资本中所占有的份额,贷记"实收资本"或"股本"等科目,按其差额,贷记"资本公积"科目。

4. 企业接受的债务人以非现金资产抵偿债务方式取得的原材料,或以应收债权换入的原材料,按放弃债权的公允价值以及使该资产达到当前位置和状态所发生的可直接归属于该资产的税金、运输费、装卸费、保险费等其他成本,借记"原材料"科目[其中:可抵扣的增值税进项税额,借记"应交税费——应交增值税(进项税额)"科目];按应收债权已计提的坏账准备,借记"坏账准备"科目;按应收债权的账面余额,贷记"应收账款"等科目;按应支付的相关税金、运输费、装卸费、保险费等其他成本,贷记"银行存款""应交税费"等科目;按放弃债权的公允价值与账面价值之间的差额,借记或贷记"投资收益"科目。

【例9-4】 甲企业(系增值税一般纳税人)因销售商品应收乙企业的账款余额为80000元,已计提坏账准备5000元。2×22年11月30日,甲企业同意乙企业以一批实物(甲企业作为原材料管理和核算)清偿该项债务,当日该债权的公允价值为70000元。该批实物适用的增值税税率为13%,计税价格为60000元,并取得增值税专用发票一张。交换过程中甲企业以银行存款支付其他可直接归属于该资产的运输费、装卸费等3000元。

甲企业应作如下会计分录:

借:原材料　　　　　　　　　　　　　　　　　　　65200
　　应交税费——应交增值税(进项税额)　　　　　　7800
　　坏账准备　　　　　　　　　　　　　　　　　　5000
　　投资收益　　　　　　　　　　　　　　　　　　5000
　贷:银行存款　　　　　　　　　　　　　　　　　　3000
　　应收账款　　　　　　　　　　　　　　　　　　80000

5. 企业以非货币性资产交换换入的原材料,按确定的实际成本,借记"原材料"科目,按可抵扣的增值税进项税额,借记"应交税费——应交增值税(进项税额)"科目,按收到或支付的补价,借记或贷记"银行存款"等科目,按应支付的相关税费,贷记"银行存款"等科目,按换出资产的不同类型,分别贷记有关科目。

【例9-5】 2×22年12月1日,甲公司以其生产的产品A向乙公司换入原材料B,产品A的成本为36万元(未计提存货跌价准备),不含税售价为50万元。换入的原材料B的不含税售价为50万元。甲公司支付运杂费5000元。甲、乙双方均为增值税一般纳税人,适用增值税税率为13%。假设交换过程不涉及其他税费,甲、乙双方均取得对方开具的增值税专用发票。

甲公司的账务处理如下:
(1) 换出产品A的增值税销项税额 = 50 × 13% = 6.5(万元)
(2) 换入原材料B的增值税进项税额 = 50 × 13% = 6.5(万元)
(3) 换入原材料B的入账价值 = 50 + 0.5 = 50.5(万元)
(4) 会计分录如下:

借:原材料——B　　　　　　　　　　　　　　　　505000
　　应交税费——应交增值税(进项税额)　　　　　65000
　贷:主营业务收入　　　　　　　　　　　　　　　500000
　　应交税费——应交增值税(销项税额)　　　　　65000
　　银行存款　　　　　　　　　　　　　　　　　　5000
借:主营业务成本　　　　　　　　　　　　　　　　360000
　贷:库存商品　　　　　　　　　　　　　　　　　360000

注意:若甲、乙双方交换的资产的不含税售价(即公允价值)均不能可靠计量,则甲公司换入原材料B的入账价值＝36＋0.5＝36.5(万元)。

6. 企业生产经营领用原材料,按实际成本,借记"生产成本(基本生产成本、辅助生产成本)""制造费用""销售费用""管理费用"等科目,贷记"原材料"科目;企业发出委托外单位加工的原材料,按实际成本,借记"委托加工物资"科目,贷记"原材料"科目;集体福利部门领用的原材料,按实际成本加上不予抵扣的增值税税额等,借记"应付职工薪酬"等科目,按实际成本,贷记"原材料"科目,按不予抵扣的增值税税额,贷记"应交税费——应交增值税(进项税额转出)"等科目。

采用实际成本进行材料日常核算的企业,发出原材料的实际成本,可以采用先进先出法、加权平均法、个别计价法等方法计算确定。对不同的原材料可以采用不同的计价方法。材料计价方法一经确定,不得随意变更。如需变更,应在附注中予以说明。

7. 出售原材料,按已收或应收的价款,借记"银行存款"科目或"应收账款"等科目,按实现的营业收入,贷记"其他业务收入"科目,按应缴的增值税税额,贷记"应交税费——应交增值税(销项税额)"科目;月度终了,按出售原材料的实际成本,借记"其他业务成本"科目,贷记"原材料"科目,同时按已计提的存货跌价准备,借记"存货跌价准备"科目,贷记"其他业务成本"科目。

8. 将原材料用于非货币性资产交换、抵偿债务,按发出原材料的实际成本借记"其他业务成本"科目,贷记"原材料"科目;结转已计提的存货跌价准备,借记"存货跌价准备"科目,贷记"其他业务成本"科目。

9. 原材料盘亏、毁损的核算参见本章"第四节　存货清查的核算"。

注意:在进行原材料收入的核算时,如原材料属于已税消费品且所含消费税税额按规定准予抵扣的,应将这部分消费税税额从实际成本中分离出来,记入"应交税费——应交消费税"科目的借方,同样这类原材料用于除"连续生产应税消费品"外的项目时,原按规定准予抵扣的消费税税额应转入对应项目的成本,借记有关科目,贷记"应交税费——应交消费税"科目。

(三)原材料采购过程中的短缺和毁损的处理

采购材料在途中发生短缺和毁损,应根据造成短缺和毁损的原因分别处理,不能全部计入外购材料的采购成本。

1. 定额内合理的途中损耗,计入材料的采购成本。

2. 能确定由供应单位、运输单位、保险公司或其他过失人赔偿的,应向有关单位或责任人索赔,自"在途物资"科目转入"应付账款"科目或"其他应收款"科目。

3. 凡尚待查明原因和需要报经批准才能转销处理的损失,应将其损失从"在途物资"科目转入"待处理财产损溢"科目,查明原因后再分别处理:①属于应由供货单位、运输单位、保险公司或其他过失人负责赔偿的,将其损失从"待处理财产损溢"科目转入"应付账款"科目或"其他应收款"科目;②属于自然灾害造成的损失,应按扣除残料价值和保险公司赔偿后的净损失,从"待处理财产损溢"科目转入"营业外支出——非常损失"科目;③属于无法收回的其他损失,报经批准后,将其从"待处理财产损溢"科目转入"管理费用"科目。

4. 在上述2和3两种情况下,短缺和毁损的材料所负担的增值税税额和准予抵扣的消费税税额应自"应交税费——应交增值税(进项税额)""应交税费——应交消费税"科目随同"在途物资"科目转入相对应科目。

三、按计划成本计价的原材料核算

(一)成本差异的确定

原材料成本差异是指相同数量的原材料的实际成本与计划成本的差额。实际成本大于计划成本的差异为超支额,反之,为节约额。材料成本差异必须根据规定的方法计算出分配率,按月进行分配,不得任意多摊、少摊或不摊。

(二)科目设置及账务处理

按计划成本进行原材料的收发核算,除设置"原材料"科目外,还应设置"材料采购"和"材料成本差异"科目。

1."材料采购"科目,用来核算企业采用计划成本进行材料(包括包装物、低值易耗品)日常核算而购入材料的采购成本,借方登记支付或承付的材料实际采购成本;贷方登记转出的已经付款或已开出承兑商业汇票并已验收入库的材料的实际采购成本,应向供应单位、运输单位收回的材料物资短缺或其他应增减采购成本的索赔款项,需要报经批准或尚待查明原因处理的途中短缺和毁损,以及由于意外事故造成的非常损失;期末借方余额反映企业已收到发票账单但尚未到达或尚未验收入库的在途材料的采购成本。该科目应按供应单位和物资品种设置明细账,进行明细核算。采用计划成本核算的原材料采购业务,不管结算方式如何,一律通过"材料采购"科目核算。

企业购入原材料收到发票账单时,按应计入材料采购成本的金额,借记"材料采购"科目,按可抵扣的增值税税额,借记"应交税费——应交增值税(进项税额)"科目,按实际支付或应付的款项,贷记"银行存款""库存现金""其他货币资金""应付账款""应付票据""预付账款"等科目。

2."材料成本差异"科目,用来核算企业材料(包括包装物、低值易耗品)的实际成本与计划成本之间的差异,借方登记材料实际成本大于计划成本的差异(超支额)和结转的材料的实际成本小于计划成本的差异,以及调整库存材料计划成本时调整减少的计划成本;贷方登记材料实际成本小于计划成本的差异(节约额)和结转的各种材料的成本差异,以及调整库存材料计划成本时调整增加的计划成本;期末借方余额反映企业库存材料的实际成本大于计划成本的差异,贷方余额反映企业库存材料的实际成本小于计划成本的差异。该科目应当分别"原材料""周转材料"等科目进行明细核算,并分别计算成本差异率。

企业根据具体情况,可以单独设置"材料成本差异"科目,也可以在"原材料""周转材料"等科目下设置"成本差异"明细科目进行核算。

(三)原材料的收发核算

1. 购入并已验收入库的原材料,月末,根据仓库转来的外购收料凭证(包括本月付款或开出承兑商业汇票的上月收料凭证),按计划成本,借记"原材料"科目,按实际成本,贷记"材料采购"科目,按计划成本与实际成本的差异,借记或贷记"材料成本差异"科目。

月末,对于尚未收到发票账单的收料凭证,应按计划成本暂估入账,借记"原材料"科目,贷记"应付账款——暂估应付账款"科目,下月初作相反分录予以冲回。下月收到发票账单时,借记"材料采购"科目和"应交税费——应交增值税(进项税额)"科目,贷记"银行存款""应付票据"等科目。并在下月末一并转入"原材料"科目。

2. 自制或委托外单位加工完成的并已验收入库的原材料,按计划成本,借记"原材料"科目,按实际成本,贷记"生产成本"科目或"委托加工物资"科目,按计划成本与实际成本的差异,借记或贷记"材料成本差异"科目。

3. 以其他方式增加的原材料,在原材料验收入库时,按计划成本,借记"原材料"科目,按不同方式下确定的原材料的实际成本,贷记有关科目,按计划成本与实际成本的差异,借记或贷记"材料成本差异"科目。

4. 原材料发出。日常领用、发出原材料均按计划成本记账,月度终了,按照发出各种原材料的计划成本,计算应负担的成本差异,借记有关科目,贷记"材料成本差异"科目(实际成本小于计划成本的差异作相反的会计分录)。材料成本差异应按发出材料的不同去向进行分配,记入相应会计科目:①产品生产、辅助生产等领用的材料应分摊的成本差异,应转入"生产成本——基本生产成本""生产成本——辅助生产成本""制造费用"科目;②企业行政管理部门领用的材料应分摊的成本差异,转入"管理费用"科目;③对外销售材料应分摊的成本差异,应转入"其他业务成本"科目;④发出委托加工材料应分摊的成本差异,转入"委托加工物资"科目;⑤基建工程等部门领用的材料应分摊的成本差异,转入"在建工程"科目;⑥销售机构领用的材料应分摊的成本差异,转入"销售费用"科目。另外,盘亏、毁损材料应分摊的材料成本差异,应转入"待处理财产损溢"科目。

材料成本差异的结转,一般在月份终了时进行,不得在季末或年末一次计算。

5. 入库材料的计划成本应当尽可能接近实际成本。除特殊情况外,计划成本在年度内不得随意变更。企业调整材料计划成本时,调整的金额应自"原材料"等科目转入"材料成本差异"科目:调整减少计划成本的金额,记入"材料成本差异"科目的借方;调整增加计划成本的金额,记入"材料成本差异"科目的贷方。

第三节　其他存货的核算

一、委托加工物资的核算

与材料的销售不同,企业发出委托外单位加工的物资,只是改变了物资的存放地点,仍属于企业存货的范畴。为了核算委托加工物资的实际成本,企业应设置"委托加工物资"科目。借方核算发出加工物资的实际成本,以及支付的加工费和往返运杂费、保险费;贷方核算加工完成验收入库的物资的实际成本,以及退回剩余材料的实际成本;期末借方余额反映企业委托外单位加工尚未完成物资的实际成本(包括原发出的材料价值,已发生的加工费和运杂费等)。

"委托加工物资"科目应按加工合同、受托加工单位,以及加工物资的品种等设置明细科目,并进行明细核算。

1. 发给外单位加工的物资,按实际成本,借记"委托加工物资"科目,贷记"原材料""库存商品"等科目;按计划成本(或售价)核算的企业,还应当同时结转成本差异或商品进销差价,借记"委托加工物资"科目,贷记"材料成本差异"科目或"商品进销差价"等科目;实际成本小于计划成本的差异,作相反的会计分录。

企业支付加工费用、应承担的运杂费等,借记"委托加工物资""应交税费——应交增值税(进项税额)"等科目,贷记"银行存款"等科目;需要缴纳消费税的委托加工物资,其由受托方代收代缴的消费税,分以下情况处理:

(1)收回后以不高于受托方的计税价格出售的,以及用于非消费税项目的,应将受托方代收代缴的消费税计入委托加工物资成本,借记"委托加工物资"科目,贷记"应付账款""银行存款"等科目;委托方以高于受托方的计税价格出售的,需按照规定申报缴纳消费税,在计税时准予扣除受托方已代收代缴的消费税,借记"应交税费——应交消费税"科目,贷记"应付账款""银行存款"等科目。

(2)收回后用于连续生产、按规定准予抵扣的,按受托方代收代缴的消费税,借记"应交税费——应交消费税"科目,贷记"应付账款""银行存款"等科目。

2. 加工完成验收入库的物资和剩余的物资,按加工收回物资的实际成本和剩余物资的实际成本,借记"原材料""库存商品"等科目(采用计划成本或售价核算的企业,按计划成本或售价记入"原材料"或"库存商品"科目,实际成本与计划成本或售价之间的差异,记入"材料成本差异"或"商品进销差价"科目),贷记"委托加工物资"科目。

【例9-6】 甲公司委托乙公司加工汽车外胎20个,发出材料的实际总成本为4000元,加工费为800元,乙公司同类外胎的单位销售价格为400元。2×22年11月20日甲公司将外胎提回后当即投入整胎生产(加工费及乙公司代缴的消费税均未结算),生产出的整胎于12月15日全部售出,总售价为40000元。轮胎的消费税税率为10%。甲公司委托加工外胎和销售整胎的消费税及相应的会计处理如下:

委托加工外胎的消费税 = 400 × 20 × 10% = 800(元)

销售整胎的消费税 = 40000 × 10% = 4000(元)

(1)委托加工的外胎提回时:

借:原材料 4800
　　贷:委托加工物资 4800

同时,

借:应交税费——应交消费税 800
　　贷:应付账款 800

委托加工发出材料成本、应支付的加工费和增值税税额、往返运费等会计分录略。

(2)整胎销售时:

借:税金及附加 4000
　　贷:应交税费——应交消费税 4000

(3)实际缴纳时:

实际缴纳消费税税额 = 4000 - 800 = 3200(元)

借:应交税费——应交消费税 3200
　　贷:银行存款 3200

二、周转材料的核算

周转材料主要包括包装物和低值易耗品,以及企业(建筑承包商)的钢模板、木模板、脚手架和其他周转使用的材料等。

包装物,指为了包装本企业产成品和商品而储备的各种包装容器,如桶、箱、瓶、坛、袋等。其范围包括:①生产过程中用于包装产品作为产品组成部分的包装物;②随同产品出售不单独计价的包装物;③随同产品出售单独计价的包装物;④出租或出借给购买单位使用的包装物。企业的各种包装材料,如纸、绳、铁丝、铁皮等,应在"原材料"科目内核算,用于储存和保管产品、材料而不对外出售的包装物,应按其价值的大小和使用年限的长短,分别在"固定资产"科目或"周转材料"科目或单设的"低值易耗品"科目核算;计划上单独列作企业商品产品的自制包装物,应作为库存商品处理。低值易耗品,指不能作为固定资产的各种用具物品,如工具、管理用具、玻璃器皿、劳动保护用品以及在经营过程中周转使用的容器等。

为了核算企业周转材料的计划成本或实际成本,应设置"周转材料"科目,该科目应按周转材料的种类,分别在"在库""在用""摊销"明细科目进行明细核算,周转材料可以采用一次转销法、五五摊销法或分次摊销法进行摊销。该科目的期末借方余额反映企业在库周转材料的计划成本或实际成本以及在用周转材料的摊余价值。

对于企业的包装物和低值易耗品,也可以单独设置"包装物"科目和"低值易耗品"科目进行核算。

周转材料的主要账务处理包括:

1. 购入、自制、委托外单位加工完成验收入库的周转材料等,应当比照"原材料"科目相关规定进行处理。

2. 周转材料应当按照使用次数分次计入成本费用,领用时按其账面价值,借记"周转材料——在用"科目,贷记"周转材料——在库"科目;摊销时应按摊销额,借记"管理费用""生产成本""销售费用""工程施工"等科目,贷记"周转材料——摊销"科目。

周转材料报废时应补提摊销额,借记"管理费用""生产成本""销售费用""工程施工"等科目,贷记"周转材料——摊销"科目;同时,按报废周转材料的残料价值,借记"原材料"等科目,贷记"管理费用""生产成本""销售费用""工程施工"等科目;并转销全部已提摊销额,借记"周转材料——摊销"科目,贷记"周转材料——在用"科目。

3. 周转材料金额较小的,可在领用时一次计入成本费用,以简化核算,领用时按其账面价值,借记"管理费用""生产成本""销售费用""工程施工"等科目,贷记"周转材料"科目。为加强实物管理,应当在备查簿上登记。

周转材料报废时,应按报废周转材料的残料价值,借记"原材料"等科目,贷记"管理费用""生产成本""销售费用""工程施工"等科目。

4. 周转材料采用计划成本进行日常核算的,领用、发出周转材料时,还应同时结转应分摊的成本差异。周转材料已计提存货跌价准备的,应同时结转已计提的跌价准备。

三、库存商品的核算

库存商品包括库存的外购商品、产成品、存放在门市部准备出售的商品、发出展览的商品、销售退回的以及寄存在外的商品等。工业企业接受来料加工制造的代制品和为外单位加工修理的代修品,在制造和修理完成验收入库后,视同企业的产成品,属于库存商品;可以降价出售的不合格品,也属于库存商品,但应当与合格商品分开记账。委托外单位加工的商品,不属于库存商品;已经完成销售手续并确认销售收入,但购买单位在月末未提取的商品,应作为代管商品处理,单独设置"代管商品"备查簿进行登记,不属于库存商品。

企业应设置"库存商品"科目核算库存的各种商品的实际成本(或进价)或计划成本(或售价),并按库存商品的种类、品种和规格及有效地点设置明细账进行明细核算。存放在本企业所属门市部准备销售的商品,送交展览会展出的商品,以及已发出尚未办理托收手续的商品,都应在本科目下单设明细账进行核算。"库存商品"科目期末借方余额反映企业库存商品的实际成本(或进价)或计划成本(或售价)。

1. 工业企业库存商品的核算。

工业企业的库存商品主要指产成品,在特殊情况下也有少量的外购商品。

(1)工业企业生产的产成品一般应按实际成本进行核算,产成品的收入、发出和销售,平时只记数量不记金额;月末计算入库产成品的实际成本;对发出和销售的产成品,可以采用先进先出法、加权平均法或者个别计价法等方法确定其实际成本。核算方法一经确定,不得随意变更。

产成品种类比较多的企业,也可以按计划成本进行日常核算。

(2)工业企业生产完成验收入库的产成品,按实际成本,借记"库存商品"科目,贷记"生产成本"等科目;采用计划成本核算的企业,按计划成本,借记"库存商品"科目,按实际成本,贷记"生产成本"等科目,按计划成本与实际成本的差异,借记或贷记"产品成本差异"科目。

工业企业对外销售产成品(包括采用分期收款方式销售产成品),结转销售成本时,借记"主营业务成本"科目,贷记"库存商品"科目。采用计划成本核算的,还应结转应分摊的实际成本小于计划成本的差异,借记"产品成本差异"科目,贷记"主营业务成本"科目;实际成本大于计划成本的差异,作相反的会计分录。

(3)工业企业购入、委托外单位加工库存商品等,比照"原材料""委托加工物资"科目的相关规定进行会计处理。

2. 商品流通企业库存商品的核算。

商品流通企业的库存商品主要指外购或委托加工完成验收入库用于销售的各种商品。

(1)外购商品或委托加工商品的发票账单已到、但尚未验收入库,其采购成本或加工成本在"在途物资"科目或"委托加工物资"科目核算,可比照原材料和委托加工材料进行会计处理。

(2)库存商品采用进价核算的企业:

①企业已采购的商品到达并验收入库后,按商品进价,借记"库存商品"科目,贷记"在途物资"科目;企业委托外单位加工收回的商品,按商品进价,借记"库存商品"科目,贷记"委托加工物资"科目。

②购入的商品已经到达并已验收入库,同时收到发票账单,但尚未支付货款和运杂费或尚未开出承兑商业汇票的,借记"库存商品""应交税费——应交增值税(进项税额)"等科目,贷记"应付账款"等科目。

③购入商品与发票账单同时到达,商品验收入库,同时支付货款和运杂费或开出承兑商业汇票的,借记"库存商品""应交税费——应交增值税(进项税额)"等科目,贷记"银行存款""应付票据"等科目。

④购入的商品已经到达并已验收入库,尚未收到发票账单的,按暂估价值入账,借记"库存商品"科目,贷记"应付账款——暂估应付账款"科目;下月初用红字作同样的记录,予以冲回,以便下月付款或开出承兑商业汇票后,比照③进行处理。

⑤企业对外销售发出的商品(包括采用分期收款方式销售的商品),结转销售成本时,可按先进先出法、加权平均法、个别计价法、毛利率法等方法计算已销商品的实际成本,核算方法一经确定,不得随意变更。企业结转发出商品的成本,借记"主营业务成本"科目,贷记"库存商品"科目。

(3)库存商品采用售价金额核算的企业。

企业应设置"商品进销差价"科目核算商品的售价与进价之间的差额,并在月末分摊已销商品的进销差价。"商品进销差价"科目应按商品类别或实物负责人设置明细账,进行明细核算,其期末贷方余额反映企业库存商品的商品进销差价。

①已采购的商品到达并验收入库后,按商品售价,借记"库存商品"科目,按商品进价(实际成本),贷记"在途物资"科目,按商品售价与进价之间的差额,贷记"商品进销差价"科目;企业委托外单位加工收回的商品,按商品售价,借记"库存商品"科目,按委托加工商品的进价(实际成本),贷记"委托加工物资"科目,按商品售价与进价之间的差额,贷记"商品进销差价"科目。

②其他形式的购入业务,可比照上述"(2)库存商品采用进价核算的企业"中②—④进行处理,并将售价与进价的差额确认为"商品进销差价"。

③企业对外销售发出的商品(包括采用分期收款方式销售商品),平时结转销售成本时可按商品售价结转,借记"主营业务成本"科目,贷记"库存商品"科目。月末应按商品进销差价率计算分摊本月已销商品应分摊的进销差价,借记"商品进销差价"科目,贷记"主营业务成本"科目。

3. 企业接受投资者投入的库存商品、接受债务人以非现金资产抵偿债务方式取得的库存商品以及非货币性交易取得的库存商品等,应根据相关会计准则的规定,比照上述1和2进行会计处理。

4. 对库存商品的存货跌价准备参见本章"第一节 存货的确认和计量"。

四、发出商品的核算

企业在日常的销售活动中,有时会出现对外销售已发出商品、但不满足《企业会计准则第14号——收入》规定的确认条件的情况,因而不能结转商品销售成本。因此,企业应设置"发出商品"科目,核算这部分商品的实际成本(或进价)或计划成本(或售价),采用计划成本(或售价)核算的,其对应的成本差异(或进销差价)仍在"产品成本差异"(或"商品进销差价")科目核算。"发出商品"科目应当按照购货单位及商品类别和品种设置明细账进行明细核算;其期末借方余额反映企业商品销售中不满足收入确认条件的已发出商品的实际成本(或进价)或计划成本(或售价)。

企业委托其他单位代销的商品,也在"发出商品"科目核算,对采用支付手续费方式委托其他单位代销的商品,企业也可以另设"委托代销商品"科目,并按照受托单位进行明细核算。

企业发出商品的主要账务处理如下:

1. 对于不满足收入确认条件的发出商品,应按发出商品的实际成本(或进价)或计划成本(或售价),借记"发出商品"科目,贷记"库存商品"科目。

2. 发出商品满足收入确认条件时,应结转销售成本,借记"主营业务成本"科目,贷记"发出商品"科目。采用计划成本或售价核算的,还应结转应分摊的产品成本差异或商品进销差价,实际成本小于计划成本的差异或进价小于售价的差异,借记"产品成本差异"科目或"商品进销差价"科目,贷记"主营业务成本"科目;实际成本大于计划成本的差异或进价大于售价的差异,作相反的会计分录。

3. 发出商品如发生退回,应按退回商品的实际成本(或进价)或计划成本(或售价),借记"库存商品"科目,贷记"发出商品"科目。

第四节　存货清查的核算

一、存货数量的确定方法

企业确定存货的实物数量有两种方法:一种是实地盘存制;另一种是永续盘存制。

(一)实地盘存制

"实地盘存制"又称"定期盘存制",是指企业平时只在账簿中登记存货的增加数,不记减少数,期末根据清点所得的实存数,计算本期存货的减少数。使用这种方法平时的核算工作比较简便,但不能随时反映各种物资的收发结存情况,不能随时结转成本,并把物资的自然和人为短缺数隐含在发出数量之内;同时由于缺乏经常性资料,不便于对存货进行计划和控制,所以实地盘存制的实用性较差,通常仅适用于一些单位价值较低、自然损耗大、数量不稳定、进出频繁的特定货物。

(二)永续盘存制

"永续盘存制"又称"账面盘存制",是指企业设置各种数量金额的存货明细账,根据有关凭证,逐日逐笔登记材料、产品、商品等的收发领退数量和金额,随时结出账面结存数量和金额。采用永续盘存制,可随时掌握各种存货的收发、结存情况,有利于存货管理。

为了核对存货账面记录,永续盘存制亦要求进行存货的实物盘点。盘点可定期或不定期进行,通常在生产经营活动的间隙盘点部分或全部存货;会计年度终了,应进行一次全面的盘点清查,并编制盘点表,保证账物相符,如有不符应查明原因并及时处理。

我国企业会计实务中,存货的数量核算一般采用永续盘存制。但不论采用何种方法,前后各期都应保持一致。

二、存货清查的账务处理

企业存货应当定期盘点,盘点结果如果与账面记录不符,应于期末前查明原因,并根据企业的管理权限,经股东大会或董事会,或经理(厂长)会议或类似机构批准后,在期末结账前处理完毕。

为核算企业在存货清查过程中查明的各项存货盘盈、盘亏和毁损的情况,企业应设置"待处理财产损溢——待处理流动资产损溢"科目进行核算。该科目处理前的借方余额,反映企业尚未处理的各种财产的净损失;处理前的贷方余额,反映企业尚未处理的各种财产的净溢余。期末处理后,该科目应无余额。

盘盈或盘亏的存货,如在期末结账前尚未经批准,应在对外提供财务报告时先按上述规定进行处理,并在财务报表附注中作出说明,如果期后批准处理的金额与已处理的金额不一致,应按其差额调整会计报表相关项目的年初数。

盘盈的各种存货,虽然属于前期差错范畴,但是由于涉及金额通常较小,一般借记"原材料""库存商品"等科目,贷记"待处理财产损溢——待处理流动资产损溢"科目。

盘亏、毁损的各种存货,借记"待处理财产损溢——待处理流动资产损溢"科目,贷记"原材料""库存商品""应交税费——应交增值税(进项税额转出)""应交税费——应交消费税"等科目。采用计划成本(或售价)核算的,还应当同时结转成本差异(或商品进销差价)。已计提存货跌价准备的,还应当同时结转存货跌价准备。

盘盈、盘亏、毁损的存货,报经批准后处理时:盘盈的存货,借记"待处理财产损溢——待处理流动资产损溢"科目,贷记"管理费用"科目;盘亏、毁损的存货,按处置收入或残料价值,借记"库存现金""原材料"等科目,按可收回的保险赔偿或过失人赔偿,借记"其他应收款"等科目;其余损失,属于计量收发差错和管理不善等原因造成的,借记"管理费用"科目;属于自然灾害等非正常损失的,借记"营业外支出——非常损失"科目;最后贷记"待处理财产损溢——待处理流动资产损溢"科目。

第十章　非流动资产（一）

第一节　固定资产的确认和计量

一、固定资产的概念

固定资产是指同时具有下列特征的有形资产：①为生产商品、提供劳务、出租或经营管理而持有的。②使用年限超过一个会计年度。

上述两个特征表明，会计上将某一有形资产作为固定资产，其持有目的是企业为了生产商品、提供劳务、出租或经营管理，其中"出租"不包括作为投资性房地产核算的以租赁方式租出的建筑物；同时，其必须具有一定耐用性，使用寿命要超过一个会计年度。固定资产的使用寿命是指企业使用固定资产的预计期间，或者该固定资产所能生产产品或提供劳务的数量。

由于企业的经营内容、经营规模等各不相同，固定资产的价值并无绝对标准，各企业应根据上述规定的固定资产的标准，结合本企业的具体情况加以确定。

企业应当根据《企业会计准则第4号——固定资产》规定，结合本企业的实际情况，制定固定资产目录，包括每类或每项固定资产的使用寿命、预计净残值、折旧方法等，并将其编制成册，经股东大会或董事会、经理（厂长）会议或类似机构批准，按照法律、行政法规等规定报送有关各方备案。固定资产目录一经确定不得随意变更，如需变更，仍应履行上述程序，并按《企业会计准则第28号——会计政策、会计估计变更和差错更正》的规定加以处理。

二、固定资产的确认

固定资产在同时满足以下两个条件时，才能加以确认：
（1）该固定资产包含的经济利益很可能流入企业。
（2）该固定资产的成本能够可靠地计量。

企业对符合固定资产特征和确认条件的有形资产，应当确认为固定资产；不符合的确认为存货或其他有关资产。

对于企业的环保设备和安全设备等资产，虽然不能直接为企业带来经济利益，却有助于企业从相关资产获得经济利益，也应当确认为固定资产，但这类资产与相关资产的账面价值之和不能超过这两类资产可收回金额总额。对于固定资产的各组成部分，各自具有不同的使用寿命或者以不同的方式为企业提供经济利益，从而适用不同的折旧率或折旧方法的，应当单独确认为固定资产。

三、固定资产的计量

固定资产的计量分为初始计量和后续计量。固定资产的初始计量是指固定资产取得时入账价值的确定;固定资产的后续计量是指对固定资产的使用寿命、预计净残值、各期折旧额以及减值的确定。

固定资产应当按照成本进行初始计量,已入账的固定资产成本也被称为固定资产原值。由于企业取得固定资产的途径和方式不同,其成本的确定也有所差异。

1. 外购固定资产的成本,包括购买价款、相关税费、使固定资产达到预定可使用状态前所发生的可归属于该项资产的运输费、装卸费、安装费和专业人员服务费等。

以一笔款项购入多项没有单独标价的固定资产,应当按照各项固定资产公允价值比例对总成本进行分配,分别确定各项固定资产的成本。

购买固定资产的价款超过正常信用条件延期支付,实质上具有融资性质的,固定资产的成本以购买价款的现值为基础确定。实际支付的价款与购买价款的现值之间的差额,除按照《企业会计准则第17号——借款费用》规定应予资本化外,应当在信用期间内计入当期损益。

2. 自行建造固定资产的成本,由建造该项资产达到预定可使用状态前所发生的必要支出构成,包括工程用物资成本、人工成本、缴纳的相关税费等。

因自行建造固定资产从银行借款或发行债券等而发生的借款费用,应按照《企业会计准则第17号——借款费用》的规定,确定应计入固定资产成本的借款费用。

3. 投资者投入固定资产的成本,应当按照投资合同或协议约定的价值确定,但合同或协议约定价值不公允的除外。在投资合同或协议约定价值不公允的情况下,按照该项固定资产的公允价值作为入账价值。

4. 非货币性资产交换取得的固定资产成本,应根据《企业会计准则第7号——非货币性资产交换》的要求加以确定。

5. 债务重组取得的固定资产的成本,应根据《企业会计准则第12号——债务重组》的要求加以确定。

6. 企业合并取得的固定资产的成本,应根据《企业会计准则第20号——企业合并》的要求加以确定。

7. 应当计入固定资产成本的借款费用,按《企业会计准则第17号——借款费用》的规定处理。

此外,在确定固定资产成本时,应当考虑预计弃置费用因素。弃置费用通常是指根据国家法律和行政法规、国际公约等规定,企业承担的环境保护和生态恢复等义务所确定的支出,如核电站设施等的弃置和恢复环境义务等。企业应当根据《企业会计准则第13号——或有事项》的规定,按照现值计算确定应计入固定资产成本的金额和相应的预计负债。油气资产的弃置费用,应当按照《企业会计准则第27号——石油天然气开采》及其应用指南的规定处理。不属于弃置义务的固定资产报废清理费,应当在发生时作为固定资产的处置费用处理。

第二节 固定资产取得的核算

为了核算企业持有的固定资产原值,企业应设置"固定资产"科目,该科目借方登记固定资产原值的增加额,贷方登记固定资产原值的减少额,期末借方余额反映企业固定资产的账面原值。下列各项满足固定资产确认条件的,也在该科目核算:

1. 建筑企业为保证施工和管理的正常进行而购建的各种临时设施。
2. 企业购置计算机硬件所附带的、无法单独计价的软件,与所购置的计算机硬件一并作为固定资产。

采用成本模式计量的已出租的建筑物,在"投资性房地产"科目核算,不在本科目核算。未作为固定资产管理的工具、器具等,在"周转材料"科目核算。

为了反映固定资产的具体情况,企业应通过设置"固定资产登记簿"和"固定资产卡片"等,对固定资产按类别或项目进行明细核算。

不同来源方式取得的固定资产,其账务处理也不尽相同。

一、外购的固定资产

企业外购的固定资产包括购入不需要安装的固定资产和购入需要安装的固定资产。企业购入不需要安装的固定资产,按应计入固定资产成本的金额,借记"固定资产"科目,贷记"银行存款""其他应付款""应付票据"等科目。购入需要安装的固定资产,先记入"在建工程"科目,达到预定可使用状态时再转入"固定资产"科目。

如果购入固定资产超过正常信用条件延期支付价款(如分期付款购买固定资产),实质上具有融资性质的,则应按所购固定资产应付购买价款的现值,借记"固定资产"科目或"在建工程"科目,按应支付的金额,贷记"长期应付款"科目,按其差额,借记"未确认融资费用"科目。

二、自行建造的固定资产

自行建造固定资产,是企业为了新建、改建、扩建固定资产或者对固定资产进行技术改造、设备更新而由企业自行建造的固定资产。企业自行建造固定资产的核算,主要是通过设置"在建工程""工程物资"等科目进行。企业进行的固定资产新建工程、改建工程、扩建工程、大修理工程和购入需要安装的固定资产,应通过"在建工程"科目核算,工程完工达到预定可使用状态时再转入"固定资产"科目。

"在建工程"科目用于核算企业基建、技改等在建工程发生的价值,该科目借方登记各项发生的实际支出,贷方登记工程完工结转的实际成本,借方余额表示企业尚未完工的基建工程发生的各项实际支出。企业与固定资产有关的后续支出,包括固定资产发生的日常修理费、大修理费用、更新改造支出、房屋的装修费用等,满足《企业会计准则第4号——固定资产》规定的固定资产确认条件的,也在本科目核算;不满足固定资产确认条件的,应在"管理费用"科目或"销售费用"科目核算,不在本科目核算。该科目应当按照"建筑工程""安装工程""在安装设备""待摊支出"以及单项工程进行明细核算。在建工程发生减值的,应在本科目设置"减值准备"明细科目进行核算。

"工程物资"科目用于核算企业为在建工程准备的各种物资的价值,包括工程用材料、尚未安装的设备以及为生产准备的工器具等,该科目借方登记购入为工程准备的物资价值等,贷方登记工程领用的物资价值,期末借方余额反映企业为在建工程准备的各种物资的价值。该科目应当按照"专用材料""专用设备""工器具"等进行明细核算。工程物资发生减值准备的,应在"工程物资"科目下设置"减值准备"明细科目进行核算,也可以单独设置"工程物资减值准备"科目进行核算。

企业在建工程的主要账务处理如下:

1. 企业发包的在建工程,按合同规定向承包企业预付工程款、备料款时,借记"在建工程"科目,贷记"银行存款"等科目。将设备交付承包企业进行安装时,借记"在建工程——在安装设备"科目,贷记"工程物资"科目。

与承包企业办理工程价款结算时,按补付的工程款,借记"在建工程"科目,贷记"银行存款""应付账款"等科目。

2. 企业自营的在建工程领用工程物资、本企业原材料或库存商品的,借记"在建工程"科目,贷记"工程物资""原材料""库存商品"等科目。采用计划成本核算的,应同时结转应分摊的成本差异。在建工程应负担的职工薪酬,借记"在建工程"科目,贷记"应付职工薪酬"科目。辅助生产部门为工程提供的水、电、设备安装、修理、运输等劳务,借记"在建工程"科目,贷记"生产成本——辅助生产成本"等科目。

3. 在建设期间发生的,应由所建造固定资产共同负担的相关费用,包括在建工程发生的管理费、可行性研究费、临时设施费、公证费、监理费及应负担的税费等,借记"在建工程——待摊支出"科目,贷记"银行存款"等科目。

在建工程发生的借款费用满足《企业会计准则第17号——借款费用》资本化条件的,借记"在建工程——待摊支出"科目,贷记"长期借款""应付利息"等科目。

建设期间发生的工程物资盘亏、报废及毁损净损失,借记"在建工程——待摊支出"科目,贷记"工程物资"科目;盘盈的工程物资或处置净收益,作相反的会计分录。

在建工程进行负荷联合试车发生的费用,借记"在建工程——待摊支出"科目,贷记"银行存款""原材料"等科目。

4. 在建工程完工已领出的剩余物资应办理退库手续,借记"工程物资"科目,贷记"在建工程"科目。已计提减值准备的,还应同时结转减值准备。

工程完工后剩余的物资转作本企业存货的,借记"原材料"等科目,贷记"工程物资"科目。

5. 在建工程达到预定可使用状态时,应计算分配待摊支出,借记"在建工程——某工程"科目,贷记"在建工程——待摊支出"科目;结转在建工程成本时,借记"固定资产"等科目,贷记"在建工程——某工程"科目。

由于自然灾害等原因造成的在建工程报废或毁损,减去残料价值和过失人或保险公司等赔款后的净损失,借记"营业外支出——非常损失"科目,贷记"在建工程——建筑工程""在建工程——安装工程"等科目。

应当注意,自行建造的固定资产,如果已达到预定可使用状态但尚未办理竣工决算手续的,可先按估计价值入账,待确定实际成本后再进行调整。

此外,固定资产达到预定可使用状态前产出的产品或副产品,应当按照企业会计准则相关规定确认为存货或其他相关资产;发生对外销售时,相关的收入和成本分别进行会计处理,计入当期损益,不应将试运行销售相关收入抵销相关成本后的净额冲减固定资产成本。

三、投资者投入的固定资产

企业接受投资者投入的固定资产,按投资合同或协议约定的价值,借记"固定资产"科目,贷记"实收资本"(或"股本")等科目。

四、非货币性资产交换换入的固定资产

非货币性资产交换换入的固定资产,在取得时,应按以下两种换入固定资产成本确定方法分别进行账务处理。

(一)按照公允价值和应支付的相关税费作为换入固定资产成本

如果非货币性资产交换具有商业实质,而且换入资产和换出资产公允价值均能够可靠计量的,应当以换出资产的公允价值作为确定换入资产成本的基础,但有确凿证据表明换入资产的公允价值更加可靠的除外。

1. 支付补价的,换入固定资产成本与换出资产账面价值加支付的补价、应支付的相关税费之和的差额,应当计入当期损益。

2. 收到补价的,换入固定资产成本加收到的补价之和与换出资产账面价值加应支付的相关税费之和的差额,应当计入当期损益。

【例10-1】 2×22年10月12日,长江公司与华山公司(均系增值税一般纳税人)经协商,长江公司以其拥有的专利权与华山公司拥有的生产用设备交换。长江公司专利权的账面价值为300万元(未计提减值准备),公允价值和计税价格均为380万元,适用的增值税税率为6%;华山公司生产用设备的账面原价为600万元,已提折旧为170万元,已提减值准备为30万元,公允价值为400万元,适用的增值税税率为13%;在资产交换过程中,长江公司另支付49.2万元给华山公司,其中包括支付补价20万元,以及换出资产销项税额与换入资产进项税额的差额29.2万元(不考虑其他相关税费)。长江公司收到换入的设备作为固定资产核算;华山公司收到换入的专利权作为无形资产核算。

本例中,长江公司以其拥有的专利权与华山公司生产用设备交换,经判断,此项交换具有商业实质。由于在该项交易中涉及少量的货币性资产,即涉及补价20万元,此项交换的补价占整个交易的比例小于25%(20/400×100% =5%),属于非货币性资产交换:

长江公司的会计处理:

换入设备的入账价值 =380 +20 =400(万元)

借:固定资产	4000000
应交税费——应交增值税(进项税额)	520000
贷:无形资产	3000000
应交税费——应交增值税(销项税额)	228000

  资产处置损益——非货币性资产交换利得   800000
    银行存款   492000

华山公司的会计处理：

换入专利权的入账价值 = 400 - 20 = 380（万元）

借：固定资产清理   4300000
  累计折旧   1700000
   贷：固定资产   6000000
借：固定资产减值准备   300000
   贷：固定资产清理   300000
借：无形资产   3800000
  应交税费——应交增值税（进项税额）   228000
  银行存款   492000
   贷：固定资产清理   4000000
    应交税费——应交增值税（销项税额）   520000

（二）按照换出资产的账面价值和应支付的相关税费作为换入固定资产成本

  如果非货币性资产交换不具有商业实质，或者虽具有商业实质但换入固定资产的公允价值不能可靠计量的，应当以换出资产的账面价值作为换入资产成本的基础。

  1. 支付补价的，应当以换出资产的账面价值，加上支付补价的账面价值和应支付的相关税费，作为换入固定资产的成本，不确认损益。

  2. 收到补价的，应当以换出资产的账面价值，减去收到补价的公允价值并加上应支付的相关税费，作为换入固定资产的成本，不确认损益。

  【例 10 -2】 以【例 10 -1】资料为例，假设长江公司和华山公司之间的此项非货币性资产交换不具有商业实质，则长江公司的会计处理：

换入设备的入账价值 = 300 + 20 = 320（万元）

借：固定资产   3200000
  应交税费——应交增值税（进项税额）   520000
   贷：无形资产   3000000
    应交税费——应交增值税（销项税额）   228000
    银行存款   492000

  由于华山公司换出固定资产的账面价值等于公允价值，所以其会计处理与【例 10 -1】相同。

  应当注意的是，如果非货币性资产交换同时换入多项固定资产的，在确定各项换入固定资产的成本时，应当分别下列情况处理：

  1. 非货币性资产交换具有商业实质，且换入固定资产的公允价值能够可靠计量的，应当按照换入各项固定资产的公允价值占换入固定资产公允价值总额的比例，对换入固定资产的成本总额进行分配，确定各项换入固定资产的成本。

2. 非货币性资产交换不具有商业实质,或者虽具有商业实质但换入固定资产的公允价值不能可靠计量的,应当按照换入各项固定资产的原账面价值占换入固定资产原账面价值总额的比例,对换入固定资产的成本总额进行分配,确定各项换入固定资产的成本。

五、债务重组取得的固定资产

具体内容详见第十三章"第五节 债务重组的核算"。

六、企业合并取得的固定资产

具体内容详见第十一章"第三节 长期股权投资的核算"。

对存在弃置义务的固定资产,应在取得固定资产时,按预计弃置费用的现值,借记"固定资产"科目,贷记"预计负债"科目。在该项固定资产的使用寿命内,按弃置费用计算确定各期应负担的利息费用,借记"财务费用"科目,贷记"预计负债"科目。由于技术进步、法律要求或市场环境变化等原因,特定固定资产的履行弃置义务可能发生支出金额、预计弃置时点、折现率等变动而引起的预计负债变动,应按照以下原则调整该固定资产的成本:一是对于预计负债的减少,以该固定资产账面价值为限扣减固定资产成本。如果预计负债的减少额超过该固定资产账面价值,超出部分确认为当期损益。二是对于预计负债的增加,增加该固定资产的成本。按照上述原则调整的固定资产,在资产剩余使用年限内计提折旧。一旦该固定资产的使用寿命结束,预计负债的所有后续变动应在发生时确认为损益。

固定资产装修发生的装修费用满足固定资产确认条件的,也应借记"固定资产"等科目,贷记"银行存款"等科目。

第三节 固定资产折旧的核算

一、固定资产折旧概述

(一) 固定资产折旧的性质

固定资产折旧是指在固定资产使用寿命内,按照确定的方法对应计折旧额进行系统分摊。

应计折旧额是指应当计提折旧的固定资产的原价扣除其预计净残值后的金额。已计提减值准备的固定资产,还应当扣除已计提的固定资产减值准备累计金额。

从本质上讲,折旧是一种费用,是固定资产在使用过程中由于逐渐损耗而减少的那部分价值。固定资产损耗分为有形损耗和无形损耗两种。有形损耗是指固定资产由于使用和自然力的影响而引起的使用价值和价值的损失;无形损耗是指固定资产由于科学技术进步而引起的在价值上的损失。根据配比原则,对固定资产损耗的价值,应在固定资产的预计有效使用期内,以计提折旧的方式计入各期成本费用,从各期营业收入中逐步得到补偿。

(二)影响固定资产折旧的基本因素

影响固定资产折旧的基本因素或者说企业计算提取各期固定资产折旧主要有以下几个方面:

1. 固定资产的原值

固定资产的原值是指企业计提固定资产折旧时的基数,即固定资产取得时的入账价值或原价。

2. 固定资产的预计净残值

预计净残值是指假定固定资产预计使用寿命已满并处于使用寿命终了时的预期状态,企业目前从该项资产处置中获得的扣除预计处置费用后的金额。因此,在计算应计折旧额时,预计净残值应从固定资产原值中扣除。

3. 固定资产的使用寿命

固定资产的使用寿命是指企业使用固定资产的预计期间,或者该固定资产所能生产产品或提供劳务的数量。固定资产使用寿命的长短,直接影响到各期应计提的折旧额。企业确定固定资产使用寿命,应当考虑下列因素:①预计生产能力或实物产量。②预计有形损耗和无形损耗。如设备使用中发生磨损、房屋建筑物受到自然侵蚀等有形损耗;因新技术的出现而使现有的资产技术水平相对陈旧、市场需求变化使产品过时等无形损耗。③法律或者类似规定对资产使用的限制。

承租人取得的使用权资产,承租人能够合理确定租赁期届满时取得租赁资产所有权的,应当在租赁资产剩余使用寿命内计提折旧。无法合理确定租赁期届满时能够取得租赁资产所有权的,应当在租赁期与租赁资产剩余使用寿命两者孰短的期间内计提折旧。

企业应当根据固定资产的性质和使用情况,合理确定固定资产的使用寿命和预计净残值。固定资产的使用寿命、预计净残值一经确定,不得随意变更。除非当企业按规定定期对固定资产的使用寿命进行复核时,发现固定资产的使用寿命的预期数与原先的估计数有重大差异,则应当调整固定资产折旧年限。

(三)固定资产计提折旧的范围

按照《企业会计准则第4号——固定资产》的规定,除以下情况外,企业应对所有固定资产计提折旧:

(1)已提足折旧仍继续使用的固定资产;

(2)按规定单独估价作为固定资产入账的土地。

在确定固定资产折旧范围时,还应注意:

(1)对已达到预定可使用状态的固定资产,但尚未办理竣工决算的,应当按照暂估价值确认为固定资产,并计提折旧;待办理了竣工决算手续后,再按实际成本调整原来的暂估价值,但不需要调整原已计提的折旧额。

(2)对符合固定资产确认条件的固定资产装修费用,应当在两次装修期间与固定资产剩余使用寿命两者中较短的期间内计提折旧。

(3)处于更新改造过程而停止使用的固定资产,符合固定资产确认条件的,应当转入在建工程,停止计提折旧;不符合固定资产确认条件的,不应转入在建工程,继续计提折旧。企业因进行大修理而停用的固定资产,应当继续计提折旧,计提的折旧应计入相关成本费用。

(4)固定资产提足折旧后,不管能否继续使用,均不再计提折旧;提前报废的固定资产,也不再补提折旧。提足折旧,是指已经提足该项固定资产的应计折旧额。应计折旧额,是指应当计提折旧的固定资产的原价扣除其预计净残值后的金额,已计提减值准备的固定资产,还应当扣除已计提的固定资产减值准备累计金额。

二、固定资产折旧的方法

企业可选用的折旧方法包括年限平均法、工作量法、双倍余额递减法和年数总和法等。企业应当根据固定资产所含经济利益预期实现方式选择上述折旧方法,折旧方法一经确定,不得随意变更。除非与固定资产有关的经济利益预期实现方式有重大改变的,应当改变固定资产折旧方法。折旧方法变更,应当在会计报表附注中予以说明。

(一)年限平均法

年限平均法是指将固定资产的可折旧价值平均分摊于其可折旧年限内的一种方法。这种折旧方法假定固定资产依使用年限均匀损耗,按使用年限平均计提折旧,因此,在使用期内的各会计期间(年份或月份)计提的折旧额相等,折旧的积累额呈直线上升的趋势,故这种方法又称为直线法。这种方法适用于在各个会计期间使用程度比较均衡的固定资产。其计算公式为:

固定资产年折旧额 = [固定资产原值 − (预计残值收入 − 预计清理费用)] ÷ 固定资产预计使用年限

= (固定资产原值 − 预计净残值) ÷ 固定资产预计使用年限

固定资产月折旧额 = 固定资产年折旧额 ÷ 12

在会计实务中,通常以折旧率这个相对数来反映固定资产在单位时间的折旧程度,每月应计提的折旧额,一般是根据固定资产的原值乘以月折旧率计算的。折旧率即一定期间内固定资产折旧额对固定资产原价的比率。其计算公式为:

年折旧率 = (固定资产年折旧额 ÷ 固定资产原值) × 100%

或: 年折旧率 = [(1 − 预计净残值率) ÷ 预计使用年限] × 100%

月折旧率 = 年折旧率 ÷ 12

按某项固定资产计算的折旧率,称为个别折旧率或单项折旧率,它是某项固定资产在一定期间的折旧额与该项固定资产原值的比率。此外还有分类折旧率和综合折旧率。分类折旧率是指固定资产分类折旧额与该类固定资产原值的比率,采用这种方法,应先把性质、结构和使用年限接近的固定资产归为一类,再按类计算平均折旧率;综合折旧率是指某一期间企业的全部固定资产折旧额与全部固定资产原值的比率。以上三种折旧率各有其优缺点,现行会计实务中一般采用分类折旧率。分类折旧率和综合折旧率计算公式为:

年分类折旧率 = (某类固定资产折旧额 ÷ 某类固定资产原值) × 100%

月分类折旧率 = 年分类折旧率 ÷ 12

年综合折旧率 =（企业全部固定资产折旧额÷企业全部固定资产原值）×100%

月综合折旧率 = 年综合折旧率÷12

（二）工作量法

工作量法又称作业量法，是根据固定资产在使用期间完成的总的工作量平均计算折旧的一种方法。工作量法也属于直线法。这种方法适用于损耗程度与完成工作量成正比关系的固定资产，或者在使用期内不能均衡使用的固定资产。其计算公式为：

单位工作量折旧额 =（固定资产原值 − 预计净残值）÷预计总工作量
　　　　　　　　 =［固定资产原值×（1 − 预计净残值率）］÷预计总工作量

月折旧额 = 单位工作量折旧额×当月实际完成工作量

（三）双倍余额递减法

双倍余额递减法是加速折旧法的一种，是按直线法折旧率的两倍，乘以固定资产在每个会计期间的期初账面净值计算折旧的方法。在计算折旧率时通常不考虑固定资产残值。

在不考虑预计残值时，其计算公式为：

直线折旧率 =（1÷预计使用年限）×100%

年折旧率（双倍直线折旧率）=（2÷预计使用年限）×100%

年折旧额 = 期初固定资产账面净值×双倍直线折旧率

月折旧率 = 双倍直线折旧率÷12

月折旧额 = 期初固定资产账面净值×月折旧率

或：　　月折旧额 = 年折旧额÷12

由于采用双倍余额递减法在确定折旧率时不考虑固定资产净残值因素，因此，在采用这种方法时，应注意以下两点：

1. 由于每年的折旧额是递减的，因而可能出现某年按双倍余额递减法所提折旧额小于按直线法计提的折旧额。当这一情况在某一折旧年度出现时，应换为按年限平均法计提折旧。通常在下列条件成立时，换为年限平均法计提折旧：

该年按双倍余额递减法计算的折旧额 <（当期固定资产期初账面净值 − 预计净残值）÷剩余使用年限。

2. 各年计提折旧后，固定资产账面净值不能小于预计净残值。避免这一现象的方法是：在可能出现此现象的那一年转换为年限平均法，即：将当年年初的固定资产账面净值减去预计净残值，其差额在剩余的使用年限中平均摊销。但在实际工作中，企业一般采用简化的办法，在固定资产预计使用年限到期前两年转换成年限平均法。

【例10 − 3】 甲公司对机械设备采用双倍余额递减法计提折旧，甲公司的某项设备原值为160000元，预计净残值率为3%，预计可使用年限为5年。每年应计提折旧额计算如下：

双倍直线折旧率 = (2÷5)×100% = 40%

预计净残值 = 160000×3% = 4800(元)

各年应计提折旧额计算如表10-1所示。

表10-1　　　　　折旧计算(双倍余额递减法)　　　　　单位:元

年　次	年初账面净值	折旧率	折旧额	累计折旧额	期末账面净值
1	160000	40%	64000	64000	96000
2	96000	40%	38400	102400	57600
3	57600	40%	23040	125440	34560
4	34560	—	14880	140320	19680
5	19680	—	14880	155200	4800

表10-1中,第4年由于34560×40% < (34560-4800)÷2,所以,自第4年起换为直线法,其年折旧额 = (34560-4800)÷2 = 14880(元)。

(四) 年数总和法

年数总和法是以固定资产的原值减去预计净残值后的净额为基数,以一个逐年递减的分数为折旧率,计算各年固定资产折旧额的一种折旧方法。这种方法的特点是:计算折旧的基数是固定不变的,折旧率依固定资产尚可使用年限来确定,各年折旧率呈递减趋势,依此计算的折旧额也呈递减趋势。年数总和法属于加速折旧法。

年数总和法的各年折旧率,是以固定资产尚可使用年限为分子,以固定资产使用年限的逐年数字之和为分母。假定固定资产使用年限为 n 年,分母即为 $1+2+3+\cdots+n = n(n+1)/2$。计算公式为:

年折旧率 = 尚可使用年限 ÷ 预计使用年限的逐年数字总和
　　　　 = (预计使用年限 - 已使用年限) ÷ [预计使用年限×(1+预计使用年限)÷2]

月折旧率 = 年折旧率 ÷ 12

年折旧额 = (固定资产原值 - 预计净残值) × 年折旧率

月折旧额 = (固定资产原值 - 预计净残值) × 月折旧率

【例10-4】　甲公司购置设备一台,原值为122500元,预计净残值率为4%,预计可使用年限为6年,采用年数总和法计提折旧。

预计净残值 = 122500×4% = 4900(元)

计提折旧基数 = 122500 - 4900 = 117600(元)

年折旧率的分母 = 6×(1+6)÷2 = 21

各年折旧率为:第1年6/21;第2年5/21;第3年4/21;第4年3/21;第5年2/21;第6年1/21。

各年折旧额计算如表10-2所示。

表 10-2　　　　　　　　　　折旧计算（年数总和法）　　　　　　　　　　单位：元

年次	原值－预计净残值	年折旧率	各年折旧额	累计折旧额	期末账面净值
1	117600	6/21	33600	33600	88900
2	117600	5/21	28000	61600	60900
3	117600	4/21	22400	84000	38500
4	117600	3/21	16800	100800	21700
5	117600	2/21	11200	112000	10500
6	117600	1/21	5600	117600	4900

企业至少应当于每年年度终了，对固定资产的使用寿命、预计净残值和折旧方法进行复核。使用寿命预计数与原先估计数有差异的，应当调整固定资产使用寿命。预计净残值预计数与原先估计数有差异的，应当调整预计净残值。与固定资产有关的经济利益预期实现方式有重大改变的，应当改变固定资产折旧方法。固定资产使用寿命、预计净残值和折旧方法的改变应当作为会计估计变更。

三、固定资产折旧的账务处理

固定资产折旧通过"累计折旧"科目核算，该科目属资产类科目，是"固定资产"科目的备抵科目。贷方登记计提的固定资产折旧额和增加固定资产时而相应增加的折旧额；借方登记因出售、报废清理、盘亏等原因减少固定资产时转销的所提折旧额；余额在贷方，表示企业现有固定资产的累计折旧额。

固定资产应当按月计提折旧。通常对当月增加的固定资产，当月不计提折旧，从下月起计提折旧；对当月减少的固定资产，当月仍计提折旧，从下月起不计提折旧。固定资产提足折旧后，不论是否继续使用，均不再提取折旧；提前报废的固定资产，也不再补提折旧。所谓提足折旧，是指已经提足该项固定资产的应计折旧额。

每月计提的固定资产折旧费，应根据固定资产的用途和所处的特定状态计入相关资产的成本或者当期损益，借记"制造费用""销售费用""管理费用""其他业务成本""研发支出"等科目，贷记"累计折旧"科目。闲置未使用的固定资产，其计提的折旧应记入"管理费用"科目。

在会计实务中，每月固定资产折旧的计算是通过编制"固定资产折旧计算表"进行的。固定资产折旧计算表是在上月计提折旧的基础上，对上月固定资产的增减情况进行调整后计算当月应计提的折旧。本月应计提折旧额计算公式为：

$$\text{本月应计提折旧额} = \text{上月应计提折旧额} + \text{上月增加的固定资产应计提折旧额} - \text{上月减少的固定资产应计提折旧额}$$

固定资产折旧计算表可以由会计部门编制，也可以由各使用部门编制，最后由会计部门按固定资产使用部门进行汇总编制固定资产折旧汇总表，据以编制记账凭证。

【例10-5】　甲公司2×22年4月的固定资产折旧汇总计算表如表10-3所示。

表 10-3　　　　　　　　固定资产折旧计算汇总

2×22 年 4 月　　　　　　　　　　　　　　　　单位：元

使用部门	上月计提折旧额	加：上月增加的固定资产应计提折旧额	减：上月减少的固定资产应计提折旧额	本月应计提折旧额
A 车间	28350	1250		29600
B 车间	21000		850	20150
C 车间	24150			24150
车间合计	73500	1250	850	73900
行政管理部门	4050	250		4300
出租	1200			1200
合计	78750	1500	850	79400

根据表 10-3，应作如下会计分录：

借：制造费用　　　　　　　　　　　　　　　　　73900
　　管理费用　　　　　　　　　　　　　　　　　　4300
　　其他业务成本　　　　　　　　　　　　　　　　1200
　　贷：累计折旧　　　　　　　　　　　　　　　　　　　79400

第四节　固定资产后续支出、处置的核算

一、固定资产的后续支出

企业的固定资产在使用期间发生的日常修理费、大修理费用、更新改造支出、房屋的装修费用等，这些支出统称为固定资产的后续支出。

对于发生的固定资产后续支出，在会计处理上应区分为资本化的后续支出和费用化的后续支出两种情况，分别进行处理，其会计处理原则如下：

1. 固定资产发生的后续支出，符合固定资产确认条件的，应当计入固定资产成本，同时将被替换部分的账面价值扣除；不符合固定资产确认条件的，应当在发生时计入当期损益。

2. 固定资产日常修理费用，通常不符合固定资产确认条件，应当在发生时按受益对象计入当期损益或计入相关资产的成本。与存货的生产和加工相关的固定资产日常修理费用按存货成本确定原则进行处理；行政管理部门、企业专设的销售机构等发生的固定资产日常修理费用按照功能分类计入管理费用或销售费用。

二、固定资产的处置

固定资产的处置包括固定资产的出售、报废和毁损、对外投资、非货币性资产交换、债务重组等。

固定资产满足下列条件之一的，应当予以终止确认：

1. 该固定资产处于处置状态。固定资产处于处置状态是指该固定资产不再用于生产商品、提供劳务、出租或经营管理,已不再符合固定资产的定义,应予终止确认。

2. 该固定资产预期通过使用或处置不能产生经济利益。如果一项固定资产预期通过使用或处置不能再产生经济利益,就不再符合固定资产的定义和确认条件,应予终止确认。

企业出售、转让、报废固定资产或发生固定资产毁损,应当将处置收入扣除账面价值和相关税费后的金额计入当期损益。固定资产的账面价值是固定资产账面余额扣减累计折旧和累计减值准备后的金额。

为了核算企业固定资产处置事项,企业应设置"固定资产清理"科目,该科目借方反映被清理固定资产账面价值、清理过程中发生的费用及其相关税费;贷方反映收回出售固定资产的价款、残料价值和变价收入以及应由保险公司或过失人赔偿的损失等;期末余额反映企业尚未清理完毕固定资产的价值以及清理净损益(清理收入减去清理费用)。该科目应按照被清理的固定资产项目进行明细核算。

企业处置固定资产,其会计处理一般经过以下五个步骤:

1. 固定资产转入清理

固定资产转入清理时,按该项固定资产账面价值,借记"固定资产清理"科目,按已计提的累计折旧,借记"累计折旧"科目,原已计提减值准备的,借记"固定资产减值准备"科目,按其账面余额,贷记"固定资产"科目。

2. 发生清理费用

固定资产清理过程中发生的有关费用以及应支付的相关税费,借记"固定资产清理"科目,贷记"银行存款""应交税费"等科目。

3. 出售收入和残料的处理

企业收回出售固定资产的价款、残料价值和变价收入等,应冲减清理支出。按实际收到的出售价款以及残料变价收入等,借记"银行存款""原材料"等科目,贷记"固定资产清理""应交税费——应交增值税"等科目。

4. 保险赔偿的处理

企业计算或收到的应由保险公司或过失人赔偿的损失,应冲减清理支出,借记"其他应收款""银行存款"等科目,贷记"固定资产清理"科目。

5. 清理净损益的处理

固定资产清理完成的净收益或净损失,属于正常出售、转让所产生的利得或损失,借记或贷记"资产处置损益"科目,贷记或借记"固定资产清理"科目;属于已丧失使用功能正常报废所产生的利得或损失,借记或贷记"营业外支出——非流动资产报废"科目,贷记或借记"固定资产清理"科目;属于自然灾害等非正常原因造成的,借记或贷记"营业外支出——非常损失"科目,贷记或借记"固定资产清理"科目。

另外,企业应定期或至少于每年年末对固定资产进行清查盘点,盘点清查中,如果发现盘盈、盘亏的固定资产,应当填制固定资产盘盈盘亏报告表。清查固定资产的损益,应当及时查明原因,并规定程序报批处理。企业对于清查中盘盈的固定资产,作为前期差错处理。盘盈的固定资产,在按管理权限报经批准处理前应先通过"以前年度损益调整"科目核算。盘盈的固定资产,应按重置成本确定其入账价值,借记"固定资产"科目,贷记"以前年度损益调整"科目。

企业对于盘亏的固定资产,按其账面价值,借记"待处理财产损溢"科目,按已计提的累计折旧,借记"累计折旧"科目,按该项固定资产已计提的减值准备,借记"固定资产减值准备"科目,按固定资产原价,贷记"固定资产"科目;盘亏的损失在报经批准处理时,按可收回的保险赔偿或过失人赔偿,借记"其他应收款"科目,按应计入营业外支出的金额,借记"营业外支出——盘亏损失"科目,贷记"待处理财产损溢"科目。

第五节 无形资产的核算

一、无形资产的内容和特征

无形资产是指企业拥有或者控制的没有实物形态的可辨认非货币性资产。无形资产包括专利权、非专利技术、商标权、著作权、土地使用权、特许权等。

(一)专利权

专利权是指专利发明人经过专利申请获得批准,从而得到法律保护的,对某一产品的设计、造型、配方、结构、制造工艺或程序等拥有的专门权利。根据《中华人民共和国专利法》规定,专利权分为发明专利和实用新型及外观设计专利两种,自申请日起计算,发明专利权的期限为20年,实用新型及外观设计专利权的期限为10年。发明者在取得专利权后,在有效期限内将享有专利的独占权。

(二)非专利技术

非专利技术是指专利权未经申请的没有公开的专门技术、工艺规程、经验和产品设计等。非专利技术因其未经法定机关按法律程序批准和认可,所以不受法律保护。非专利技术没有法律上的有效年限,只有经济上的有效年限。

(三)商标权

商标权是商标所有者将某类指定的产品或商品上使用的特定名称或图案即商标,依法注册登记后,取得的受法律保护的独家使用权利。商标是用来辨认特定商品和劳务的标记,代表着企业的一种信誉,从而具有相应的经济价值。根据《中华人民共和国商标法》规定,注册商标的有效期限为10年,期满可依法延长。

(四)著作权

著作权又称版权,指作者对其创作的文学、科学和艺术作品依法享有的某些特殊权利。著作权包括两方面的权利,即精神权利(人身权利)和经济权利(财产权利)。前者指作品署名、发表作品、确认作者身份、保护作品的完整性、修改已经发表的作品等权利,包括发表权、署名权、修改权和保护作品完整权;后者指以出版、表演、广播、展览、录制唱片、摄制影片等方式使用作品,以及因授权他人使用作品而获经济利益的权利。

(五)土地使用权

土地使用权是某一企业按照法律规定所取得的在一定时期对国有土地进行开发、利用和经营的权利。根据法律规定,在我国境内的土地都属于国家或集体所有,任何单位和个人不得侵占、买卖、出租或非法转让。国家和集体可以依照法定程序对土地使用权实行有偿出让,企业也可以依照法定程序取得土地使用权,或将已取得的土地使用权依法转让。企业取得土地使用权的方式大致有划拨取得、外购取得、投资者投入取得等。通常情况下,作为投资性房地产或者作为固定资产核算的土地,按照投资性房地产或固定资产核算;以缴纳土地出让金等方式外购的土地使用权、投资者投入等方式取得的土地使用权,作为无形资产核算。

(六)特许权

特许权又称特许经营权、专营权,指企业在某一地区经营或销售某种特定商品的权利或是一家企业接受另一家企业使用其商标、商号、技术秘密等权利。前者一般是由政府机构授权准许企业使用或在一定地区享有经营某种业务的特权,如烟草专卖权;后者指企业间依照签订的合同,有期限或无期限使用另一家企业的某些权利,如连锁店分店使用总店的名称等。

上述各项无形资产具有如下共同特征:

1. 无形资产不具有实物形态

无形资产通常表现为某种权利、技术或获取超额利润的综合能力。它没有实物形态,却能够为企业带来未来经济利益,或使企业获取超额收益。无形资产引起的未来经济利益可能包括销售产品和提供劳务的收入,或企业使用该无形资产而"节约"的成本或获得的其他利益。

2. 无形资产是可辨认的

将无形资产定义为可辨认的,主要是与商誉清楚地区分开来。企业合并中取得的商誉代表了购买者为了从不能单独辨认并独立确认的资产中获得预期未来经济利益而进行的支付。这些未来经济利益可能产生于取得的可辨认资产之间的协同作用,也可能产生于购买者在企业合并中准备支付的但却不符合在财务报表上确认条件的资产。

资产满足下列条件之一的,符合无形资产定义中的可辨认性标准:①能够从企业中分离或者划分出来,并能单独或者与相关合同、资产或负债一起,用于出售、转移、授予许可、租赁或者交换。②源自合同性权利或其他法定权利,无论这些权利是否可以从企业或其他权利和义务中转移或者分离。

3. 无形资产属于非货币性长期资产

作为长期资产应能在超过企业的一个营业周期内为企业创造经济利益,有些虽然具有无形资产的其他特性,却不能在超过一个经营周期内为企业服务的资产,不能作为无形资产核算。

4. 无形资产的可控制性

企业控制无形资产产生未来经济利益的能力,一般来自可强制执行的法定权利,也可以采用其他方法来控制未来经济利益。如果某项资源产生未来经济利益的能力缺乏法定权利来保护或其他方式来控制,则不能确认为无形资产。如企业可能拥有一定的客户基础或市场份额,并由于为建立客户关系和信赖付出了努力而期望这些客户继续与其进行商业往来,但是这种与客户的关系或客户对企业的信赖往往缺乏法定权利来保护,企业无法对其进行控制,所以,如客户基础、市场份额、客户关系和客户信赖等项目,通常不作为无形资产。

商誉是企业合并成本大于合并取得被购买方各项可辨认资产、负债公允价值份额的差额,其存在无法与企业自身分离,不具有可辨认性。企业自创的商誉以及未满足无形资产确认条件的其他项目,不能作为企业的无形资产。

二、无形资产的确认与计量

(一) 无形资产的确认

无形资产在同时满足以下两个条件时,企业才能确认:①与该无形资产有关的经济利益很可能流入企业;②该无形资产的成本能够可靠地计量。

企业在判断无形资产产生的经济利益是否可能流入企业时,应当对无形资产在预计使用寿命内可能存在的各种经济因素做出合理估计,并且应当有明确证据支持。

(二) 无形资产的初始计量

无形资产应当按照实际成本进行初始计量。应按照取得无形资产的不同来源分别计量,确定入账价值:

1. 外购无形资产的成本,包括购买价款、相关税费,以及直接归属于使该项资产达到预定用途所发生的其他支出,如使无形资产达到预定用途所发生的专业服务费、测试无形资产是否能够正常发挥作用的费用等。

如果购买无形资产的价款超过正常信用条件延期支付,实质上具有融资性质的,无形资产的成本以购买价款的现值为基础确定。实际支付的价款与购买价款的现值之间的差额,除按照《企业会计准则第17号——借款费用》规定应予资本化的以外,应当在信用期间内计入当期损益。

2. 自行开发的无形资产,其成本包括自某无形项目满足无形资产确认条件,以及在其开发阶段支出满足确认为无形资产的条件后至达到预定用途前所发生的支出总额,但是对于以前期间已经费用化的支出不再调整。具体内容详见本节"三、无形资产取得的核算(二)自行开发的无形资产"。

3. 投资者投入无形资产的成本,应当按照投资合同或协议约定的价值确定,但合同或协议约定价值不公允的除外。

4. 非货币性资产交换取得的无形资产的成本,应当按照《企业会计准则第7号——非货币性资产交换》的规定加以确定。

5. 债务重组取得的无形资产的成本,应当按照《企业会计准则第12号——债务重组》的规定加以确定。

6. 接受政府补助取得的无形资产的成本,应当按照《企业会计准则第16号——政府补助》的规定加以确定。

7. 企业取得的土地使用权,通常应按照取得时所支付的价款及相关税费确认为无形资产,但改变土地使用权的用途,用于出租或增值目的时,应当将其转为投资性房地产。在土地上自行开发建造厂房等地上建筑物时,土地使用权与地上建筑物应当分别进行摊销和提取折旧。但下列情况除外:

(1) 房地产开发企业取得土地使用权用于建造对外出售的房屋建筑物,相关的土地使用权应当计入所建造的房屋建筑物成本。

(2) 企业外购的房屋建筑物,实际支付的价款应当按照合理的方法在地上建筑物与土地使用权之间进行分配;难以分配的,应当全部作为固定资产,并按照《企业会计准则第4号——固定资产》的规定进行处理。

8. 企业合并取得的无形资产的成本,应当按照《企业会计准则第20号——企业合并》

的规定加以确定。企业合并取得的无形资产,其公允价值能够可靠计量的,应当单独确认为无形资产。企业合并取得的无形资产,通常按照合同或法律规定产生的权利加以确认;某些并非合同或法律规定的权利,但能够与被购买企业的其他资产区分并单独出售或转让的,应当确认为无形资产。

(三) 无形资产的后续计量

企业应当于取得无形资产时分析判断其使用寿命。无形资产的使用寿命为有限的,应当估计该使用寿命的年限或者构成使用寿命的产量等类似计量单位数量;无法预见无形资产为企业带来经济利益期限的,应当视为使用寿命不确定的无形资产。

使用寿命有限的无形资产,其应摊销金额应当在使用寿命内系统合理摊销,摊销金额一般应当计入当期损益;使用寿命不确定的无形资产不应摊销。无形资产发生减值应按《企业会计准则第8号——资产减值》相关规定处理。

企业至少应当于每年年度终了,对使用寿命有限的无形资产的使用寿命及摊销方法进行复核。如果有证据表明无形资产的使用寿命及摊销方法与以前估计不同的,则应当改变摊销期限和摊销方法。在每个会计期间对使用寿命不确定的无形资产的使用寿命进行复核。如果有证据表明无形资产的使用寿命是有限的,则应当按照《企业会计准则第28号——会计政策、会计估计变更和差错更正》进行处理,并估计其使用寿命,按使用寿命有限的无形资产进行处理。

三、无形资产取得的核算

为了核算企业无形资产成本的增加、减少和结存的情况,企业应设置"无形资产"科目。该科目借方登记取得的无形资产成本,贷方登记转出的无形资产成本,期末借方余额反映企业持有无形资产的成本。该科目应按无形资产的项目设置明细账,进行明细核算。

采用成本模式计量的已出租的土地使用权和持有并准备增值后转让的土地使用权,在"投资性房地产"科目核算,不在"无形资产"科目核算。

根据无形资产的不同取得方式,其账务处理如下。

(一) 外购的无形资产

企业外购的无形资产,按应计入无形资产成本的金额,借记"无形资产"科目,贷记"银行存款"等科目。购入无形资产超过正常信用条件延期支付价款,实质上是具有融资性质的,应按所购无形资产购买价款的现值,借记"无形资产"科目,按应支付的金额,贷记"长期应付款"科目,按其差额,借记"未确认融资费用"科目。

(二) 自行开发的无形资产

企业自行研究开发项目,区分为研究阶段与开发阶段。

研究阶段,是指为获取新的技术和知识等进行的有计划的调查,研究阶段是探索性的,为进一步开发活动进行资料及相关方面的准备,已进行的研究活动将来是否会转入开发、开发后是否会形成无形资产等均具有较大的不确定性。例如,为了获取知识而进行的活动,研究成果或其他知识的应用研究、评价和最终选择,材料、设备、产品、工序、系统或服务替代品的研究,新的或经改进的材料、设备、产品、工序、系统或服务的可能替代品的配制、设计、评价和最终选择等,均属于研究活动。

相对于研究阶段而言,开发阶段应当已完成研究阶段的工作,在很大程度上已具备形成一项新产品或新技术的基本条件。比如,生产前或使用前的原型和模型的设计、建造和测试,含新技术的工具、夹具、模具和冲模的设计,不具有商业性生产经济规模的试生产设施的设计、建造和运营,新的或经改造的材料、设备、产品、工序、系统或服务所选定的替代品的设计、建造和测试等,均属于开发活动。

根据《企业会计准则第6号——无形资产》规定,企业内部研究开发项目发生的支出,按下列规定处理:

1. 企业研究阶段的支出全部费用化,计入当期损益(管理费用)。
2. 开发阶段的支出符合资本化条件的,才能确认为无形资产;不符合资本化条件的计入当期损益(管理费用)。
3. 无法区分研究阶段支出和开发阶段支出,应当将其所发生的研发支出全部费用化,计入当期损益(管理费用)。

对于企业内部开发项目发生的开发支出,同时满足下列条件的,应当确认为无形资产:

1. 完成该无形资产以使其能够使用或出售在技术上具有可行性

判断无形资产的开发在技术上是否具有可行性,应当以目前阶段的成果为基础,并提供相关证据和材料,证明企业进行开发所需的技术条件等已经具备,不存在技术上的障碍或其他不确定性。比如,企业已经完成了全部计划、设计和测试活动,这些活动是使资产能够达到设计规划书中的功能、特征和技术所必需的活动,或经过专家鉴定等。

2. 具有完成该无形资产并使用或出售的意图

企业能够说明其持有拟开发无形资产的目的,并具有完成该项无形资产开发并使其能够使用或出售的可能性。

3. 无形资产产生经济利益的方式

无形资产能够为企业带来未来经济利益,应当对运用该无形资产生产产品的市场情况进行可靠预计,以证明所生产的产品存在市场并能够带来经济利益的流入,或能够证明市场上存在对该类无形资产的需求。

4. 有足够的技术、财务资源和其他资源支持,以完成该无形资产的开发,并有能力使用或出售该无形资产。

企业能够证明无形资产开发所需的技术、财务和其他资源,以及获得这些资源的相关计划。例如,企业自有资金不足以提供支持的,是否存在外部其他方面的资金支持,如银行等金融机构愿意为该无形资产的开发提供所需资金的声明等。

5. 归属于该无形资产开发阶段的支出能够可靠地计量

企业对研究开发的支出应当能够单独核算,比如,直接发生的研发人员工资、材料费,以及相关设备折旧费等能够对象化;同时从事多项研究开发活动的,所发生的支出能够按照合理的标准在各项研究开发活动之间进行分配。研发支出无法明确分配的,应当计入当期损益,不计入开发活动的成本。

为了核算企业进行研究与开发无形资产过程中发生的各项支出,企业应设置"研发支出"科目,该科目为成本类科目,借方登记实际发生的研发支出,贷方登记转为无形资产和管理费用的金额,借方余额反映企业正在进行的研究开发项目中满足资本化条件的支出。企业应当按照研究开发项目,分"费用化支出"与"资本化支出"进行明细核算。

企业自行开发无形资产发生的研发支出,不满足资本化条件的,借记"研发支出——费用化支出"科目,满足资本化条件的,借记"研发支出——资本化支出"科目,贷记"原材料""银行存款""应付职工薪酬"等科目。

企业以其他方式取得的正在进行的研究开发项目,应按确定的金额,借记"研发支出——资本化支出"科目,贷记"银行存款"等科目。以后发生的研发支出,比照上述企业自行开发无形资产发生的研发支出进行处理。

企业研究开发项目达到预定用途形成无形资产的,应按"研发支出——资本化支出"科目的余额,借记"无形资产"科目,贷记"研发支出——资本化支出"科目。

期末,企业应将研发支出科目归集的费用化支出金额转入"管理费用"科目,借记"管理费用"科目,贷记"研发支出——费用化支出"科目。

(三)投资者投入的无形资产

投资者投入的无形资产,按投资各方确认的价值,借记"无形资产"科目,贷记"实收资本"或"股本"等科目。

(四)接受政府补助取得的无形资产

企业接受政府补助而取得的无形资产,应按照所取得的无形资产的公允价值入账,如果公允价值不能可靠取得,按照名义金额入账。收到无形资产时,按公允价值或名义金额,借记"无形资产"科目,贷记"递延收益"科目。

(五)其他方式取得的无形资产

企业通过非货币性资产交换、债务重组、企业合并等方式取得的无形资产,其账务处理同采用这些方式取得固定资产的账务处理,这里不再赘述。

四、无形资产摊销的核算

企业摊销某项无形资产时,首先应于取得该项无形资产时判断其使用寿命。无形资产的使用寿命为有限的,应当估计该使用寿命的年限或者构成使用寿命的产量等类似计量单位数量;无法预见无形资产为企业带来经济利益期限的,应当视为使用寿命不确定的无形资产。

企业持有的无形资产,通常来源于合同性权利或是其他法定权利,且合同规定或法律规定有明确的使用年限。

来源于合同性权利或其他法定权利的无形资产,其使用寿命不应超过合同性权利或其他法定权利的期限;如果合同性权利或其他法定权利能够在到期时因续约等延续,且有证据表明企业续约不需要付出大额成本,续约期应当计入使用寿命。合同或法律没有规定使用寿命的,企业应当综合各方面情况判断,以确定无形资产能为企业带来未来经济利益的期限。比如,与同行业的情况进行比较、参考历史经验,或聘请相关专家进行论证等。

企业确定无形资产的使用寿命,应当考虑以下因素:

1. 该资产通常的产品寿命周期、可获得的类似资产使用寿命的信息。
2. 技术、工艺等方面的现实情况及对未来发展的估计。
3. 以该资产在该行业运用的稳定性和生产的产品或服务的市场需求情况。
4. 现在或潜在的竞争者预期采取的行动。
5. 为维持该资产产生未来经济利益的能力预期的维护支出,以及企业预计支付有关支出的能力。

6. 对该资产的控制期限,使用的法律或类似限制,如特许使用期间、租赁期间等。

7. 与企业持有的其他资产使用寿命的关联性等。

按照上述方法仍无法合理确定无形资产为企业带来经济利益期限的,该项无形资产应作为使用寿命不确定的无形资产。

使用寿命有限的无形资产,其应摊销金额应当在使用寿命内系统合理摊销。

无形资产的应摊销金额为其成本扣除预计残值后的金额。已计提减值准备的无形资产,还应扣除已计提的无形资产减值准备累计金额。使用寿命有限的无形资产,其残值应当视为零,但下列情况除外:

1. 有第三方承诺在无形资产使用寿命结束时购买该无形资产。

2. 可以根据活跃市场得到预计残值信息,并且该市场在无形资产使用寿命结束时很可能存在。

摊销期限应当自无形资产可供使用时起,至不再作为无形资产确认时止。

企业选择的无形资产摊销方法,应当反映与该项无形资产有关的经济利益的预期实现方式。无法可靠确定预期实现方式的,应当采用直线法摊销。

无形资产的摊销金额一般应计入当期损益。某项无形资产包含的经济利益通过所生产的产品或其他资产实现的,无形资产的摊销金额可以计入产品或其他资产成本。

为了核算企业对使用寿命有限的无形资产计提的累计摊销,应设置"累计摊销"科目,该科目属于资产类科目,是"无形资产"科目的备抵科目。贷方登记计提的无形资产摊销额;借方登记因出售、报废转销无形资产成本时转出的已计提累计摊销额;余额在贷方,表示企业现有使用寿命有限的无形资产的累计摊销额。该科目应按无形资产项目进行明细核算。

企业应对使用寿命有限的无形资产,根据其使用寿命,采用一定的摊销方法,按月计提无形资产摊销。企业按月计提无形资产摊销,应借记"管理费用""其他业务成本"等科目,贷记"累计摊销"科目。

五、无形资产处置和报废的核算

(一)无形资产出售

企业出售无形资产时,应按实际收到的金额,借记"银行存款"等科目,按已计提的累计摊销,借记"累计摊销"科目,原已计提减值准备的,借记"无形资产减值准备"科目,按应支付的相关税费,贷记"应交税费"等科目,按其账面余额,贷记"无形资产"科目,按其差额,贷记或借记"资产处置损益"。

【例10-6】 2×21年3月20日,甲公司(系增值税一般纳税人)购入一项专利权,取得的增值税专用发票上注明的专利权价款为120000元,进项税额为7200元。作无形资产入账,确定的摊销期限为10年;甲公司在购入该项专利权使用18个月后又将其所有权出售给其他单位,取得出售收入106000元,该项专利权未计提减值准备。假定这项专利权的净残值为0,并按直线法摊销,有关会计分录如下:

(1)购入专利权时:

借:无形资产——某项专利权　　　　　　　　　　　　　120000

应交税费——应交增值税(进项税额)	7200
贷:银行存款	127200

(2)按月摊销时:月摊销额=120000÷10÷12=1000(元)

借:管理费用	1000
贷:累计摊销——某项专利权	1000

(3)出售时:已摊销额=1000×18=18000(元)

借:银行存款	106000
资产处置损益	2000
累计摊销——某项专利权	18000
贷:无形资产——某项专利权	120000
应交税费——应交增值税(销项税额)	6000

(二)无形资产报废

无形资产预期不能为企业带来经济利益的,应当将该无形资产的账面价值予以转销。

当无形资产预期不能为企业带来经济利益的,应按已计提的累计摊销,借记"累计摊销"科目,原已计提减值准备的,借记"无形资产减值准备"科目,按其账面余额,贷记"无形资产"科目,按其差额,借记"营业外支出"科目。

第六节 固定资产、无形资产等资产减值的核算

对于企业拥有的固定资产、无形资产和使用权资产、商誉,应当在资产负债表日判断其是否存在可能发生减值的迹象;对于存在减值迹象的,应当进行减值测试,计算可收回金额,可收回金额低于账面价值的,应当按照可收回金额低于账面价值的金额,计提减值准备。"第十一章 非流动资产(二)"中有关长期股权投资、以成本模式进行后续计量的投资性房地产等资产的减值核算比照本节内容进行。

一、固定资产、无形资产等资产发生减值的判断

存在下列迹象的,表明固定资产、无形资产等资产可能发生了减值:

1. 资产的市价当期大幅度下跌,其跌幅明显高于因时间的推移或者正常使用而预计的下跌。

2. 企业经营所处的经济、技术或者法律等环境,以及资产所处的市场在当期或者将在近期发生重大变化,从而对企业产生不利影响。

3. 市场利率或者其他市场投资报酬率在当期已经提高,从而影响企业计算资产预计未来现金流量现值的折现率,导致资产可收回金额大幅度降低。

4. 有证据表明资产已经陈旧过时或者其实体已经损坏。

5. 资产已经或者将被闲置、终止使用,或者计划提前处置。

6. 企业内部报告的证据表明资产的经济绩效已经低于或者将低于预期,如资产所创造的净现金流量或者实现的营业利润(或者亏损)远远低于(或者高于)预计金额等。

7. 其他表明资产可能已经发生减值的迹象。

因企业合并所形成的商誉和使用寿命不确定的无形资产,无论是否存在减值迹象,都应当至少于每年年末终了进行减值测试。

对于使用权资产,承租人应当在租赁期开始日后,按照《企业会计准则第8号——资产减值》的规定,确定使用权资产是否发生减值,并对已识别的减值损失进行会计处理。

在首次执行《企业会计准则第21号——租赁》时,作为使用权资产减值测试的替代,承租人可根据《企业会计准则第13号——或有事项》评估包含租赁的合同在首次执行日前是否为亏损合同,并根据首次执行日前计入资产负债表的亏损准备金额调整使用权资产。

二、资产可收回金额的计量

固定资产、无形资产等资产存在减值迹象的,应当估计其可收回金额。在估计资产可收回金额时,应当遵循重要性原则,即:以前报告期间的计算结果表明,资产可收回金额显著高于其账面价值,之后又没有消除这一差异的交易或者事项,资产负债表日可以不重新估计该资产的可收回金额。以前报告期间的计算与分析表明,资产可收回金额相对于某种减值迹象反应不敏感,在本报告期间又发生了该减值迹象的,可以不因该减值迹象的出现而重新估计该资产的可收回金额。

资产的可收回金额应当根据资产的公允价值减去处置费用后的净额与资产预计未来现金流量的现值两者之间较高者确定。

(一)资产的公允价值减去处置费用后净额的确定

资产的公允价值减去处置费用后的净额,应当分别按是否存在资产销售协议和活跃市场处理:

1. 对于存在资产销售协议的,应当根据公平交易中销售协议价格减去可直接归属于该资产处置费用的金额确定。

处置费用包括与资产处置有关的法律费用、相关税费、搬运费,以及为使资产达到可销售状态所发生的直接费用等。

2. 对于不存在销售协议但存在资产活跃市场的,应当按照该资产的市场价格减去处置费用后的金额确定。

资产的市场价格通常应当根据资产的买方出价确定。

3. 在销售协议和资产活跃市场均不存在的情况下,应当以可获取的最佳信息为基础,估计资产的公允价值减去处置费用后的净额,该净额可以参考同行业类似资产的最近交易价格或者结果进行估计。

(二)资产预计未来现金流量现值的确定

资产预计未来现金流量的现值,应当按照资产在持续使用过程中和最终处置时所产生的预计未来现金流量,选择恰当的折现率对其进行折现后的金额加以确定。预计资产未来现金流量的现值,应当综合考虑资产的预计未来现金流量、使用寿命和折现率等因素。

1. 预计未来现金流量

(1)预计的资产未来现金流量的内容

预计的资产未来现金流量应当包括下列各项:

①资产持续使用过程中预计产生的现金流入。

②为实现资产持续使用过程中产生的现金流入所必需的预计现金流出(包括为使资产达到预定可使用状态所发生的现金流出)。该现金流出应当是可直接归属于或者可通过合理和一致的基础分配到资产中的现金流出。

③资产使用寿命结束时,处置资产所收到或者支付的净现金流量。该现金流量应当是在公平交易中,熟悉情况的交易双方自愿进行交易时,企业预期可从资产的处置中获取或者支付的、减去预计处置费用后的金额。

预计资产的未来现金流量,应当以资产的当前状况为基础,不应当包括与将来可能会发生的、尚未作出承诺的重组事项或者与资产改良有关的预计未来现金流量,也不应当包括筹资活动产生的现金流入或者流出以及与所得税收付有关的现金流量。

企业已经承诺重组的,在确定资产的未来现金流量的现值时,预计的未来现金流入和流出数,应当反映重组所能节约的费用和由重组所带来的其他利益,以及因重组所导致的估计未来现金流出数。其中重组所能节约的费用和由重组所带来的其他利益,通常应当根据企业管理层批准的最近财务预算或者预测数据进行估计;因重组所导致的估计未来现金流出数应当根据《企业会计准则第13号——或有事项》的规定所确认的因重组所发生的预计负债金额进行估计。

(2)预计资产未来现金流量的基础

预计资产未来现金流量应建立在以下基础上:

①预计资产未来现金流量时,企业管理层应当在合理和有依据的基础上对资产剩余使用寿命内整个经济状况进行最佳估计。企业管理层应当通过分析过去预计现金流量和实际现金流量的差额产生的原因,来评价目前预计现金流量所依据假设的合理性。

②预计资产的未来现金流量,应当以经企业管理层批准的最近财务预算或者预测数据,以及该预算或者预测期之后年份稳定的或者递减的增长率为基础。企业管理层如能证明递增的增长率是合理的,可以以递增的增长率为基础。建立在预算或者预测基础上的预计现金流量最多涵盖5年,企业管理层如能证明更长的期间是合理的,可以涵盖更长的期间。

③在对预算或者预测期之后年份的现金流量进行预计时,所使用的增长率除了企业能够证明更高的增长率是合理的之外,不应当超过企业经营的产品、市场、所处的行业或者所在国家或者地区的长期平均增长率,或者该资产所处市场的长期平均增长率。

(3)预计资产未来现金流量的方法

预计资产未来现金流量,通常应当根据资产未来每期最有可能产生的现金流量进行预测。采用期望现金流量法更为合理的,应当采用期望现金流量法预计资产未来现金流量。采用期望现金流量法,资产未来现金流量应当根据每期现金流量期望值进行预计,每期现金流量期望值,按照各种可能情况下的现金流量乘以相应的发生概率加总计算。

(4)预计资产未来现金流量应当考虑的因素

①预计未来现金流量和折现率,应当在一致的基础上考虑因一般通货膨胀而导致物价上涨因素的影响。如果折现率考虑了这一影响因素,资产预计未来现金流量就应当考虑;折现率没有考虑这一影响因素的,预计未来现金流量就不应考虑。

②预计资产未来现金流量,应当分析以前期间现金流量预计数与实际数差异的情况,

以评判预计当期现金流量依据假设的合理性。通常应当确保当期预计现金流量依据的假设与前期实际结果相一致。

③预计资产未来现金流量应当以资产的当前状况为基础,不应包括与将来可能会发生的、尚未作出承诺的重组事项或者与资产改良有关的预计未来现金流量。但未来发生的现金流出是为了维持资产正常运转或者资产原定正常产出水平所必需的,预计资产未来现金流量时应当将其考虑在内。

④预计在建工程、开发过程中的无形资产等资产的未来现金流量,应当包括预期为使该类资产达到预定可使用或可销售状态而发生的全部现金流出。

⑤资产的未来现金流量受内部转移价格影响的,应当采用在公平交易的前提下企业管理层能够达成的最佳的未来价格估计数进行预计。

2. 折现率

折现率是反映当前市场货币时间价值和资产特定风险的税前利率。该折现率是企业在购置或者投资资产时所要求的必要报酬率。在预计资产的未来现金流量时已经对资产特定风险的影响作了调整的,估计折现率不需要考虑这些特定风险。如果用于估计折现率的基础是税后的,应当将其调整为税前的折现率。

折现率的确定通常应当以该资产的市场利率为依据。该资产的利率无法从市场获得的,可以使用替代利率估计折现率。替代利率可以根据加权平均资金成本、增量借款利率或者其他相关市场借款利率作适当调整后确定。调整时,应当考虑与资产预计现金流量有关的特定风险以及其他有关政治风险、货币风险和价格风险等。

估计资产未来现金流量现值,通常应当使用单一的折现率。但是,如果资产未来现金流量的现值对未来不同期间的风险差异或者利率的期间结构反应敏感的,应当在未来各不同期间采用不同的折现率。

3. 资产预计未来现金流量现值的计算

资产未来现金流量的现值,应当根据该资产预计的未来现金流量和折现率在资产剩余使用寿命内予以折现后的金额确定。计算公式如下:

$$资产预计未来现金流量现值 = \sum \left[第 t 年预计资产未来现金流量 \div (1+折现率)^t \right]$$

【例 10-7】 甲公司 2×22 年末对 A 装置进行减值测试。A 装置原值为 20000 万元,累计折旧 5440 万元,2×22 年末账面价值为 14560 万元,预计尚可使用 6 年。假定 A 装置的公允价值减去处置费用后的净额难以确定,但 A 装置能独立生产产品并带来收入,因此,甲公司通过计算其未来现金流量的现值确定可收回金额。甲公司在考虑了与 A 装置有关的货币时间价值和特定风险因素后,确定 10% 为该资产的最低必要报酬率,并将其作为计算未来现金流量现值时使用的折现率。甲公司根据历史资料和发展趋势,估计 A 装置在 2×23—2×28 年每年预计未来现金流量,如表 10-4 所示。

根据上述资料,甲公司编制资产预计未来现金流量现值计算表,如表 10-4 所示(表中现值系数可根据公式计算或者直接查复利现值系数表取得)。

表10-4　　　　　　　资产预计未来现金流量现值计算

年度	预计未来现金流量(万元)	现值系数(折现率为10%)	预计未来现金流量的现值(万元)
2×23	2500	0.9091	2273
2×24	2460	0.8264	2033
2×25	2380	0.7513	1788
2×26	2360	0.6830	1612
2×27	2390	0.6209	1484
2×28	2470	0.5645	1394
合计	14560	—	10584

根据表10-4预测计算的结果，甲公司A装置预计未来现金流量的现值为10584万元，以此作为可收回金额，而A装置的账面价值为14560万元，则甲公司2×22年末应将A装置账面价值高于可收回金额的差额3976万元确认为当期资产减值损失，并计提相应的减值准备。

需要注意的是，如果预计资产的未来现金流量涉及外币的，应当以该资产所产生的未来现金流量的结算货币为基础，按照该货币适用的折现率计算资产的现值；然后将该外币现值按照计算资产未来现金流量现值当日的即期汇率进行折算。

三、资产减值损失的账务处理

资产的可收回金额低于其账面价值的，企业应当将资产的账面价值减记至可收回金额，减记的金额确认为资产减值损失，计入当期损益，同时计提相应的资产减值准备。资产的账面价值是资产的账面原值扣减累计折旧(或累计摊销)和累计减值准备后的金额。资产减值损失确认后，减值资产的折旧或者摊销费用应当在未来期间作相应调整，以使该资产在剩余使用寿命内，系统地分摊调整后的资产账面价值(扣除预计净残值)。已计提减值准备的固定资产应当按照该项资产的账面价值以及尚可使用寿命重新计算确定折旧率和折旧额。已计提减值准备的需要摊销的无形资产，应当按照该项资产的账面价值以及尚可使用寿命重新计算确定摊销额。上述固定资产和无形资产的减值损失一经确认，在以后会计期间不得转回。

为了核算企业固定资产和无形资产发生减值时计提的减值准备，应设置"固定资产减值准备""无形资产减值准备"总账科目，该科目贷方登记发生减值时计提的减值准备，借方登记资产处置时应结转的已计提减值准备，期末贷方余额反映企业已计提但尚未转销的资产减值准备。

企业应在资产负债表日，根据《企业会计准则第8号——资产减值》确定固定资产或无形资产发生减值，按应减记的金额，借记"资产减值损失"科目，贷记"固定资产减值准备"科目或"无形资产减值准备"科目。处置固定资产或无形资产时，应同时结转已计提的资产减值准备。

【例10-8】　根据【例10-7】所提供的资料和计算结果，则甲公司2×22年末

应编制如下会计分录:
借:资产减值损失 39760000
　　贷:固定资产减值准备 39760000

【例10-9】 2×17年1月1日,丁公司以银行存款120万元外购取得B特许权这一无形资产。根据相关约定,丁公司取得的B特许权预计可使用年限为6年,预计净残值为0,B特许权成本按直线法在6年内摊销。2×18年12月31日,由于与B特许权相关的经济因素发生不利变化,致使B特许权价值发生减值损失。丁公司据此估计其可收回金额为35万元。假设不考虑所得税及其他相关税费的影响,无形资产的预计使用年限保持不变。

根据上述资料,B特许权取得后,丁公司在整个使用年限的账务处理如下:
(1)2×17年、2×18年各年摊销B特许权无形资产账面价值:
借:管理费用 200000
　　贷:累计摊销 200000
(2)2×18年计提B特许权无形资产减值准备:
借:资产减值损失 450000
　　贷:无形资产减值准备——B特许权减值准备 450000
(3)2×19—2×22年各年摊销B特许权无形资产账面价值:
借:管理费用 87500
　　贷:累计摊销 87500
(4)2×22年12月31日转销"无形资产——B特许权"科目和"无形资产减值准备——B特许权减值准备"科目的余额:
借:无形资产减值准备——B特许权减值准备 450000
　　累计摊销 750000
　　贷:无形资产——B特许权 1200000

应当注意的是,有迹象表明一项资产可能发生减值的,企业应当以单项资产为基础估计其可收回金额。企业难以对单项资产的可收回金额进行估计的,应当以该资产所属的资产组为基础确定资产组的可收回金额。资产组是指企业可以认定的最小资产组合,其产生的现金流入应当基本上独立于其他资产或资产组产生的现金流入。此外,有迹象表明某项总部资产可能发生减值的,企业应当计算确定该总部资产所归属的资产组或者资产组组合的可收回金额,然后将其与相应的账面价值相比较,据以判断是否需要确认减值损失。其中,资产组组合是指由若干个资产组组成的最小资产组组合,包括资产组或者资产组组合,以及按合理方法分摊的总部资产部分。企业总部资产包括企业集团或其事业部的办公楼、电子数据处理设备等资产。总部资产的显著特征是难以脱离其他资产或者资产组产生独立的现金流入,而且其账面价值不能完全归属于某一资产组。限于篇幅,有关资产组和总部资产等资产的减值问题,具体内容可参见《企业会计准则第8号——资产减值》有关规定。

第七节　持有待售的非流动资产、处置组和终止经营

一、适用范围与概念

为规范企业持有待售的非流动资产或处置组的分类、计量和列报，以及终止经营的列报，财政部发布了《企业会计准则第42号——持有待售的非流动资产、处置组和终止经营》（以下称第42号准则），适用于所有非流动资产和处置组，但除该准则第三条规定外。

处置组，是指在一项交易中作为整体通过出售或其他方式一并处置的一组资产，以及在该交易中转让的与这些资产直接相关的负债。处置组所属的资产组或资产组组合按照《企业会计准则第8号——资产减值》分摊了企业合并中取得的商誉的，该处置组应当包含分摊至处置组的商誉。

终止经营，是指企业满足下列条件之一的、能够单独区分的组成部分，且该组成部分已经处置或划分为持有待售类别：

1. 该组成部分代表一项独立的主要业务或一个单独的主要经营地区；
2. 该组成部分是拟对一项独立的主要业务或一个单独的主要经营地区进行处置的一项相关联计划的一部分；
3. 该组成部分是专为转售而取得的子公司。

二、持有待售的非流动资产或处置组的分类

企业主要通过出售（包括具有商业实质的非货币性资产交换，下同）而非持续使用一项非流动资产或处置组收回其账面价值的，应当将其划分为持有待售类别。非流动资产或处置组划分为持有待售类别，应当同时满足下列条件：

1. 根据类似交易中出售此类资产或处置组的惯例，在当前状况下即可立即出售；
2. 出售极可能发生，即企业已经就一项出售计划作出决议且获得确定的购买承诺，预计出售将在1年内完成。有关规定要求企业相关权力机构或者监管部门批准后方可出售的，应当已经获得批准。

确定的购买承诺，是指企业与其他方签订的具有法律约束力的购买协议，该协议包含交易价格、时间和足够严厉的违约惩罚等重要条款，使协议出现重大调整或者撤销的可能性极小。

对于企业专为转售而取得的非流动资产或处置组，在取得日满足"预计出售将在1年内完成"的规定条件，且短期（通常为3个月）内很可能满足持有待售类别的其他划分条件的，企业应当在取得日将其划分为持有待售类别。

因企业无法控制的下列原因之一，导致非关联方之间的交易未能在1年内完成，且有充分证据表明企业仍然承诺出售非流动资产或处置组的，企业应当继续将非流动资产或处置组划分为持有待售类别：

1. 买方或其他方意外设定导致出售延期的条件，企业针对这些条件已经及时采取行动，且预计能够自设定导致出售延期的条件起1年内顺利化解延期因素；
2. 因发生罕见情况，导致持有待售的非流动资产或处置组未能在1年内完成出售，企

业在最初 1 年内已经针对这些新情况采取必要措施且重新满足了持有待售类别的划分条件。

持有待售的非流动资产或处置组不再满足持有待售类别划分条件的,企业不应当继续将其划分为持有待售类别。部分资产或负债从持有待售的处置组中移除后,处置组中剩余资产或负债新组成的处置组仍然满足持有待售类别划分条件的,企业应当将新组成的处置组划分为持有待售类别,否则应当将满足持有待售类别划分条件的非流动资产单独划分为持有待售类别。

企业不应当将拟结束使用而非出售的非流动资产或处置组划分为持有待售类别。

三、持有待售的非流动资产或处置组的计量

(一) 初始计量或在资产负债表日重新计量

企业将非流动资产或处置组首次划分为持有待售类别前,应当按照相关会计准则规定计量非流动资产或处置组中各项资产和负债的账面价值。

企业初始计量或在资产负债表日重新计量持有待售的非流动资产或处置组时,其账面价值高于公允价值减去出售费用后的净额的,应当将账面价值减记至公允价值减去出售费用后的净额,减记的金额确认为资产减值损失,计入当期损益,同时计提持有待售资产减值准备。

对于取得日划分为持有待售类别的非流动资产或处置组,企业应当在初始计量时比较假定其不划分为持有待售类别情况下的初始计量金额和公允价值减去出售费用后的净额,以两者孰低计量。除企业合并中取得的非流动资产或处置组外,由非流动资产或处置组以公允价值减去出售费用后的净额作为初始计量金额而产生的差额,应当计入当期损益。

企业在资产负债表日重新计量持有待售的处置组时,应当首先按照相关会计准则规定计量处置组中不适用第 42 号准则计量规定的资产和负债的账面价值,然后按照第 42 号准则的规定进行会计处理。

对于持有待售的处置组确认的资产减值损失金额,应当先抵减处置组中商誉的账面价值,再根据处置组中适用准则计量规定的各项非流动资产账面价值所占比重,按比例抵减其账面价值。

后续资产负债表日持有待售的非流动资产公允价值减去出售费用后的净额增加的,以前减记的金额应当予以恢复,并在划分为持有待售类别后确认的资产减值损失金额内转回,转回金额计入当期损益。划分为持有待售类别前确认的资产减值损失不得转回。

后续资产负债表日持有待售的处置组公允价值减去出售费用后的净额增加的,以前减记的金额应当予以恢复,并在划分为持有待售类别后适用第 42 号准则计量规定的非流动资产确认的资产减值损失金额内转回,转回金额计入当期损益。已抵减的商誉账面价值,以及适用第 42 号准则计量规定的非流动资产在划分为持有待售类别前确认的资产减值损失不得转回。

持有待售的处置组确认的资产减值损失后续转回金额,应当根据处置组中除商誉外适用第 42 号准则计量规定的各项非流动资产账面价值所占比重,按比例增加其账面价值。

（二）后续计量

持有待售的非流动资产或处置组中的非流动资产不应计提折旧或摊销，持有待售的处置组中负债的利息和其他费用应当继续予以确认。

非流动资产或处置组因不再满足持有待售类别的划分条件而不再继续划分为持有待售类别或非流动资产从持有待售的处置组中移除时，应当按照以下两者孰低计量：

1. 划分为持有待售类别前的账面价值，按照假定不划分为持有待售类别情况下本应确认的折旧、摊销或减值等进行调整后的金额；

2. 可收回金额。

（三）终止确认时的计量

企业终止确认持有待售的非流动资产或处置组时，应当将尚未确认的利得或损失计入当期损益。

第十一章 非流动资产(二)

第一节 以摊余成本计量的金融资产的核算

一、以摊余成本计量的金融资产的确认

金融资产同时符合下列条件的,应当分类为以摊余成本计量的金融资产:
1. 企业管理该金融资产的业务模式是以收取合同现金流量为目标。
2. 该金融资产的合同条款规定,在特定日期产生的现金流量,仅为对本金和以未偿付本金金额为基础的利息的支付。

企业成为金融工具合同的一方时,应当按照上述分类条件,将其确认为一项以摊余成本计量的金融资产。

例如,普通债券的合同现金流量是到期收回本金及按约定利率在合同期间按时收取固定或浮动利息。在没有其他特殊安排的情况下,普通债券通常可能符合本金加利息的合同现金流量特征。如果企业管理该债券的业务模式是以收取合同现金流量为目标,则该债券可分类为以摊余成本计量的金融资产。企业在评估金融资产是否属于"以收取合同现金流量为目标"这一业务模式时,应当考虑此前出售此类资产的原因、时间、频率和出售的价值,以及对未来出售的预期。但是,此前出售资产的事实只是为企业提供相关依据,而不能决定业务模式。如果企业能够解释出售的原因并且证明出售并不反映业务模式的改变,出售频率或者出售价值在特定时间内增加不一定与以收取合同现金流量为目标的业务模式相矛盾。企业不能仅因存在出售情况或者出售超过一定比例而认为管理该金融资产的业务模式不是以收取合同现金流量为目标。

以摊余成本计量的金融资产可以重分类为以公允价值计量且其变动计入当期损益的金融资产,或者重分类为以公允价值计量且其变动计入其他综合收益的金融资产,反之亦然。企业对金融资产进行重分类,应当自重分类日起采用未来适用法进行相关会计处理,不得对以前已经确认的利得、损失(包括信用减值损失或利得)或利息进行追溯调整。重分类日,是指导致企业对金融资产进行重分类的业务模式发生变更后的首个报告期间的第一天。例如,甲上市公司决定于2022年3月22日改变其管理某金融资产的业务模式,则重分类日为2022年4月1日(即下一个季度会计期间的期初);乙上市公司决定于2022年10月15日改变其管理某金融资产的业务模式,则重分类日为2023年1月1日。

以摊余成本计量的金融资产可分为货币资金、应收款项、贷款、债权投资,本节不涉及货币资金、应收款项、贷款的核算。

二、以摊余成本计量的金融资产的计量

以摊余成本计量的金融资产应当按取得时的公允价值(不包含已宣告但尚未发放的债券利

息)和相关交易费用之和作为初始确认金额。初始确认后,企业应以摊余成本进行后续计量。

交易费用,是指可直接归属于购买、发行或处置金融工具的增量费用。增量费用是指企业没有发生购买、发行或处置相关金融工具的情形就不会发生的费用,包括支付给代理机构、咨询公司、券商、证券交易所、政府有关部门等的手续费、佣金、相关税费以及其他必要支出,不包括债券溢价、折价、融资费用、内部管理成本和持有成本等与交易不直接相关的费用。

企业应当根据《企业会计准则第 39 号——公允价值计量》的规定,确定金融资产和金融负债在初始确认时的公允价值。公允价值通常为相关金融资产或金融负债的交易价格(即所收到或支付对价的公允价值)。金融资产或金融负债公允价值与交易价格存在差异的,企业应当区别下列情况进行处理:

1. 在初始确认时,金融资产或金融负债的公允价值依据相同资产或负债在活跃市场上的报价或者以仅使用可观察市场数据的估值技术确定的,企业应当将该公允价值与交易价格之间的差额确认为一项利得或损失。

2. 在初始确认时,金融资产或金融负债的公允价值以其他方式确定的,企业应当将该公允价值与交易价格之间的差额递延。初始确认后,企业应当根据某一因素在相应会计期间的变动程度将该递延差额确认为相应会计期间的利得或损失。该因素应当仅限于市场参与者对该金融工具定价时将予考虑的因素,包括时间等。

企业取得金融资产所支付的价款中包含的已宣告但尚未发放的利息或现金股利,应当单独确认为应收项目处理。

资产负债表日,以摊余成本计量的金融资产应当按摊余成本计量。以摊余成本计量的金融资产的摊余成本,是指以摊余成本计量的金融资产的初始确认金额经下列调整后的结果:

1. 扣除已偿还的本金。

2. 加上或减去采用实际利率法将该初始确认金额与到期日金额之间的差额进行摊销形成的累计摊销额。

3. 扣除累计计提的损失准备。

实际利率法,是指计算金融资产或金融负债的摊余成本以及将利息收入或利息费用分摊计入各会计期间的方法。

实际利率,是指将金融资产或金融负债在预计存续期的估计未来现金流量,折现为该金融资产账面余额或该金融负债摊余成本所使用的利率。在确定实际利率时,应当在考虑金融资产或金融负债所有合同条款(如提前还款、展期、看涨期权或其他类似期权等)的基础上估计预期现金流量,但不应当考虑预期信用损失。

企业应当按照实际利率法确认利息收入。利息收入应当根据金融资产账面余额乘以实际利率计算确定,但下列情况除外:

1. 对于购入或源生的已发生信用减值的金融资产,企业应当自初始确认起,按照该金融资产的摊余成本和经信用调整的实际利率计算确定其利息收入。

2. 对于购入或源生的未发生信用减值、但在后续期间成为已发生信用减值的金融资产,企业应当在后续期间,按照该金融资产的摊余成本和实际利率计算确定其利息收入。企业按照上述规定对金融资产的摊余成本运用实际利率法计算利息收入的,若该金融工具在后续期间因其信用风险有所改善而不再存在信用减值,并且这一改善在客观上可与应用上述规定之后发生的某一事件相联系(如债务人的信用评级被上调),企业应当转按实际利率乘以该金融资产账面余额来计算确定利息收入。

经信用调整的实际利率,是指将购入或源生的已发生信用减值的金融资产在预计存续期的估计未来现金流量,折现为该金融资产摊余成本的利率。在确定经信用调整的实际利率时,应当在考虑金融资产的所有合同条款(例如提前还款、展期、看涨期权或其他类似期权等)以及初始预期信用损失的基础上估计预期现金流量。

合同各方之间支付或收取的、属于实际利率或经信用调整的实际利率组成部分的各项费用、交易费用及溢价或折价等,应当在确定实际利率或经信用调整的实际利率时予以考虑。

企业通常能够可靠估计金融工具(或一组类似金融工具)的现金流量和预计存续期。在极少数情况下,金融工具(或一组金融工具)的估计未来现金流量或预计存续期无法可靠估计的,企业在计算确定其实际利率(或经信用调整的实际利率)时,应当基于该金融工具在整个合同期内的合同现金流量。

资产负债表日,企业应当按照准则的规定,以预期信用损失为基础,对以摊余成本计量的金融资产进行减值会计处理并确认减值准备,同时将减值损失或减值利得计入当期损益(信用减值损失)。

以摊余成本计量的金融资产在持有期间应当按照摊余成本和实际利率计算确认利息收入,并计入投资收益。实际利率应当在取得以摊余成本计量的金融资产时确定,在随后期间保持不变。实际利率与票面利率差别很小的,也可按票面利率计算利息收入,并计入投资收益。

处置以摊余成本计量的金融资产时,应将所取得价款与该投资账面价值之间的差额确认为投资收益。

企业将一项以摊余成本计量的金融资产重分类为以公允价值计量且其变动计入当期损益的金融资产的,应当按照该资产在重分类日的公允价值进行计量,原账面价值与公允价值之间的差额计入当期损益(公允价值变动损益);重分类为以公允价值计量且其变动计入其他综合收益的金融资产的,应当按照该金融资产在重分类日的公允价值进行计量,原账面价值与公允价值之间的差额计入其他综合收益,且该资产重分类不影响其实际利率和预期信用损失的计量。

对于由一项以公允价值计量且其变动计入当期损益的金融资产重分类为以摊余成本计量的金融资产的,应当以该金融资产在重分类日的公允价值作为以摊余成本计量的金融资产的初始确认金额。同时根据该公允价值确定其实际利率,并自重分类日(即初始确认日)起对以摊余成本计量的金融资产适用准则关于金融资产减值的相关规定。

对于由一项以公允价值计量且其变动计入其他综合收益的金融资产重分类为以摊余成本计量的金融资产的,应当将该金融资产之前计入其他综合收益的累计利得或损失转出,调整该金融资产在重分类日的公允价值,并以调整后的金额作为以摊余成本计量的金融资产的初始确认金额,即视同原资产一直以摊余成本计量。且该金融资产重分类不影响其实际利率和预期信用损失的计量。

三、以摊余成本计量的金融资产的账务处理

为了核算企业以摊余成本计量的金融资产的价值的增减变动情况,应设置"债权投资"总账科目。该科目应当按照以摊余成本计量的金融资产的类别和品种,分别对"成本""利

息调整""应计利息"等进行明细核算。该科目期末借方余额,反映企业以摊余成本计量的金融资产的摊余成本和应计利息。

以摊余成本计量的金融资产的核算主要包括该类金融资产的取得、利息调整和利息收入、处置、重分类和减值等内容。

以摊余成本计量且不属于任何套期关系的金融资产所产生的利得或损失,应当在终止确认、按照规定重分类、按照实际利率法摊销或按照规定确认减值时,计入当期损益。

(一)以摊余成本计量的金融资产的取得

企业取得的以摊余成本计量的金融资产,应按该资产的面值,借记"债权投资——成本"科目,按实际支付的金额,贷记"银行存款"等科目,按其差额,借记或贷记"债权投资——利息调整"科目。

下面以购入长期债券作为以摊余成本计量的金融资产为例,加以说明。

【例11-1】 甲公司2×23年1月3日购入乙公司当年1月1日发行的5年期固定利率债券,该债券每年付息一次,最后一年偿还本金并付最后一次利息,票面年利率为12%,债券面值为1000元,甲公司按1050元(含交易费用)的溢价价格购入800张,票款以银行存款付讫。

甲公司在2×23年1月3日购入该债券时应编制如下会计分录:

借:债权投资——成本　　　　　　　　　　800000
　　　　　　——利息调整　　　　　　　　 40000
　贷:银行存款　　　　　　　　　　　　　840000

(二)以摊余成本计量的金融资产的利息调整和利息收入

以摊余成本计量的金融资产取得时发生的利息调整额实际上是企业长期债券投资等以摊余成本计量的金融资产取得时发生的溢折价。如果是溢折价购入的,则该债券当期的票面应计利息不等于当期的利息收益。购入债券时发生的溢价额,实际是企业预先垫付将来各期以较高利率多取得利息的代价;而购入债券时发生的折价额,实际是企业预先取得的以后各期少取得利息的补偿。因此,债券的溢折价应在持有期内分期摊销,调整各期的实际利息收入,即以当期的票面应计利息减去当期应分摊的溢价额或加上当期应分摊的折价额作为当期利息收入。

采用实际利率法在计算实际利率时,如为分期付息债券,到期一次收回本金和最后一期利息的,应根据"债券面值+债券溢价(或减去债券折价)=债券到期应收本金的贴现值+各期收取的债券利息的贴现值"公式,并采用"插入法"计算得出。

对长期债券投资溢折价采用实际利率法进行摊销时,可采用如下计算公式:

$$\text{溢折价的摊销额} = \text{每期按票面利率计算应计利息} - \text{债券的每期期初账面价值(摊余成本)} \times \text{实际利率}$$

资产负债表日,企业以摊余成本计量的金融资产在持有期间的主要账务处理如下。

未发生减值的以摊余成本计量的金融资产如为分期付息、一次还本债券投资,应于资产负债表日按票面利率计算确定的应收未收利息,借记"应收利息"科目,按以摊余成本计量的金融资产的摊余成本和实际利率计算确定的利息收入,贷记"投资收益"等科目,按其差额,借记或贷记"债权投资——利息调整"科目。

未发生减值的以摊余成本计量的金融资产如为一次还本付息债券投资,应于资产负债表日按票面利率计算确定的应收未收利息,借记"债权投资——应计利息"科目,按以摊余成本计量的金融资产摊余成本和实际利率计算确定的利息收入,贷记"投资收益"科目,按其差额,借记或贷记"债权投资——利息调整"科目。

收到取得以摊余成本计量的金融资产支付的价款中包含的已宣告但尚未发放的利息,借记"银行存款"等科目,贷记"应收利息"科目。

收到分期付息、一次还本以摊余成本计量的金融资产持有期间支付的利息,借记"银行存款"等科目,贷记"应收利息"科目。

【例11-2】 承【例11-1】,若甲公司投资乙公司债券发生的溢折价采用实际利率法进行摊销,并按年计算利息,则有关计算如下:

(1) 投资时投资额 = 800 × 1050 = 840000(元)

减:成本 = 800 × 1000 = 800000(元)

债券溢价 = 840000 - 800000 = 40000(元)

(2) 年度终了按实际利率法计算利息调整额(溢价摊销额)和投资收益(利息)。

由于本例中甲公司持有债券系分期付息债券,可根据"债券面值 + 债券溢价(或减去债券折价) = 债券到期应收本金的贴现值 + 各期收取的债券利息的贴现值"公式,采用"插入法"计算确定实际利率如下。

根据上述公式,先按10%的利率测试:

800000 × 0.620921 + 96000 × 3.790787 = 860652 > 840000

上式中,0.620921是根据"期终1元的现值表"查得的5年后收取的1元按10%利率贴现的贴现值;3.790787是根据"年金1元的现值表"查得的5年中每年收取1元按10%的利率贴现的贴现值。

再按11%的利率测试:

800000 × 0.593451 + 96000 × 3.695897 = 829567 < 840000

上式中,0.593451是根据"期终1元的现值表"查得的5年后收取的1元按11%利率贴现的贴现值;3.695897是根据"年金1元的现值表"查得的5年中每年收取1元按11%的利率贴现的贴现值。

根据"插入法"计算实际利率:

实际利率 = 10% + (11% - 10%) × (860652 - 840000) ÷ (860652 - 829567) = 10.66%

采用实际利率法计算的各期利息调整额,如表11-1所示。

表11-1　　　　　以摊余成本计量的金融资产(债券)利息调整计算　　　　　单位:元

计息日期	应收利息	投资收益	利息调整	以摊余成本计量的金融资产(债券)摊余成本
2×18.1.1				840000
2×18.12.31	96000	89544	6456.00	833544

续表

计息日期	应收利息	投资收益	利息调整	以摊余成本计量的金融资产(债券)摊余成本
2×19.12.31	96000	88855.79	7144.21	826399.79
2×20.12.31	96000	88094.22	7905.78	818494.01
2×21.12.31	96000	87251.46	8748.54	809745.47
2×22.12.31	96000	86254.53	9745.47*	800000
合　计	480000	440000	40000	—

注:利息调整最后一年的摊销额考虑计算过程中的保留小数关系,一般采用倒挤数确定,即本例中2×21年12月31日的持有至到期投资(债券)账面价值应该等于初始成本800000元。如果实际利率非常精确并且计算时很精确的话,应该是初始成本800000元。

根据表11-1计算结果,各年年末应编制的会计分录如下。

2×18年12月31日,确认投资收益时:

借:应收利息　　　　　　　　　　　　　　　　　　　　96000
　　贷:债权投资——利息调整　　　　　　　　　　　　　　6456
　　　　投资收益　　　　　　　　　　　　　　　　　　　89544

收到利息时:

借:银行存款　　　　　　　　　　　　　　　　　　　　96000
　　贷:应收利息　　　　　　　　　　　　　　　　　　　96000

如果该债券以后年度未发生减值,则以后各年的会计分录可根据表11-1所列数据,比照2×18年12月31日所作会计分录编制。

债券到期收回债券本金和最后一期利息时:

借:银行存款　　　　　　　　　　　　　　　　　　　　896000
　　贷:债权投资——成本　　　　　　　　　　　　　　　800000
　　　　应收利息　　　　　　　　　　　　　　　　　　　96000

(三)以摊余成本计量的金融资产的处置

处置以摊余成本计量的金融资产时,应将所取得对价的公允价值与该投资账面价值之间的差额确认为投资收益。

出售以摊余成本计量的金融资产时,应按收到的金额,借记"银行存款"等科目,已计提减值准备的,借记"债权投资减值准备"科目,按其账面余额,贷记"债权投资(成本、利息调整、应计利息)"科目,按其差额,贷记或借记"投资收益"科目。

(四)以摊余成本计量的金融资产的重分类

按照《企业会计准则第22号——金融工具确认和计量》规定,将一项以摊余成本计量的金融资产重分类为以公允价值计量且其变动计入其他综合收益的金融资产的,应在重分类日按其公允价值,借记"其他债权投资"科目,已计提减值准备的,借记"债权投资减值准备"科目,按其账面余额,贷记"债权投资(成本、利息调整、应计利息)"科目,按其差额,贷记或借记"其他综合收益"科目。

按照《企业会计准则第22号——金融工具确认和计量》规定,将一项以摊余成本计量的金融资产重分类为以公允价值计量且其变动计入当期损益的金融资产的,应在重分类日按其公允价值,借记"交易性金融资产"科目,已计提减值准备的,借记"债权投资减值准备"科目,按其账面余额,贷记"债权投资(成本、利息调整、应计利息)"科目,按其差额,贷记或借记"公允价值变动损益"科目。

(五)以摊余成本计量的金融资产的减值

为了核算企业以摊余成本计量的金融资产发生减值时计提的减值准备,应设置"债权投资减值准备"总账科目,该科目贷方登记计提的减值准备,借方登记已计提减值准备的以摊余成本计量的金融资产价值以后又得以恢复的金额和转销的金额,期末贷方余额,反映企业已计提但尚未转销的债权投资减值准备。该科目应当按照以摊余成本计量的金融资产类别和品种进行明细核算。

企业在资产负债表日,根据《企业会计准则第22号——金融工具确认和计量》确定以摊余成本计量的金融资产发生减值的,按应减记的金额,借记"信用减值损失"科目,贷记"债权投资减值准备"科目。已计提减值准备的以摊余成本计量的金融资产价值以后又得以恢复的,应在原已计提的减值准备金额内,按恢复增加的金额,借记"债权投资减值准备"科目,贷记"信用减值损失"科目。

【例11-3】 仍以【例11-1】【例11-2】资料为例,如果甲公司持有的乙公司债券在第4年,即2×21年12月31日经检查,该批债券已发生减值,预计到期只能收回本息500000元。

甲公司2×21年12月31日应作如下处理:

该批债券预计未来现金流量现值 = 500000 ÷ (1 + 10.66%) = 451834.45(元)

未提减值准备前持有至到期债券的账面价值 = 809745.47(元)

应计提减值准备 = 809745.47 - 451834.45 = 357911.02(元)

计提减值准备的会计处理:

借:信用减值损失　　　　　　　　　　　　　　357911.02
　　贷:债权投资减值准备　　　　　　　　　　　　357911.02

2×22年12月31日(第5年年末),应作如下处理:

应收利息 = 96000(元)

按实际利率计算的利息收益 = (809745.47 - 357911.02) × 10.66% = 48165.55(元)

差额 = 96000 - 48165.55 = 47834.45(元)

借:应收利息　　　　　　　　　　　　　　　　96000
　　贷:投资收益　　　　　　　　　　　　　　　　48165.55
　　　　债权投资——利息调整　　　　　　　　　　47834.45

此时,债券账面余额 = 809745.47 - 47834.45 = 761911.02(元)(同时,"债权投资减值准备"科目有余额357911.02元)。

实际收到本息500000元时:

借:银行存款　　　　　　　　　　　　　　　　500000
　　债权投资减值准备　　　　　　　　　　　　　357911.02

```
    债权投资——利息调整              38088.98
  贷:债权投资——成本                   800000
    应收利息                          96000
```

第二节　以公允价值计量且其变动计入其他综合收益的金融资产的核算

一、以公允价值计量且其变动计入其他综合收益的金融资产的确认

金融资产同时符合下列条件的,应当分类为以公允价值计量且其变动计入其他综合收益的金融资产:

1. 企业管理该金融资产的业务模式既以收取合同现金流量为目标又以出售该金融资产为目标。

2. 该金融资产的合同条款规定,在特定日期产生的现金流量,仅为对本金和以未偿付本金金额为基础的利息的支付。

例如,企业持有的普通债券的合同现金流量是到期收回本金及按约定利率在合同期间按时收取固定或浮动利息的权利。在没有其他特殊安排的情况下,普通债券的合同现金流量一般情况下可能符合仅为对本金和以未偿付本金金额为基础的利息支付的要求。如果企业管理该债券的业务模式既以收取合同现金流量为目标又以出售该债券为目标,则该债券应当分类为以公允价值计量且其变动计入其他综合收益的金融资产。

企业成为金融工具合同的一方时,应当按照上述分类条件,将其确认为一项以公允价值计量且其变动计入其他综合收益的金融资产。

权益工具投资一般不符合本金加利息的合同现金流量特征,因此应分类为以公允价值计量且其变动计入当期损益的金融资产。然而在初始确认时,企业可以将非交易性权益工具投资指定为以公允价值计量且其变动计入其他综合收益的金融资产,并按准则规定确认股利收入。该指定一经做出,不得撤销。企业投资其他上市公司股票或者非上市公司股权的,都可能属于这种情形。

金融资产满足下列条件之一的,表明企业持有该金融资产的目的是交易性的:

1. 取得相关金融资产的目的,主要是为了近期出售。

2. 相关金融资产在初始确认时属于集中管理的可辨认金融工具组合的一部分,且有客观证据表明近期实际存在短期获利模式。

3. 相关金融资产属于衍生工具。但符合财务担保合同定义的衍生工具以及被指定为有效套期工具的衍生工具除外。

只有不符合上述条件的非交易性权益工具投资才可以进行上述指定。此处权益工具投资中的"权益工具",是指对于工具发行方来说,满足《企业会计准则第37号——金融工具列报》中以权益工具定义的工具。对于可回售工具,例如某些开放式基金的可随时赎回的基金份额,以及发行方仅在清算时才有义务向另一方按比例交付其净资产的金融工具,例如属于有限寿命工具的封闭式基金、理财产品的份额、信托计划等寿命固定的结构化主

体的份额,对于发行方而言不满足权益工具的定义,对于投资方而言也不属于权益工具投资,投资方不能将其指定为以公允价值计量且其变动计入其他综合收益的金融资产。

需要注意的是,企业在非同一控制下的企业合并中确认的或有对价构成金融资产的,该金融资产应当分类为以公允价值计量且其变动计入当期损益的金融资产,不得指定为以公允价值计量且其变动计入其他综合收益的金融资产。

以公允价值计量且其变动计入其他综合收益的金融资产可以重分类为以摊余成本计量的金融资产,或者重分类为以公允价值计量且其变动计入当期损益的金融资产,反之亦然。

二、以公允价值计量且其变动计入其他综合收益的金融资产的计量

以公允价值计量且其变动计入其他综合收益的金融资产应当按取得该金融资产的公允价值(不包含已宣告但尚未发放的债券利息或现金股利)和相关交易费用之和作为初始确认金额。初始确认后,企业应当对该金融资产以公允价值计量进行后续计量,且公允价值的变动应计入其他综合收益。这里的公允价值、交易费用的确定参见本章第一节。

需要注意的是,企业在对金融资产进行后续计量时,如果一项金融工具以前被确认为一项金融资产并以公允价值计量,而现在它的公允价值低于零,企业应将其确认为一项负债。但对于主合同为资产的混合合同,即使整体公允价值可能低于零,企业应当始终将混合合同整体作为一项金融资产进行分类和计量。

资产负债表日,企业应当按照准则的规定,以预期信用损失为基础,对分类为以公允价值计量且其变动计入其他综合收益的金融资产进行减值会计处理并在其他综合收益中确认减值准备,同时将减值损失或减值利得计入当期损益(信用减值损失),且不应减少该金融资产在资产负债表中列示的账面价值。

被分类为以公允价值计量且其变动计入其他综合收益的金融资产持有期间所产生的所有利得或损失,如与套期会计无关的,除减值损失或减值利得和汇兑损益之外,均应当计入其他综合收益,直至该金融资产终止确认或被重分类。但是,采用实际利率法计算的该金融资产的利息应当计入当期损益(投资收益)。该金融资产计入各期损益的金额应当与视同其一直按摊余成本计量而计入各期损益的金额相等。当该金融资产终止确认时,之前计入其他综合收益的累计利得或损失应当从其他综合收益中转出,计入当期损益(投资收益)。

但是,被指定为以公允价值计量且其变动计入其他综合收益的非交易性权益工具投资的公允价值的后续变动计入其他综合收益,不需计提减值准备。持有期间,除了获得的股利收入(明确作为投资成本部分收回的股利收入除外)计入当期损益(投资收益)外,其他相关的利得和损失(包括汇总损益),如与套期会计无关的,均应计入其他综合收益,且后续不得转入当期损益。当该金融资产终止确认时,之前计入其他综合收益的累计利得或损失应当从其他综合收益中转出,计入留存收益。

企业只有在同时符合下列条件时,才能确认股利收入并计入当期损益:①企业收取股利的权利已经确立;②与股利相关的经济利益很可能流入企业;③股利的金额能够可靠计量。

企业将一项以公允价值计量且其变动计入其他综合收益的金融资产重分类为以摊余成本计量的金融资产的,应当将之前计入其他综合收益的累计利得或损失转出,调整该金

融资产在重分类日的公允价值,并以调整后的金额作为新的账面价值,即视同该金融资产一直以摊余成本计量。该金融资产重分类不影响其实际利率和预期信用损失的计量。

企业将一项以公允价值计量且其变动计入其他综合收益的金融资产重分类为以公允价值计量且其变动计入当期损益的金融资产的,应当继续以公允价值计量该金融资产。同时,企业应当将之前计入其他综合收益的累计利得或损失从其他综合收益转入当期损益(公允价值变动损益)。

对于由一项以摊余成本计量的金融资产重分类为以公允价值计量且其变动计入其他综合收益的金融资产的,应当按照该金融资产在重分类日的公允价值进行计量,原账面价值与公允价值之间的差额计入其他综合收益,且该资产重分类不影响其实际利率和预期信用损失的计量。

对于由一项以公允价值计量且其变动计入当期损益的金融资产重分类为以公允价值计量且其变动计入其他综合收益的金融资产的,应当继续以公允价值计量该金融资产。同时根据该金融资产在重分类日的公允价值确定其实际利率,并自重分类日(即初始确认日)起对该金融资产适用准则关于金融资产减值的相关规定。

三、以公允价值计量且其变动计入其他综合收益的金融资产的账务处理

为了核算以公允价值计量且其变动计入其他综合收益的金融资产,企业应设置"其他债权投资"和"其他权益工具投资"总账科目,该两个科目应当按照金融资产类别和品种,分别设置"成本""利息调整""公允价值变动"和"成本""公允价值变动"等明细科目进行明细核算。科目期末借方余额反映企业持有的金融资产的公允价值。

【例11-4】 泰达公司2×22年1月1日购入华发公司发行的3年期公司债券,票面金额为500万元,票面利率为4%,实际利率为3%,共支付价款514.122万元。利息每年支付,本金到期支付。初始确认时,泰达公司将该债券投资划分为以公允价值计量且其变动计入其他综合收益的金融资产。2×22年12月31日,该债券的市价格为500.047万元。

有关的会计处理如下:

(1)2×22年1月1日购入时:

借:其他债权投资——成本　　　　　　　　　　　5000000
　　　　　　　　——利息调整　　　　　　　　　 141220
　　贷:银行存款　　　　　　　　　　　　　　　 5141220

(2)2×22年12月31日,计算该债券的票面利息、实际利息收入以及利息调整金额,并作相应的账务处理:

票面应收利息:5000000×4%=200000(元)
实际利息收入:5141220×3%=154237(元)
利息调整金额:200000-154237=45763(元)

借:应收利息　　　　　　　　　　　　　　　　　200000
　　贷:投资收益　　　　　　　　　　　　　　　 154237
　　　　其他债权投资——利息调整　　　　　　　 45763

借:银行存款 200000
　　贷:应收利息 200000

(3)2×22年12月31日,计算该债券的摊余成本、公允价值变动,作出相应的账务处理:

年末摊余成本:5141220-45763=5095457(元)

公允价值变动:5000470-5095457=-94987(元)

借:其他综合收益 94987
　　贷:其他债权投资——公允价值变动 94987

如果泰达公司2×23年1月1日将该债券重分类为以摊余成本计量的金融资产,调整后的金额为5095457元,则所作的账务处理为:

借:债权投资——成本 5000000
　　　　　　——利息调整 95457
　　其他债权投资——公允价值变动 94987
　　贷:其他债权投资——成本 5000000
　　　　　　　　　——利息调整 95457
　　　　其他综合收益 94987

如果泰达公司2×23年1月1日将该债券重分类为以公允价值计量且其变动计入当期损益的金融资产,则所作的账务处理为:

借:交易性金融资产 5000470
　　其他债权投资——公允价值变动 94987
　　贷:其他债权投资——成本 5000000
　　　　　　　　　——利息调整 95457

借:公允价值变动损益 94987
　　贷:其他综合收益 94987

注:如果泰达公司在该债券重分类前已经对该债券计提了减值准备,则应同时借记"其他综合收益——信用减值准备"科目、贷记"债权投资减值准备"科目或"公允价值变动损益"科目。

【例11-5】 2×22年5月6日,甲公司支付价款1016万元(含交易费用1万元和已宣告发放现金股利15万元),购入乙公司发行的股票200万股,占乙公司有表决权股份的0.5%。甲公司将其指定为以公允价值计量且其变动计入其他综合收益的非交易性权益工具投资。

2×22年5月10日,甲公司收到乙公司发放的现金股利15万元。

2×22年6月30日,该股票市价为每股5.2元。

2×22年12月31日,甲公司仍持有该股票;当日该股票市价为每股5元。

2×23年5月9日,乙公司宣告发放股利4000万元。

2×23年5月13日,甲公司收到乙公司发放的现金股利。

2×23年5月20日,甲公司由于某特殊原因,以每股4.9元的价格将股票全部

转让。假定不考虑其他因素,甲公司的账务处理如下:

(1)2×22年5月6日,购入股票:

借:应收股利　　　　　　　　　　　　　　　　　　　150000
　　其他权益工具投资——成本　　　　　　　　　　10010000
　　贷:银行存款　　　　　　　　　　　　　　　　　　　　　10160000

(2)2×22年5月10日,收到现金股利:

借:银行存款　　　　　　　　　　　　　　　　　　　150000
　　贷:应收股利　　　　　　　　　　　　　　　　　　　　　150000

(3)2×22年6月30日,确认股票价格变动:

借:其他权益工具投资——公允价值变动　　　　　　390000
　　贷:其他综合收益——其他权益工具投资公允价值变动　　390000

(4)2×22年12月31日,确认股票价格变动:

借:其他综合收益——其他权益工具投资公允价值变动　400000
　　贷:其他权益工具投资——公允价值变动　　　　　　　　400000

(5)2×23年5月9日,确认应收现金股利:

借:应收股利　　　　　　　　　　　　　　　　　　　200000
　　贷:投资收益　　　　　　　　　　　　　　　　　　　　　200000

(6)2×23年5月13日,收到现金股利:

借:银行存款　　　　　　　　　　　　　　　　　　　200000
　　贷:应收股利　　　　　　　　　　　　　　　　　　　　　200000

(7)2×23年5月20日,出售股票:

借:盈余公积——法定盈余公积　　　　　　　　　　　1000
　　利润分配——未分配利润　　　　　　　　　　　　9000
　　贷:其他综合收益——其他权益工具投资公允价值变动　　10000
借:银行存款　　　　　　　　　　　　　　　　　　　9800000
　　其他权益工具投资——公允价值变动　　　　　　　10000
　　盈余公积——法定盈余公积　　　　　　　　　　　20000
　　利润分配——未分配利润　　　　　　　　　　　　180000
　　贷:其他权益工具投资——成本　　　　　　　　　　　　10010000

　　本教材提到了金融资产的终止(包括处置),这涉及《企业会计准则第23号——金融资产转移》。该准则规定了金融资产终止确认的一般原则。

　　金融资产终止确认,是指企业将之前确认的金融资产从其资产负债表中予以转出。金融资产满足下列条件之一的,应当终止确认:①收取该金融资产现金流量的合同权利终止。②该金融资产已转移,且该转移满足该准则关于终止确认的规定。

　　金融资产的一部分满足下列条件之一的,企业应当将终止确认的规定适用于该金融资产部分,除此之外,企业应当将终止确认的规定适用于该金融资产整体:①该金融资产部分仅包括金融资产所产生的特定可辨认现金流量。如企业就某债务工具与转入方签订一项利息剥离合同,合同规定转入方有权获得该债务工具利息现金流量,但无权获得该债务工具本金现金流量,终止确认的规定适用于该债务工具的利息现金流量。②该金融资产部分仅包括与该金融资产所产生的全部现金流量完全成比例的现金流量部分。如企业就某债务工具与转入方签订转让合同,合同规定转入方拥有获得该债务工具全部现金流量一定比例的权利,终止确认的规定适用于该债务工具全部现金流量一定比例的部分。③该金融资产部分仅包括与该金融资产所产生的特定可辨认现金流量完全成比例的现金流量部分。如企业就某债务工具与转入方签订转让合同,合同规定转入方拥有获得该债务工具利息现金流量一定比例的权利,终止确认的规定适用于该债务工具利息现金流量一定比例的部分。企业发生满足②或③条件的金融资产转移,且存在一个以上转入方的,只要企业转移的份额与金融资产全部现金流量或特定可辨认现金流量完全成比例即可,不要求每个转入方均持有成比例的份额。

第三节 长期股权投资的核算

股权投资,又称权益性投资,是指通过付出现金或非现金资产等取得被投资单位的股份或股权,享有一定比例的权益份额代表的资产。投资企业取得被投资单位的股权,相应地享有被投资单位净资产有关份额,通过自被投资单位分得现金股利或利润以及待被投资单位增值后出售等获利。股权投资基于投资合同、协议等约定,会形成投资方(即投资企业)的金融资产,而对被投资单位,其所接受的来自投资方的出资会形成所有者权益,因此,按照《企业会计准则第22号——金融工具确认和计量》的界定,股权投资一方面形成投资方的金融资产,另一方面形成被投资单位的权益工具,原则上属于金融工具。根据投资方在投资后对被投资单位能够施加影响的程度,企业会计准则将股权投资区分为应当按照《企业会计准则第22号——金融工具确认和计量》进行核算和应当按照《企业会计准则第2号——长期股权投资》进行核算两种情况。

一、长期股权投资取得的核算

长期股权投资,是指投资方对被投资单位实施控制、重大影响的权益性投资,以及对其合营企业的权益性投资。

《企业会计准则第2号——长期股权投资》中的权益性投资的范围包括:

1. 投资方能够对被投资单位实施控制的权益性投资,即对子公司投资。控制,是指投资方拥有对被投资单位的权力,通过参与被投资单位的相关活动而享有可变回报,并且有能力运用对被投资单位的权力影响其回报金额。

2. 投资方与其他合营方一同对被投资单位实施共同控制且对被投资单位净资产享有权利的权益性投资,即对合营企业投资。共同控制,是指按照相关约定对某项安排所共有的控制,并且该安排的相关活动必须经过分享控制权的参与方一致同意后才能决策。

3. 投资方对被投资单位具有重大影响的权益性投资,即对联营企业投资。重大影响,是指投资方对被投资单位的财务和经营政策有参与决策的权力,但并不能够控制或者与其他方一起共同控制这些政策的制定。实务中,较为常见的重大影响体现为在被投资单位的董事会或类似权力机构中派有代表,通过在被投资单位财务和经营决策制定过程中的发言权实施重大影响。投资方直接或通过子公司间接持有被投资单位20%以上但低于50%的表决权股份时,一般认为对被投资单位具有重大影响,除非有明确的证据表明该种情况下不能参与被投资单位的生产经营决策,不形成重大影响。

在以持有股权来判断投资方对被投资单位的影响程度时,应综合考虑投资方自身持有的股权、通过子公司间接持有的股权以及投资方或其他方持有的可转换为对被投资单位股权的其他潜在因素影响,该类潜在因素通常包括被投资单位发行的当期可转换的认股权证、股份期权及可转换公司债券等的影响。上述因素中,以投资方自身直接或通过子公司间接持有的股权来分析和判断,且在判断中注重的是投资方现时施加重大影响的能力。理论上来讲,重大影响的判断应当基于现时实际持有股权及被投资单位发行的其他当期可转换为普通股的认股权证、股份期权等的影响,但实际执行中,投资方往往难以获得充分有效的信息用以评估有关潜在表决权因素对其自身及被投资单位其他投资者可能施加表决权的影响。

企业通常可以通过以下一种或几种情形来判断是否对被投资单位具有重大影响:

(1)在被投资单位的董事会或类似权力机构中派有代表。这种情况下,由于在被投资单位的董事会或类似权力机构中派有代表,并享有实质性的参与决策权,投资方可以通过该代表参与被投资单位经营决策的制定,达到对被投资单位施加重大影响的目的。

(2)参与被投资单位财务和经营政策制定过程,包括股利分配政策等的制定。这种情况下,基于综合考虑所有事实和情况,因可以参与被投资单位的政策制定过程,在政策制定过程中可以为其自身利益提出建议和意见,从而对被投资单位施加重大影响。

(3)与被投资单位之间发生重要交易。有关的交易因对被投资单位的日常经营具有重要性,一定程度上可以影响被投资单位的生产经营决策。

(4)向被投资单位派出管理人员。这种情况下,投资方通过向被投资单位派出管理人员,管理人员有权力并负责被投资单位的财务和经营活动,从而能够对被投资单位施加重大影响。

(5)向被投资单位提供关键技术资料。因被投资单位的生产经营需要依赖投资方的技术或技术资料,表明投资方对被投资单位具有重大影响。

《企业会计准则第2号——长期股权投资》规定:①该准则未予规范的其他权益性投资(即不具有控制、共同控制和重大影响的权益性投资),投资性主体对不纳入合并财务报表的子公司的权益性投资,风险投资机构、共同基金以及类似主体(如投资连结保险产品)持有的、在初始确认时按《企业会计准则第22号——金融工具确认和计量》的规定确认为以公允价值计量且其变动计入当期损益的金融资产,适用《企业会计准则第22号——金融工具确认和计量》;②投资方对联营企业的权益性投资,其中一部分通过风险投资机构、共同基金、信托公司或包括投连险基金在内的类似主体间接持有的,无论以上主体是否对这部分投资具有重大影响,投资方都可以按照《企业会计准则第22号——金融工具确认和计量》的有关规定,将间接持有的该部分投资划分为"以公允价值计量且其变动计入当期损益"的金融资产,但对其余直接持有的投资应采用权益法核算。

风险投资机构、共同基金以及类似主体可以根据长期股权投资准则,将其持有的对联营企业或合营企业投资在初始确认时,确认为以公允价值计量且其变动计入当期损益的金融资产,以向财务报表使用者提供比权益法更有用的信息。但不能指定为以公允价值计量且其变动计入其他综合收益的金融资产。

长期股权投资的确认,是指投资方能够在自身账簿和报表中确认对被投资单位股权投资的时点。企业会计准则体系中仅就对子公司投资的确认时点进行了明确规定,即购买方(或合并方)应于购买日(或合并日)确认对子公司的长期股权投资。企业会计准则体系中对于联营企业、合营企业投资的确认没有明确的规定,原则上其确认应当遵从《企业会计准则——基本准则》中关于资产、负债的界定,即有关股权投资在属于投资方的资产时确认。实务中,对于联营企业、合营企业等投资的持有一般会参照对子公司长期股权投资的确认条件进行。

为了核算企业持有的采用成本法和权益法核算的长期股权投资,应设置"长期股权投资"总账科目并按被投资单位进行明细核算。采用权益法核算的企业,应当分别设置"投资成本""损益调整""其他综合收益""其他权益变动"明细科目进行明细核算。该科目期末借方余额,反映企业长期股权投资的价值。

(一)企业合并形成的长期股权投资

企业合并是指将两个或者两个以上单独的企业合并形成一个报告主体的交易或事项。企业合并的结果通常是一个企业取得了对一个或多个业务的控制权。构成企业合并至少包括两层含义:一是被合并的企业必须构成业务。业务是指企业内部某些生产经营活动或资产负债的组合(以下简称组合),该组合具有投入、加工处理和产出能力,能够独立计算其成本费用或所产生的收入。业务可以是一家法人企业,也可以是一家法人企业的分公司或分支机构,还可以是企业某个具体的生产车间或生产线。二是取得对一个或多个业务的控制权。从企业合并的定义看,是否形成企业合并,除要看取得的组合是否构成业务外,还要看有关交易或事项发生前后,是否引起报告主体的变化。从实质重于形式的角度考虑,一方能够对另一方拥有权力,且有能力运用这个权力影响其回报金额,即对其生产经营决策实施控制,形成母子公司关系,就涉及控制权的转移,从合并财务报告角度形成报告主体的变化;交易或事项发生以后,一方能够控制另一方的全部净资产,被合并的企业在合并后失去其法人资格,也涉及控制权及报告主体的变化,形成企业合并。

企业合并关注的是报告主体的变化,即在合并前是多个不同的报告主体,在合并后将形成同一个报告主体,这个报告主体可以是单个法人形成的个别报告主体,也可以是多个法人形成的合并报告主体。形成会计意义上的企业合并,前提是被合并的组合构成业务。如果一个企业取得了对另一个或多个企业的控制权,而被合并方并不构成业务,则该交易或事项不形成企业合并。区分业务的购买——即构成企业合并的交易与不构成企业合并的资产或资产负债组合的购买,意义在于其会计处理存在实质上的差异。

按合并完成后的被合并方法人主体是否丧失,企业合并分为控股合并、吸收合并和新设合并。本部分只涉及控股合并。关于构成业务的要素、构成业务的判断条件、吸收合并和新设合并的会计处理,参见《企业会计准则第20号——企业合并》及相关规定。

企业合并分为同一控制下的企业合并和非同一控制下的企业合并。

参与合并的企业在合并前后均受同一方或相同的多方最终控制且该控制并非暂时性的,为同一控制下的企业合并。同一控制下的企业合并,在合并日取得对其他参与合并企业控制权的一方为合并方,参与合并的其他企业为被合并方。合并日是指合并方实际取得对被合并方控制权的日期。

参与合并的各方在合并前后不受同一方或相同的多方最终控制的,为非同一控制下的企业合并。非同一控制下的企业合并,本质上为市场化购买,在购买日取得对其他参与合并企业控制权的一方为购买方,参与合并的其他企业为被购买方。购买日是指购买方实际取得对被购买方控制权的日期,即企业合并交易进行过程中,发生控制权转移的日期。同时满足了以下条件时,一般可认为实现了控制权的转移,形成购买日。

(1)企业合并合同或协议已获股东大会等内部权力机构通过。如对于股份有限公司,其内部权力机构一般指股东大会。

(2)按照规定,合并事项如需要经过国家有关主管部门审批的,已获得相关部门的批准。

(3)参与合并各方已办理了必要的财产权交接手续。作为购买方,其通过企业合并无论是取得对被购买方的股权还是取得被购买方的全部净资产,能够形成与取得股权或净资产相关的风险和报酬的转移,一般需办理相关的财产权交接手续,从而从法律上保障有关风险和报酬的转移。

(4)购买方已支付了购买价款的大部分(一般应超过50%),并且有能力、有计划支付剩余款项。

(5)购买方实际上已经控制了被购买方的财务和经营政策,享有相应的收益并承担相应的风险。

同一控制下企业合并和非同一控制下企业合并的其他处理原则,参见《企业会计准则第20号——企业合并》及相关规定。

企业合并形成的长期股权投资,应当按照下列规定确定其初始投资成本。

1. 同一控制下的企业合并

(1)合并方以支付现金、转让非现金资产或承担债务方式作为合并对价的,应当将合并日按照所取得的被合并方所有者权益在最终控制方合并财务报表中的账面价值的份额,作为长期股权投资的初始投资成本。长期股权投资初始投资成本与支付的现金、转让的非现金资产以及所承担债务账面价值(含应缴纳的增值税,下同)之间的差额,应当调整资本公积(资本溢价或股本溢价);资本公积(资本溢价或股本溢价)的余额不足冲减的,调整留存收益。

(2)合并方以发行权益性证券作为合并对价的,应当将合并日按照所取得的被合并方所有者权益在最终控制方合并财务报表中的账面价值的份额,作为长期股权投资的初始投资成本。按照发行股份的面值总额作为股本,长期股权投资初始投资成本与所发行股份面值总额之间的差额,应当调整资本公积(资本溢价或股本溢价);资本公积(资本溢价或股本溢价)的余额不足冲减的,调整留存收益。

在企业合并中,合并方为进行企业合并发生的各项直接相关费用,包括为进行企业合并而支付的审计、法律服务、评估咨询等中介费用以及其他相关管理费用,应当于发生时计入当期损益(管理费用)。与发行权益性工具作为合并对价直接相关的交易费用,应当冲减资本公积(资本溢价或股本溢价),资本公积(资本溢价或股本溢价)不足冲减的,依次冲减盈余公积和未分配利润。与发行债务性工具作为合并对价直接相关的交易费用,应当计入债务性工具的初始确认金额。

在按照合并日应享有被合并方所有者权益的账面价值的份额确定长期股权投资的初

始投资成本时,还应当考虑以下五个方面内容:

①合并前合并方与被合并方采用的会计政策、会计期间应当一致。企业合并前合并方与被合并方采用的会计政策、会计期间不同的,应基于重要性原则,首先按照合并方的会计政策、会计期间对被合并方资产、负债的账面价值进行调整,其次在此基础上计算确定被合并方的所有者权益账面价值,并计算确定长期股权投资的初始投资成本。

②被合并方的所有者权益账面价值是指被合并方的所有者权益相对于最终控制方而言的账面价值,即同一控制下的企业合并形成的长期股权投资,其初始投资成本是合并日按照持股比例与被合并方所有者权益在最终控制方合并财务报表上的账面价值计算的结果,也就是合并方在合并日所取得的被合并方所有者权益在最终控制方合并财务报表上的账面价值中享有的份额。

③同一控制下的企业合并形成的长期股权投资,如果被合并方按照改制时确定的资产、负债经评估确定了价值调整资产、负债账面价值的,合并方应当按照取得被合并方经评估确认的净资产的份额,作为长期股权投资的初始投资成本。

④如果被合并方本身编制合并财务报表的,被合并方的所有者权益的账面价值应当以其合并财务报表为基础确定。

⑤被合并方在合并日的净资产账面价值为负数的,长期股权投资成本按零确定,同时在备查簿中予以登记。如果被合并方在被合并以前,是最终控制方通过非同一控制下的企业合并所控制的,则合并方长期股权投资的初始投资成本还应包含相关的商誉金额。

(3)通过多次交易,分步取得同一控制下被投资单位的股权,最终形成企业合并的,应当按照《企业会计准则第33号——合并财务报表》的有关规定,判断多次交易是否属于"一揽子交易"。属于一揽子交易的,合并方应当将各项交易作为一项取得控制权的交易进行会计处理。不属于一揽子交易的,取得控制权日,在合并方的个别财务报表中,应当以按持股比例计算的合并日应享有被合并方所有者权益在最终控制方合并财务报表中的账面价值的份额作为该项投资的初始投资成本。初始投资成本与其合并前股权投资账面价值加上合并日进一步取得股份新支付对价的账面价值之和的差额,调整资本公积(资本溢价或股本溢价),资本公积(资本溢价或股本溢价)的余额不足冲减的,冲减留存收益。

合并日之前持有的股权投资,因采用权益法核算或按《企业会计准则第22号——金融工具确认和计量》规定核算而确认的其他综合收益,暂不进行会计处理,直至处置该项投资时采用与被投资单位直接处置相关资产或负债相同的基础进行会计处理;因采用权益法核算而确认的被投资单位净资产中除净损益、利润分配和其他综合收益以外的所有者权益其他变动,暂不进行会计处理,直至处置该项投资时转入当期损益。关于"其他综合收益"和"所有者权益其他变动",参见本节"三、长期股权投资的权益法核算"。

同一控制下企业合并形成的长期股权投资,应在合并日按确认的初始投资成本,借记"长期股权投资"科目,按享有被投资单位已宣告但尚未发放的现金股利或利润,借记"应收股利"科目,按支付的合并对价的账面价值(或发行股份的面值总额),贷记或借记有关资产类、负债类、"股本"科目,按其差额,贷记"资本公积——资本溢价或股本溢价"科目;如为借方差额,借记"资本公积——资本溢价(或股本溢价)"科目,"资本公积——资本溢价(或股本溢价)"不足冲减的,应依次借记"盈余公积""利润分配——未分配利润"科目(注:先按法定盈余公积的提取比例确定应冲减的盈余公积)。

【例 11-6】 P、Q 两公司同为 S 集团控制下的全资子公司,两公司在合并前采用相同的会计政策,假设当年 6 月 30 日 P 公司通过定向发行 1000 万股普通股(每股面值为 1 元、市价为 11 元)作为合并对价,交换 Q 公司发行在外的全部股份,从而取得 Q 公司 100% 的股权,合并后 Q 公司仍维持其独立法人资格继续经营。不考虑合并费用。合并日,Q 公司所有者权益的总额(即在 S 集团合并财务报表中的账面价值)为 11000 万元。因 Q 公司在合并后维持其独立法人资格继续经营,则 P 公司在合并日应确认对 Q 公司的长期股权投资,其成本为合并日享有 Q 公司账面所有者权益的份额,账务处理为:

借:长期股权投资　　　　　　　　　　　　　　　110000000
　　贷:股本　　　　　　　　　　　　　　　　　　　10000000
　　　　资本公积——股本溢价　　　　　　　　　　100000000

2. 非同一控制下的企业合并

非同一控制下的控股合并中,购买方在购买日应当按照《企业会计准则第 20 号——企业合并》确定的合并成本作为长期股权投资的初始投资成本。

购买方应当区别下列情况确定合并成本:

(1)一次交易实现非同一控制下的企业合并,企业合并成本包括购买方付出的资产、发生或承担的负债、发行的权益性工具或债务性工具的公允价值之和。作为企业合并对价付出的资产、发生或承担的负债在购买日的公允价值与其账面价值之间的差额,应作为资产处置损益,计入合并当期损益。

(2)通过多次交易分步实现非同一控制下的企业合并的,若属于一揽子交易的,合并方应当将各项交易作为一项取得控制权的交易进行会计处理;若不属于一揽子交易的,在购买方的个别财务报表中,应当按照原持有的股权投资的账面价值加上新增投资成本之和,作为改按成本法核算的初始投资成本,并按照长期股权投资核算方法转换的规定进行会计处理。

购买方为企业合并发生的审计、法律服务、评估咨询等中介费用以及其他相关管理费用,应当于发生时计入当期损益(管理费用);购买方作为合并对价发行的权益性工具或债务性工具的交易费用(如手续费、佣金等),应当计入权益性工具或债务性工具的初始确认金额。

购买日之前持有的股权投资采用权益法核算的,确认的其他综合收益,暂不进行会计处理,直至处置该项投资时采用与被投资单位直接处置相关资产或负债相同的基础进行会计处理;因被投资单位净资产中除净损益、利润分配和其他综合收益以外的所有者权益变动而确认的所有者权益其他变动,暂不进行会计处理,直至处置该项投资时转入当期损益。购买日之前持有的股权投资按《企业会计准则第 22 号——金融工具确认和计量》规定,分类为以公允价值计量且其变动计入当期损益的金融资产的,在购买日其公允价值与账面价值之间的差额转入当期投资收益;被指定为以公允价值计量且其变动计入其他综合收益的金融资产(非交易性权益工具投资)的,在购买日其公允价值与账面价值之间的差额以及原计入其他综合收益的部分,应当直接转入留存收益,不得转入当期损益。

非同一控制下企业合并形成的长期股权投资,购买方以支付现金、转让非现金资产或承担债务方式等作为合并对价的,应在购买日按照《企业会计准则第 20 号——企业合并》确定的合并成本,借记"长期股权投资"科目,按享有被投资单位已宣告但尚未发放的现金股利或利润,借记"应收股利"科目,按支付合并对价的账面价值,贷记或借记有关资产、负债科目,按发生的与资产处置直接相关费用,贷记"银行存款"等科目,按其差额,贷记"资产处置损益"科目或"投资收益"等科目,或借记"资产处置损益"科目或"投资收益"等科目。购买方以发行权益性证券作为合并对价的,应在购买日按照发行的权益性证券的公允价值,借记"长期股权投资"科目,按照发行的权益性证券的面值总额,贷记"股本"科目,按其差额,贷记"资本公积——资本溢价(或股本溢价)"科目。购买方为企业合并发生的审计、法律服务、评估咨询等中介费用以及其他相关管理费用,应当于发生时借记"管理费用"科目,贷记"银行存款"等科目。

非同一控制下企业合并涉及以库存商品等作为合并对价的,应按库存商品的公允价值,贷记"主营业务收入"科目或"其他业务收入"科目,并同时结转相关的成本。涉及以固定资产作为合并对价的,应通过"固定资产清理"科目核算。涉及增值税的还应进行相应的处理。

【例 11-7】 某年 7 月 1 日,A 公司定向向 B 公司原股东发行本公司股票 200 万股(每股面值 1 元,当前市价每股 5.5 元,不考虑股票发行费用)取得 B 公司 90% 的股权,取得该部分股权后能够控制 B 公司的生产经营决策。为核实 B 公司的资产价值,A 公司聘请资产评估机构对 B 公司的资产进行评估,支付评估费用 30 万元。合并日 B 公司资产负债表中的账面价值与公允价值如表 11-2 所示。

表 11-2　　　　合并日 B 公司资产负债表中的账面价值与公允价值　　　　单位:元

项目	账面价值	公允价值
存货	2000000	1500000
固定资产(净值)	5000000	8000000
无形资产——专利权	120000	150000
资产合计	7120000	9650000
短期借款	500000	500000
股本	5000000	
资本公积	1000000	
盈余公积	300000	
未分配利润	320000	
负债及所有者权益合计	7120000	

若本例中 A 公司与 B 公司在合并前不存在任何关联方关系,应作为非同一控制下的企业合并处理。A 公司对于合并形成的对 B 公司的长期股权投资,应进行的账务处理为:

借:长期股权投资　　　　　　　　　　　　　　　　11000000
　　管理费用　　　　　　　　　　　　　　　　　　　300000

贷：银行存款　　　　　　　　　　　　　　　　　　　　　300000
　　股本　　　　　　　　　　　　　　　　　　　　　　　2000000
　　资本公积——股本溢价　　　　　　　　　　　　　　　9000000

【例 11-8】 S公司于2×22年3月以9000万元取得Y公司40%的股权，能够对Y公司施加重大影响，对所取得的长期股权投资采用权益法核算，于2×22年确认对Y公司的投资收益500万元。2×23年4月，S公司又斥资11000万元自W公司取得Y公司另外40%的股权。假定S公司在第1次取得Y公司的长期股权投资后，Y公司并未宣告发放现金股利或利润。S公司按净利润的10%提取盈余公积。S公司对该项长期股权投资未计提任何减值准备。S公司与W公司不存在任何关联关系。

本例中S公司是通过分步购买最终达到对Y公司实施控制，形成企业合并。在购买日，S公司单独报表应进行以下会计处理（假设不考虑所得税影响和合并相关费用）：

借：长期股权投资　　　　　　　　　　　　　　　　　110000000
　　贷：银行存款　　　　　　　　　　　　　　　　　　110000000

购买日S公司对Y公司长期股权投资的账面价值 = 9000 + 500 + 11000 = 20500（万元）。

注：在上述企业合并形成长期股权投资业务中，作为交易对价的股权投资若按《企业会计准则第22号——金融工具确认和计量》进行核算，其终止确认的会计处理按《企业会计准则第22号——金融工具确认和计量》的规定进行。

某些股权交易中，合并方除自最终控制方取得集团内企业的股权外，还会涉及自外部独立第三方购买被合并方进一步的股权。该类交易中，一般认为自集团内取得的股权能够形成控制的，相关股权投资成本的确定按照同一控制下企业合并的有关规定处理。而自外部独立第三方取得的股权则视为在取得对被投资单位的控制权、形成同一控制下企业合并后少数股权的购买，该部分少数股权的购买不管与形成同一控制下企业合并的交易是否同时进行，在与同一控制下企业合并不构成一揽子交易的情况下，有关股权投资成本即应按照实际支付的购买价款确定。该种情况下，在合并方最终持有对同一被投资单位的股权中，不同部分的计量基础会存在差异。

上述企业合并中，对在确认长期股权投资成本时涉及或有对价的处理，参见《企业会计准则第20号——企业合并》及相关规定。

（二）其他方式取得的长期股权投资

除企业合并形成的长期股权投资以外，其他方式取得的长期股权投资，应当按照下列规定确定其初始投资成本，并应根据各自确定的初始投资成本，借记"长期股权投资"科目，贷记"银行存款"等科目。企业无论以何种方式取得长期股权投资，实际支付的价款或对价中包含的已宣告但尚未领取的现金股利或利润，应作为应收项目单独核算，不作为取得的长期股权投资的成本。

1. 以支付现金取得的长期股权投资，应当按照实际支付的购买价款作为初始投资成本。初始投资成本包括与取得长期股权投资直接相关的费用、税金及其他必要支出,但不包括被投资单位已宣告但尚未发放的现金股利或利润。

【例11-9】 育新公司当年1月5日以每股1.4元的价格购入A公司每股面值为1元的股票400万股,占A公司总股本的40%,用银行存款实际支付价款5650000元,其中包括已宣告发放尚未支取的现金股利50000元。会计分录为:

借:长期股权投资——投资成本(A公司)　　　　　5600000
　　应收股利　　　　　　　　　　　　　　　　　　　50000
　　贷:银行存款　　　　　　　　　　　　　　　　　　　　5650000

【例11-10】 育新公司当年1月1日用银行存款15000000元购入1年内不准备变现的B公司普通股股票10000000股,每股面值1元,占B公司总股本的60%。会计分录为:

借:长期股权投资——B公司　　　　　　　　　　15000000
　　贷:银行存款　　　　　　　　　　　　　　　　　　　　15000000

2. 以发行权益性证券取得的长期股权投资,应当按照发行权益性证券的公允价值作为初始投资成本,但不包括被投资单位已宣告但尚未发放的现金股利或利润。投资方所发行权益性证券(权益性工具)的公允价值,应按《企业会计准则第39号——公允价值计量》等相关准则确定。为发行权益性证券支付给有关证券承销机构等的手续费、佣金等与权益性证券发行直接相关的费用,不构成取得长期股权投资的成本。该部分费用应自权益性证券的溢价发行收入中扣除,溢价收入不足冲减的,应依次冲减盈余公积和未分配利润。

3. 投资者投入的长期股权投资,应当按照投资合同或协议约定的价值作为初始投资成本,但合同或协议约定价值不公允的除外(即此时以公允价值作为初始投资成本)。投资者投入的长期股权投资,是指投资者以其持有的对第三方的投资作为出资投入企业,接受投资的单位原则上应当按照投资各方在投资合同或协议中约定的价值作为取得投资的初始投资成本,但有明确证据表明合同或协议中约定的价值不公允的除外。投资发生时,被投资单位已宣告但尚未发放的现金股利或利润应作为应收项目核算,不构成取得长期股权投资的初始投资成本。

在确定投资者投入的长期股权投资的公允价值时,有关权益性投资存在活跃市场的,应当参照活跃市场中的市价确定其公允价值;不存在活跃市场,无法按照市场信息确定其公允价值的情况下,应当按照一定的估值技术等合理的方法确定的价值作为其公允价值。

投资方应当按照投资合同或协议约定的价值加上应支付的相关税费等,借记"长期股权投资"科目,按照支付的相关税费,贷记"银行存款"等科目,按照持有的对第三方投资的公允价值,贷记"长期股权投资"科目。被投资单位应当按照投资合同或协议约定的价值加上应支付的相关税费等,借记"长期股权投资"科目,按照投资方出资构成实收资本(或股本)的部分,贷记"实收资本"科目或"股本"等科目,按照支付的相关税费,贷记"银行存款"等科目,按照上述借贷方之间的差额,调整"资本公积"科目。

4. 通过非货币性资产交换取得的长期股权投资,其初始投资成本应当按照《企业会计准则第7号——非货币性资产交换》的相关规定加以确定。参见第九章"第一节　存货的确认和计量"。

5. 通过债务重组取得的长期股权投资,其初始投资成本应当按照《企业会计准则第12号——债务重组》的相关规定加以确定。参见第十三章"第五节　债务重组的核算"。

(三) 公司制改造

企业进行公司制改造时,对资产、负债的账面价值按照评估价值调整的,被投资单位的评估价值与原账面价值的差额应记入"资本公积——资本溢价(或股本溢价)"科目。投资方长期股权投资应以评估价值作为改制时的认定成本,并将其与原账面价值的差额记入"资本公积——其他资本公积"科目。

(四) 国有独资或全资企业之间无偿划拨子公司

国有独资或全资企业(包括国有独资公司、非公司制国有独资企业、国有全资企业、事业单位投资设立的一人有限责任公司及其再投资设立的一人有限责任公司)之间按有关规定无偿划拨子公司,导致对被划拨企业的控制权从划出企业转移到划入企业的,应当进行以下会计处理:

1. 划入企业的会计处理。

被划拨企业按照国有产权无偿划拨的有关规定开展审计等,上报国资监管部门作为无偿划拨依据的,划入企业在取得被划拨企业的控制权之日,应当根据国资监管部门批复的有关金额,借记"长期股权投资"科目,贷记"资本公积——资本溢价"科目(若批复明确作为资本金投入的,记入"实收资本"科目,下同)。在划入当期期末,划入企业应当以被划拨企业经审计等确定并经国资监管部门批复的资产和负债的账面价值及其在被划拨企业控制权转移之前发生的变动为基础,对被划拨企业的资产负债表进行调整,调整后应享有的被划拨企业资产和负债之间的差额,记入"资本公积——资本溢价"科目。

2. 划出企业的会计处理。

划出企业在丧失对被划拨企业的控制权之日,应当按照对被划拨企业的长期股权投资的账面价值,借记"资本公积——资本溢价"科目(若批复明确冲减资本金的,应借记"实收资本"科目),贷记"长期股权投资——被划拨企业"科目;"资本公积——资本溢价"不足冲减的,依次冲减盈余公积和未分配利润。

对于认缴制下尚未出资的股权投资,投资方在未实际出资前是否应确认与所认缴出资相关的股权投资,应结合法律法规规定与具体合同协议确定。合同协议有具体约定的,按照合同约定进行会计处理;合同协议没有具体约定的,则应根据《中华人民共和国公司法》等法律法规的相关规定进行会计处理。对于投资的初始确认,若合同明确约定认缴出资的时间和金额,且投资方按认缴比例享有相应的股东权益,则投资方应确认一项金融负债及相应的资产;若合同没有明确约定,则属于一项未来的出资承诺,不确认金融负债及相应的资产。

二、长期股权投资的成本法核算

(一) 成本法的适用范围

成本法,是指投资按初始投资成本计价的方法。长期股权投资的成本法适用于投资方能够对被投资单位实施控制的长期股权投资。

在判断投资方是否能够控制被投资方时,当且仅当投资方具备以下三要素时,才能表明投资方能够控制被投资方:①拥有对被投资方的权力;②因参与被投资方的相关活动而享有可变回报;③有能力运用对被投资方的权力影响其回报金额。如果事实和情况表明上述控制三要素中的一方或多方发生变化,则投资方要重新判断其是否能够控制被投资方。

1. 投资方对被投资方是否拥有权力

投资方拥有对被投资方的权力是判断控制的第一要素,这要求投资方识别被投资方并评估其设立目的和设计、识别被投资方的相关活动以及对相关活动进行决策的机制、确定投资方及涉入被投资方的其他方拥有的与被投资方相关的权利等,以确定投资方当前是否有能力主导被投资方的相关活动。

(1)投资方在判断是否拥有对被投资方的权力时,应当仅考虑与被投资方相关的实质性权利,包括自身所享有的实质性权利以及其他方所享有的实质性权利。实质性权利,是指持有人在对相关活动进行决策时有实际能力行使的可执行权利。判断一项权利是否为实质性权利,应当综合考虑所有相关因素,包括权利持有人行使该项权利是否存在财务、价格、条款、机制、信息、运营、法律法规等方面的障碍;当权利由多方持有或者行权需要多方同意时,是否存在实际可行的机制使得这些权利持有人在其愿意的情况下能够一致行权;权利持有人能否从行权中获利等。

(2)除非有确凿证据表明其不能主导被投资方相关活动,下列情况表明投资方对被投资方拥有权力:投资方持有被投资方半数以上的表决权的;投资方持有被投资方半数或以下的表决权,但通过与其他表决权持有人之间的协议能够控制半数以上表决权的。

(3)投资方持有被投资方半数或以下的表决权,但综合考虑下列事实和情况后,判断投资方持有的表决权足以使其目前有能力主导被投资方相关活动的,视为投资方对被投资方拥有权力:投资方持有的表决权相对于其他投资方持有的表决权份额的大小,以及其他投资方持有表决权的分散程度;投资方和其他投资方持有的被投资方的潜在表决权,如可转换公司债券、可执行认股权证等,其他合同安排产生的权利;被投资方以往的表决权行使情况等其他相关事实和情况。

(4)某些情况下,投资方可能难以判断其享有的权利是否足以使其拥有对被投资方的权力。在这种情况下,投资方应当考虑其具有实际能力以单方面主导被投资方相关活动的证据,从而判断其是否拥有对被投资方的权力。投资方应考虑的因素包括但不限于下列事项:投资方能否任命或批准被投资方的关键管理人员;投资方能否出于其自身利益决定或否决被投资方的重大交易;投资方能否掌控被投资方董事会等类似权力机构成员的任命程序,或者从其他表决权持有人手中获得代理权;投资方与被投资方的关键管理人员或董事会等类似权力机构中的多数成员是否存在关联方关系。

投资方与被投资方之间存在某种特殊关系的,在评价投资方是否拥有对被投资方的权力时,应当适当考虑这种特殊关系的影响。特殊关系通常包括:被投资方的关键管理人员是投资方的现任或前任职工、被投资方的经营依赖于投资方、被投资方活动的重大部分有投资方参与其中或者是以投资方的名义进行、投资方自被投资方承担可变回报的风险或享有可变回报的收益远超过其持有的表决权或其他类似权利的比例等。

2. 参与被投资方的相关活动而享有可变回报

判断投资方是否控制被投资方的第二项基本要素是,因参与被投资方的相关活动而享有可变回报。可变回报是不固定的并可能随被投资方业绩而变动的回报,可能是正数,也可能是负数,或者有正有负。投资方在判断其享有被投资方的回报是否变动以及如何变动时,应当根据合同安排的实质,而不是法律形式。例如,投资方持有固定利率的交易性债券投资时,虽然利率是固定的,但该利率取决于债券违约风险及债券发行方的信用风险,因此,固定利率也可能属于可变回报。又如,管理被投资方资产获得的固定管理费也属于可变回报,因为管理者是否能获得此回报依赖于被投资方是否能够产生足够的收益用于支付该固定管理费。其他可变回报的例子包括以下三个:

(1)股利、被投资方经济利益的其他分配(例如,被投资方发行的债务工具产生的利息)、投资方对被投资方投资的价值变动。

(2)因向被投资方的资产或负债提供服务而得到的报酬、因提供信用支持或流动性支持收取的费用或承担的损失、被投资方清算时在其剩余净资产中所享有的权益、税务利益,以及因涉入被投资方而获得的未来流动性。

(3)其他利益持有方无法得到的回报。例如,投资方将自身资产与被投资方的资产一并使用,以实现规模经济、达到节约成本、为稀缺产品提供资源、获得专有技术或限制某些运营或资产,从而提高投资方其他资产的价值。

投资方的可变回报通常体现为从被投资方获取股利。受法律法规的限制,投资方有时无法通过分配被投资方利润或盈余的形式获得回报,例如,当被投资方的法律形式为信托机构时,其盈利可能不是以股利形式分配给投资者。此时,需要根据具体情况,以投资方的投资目的为出发点,综合分析投资方是否获得除股利以外的其他可变回报,被投资方不能进行利润分配并不必然代表投资方不能获取可变回报。

另外,即使只有一个投资方控制被投资方,也不能说明只有该投资方才能获取可变回报。例如,少数股东可以分享被投资方的利润。

3. 有能力运用对被投资方的权力影响其回报金额

判断控制的第三项基本要素是,有能力运用对被投资方的权力影响其回报金额。只有当投资方不仅拥有对被投资方的权力、通过参与被投资方的相关活动而享有可变回报,并且有能力运用对被投资方的权力来影响其回报的金额时,投资方才控制被投资方。因此,拥有决策权的投资方在判断是否控制被投资方时,需要考虑其决策行为是以主要责任人(即实际决策人)的身份进行还是以代理人的身份进行。此外,在其他方拥有决策权时,投资方还需要考虑其他方是否是以代理人的身份代表该投资方行使决策权。

投资企业能够对被投资单位实施控制的具体情形包括以下两种:

1. 投资企业直接或通过子公司间接拥有被投资单位半数以上的表决权。

2. 投资企业拥有被投资单位半数或以下的表决权,但能满足下列条件之一的,也视为投资企业能够控制被投资单位:

(1)通过与被投资单位其他投资者之间的协议,拥有被投资单位半数以上的表决权;

(2)根据公司章程或协议,有权决定被投资单位的财务和经营政策;

(3)有权任免被投资单位的董事会或类似机构的多数成员;

(4)在被投资单位的董事会或类似机构占多数表决权。

投资方能够对被投资单位实施控制的,被投资单位为其子公司。投资方应当将子公司纳入合并财务报表的合并范围。投资方在判断对被投资单位是否具有控制时,应综合考虑直接持有的股权和通过子公司间接持有的股权。在个别财务报表中,投资方进行成本法核算时,应仅考虑直接持有的股权份额。

(二)成本法下的账务处理

1. 初始投资时,长期股权投资按照初始投资成本计量,除追加投资和收回投资外不得调整长期股权投资的账面价值。追加投资时,按照确认初始投资成本的方法确定追加投资的成本,并相应地调增长期股权投资的账面价值。

2. 除取得投资时实际支付的价款或对价中包含的已宣告但尚未发放的现金股利或利润外,投资方应将按照享有被投资单位宣告分派的现金股利或利润(不管是取得投资前还是取得投资后实现的),确认为当期投资收益,借记"应收股利"等科目,贷记"投资收益"科目。

3. 子公司将未分配利润或盈余公积转增股本(实收资本),且未向投资方提供等值现金股利或利润的选择权时,投资方并没有获得收取现金股利或利润的权力,该项交易通常属于子公司自身权益结构的重分类,投资方不应确认相应的投资收益。

【例11-11】 承【例11-10】,育新公司购入B公司股票,采用成本法核算股票投资。如果B公司于当年3月20日宣告发放上年度现金股利,每股分派现金股利0.55元,共5500000元。则育新公司当年3月20日的会计处理如下:

借:应收股利　　　　　　　　　　　　　　　　　　　5500000
　　贷:投资收益　　　　　　　　　　　　　　　　　　　5500000

三、长期股权投资的权益法核算

(一)适用范围

权益法,是指投资最初以初始投资成本计量,在投资持有期间根据投资方享有被投资单位所有者权益的份额的变动对投资的账面价值进行调整的方法。

长期股权投资的权益法适用于投资方对联营企业和合营企业的长期股权投资。

投资方对联营企业的权益性投资,其中一部分通过风险投资机构、共同基金、信托公司或包括投连险基金在内的类似主体间接持有的,无论以上主体是否对这部分投资具有重大影响,投资方都可以按照《企业会计准则第22号——金融工具确认和计量》的有关规定,对间接持有的该部分投资选择以公允价值计量且其变动计入当期损益,并对其余直接持有的部分采用权益法核算。当然,投资方也可以不做这种选择,而对持有的全部投资采用权益法核算。

联营企业,是指投资方能够对其施加重大影响的被投资单位。投资方需要综合考虑所有事实和情况来做出是否对被投资单位具有重大影响的判断。比如,在确定能否对被投资单位施加重大影响时,除考虑直接或间接持有被投资单位的表决权股份外,还应当考虑投资方和其他方持有的被投资单位当期可转换公司债券、当期可执行认股权证、股份期权等潜在表决权因素。需要注意的是,考虑潜在表决权时,只能考虑"当期"可转换或可执行的潜在表决权,对于以后期间才可转换或可执行的潜在表决权不应当考虑;虽然在判断重大影响时,需要考虑当期可转换或可执行潜在表决权的影响,但是,在采用权益法对享有被投资单位所有者权益份额进行计算确认时,则不应当考虑潜在表决权或包含潜在表决权的其他衍生工具的影响,除非此类潜在表决权在当前即可获得与被投资单位所有者权益相关的回报。

合营企业,是指合营方仅对合营安排的净资产享有权利的合营安排。合营安排,是指一项由两个或两个以上的参与方共同控制的安排。在判断是否存在共同控制时,应当首先判断所有参与方或参与方组合是否集体控制该安排,其次再判断该安排相关活动的决策是否必须经过这些集体控制该安排的参与方一致同意。关于对共同控制、合营安排和合营企业的理解及具体判断,应当按照《企业会计准则第40号——合营安排》的有关规定进行。对合营企业不享有共同控制的参与方(非合营方)应当根据其对该合营企业的影响程度进行相关会计处理:具有重大影响的,按长期股权投资进行核算;不具有重大影响的,按《企业会计准则第22号——金融工具确认和计量》的规定核算其对该合营企业的投资。

投资方在判断对被投资单位是否具有共同控制、重大影响时,在综合考虑直接持有的股权和通过子公司间接持有的股权后,如果认定投资方在被投资单位拥有共同控制或重大影响,在个别财务报表中,投资方进行权益法核算时,应仅考虑直接持有的股权份额并按权益法核算;在合并财务报表中,投资方进行权益法核算时,应同时考虑直接持有和间接持有的份额。

在权益法下,长期股权投资的账面价值随着被投资单位所有者权益的变动而变动,包括被投资单位实现的净利润或发生的净亏损以及其他权益项目的变动。追加投资时,若不涉及核算方法转换的,应当相应地调整长期股权投资成本,并综合考虑与原持有投资和追加投资相关的商誉或计入损益的金额。

(二)权益法下的账务处理

1. 初始投资成本的调整

采用权益法核算长期股权投资时,对于取得投资时投资成本与应享有被投资单位可辨认净资产公允价值份额之间的差额,应区别以下情况分别处理。

(1)长期股权投资的初始投资成本大于投资时应享有被投资单位可辨认净资产公允价值份额的,不调整已确认的初始投资成本。

(2)长期股权投资的初始投资成本小于投资时应享有被投资单位可辨认净资产公允价值份额的,调整增加长期股权投资的初始投资成本,并将其差额计入当期损益。进行会计处理时,按其差额借记"长期股权投资——投资成本"科目,贷记"营业外收入"科目。

上述被投资单位可辨认净资产的公允价值,是指被投资单位可辨认资产的公允价值减去负债及或有负债公允价值的余额,应当比照《企业会计准则第20号——企业合并》的有关规定确定。

【例11-12】 假设华通公司于6月1日以银行存款1450000元投资华联公司普通股,占华联公司普通股的40%,华通公司按权益法核算对华联公司的投资。华联公司当年5月31日经确认可辨认净资产的公允价值为3350000元,则初始投资时,华通公司应享有华联公司可辨认净资产公允价值的份额为1340000元(3350000×40%)。本例中,初始投资成本1450000元大于应享有华联公司可辨认净资产公允价值的份额1340000元,差额为110000元。因此,华通公司6月1日投

资时,应编制的会计分录如下:

借:长期股权投资——投资成本(华联公司)　　　　1450000
　　贷:银行存款　　　　　　　　　　　　　　　　　　　　　1450000

【例 11-13】 承【例 11-12】,假设华联公司当年 5 月 31 日的可辨认净资产公允价值为 4000000 元,华通公司对华联公司的初始投资成本、持股比例均不变,则华通公司 6 月 1 日长期股权投资入账时的会计分录为:

借:长期股权投资——投资成本(华联公司)　　　　1450000
　　贷:银行存款　　　　　　　　　　　　　　　　　　　　　1450000
借:长期股权投资——投资成本(华联公司)　　　　 150000
　　贷:营业外收入　　　　　　　　　　　　　　　　　　　　 150000

2. 投资损益的确认

投资方取得长期股权投资后,应当按照应享有或应分担的被投资单位实现的净利润或发生净亏损的份额,确认为当期投资收益,同时调整长期股权投资的账面价值。资产负债表日,企业应按被投资单位实现的净利润(以取得投资时被投资单位可辨认净资产的公允价值为基础计算)中企业享有的份额,借记"长期股权投资——损益调整"科目,贷记"投资收益"科目。被投资单位发生净亏损作相反的会计分录,但以"长期股权投资"科目的账面价值减记至零为限。

投资方在确认应享有被投资单位净损益的份额时,在被投资单位账面净利润的基础上,应考虑以下因素的影响进行适当调整:

(1)被投资单位采用的会计政策及会计期间与投资方不一致的,应当按照投资方的会计政策及会计期间对被投资单位的财务报表进行调整,在此基础上确定被投资单位的损益。

(2)以取得投资时被投资单位固定资产、无形资产等的公允价值为基础计提的折旧额或摊销额,以及有关资产以取得时的公允价值为基础计算的资产减值准备金额等对被投资单位净利润的影响进行调整后确认。

被投资单位个别利润表中的净利润是以其持有的资产、负债账面价值和有关资产减值准备为基础持续计算的,而投资方在取得投资时,是以被投资单位有关资产、负债的公允价值为基础确定投资成本的,长期股权投资的投资收益所代表的是被投资单位资产、负债在公允价值计量的情况下在未来期间通过经营产生的损益中归属于投资方的部分。取得投资时有关资产、负债的公允价值与其账面价值不同的,未来期间,在计算归属于投资方应享有的净损益时,应以投资时被投资单位有关资产、负债的公允价值为基础计算确定,从而产生了需要对被投资单位账面净利润进行调整的情况。

在进行有关调整时,应考虑重要性原则,不具有重要性的项目可不予调整。符合下列条件之一的,投资方可以被投资单位的账面净利润为基础,计算确认投资损益,同时应在财务报表附注中说明不能按照《企业会计准则》的规定进行核算的原因:

①投资方无法合理确定取得投资时被投资单位各项可辨认资产等的公允价值;
②投资时被投资单位可辨认资产的公允价值与其账面价值相比,两者之间的差额不具

重要性的;

③其他原因导致无法取得被投资单位的有关资料,不能按照《企业会计准则》中规定的原则对被投资单位的净损益进行调整的。

(3)在评估投资方对被投资单位是否具有重大影响时,应当考虑潜在表决权的影响,但在确定应享有的被投资单位实现的净损益、其他综合收益和其他所有者权益变动的份额时,潜在表决权所对应的权益份额不应予以考虑。

(4)在确认应享有或应分担的被投资单位净利润(或亏损)额时,法规或章程规定不属于投资企业的净损益应当予以剔除后计算。如果被投资单位发行了分类为权益的可累积优先股等类似的权益工具,无论被投资单位是否宣告分配优先股股利,投资方计算应享有被投资单位的净利润时,均应将归属于其他投资方的累积优先股股利予以扣除。

【例11-14】甲公司于2×22年1月1日取得联营企业乙公司30%的股权,取得投资时被投资单位的固定资产公允价值为1000万元,账面价值为600万元,固定资产的预计使用年限为10年,净残值为0,按照直线法计提折旧。乙公司2×22年度利润表中净利润为500万元,其中乙公司当期利润表中已按其账面价值计算扣除的固定资产折旧费用为60万元。甲公司采用权益法核算该项长期股权投资。

根据直线法,按照取得投资时固定资产的公允价值计算确定的折旧费用为100万元,不考虑所得税影响,按该固定资产的公允价值计算的当年净利润为460万元(500-40),因此甲公司应确认的2×22年度投资收益为138万元(460×30%)。

(5)投资方计算确认应享有或应分担被投资单位的净损益时,对于投资方与联营企业、合营企业之间发生的未实现内部交易损益按照应享有的比例计算归属于投资方的部分,应当予以抵销,在此基础上确认投资收益。投资方与被投资单位发生的未实现内部交易损失,其中按照《企业会计准则第8号——资产减值》等的有关规定属于资产减值损失的,应当全额确认。投资方对于纳入合并范围的子公司与其联营企业、合营企业之间发生的内部交易损益,也应当按照这一原则进行抵销,然后在此基础上确认投资收益。

投资方与其联营企业和合营企业之间的未实现内部交易损益抵销与投资方与其子公司之间的未实现内部交易损益抵销有所不同,母子公司之间的未实现内部交易损益在合并财务报表中是全额抵销的(无论是全资子公司还是非全资子公司),而投资方(或是纳入投资方合并财务报表范围的子公司)与其联营企业和合营企业之间的未实现内部交易损益抵销仅仅是投资方享有联营企业或合营企业的权益份额。

未实现内部交易损益在以后期间实现的,应在实现当期确认投资收益时予以追加确认。

上述未实现内部交易损益的抵销既包括顺流交易也包括逆流交易。其中,顺流交易是指投资方向其联营企业或合营企业出售资产;逆流交易是指联营企业或合营企业向投资方出售资产。当该未实现内部交易损益体现在投资方或其联营企业、合营企业持有的资产账面价值中时,相关的损益在计算确认投资损益时应予抵销。

①对于联营企业或合营企业向投资方出售资产的逆流交易,在该交易存在未实现内部交易损益的情况下(即有关资产未对外部独立第三方出售),投资方在采用权益法计算确认

应享有联营企业或合营企业的投资损益时,应抵销该未实现内部交易损益的影响。当投资方自其联营企业或合营企业购买资产时,在将该资产出售给外部独立的第三方之前,不应确认联营企业或合营企业因该交易产生的损益中本企业应享有的部分。

因逆流交易产生的未实现内部交易损益,在未对外部独立第三方出售之前,体现在投资方持有资产的账面价值当中。

【例 11-15】 甲公司于某年1月取得乙公司20%有表决权股份,能够对乙公司施加重大影响。假定甲公司取得该项投资时,乙公司各项可辨认资产、负债的公允价值与其账面价值相同。当年8月,乙公司将其成本为300万元的某商品以700万元的价格出售给甲公司,甲公司将取得的商品作为存货。至当年年末资产负债表日,甲公司仍未对外出售该存货。乙公司当年实现的净利润为3000万元。假定不考虑所得税因素。

甲公司在按照权益法确认应享有乙公司当年净损益时,应作如下处理:

(1)乙公司当年抵销未实现内部交易损益后的净利润 = 3000 - (700 - 300) = 2600(万元)

(2)作会计处理:

借:长期股权投资——损益调整　　　5200000(26000000×20%)
　　贷:投资收益　　　　　　　　　　　　　　　　　　5200000

假定在次年,甲公司将该商品以700万元的价格向外部独立第三方出售,因该部分内部交易损益已经实现,甲公司在确认应享有乙公司次年净损益时,应考虑将原未确认的该部分内部交易损益计入投资损益,即应在考虑其他因素计算确定的投资损益基础上调整增加80万元(400×20%)。

②对于投资方向联营企业或合营企业出售资产的顺流交易,在该交易存在未实现内部交易损益的情况下(即有关资产未向外部独立第三方出售),投资方在采用权益法计算确认应享有联营企业或合营企业的投资损益时,应抵销该未实现内部交易损益的影响,同时调整对联营企业或合营企业长期股权投资的账面价值。当投资方向联营企业或合营企业出售资产,同时有关资产由联营企业或合营企业持有时,投资方因出售资产应确认的损益仅限于与联营企业或合营企业其他投资者交易的部分。即在顺流交易中,投资方出售资产给其联营企业或合营企业产生的损益中,按照持股比例计算确定归属于本企业的部分不予确认。

【例 11-16】 甲公司持有乙公司有表决权股份的30%,能够对乙公司生产经营施加重大影响。某年11月,甲公司将其账面价值为600万元的商品以900万元的价格出售给乙公司,乙公司将取得的商品作为管理用固定资产核算,预计其使用寿命为10年、净残值为0。假定甲公司取得该项投资时,乙公司各项可辨认资产、负债的公允价值与其账面价值相同,两者在以前期间未发生过内部交易。乙公司当年实现净利润为1000万元。假定不考虑所得税影响。

甲公司在该项交易中实现利润300万元(900-600),其中的90万元(300×

30%)是针对本公司持有的对联营企业乙公司的权益份额,在采用权益法计算确认投资损益时应予抵销,同时应考虑相关固定资产折旧对损益的影响。乙公司取得的该项固定资产在当前年度因计提折旧而对投资损益产生的影响为 2.5 万元($300÷10÷12×1$),因此甲公司应当进行的会计处理为:

借:长期股权投资——损益调整
      2107500 [(10000000 − 3000000 + 25000)×30%]
 贷:投资收益   2107500

应当说明的是:

第一,投资企业与其联营企业及合营企业之间发生的无论是顺流交易还是逆流交易产生的未实现内部交易损失,属于所转让资产发生减值损失的,不应予以抵销。原因是该损失原则上不因是否发生资产的内部转移而发生变化,即使有关资产未发生实际交易,有证据表明其可收回金额等低于账面价值的,无论资产持有方是哪个企业,均应按照会计准则规定计提相应的减值损失,即相关损失与转让交易无关。

第二,投资方与联营、合营企业之间发生的投出或出售资产交易构成业务的,应当按照《企业会计准则第 20 号——企业合并》《企业会计准则第 33 号——合并财务报表》有关规定进行会计处理:即,联营、合营企业向投资方出售业务的,投资方应全额确认与交易相关的利得或损失;投资方向联营、合营企业投出业务,并能对联营、合营企业实施重大影响或共同控制的,应以投出业务的公允价值作为新增长期股权投资的初始投资成本,初始投资成本与投出业务的账面价值之间的差额,全额计入当期损益,投资方向联营、合营企业出售业务,取得的对价与业务的账面价值之间的差额,全额计入当期损益。

(6)合营方向合营企业投出非货币性资产产生损益的处理。合营方向合营企业投出或出售非货币性资产的相关损益,应当按照以下原则处理:

符合下列情况之一的,合营方不应确认该类交易的损益:①与投出非货币性资产所有权有关的重大风险和报酬没有转移给合营企业;②投出非货币性资产的损益无法可靠计量;③投出非货币性资产交易不具有商业实质。

合营方转移了与投出非货币性资产所有权有关的重大风险和报酬并且投出资产留给合营企业使用的,应在该项交易中确认属于合营企业其他合营方的利得和损失。交易表明投出或出售非货币性资产发生减值损失的,合营方应当全额确认该部分损失。

在投出非货币性资产的过程中,合营方除了取得合营企业的长期股权投资外,还取得了其他货币性或非货币性资产的,应当确认该项交易中与所取得其他货币性、非货币性资产相关的损益。

应予注意的是,合营方向合营企业投出非货币性资产的交易亦应区分投资方个别财务报表和合并财务报表分别进行处理。投资方按照持股比例计算应予抵销的未实现内部交易损益,在合并财务报表中应在抵销相关收入、成本的同时,调整长期股权投资的账面价值。

3. 取得现金股利或利润的处理

投资方按照被投资单位宣告分派的利润或现金股利计算应享有的部分,相应减少长期股权投资的账面价值。在被投资单位宣告分派现金股利或利润时,借记"应收股利"科目,贷记"长期股权投资——损益调整"科目;自被投资单位取得的现金股利或利润超过已确认损益调整的部分,应视同投资成本的收回,冲减长期股权投资的账面价值。

【例 11-17】 承【例 11-9】,育新公司对 A 公司股票投资采用权益法核算。若 A 公司上年实现净利润 120 万元,当年 1 月 20 日宣告发放现金股利 80 万元。育新公司应作如下会计处理:

(1)根据 A 公司上年度实现净利润,计算确定投资收益 48 万元(120×40%),并调整长期股权投资账户。会计分录为:

借:长期股权投资——损益调整　　　　　　　　480000
　　贷:投资收益　　　　　　　　　　　　　　　　　　480000

(2)当年 1 月 20 日,当 A 公司宣告发放现金股利时,计算应收股利为 32 万元(80×40%)。会计分录为:

借:应收股利　　　　　　　　　　　　　　　　320000
　　贷:长期股权投资——损益调整　　　　　　　　　　320000

4. 投资企业在被投资单位发生净亏损和其他综合收益减少时的处理

投资企业确认被投资单位发生的净亏损和其他综合收益减少净额,应当以长期股权投资的账面价值以及其他实质上构成对被投资单位净投资的长期权益减记至零为限,投资企业负有承担额外损失义务的除外。这里,其他实质上构成对被投资单位净投资的长期权益,通常是指长期性的应收项目。比如,企业对被投资单位的长期债权,该债权没有明确的清收计划,且在可预见的未来期间不准备收回,实质上构成对被投资单位的净投资,但不包括投资方与被投资单位之间因销售商品、提供劳务等日常活动所产生的长期债权。

在确认应分担被投资单位发生的亏损和其他综合收益减少净额时,应当按照以下顺序进行处理:

第一,冲减长期股权投资的账面价值。

第二,如果长期股权投资的账面价值不足以冲减的,应当以其他实质上构成对被投资单位净投资的长期权益账面价值为限继续确认投资损失,冲减长期应收项目等的账面价值。

第三,在进行上述处理后,按照投资合同或协议约定企业仍承担额外义务的,应按预计承担的义务确认预计负债,计入当期投资损失。

除上述情况外仍未确认的应分担损失,应在账外备查簿登记。

投资企业在实务操作过程中,根据被投资单位发生的净亏损确认投资损失时,应借记"投资收益""其他综合收益"科目,贷记"长期股权投资——损益调整""长期股权投资——其他综合收益"科目;在长期股权投资的账面价值减记至零以后,继续确认的投资损失中,属于因顺流交易产生的未实现内部交易损益的抵销部分,确认为递延收益,待后续相关损益实现时再结转至损益;考虑其他实质上构成对被投资单位净投资的长期权益,继续确认的投资损失,应借记"投资收益"科目,贷记"长期应收款"等科目。因投资合同或协议约定导致投资方需要承担额外义务的,按照《企业会计准则第 13 号——或有事项》的规定,对于符合确认条件的义务,应确认为当期损失,同时确认预计负债,借记"投资收益"科目,贷记"预计负债"科目。

被投资单位以后实现净利润的,投资企业在将其收益分享额弥补账外备查簿登记的未确认的损失分担额后,按与上述相反的顺序处理,恢复确认收益分享额,即依次减记已确认预计负债的账面余额、恢复其他实质上构成对被投资单位净投资的长期权益、已确认的其他综合收益及长期股权投资的账面价值,同时确认投资收益。应当按顺序分别借记"预计负债""长期应收款""长期股权投资"等科目,贷记"投资收益"科目。

【例11-18】 华联公司2×20年1月2日以土地使用权向运通公司投资,占运通公司有表决权股份的40%,其初始投资成本与应享有的运通公司可辨认净资产的公允价值份额相等。华联公司投资时,该项土地使用权的入账成本为1300000元;账面价值和公允价值相等,均为1100000元;已累计摊销200000元,未计提减值准备,假设不考虑相关税费。2×20年运通公司全年实现净利润600000元;2×21年2月宣告分派现金股利400000元;2×21年运通公司全年净亏损3000000元;2×22年运通公司全年实现净利润800000元。投资合同约定,如果运通公司发生亏损,华联公司无须承担额外损失义务。

根据上述资料,华联公司对运通公司投资的有关会计处理如下:

2×20年1月2日,投资时:

借:长期股权投资——投资成本　　　　　　　　　　1100000
　　累计摊销——土地使用权　　　　　　　　　　　200000
　　贷:无形资产——土地使用权　　　　　　　　　　　　1300000

2×20年12月31日,根据运通公司实现的净利润,华联公司确认投资收益时:

借:长期股权投资——损益调整　　　　　　　　　　240000
　　贷:投资收益　　　　　　　　　　　　　　　　　　　240000

2×21年运通公司宣告分派现金股利时:

借:应收股利　　　　　　　　　　　　　　　　　　160000
　　贷:长期股权投资——损益调整　　　　　　　　　　　160000

宣告分派现金股利后,华联公司"长期股权投资"科目的账面余额为1180000元。

2×21年12月31日,运通公司全年净亏损3000000元,华联公司按持股比例计算应承担的亏损额为1200000元(3000000×40%),但因对运通公司"长期股权投资"科目的账面余额为1180000元,而长期股权投资的账面价值只能减记至零为限,未确认的亏损分担额为20000元(1200000-1180000),该部分未确认的亏损分担额,应在备查簿中进行登记。

借:投资收益　　　　　　　　　　　　　　　　　　1180000
　　贷:长期股权投资——损益调整　　　　　　　　　　　1180000

2×22年12月31日,因运通公司实现净利润800000元,按持股比例计算华联公司可享有320000元,按规定可享有的投资收益首先应当减去以前未确认的亏损分担额20000元,差额部分300000元,才可恢复长期股权投资的账面价值。

借:长期股权投资——损益调整　　　　　　　　　　300000
　　贷:投资收益　　　　　　　　　　　　　　　　　　　300000

5. 被投资单位其他综合收益变动的处理

其他综合收益是指根据会计准则规定未在损益中确认的各项利得和损失扣除所得税影响后的净额。主要情形有：①以公允价值计量且其变动计入其他综合收益的金融资产的公允价值变动；②可供出售外币非货币性项目的汇兑差额；③存货或自用房地产转换为采用公允价值模式计量的投资性房地产形成的利得或损失；④金融资产重分类形成的利得或损失。

被投资单位其他综合收益发生变动的，投资方应当按照归属于本企业的部分，相应调整长期股权投资的账面价值，同时增加或减少其他综合收益。

6. 被投资单位除净损益、其他综合收益和利润分配以外所有者权益其他变动的处理

被投资单位除净损益、其他综合收益和利润分配以外所有者权益其他变动的主要情形有：①被投资单位增资扩股等原因而增加资本溢价或股本溢价；②被投资单位资产评估等所引起的所有者权益变动；③被投资单位收到专项拨款形成资本公积；④被投资单位因以权益结算的股份支付形成资本公积；⑤被投资单位发行可转换公司债券中包含的权益成分形成资本公积；⑥被投资单位与上述类型事项相关的计入所有者权益项目的所得税影响形成资本公积。

投资企业对于被投资单位除净损益、其他综合收益和利润分配以外所有者权益的其他变动，按照持股比例计算应享有或承担的份额，调整长期股权投资的账面价值，同时计入资本公积（其他资本公积），并在备查簿中予以登记。即投资企业按其持股比例计算应享有或承担的份额，借记或贷记"长期股权投资——其他权益变动"科目，贷记或借记"资本公积——其他资本公积"科目，并在备查簿中予以登记。投资方在后续处置股权投资，但对剩余股权仍采用权益法核算时，应按处置比例将这部分资本公积转入当期投资收益；对剩余股权终止权益法核算时，将这部分资本公积全部转入当期投资收益。

7. 股票股利的处理

被投资单位分派的股票股利，投资企业不作账务处理，但为了反映收到股票股利的情况，投资企业应于除权日在备查簿中登记所增加的股数，以表明每股投资成本的减少，部分处置该项收到股票股利的投资时，应按投资成本与全部股份计算的平均每股成本，结转处置部分的成本。

8. 被投资单位编制合并财务报表情况下的处理

在持有投资期间，被投资单位编制合并财务报表的，应当以合并财务报表中净利润、其他综合收益和其他所有者权益变动中归属于被投资单位的金额为基础进行会计处理。

（三）因被动稀释导致持股比例下降时"内含商誉"的结转

权益法下，因其他投资方对被投资单位增资而导致投资方的持股比例被稀释，且稀释后投资方仍对被投资单位采用权益法核算的情况下，投资方在调整相关长期股权投资的账面价值时，面临是否应当按比例结转初始投资时形成的"内含商誉"问题。其中，"内含商誉"是指长期股权投资的初始投资成本大于投资时享有的被投资单位可辨认净资产公允价值份额的差额。投资方因股权比例被动稀释而"间接"处置长期股权投资的情况下，相关"内含商誉"的结转应当比照投资方直接处置长期股权投资处理，即应当按比例结转初始投资时形成的"内含商誉"，并将相关股权稀释影响计入资本公积（其他资本公积）。

采用权益法核算的长期股权投资,若因股权被动稀释而使得投资方产生损失,投资方首先应将产生股权稀释损失作为股权投资发生减值的迹象之一,对该笔股权投资进行减值测试。投资方对该笔股权投资进行减值测试后,若发生减值,应先对该笔股权投资确认减值损失并调减长期股权投资账面价值,再计算股权稀释产生的影响并进行相应会计处理。

投资方进行减值测试并确认减值损失(如有)后,应当将相关股权稀释损失计入资本公积(其他资本公积)借方,当资本公积贷方余额不够冲减时,仍应继续计入资本公积(其他资本公积)借方。

四、长期股权投资核算方法转换的核算

(一)公允价值计量转权益法核算

原持有的对被投资单位的股权投资(不具有控制、共同控制或重大影响的),按照《企业会计准则第 22 号——金融工具确认和计量》的规定进行会计处理的,因追加投资等原因导致持股比例上升,能够对被投资单位施加共同控制或重大影响但不构成控制的,在转按权益法核算时,投资方应当按照《企业会计准则第 22 号——金融工具确认和计量》的规定确定的原股权投资的公允价值加上为取得新增投资而应支付对价的公允价值,作为改按权益法核算的初始投资成本。原持有的股权投资分类为以公允价值计量且其变动计入当期损益的金融资产的,其公允价值与原账面价值之间的差额,计入改按权益法核算的当期损益;原持有的股权投资分类为以公允价值计量且其变动计入其他综合收益的金融资产(非交易性权益工具投资)的,其公允价值与原账面价值之间的差额,以及原计入其他综合收益的累计公允价值变动应当转入改按权益法核算的当期的留存收益,不得计入当期损益。同时将支付对价的公允价值与其账面价值的差额计入当期损益,并按资产的类别进行相应的会计处理。

然后,比较上述计算所得的初始投资成本,与按照追加投资后全新的持股比例计算确定的应享有被投资单位在追加投资日可辨认净资产公允价值份额之间的差额,前者大于后者的,不调整长期股权投资的账面价值;前者小于后者的,差额应调整长期股权投资的账面价值,并计入当期营业外收入。

【例11-19】 2×22 年 2 月,A 公司以 600 万元现金自非关联方处取得 B 公司 10% 的股权。A 公司根据《企业会计准则第 22 号——金融工具确认和计量》的规定将其划分为以公允价值计量且其变动计入其他综合收益的金融资产。2×23 年 1 月 2 日,A 公司又以 1200 万元的现金自另一非关联方处取得 B 公司 12% 的股权,相关手续于当日完成。当日,B 公司可辨认净资产公允价值总额为 8000 万元,A 公司对 B 公司的以公允价值计量且其变动计入其他综合收益的金融资产的账面价值(等于公允价值)为 1000 万元,计入其他综合收益的累计公允价值变动为 400 万元。取得该部分股权后,按照 B 公司章程规定,A 公司能够对 B 公司施加重大影响,对该项股权投资转为采用权益法核算。不考虑相关税费等其他因素影响。

本例中,2×23 年 1 月 2 日,A 公司原持有 10% 股权的公允价值为 1000 万元,为取得新增投资而支付对价的公允价值为 1200 万元,因此,A 公司对 B 公司 22%

股权的初始投资成本为2200万元。

A公司对B公司新持股比例为22%，应享有B公司可辨认净资产公允价值的份额为1760万元（8000×22%）。由于初始投资成本（2200万元）大于应享有B公司可辨认净资产公允价值的份额（1760万元），因此，A公司无须调整长期股权投资的成本。

2×23年1月2日，A公司确认对B公司的长期股权投资时，作如下会计处理：

借：长期股权投资——投资成本　　　　　　　　　　22000000
　　贷：其他权益工具投资　　　　　　　　　　　　　10000000
　　　　银行存款　　　　　　　　　　　　　　　　　12000000
借：其他综合收益　　　　　　　　　　　　　　　　　4000000
　　贷：盈余公积　　　　　　　　　　　　　　　　　400000（4000000×10%）
　　　　利润分配——未分配利润　　　　　　　　　　3600000（4000000×90%）

（二）公允价值计量或权益法核算转成本法核算

投资方原持有的对被投资单位不具有控制、共同控制或重大影响的按照《企业会计准则第22号——金融工具确认和计量》进行会计处理的权益性投资，或者原持有对联营企业、合营企业的长期股权投资，因追加投资等原因，能够对被投资单位实施控制的，应按企业合并形成的长期股权投资进行会计处理。其中属于多次交易分步取得同一控制被投资单位股权的，其会计处理方法见本节前述"同一控制下的企业合并"部分；属于多次交易分步实现非同一控制下企业合并的，其会计处理方法见本节前述"非同一控制下的企业合并"部分。

【例11-20】 甲公司2×22年1月1日对乙公司投资，占乙公司注册资本的20%。甲公司采用权益法对乙公司进行核算。至2×22年12月31日，甲公司对乙公司投资的账面价值为300万元，其中，投资成本为200万元（假定投资成本即计税基础），其他综合收益为100万元。2×23年1月5日，甲公司又用银行存款对乙公司追加投资600万元，取得乙公司40%的股权。至此，甲公司持有乙公司60%的股份，改为成本法核算。2×23年3月1日，乙公司宣布分派2×22年度的现金股利80万元。

(1)将权益法下长期股权投资的账面价值，加上新增投资成本转为成本法下的初始投资成本。作如下会计处理：

借：长期股权投资——乙公司　　　　　　　　　　　9000000
　　贷：长期股权投资——投资成本（乙公司）　　　　2000000
　　　　　　　　　　——其他综合收益（乙公司）　　1000000
　　　　银行存款　　　　　　　　　　　　　　　　　6000000

原确认的其他综合收益100万元，不作会计处理。

(2)乙公司宣布分派现金股利时：

借：应收股利　　　　　　　　　　　　　　　　　　480000（800000×60%）
　　贷：投资收益　　　　　　　　　　　　　　　　　480000

(三)权益法核算转公允价值计量

原持有的对被投资单位具有共同控制或重大影响的长期股权投资,因部分处置等原因导致持股比例下降,不能再对被投资单位实施共同控制或重大影响的,应按处置比例结转应终止确认的长期股权投资账面价值;同时应改按《企业会计准则第22号——金融工具确认和计量》规定对剩余股权投资进行会计处理,其在丧失共同控制或重大影响之日的公允价值与账面价值之间的差额计入当期损益。原采用权益法核算的其他综合收益应当在终止采用权益法核算时,按其全额采用与被投资单位直接处置相关资产或负债相同的基础进行会计处理;因被投资单位除净损益、其他综合收益和利润分配以外的其他所有者权益变动而确认的所有者权益其他变动,应当在终止采用权益法核算时全部转入当期损益。若存在当初因追加投资而使核算方法转换为成本法时形成的未进行会计处理的"其他综合收益"和"所有者权益其他变动",且在由成本法转权益法时尚未结转的部分的,应比照上述方法全额予以结转。

【例11-21】 甲公司持有乙公司30%的有表决权股份,能够对乙公司施加重大影响,对该股权投资采用权益法核算。当年10月,甲公司将该项投资中的50%出售给非关联方,取得价款1800万元。相关手续于当日完成,甲公司无法再对乙公司施加重大影响,将剩余股权投资转为以公允价值计量且其变动计入其他综合收益的金融资产。出售时,该项长期股权投资的账面价值为3200万元,其中投资成本为2600万元,损益调整为300万元,其他综合收益为200万元(性质为被投资单位的以公允价值计量且其变动计入其他综合收益的金融资产的累计公允价值变动),除净损益、其他综合收益和利润分配外的其他所有者权益变动为100万元。剩余股权的公允价值为1800万元。不考虑相关税费等其他因素影响。则甲公司应作如下会计处理:

(1)确认有关股权投资的处置损益。

借:银行存款 18000000
　　贷:长期股权投资(投资成本、损益调整、其他综合收益、其他权益变动)
　　　　　　　　　　　　　　　　　　　　　　　　16000000
　　　　投资收益 2000000

(2)由于终止采用权益法核算,将原确认的相关其他综合收益全部转入当期损益。

借:其他综合收益 2000000
　　贷:投资收益 2000000

(3)由于终止采用权益法核算,将原计入资本公积的其他所有者权益变动全部转入当期损益。

借:资本公积——其他资本公积 1000000
　　贷:投资收益 1000000

(4)剩余股权投资转为以公允价值计量且其变动计入其他综合收益的金融资产,当天公允价值为1800万元,账面价值为1600万元,两者差异应计入当期投资收益。

借:其他权益工具投资——成本　　　　　　　　　　　　　　18000000
　　贷:长期股权投资(投资成本、损益调整、其他综合收益、其他权益变动)
　　　　　　　　　　　　　　　　　　　　　　　　　　　　16000000
　　　投资收益　　　　　　　　　　　　　　　　　　　　　 2000000

(四)成本法核算转权益法核算

因处置投资等原因导致对被投资单位由能够实施控制转为具有重大影响或者与其他投资方一起实施共同控制的,首先应按处置投资的比例结转应终止确认的长期股权投资成本。若存在当初因追加投资而使核算方法转换为成本法时形成的未进行会计处理的"其他综合收益"和"所有者权益其他变动"的,应对"其他综合收益"和"所有者权益其他变动"按比例结转,结转的部分比照前述"权益法核算转公允价值计量"中的方法进行会计处理。

其次,比较剩余长期股权投资的成本与按照剩余持股比例计算原取得投资时应享有被投资单位可辨认净资产公允价值的份额,前者大于后者的,属于投资作价中体现的商誉部分,不调整长期股权投资的账面价值;前者小于后者的,在调整长期股权投资成本的同时,调整留存收益。

对于原取得投资时至处置投资时(转为权益法核算)之间被投资单位实现净损益(扣除已宣告发放的现金股利和利润)中投资方应享有的份额,一方面应当调整长期股权投资的账面价值,同时,对于原取得投资时至处置投资当期期初被投资单位实现的净损益中应享有的份额,调整留存收益,对于处置投资当期期初至处置投资之日被投资单位实现的净损益中享有的份额,调整当期损益;在被投资单位其他综合收益变动中应享有的份额,在调整长期股权投资账面价值的同时,应当计入其他综合收益;除净损益、其他综合收益和利润分配外的其他原因导致被投资单位其他所有者权益变动中应享有的份额,在调整长期股权投资账面价值的同时,应当计入相应的所有者权益项目("资本公积——其他资本公积")。

【例11-22】 A公司原持有B公司60%的股权,能够对B公司实施控制。某年11月6日,A公司对B公司的长期股权投资的账面价值为6000万元,未计提减值准备,A公司将其持有的对B公司长期股权投资中的1/3出售给非关联方,取得价款3600万元,当日被投资单位可辨认净资产公允价值总额为16000万元。相关手续于当日完成,A公司不再对B公司实施控制,但具有重大影响。A公司原取得B公司60%股权时,B公司可辨认净资产公允价值总额为9000万元(假定公允价值与账面价值相同)。自A公司取得对B公司长期股权投资后至部分处置投资前,B公司实现净利润5000万元。其中,自A公司取得投资日至当年年初实现净利润4000万元。假定B公司一直未进行利润分配。除所实现净损益外,B公司未发生其他计入所有者权益的交易或事项。A公司按净利润的10%提取盈余公积。不考虑相关税费等其他因素影响。

本例中,在出售20%的股权后,A公司对B公司的持股比例为40%,能对B公司施加重大影响。对B公司长期股权投资应由成本法改为按照权益法核算。有关会计处理如下:

(1) 确认长期股权投资处置损益。

借:银行存款　　　　　　　　　　　　　　　　36000000
　　贷:长期股权投资　　　　　　　　　　　　　　20000000
　　　　投资收益　　　　　　　　　　　　　　　　16000000

(2) 调整长期股权投资账面价值。

剩余长期股权投资的账面价值为4000万元,与原投资时应享有被投资单位可辨认净资产公允价值份额之间的差额400万元(4000-9000×40%)为商誉,该部分商誉的价值不需要对长期股权投资的成本进行调整。

处置投资以后按照持股比例计算享有被投资单位自购买日至处置投资日期初之间实现的净损益为1600万元(4000×40%),应调整增加长期股权投资的账面价值,同时调整留存收益;处置期初至处置日之间实现的净损益为400万元,应调整增加长期股权投资的账面价值,同时计入当期投资收益。企业应进行以下会计处理:

借:长期股权投资——损益调整　　　　　　　　20000000
　　贷:盈余公积　　　　　　　　　　　　　　　　1600000
　　　　利润分配——未分配利润　　　　　　　　14400000
　　　　投资收益　　　　　　　　　　　　　　　　4000000

长期股权投资自成本法转为权益法后,未来期间应当按照《企业会计准则第2号——长期股权投资》规定计算确认应享有被投资单位实现的净损益、其他综合收益和所有者权益其他变动的份额。

(五) 成本法核算转公允价值计量

原持有的对被投资单位具有控制的长期股权投资,因部分处置等原因导致持股比例下降,不能再对被投资单位实施控制、共同控制或重大影响的,应按处置投资的比例结转应终止确认的长期股权投资成本;同时应改按《企业会计准则第22号——金融工具确认和计量》规定对剩余股权投资进行会计处理,在丧失控制之日的公允价值与账面价值之间的差额计入当期投资收益。若存在当初因追加投资而使核算方法转换为成本法时形成的未进行会计处理的"其他综合收益"和"所有者权益其他变动"的,应全额结转"其他综合收益"和"所有者权益其他变动",并比照前述"权益法核算转公允价值计量"中的方法进行会计处理。

【例11-23】甲公司持有乙公司60%的有表决权股份,能够对乙公司实施控制,对该股权投资采用成本法核算。当年10月,甲公司将该项投资中的80%出售给非关联方,取得价款8000万元。相关手续于当日完成。甲公司无法再对乙公司实施控制,也不能施加共同控制或重大影响,将剩余股权投资转为以公允价值计量且其变动计入当期损益的金融资产。出售时,该项长期股权投资的账面价值为8000万元,剩余股权投资的公允价值为2000万元。不考虑相关税费等其他因素影响。

甲公司有关会计处理如下:

(1) 确认有关股权投资的处置损益：

借：银行存款　　　　　　　　　　　　　　　　　　80000000
　　贷：长期股权投资　　　　　　　　　　　　　　　64000000
　　　　投资收益　　　　　　　　　　　　　　　　　16000000

(2) 剩余股权投资转为以公允价值计量且其变动计入当期损益的金融资产，当天公允价值为2000万元，账面价值为1600万元，两者差异应计入当期投资收益。

借：交易性金融资产　　　　　　　　　　　　　　　　20000000
　　贷：长期股权投资　　　　　　　　　　　　　　　16000000
　　　　投资收益　　　　　　　　　　　　　　　　　 4000000

投资方因其他投资方对其子公司增资而导致本投资方持股比例下降，从而丧失控制权但能实施共同控制或施加重大影响的，投资方应当区分个别财务报表和合并财务报表进行相关会计处理：①在个别财务报表中，应当对该项长期股权投资从成本法转为权益法核算。首先，按照新的持股比例确认本投资方应享有的原子公司因增资扩股而增加净资产的份额，与应结转持股比例下降部分所对应的长期股权投资原账面价值之间的差额计入当期损益；其次，按照新的持股比例视同自取得投资时即采用权益法核算进行调整。②在合并财务报表中，应当按照合并财务报表的有关规定进行会计处理。

投资方部分处置权益法核算的长期股权投资，剩余股权仍采用权益法核算的，原权益法核算的相关其他综合收益应当采用与被投资单位直接处置相关资产或负债相同的基础处理并按比例结转，因被投资单位除净损益、其他综合收益和利润分配以外的其他所有者权益变动而确认的所有者权益其他变动，应当按比例结转计入当期投资收益。投资方部分处置成本法核算的长期股权投资，剩余股权仍采用成本法核算的，若存在当初因追加投资而使核算方法转换为成本法时形成的未进行会计处理的"其他综合收益"和"所有者权益其他变动"的，应按比例结转"其他综合收益"和"所有者权益其他变动"，并比照上述方法进行会计处理。

当投资方由非投资性主体转变为投资性主体时，其对自转变日起不再纳入合并财务报表范围的子公司采用公允价值计量且其变动计入当期损益，转变日公允价值和原账面价值的差额计入所有者权益。

当投资方由投资性主体转变为非投资性主体时，其对自转变日起开始纳入合并财务报表范围的子公司采用成本法进行后续计量。转变日的公允价值为成本法核算的初始成本。

五、长期股权投资处置的核算

投资方持有长期股权投资的过程中，由于各方面的考虑，决定将所持有的对被投资单位的股权全部或部分对外出售时，应相应结转与所售股权相对应的长期股权投资的账面价值，一般情况下，出售所得价款与处置长期股权投资账面价值之间的差额，应确认为处置损益。

投资方部分处置持有的长期股权投资仍持有剩余股权时，在转换日的会计处理应参照前述"四、长期股权投资核算方法的转换"的内容。

投资方全部处置权益法核算的长期股权投资时，原权益法核算的相关其他综合收益应当在终止采用权益法核算时采用与被投资单位直接处置相关资产或负债相同的基础进行会计处理,因被投资单位除净损益、其他综合收益和利润分配以外的其他所有者权益变动而确认的所有者权益,应当在终止采用权益法核算时全部转入当期投资收益。

企业通过多次交易分步处置对子公司股权投资直至丧失控制权,如果上述交易属于一揽子交易的,应当将各项交易作为一项处置子公司股权投资并丧失控制权的交易进行会计处理;但是,在丧失控制权之前每一次处置价款与所处置的股权对应的长期股权投资账面价值之间的差额,在个别财务报表中,应当先确认为其他综合收益,到丧失控制权时再一并转入丧失控制权的当期损益。

【例 11-24】 甲公司拥有乙公司有表决权股份的30%,对乙公司有重大影响。当年12月30日,甲公司出售乙公司的全部股权,所得价款2300万元存入银行。截至当年年底,该项长期股权投资的账面价值为2000万元,其中投资成本为1500万元(假定投资成本即计税基础),损益调整为400万元,其他综合收益为100万元(按比例享有的乙公司自用房地产转换为投资性房地产时确认的其他综合收益),其他权益变动为200万元,长期股权投资减值准备为200万元。假设不考虑相关税费,则甲公司应作如下会计处理:

借:银行存款　　　　　　　　　　　　　　　　　　　23000000
　　长期股权投资减值准备　　　　　　　　　　　　　2000000
　贷:长期股权投资——投资成本(乙公司)　　　　　15000000
　　　　　　　　——损益调整(乙公司)　　　　　　4000000
　　　　　　　　——其他综合收益(乙公司)　　　　1000000
　　　　　　　　——其他权益变动(乙公司)　　　　2000000
　　　投资收益　　　　　　　　　　　　　　　　　　3000000

同时将原记入"其他综合收益""资本公积——其他资本公积"科目的金额转入投资收益。

借:其他综合收益　　　　　　　　　　　　　　　　　1000000
　　资本公积——其他资本公积　　　　　　　　　　　2000000
　贷:投资收益　　　　　　　　　　　　　　　　　　3000000

六、长期股权投资期末计量

投资方应当关注长期股权投资的账面价值是否大于享有被投资单位所有者权益账面价值的份额等类似情况。出现类似情况时,投资方应当按照《企业会计准则第8号——资产减值》规定对长期股权投资进行减值测试,可收回金额低于长期股权投资账面价值的,应当计提减值准备。长期股权投资的减值准备在提取以后,不得转回。

企业应当设置"长期股权投资减值准备"科目,核算企业计提的长期股权投资减值准备。

资产负债表日,企业根据《企业会计准则第8号——资产减值》规定确定长期股权投资发生减值的,按应减记的金额,借记"资产减值损失"科目,贷记"长期股权投资减值准备"科目。处置长期股权投资时,应同时结转已计提的长期股权投资减值准备。

第四节　投资性房地产的核算

一、投资性房地产的范围

投资性房地产是指为赚取租金或资本增值,或者两者兼有而持有的房地产,主要包括:已出租的建筑物、已出租的土地使用权、持有并准备增值后转让的土地使用权。

1. 已出租的建筑物,是指企业拥有产权的、以经营租赁方式出租的建筑物,包括自行建造或开发活动完成后用于出租的建筑物以及正在建造或开发过程中将来用于出租的建筑物。这是基于房地产状态或目的的判断,因此企业自用房地产、作为存货的房地产、以经营租赁方式租入再转租的建筑物不属于投资性房地产。通常情况下,对企业持有以备经营出租的空置建筑物或在建建筑物,如董事会或类似机构作出书面决议,明确表明将其用于经营出租且持有意图短期内不再发生变化的,即使尚未签订租赁协议,也应视为投资性房地产。

2. 已出租的土地使用权,是指企业通过出让或转让方式取得的、以经营租赁方式出租的土地使用权。企业取得的土地使用权通常包括在一级市场上以交纳土地出让金的方式取得的土地使用权,也包括在二级市场上接受其他单位转让的土地使用权。

3. 持有并准备增值后转让的土地使用权,是指企业取得的、准备增值后转让的土地使用权。按照国家有关规定认定的闲置土地,不属于持有并准备增值的土地使用权。

4. 一项房地产,部分用于赚取租金或资本增值,部分用于生产商品、提供劳务或经营管理或者作为存货出售,用于赚取租金或资本增值的部分能够单独计量和出售的,可以确认为投资性房地产。

5. 企业将建筑物出租,按租赁协议向承租人提供的相关辅助服务在整个协议中不重大的,应当将该建筑物确认为投资性房地产。例如,企业将办公楼出租并向承租人提供保安、维修等辅助服务。

二、投资性房地产的确认

投资性房地产同时满足下列条件的,才能予以确认:
1. 与该投资性房地产有关的经济利益很可能流入企业。
2. 该投资性房地产的成本能够可靠地计量。

三、投资性房地产的计量

投资性房地产的计量分为初始计量和后续计量两个阶段。

(一)投资性房地产的初始计量

投资性房地产应当按照成本进行计量。投资性房地产的初始取得成本应根据以下不同取得方式分别确定:

1. 外购投资性房地产的成本,包括购买价款、相关税费和可直接归属于该资产的其他支出。

2. 自行建造投资性房地产的成本,由建造该项资产达到预定可使用状态前所发生的必要支出构成。

3. 以其他方式取得的投资性房地产的成本,按照相关企业会计准则的规定确定。

4. 与投资性房地产有关的后续支出,满足投资性房地产确认条件的,应当计入投资性房地产成本,即后续支出资本化;不满足确认条件的,应当在发生时计入当期损益,即后续支出费用化。企业对某项投资性房地产进行改扩建等再开发且将来仍作为投资性房地产的,在再开发期间应继续将其作为投资性房地产,再开发期间不计提折旧或摊销。

(二) 投资性房地产的后续计量

投资性房地产的后续计量是指在资产负债表日采用一定的计量模式对投资性房地产价值进行的计量。根据采用的计量模式不同,投资性房地产的后续计量模式分为成本模式和公允价值模式两种计量模式。

1. 成本模式

企业通常应当采用成本模式对投资性房地产进行计量。在成本模式下,企业应当按照《企业会计准则第4号——固定资产》和《企业会计准则第6号——无形资产》的规定对已出租的建筑物或土地使用权进行计量,并计提折旧或摊销;如果存在减值迹象的,应当按照《企业会计准则第8号——资产减值》的规定进行减值测试,计提相应的减值准备。如果已经计提减值准备的投资性房地产的价值又得以恢复,不得转回。

2. 公允价值模式

有确凿证据表明投资性房地产的公允价值能够持续可靠取得的,可以对投资性房地产采用公允价值模式进行后续计量。采用公允价值模式计量的投资性房地产,应当同时满足以下条件:

(1) 投资性房地产所在地有活跃的房地产交易市场,意味着投资性房地产可以在房地产交易市场中直接交易。其中,所在地,一般是指投资性房地产所在的城市,对于大中城市,应当具体化为投资性房地产所在的城区。活跃市场,是指同时具有下列特征的市场:①市场内交易对象具有同质性;②可随时找到自愿交易的买方和卖方;③市场价格信息是公开的。

(2) 企业能够从房地产交易市场上取得同类或类似房地产的市场价格及其他相关信息,从而对投资性房地产的公允价值做出科学合理的估计。这里所谓的同类或类似的房地产,对建筑物而言,是指所处地理位置和地理环境相同、性质相同、结构类型相同或相近、新旧程度相同或相近,可使用状况相同或相近的建筑物;对于土地使用权而言,是指同一城区、同一位置区域、所处地理环境相同或相近,可使用状况相同或相近的土地。

企业选择公允价值模式计量投资性房地产,应当对其所有投资性房地产采用公允价值模式进行后续计量,不得对一部分投资性房地产采用成本模式进行后续计量,对另一部分投资性房地产采用公允价值模式进行后续计量。

企业对投资性房地产的计量模式一经确定,不得随意变更。成本模式转为公允价值模式的,应当作为会计政策变更,按照《企业会计准则第28号——会计政策、会计估计变更和差错更正》的规定处理。已采用公允价值模式计量的投资性房地产,不得从公允价值模式转为成本模式。

四、投资性房地产的转换

(一)投资性房地产转换的条件

企业必须有确凿证据表明房地产用途发生改变,满足下列条件之一的,应当将投资性房地产转换为其他资产或者将其他资产转换为投资性房地产:

1. 投资性房地产开始自用。
2. 作为存货的房地产,改为出租。
3. 自用土地使用权停止自用,用于赚取租金或资本增值。
4. 自用建筑物停止自用,改为出租。
5. 投资性房地产转换为存货。

(二)转换日的确定

1. 投资性房地产开始自用,转换日是指房地产达到自用状态,企业开始将房地产用于生产商品、提供劳务或者经营管理的日期。

2. 作为存货的房地产改为出租,或者自用建筑物或土地使用权停止自用改为出租,转换日应当为租赁期开始日。租赁期开始日是指承租人有权行使其使用租赁资产权利的日期。

3. 自用土地使用权停止自用,改为用于资本增值,转换日是指停止将该项土地使用权用于生产商品、提供劳务或经营管理,且该土地使用权能够单独计量和转让的日期。

4. 房地产开发企业将用于经营租出的房地产重新开发用于对外销售的,从投资性房地产转换为存货。在这种情况下,转换日为租赁期届满、企业董事会或类似机构作出书面决议明确表明将其重新开发用于对外销售的日期。

五、投资性房地产的处置

当投资性房地产被处置,或者永久退出使用且预计不能从其处置中取得经济利益时,应当终止确认该项投资性房地产。企业出售、转让、报废投资性房地产或者发生投资性房地产毁损,应当将处置收入扣除其账面价值和相关税费后的金额计入当期损益。

六、投资性房地产的账务处理

为了核算投资性房地产的价值的增减变动情况,包括采用成本模式计量的投资性房地产和采用公允价值模式计量的投资性房地产,企业应设置"投资性房地产"科目。该科目属于资产类科目,借方登记投资性房地产价值的增加额;贷方登记投资性房地产价值的减少额;期末借方余额,反映企业采用成本模式计量的投资性房地产成本;企业采用公允价值模式计量的投资性房地产,反映投资性房地产的公允价值。该科目应当按照投资性房地产类别和项目进行明细核算,采用公允价值模式计量的投资性房地产,还应当分别"成本"和"公允价值变动"进行明细核算。

采用成本模式计量的投资性房地产的累计折旧或累计摊销,可以单独设置"投资性房地产累计折旧(摊销)"科目,比照"累计折旧"等科目进行处理。采用成本模式计量的投资性房地产发生减值的,可以单独设置"投资性房地产减值准备"科目,比照"固定资产减值准备"等科目进行处理。

(一)采用成本模式计量投资性房地产的主要账务处理

1. 企业外购、自行建造等取得的投资性房地产,按应计入投资性房地产成本的金额,借记"投资性房地产"科目,贷记"银行存款""在建工程"等科目。

2. 将作为存货的房地产转换为投资性房地产的,应按其在转换日的账面余额,借记"投资性房地产"科目,贷记"开发产品"等科目。已计提跌价准备的,还应同时结转跌价准备。

将自用房地产(包括自用土地使用权)转换为投资性房地产的,应按其在转换日的原价、累计折旧、减值准备等,分别转入"投资性房地产""投资性房地产累计折旧(摊销)""投资性房地产减值准备"科目。按房地产的账面余额,借记"投资性房地产"科目,贷记"固定资产"科目或"无形资产"科目;按已计提的折旧或摊销,借记"累计折旧"科目或"累计摊销"科目,贷记"投资性房地产累计折旧(摊销)"科目;原已计提减值准备的,按已计提的减值准备,借记"固定资产减值准备"科目或"无形资产减值准备"科目,贷记"投资性房地产减值准备"科目。

3. 按期(月)对投资性房地产计提折旧或进行摊销,借记"其他业务成本"科目,贷记"投资性房地产累计折旧(摊销)"科目。取得的租金收入,借记"银行存款"等科目,贷记"其他业务收入"等科目。

投资性房地产存在减值迹象的,应当按照《企业会计准则第8号——资产减值》的有关规定,经减值测试后发生减值的,应当计提减值准备,借记"资产减值损失"科目,贷记"投资性房地产减值准备"科目。如果已经计提减值准备的投资房地产的价值得以恢复的,不得转回。

4. 将投资性房地产转为自用房地产时,应按其在转换日的账面余额、累计折旧、减值准备等,分别转入"固定资产""累计折旧""固定资产减值准备"科目或"无形资产""累计摊销""无形资产减值准备"科目。

企业将投资性房地产转换为存货时,应当按照该项投资性房地产在转换日的账面价值,借记"开发产品"等科目,按照已计提的折旧或摊销,借记"投资性房地产累计折旧(摊销)"科目,原已计提减值准备的,借记"投资性房地产减值准备"科目,按其账面余额,贷记"投资性房地产"科目。

5. 处置投资性房地产时,应按实际收到的金额,借记"银行存款"等科目,贷记"其他业务收入"等科目。按该项投资性房地产的累计折旧或累计摊销,借记"投资性房地产累计折旧(摊销)"科目,按该项投资性房地产的账面余额,贷记"投资性房地产"科目,按其差额,借记"其他业务成本"科目。已计提减值准备的,还应同时结转减值准备。

【例11-25】 甲公司于1月2日购入一幢建筑物用于出租,取得时实际支付的价款为1500000元。假定该建筑物的预计净残值率为4%,预计使用年限为50年,采用平均年限法计提折旧。不考虑相关税收问题。

(1)购入建筑物时,作如下会计分录:

借:投资性房地产——××建筑物　　　　　　　　　　1500000
　　贷:银行存款　　　　　　　　　　　　　　　　　　1500000

(2)当年2月底应计提折旧2400元{[1500000×(1-4%)]÷50÷12},作如下会计分录:

借:其他业务成本 2400
　　贷:投资性房地产累计折旧(摊销) 2400

在计提投资性房地产的减值准备时,借记"资产减值损失——计提的投资性房地产减值准备"科目,贷记"投资性房地产减值准备"科目。

【例 11 - 26】 承【例 11 - 25】,假设当年年底,该建筑物的可收回金额为1350000元,账面净额为1473600元(1500000 - 2400×11),应计提123600元的减值准备,作会计分录如下:

借:资产减值损失——计提的投资性房地产减值准备 123600
　　贷:投资性房地产减值准备——××建筑物 123600

(二)采用公允价值模式计量投资性房地产的主要账务处理

1. 企业外购、自行建造等取得的投资性房地产,应按应计入投资性房地产成本的金额,借记"投资性房地产——成本"科目,贷记"银行存款""在建工程"等科目。

2. 将作为存货的房产转换为采用公允价值模式计量的投资性房地产,应按该项房产在转换日的公允价值,借记"投资性房地产——成本"科目,按其账面余额,贷记"开发产品"等科目,按其差额,贷记"其他综合收益"科目或借记"公允价值变动损益"科目。已计提跌价准备的,还应同时结转减值准备。

将自用房地产转换为采用公允价值模式计量的投资性房地产,按该项土地使用权或建筑物在转换日的公允价值,借记"投资性房地产——成本"科目,按已计提的累计折旧或累计摊销等,借记"累计折旧""累计摊销"科目,按账面余额,贷记"固定资产""无形资产"科目,按其差额,贷记"其他综合收益"科目或借记"公允价值变动损益"科目。已计提减值准备的,还应同时结转减值准备。

3. 资产负债表日,投资性房地产的公允价值高于其账面余额的差额,借记"投资性房地产——公允价值变动"科目,贷记"公允价值变动损益"科目;公允价值低于其账面余额的差额,作相反的会计分录。

取得的租金收入,借记"银行存款"等科目,贷记"其他业务收入"等科目。

4. 将投资性房地产转为自用房地产时,应按在转换日的公允价值,借记"固定资产"等科目,按其账面余额,贷记"投资性房地产——成本""投资性房地产——公允价值变动"科目,按其差额,贷记或借记"公允价值变动损益"科目。

将投资性房地产转换为存货时,应按在转换日的公允价值,借记"开发产品"等科目,按该项投资性房地产的成本,贷记"投资性房地产——成本"科目,按该项投资性房地产的累计公允价值变动,贷记或借记"投资性房地产——公允价值变动"科目,按其差额,贷记或借记"公允价值变动损益"科目。

5. 处置投资性房地产时,应按实际收到的金额,借记"银行存款"等科目,贷记"其他业务收入"等科目。按该项投资性房地产的账面余额,借记"其他业务成本"科目,按其成本,贷记"投资性房地产——成本"科目,按其累计公允价值变动,贷记或借记"投资性房地产——公允价值变动"科目。同时,按该项投资性房地产的公允价值变动,借记或贷记"公允价值变动损益"科目,贷记或借记"其他业务收入"等科目。并将该项投资性房地产在转换日计入其他综合收益的金额转入当期损益,借记"其他综合收益"科目,贷记"其他业务收入(或其他业务成本)"等科目。

需要注意的是,对于将投资性房地产作为企业主营业务的,应通过"主营业务收入""主营业务成本"科目核算相关的损益。

【例 11-27】 某房地产开发企业于 1 月 2 日将一自用建筑物转为投资性房地产,并打算采用公允价值的计量模式。该建筑物的原值为 2200000 元,累计计提折旧余额为 200000 元,已计提减值准备 50000 元,在转换日公允价值为 2500000 元。不考虑相关税收问题。

根据以上资料编制会计分录如下:

借:投资性房地产——成本(××建筑物)	2500000
累计折旧	200000
固定资产减值准备	50000
贷:固定资产	2200000
其他综合收益	550000

【例 11-28】 承【例 11-27】,假定在当年 12 月 31 日该建筑物的公允价值为 2800000 元,根据公允价值的变动作会计分录如下:

借:投资性房地产——公允价值变动(××建筑物)	300000
贷:公允价值变动损益	300000

【例 11-29】 承【例 11-28】,假设次年 2 月公司将该建筑物出售,实得款项为 3000000 元。不考虑相关税收问题,编制会计分录如下:

借:银行存款	3000000
贷:其他业务收入	3000000
借:其他业务成本	2800000
贷:投资性房地产——成本(××建筑物)	2500000
——公允价值变动(××建筑物)	300000

同时,将该项投资性房地产的公允价值变动和在转换日计入其他综合收益的金额转为其他业务收入。

借:公允价值变动损益	300000
其他综合收益	550000
贷:其他业务收入	850000

第十二章 流动负债

第一节 应付账款和应付票据的核算

一、应付账款的核算

应付账款指因购买材料、商品或接受劳务、服务供应等而发生的债务。这是买卖双方在购销活动中由于取得物资与支付货款在时间上不一致而产生的负债。

应付账款入账时间的确定,应以与所购买物资的控制权已经转移或接受劳务已发生为标志。但在实际工作中,应区别以下两种情况分别进行处理:①在物资和发票账单同时到达的情况下,如果物资验收入库后仍未付款,则按发票账单登记入账,这主要是为了确认所购入的物资是否在质量、数量和品种上都与合同上定明的条件相符。②在物资和发票账单不是同时到达的情况下,要区分两种情况处理:在发票账单已到,物资未到的情况下,应当直接根据发票账单支付物资价款和运杂费,计入有关物资的成本和"应付账款"(未能及时支付货款时),不需要按照应付债务估计入账;在物资已到,发票账单未到也无法确定实际成本的情况下,在月度终了,需要按照所购物资和应付债务(不包括增值税进项税额)估计入账,待下月初作相反的会计分录予以冲回。

应付账款一般按应付金额入账,而不按到期应付金额的现值入账。如果购入的资产在形成一笔应付账款时是带有现金折扣的,应付账款入账金额按发票上记载的应付金额的总值(即不扣除折扣)确定。在这种方法下,应按发票上记载的全部应付金额,借记有关科目,贷记"应付账款"科目;现金折扣实际获得时,冲减财务费用。

企业购进劳务、服务的,比照处理。

应付账款一般在较短期限内支付,但有时应付账款由于债权单位撤销或其他原因而无法支付,无法支付的应付款项直接转入营业外收入。

二、应付票据的核算

应付票据是由出票人出票,付款人在指定日期无条件支付确定的金额给收款人或者持票人的票据。应付票据也是付款人允诺在一定时期内支付一定款额的书面证明。应付票据与应付账款不同,虽然都是由于交易而引起的流动负债,但应付账款是尚未结清的债务,而应付票据是一种期票,是延期付款的证明,有承诺付款的票据作为凭据。

应付票据到期,如企业无力支付票款,按应付票据的账面余额,借记"应付票据"科目,贷记"应付账款"科目(如为银行承兑汇票,则贷记"短期借款"科目)。

第二节 应交税费的核算

企业作为商品生产和经营者,必须按照国家规定履行纳税义务,对其经营收入、所得和相关经营行为依法缴纳各种税费(注:不包括各类社会保险费,这部分内容参见本章"第三节 应付职工薪酬的核算")。这些应缴的税费应按照税法的规定进行确认、计提,在尚未缴纳之前暂时留在企业,形成一项负债。

为了总括地反映和监督企业应交税费的确认、计提和缴纳情况,应设置"应交税费"科目,并按具体应交的税费项目设置明细科目进行明细核算。该科目的贷方登记应缴纳的各种税费,借方登记已缴纳的各种税费,期末贷方余额反映尚未缴纳的税费;期末如为借方余额,反映多缴或尚未抵扣的税费。"应交税费"科目核算的税费项目包括增值税、消费税、资源税、环境保护税、土地增值税、城市维护建设税、房产税、城镇土地使用税、车船税、教育费附加、企业所得税、个人所得税等。印花税、耕地占用税、车辆购置税无须通过该科目核算。

一、增值税

(一)一般纳税人的账务处理

1. 扣税和记账依据

按照《中华人民共和国增值税暂行条例》(以下简称《增值税暂行条例》)和《财政部 国家税务总局关于全面推开营业税改征增值税试点的通知》(财税〔2016〕36号)规定,一般纳税人购进货物、加工修理修配劳务、服务、无形资产或者不动产(含不动产在建工程,下同),支付或者负担的增值税额(以下简称进项税额),可以从销售货物、加工修理修配劳务、服务、无形资产或者不动产按销售额和适用的增值税税率计算并收取的增值税额(以下简称销项税额)中抵扣。下列进项税额准予从销项税额中抵扣:

(1)从销售方取得的增值税专用发票、机动车销售统一发票、收费公路通行费增值税电子普通发票上注明的增值税额。

(2)从海关取得的海关进口增值税专用缴款书上注明的增值税额。

(3)购进农产品,除取得增值税专用发票或者海关进口增值税专用缴款书外,按照农产品收购发票或者销售发票上注明的农产品买价和现行规定的扣除率计算的进项税额。买价是指纳税人购进农产品在农产品收购发票或销售发票上注明的价款和按规定缴纳的烟叶税。

购进农产品,按照《农产品增值税进项税额核定扣除试点实施办法》(财税〔2012〕38号印发)抵扣进项税额的除外。

(4)从境外单位或者个人购进服务、无形资产或者不动产,自税务机关或者扣缴义务人取得的解缴税款的完税凭证上注明的增值税额。

纳税人凭完税凭证抵扣进项税额的,应当具备书面合同、付款证明和境外单位的对账单或者发票。资料不全的,其进项税额不得从销项税额中抵扣。

(5)取得的符合规定抵扣范围的桥、闸通行费发票,按照票面金额(含税)和开票方适用税率换算的增值税额。

(6)取得的符合规定抵扣范围的注明旅客身份信息的航空、铁路、公路水路等旅客运输扣税凭证,按票面金额(含税)和出票方适用税率换算的增值税额。以及直接取得的符合规定抵扣范围的旅客运输增值税专用发票、增值税电子普通发票上注明的税额。

纳税人取得的增值税扣税凭证不符合法律、行政法规或者国家税务总局有关规定的,其进项税额不得从销项税额中抵扣,只能计入购进货物、加工修理修配劳务、服务、无形资产或者不动产的成本。

关于深化增值税改革中的税率调整、农产品的扣除率调整、进项抵扣范围和抵扣办法、加计抵减政策、期末留抵税额退税制度、出口退税率调整、发票开具、过渡期办法及改革前后的衔接等增值税征管规定,详见《财政部 税务总局 海关总署关于深化增值税改革有关政策的公告》(财政部 税务总局 海关总署公告2019年第39号)和《国家税务总局关于深化增值税改革有关事项的公告》(国家税务总局公告2019年第14号),以及之后的系列相关文件规定,包括2022年财政部、税务总局关于进一步加大增值税期末留抵退税政策实施的系列公告。

根据《国家税务总局关于取消增值税扣税凭证认证确认期限等增值税征管问题的公告》(国家税务总局公告2019年第45号),增值税一般纳税人取得2017年1月1日及以后开具的增值税专用发票、海关进口增值税专用缴款书、机动车销售统一发票、收费公路通行费增值税电子普通发票,取消认证确认、稽核比对、申报抵扣的期限。根据《国家税务总局关于增值税发票管理等有关事项的公告》(国家税务总局公告2019年第33号)和《国家税务总局关于增值税发票综合服务平台等事项的公告》(国家税务总局公告2020年第1号),纳税人可以对其取得的符合条件的海关进口增值税专用缴款书,取得的增值税专用发票、机动车销售统一发票、收费公路通行费增值税电子普通发票的使用用途进行"一站式"确认。纳税人应当按照用途确认结果申报抵扣增值税进项税额或申请出口退税、代办退税。从2020年3月1日起,纳税人在增值税发票综合服务平台查询到相应增值税专用发票等信息后,既可以在当期进行用途确认,也可以在之后属期进行用途确认。纳税人在已完成发票用途确认后,如需更正用途,可以在未申报当期增值税前,或作废本期增值税纳税申报表后,自行更正用途。如果出现发票用途确认错误的情形,税务部门为纳税人提供了规范、便捷的更正服务。根据《国家税务总局关于取消增值税扣税凭证认证确认期限等增值税征管问题的公告》(国家税务总局公告2019年第45号),增值税一般纳税人取得2016年12月31日及以前开具的增值税专用发票、海关进口增值税专用缴款书、机动车销售统一发票,超过认证确认、稽核比对、申报抵扣期限,但符合规定条件的,仍可按《国家税务总局关于逾期增值税扣税凭证抵扣问题的公告》(国家税务总局公告2011年第50号)、《国家税务总局关于未按期申报抵扣增值税扣税凭证有关问题的公告》(国家税务总局公告2011年第78号)规定,继续抵扣进项税额。

根据《国家税务总局关于增值税发票综合服务平台等事项的公告》(国家税务总局公告2020年第1号),纳税人可以批量下载所取得的增值税专用发票、增值税普通发票、增值税电子普通发票、收费公路通行费增值税电子普通发票、机动车销售统一发票、二手车销售统一发票的发票明细信息,并可据此开展批量查验、统计分析等工作,从而能够帮助纳税人有效提升发票电子化管理水平。纳税人丢失已开具增值税专用发票或机动车销售统一发票的发票联、抵扣联后,已无须前往税务机关申请开具《丢失增值税专用发票已报税证明单》,可凭相应发票的其他基本联次复印件(其中的记账联复印件需加盖销售方发票专用章),作为增值税进项税额的抵扣凭证、退税凭证或记账凭证。

纳税人取得的增值税电子专用发票的抵扣处理与纸质专用发票的抵扣处理相同。

目前试点的全面数字化的电子发票(简称全电发票)的法律效力、基本用途等与现有纸质发票相同,参见各省税务局发布的相关试点工作的公告。

2. 科目设置

一般纳税人应缴的增值税,在"应交税费"科目下设置"应交增值税""未交增值税""预交增值税""待抵扣进项税额""待认证进项税额""待转销项税额""增值税留抵税额""简易计税""转让金融商品应交增值税""代扣代交增值税"10个明细科目进行核算。

按深化增值税改革的有关政策要求,纳税人应单独核算加计抵减额的计提、抵减、调减、结余等变动情况。

(1)"应交增值税"明细科目的借方发生额,反映企业购进货物、加工修理修配劳务、服务、无形资产或者不动产支付的进项税额、实际已缴纳的增值税额和月终转出的当月应缴未缴的增值税额;贷方发生额,反映企业销售货物、加工修理修配劳务、服务、无形资产或者不动产收取的销项税额、出口企业收到的出口退税额以及进项税额转出数和转出多缴增值税额;期末借方余额反映企业尚未抵扣的增值税额。

为了详细核算企业应缴纳增值税的计算和解缴、抵扣等情况,企业应在"应交增值税"明细科目下设置"进项税额""销项税额抵减""已交税金""减免税款""出口抵减内销产品应纳税额""转出未交增值税""销项税额""出口退税""进项税额转出""转出多交增值税"等专栏。

"进项税额"专栏,记录企业购入货物、加工修理修配劳务、服务、无形资产或不动产而支付或负担的、按规定准予从当期销项税额中抵扣的增值税额。企业购入货物、加工修理修配劳务、服务、无形资产或不动产支付的进项税额,用蓝字登记;因销售折让、中止或者退回而收回的增值税额(即应冲销的进项税额),用红字登记。

"销项税额抵减"专栏,记录企业按规定因扣减销售额而减少的销项税额。

"已交税金"专栏,记录企业当月已缴纳的增值税额。企业当月已缴纳的增值税额用蓝字登记;退回当月多缴的增值税额用红字登记。

"减免税款"专栏,记录企业按规定准予减免的增值税额。

"出口抵减内销产品应纳税额"专栏,记录企业实行"免、抵、退"办法按规定的退税率计算的出口货物进项税抵减内销产品应纳税额的数额。

"转出未交增值税"专栏,记录企业月终转出当月应缴未缴的增值税额。月终,企业转出当月发生的应缴未缴的增值税额用蓝字登记。

"销项税额"专栏,记录企业销售货物、加工修理修配劳务、服务、无形资产或不动产应收取的增值税额。企业销售货物、加工修理修配劳务、服务、无形资产或不动产应收取的销项税额,用蓝字登记;退回销售货物应冲销的销项税额,用红字登记。

"出口退税"专栏,记录企业出口货物、加工修理修配劳务、服务和无形资产按规定计算的应收出口退税额;出口货物、加工修理修配劳务、服务和无形资产办理退税后发生退回或者退关而补缴已退的税款,用红字登记。

"进项税额转出"专栏,记录企业已抵扣进项税额的购进货物、加工修理修配劳务、服务、无形资产或不动产,以及在产品、产成品、不动产在建工程所耗用的购进货物、加工修理修配劳务、服务,发生税法规定的非正常损失以及其他原因(如取得异常增值税扣税凭证)而不得从销项税额中抵扣、按规定应予转出的进项税额。

"转出多交增值税"专栏,记录企业月终转出当月多缴的增值税额。月终,企业转出当月多缴的增值税额用蓝字登记;收到退回当月多缴的增值税额用红字登记。

(2)"未交增值税"明细科目的借方发生额,反映企业月终从"应交增值税"或"预交增值税"明细科目转入的多缴或预缴的增值税额和次月上缴的上月应缴未缴的增值税额;贷方发生额,反映企业月终转入的当月发生的应缴未缴的增值税额;期末借方余额反映多缴的增值税额,贷方余额反映未缴的增值税额。

(3)"预交增值税"明细科目,核算企业转让不动产、提供不动产经营租赁服务、提供建筑服务、采用预收款方式销售自行开发的房地产项目等,以及其他按规定应预缴的增值税额。

(4)"待抵扣进项税额"明细科目,核算企业已取得增值税扣税凭证,按规定准予以后期间从销项税额中抵扣的进项税额。如实行纳税辅导期管理的一般纳税人取得的尚未交叉稽核比对的增值税扣税凭证上注明或计算的进项税额。

(5)"待认证进项税额"明细科目,核算企业由于未经税务机关认证而不得从当期销项税额中抵扣的进项税额。包括:一般纳税人已取得增值税扣税凭证、按规定准予从销项税额中抵扣,但尚未经税务机关认证的进项税额;一般纳税人已申请稽核但尚未取得稽核相符结果的海关缴款书进项税额。[注:根据《国家税务总局关于取消增值税扣税凭证认证确认期限等增值税征管问题的公告》(国家税务总局公告2019年第45号),今后该明细科目可用于核算纳税人尚未进行用途确认的进项税额。]

(6)"待转销项税额"明细科目,核算企业销售货物、加工修理修配劳务、服务、无形资产或不动产,已确认相关收入(或利得)但尚未发生增值税纳税义务而需于以后期间确认为销项税额的增值税额。

(7)"增值税留抵税额"明细科目,核算兼有销售服务、无形资产或者不动产的原增值税一般纳税人,截至纳入营改增试点之日前的增值税期末留抵税额按规定不得从销售服务、无形资产或不动产的销项税额中抵扣的增值税留抵税额,同时核算经税务机关核准的允许退还的增值税期末留抵税额以及缴回的已退还的留抵退税款项。

(8)"简易计税"明细科目,核算企业采用简易计税方法发生的增值税计提、扣减、预缴、缴纳等业务。

(9)"转让金融商品应交增值税"明细科目,核算企业转让金融商品发生的增值税额。

(10)"代扣代交增值税"明细科目,核算企业购进在境内未设经营机构的境外单位或个人在境内的应税行为代扣代缴的增值税。

根据《国家税务总局关于印发〈增值税日常稽查办法〉的通知》(国税发〔1998〕44号)规定,增值税一般纳税人在税务机关对其增值税纳税情况进行检查后,凡涉及应缴增值税账务调整的,应设立"应交税费——增值税检查调整"专门账户。凡检查后应调减账面进项税额或调增销项税额和进项税额转出的,借记有关科目,贷记"应交税费——增值税检查调整"科目;凡检查后应调增账面进项税额或调减销项税额和进项税额转出的,借记"应交税费——增值税检查调整"科目,贷记有关科目;全部调账事项入账后,应对该账户的余额进行处理,处理后,该账户无余额。

为核算企业出口货物应收取的出口退税款,设置"应收出口退税款"科目,该科目借方反映销售出口货物按规定向税务机关申报应退回的增值税、消费税等,贷方反映实际收到的出口货物应退回的增值税、消费税等。期末借方余额,反映尚未收到的应退税额。

3. 账务处理

(1)一般购销业务的账务处理。

①企业购进货物、加工修理修配劳务、服务、无形资产或者不动产等要进行增值税进项

税额的核算。即按取得的符合规定的增值税扣税凭证上注明的或按规定计算的增值税额，借记"应交税费——应交增值税（进项税额）"科目，按发票上记载的应计入相关成本费用或资产的金额，借记"材料采购""在途物资"科目或"原材料""库存商品""生产成本""管理费用""委托加工物资""无形资产""固定资产""在建工程""工程施工""开发成本"等科目，按应付或实际支付的金额，贷记"应付账款""应付票据""银行存款"等科目。购入后发生退回或折让的，如原增值税专用发票等已做用途确认，应根据开具的红字增值税专用发票作相反的会计分录；如原增值税专用发票等未做用途确认，应将发票退回并作相反的会计分录。

企业接受投资、捐赠、抵偿债务以及非货币性交换的，按取得的符合规定的增值税扣税凭证上注明的增值税额，借记"应交税费——应交增值税（进项税额）"科目。

企业购进的货物等已到达并验收入库，但尚未收到增值税扣税凭证且尚未付款的，应在月末按货物清单或相关合同协议上的价格暂估入账，不需要将增值税的进项税额暂估入账。下月初，用红字冲销原暂估入账金额，待取得相关增值税扣税凭证后，按应计入相关成本费用或资产的金额，借记"原材料""库存商品""固定资产""无形资产"等科目，按可抵扣的增值税额，借记"应交税费——应交增值税（进项税额）"科目，按应付金额，贷记"应付账款"等科目。企业购进劳务、服务等但尚未取得增值税扣税凭证的，比照处理。

②企业销售货物、加工修理修配劳务、服务、无形资产或者不动产等要进行增值税销项税额的核算。即按应收或已收的金额，借记"应收账款""应收票据""银行存款"等科目，按取得的收入金额，贷记"主营业务收入""其他业务收入""固定资产清理""工程结算"等科目，按依据规定计算的销项税额（或采用简易计税方法计算的应纳增值税额），贷记"应交税费——应交增值税（销项税额）"科目或"应交税费——简易计税"科目。发生销售退回或折让的，应根据收回的增值税专用发票或按规定开具的红字增值税专用发票作相反的会计分录。

按照国家统一的会计制度确认收入或利得的时点早于按照增值税制度确认增值税纳税义务发生时点的，应将相关销项税额计入"应交税费——待转销项税额"科目，待实际发生纳税义务时再转入"应交税费——应交增值税（销项税额）"科目或"应交税费——简易计税"科目。

按照增值税制度确认增值税纳税义务发生时点早于按照国家统一的会计制度确认收入或利得的时点的，应将应纳增值税额，借记"应收账款"等科目，贷记"应交税费——应交增值税（销项税额）"科目或"应交税费——简易计税"科目，按照国家统一的会计制度确认收入或利得时，应按扣除增值税销项税额后的金额确认收入。

其中，企业提供建筑服务，在向业主办理工程价款结算时，借记"应收账款"等科目，贷记"工程结算""应交税费——应交增值税（销项税额）"等科目，企业向业主办理工程价款结算的时点早于增值税纳税义务发生的时点的，应贷记"应交税费——待转销项税额"等科目，待增值税纳税义务发生时再转入"应交税费——应交增值税（销项税额）"等科目；增值税纳税义务发生的时点早于企业向业主办理工程价款结算的，应借记"银行存款"等科目，贷记"预收账款"和"应交税费——应交增值税（销项税额）"等科目。

【例12-1】 甲公司（增值税一般纳税人）购入原材料一批，已认证的增值税专用发票上注明的原材料价款600万元，增值税税额为78万元。货款已经支付，材料已到达并验收入库。甲公司当期销售产品不含税收入为1200万元，货款尚未收到。假如该产品适用增值税税率为13%,不缴纳消费税。

根据上述经济业务,甲公司应作如下会计分录(该企业采用计划成本进行日常材料核算。原材料入库分录略):

借:材料采购　　　　　　　　　　　　　　　　6000000
　　应交税费——应交增值税(进项税额)　　　　780000
　贷:银行存款　　　　　　　　　　　　　　　　6780000
销项税额 = 1200 × 13% = 156(万元)
借:应收账款　　　　　　　　　　　　　　　　13560000
　贷:主营业务收入　　　　　　　　　　　　　　12000000
　　　应交税费——应交增值税(销项税额)　　　1560000

(2)购入免税农产品的账务处理。

购入免税农产品可以按买价和规定的扣除率计算进项税额,并准予从销项税额中扣除。按购进免税农产品使用的经主管税务机关批准的收购凭证上注明的金额(买价),扣除依规定的扣除率计算的进项税额,作为购进农产品的成本,借记"材料采购""库存商品"等科目;按计算的进项税额,借记"应交税费——应交增值税(进项税额)"科目;按应付或实际支付的价款,贷记"银行存款""应付账款""应付票据"等科目。

【例12-2】　甲公司(增值税一般纳税人)收购农产品一批,适用的扣除率为10%,实际支付的价款为150万元,收购的农产品已入库。甲公司应作如下会计分录(该企业采用计划成本进行日常材料核算。原材料入库分录略):

进项税额 = 150 × 10% = 15(万元)
借:材料采购　　　　　　　　　　　　　　　　1350000
　　应交税费——应交增值税(进项税额)　　　　150000
　贷:银行存款　　　　　　　　　　　　　　　　1500000

(3)购进后退回或折让的账务处理。

企业购进后,由于各种原因,可能会发生全部退回、部分退回与购进折让等事项。对此,应分别对以下不同情况进行账务处理:

①企业购进后尚未入账就发生退回或折让的,无论货物是否入库,必须将取得的扣税凭证主动退还给销售方注销或重新开具。无须作任何会计处理。

②企业购进后已作会计处理,发生退回或索取折让时,若专用发票的发票联和抵扣联无法退还,企业必须按国家税务总局的规定要求由销售方开具红字专用发票。企业收到销售方开具来的红字专用发票时,按价税合计数,借记"应付账款""银行存款"等科目,按发票上注明的增值税额,贷记"应交税费——应交增值税(进项税额)"等科目,按发票上注明的价款,贷记"原材料"等科目。

(4)购入时即能认定其进项税额不得抵扣的账务处理。

企业购进货物、加工修理修配劳务、服务、无形资产或不动产,用于简易计税方法计税项目、免征增值税项目、集体福利或个人消费等,其进项税额按规定不得从销项税额中抵扣的,取得增值税专用发票时,应全额借记相关成本费用或资产科目,贷记"银行存款""应付账款"等科目。或按《增值税会计处理规定》(财会〔2016〕22号)先记入"进项税额"专栏,借记"应交税费——应交增值税(进项税额)"科目,再按规定转出,记入"进项税额转出"专栏,借记相关成本费用或资产科目,贷记"应交税费——应交增值税(进项税额转出)"科目。

(5)进项税额抵扣情况发生改变的账务处理。

因发生非正常损失或改变用途等,原已计入进项税额、待抵扣进项税额,但按规定不得从销项税额中抵扣的,借记"待处理财产损溢""应付职工薪酬""固定资产""无形资产""生产成本""管理费用"等科目,贷记"应交税费——应交增值税(进项税额转出)""应交税费——待抵扣进项税额"科目。如无法准确划分不得抵扣的进项税额的,应按增值税法规规定的方法和公式进行计算。

因取得的增值税专用发票被列入异常凭证范围,按税务机关通知要求,需要作进项税额转出处理的,贷记"应交税费——应交增值税(进项税额转出)"科目;以后经税务机关核实,符合现行增值税进项税额抵扣或出口退税相关规定的,纳税人可继续申报抵扣或者重新申报出口退税,并借记"应交税费——应交增值税(进项税额转出)"科目。

原不得抵扣且未抵扣进项税额的固定资产、无形资产等,因改变用途等用于允许抵扣进项税额的应税项目的,应按允许抵扣的进项税额,借记"应交税费——应交增值税(进项税额)"科目,贷记"固定资产""无形资产"等科目。固定资产、无形资产等经上述调整后,应按调整后的账面价值在剩余尚可使用寿命内计提折旧或摊销。

【例12-3】 甲公司(增值税一般纳税人)购入一批材料,增值税专用发票上注明的增值税税额为15.6万元,材料价款为120万元。材料已入库,货款已经支付(假设该企业材料采用实际成本进行核算)。材料入库后,该公司将该批材料的一半用于职工集体福利项目。根据该项经济业务,甲公司可作如下会计分录:

材料入库:

借:原材料　　　　　　　　　　　　　　　　　　　　　1200000
　　应交税费——应交增值税(进项税额)　　　　　　　　156000
　　贷:银行存款　　　　　　　　　　　　　　　　　　　1356000

职工福利领用材料:

借:应付职工薪酬——非货币性福利　　　　　　　　　　678000
　　贷:应交税费——应交增值税(进项税额转出)　　　　　78000
　　　　原材料　　　　　　　　　　　　　　　　　　　　600000

(6)视同销售的账务处理。

企业发生会计上不作销售处理但税法上视同销售的行为的,应当在按企业会计准则相关规定进行相应会计处理时,按现行增值税制度规定计算销项税额(或采用简易计税方法计算应纳增值税额),借记相关科目,贷记"应交税费——应交增值税(销项税额)"或"应交税费——简易计税"科目。

(7)全面试行营业税改征增值税前已确认收入,此后产生增值税纳税义务的账务处理。

企业营改增前已确认收入,但因未产生营业税纳税义务而未计提营业税的,在达到增值税纳税义务时点时,企业应在确认应缴增值税销项税额的同时冲减当期收入;已经计提营业税且未缴纳的,在达到增值税纳税义务时点时,应借记"应交税费——应交营业税""应交税费——应交城市维护建设税""应交税费——应交教育费附加"等科目,贷记"主营业务收入"科目,并根据调整后的收入(即不含税销售额)计算确定记入"应交税费——待转销项税额"科目的金额,同时冲减收入。

(8)出口退税的账务处理。

①实行"免、抵、退"办法的一般纳税人出口货物劳务服务,在货物劳务服务出口销售后结转销售成本时,按规定计算的当期不得免征和抵扣税额,借记"主营业务成本"科目,贷记"应交税费——应交增值税(进项税额转出)"科目;根据按规定计算的当期免抵退税额与当期期末留抵税额的大小计算的当期应退税额,借记"应收出口退税款"科目,贷记"应交税费——应交增值税(出口退税)"科目。对按规定计算的当期免抵税额(即按规定计算的当期抵减的内销产品应纳税额),借记"应交税费——应交增值税(出口抵减内销产品应纳税额)"科目,贷记"应交税费——应交增值税(出口退税)"科目。在实际收到退税款时,借记"银行存款"科目,贷记"应收出口退税款"科目。

如果在计算当期不得免征和抵扣税额和当期免抵退税额时,存在免税购进原材料价格的,应按规定从出口价中扣除。

②未实行"免、抵、退"办法的一般纳税人出口货物劳务服务按规定退税的,按规定计算的应收出口退税额,借记"应收出口退税款"科目,贷记"应交税费——应交增值税(出口退税)"科目,收到出口退税时,借记"银行存款"科目,贷记"应收出口退税款"科目;退税额低于购进时取得的增值税专用发票上的增值税额的差额,借记"主营业务成本"科目,贷记"应交税费——应交增值税(进项税额转出)"科目。

(9)差额征税的账务处理。

①企业发生相关成本费用允许扣减销售额的账务处理。按现行增值税制度规定企业发生相关成本费用允许扣减销售额的,发生成本费用时,按应付或实际支付的金额,借记"主营业务成本""存货""工程施工"等科目,贷记"应付账款""应付票据""银行存款"等科目。待取得合规增值税扣税凭证且纳税义务发生时,按照允许抵扣的税额,借记"应交税费——应交增值税(销项税额抵减)"或"应交税费——简易计税"科目,贷记"主营业务成本""存货""工程施工"等科目。其中,"存货"类的科目具体包括"材料采购""原材料""库存商品""开发成本"等科目,企业应根据本单位业务的实际情况予以确定。

②金融商品转让按规定以盈亏相抵后的余额作为销售额的账务处理。金融商品实际转让月末,如产生转让收益,则按应纳税额借记"投资收益"等科目,贷记"应交税费——转让金融商品应交增值税"科目;如产生转让损失,则按可结转下月抵扣税额,借记"应交税费——转让金融商品应交增值税"科目,贷记"投资收益"等科目。缴纳增值税时,应借记"应交税费——转让金融商品应交增值税"科目,贷记"银行存款"科目。年末,本科目如有借方余额,则借记"投资收益"等科目,贷记"应交税费——转让金融商品应交增值税"科目。

(10)按深化增值税改革相关政策规定,纳税人按规定可以在当期用已计提的加计抵减额抵减应纳税额的,应冲销可抵减的加计抵减额。

(11)月末转出多缴增值税和未缴增值税的账务处理。

月度终了,企业应当将当月应缴未缴或多缴的增值税自"应交增值税"明细科目转入"未交增值税"明细科目。对于当月应缴未缴的增值税,借记"应交税费——应交增值税(转出未交增值税)"科目,贷记"应交税费——未交增值税"科目;对于当月多缴的增值税,借记"应交税费——未交增值税"科目,贷记"应交税费——应交增值税(转出多交增值税)"科目。

(12)缴纳增值税的账务处理。

①缴纳当月应缴增值税的账务处理。企业缴纳当月应缴的增值税,借记"应交税费——应交增值税(已交税金)"科目,贷记"银行存款"科目。

②缴纳以前期间未缴增值税的账务处理。企业缴纳以前期间未缴的增值税,借记"应交税费——未交增值税"科目,贷记"银行存款"科目。

③符合规定可以用加计抵减额抵减应纳税额的,实际缴纳增值税时,借记"应交税费——未交增值税"或"应交税费——应交增值税(已交税金)"科目,贷记"银行存款""其他收益"科目。已计提加计抵减额的,应按可抵减额予以冲销。

④预缴增值税的账务处理。企业预缴增值税时,借记"应交税费——预交增值税"科目,贷记"银行存款"科目。月末,企业应将"预交增值税"明细科目余额转入"未交增值税"明细科目,借记"应交税费——未交增值税"科目,贷记"应交税费——预交增值税"科目。房地产开发企业等在预缴增值税后,应直至纳税义务发生时方可从"应交税费——预交增值税"科目结转至"应交税费——未交增值税"科目。

⑤减免增值税的账务处理。对于当期直接减免的增值税,借记"应交税费——应交增值税(减免税款)"科目,贷记"其他收益"科目。

(13)购买方作为扣缴义务人的账务处理。

按现行增值税制度规定,境外单位或个人在境内发生应税行为,在境内未设有经营机构的,以购买方为增值税扣缴义务人。境内一般纳税人购进服务、无形资产或不动产,按应计入相关成本费用或资产的金额,借记"生产成本""无形资产""固定资产""管理费用"等科目,按可抵扣的增值税额,借记"应交税费——应交增值税(进项税额)"科目,按应付或实际支付的金额,贷记"应付账款"等科目,按应代扣代缴的增值税额,贷记"应交税费——代扣代交增值税"科目。实际缴纳代扣代缴增值税时,按代扣代缴的增值税额,借记"应交税费——代扣代交增值税"科目,贷记"银行存款"科目。

(14)营改增试点的增值税期末留抵税额的账务处理。

纳入营改增试点当月月初,原增值税一般纳税人应按不得从销售服务、无形资产或不动产的销项税额中抵扣的增值税留抵税额,借记"应交税费——增值税留抵税额"科目,贷记"应交税费——应交增值税(进项税额转出)"科目。待以后期间允许抵扣时,按允许抵扣的金额,借记"应交税费——应交增值税(进项税额)"科目,贷记"应交税费——增值税留抵税额"科目。

(15)按增值税期末留抵退税政策规定,纳税人在税务机关准予留抵退税时,按税务机关核准允许退还的留抵税额,借记"应交税费——增值税留抵税额"科目,贷记"应交税费——应交增值税(进项税额转出)"科目;在实际收到留抵退税款项时,按收到留抵退税款项的金额,借记"银行存款"科目,贷记"应交税费——增值税留抵税额"科目。纳税人将已退还的留抵退税款项缴回并继续按规定抵扣进项税额时,按缴回留抵退税款项的金额,借记"应交税费——应交增值税(进项税额)"科目,贷记"应交税费——增值税留抵税额"科目,同时借记"应交税费——增值税留抵税额"科目,贷记"银行存款"科目。

(16)增值税税控系统专用设备和技术维护费用抵减增值税额的账务处理。

按现行增值税制度规定,企业初次购买增值税税控系统专用设备支付的费用以及缴纳的技术维护费允许在增值税应纳税额中全额抵减的,按规定抵减的增值税应纳税额,借记"应交税费——应交增值税(减免税款)"科目,贷记"管理费用"等科目。

(17)关于小微企业免征增值税的会计处理规定。

小微企业在取得销售收入时,应当按照税法的规定计算应缴增值税,并确认为应缴税费,在达到增值税制度规定的免征增值税条件时,将有关应缴增值税转入"其他收益"科目。

(18)一般纳税人纳税辅导期内进项税额的账务处理。

纳税人取得增值税扣税凭证后,借记"应交税费——待抵扣进项税额"科目,贷记相关科目;交叉稽核比对无误后,借记"应交税费——应交增值税(进项税额)"科目,贷记"应交税费——待抵扣进项税额"科目;经核实不得抵扣的进项税额,红字借记"应交税费——待抵扣进项税额"科目,红字贷记相关科目。

根据《财政部 国家税务总局关于全面推开营业税改征增值税试点的通知》(财税〔2016〕36号)的规定,参加营改增试点的一般纳税人对其发生的特定应税行为,可以选择适用简易计税方法。一般纳税人选择适用简易计税方法的计税项目,其发生的进项税额不得抵扣,其销售等业务发生的应纳增值税额记入"应交税费——简易计税"科目(相关账务处理见前述有关部分),缴纳增值税时,借记"应交税费——简易计税"科目,贷记"银行存款"科目。

(二)小规模纳税人的账务处理

小规模纳税人只需在"应交税费"科目下设置"应交增值税"明细科目,不需要设置除"转让金融商品应交增值税""代扣代交增值税"外的明细科目,且在"应交增值税"明细科目中不需要设置任何专栏。

小规模纳税人购买物资、服务、无形资产或不动产,取得的增值税专用发票上注明的增值税额应直接计入相关成本费用或资产,不通过"应交税费——应交增值税"科目核算。

小规模纳税人的销售、视同销售等业务发生的应纳增值税额记入"应交税费——应交增值税"科目。

小规模纳税人发生相关成本费用允许扣减销售额业务(差额征税业务)的,其取得合规增值税扣税凭证且纳税义务发生时,允许抵扣的税额记入"应交税费——应交增值税"科目的借方。

小规模纳税人初次购买增值税税控系统专用设备支付的费用以及缴纳的技术维护费允许在增值税应纳税额中全额抵减的,应将按规定抵减的增值税应纳税额记入"应交税费——应交增值税"科目的借方。

小规模纳税人缴纳增值税时,借记"应交税费——应交增值税"科目,贷记"银行存款"科目。

小规模纳税人发生增值税代扣代缴义务的账务处理、从事金融商品转让的账务处理,参见一般纳税人账务处理的相应部分。

【例12-4】 甲公司为小规模纳税人,本期购入原材料,按照增值税专用发票上记载的原材料成本为100万元,支付的增值税税额为13万元,甲公司开出商业承

兑汇票,材料尚未到达;甲公司本期销售产品,含税价格为90万元,货款尚未收到。根据上述经济业务,甲公司应作如下会计处理:

(1)购进货物:

借:材料采购　　　　　　　　　　　　　　　1130000
　　贷:应付票据　　　　　　　　　　　　　　　　　1130000

(2)销售货物:

不含税价格=90÷(1+3%)=87.38(万元)

应交增值税=87.38×3%=2.62(万元)

借:应收账款　　　　　　　　　　　　　　　900000
　　贷:主营业务收入　　　　　　　　　　　　　　　873800
　　　　应交税费——应交增值税　　　　　　　　　　26200

(3)上缴本月应纳增值税2.62万元时:

借:应交税费——应交增值税　　　　　　　　26200
　　贷:银行存款　　　　　　　　　　　　　　　　　26200

二、消费税

(一)科目设置

消费税实行价内征收,企业(包括有金银首饰批发、销售业务的企业)按规定应缴的消费税,在"应交税费"科目下设置"应交消费税"明细科目核算。"应交消费税"明细科目的借方发生额反映企业实际缴纳的消费税和待抵扣的消费税;贷方发生额反映企业按规定应缴的消费税;期末贷方余额反映尚未缴纳的消费税;期末借方余额反映多缴或待抵扣的消费税。

(二)产品销售的账务处理

企业销售产品按规定计算出应缴纳的消费税,借记"税金及附加"等科目,贷记"应交税费——应交消费税"科目。退税时作相反的会计分录。

【例12-5】 甲公司(增值税一般纳税人)当月销售摩托车10辆,每辆售价1.5万元(不含增值税),货款尚未收到,摩托车每辆成本0.5万元。适用的消费税税率为10%。根据这项经济业务,甲公司应作如下会计处理:

应向购买方收取的增值税税额=15000×10×13%=19500(元)

应交消费税=15000×10×10%=15000(元)

借:应收账款　　　　　　　　　　　　　　　169500
　　贷:主营业务收入　　　　　　　　　　　　　　　150000
　　　　应交税费——应交增值税(销项税额)　　　　19500

借:税金及附加　　　　　　　　　　　　　　15000
　　贷:应交税费——应交消费税　　　　　　　　　　15000

借:主营业务成本　　　　　　　　　　　　　50000
　　贷:库存商品　　　　　　　　　　　　　　　　　50000

(三)将自产应税消费品用于非货币性资产交换、债务重组、在建工程、非应税项目、非生产机构、管理部门、提供劳务以及用于馈赠、赞助、集资、广告、样品、职工福利、奖励等方面的账务处理

企业对按规定计算的应缴消费税,借记"固定资产""在建工程""营业外支出""管理费用""应付职工薪酬""生产成本""销售费用"等科目,贷记"应交税费——应交消费税"科目。

【例12-6】 某汽车制造企业(增值税一般纳税人)将自产的一辆汽车用于赞助活动,同类汽车销售价格为20万元,该汽车成本为14万元,适用的消费税税率为5%,增值税税率为13%。企业应作如下会计处理:

应交消费税 = 200000 × 5% = 10000(元)
应交增值税 = 200000 × 13% = 26000(元)

借:营业外支出	176000
贷:库存商品	140000
应交税费——应交消费税	10000
——应交增值税	26000

(四)包装物销售的会计处理

企业随同产品出售但单独计价的包装物,按规定应缴纳的消费税,借记"税金及附加"科目,贷记"应交税费——应交消费税"科目。

企业收取的除啤酒、黄酒以外酒类产品的包装物押金,按规定应缴纳的消费税,借记"其他应付款"科目,贷记"应交税费——应交消费税"科目;企业逾期未收回包装物不再退还的包装物押金和已收取1年以上的包装物押金,按规定应缴纳的消费税,借记"税金及附加"等科目,贷记"应交税费——应交消费税"科目。

(五)委托加工应税消费品和外购应税消费品的会计处理

1. 委托加工的应税消费品。受托方将按规定计算的应扣税款金额借记"应收账款""银行存款"等科目,贷记"应交税费——应交消费税"科目(受托加工或翻新改制金银首饰的企业除外)。委托方将委托加工应税消费品收回后,以不高于受托方的计税价格对外销售或用于非消费税项目的,委托方应将代收代缴的消费税计入委托加工的应税消费品成本,借记"委托加工物资"等科目,贷记"应付账款""银行存款"等科目;以高于受托方的计税价格对外销售的,应按规定计算应缴纳的消费税,同时准予扣税受托方已代收代缴的消费税,借记"应交税费——应交消费税"科目,贷记"应付账款""银行存款"等科目。收回后用于连续生产应税消费品的,按规定准予抵扣的,委托方应按代收代缴的消费税款,借记"应交税费——应交消费税"科目,贷记"应付账款""银行存款"等科目。

委托加工收回的应税消费品在连续生产应税消费品的过程中,如改变用途,应将改变用途的部分所负担的消费税从"应交消费税"科目的借方转出。

【例12-7】 黄河公司委托外单位加工材料(非金银首饰)一批,原材料价款为40000元,加工费用20000元,收到增值税普通发票一张,由受托方代收代缴的消费税为3000元,材料已经加工完毕入库,加工费用已经支付。假如黄河公司原材料

按实际成本核算。根据上述资料,黄河公司应作如下会计处理:

(1)如果委托方黄河公司收回加工后的材料用于继续生产应税消费品:

借:委托加工物资　　　　　　　　　　　　　　　　40000
　　贷:原材料　　　　　　　　　　　　　　　　　　　　40000
借:委托加工物资　　　　　　　　　　　　　　　　20000
　　应交税费——应交消费税　　　　　　　　　　　3000
　　贷:银行存款　　　　　　　　　　　　　　　　　　　23000
借:原材料　　　　　　　　　　　　　　　　　　　60000
　　贷:委托加工物资　　　　　　　　　　　　　　　　　60000

(2)如果委托方黄河公司收回加工后的材料以不高于受托方的计税价格对外销售:

借:委托加工物资　　　　　　　　　　　　　　　　40000
　　贷:原材料　　　　　　　　　　　　　　　　　　　　40000
借:委托加工物资　　　　　　　　　　　　　　　　23000
　　贷:银行存款　　　　　　　　　　　　　　　　　　　23000
借:原材料　　　　　　　　　　　　　　　　　　　63000
　　贷:委托加工物资　　　　　　　　　　　　　　　　　63000

2. 外购(含进口)应税消费品用于生产应税消费品。按所含税额,借记"应交税费——应交消费税"科目,贷记"银行存款"等科目;用于其他方面或直接对外销售的,不得抵扣,计入其成本。

外购(含进口)应税消费品在生产应税消费品的过程中,改变用途的,如用于非货币性资产交换、债务重组、在建工程等,应将改变用途的部分所负担的消费税从"应交税费——应交消费税"科目的借方转出。

3. 因非货币性资产交换、债务重组而换入应税消费品的账务处理比照上述规定执行。

4. 纳税人用委托加工收回的或外购的已税珠宝玉石生产的改在零售环节征收消费税的金银首饰,在计税时一律不得扣除在委托加工或外购环节已缴纳的税款。

5. 企业因受托加工或翻新改制金银首饰按规定应缴纳的消费税,应于企业向委托方交货时,借记"税金及附加"科目,贷记"应交税费——应交消费税"科目。

(六)出口产品的账务处理

1. 有出口经营权的生产企业自营出口应税消费品或委托外贸企业代理出口应税消费品,按规定直接予以免税的,可不计算应缴消费税。出口后如发生退关或退货,经所在地主管税务机关批准,可暂不办理补税,待其转为国内销售时,再计缴消费税。

2. 有出口经营权的外贸企业购进应税消费品直接出口,以及外贸企业受其他外贸企业委托代理出口应税消费品的,生产企业缴纳的消费税视同一般销售业务处理,外贸企业应在应税消费品报关出口后申请出口退税时,借记"应收出口退税款"科目,贷记"主营业务成本"等科目。实际收到出口应税消费品退回的税金,借记"银行存款"科目,贷记"应收出口退税款"科目。发生退关或退货而补缴已退的消费税,作相反的会计分录。非生产性的一般商贸企业委托外贸企业代理出口应税消费品一律不予退(免)税。

(七)金银首饰零售业务等的账务处理

有金银首饰零售业务的以及采用以旧换新方式销售金银首饰的企业,在营业收入实现时,按应缴消费税额,借记"税金及附加"等科目,贷记"应交税费——应交消费税"科目。有金银首饰零售业务的企业因受托代销金银首饰按规定应缴纳的消费税,应分别不同情况处理:以收取手续费方式代销金银首饰的,其应缴的消费税,借记"税金及附加"等科目,贷记"应交税费——应交消费税"科目;以其他方式代销首饰的,其缴纳的消费税等,借记"税金及附加"等科目,贷记"应交税费——应交消费税"科目。

有金银首饰批发、零售业务的企业将金银首饰用于馈赠、赞助、广告、职工福利、奖励等方面的,应于移送时,按应缴纳的消费税,借记"营业外支出""销售费用"等科目,贷记"应交税费——应交消费税"科目。

随同金银首饰出售但单独计价的包装物,按规定应缴纳的消费税,借记"税金及附加"科目,贷记"应交税费——应交消费税"科目。

(八)上缴消费税及退税的账务处理

企业按期缴纳消费税时,借记"应交税费——应交消费税"科目,贷记"银行存款"科目。

三、资源税

企业按规定应缴的资源税,在"应交税费"科目下设置"应交资源税"明细科目核算。"应交资源税"明细科目的借方发生额,反映企业已缴的或按规定允许抵扣的资源税;贷方发生额,反映应缴的资源税;期末借方余额反映多缴或尚未抵扣的资源税,期末贷方余额反映尚未缴纳的资源税。

企业销售应税产品按规定应缴纳的资源税,借记"税金及附加"科目,贷记"应交税费——应交资源税"科目;企业自产自用或非货币性资产交换、抵偿债务、对外捐赠等转出应税产品应缴纳的资源税,借记"生产成本""制造费用"等科目,贷记"应交税费——应交资源税"科目;企业收购未缴税矿产品,按实际支付的收购款,借记"材料采购"等科目,贷记"银行存款"等科目,按代扣代缴的资源税,借记"材料采购"等科目,贷记"应交税费——应交资源税"科目。

企业外购液体盐加工固体盐的,在购入液体盐时,按所允许抵扣的资源税,借记"应交税费——应交资源税"科目,按外购价款扣除允许抵扣资源税后的数额,借记"材料采购"等科目,按应支付的全部价款,贷记"银行存款""应付账款"等科目;企业加工成固体盐后,在销售时,按计算出的销售固体盐应缴的资源税,借记"税金及附加"科目,贷记"应交税费——应交资源税"科目;将销售固体盐应纳资源税扣抵液体盐已纳资源税后的差额上缴时,借记"应交税费——应交资源税"科目,贷记"银行存款"科目。

企业按规定上缴资源税时,借记"应交税费——应交资源税"科目,贷记"银行存款"科目。

【例12-8】 甲公司将自己开采的煤炭40000吨用于产品加工,每吨应交资源税5元,甲公司应作如下会计处理:

借:生产成本　　　　　　　　　　　　　　　　　　　200000
　　贷:应交税费——应交资源税　　　　　　　　　　　　200000

四、土地增值税

企业缴纳的土地增值税通过"应交税费——应交土地增值税"科目核算。

主营房地产业务的企业,应由当期营业收入负担的土地增值税,借记"税金及附加"科目,贷记"应交税费——应交土地增值税"科目。

兼营房地产业务的工业企业,应由当期营业收入负担的土地增值税,借记"税金及附加"科目,贷记"应交税费——应交土地增值税"科目。

企业在项目交付使用前转让房地产取得的收入,按税法规定预缴的土地增值税,借记"应交税费——应交土地增值税"科目,贷记"银行存款"科目;待该房地产营业收入实现时,再按上述营业业务的会计处理方法进行处理。该项目全部交付使用后进行清算,收到退回多缴的土地增值税,借记"银行存款"科目,贷记"应交税费——应交土地增值税"科目;补缴的土地增值税作相反的会计分录。

企业转让土地使用权应缴的土地增值税,若土地使用权连同地上建筑物及其他附着物一并在"固定资产"科目或"在建工程"等科目核算的,借记"固定资产清理""在建工程"等科目,贷记"应交税费——应交土地增值税"科目;若土地使用权在"无形资产"科目核算的,按实际收到的金额,借记"银行存款"科目,按应缴的土地增值税,贷记"应交税费——应交土地增值税"科目,同时冲销土地使用权账面价值,贷记"无形资产"科目,按其差额,借记或贷记"资产处置损益"科目。若涉及增值税和累计摊销的,还应进行相应的处理。

企业缴纳土地增值税时,借记"应交税费——应交土地增值税"科目,贷记"银行存款"科目。

五、其他税费

其他税费的具体核算如下:

1. 企业按规定应缴的城市维护建设税,借记"税金及附加"科目,贷记"应交税费——应交城市维护建设税"科目;上缴时,借记"应交税费——应交城市维护建设税"科目,贷记"银行存款"科目。

2. 企业按规定应缴的房产税、城镇土地使用税、环境保护税、车船税,借记"税金及附加"科目,贷记"应交税费——应交房产税""应交税费——应交城镇土地使用税""应交税费——应交环境保护税""应交税费——应交车船税"科目;上缴时,借记"应交税费——应交房产税""应交税费——应交城镇土地使用税""应交税费——应交环境保护税""应交税费——应交车船税"科目,贷记"银行存款"科目。

3. 企业按规定计算应代扣代缴的职工个人所得税,借记"应付职工薪酬"科目,贷记"应交税费——应交个人所得税"科目;上缴时,借记"应交税费——应交个人所得税"科目,贷记"银行存款"科目。

4. 企业按规定计算应缴的教育费附加,借记"税金及附加""管理费用"等科目,贷记"应交税费——应交教育费附加"。上缴时,借记"应交税费——应交教育费附加",贷记"银行存款"等科目。

5. 企业缴纳的印花税,借记"税金及附加"科目,贷记"银行存款"科目。企业按规定缴纳的耕地占用税,借记"在建工程"科目,贷记"银行存款"科目。企业购置应税车辆,按规定缴纳的车辆购置税;以及购置的减税、免税车辆改制后用途发生变化的,按规定应补缴的车辆购置税,借记"固定资产"科目,贷记"银行存款"科目。

6. 应缴企业所得税的账务处理,参见"第十六章 所得税"。

第三节 应付职工薪酬的核算

一、职工薪酬的内容

职工薪酬,是指企业为获得职工提供的服务或解除劳动关系而给予的各种形式的报酬或补偿。职工薪酬包括短期薪酬、离职后福利、辞退福利和其他长期职工福利。企业提供给职工配偶、子女、受赡养人、已故员工遗属及其他受益人等的福利,也属于职工薪酬。

这里所指的职工主要包括:①与企业订立劳动合同的所有人员,含全职、兼职和临时职工;②虽未与企业订立劳动合同、但由企业正式任命的人员,如董事会成员、监事会成员等;③在企业的计划和控制下,虽未与企业订立劳动合同或未由企业正式任命,但向企业所提供服务与职工所提供服务类似的人员,包括通过企业与劳务中介公司签订用工合同而向企业提供服务的人员。

(一)短期薪酬

短期薪酬,是指企业在职工提供相关服务的年度报告期间结束后12个月内需要全部予以支付的职工薪酬,因解除与职工的劳动关系给予的补偿除外(属于辞退福利)。

具体包括以下方面:

1. 职工工资、奖金、津贴和补贴

职工工资、奖金、津贴和补贴,是指企业按照构成工资总额的计时工资、计件工资、支付给职工的超额劳动报酬等的劳动报酬,为了补偿职工特殊或额外的劳动消耗和因其他特殊原因支付给职工的津贴,以及为了保证职工工资水平不受物价影响支付给职工的物价补贴等。其中,企业按照短期奖金计划向职工发放的奖金属于短期薪酬,按照长期奖金计划向职工发放的奖金属于其他长期职工福利。

企业应按照劳动工资制度的规定,根据考勤记录、工时记录、产量记录、工资标准、工资等级等编制"工资单"(亦称工资结算单、工资表、工资计算表等)。会计部门应将"工资单"进行汇总,编制"工资汇总表",办理工资结算。

2. 职工福利费

职工福利费是指企业向职工提供的生活困难补助、丧葬补助费、抚恤费、职工异地安家费、防暑降温费等职工福利支出。

3. 医疗保险费、工伤保险费和生育保险费等社会保险费

医疗保险费、工伤保险费和生育保险费等社会保险费是指企业按照国家规定的基准和比例计算,向社会保险经办机构缴存的医疗保险费、工伤保险费和生育保险费。

4. 住房公积金

住房公积金是指企业按照《住房公积金管理条例》规定的基准和比例计算,向住房公积金管理机构缴存的住房公积金。

5. 工会经费和职工教育经费

工会经费和职工教育经费是指企业为了改善职工文化生活、为职工学习先进技术和提

高文化水平和业务素质,用于开展工会活动和职工教育及职业技能培训等的支出。企业应当在职工为其提供服务的会计期间,按工资总额的一定比例计提。

6. 短期带薪缺勤

带薪缺勤是指企业支付工资或提供补偿的职工缺勤,即指职工虽然缺勤但企业仍向其支付报酬的安排,包括年休假、病假、短期伤残、婚假、产假、丧假、探亲假等。长期带薪缺勤属于其他长期职工福利。

带薪缺勤分为累积带薪缺勤和非累积带薪缺勤。累积带薪缺勤,是指带薪缺勤权利可以结转下期的带薪缺勤,本期尚未用完的带薪缺勤权利可以在未来期间使用。非累积带薪缺勤,是指带薪缺勤权利不能结转下期的带薪缺勤,本期尚未用完的带薪缺勤权利将予以取消,并且职工离开企业时也无权获得现金支付。

7. 短期利润分享计划

短期利润分享计划是指因职工提供服务而与职工达成的基于利润或其他经营成果提供薪酬的协议。长期利润分享计划属于其他长期职工福利。

8. 非货币性福利

非货币性福利通常是指企业提供给职工的实物福利、服务性福利、优惠性福利等。其主要包括:企业以自产产品或外购商品发放给职工作为福利,将企业拥有的资产或租赁的资产无偿提供给职工使用,为职工无偿提供医疗保健服务,向职工提供企业支付了一定补贴的商品或服务,如以低于成本的价格向职工出售住房等。

9. 其他短期薪酬

其他短期薪酬是指除上述 8 种薪酬以外的其他为获得职工提供的服务而给予的短期薪酬。

(二)离职后福利

离职后福利是指企业为获得职工提供的服务而在职工退休或与企业解除劳动关系后,提供的各种形式的报酬和福利,短期薪酬和辞退福利除外。

离职后福利包括退休福利(如养老保险和一次性的退休支付)及其他离职后福利(如离职后失业保险和离职后医疗保障)。

企业应当按照承担的风险和义务情况,将离职后福利计划分类为设定提存计划和设定受益计划。

离职后福利计划是指企业与职工就离职后福利达成的协议,或者企业为向职工提供离职后福利制定的规章或办法等。其中,设定提存计划,是指向独立的基金缴存固定费用(如企业缴纳的养老保险、失业保险等)后,企业不再承担进一步支付义务的离职后福利计划;设定受益计划,是指除设定提存计划以外的离职后福利计划。

根据国家规定,现行由税务机关征收的社会保障费包括职工医疗保险费(含生育保险费)、工伤保险费、职工养老保险费、失业保险费。按《企业会计准则第 9 号——职工薪酬》的规定,职工医疗保险费(含生育保险费)、工伤保险费属于短期薪酬的范围,职工养老保险费、失业保险费属于离职后福利的范围。

(三)辞退福利

辞退福利是指企业在职工劳动合同到期之前解除与职工的劳动关系,或者为鼓励职工自愿接受裁减而给予职工的补偿。

辞退福利主要包括以下内容：

1. 在职工劳动合同尚未到期前，不论职工本人是否愿意，企业决定解除与职工的劳动关系而给予的补偿。

2. 在职工劳动合同尚未到期前，为鼓励职工自愿接受裁减而给予的补偿，职工有权利选择继续在职或接受补偿离职。

辞退福利通常采取解除劳动关系时一次性支付补偿的方式，也采取在职工不再为企业带来经济利益后，将职工工资支付到辞退后未来某一期间的方式。

企业应当根据辞退福利的定义和包括的内容，区分辞退福利与正常退休的养老金。辞退福利是在职工与企业签订的劳动合同到期前，企业根据法律与职工本人或职工代表（如工会）签订的协议，或者基于商业惯例，承诺当其提前终止对职工的雇佣关系时支付的补偿，引发补偿的事项是辞退，因此，企业应当在辞退职工时进行辞退福利的确认和计量。职工在正常退休时获得的养老金，是其与企业签订的劳动合同到期时，或者职工达到了国家规定的退休年龄时获得的退休后生活补偿金额，引发补偿的事项是职工在职时提供的服务，而不是退休本身，因此，企业应当在职工提供服务的会计期间进行养老金的确认和计量。

另外，职工虽然没有与企业解除劳动合同，但未来不再为企业提供服务，不能为企业带来经济利益，企业承诺提供实质上具有辞退福利性质的经济补偿的，如发生"内退"的情况，在其正式退休日期之前应当比照辞退福利处理，在其正式退休日期之后，应当按照离职后福利处理。

（四）其他长期职工福利

其他长期职工福利是指除短期薪酬、离职后福利、辞退福利之外所有的职工薪酬，包括长期带薪缺勤、长期残疾福利、长期利润分享计划等。

二、应付职工薪酬的确认和计量

（一）短期薪酬的确认和计量

1. 短期薪酬的确认

企业应当在职工为其提供服务的会计期间，将实际发生的短期薪酬确认为负债，并计入当期损益，其他《企业会计准则》要求或允许计入资产成本的除外。

（1）企业发生的职工工资、津贴和补贴等短期薪酬，应当根据职工提供服务情况和工资标准等计算应计入职工薪酬的工资总额，并按照受益对象计入当期损益或相关资产成本。

（2）企业发生的职工福利费，应当在实际发生时根据实际发生额计入当期损益或相关资产成本。职工福利费为非货币性福利的，应当按照公允价值计量。公允价值不能可靠取得的，可以采用成本计量。

（3）企业为职工缴纳的医疗保险费、工伤保险费、生育保险费等社会保险费和住房公积金，以及按规定提取的工会经费和职工教育经费，应当在职工为其提供服务的会计期间，根据规定的计提基础和计提比例计算确定相应的职工薪酬金额，并确认相应负债，按照收益对象，计入当期损益或相关资产成本。

（4）企业应当在职工提供服务从而增加了其未来享有的带薪缺勤权利时，确认与累积带薪缺勤相关的职工薪酬,并以累积未行使权利而增加的预期支付金额计量。对于确认当期已行使权利的累积带薪缺勤,因相应的薪酬已经包括在当期的薪酬金额中,因此,不必额外作相应的计量。

企业应当在职工实际发生缺勤的会计期间确认与非累积带薪缺勤相关的职工薪酬。由于企业确认的职工享有的与非累积带薪缺勤权利相关的职工薪酬,通常已经包括在企业每期向职工发放的工资等薪酬中,因此,不必额外作相应的计量。

(5)短期利润分享计划同时满足下列条件的,企业应当确认相关的应付职工薪酬:

①企业因过去事项导致现在具有支付职工薪酬的法定义务或推定义务;

②因利润分享计划所产生的应付职工薪酬义务金额能够可靠估计。属于下列三种情形之一的,视为义务金额能够可靠估计:

第一,在财务报告批准报出之前企业已确定应支付的薪酬金额。

第二,该短期利润分享计划的正式条款中包括确定薪酬金额的方式。

第三,过去的惯例为企业确定推定义务金额提供了明显证据。

职工只有在企业工作一段特定期间才能分享利润的,企业在计量利润分享计划产生的应付职工薪酬时,应当反映职工因离职而无法享受利润分享计划福利的可能性。

如果企业在职工为其提供相关服务的年度报告期间结束后12个月内,不需要全部支付利润分享计划产生的应付职工薪酬,该利润分享计划应当适用其他长期职工福利的有关规定。

企业根据经营业绩或职工贡献、经济效益增长等情况提取的奖金,属于奖金计划,应当比照短期利润分享计划进行处理。

2. 短期薪酬的计量

(1)对于国务院有关部门、省、自治区、直辖市人民政府或经批准的企业年金计划规定了计提基础和计提比例的职工薪酬项目,应当按照规定的标准计提。

(2)对于国家(包括省、市、自治区政府)相关法律法规没有明确规定计提基础和计提比例的职工薪酬项目,企业应当根据历史经验数据和自身实际情况,合理预计当期应付职工薪酬。当期实际发生金额大于预计金额的,应当补提;当期实际发生金额小于预计金额的,应当冲回多提的应付职工薪酬。如《财政部关于企业加强职工福利费财务管理的通知》(财企〔2009〕242号)规定,职工福利是企业对职工劳动补偿的辅助形式,企业应当参照历史一般水平合理控制职工福利费在职工总收入的比重。

(3)职工福利费为非货币性福利的,应当按照公允价值计量。

(4)累积带薪缺勤以累积未行使权利而增加的预期支付金额计量。

(二)离职后福利的确认和计量

企业应当在职工为其提供服务的会计期间,将根据设定提存计划计算的应缴存金额确认为负债,并计入当期损益或相关资产成本。

根据设定提存计划,预期不会在职工提供相关服务的年度报告期结束后12个月内支付全部应缴存金额的,企业应当参照《企业会计准则第9号——职工薪酬》第十五条规定的折现率,将全部应缴存金额以折现后的金额计量应付职工薪酬。

(三)辞退福利的确认和计量

企业向职工提供辞退福利的,应当在下列两者孰早日确认辞退福利产生的职工薪酬负债，并计入当期损益：

1. 企业不能单方面撤回因解除劳动关系计划或裁减建议所提供的辞退福利时。
2. 企业确认与涉及支付辞退福利的重组相关的成本或费用时。

企业有详细、正式的重组计划并且该重组计划已对外公告时，表明已经承担了重组义务。重组计划包括重组涉及的业务、主要地点、需要补偿的职工人数及其岗位性质、预计重组支出、计划实施时间等。

实施职工内部退休计划的，企业应当比照辞退福利处理。在内部退休计划符合《企业会计准则第9号——职工薪酬》规定的确认条件时，企业应当按照内部退休计划规定，将自职工停止提供服务日至正常退休日期间、企业拟支付的内退职工工资和缴纳的社会保险费等，确认为应付职工薪酬，一次性计入当期损益，不能在职工内退后各期分期确认因支付退职工工资和为其缴纳社会保险费等产生的义务。

企业应当按照辞退计划条款的规定，合理预计并确认辞退福利产生的职工薪酬负债，并具体考虑下列情况：

1. 对于职工没有选择权的辞退计划，企业应当根据计划条款规定拟解除劳动关系的职工数量、每一职位的辞退补偿等确认职工薪酬负债。
2. 对于自愿接受裁减建议的辞退计划，由于接受裁减的职工数量不确定，企业应当根据《企业会计准则第13号——或有事项》规定，预计将会接受裁减建议的职工数量，根据预计的职工数量和每一职位的辞退补偿等确认职工薪酬负债。
3. 对于辞退福利预期在其确认的年度报告期间期末后12个月内完全支付的辞退福利，企业应当适用短期薪酬的相关规定。
4. 对于辞退福利预期在年度报告期间期末后12个月内不能完全支付的辞退福利，企业应当适用其他长期职工福利的相关规定，即实质性辞退工作在1年内实施完毕但补偿款项超过1年支付的辞退计划，企业应当选择恰当的折现率，以折现后的金额计量应计入当期损益的辞退福利金额。

（四）其他长期职工福利的确认和计量

企业向职工提供的其他长期职工福利，符合设定提存计划条件的，应当适用设定提存计划的有关规定进行处理。

除上述规定的情形外，企业应当适用设定受益计划的有关规定，确认和计量其他长期职工福利净负债或净资产。在报告期末，企业应当将其他长期职工福利产生的职工薪酬成本确认为下列组成部分：

1. 服务成本。
2. 其他长期职工福利净负债或净资产的利息净额。
3. 重新计量其他长期职工福利净负债或净资产所产生的变动。

为简化相关会计处理，上述项目的总净额应计入当期损益或相关资产成本。

长期残疾福利水平取决于职工提供服务期间长短的，企业应当在职工提供服务的期间确认应付长期残疾福利义务，计量时应当考虑长期残疾福利支付的可能性和预期支付的期限；长期残疾福利与职工提供服务期间长短无关的，企业应当在导致职工长期残疾的事件发生的当期确认应付长期残疾福利义务。

三、应付职工薪酬及其应交社保费的账务处理

(一)科目设置

企业应设置"应付职工薪酬"科目,核算应付职工薪酬的提取、结算、使用等情况。该科目贷方登记已分配计入有关成本费用科目的职工薪酬的金额,借方登记实际发放的职工薪酬金额;期末余额一般在贷方,反映企业应付未付的职工薪酬。外商投资企业从净利润中提取的职工奖励及福利基金,也通过"应付职工薪酬"科目核算。企业代扣代缴的应由职工个人负担的医疗保险费、养老保险费、住房公积金通过"其他应付款"科目核算。

对企业按国家规定需要缴纳的残疾人就业保障金,不通过"应付职工薪酬"科目核算,缴纳时直接计入"管理费用"科目。企业超比例安排残疾人就业或者为安排残疾人就业做出显著成绩,按规定收到的奖励,计入"其他收益"科目;企业未按规定缴纳残疾人就业保障金,按规定缴纳的滞纳金,计入"营业外支出"科目。

(二)会计处理

企业进行会计处理时,可将应付职工薪酬划分为短期薪酬、离职后福利、辞退福利以及其他长期职工福利四种类型。

1. 短期薪酬

短期薪酬可分为货币性短期薪酬、非货币性短期薪酬、带薪缺勤、利润分享计划等。

(1)货币性短期薪酬

货币性短期薪酬是企业以货币形式发放的职工薪酬,主要有工资、职工福利、社会保险费、住房公积金、工会经费、职工教育经费等。企业实际发生短期薪酬时,借记"生产成本""制造费用""管理费用""销售费用"等科目,贷记"应付职工薪酬"科目;待到发放时,借记"应付职工薪酬"科目,贷记"银行存款"等科目。

【例12-9】华丰公司某年4月应付工资总额为100000元。其中:生产部门直接生产人员工资40000元,生产部门管理人员工资15000元;管理部门人员工资21000元;销售部门人员工资10000元;建造厂房人员工资6000元;内部开发存货管理系统人员工资8000元。该公司发生职工福利费2000元,其中:生产部门直接生产人员福利费800元,生产部门管理人员福利费300元;管理部门人员福利费420元;销售部门人员福利费200元;建造厂房人员福利费120元;内部开发存货管理系统人员福利费160元。

当年4月30日,华丰公司按照职工工资总额的10%分别计提医疗保险费(含生育保险费)和住房公积金,按工资总额的1%计提工伤保险费,按工资总额的2%和2.5%计提工会经费和职工教育经费。另外,应由公司代扣代缴职工个人应负担的医疗保险费为2000元,住房公积金为10000元,个人所得税为1500元。假定华丰公司的存货管理系统已经处于开发阶段,并符合资本化标准。当月发生的职工薪酬费用已在下月初支付。

华丰公司当年4月确认应付职工薪酬时应作如下会计处理:

(1)工资分配进成本、费用时:

借:生产成本 40000

制造费用	15000
管理费用	21000
销售费用	10000
在建工程	6000
研发支出——资本化支出	8000
贷:应付职工薪酬——工资	100000

(2)发生职工福利费时:

借:生产成本	800
制造费用	300
管理费用	420
销售费用	200
在建工程	120
研发支出——资本化支出	160
贷:应付职工薪酬——职工福利	2000

(3)按工资总额的10%分别计算应缴纳的医疗保险费(含生育保险费)和住房公积金,按工资总额的1%计提工伤保险费时:

借:生产成本	8400
制造费用	3150
管理费用	4410
销售费用	2100
在建工程	1260
研发支出——资本化支出	1680
贷:应付职工薪酬——社会保险费	11000
——住房公积金	10000

(4)按工资总额的2%和2.5%分别计提工会经费和职工教育经费时:

借:生产成本	1800
制造费用	675
管理费用	945
销售费用	450
在建工程	270
研发支出——资本化支出	360
贷:应付职工薪酬——工会经费	2000
——职工教育经费	2500

(5)代扣代缴职工个人应负担的医疗保险费、住房公积金和个人所得税时:

借:应付职工薪酬——工资	13500
贷:其他应付款——应付住房公积金	10000
——应付医疗保险费	2000
应交税费——应交个人所得税	1500

(2) 非货币性短期薪酬

企业以非货币形式发放的职工薪酬,应当分以下情况分别处理:

①企业以自产产品或外购商品作为福利发放给职工。企业以自产产品作为福利发放给职工,应当按照该产品的公允价值和相关税费计入职工薪酬和相应的成本费用中,并确认主营业务收入,同时结转成本,根据《中华人民共和国增值税暂行条例实施细则》第四条第(五)项的规定,纳税人将自产、委托加工的货物用于集体福利或者个人消费的应视同销售货物,按规定计算纳税。企业以外购商品作为福利发放给职工,应当按照该商品的公允价值和相关税费,计量应计入成本费用的职工薪酬金额,根据《增值税暂行条例》第十条第(一)项规定,用于集体福利或者个人消费的购进货物的进项税额不得从销项税额中抵扣。核算时通过"应付职工薪酬"科目归集当期应计入成本费用的非货币性职工薪酬金额,据以计算完整准确的人工成本金额。

【例12-10】 豫丰公司是一家食品加工企业,有职工100名,其中生产工人70名,管理人员30名。该公司以其生产的大礼包食品作为福利发放给职工,每人1份。该大礼包的单位成本为240元,单位售价(公允价格)为300元,适用的增值税税率为13%。则该公司应作如下会计处理:

发放非货币性福利时:

借:应付职工薪酬——非货币性福利　　　　　33900
　　贷:主营业务收入　　　　　　　　　　　　　30000
　　　　应交税费——应交增值税(销项税额)　　3900
借:主营业务成本　　　　　　　　　　　　　　24000
　　贷:库存商品　　　　　　　　　　　　　　　24000

分配非货币性福利时:

本月应提取的非货币性福利 = 300 × 100 × (1 + 13%) = 33900(元)

其中:

生产工人非货币性福利 = 300 × 70 × (1 + 13%) = 23730(元)
管理人员非货币性福利 = 300 × 30 × (1 + 13%) = 10170(元)

借:生产成本　　　　　　　　　　　　　　　　23730
　　管理费用　　　　　　　　　　　　　　　　10170
　　贷:应付职工薪酬——非货币性福利　　　　33900

②企业将拥有或租赁的房屋等资产无偿提供给职工使用。企业应当根据受益对象,将自有房屋等资产的每期折旧额或租赁房屋等资产的每期应支付的租金确认为应付职工薪酬,并计入相关的成本费用。具体如下:

企业无偿向职工提供住房等资产使用的,按应计提的折旧额,借记"应付职工薪酬"科目,贷记"累计折旧"科目;同时按受益对象,借记"管理费用"等科目,贷记"应付职工薪酬"科目。

租赁住房等资产供职工无偿使用的,按每期应支付的租金,借记"应付职工薪酬"科目,贷记"其他应付款"等科目;同时按受益对象,借记"管理费用"等科目,贷记"应付职工薪酬"科目。

难以认定受益对象的非货币性福利,全部直接计入当期管理费用和应付职工薪酬。

【例 12 - 11】 华丰公司有部门经理 5 人,公司为每人免费提供公司名下的轿车 1 辆;副总经理以上 3 人,公司为每人提供租赁的高级公寓 1 套。这些资产的所有权不转移,只提供使用权。假定每辆轿车每月计提折旧 3000 元,每套公寓每月的租金是 4000 元。则华丰公司每月应作如下会计处理:

每月应提取非货币性职工薪酬 = 3000 × 5 + 4000 × 3 = 27000(元)

借:管理费用	27000
贷:应付职工薪酬——非货币性福利	27000
借:应付职工薪酬——非货币性福利	27000
贷:累计折旧	15000
其他应付款	12000

③向职工提供企业支付了补贴的商品或服务。企业有时以低于企业取得资产或服务成本的价格向职工提供资产或服务,比如以低于成本的价格向职工出售住房、以低于企业支付的价格向职工提供医疗保健服务等,企业应将这类补贴确认为应付职工薪酬。以提供包含补贴的住房为例,企业在出售住房等资产时,应当将此类资产的公允价值与其内部售价之间的差额(即相当于企业补贴的金额)分别情况处理:

A. 如果出售住房的合同或协议中规定了职工在购得住房后至少应当提供服务的年限,且如果职工提前离开则应退回部分差价,企业应当将该项差额先作为长期待摊费用处理,然后通过"应付职工薪酬"科目,在合同或协议规定的服务年限内平均摊销,并根据受益对象分别计入相关资产成本或当期损益。

B. 如果出售住房的合同或协议中未规定职工在购得住房后必须服务的年限,企业应当将该项差额通过"应付职工薪酬"科目计入出售住房当期相关资产成本或当期损益。

(3)其他形式的短期薪酬

①带薪缺勤

企业可能对各种原因产生的缺勤进行补偿,比如,年休假、病假、婚假、产假、丧假、探亲假、短期伤残等。

A. 累积带薪缺勤

当职工提供了服务从而增加了其享受的未来带薪缺勤的权利时,企业就产生了一项义务,应当予以确认;职工累积未使用的权利在其离开企业时是否有权获得现金支付,不影响义务的确认,但影响计量的义务金额。

如果职工在离开企业时不能获得现金支付,则企业应当根据资产负债表日因累积未使用权利而导致的预期支付的追加金额,作为累积带薪缺勤费用进行预计。如果职工在离开企业时能够获得现金支付,企业就应当确认企业必须支付的、职工全部累积未使用权利的金额。

【例 12 - 12】 华新公司从某年 1 月 1 日起实行累积带薪缺勤制度。该制度规定:每名职工每年可享受 12 个工作日带薪休假,休假权利可以向后结转 2 个日历年度。在第 2 年年末,公司将对职工未使用的带薪休假权利支付现金。假定该公司每名职工平均每月工资 2000 元,每名职工每月工作日为 20 个,每个工作日平均工资为 100 元。以公司 1 名直接参与生产的职工为例。

①假定当年 1 月,该名职工没有休假。公司应当在职工为其提供服务的当月,累积相当于 1 个工作日工资的带薪休假义务,并作如下会计处理:

借:生产成本　　　　　　　　　　　　　　　　　　　2100
　贷:应付职工薪酬——工资　　　　　　　　　　　　　　　2000
　　　　　　　　——累积带薪缺勤　　　　　　　　　　　　 100

②假定当年 2 月,该名职工休了 1 天假。公司应当在职工为其提供服务的当月,累积相当于 1 个工作日工资的带薪休假义务,反映职工使用累积权利的情况,并作如下会计处理:

借:生产成本　　　　　　　　　　　　　　　　　　　2100
　贷:应付职工薪酬——工资　　　　　　　　　　　　　　　2000
　　　　　　　　——累积带薪缺勤(计提本期休假)　　　　　100
借:应付职工薪酬——累积带薪缺勤　　　　　　　　　　　100
　贷:生产成本(使用上期休假)　　　　　　　　　　　　　100

③假定第 2 年年末,该名职工有 5 个工作日未使用带薪休假,公司以现金支付了未使用的带薪休假。

借:应付职工薪酬——累积带薪缺勤　　　　　　　　　　　500
　贷:库存现金　　　　　　　　　　　　　　　　　　　　 500

B. 非累积带薪缺勤

根据《中华人民共和国劳动法》规定,国家实行带薪年休假制度,劳动者在法定休假日和婚丧假期间以及依法参加社会活动期间,用人单位应当依法支付工资。因此,我国企业职工休婚假、产假、丧假、探亲假、病假期间的工资通常属于非累积带薪确认。由于职工提供服务本身不能增加其能够享受的福利金额,企业应当在职工缺勤时确认负债和相关资产成本或当期损益。实务中,一般是在缺勤期间计提应付工资时一并处理。

【例 12-13】 黄河公司某年 5 月有 2 名销售人员放弃 15 天的婚假,假设平均每名职工每个工作日工资为 200 元,月工资为 6000 元。该公司实行非累积带薪缺勤货币补偿制度,补偿金额为放弃带薪休假期间平均日工资的 2 倍,则黄河公司应作如下会计处理:

借:销售费用　　　　　　　　　　　　　　　　　　　24000
　贷:应付职工薪酬——工资　　　　　　　　　　　　　　12000
　　　　　　　　——非累积带薪缺勤　　　　　12000(2×15×200×2)

实际补偿时一般随工资同时支付:

借:应付职工薪酬——工资　　　　　　　　　　12000(2×6000)
　　　　　　　　——非累积带薪缺勤　　　　　　　　　　12000
　贷:银行存款　　　　　　　　　　　　　　　　　　　24000

② 利润分享计划

企业为了鼓励职工长期为其提供服务,可能制订利润分享计划,规定当职工在企业工作了特定年限后,能够享有按照企业净利润的一定比例计算的奖金。实务中,实行工效挂钩的企业根据企业经济效益增长的实际情况提取的工资,类似于利润分享计划。但是,这类计划是按照企业实现净利润的一定比例确定享受的福利,与企业经营业绩挂钩,仍然是由职工提供服务而产生的,不是由企业与其所有者之间的交易而产生的,因此,企业应当将短期利润分享计划作为费用处理(按受益对象进行分担,或根据相关《企业会计准则》,作为资产成本的一部分),不能作为净利润的分配。

【例12-14】 利欣公司为了鼓励本公司高级管理人员为其提供服务,制订了短期利润分享计划。该计划规定,在实行短期利润分享计划的年度,管理人员只要在公司工作满一整年即可获得奖金。假定当年没有管理人员离开公司,公司应支付的奖金总额为当年净利润的4%,并于当年年末以银行存款支付。公司当年净利润为1500万元。则利欣公司当年12月31日应作如下会计处理:

借:管理费用 600000
　　贷:应付职工薪酬——利润分享计划 600000
借:应付职工薪酬——利润分享计划 600000
　　贷:银行存款 600000

2. 离职后福利

企业应当将离职后福利计划分类为设定提存计划和设定受益计划。

离职后福利计划,是指企业与职工就离职后福利达成的协议,或者企业为向职工提供离职后福利制定的规章或办法等。其中,设定提存计划,是指向独立的基金缴存固定费用后,企业不再承担进一步支付义务的离职后福利计划;设定受益计划,是指除设定提存计划以外的离职后福利计划。

(1)设定提存计划

在设定提存计划下,企业根据事先确定的缴费水平向一个独立实体(养老基金)支付确定数额的提存金,职工退休时所能获得的基金数额取决于所缴提存金及其投资收益在职工退休时的累计额,与基金资产相关的风险完全由职工个人承担。养老保险和失业保险属于设定提存计划。

企业根据设定提存计划计算应缴存金额时,借记"生产成本""制造费用""管理费用""销售费用"等科目,贷记"应付职工薪酬——离职后福利"科目;缴存时,借记"应付职工薪酬——离职后福利"科目,贷记"银行存款"科目。

【例12-15】 承【例12-9】,当年4月30日,华丰公司按照职工工资总额的12%和2%分别计提养老保险和失业保险,按工资总额的2%代扣代缴个人负担的养老保险。华丰公司当月发生的离职后福利和代扣代缴的养老保险将在下月初支付。

华丰公司当年4月确认应付职工薪酬时应作如下会计处理:

本月职工薪酬的计提比例 = 12% + 2% = 14%
本月应计提的离职后福利 = 100000 × 14% = 14000(元)
其中：应计入生产成本的离职后福利 = 40000 × 14% = 5600(元)
应计入制造费用的离职后福利 = 15000 × 14% = 2100(元)
应计入管理费用的离职后福利 = 21000 × 14% = 2940(元)
应计入销售费用的离职后福利 = 10000 × 14% = 1400(元)
应计入在建工程的离职后福利 = 6000 × 14% = 840(元)
应计入无形资产成本的离职后福利 = 8000 × 14% = 1120(元)
相应的会计分录为：

借：生产成本　　　　　　　　　　　　　　　5600
　　制造费用　　　　　　　　　　　　　　　2100
　　管理费用　　　　　　　　　　　　　　　2940
　　销售费用　　　　　　　　　　　　　　　1400
　　在建工程　　　　　　　　　　　　　　　 840
　　研发支出——资本化支出　　　　　　　　1120
　　贷：应付职工薪酬——离职后福利　　　　　　14000
借：应付职工薪酬——工资　　　　　　　　　2000
　　贷：其他应付款——应付养老保险　　　　　　2000

（2）设定受益计划

设定受益计划，是企业根据一定的标准（职工服务年限、工资水平等）确定每个职工离职后每期的收益水平，由此倒算出企业每期应为职工缴费的金额。

企业根据设定受益计划计算应缴存金额时，借记"生产成本""制造费用""管理费用""销售费用"等科目，贷记"应付职工薪酬——离职后福利"科目；缴存时，借记"应付职工薪酬——离职后福利"科目，贷记"银行存款"科目。

3. 辞退福利

辞退福利通常采取在解除劳动关系时一次性支付补偿的方式，也有通过提高退休后养老金或其他离职后福利标准，或者将职工工资支付至辞退后未来某一期间的方式。

企业应当严格按照辞退计划条款的规定，根据拟解除劳动关系的职工数量、每一职位的辞退补偿标准等确认应付职工薪酬。确认因辞退福利产生的预计负债时，按折现后的金额借记"管理费用"科目，按折现后的金额与实际应支付金额之间的差额借记"未确认融资费用"科目，按实际应支付的金额贷记"应付职工薪酬"科目；各期支付时，借记"应付职工薪酬"科目，贷记"银行存款"科目；同时，借记"财务费用"科目，贷记"未确认融资费用"科目。

【例12-16】 豫丰公司是一家食品加工企业，有职工100名，其中生产工人70名，管理人员30名。某年5月10日，豫丰公司因引入两条自动化生产线而制订了一项辞退计划。拟辞退车间主任4名，共补偿700000元；高级技工8名，共补偿1160000元；一般技工20名，共补偿2500000元。当年5月29日，辞退5名一般技

工,实际补偿500000元。则豫丰公司应作如下会计处理:

(1)提取辞退福利时:

本月该企业提取辞退福利 = 700000 + 1160000 + 2500000 = 4360000(元)

借:管理费用　　　　　　　　　　　　　　　4360000
　　贷:应付职工薪酬——辞退福利　　　　　　　　　4360000

(2)发放辞退福利时:

借:应付职工薪酬——辞退福利　　　　　　　500000
　　贷:银行存款　　　　　　　　　　　　　　　　　500000

4. 其他长期职工福利

企业向职工提供的其他长期职工福利,符合设定提存计划的,企业根据设定提存计划计算应缴存金额;符合设定受益计划的,企业根据设定受益计划计算应缴存金额;进行会计处理时,按照应缴存金额计入当期损益或相关资产成本,借记"生产成本""制造费用""管理费用""销售费用"等科目,贷记"应付职工薪酬——其他长期职工福利"科目;缴存时,借记"应付职工薪酬——其他长期职工福利"科目,贷记"银行存款"科目。

四、以现金结算的股份支付形成的应付职工薪酬的账务处理

股份支付是指企业为获取职工和其他方提供服务而授予权益工具或者承担以权益工具为基础确定的负债的交易。股份支付分为以权益结算的股份支付和以现金结算的股份支付。

以现金结算的股份支付,是指企业为获取服务承担以股份或其他权益工具(仅指企业自身权益工具)为基础计算确定的交付现金或其他资产义务的交易。

股份支付的确认和计量,应当以真实、完整、有效的股份支付协议为基础。

以现金结算的股份支付,应当按照企业承担的以股份或其他权益工具为基础计算确定的负债的公允价值计量。

授予后立即可行权的以现金结算的股份支付,应当在授予日以企业承担负债的公允价值计入相关成本或费用,相应增加负债。

完成等待期内的服务或达到规定业绩条件以后才可行权的以现金结算的股份支付,在等待期内的每个资产负债表日,应当以对可行权情况的最佳估计为基础,按照企业承担负债的公允价值金额,将当期取得的服务计入成本或费用和相应的负债。

在资产负债表日,后续信息表明企业当期承担债务的公允价值与以前估计不同的,应当进行调整,并在可行权日调整至实际可行权水平。

企业在可行权日之后不再确认由换入服务引起的成本费用增加,但应当在相关负债结算前的每个资产负债表日以及结算日,对负债的公允价值重新计量,其变动计入当期损益(公允价值变动损益)。

企业对于以现金结算的股份支付形成的负债,应在"应付职工薪酬"科目下设置"股份支付"二级科目核算。

【例12-17】 2×17年11月,B公司董事会批准了一项股份支付协议。协议

规定,2×18年1月1日,B公司为其200名中层以上管理人员每人授予100份现金股票增值权,这些管理人员必须在该公司连续服务3年,即可自2×20年12月31日起根据股价的增长幅度行权获得现金。该股票增值权应在2×22年12月31日之前行使完毕。B公司估计,该股票增值权在负债结算之前每一个资产负债表日以及结算日的公允价值和可行权后的每份股票增值权现金支出额如表12-1所示。

表12-1 每份股票增值权现金支出额 单位:元

年 份	公允价值	支付现金
2×18	14	
2×19	15	
2×20	18	16
2×21	21	20
2×22		25

第1年有20名管理人员离开B公司,B公司估计3年中还将有15名管理人员离开;第2年又有10名管理人员离开B公司,公司估计还将有10名管理人员离开;第3年又有15名管理人员离开。假定:第3年年末有70人行使了股票增值权,第4年年末有50人行使了股票增值权,第5年年末剩余35人全部行使了股票增值权。

(1)费用和应付职工薪酬计算过程如表12-2所示。

表12-2 费用和应付职工薪酬计算过程 单位:元

年 份	负债计算(1)	支付现金(2)	当期费用(3)
2×18	(200-35)×100×14×1/3=77000		77000
2×19	(200-40)×100×15×2/3=160000		83000
2×20	(200-45-70)×100×18=153000	70×100×16=112000	105000
2×21	(200-45-70-50)×100×21=73500	50×100×20=100000	20500
2×22	73500-73500=0	35×100×25=87500	14000
总 额		299500	299500

其中:本期(3)=本期(1)-上期(1)+本期(2)

(2)会计处理:

① 2×18年1月1日

授予日不作处理。

② 2×18年12月31日

借:管理费用　　　　　　　　　　　　　　　　77000
　　贷:应付职工薪酬——股份支付　　　　　　　　　　77000

③2×19年12月31日
借:管理费用　　　　　　　　　　　　　　　　　　83000
　贷:应付职工薪酬——股份支付　　　　　　　　　　　　83000
④2×20年12月31日
借:管理费用　　　　　　　　　　　　　　　　　　105000
　贷:应付职工薪酬——股份支付　　　　　　　　　　　　105000
借:应付职工薪酬——股份支付　　　　　　　　　　112000
　贷:银行存款　　　　　　　　　　　　　　　　　　　　112000
⑤2×21年12月31日
借:公允价值变动损益　　　　　　　　　　　　　　20500
　贷:应付职工薪酬——股份支付　　　　　　　　　　　　20500
借:应付职工薪酬——股份支付　　　　　　　　　　100000
　贷:银行存款　　　　　　　　　　　　　　　　　　　　100000
⑥2×22年12月31日
借:公允价值变动损益　　　　　　　　　　　　　　14000
　贷:应付职工薪酬——股份支付　　　　　　　　　　　　14000
借:应付职工薪酬——股份支付　　　　　　　　　　87500
　贷:银行存款　　　　　　　　　　　　　　　　　　　　87500

　　在等待期内或等待期结束后,企业修改以现金结算的股份支付协议中的条款和条件,使其成为以权益结算的股份支付的,在修改日,企业应当按照所授予权益工具当日的公允价值计量以权益结算的股份支付,将已取得的服务计入资本公积,同时终止确认以现金结算的股份支付在修改日已确认的负债,两者之间的差额计入当期损益。如果由于修改延长或缩短了等待期,企业应当按照修改后的等待期进行上述会计处理(无须考虑不利修改的有关会计处理规定)。

　　如果企业取消一项以现金结算的股份支付,授予一项以权益结算的股份支付,并在授予权益工具日认定其是用来替代已取消的以现金结算的股份支付(因未满足可行权条件而被取消的除外)的,仍应按照上述规定进行会计处理。

第四节　其他流动负债的核算

一、短期借款的核算

　　短期借款是指企业向银行或其他金融机构等借入的期限在1年以下(含1年)的各种款项。短期借款应当按照借款本金和确定的利率按期计提利息,并计入当期损益。

　　企业应设置"短期借款"科目核算借入的各种短期借款,贷方登记取得的各种短期借款,借方登记归还的各种借款,期末贷方余额反映企业尚未偿还的短期借款。该科目应按借款种类、贷款人和币种进行明细核算。

　　企业按规定借入的各种短期借款,借记"银行存款"科目,贷记"短期借款"科目。资产负债表日,应按用实际利率计算确定的短期借款利息的金额,借记"财务费用"等科目,贷记"银行存款""应付利息"等科目。实际利率与合同约定的名义利率差异很小的,也可以采用合同约定的名义利率计算确定利息费用。企业归还借款本金时,借记"短期借款"科目,贷记"银行存款"科目。

在以应收债权取得质押借款的情况下,与应收债权有关的风险和报酬并未转移,企业自行承担应收债权可能产生的风险,企业应按照实际收到的款项,借记"银行存款"科目,按实际支付的手续费,借记"财务费用"科目,按银行贷款本金并考虑借款期限,贷记"短期借款"等科目。企业应设置备查簿,详细记录质押的应收债权的账面金额、质押期限及回款情况等。

企业在出售应收债权的过程中如附有追索权,即在有关应收债权到期无法从债务人处收回时,银行或其他单位有权利向出售应收债权的企业追偿,或按照协议约定,企业有义务按照约定金额自银行等金融机构回购应收债权,应收债权的坏账风险由售出应收债权的企业负担。在这种情况下,企业不应终止确认应收债权,而应按以应收债权为质押取得借款的会计处理原则进行处理。

二、预收账款的核算

预收账款是指企业按照合同规定,向购货方预收的款项。这项负债要用以后的商品或劳务偿付。预收账款应按实际收到的金额入账。

为了核算企业的预收账款,在预收账款业务较多的企业,一般应设置"预收账款"科目。该科目贷方登记预收的款项以及购货单位补付的款项;借方登记销售实现时结转的款项和退回多收的余款。期末贷方余额反映企业向购货单位预收的款项;期末如为借方余额,反映企业应向购货单位补收的款项。该科目按购货单位设置明细账进行明细核算。

企业向购货单位预收款项时,借记"银行存款"等科目,贷记"预收账款"科目;销售实现时,按实现的收入和应交的增值税销项税额,借记"预收账款"科目,按实现的营业收入,贷记"主营业务收入"科目,按应交的增值税税额,贷记"应交税费——应交增值税(销项税额)"科目。购货单位补付的款项,借记"银行存款"等科目,贷记"预收账款"科目;退回多付的款项,作相反的会计分录。

如果企业的预收账款业务不多,也可以不设"预收账款"科目,而是将预收的款项直接记入"应收账款"科目的贷方。

三、受托代销商品款的核算

代销商品款是指企业接受代销商品的价款(包括代销国外商品的价款)。企业应设置"受托代销商品款"科目核算,并应按委托单位设置明细账进行明细核算。该科目的期末贷方余额反映企业尚未销售的接受代销商品的价款。

同时,企业应设置"受托代销商品"科目核算企业接受代销商品的进价(即接受价)或售价,并应按照委托单位设置明细账进行明细核算。该科目的期末借方余额反映企业尚未销售的接受代销商品的进价或售价。

企业收到受托代销商品时,采用进价核算的,按接收价,借记"受托代销商品"科目,贷记"受托代销商品款"科目。采用售价核算的,按售价,借记"受托代销商品"科目,按接收价,贷记"受托代销商品款"科目,按售价与接收价之间的差额,贷记"商品进销差价"科目。

采取收取手续费方式代销的商品,售出受托代销商品后,按售价和应收的增值税税额,借记"银行存款""应收账款"等科目,按应交的增值税税额,贷记"应交税费——应交增值税(销项税额)"科目,按应付委托单位的款项,贷记"应付账款——××委托代销单位"科目。收到委托单位开来的票据时,按可抵扣的增值税税额,借记"应交税费——应交增值税(进项税额)"科目,贷记"应付账款——××委托代销单位"科目;同时,按接收价,借记"受托代销商品款"科目,按接收价或售价,贷记"受托代销商品"科目,按接收价与售价的差额,借记"商品进销差价"科目。计算代销手续费等收入时,借记"应付账款——××委托代销单位"科目,贷记"其他业务收入"科目。付款时,按实际支付给委托单位的代销款项,借记"应付账款——××委托代销单位"科目,贷记"银行存款"等科目。

【例12-18】 乙公司于10月10日委托甲商店代销A产品1000件,单位售价1130元(含13%的增值税),单位成本680元。次月20日收到甲商店转来的代销清单上列示已售出400件,共收手续费5000元,乙公司按售价向甲商店开具增值税专用发票一张。假设乙公司对存货采用实际成本法计价,甲商店对代销商品采用进价核算。

乙公司有关的会计分录如下:
(1)发出该批产品时:
借:发出商品　　　　　　　　　　　　　　　　　680000
　　贷:库存商品　　　　　　　　　　　　　　　　　680000
(2)次月20日收到代销清单时:
借:应收账款——甲商店　　　　　　　　　　　　452000
　　贷:主营业务收入　　　　　　　　　　　　　　　400000
　　　　应交税费——应交增值税(销项税额)　　　　52000
借:主营业务成本　　　　　　　　　　　　　　　272000
　　贷:发出商品　　　　　　　　　　　　　　　　　272000
借:销售费用　　　　　　　　　　　　　　　　　　5000
　　贷:应收账款——甲商店　　　　　　　　　　　　5000
(3)收到甲商店汇来的货款净额447000元时:
借:银行存款　　　　　　　　　　　　　　　　　447000
　　贷:应收账款——甲商店　　　　　　　　　　　447000
甲商店有关的会计分录如下:
(1)收到A产品时:
借:受托代销商品　　　　　　　　　　　　　　　680000
　　贷:受托代销商品款　　　　　　　　　　　　　680000
(2)实际销售时:
借:银行存款　　　　　　　　　　　　　　　　　452000
　　贷:应付账款　　　　　　　　　　　　　　　　400000
　　　　应交税费——应交增值税(销项税额)　　　　52000

(3)收到增值税专用发票时：

借：应交税费——应交增值税（进项税额）　　　　　52000
　　贷：应付账款　　　　　　　　　　　　　　　　52000
借：受托代销商品款　　　　　　　　　　　　　　272000
　　贷：受托代销商品　　　　　　　　　　　　　　272000

(4)确认代销手续费（假设适用增值税税率为6%），支付乙企业货款时：

借：应付账款　　　　　　　　　　　　　　　　　　5000
　　贷：主营业务收入　　　　　　　　　　　　　　　4700
　　　　应交税费——应交增值税（销项税额）　　　　300
借：应付账款　　　　　　　　　　　　　　　　　447000
　　贷：银行存款　　　　　　　　　　　　　　　　447000

不采取收取手续费方式代销的商品，售出受托代销商品后，按售价和应收的增值税，借记"银行存款""应收账款"等科目，按实现的营业收入，贷记"主营业务收入"等科目，按应缴的增值税税额，贷记"应交税费——应交增值税（销项税额）"科目；结转营业成本时，采用进价核算的，按接收价，借记"主营业务成本"等科目，贷记"受托代销商品"科目，同时，按接收价，借记"受托代销商品款"科目，按收到的增值税专用发票上注明的税额，借记"应交税费——应交增值税（进项税额）"科目，按应付委托单位的款项，贷记"应付账款——××委托代销单位"科目；采用售价核算的，按售价，借记"主营业务成本"等科目，贷记"受托代销商品"科目。同时，按接收价，借记"受托代销商品款"科目，按收到的增值税专用发票上注明的税额，借记"应交税费——应交增值税（进项税额）"科目，贷记"应付账款——××委托代销单位"科目。月末应分摊已销代销商品的进销差价并调整当期的主营业务成本。

四、以公允价值计量且其变动计入当期损益的金融负债的核算

从金融工具的角度看，企业的负债可以分为金融负债和非金融负债。金融负债是指企业符合下列条件之一的负债：

1. 向其他方交付现金或其他金融资产的合同义务。
2. 在潜在不利条件下，与其他方交换金融资产或金融负债的合同义务。
3. 将来须用或可用企业自身权益工具进行结算的非衍生工具合同，且企业根据该合同将交付可变数量的自身权益工具。
4. 将来须用或可用企业自身权益工具进行结算的衍生工具合同，但以固定数量的自身权益工具交换固定金额的现金或其他金融资产的衍生工具合同除外。企业对全部现有同一类别非衍生自身权益工具的持有方同比例发行配股权、期权或认股权证，使之有权按比例以固定金额的任何货币换取固定数量的该企业自身权益工具的，该类配股权、期权或认股权证应当分类为权益工具。其中，企业自身权益工具不包括应当按照《企业会计准则第37号——金融工具列报》分类为权益工具的可回售工具或发行方仅在清算时才有义务向另一方按比例交付其净资产的金融工具，也不包括本身就要求在未来收取或交付企业自身权益工具的合同。

对于能够以现金或其他金融工具净额结算，或者通过交换金融工具结算的买入或卖出

非金融项目的合同,即使企业按照预定的购买、销售或使用要求签订并持有旨在收取或交付非金融项目的合同适用其他相关会计准则的,企业也可以将该合同指定为以公允价值计量且其变动计入当期损益的金融负债。企业只能在合同开始时做出该指定,并且必须能够通过该指定消除或显著减少会计错配。该指定一经做出,不得撤销。

金融负债主要包括短期借款、应付票据、应付账款、应付债券、长期借款等。而预收账款、预计负债、专项应付款、递延收益、递延所得税负债等则属于非金融负债。

除下列各项外,企业应当将金融负债分类为以摊余成本计量的金融负债:

1. 以公允价值计量且其变动计入当期损益的金融负债,包括交易性金融负债(含属于金融负债的衍生工具)和指定为以公允价值计量且其变动计入当期损益的金融负债。

2. 金融资产转移不符合终止确认条件或继续涉入被转移金融资产所形成的金融负债。

3. 不属于上述1或2情形的财务担保合同,以及不属于上述1情形的以低于市场利率贷款的贷款承诺。企业作为此类金融负债发行方的,应当在初始确认后按照依据第37号准则第八章所确定的损失准备金额以及初始确认金额扣除依据《企业会计准则第14号——收入》相关规定所确定的累计摊销额后的余额孰高进行计量。

在非同一控制下的企业合并中,企业作为购买方确认的或有对价形成金融负债的,该金融负债应当按照以公允价值计量且其变动计入当期损益的金融负债进行会计处理。

在初始确认时,为了提供更相关的会计信息,企业可以将金融负债指定为以公允价值计量且其变动计入当期损益的金融负债,但该指定应当满足下列条件之一:①能够消除或显著减少会计错配。②根据正式书面文件载明的企业风险管理或投资策略,以公允价值为基础对金融负债组合或金融资产和金融负债组合进行管理和业绩评价,并在企业内部以此为基础向关键管理人员报告。该指定一经做出,不得撤销。

金融负债满足下列条件之一的,表明企业承担该金融负债的目的是交易性的:

1. 承担相关金融负债的目的,主要是为了近期回购。

2. 金融负债在初始确认时属于集中管理的可辨认金融工具组合的一部分,且有客观证据表明近期实际存在短期获利模式。

3. 金融负债属于衍生工具。但符合财务担保合同定义的衍生工具以及被指定为有效套期工具的衍生工具除外。

企业对所有金融负债均不得进行重分类。

企业应当在成为金融工具合同的一方并承担相应义务时确认金融负债;金融负债(或其一部分)的现时义务已经解除的,企业应当终止确认该金融负债(或该部分金融负债)。

企业(借入方)与借出方之间签订协议,以承担新金融负债方式替换原金融负债,且新金融负债与原金融负债的合同条款实质上不同的,企业应当终止确认原金融负债,同时确认一项新金融负债。企业对原金融负债(或其一部分)的合同条款做出实质性修改的,应当终止确认原金融负债,同时按照修改后的条款确认一项新金融负债。

金融负债(或其一部分)终止确认的,企业应当将其账面价值与支付的对价(包括转出的非现金资产或承担的负债)之间的差额,计入当期损益。

企业回购金融负债一部分的,应当按照继续确认部分和终止确认部分在回购日各自的公允价值占整体公允价值的比例,对该金融负债整体的账面价值进行分配。分配给终止确认部分的账面价值与支付的对价(包括转出的非现金资产或承担的负债)之间的差额,应当计入当期损益。

企业初始确认金融负债,应当按照公允价值计量。对于以公允价值计量且其变动计入当期损益的金融负债,相关交易费用应当直接计入当期损益;对于其他类别的金融负债,相关交易费用应当计入初始确认金额。其中公允价值、交易费用的确定参见"第十一章　非流动资产(二)"。

初始确认后,企业应当对不同类别的金融负债,分别以摊余成本、公允价值计量且其变动计入当期损益或以准则规定的其他适当方法进行后续计量。

企业应当将以公允价值计量的金融负债的利得或损失计入当期损益,除非该金融负债属于下列情形之一:

1. 属于《企业会计准则第24号——套期会计》规定的套期关系的一部分。此种情形金融负债所产生的利得或损失,应当按照《企业会计准则第24号——套期会计》相关规定进行处理。

2. 是一项被指定为以公允价值计量且其变动计入当期损益的金融负债。

按照准则相关规定金融负债被指定为以公允价值计量且其变动计入当期损益的金融负债的,其所产生的利得或损失应当按照下列规定进行处理:①由企业自身信用风险变动引起的该金融负债公允价值的变动金额,应当计入其他综合收益;②该金融负债的其他公允价值变动计入当期损益。按照①规定对该金融负债的自身信用风险变动的影响进行处理会造成或扩大损益中的会计错配的,企业应当将该金融负债的全部利得或损失(包括企业自身信用风险变动的影响金额)计入当期损益。该金融负债终止确认时,之前计入其他综合收益的累计利得或损失应当从其他综合收益中转出,计入留存收益。

被指定为以公允价值计量且其变动计入当期损益的金融负债的财务担保合同和不可撤销贷款承诺所产生的全部利得或损失(包括对财务担保合同确认的减值损失或减值利得),应当计入当期损益。

企业为核算金融负债的公允价值分类为以公允价值计量且其变动计入当期损益的,应设置"交易性金融负债"科目,并按照交易性金融负债类别,分别通过"本金""公允价值变动""指定类"等进行明细核算。该科目的期末贷方余额反映企业承担的交易性金融负债的公允价值。

企业承担交易性金融负债时,应按实际收到的金额,借记"银行存款"等科目,按发生的交易费用,借记"投资收益"科目,按交易性金融负债的公允价值,贷记"交易性金融负债(本金)"科目。

资产负债表日,按交易性金融负债票面利率计算的利息,借记"投资收益"科目,贷记"应付利息"科目。

资产负债表日,交易性金融负债的公允价值高于其账面余额的差额,借记"公允价值变动损益""其他综合收益"科目,贷记"交易性金融负债(公允价值变动)"科目;公允价值低于其账面余额的差额,作相反的会计分录。

企业处置交易性金融负债时,应按其账面余额,借记"交易性金融负债(本金、公允价值变动)"科目,按实际支付的金额,贷记"银行存款"等科目,按其差额,贷记或借记"投资收益"科目。同时,按该项交易性金融负债的公允价值变动,借记或贷记"公允价值变动损益"科目,贷记或借记"投资收益"科目。之前计入其他综合收益的累计利得或损失应当从其他综合收益中转入留存收益。

五、应付利息和应付股利的核算

(一) 应付利息的核算

企业为核算其按照合同约定应支付的各类利息,如分期付息到期还本的长期借款、企业债券等应支付的利息,应设置"应付利息"科目,并按债权人进行明细核算。该科目期末贷方余额反映企业按照合同约定应支付但尚未支付的利息。

企业采用合同利率计算确定利息费用时,应按合同利率计算确定应付利息的金额,借记"在建工程""制造费用""财务费用""研发支出"等科目,贷记"应付利息"科目。

企业采用实际利率计算确定利息费用时,应按摊余成本和实际利率计算确定的利息费用,借记"在建工程""制造费用""财务费用""研发支出"等科目,按合同利率计算确定的应付未付利息的金额,贷记"应付利息"科目,按其差额,借记或贷记"长期借款——利息调整"等科目。

合同利率与实际利率差额较小的,也可以采用合同利率计算确定利息费用。

实际支付利息时,借记"应付利息"科目,贷记"银行存款"等科目。

(二) 应付股利的核算

企业为核算其分配的现金股利或利润,应设置"应付股利"科目,并按投资者进行明细核算。该科目期末贷方余额反映企业应付未付的现金股利或利润。

企业根据股东大会或类似机构审议批准的利润分配方案,按应支付的现金股利或利润,借记"利润分配"科目,贷记"应付股利"科目。实际支付现金股利或利润时,借记"应付股利"科目,贷记"银行存款"等科目。董事会或类似机构通过的利润分配方案中拟分配的现金股利或利润,不作账务处理,但应在报表附注中披露。

六、其他应付款的核算

企业除了应付票据、应付账款、应交税费、短期借款、预收账款、应付职工薪酬、交易性金融负债、应付利息、应付股利、长期应付款等以外,还会发生一些经营活动以外的其他各项应付、暂收其他单位或个人的款项,包括应付经营租入固定资产和包装物租金(含预付的租金);存入保证金(如收取的包装物押金、收取的租赁保证金等);应付、暂收所属单位、个人的款项。

企业应设置"其他应付款"科目核算应付、暂收其他单位或个人的款项,贷方登记应付或暂收其他单位或个人的款项,借方登记已经偿还给其他单位或个人的款项,期末贷方余额反映企业尚未支付的其他应付款项;期末余额如为借方余额,反映企业尚未收回的其他应收款项。本科目应按其他应付款的项目及对于单位(或个人)设置明细账,进行明细核算。

企业发生其他各种应付、暂收款项时,借记"银行存款""管理费用"等科目,贷记"其他应付款"科目;支付的其他各种应付、暂收款项,借记"其他应付款"科目,贷记"银行存款"等科目。

【例 12-19】 黄河公司出租包装物,收到押金 5000 元,存入银行。出租期满,对方单位退回包装物,黄河公司退回押金。黄河公司应作如下会计处理:

(1)黄河公司收到押金时：
借：银行存款　　　　　　　　　　　　　　　　　　　　5000
　　贷：其他应付款——存入保证金　　　　　　　　　　　　　5000
(2)黄河公司退回押金时：
借：其他应付款——存入保证金　　　　　　　　　　　　5000
　　贷：银行存款　　　　　　　　　　　　　　　　　　　　　5000

企业采用售后回购方式融资的,在发出商品等资产后,应按实际收到的金额,借记"银行存款"科目,按增值税专用发票上注明的税额,贷记"应交税费——应交增值税(销项税额)"科目,按其差额,贷记"其他应付款"科目。回购价格与原销售价格之间的差额,应在售后回购期间内按期计提利息费用,借记"财务费用"科目,贷记"其他应付款"科目。按照合同约定购回该项商品等时,应按回购商品等的价款,借记"其他应付款"科目,按可抵扣的增值税税额,借记"应交税费——应交增值税(进项税额)"科目,按实际支付的金额,贷记"银行存款"科目。

【例 12-20】 甲公司为增值税一般纳税人,适用增值税税率为 13%。甲公司于 5 月 1 日与乙公司签订协议,向乙公司销售一批商品,成本为 900000 元,增值税专用发票上注明销售价格为 1100000 元,增值税税额为 143000 元。协议规定,甲公司应在当年 9 月 30 日将所售商品购回,回购价为 1200000 元,另需支付增值税税款 156000 元。货款已实际收付,不考虑其他相关税费。

甲公司的会计处理如下：
(1)发出商品时：
借：银行存款　　　　　　　　　　　　　　　　　　　　1243000
　　贷：应交税费——应交增值税(销项税额)　　　　　　　143000
　　　　其他应付款　　　　　　　　　　　　　　　　　1100000
借：合同资产　　　　　　　　　　　　　　　　　　　　 900000
　　贷：库存商品　　　　　　　　　　　　　　　　　　　 900000
(2)由于回购价大于原售价,因而应在销售与回购期间按期计提利息费用,计提的利息费用直接计入当期财务费用。
当年 5—9 月,每月应计提的利息费用 =(1200000 - 1100000)÷5 = 20000(元)。
借：财务费用　　　　　　　　　　　　　　　　　　　　 20000
　　贷：其他应付款　　　　　　　　　　　　　　　　　　 20000
(3)当年 9 月 30 日,甲公司购回 5 月 1 日销售的商品,增值税专用发票上注明的价款为 1200000 元,增值税税额为 156000 元。
借：其他应付款　　　　　　　　　　　　　　　　　　　1200000
　　应交税费——应交增值税(进项税额)　　　　　　　　 156000
　　贷：银行存款　　　　　　　　　　　　　　　　　　　1356000
借：库存商品　　　　　　　　　　　　　　　　　　　　 900000
　　贷：合同资产　　　　　　　　　　　　　　　　　　　 900000

乙公司的会计处理如下：

(1) 收到商品时：

借：其他应收款 1100000
    应交税费——应交增值税(进项税额) 143000
  贷：银行存款 1243000

借：库存商品 900000
  贷：合同负债 900000

(2) 由于回购价大于原售价，因而应在销售与回购期间按期确认利息收入。

当年5—9月，每月应确认的利息收入 = (1200000 - 1100000) ÷ 5 = 20000(元)。

借：其他应收款 20000
  贷：财务费用 20000

(3) 当年9月30日，甲公司购回5月1日销售的商品，增值税专用发票上注明的价款为1200000元，增值税税额为156000元。

借：银行存款 1356000
  贷：其他应收款 1200000
      应交税费——应交增值税(销项税额) 156000

借：合同负债 900000
  贷：库存商品 900000

第十三章 非流动负债

第一节 借款费用的核算

一、借款费用的概念和内容

借款费用是指企业因借入资金所付出的代价,包括按照《企业会计准则第22号——金融工具确认和计量》规定的实际利率法计算确定的实际利息、费用(包括折价或者溢价的摊销和辅助费用)以及因外币借款而发生的汇兑差额等,具体来说,包括以下四项内容:

1. 因借款而发生的利息

因借款而发生的利息包括企业向银行或者其他金融机构等借入资金发生的利息、发行公司债券发生的利息,以及为购建或者生产符合资本化条件的资产而发生的带息债务所承担的利息等。

2. 因借款而发生的折价或溢价的摊销

因借款而发生的折价或者溢价主要是指发行债券等所发生的折价或者溢价,发行债券中的折价或者溢价,其实质是对债券票面利息的调整(即将债券票面利率调整为实际利率),属于借款费用的范畴。

3. 因外币借款而发生的汇兑差额

因外币借款而发生的汇兑差额,是指由于汇率变动导致市场汇率与账面汇率出现差异,从而对外币借款本金及其利息的记账本位币金额所产生的影响金额。由于汇率的变化往往和利率的变化相联动,它是企业外币借款所需承担的风险,因此,因外币借款相关汇率变化所导致的汇兑差额属于借款费用的有机组成部分。

4. 因借款而发生的辅助费用

因借款而发生的辅助费用,是指企业在借款过程中发生的诸如手续费、佣金、印刷费等费用,由于这些费用是因安排借款而发生的,也属于借入资金所付出的代价,是借款费用的构成部分。

二、借款费用的确认和计量

(一)应予资本化的资产范围和借款范围

借款费用应予资本化的资产范围是符合资本化条件的资产,指需要经过相当长时间的购建或者生产活动才能达到预定可使用或者可销售状态的固定资产、投资性房地产和存货等资产。建造合同成本、确认为无形资产的开发支出等在符合条件的情况下,也可以认定为符合资本化条件的资产。符合资本化条件的存货主要包括房地产开发企业开发的用于对外出售的房地产开发产品、企业制造的用于对外出售的大型机器设备等。这类存货通常需要经过相当长时间的建造或者生产过程,才能达到预定可销售状态。其中"相当长时间",是指为资产的购建或者生产所必需的时间,通常为1年以上(含1年)。需要注意的是,企业已经单独入账的土地使用权,在用于自行开发建造厂房等建筑物时,由于土地使用权在取得时通常已达到预定使用状态,因此该土地使用权不满足"符合资本化条件的资产"的定义;企业应以建造支出(包括土地使用权在房屋建造期间计入在建工程的摊销金额)为基础,而不是以土地使用权支出为基础,确定应予资本化的借款费用金额。

应予资本化的借款范围包括专门借款和一般借款。其中,专门借款是指为购建或者生产符合资本化条件的资产而专门借入的款项,通常签订有标明该用途的借款合同;一般借款是指除专门借款之外的借款。

(二)借款费用开始资本化时点的确定

借款费用必须同时满足以下三个条件,才能允许开始资本化,计入相关资产的成本:

1. 资产支出已经发生。资产支出包括为购建或生产符合资本化条件的资产而以支付现金、转移非现金资产和承担带息债务形式所发生的支出。支付现金是指用货币资金支付符合资本化条件的资产的购建或者生产支出;转移非现金资产是指企业将自己的非现金资产用于符合资本化条件的资产的购建或生产,如将自产产品用于固定资产建造;承担带息债务是指企业为了购建或者生产符合资本化条件的资产所需用物资等而承担带息应付款项(如带息应付票据),即企业以带息票据购入工程物资,在赊购日即认为资产支出已经发生,如为不带息票据,则应在实际支付票款时作为资产支出的发生日。如果企业委托其他单位建造固定资产,则企业向受托单位支付第一笔预付款或第一笔进度款时,即认为资产支出已经发生。

2. 借款费用已经发生。指企业已经发生了因购建或生产符合资本化条件的资产而专门借入款项的借款费用或者所占用的一般借款的借款费用。

3. 为使资产达到预定可使用或者可销售状态所必要的购建或者生产活动已经开始。指符合资本化条件的资产的实体建造或生产工作已经开始,如主体设备的安装、厂房的实际开工建造等。不包括仅仅持有资产但没有发生为改变资产形态而进行实质上的建造或者生产活动的情况,如只购置了建筑用地但未发生有关房屋建造活动等。

(三)借款费用的具体确认原则

企业发生的借款费用,可直接归属于符合资本化条件的资产的购建或者生产的,应当予以资本化,计入相关资产成本;其他借款费用,应当在发生时根据其发生额确认为费用,计入当期损益。

购建或者生产符合资本化条件的资产达到预定可使用或者可销售状态时,借款费用应当停止资本化。此后所发生的借款费用应当确认为费用,计入当期损益。

企业发生的各项借款费用中,利息、折价或溢价的摊销、汇兑差额、辅助费用确认原则有所不同。

对于因专门借款和一般借款而发生的利息、折价或溢价的摊销确认原则为:在资本化期间,应当予以资本化,计入符合资本化条件的资产的成本;其他的借款利息、折价或溢价的摊销应当于发生当期确认为费用。

资本化期间,是指从借款费用开始资本化时点到停止资本化时点的期间,借款费用暂停资本化的期间不包括在内。

汇兑差额确认原则为:在资本化期间内,外币专门借款本金及利息的汇兑差额,应当予以资本化,计入符合资本化条件的资产的成本。而除外币专门借款之外的其他外币借款本金及利息所产生的汇兑差额应当作为财务费用,计入当期损益。

辅助费用的确认原则为:专门借款发生的辅助费用,在所购建或者生产的符合资本化条件的资产达到预定可使用或者可销售状态之前发生的,应当在发生时根据其发生额予以资本化,计入符合资本化条件的资产的成本;在所购建或者生产的符合资本化条件的资产达到预定可使用或者可销售状态之后发生的,应当在发生时根据其发生额确认为费用,计入当期损益。上述资本化或计入当期损益的辅助费用的发生额,是指根据《企业会计准则第22号——金融工具确认和计量》规定,按照实际利率法所确定的金融负债交易费用对每期利息费用的调整额。一般借款发生的辅助费用,按照专门借款辅助费用的金额确定原则来处理的,在计算利息和摊销时一并考虑辅助费用的摊销,符合资本化条件的,发生时应当资本化。上述资本化或计入当期损益的辅助费用的发生额,是指根据《企业会计准则第22号——金融工具确认和计量》规定,按照实际利率法所确定的金融负债交易费用对每期利息费用的调整额。由于辅助费用的发生会导致相关借款实际利率的上升,从而需要对各期利息费用作相应调整,因此,在确定相关借款辅助费用资本化金额时可以结合借款利息资本化金额一起计算。

(四)借款费用资本化金额的确定

企业每期应予资本化的借款费用金额,包括当期应予资本化的利息、借款折价或溢价的摊销、辅助费用和汇兑差额。

1. 利息资本化金额的确定

按规定,利息资本化金额仅限于资本化期间内。应予资本化的利息金额根据借款的类别不同分为专门借款和一般借款。

(1)专门借款,为购建或者生产符合资本化条件的资产而借入专门借款的,应当以专门借款当期实际发生的利息费用,减去将尚未动用的借款资金存入银行取得的利息收入或进行暂时性投资取得的投资收益后的金额,确定为专门借款利息费用的资本化金额,在资本化期间,应当全部计入符合资本化条件的资产的成本,不计算借款资本化率。

(2)一般借款,在借款费用资本化期间内,为购建或者生产符合资本化条件的资产而占用了一般借款的,应当根据累计资产支出(对自行开发建造的,包括土地使用权在房屋建造期间计入在建工程的摊销金额)超过专门借款部分的资产支出加权平均数乘以所占用一般借款的资本化率,计算确定一般借款应予资本化的利息金额。一般借款应予资本化的利息金额应当按照下列公式计算:

一般借款利息费用资本化金额 = 累计资产支出超过专门借款部分的资产支出加权平均数 × 所占用一般借款的资本化率

所占用一般借款的资本化率 = 所占用一般借款加权平均利率
= 所占用一般借款当期实际发生的利息之和 ÷ 所占用一般借款本金加权平均数

所占用一般借款本金加权平均数 = 所占用每笔一般借款本金 × 每笔一般借款在当期所占用的当期天数

【例 13-1】 假设 ABC 公司于 2×22 年 1 月 1 日正式动工兴建一幢办公楼,工期预计为 1 年零 6 个月,工程采用出包方式,分别于 2×22 年 1 月 1 日、2×22 年 7 月 1 日和 2×23 年 1 月 1 日支付工程进度款。

ABC 公司为建造办公楼于 2×22 年 1 月 1 日专门借款 2000 万元,借款期限为 3 年,年利率为 6%。另外在 2×22 年 7 月 1 日又专门借款 4000 万元,借款期限为 5 年,年利率为 7%。借款利息按年支付(如无特别说明,本章例题中名义利率与实际利率均相同)。

闲置借款资金均用于固定收益债券短期投资,该短期投资月收益率为 0.5%。办公楼于 2×23 年 6 月 30 日完工,达到预定可使用状态。ABC 公司为建造该办公楼的支出金额如表 13-1 所示。

表 13-1　　　　　　　　建造该办公楼的支出金额　　　　　　　单位:万元

日　　期	每期资产支出金额	累计资产支出金额	闲置借款资金用于短期投资金额
2×22 年 1 月 1 日	1500	1500	500
2×22 年 7 月 1 日	2500	4000	2000
2×23 年 1 月 1 日	1500	5500	500
总　　计	5500		3000

由于 ABC 公司使用了专门借款建造办公楼,而且办公楼建造支出没有超过专门借款金额,因此公司 2×22 年、2×23 年为建造办公楼应予资本化的利息金额计算如下:

(1)确定借款费用资本化期间为 2×22 年 1 月 1 日—2×23 年 6 月 30 日。

(2)计算在资本化期间专门借款实际发生的利息金额:

2×22 年专门借款发生的利息金额 = 2000×6% + 4000×7%×(6÷12) = 260(万元)

2×23 年 1 月 1 日—6 月 30 日专门借款发生的利息金额 = 2000×6%×(6÷12) + 4000×7%×(6÷12) = 200(万元)

(3)计算在资本化期间利用闲置的专门借款资金进行短期投资的收益:

2×22 年短期投资收益 = 500×0.5%×6 + 2000×0.5%×6 = 75(万元)

2×23 年 1 月 1 日—6 月 30 日短期投资收益 = 500×0.5%×6 = 15(万元)

(4)由于在资本化期间,专门借款利息费用的资本化金额应当以其实际发生的利息费用减去将闲置的借款资金进行短期投资取得的投资收益后的金额确定,因此:

ABC 公司 2×22 年的利息资本化金额 = 260 − 75 = 185(万元)

ABC 公司 2×23 年的利息资本化金额 = 200 − 15 = 185(万元)

有关账务处理如下:

2×22 年 12 月 31 日:

借:在建工程　　　　　　　　　　　　　　　　　　　　　　　1850000

应收利息(或银行存款)　　　　　　　　　　　　　　　750000
　　　贷:应付利息　　　　　　　　　　　　　　　　　　　　　2600000
2×23年6月30日:
　　借:在建工程　　　　　　　　　　　　　　　　　　　　1850000
　　　应收利息(或银行存款)　　　　　　　　　　　　　　　150000
　　　贷:应付利息　　　　　　　　　　　　　　　　　　　　　2000000

【例13-2】 承【例13-1】,假定ABC公司建造办公楼没有专门借款,占用的都是一般借款。ABC公司为建造办公楼占用的一般借款有两笔,具体如下:

(1)向A银行长期贷款2000万元,期限为2×20年12月1日—2×23年12月1日,年利率为6%,按年支付利息。

(2)发行公司债券1亿元,于2×20年1月1日发行,期限为5年,年利率为8%,按年支付利息。

假定这两笔一般借款除了用于办公楼建设外,没有用于其他符合资本化条件的资产的购建或者生产活动。

假定全年按360天计算,其他资料沿用【例13-1】。

在这种情况下,ABC公司应当计算建造办公楼的累计资产支出加权平均数和所占用一般借款的加权平均利率作为资本化率,将两者相乘,计算求得当期应予资本化的借款利息金额。具体如下:

(1)计算累计资产支出加权平均数:

2×22年累计资产支出加权平均数 = 1500×360÷360 + 2500×180÷360 = 2750(万元)

2×23年累计资产支出加权平均数 = (4000+1500)×180÷360 = 2750(万元)

(2)计算所占用一般借款资本化率:

一般借款资本化率(年) = (2000×6% + 10000×8%) ÷ (2000+10000) = 7.67%

(3)计算每期利息资本化金额:

2×22年为建造办公楼的利息资本化金额 = 2750×7.67% = 210.93(万元)

2×22年实际发生的一般借款利息费用 = 2000×6% + 10000×8% = 920(万元)

2×23年为建造办公楼的利息资本化金额 = 2750×7.67% = 210.93(万元)

2×23年1月1日—6月30日实际发生的一般借款利息费用 = 2000×6%×180÷360 + 10000×8%×180÷360 = 460(万元)

(4)根据上述计算结果,账务处理如下:

2×22年12月31日:
　　借:在建工程　　　　　　　　　　　　　　　　　　　　2109300
　　　财务费用　　　　　　　　　　　　　　　　　　　　　7090700
　　　贷:应付利息　　　　　　　　　　　　　　　　　　　　　9200000
2×23年6月30日:
　　借:在建工程　　　　　　　　　　　　　　　　　　　　2109300

财务费用		2490700
贷：应付利息		4600000

　　计算利息时，如果所涉及的借款存在折价或者溢价的，应当按照实际利率法确定每一会计期间应摊销的折价或者溢价金额，并调整每期利息金额。在实际利率法下，企业应当按照期初借款余额乘以实际利率计算确定每期借款利息费用。实际利率是企业在借款期限内未来应支付的利息和本金折现为借款当前账面价值的利率。具体的计算可参照本章"第二节　应付债券的核算"，如果按照名义（合同）利率和实际利率计算的每期利息费用相差不大的，可以按照名义利率计算确定每期借款利息。

　　在资本化期间，每一会计期间的利息资本化金额，不应当超过当期相关借款实际发生的利息金额。

　　2. 借款辅助费用资本化金额的确定

　　应予资本化或计入当期损益的借款辅助费用的发生额，是根据《企业会计准则第22号——金融工具确认和计量》规定，按照实际利率法所确定的金融负债交易费用对每期利息费用的调整额。借款实际利率与合同利率差异较小的，也可以采用合同利率计算确定利息费用。专门借款与一般借款发生的辅助费用，均应按上述原则确定其发生额并进行处理。

　　3. 外币专门借款汇兑差额资本化金额的确定

　　出于简化核算的考虑，在资本化期间内，外币专门借款本金及其利息的汇兑差额应当予以资本化，计入符合资本化条件的资产成本；除外币专门借款之外的其他外币借款本金及其利息所产生的汇兑差额，应当作为财务费用计入当期损益。

（五）借款费用资本化的暂停

　　符合资本化条件的资产在购建或者生产过程中发生了非正常中断，且中断时间连续超过3个月的，应当暂停借款费用的资本化。在中断期间发生的借款费用应当确认为费用，计入当期损益，直至资产的购建或者生产活动重新开始。如果中断是所购建或者生产的符合资本化条件的资产达到预定可使用或者可销售状态必要的程序，即正常中断，借款费用的资本化应当继续进行。

　　非正常中断，通常是由于企业管理决策上的原因或者其他不可预见的原因等所导致的中断。比如，企业因与施工方发生了质量纠纷，或者工程、生产用料没有及时供应，或者资金周转发生了困难，或者施工、生产发生了安全事故，或者发生了与资产购建、生产有关的劳动纠纷等原因，导致资产购建或者生产活动发生中断，均属于非正常中断。

　　非正常中断与正常中断有显著不同。正常中断通常仅限于因购建或者生产符合资本化条件的资产达到预定可使用或者可销售状态所必要的程序，或者事先可预见的不可抗力因素导致的中断。比如，某些工程建造到一定阶段必须暂停下来进行质量或者安全检查，检查通过后才可继续下一阶段的建造工作，这类中断是在施工前可以预见的，而且是工程建造必须经过的程序，属于正常中断。某些地区的工程在建造过程中，由于可预见的不可抗力因素（如雨季或冰冻季节等原因）导致施工出现停顿，也属于正常中断。比如，某企业在北方某地建造某工程期间，正遇冰冻季节，工程施工因此中断，待冰冻季节过后方能继续施工。由于该地区在施工期间出现较长时间的冰冻为正常情况，由此导致的施工中断是可预见的不可抗力因素导致的中断，也属于正常中断。

(六)借款费用资本化的停止

当所购建或生产符合资本化条件的资产达到预定可使用状态或者可销售状态时,应当停止其借款费用的资本化;以后发生的借款费用应当在发生时根据发生额确认为费用,计入当期损益。所购建或生产符合资本化条件的资产达到预定可使用状态或者可销售状态,可从下列三个方面进行判断:

1. 符合资本化条件的资产的实体建造(包括安装)或者生产工作已经全部完成,或者实质上已经完成。

2. 所购建或者生产的符合资本化条件的资产与设计要求、合同规定或者生产要求相符或者基本相符,即使有极个别与设计、合同或者生产要求不相符的地方,也不影响其正常使用或者销售。

3. 继续发生在所购建或生产的符合资本化条件的资产上的支出金额很少或者几乎不再发生。

购建或者生产符合资本化条件的资产需要试生产或者试运行的,在试生产结果表明资产能够正常生产出合格产品,或者试运行结果表明资产能够正常运转或者营业时,应当认为该资产已经达到预定可使用或者可销售状态。试生产或者试运行产生的收入与支出的差额,计入或者冲减借款费用。

如果购建或者生产的符合资本化条件的资产的各部分分别完工,且每部分在其他部分继续建造过程中可供使用或者可对外销售,且为使该部分资产达到预定可使用或可销售状态所必要的购建或者生产活动实质上已经完成的,应当停止与该部分资产相关的借款费用的资本化。

购建或者生产的资产的各部分分别完工,但必须等到整体完工后才可使用或者才可对外销售的,应当在该资产整体完工时停止借款费用的资本化。

三、借款费用的账务处理

企业发生的借款费用(包括利息、折溢价摊销、辅助费用、汇兑差额等),分别记入有关科目。

1. 属于筹建期间不应计入相关资产价值的借款费用,计入管理费用。
2. 属于经营期间不应计入相关资产价值的借款费用,计入财务费用。
3. 属于发生的与购建或者生产符合资本化条件的资产有关的借款费用,按规定在购建或者生产的资产达到预定可使用或者可销售状态前应予以资本化的,计入相关资产的成本,视资产的不同,分别记入"在建工程""制造费用""研发支出"等科目。
4. 购建或者生产符合资本化条件的资产达到预定可使用或者可销售状态后所发生的借款费用以及规定不能予以资本化的借款费用,计入财务费用。

第二节 应付债券的核算

一、应付债券的种类

应付债券是企业举借长期债务而发行的一种书面凭证,是企业依照法定程序对外发行、约定在一定期限内还本付息的有价证券。发行债券是企业筹集长期资金的重要方式。

应付债券有很多种类，可按不同的标准加以分类。按是否记名分为记名债券和不记名债券；按有无担保品分为抵押债券和信用债券；按可否转换为发行企业股票分为可转换债券和不可转换债券；按偿还本金的方式分为一次还本债券和分期还本债券；按支付利息的方式分为到期一次付息债券和分期付息债券。企业发行的偿还期超过1年的债券，构成一项非流动负债。企业发行的1年期或1年期以下的债券，应作为流动负债，通过"交易性金融负债"科目核算。

二、应付债券发行的账务处理

公司债券的发行方式有三种，即面值发行、溢价发行、折价发行。假设其他条件不变，债券的票面利率高于同期市场利率时，可按超过债券票面价值的价格发行，称为溢价发行。溢价是企业以后各期多付利息而事先得到的补偿；如果债券的票面利率低于同期市场利率，可按低于债券面值的价格发行，称为折价发行。折价是企业以后各期少付利息而预先给投资者的补偿。如果债券的票面利率与同期市场利率相同，可按票面价格发行，称为面值发行。溢价或折价是发行债券企业在债券存续期间内对利息费用的一种调整。

无论是按面值发行，还是溢价发行或折价发行，均按债券面值记入"应付债券"科目的"面值"明细科目，实际收到的款项与面值的差额，记入"利息调整"明细科目。企业发行债券时，按实际收到的款项，借记"银行存款""库存现金"等科目，按债券票面价值，贷记"应付债券——面值"科目，按实际收到的款项与票面价值之间的差额，贷记或借记"应付债券——利息调整"科目。利息调整应在债券存续期间内采用实际利率法进行调整。

三、应付债券利息费用的账务处理

对于分期付息、一次还本的债券，应于资产负债表日按摊余成本和实际利率计算确定的债券利息费用，借记"在建工程""制造费用""财务费用""研发支出"等科目，按票面利率计算确定的应付未付利息，贷记"应付利息"科目，按其差额，借记或贷记"应付债券——利息调整"科目。

对于一次还本付息的债券，应于资产负债表日按摊余成本和实际利率计算确定的债券利息费用，借记"在建工程""制造费用""财务费用""研发支出"等科目，按票面利率计算确定的应付未付利息，贷记"应付债券——应计利息"科目，按其差额，借记或贷记"应付债券——利息调整"科目。

实际利率与票面利率差异较小的，也可以采用票面利率计算确定利息费用。

四、应付债券偿还的账务处理

采用一次还本付息方式的，企业应于债券到期支付债券本息时，借记"应付债券——面值""应付债券——应计利息"科目，贷记"银行存款"科目。采用分期付息、一次还本方式的，在每期支付利息时，借记"应付利息"科目，贷记"银行存款"科目；债券到期偿还本金并支付最后一期利息时，借记"应付债券——面值""在建工程""财务费用""制造费用""研发支出"等科目，贷记"银行存款"科目，按借贷双方之间的差额，借记或贷记"应付债券——利息调整"科目。

【例 13-3】 某公司于 2×18 年 1 月 1 日折价发行了 5 年期面值为 1250 万元的公司债券,发行价格为 1000 万元,票面利率为 4.72%,按年付息,到期一次还本(交易费用略)。假定公司发行债券募集的资金专门用于建造一条生产线,生产线从 2×18 年 1 月 1 日开始建设,于 2×20 年年底完工,达到预定可使用状态。根据上述经济业务,公司应作如下会计处理:

(1) 2×18 年 1 月 1 日发行债券时:

借:银行存款　　　　　　　　　　　　　　　　　　10000000
　　应付债券——利息调整　　　　　　　　　　　　 2500000
　　贷:应付债券——面值　　　　　　　　　　　　　12500000

(2) 计算利息费用:

公司每年应支付的利息 = 1250 × 4.72% = 59(万元)。假设该公司债券实际利率为 R,由于 $1000 = 59 \times (1+R)^{-1} + 59 \times (1+R)^{-2} + 59 \times (1+R)^{-3} + 59 \times (1+R)^{-4} + (59+1250) \times (1+R)^{-5}$,由此计算得出 $R = 10\%$。

则每年折价摊销表如表 13-2 所示。

表 13-2　　　　　　　　　　　年折价摊销表　　　　　　　　　　单位:万元

年份	期初公司债券余额①	实际利息费用② (按 10% 计算)	每年支付现金③	期末公司债券摊余成本 ④ = ① + ② - ③
2×18	1000	100	59	1041
2×19	1041	104	59	1086
2×20	1086	109	59	1136
2×21	1136	113	59	1190
2×22	1190	119	1250 + 59	0

2×18 年 12 月 31 日:

借:在建工程　　　　　　　　　　　　　　　　　　1000000
　　贷:应付利息　　　　　　　　　　　　　　　　　 590000
　　　　应付债券——利息调整　　　　　　　　　　　 410000

2×19 年 12 月 31 日:

借:在建工程　　　　　　　　　　　　　　　　　　1040000
　　贷:应付利息　　　　　　　　　　　　　　　　　 590000
　　　　应付债券——利息调整　　　　　　　　　　　 450000

2×20 年 12 月 31 日:

借:在建工程　　　　　　　　　　　　　　　　　　1090000
　　贷:应付利息　　　　　　　　　　　　　　　　　 590000
　　　　应付债券——利息调整　　　　　　　　　　　 500000

2×21 年 12 月 31 日:

借:财务费用　　　　　　　　　　　　　　　　　　1130000
　　贷:应付利息　　　　　　　　　　　　　　　　　 590000

应付债券——利息调整	540000

2×22年12月31日：

借：财务费用	1190000
贷：应付利息	590000
应付债券——利息调整	600000

(3) 2×22年12月31日到期偿还本金：

借：应付债券——面值	1250000
贷：银行存款	1250000

五、应付可转换公司债券的账务处理

我国发行可转换公司债券采取记名式无纸化发行方式，债券最短期限为3年，最长期限为5年。企业发行的可转换公司债券在"应付债券"科目下设置"可转换公司债券(面值、利息调整)"明细科目核算。

可转换公司债券，属于复合金融工具，对于发行方而言，既有负债性质，又有权益工具性质，应当在初始确认该金融工具时将负债和权益成分进行分拆。将负债成分确认为应付债券，将权益成分确认为其他权益工具。在进行分拆时，应当采用未来现金流量折现法确定负债成分的初始入账价值，再按该金融工具的发行价格总额扣除负债成分初始入账价值后的金额确定权益成分的初始入账价值。发行时发生的交易费用，应当在负债成分和权益成分之间按照各自的相对公允价值进行分摊。

发行可转换公司债券时，应按实际收到的金额，借记"银行存款"等科目，按该项可转换公司债券包含的负债成分的面值，贷记"应付债券——可转换公司债券(面值)"科目，按权益成分的公允价值，贷记"其他权益工具"科目，按其差额，借记或贷记"应付债券——可转换公司债券(利息调整)"科目。

可转换公司债券在转换为股票之前，其所包含的负债成分，应当比照上述一般长期债券进行处理。

当可转换公司债券持有人行使转换权利，将其持有的债券转换为股票，按可转换公司债券的余额，借记"应付债券——可转换公司债券(面值、利息调整)"科目，按其权益成分的金额，借记"其他权益工具"科目，按股票面值和转换的股数计算的股票面值总额，贷记"股本"科目，按其差额，贷记"资本公积——股本溢价"科目。如用现金支付不可转换股票的部分，还应贷记"银行存款"等科目。

未转换股份的可转换公司债券到期还本付息，应当比照上述一般长期债券进行处理。

【例13-4】 甲公司经批准于2×22年1月1日按面值发行5年期分期付息一次还本的可转换公司债券2亿元，款项已收存银行，债券票面年利率为6%。债券发行1年后可转换为普通股股票，初始转股价为每股10元，股票面值为每股1元。债券持有人若在当期付息前转换股票的，应按债券面值和应付利息之和除以转股价，计算转股的股份数。假定2×23年1月1日债券持有人在2×22年利息支付前将持有的可转换公司债券全部转换为普通股股票，甲公司发行可转换公司债券时二级市

场上与之类似的没有附带转换权的债券市场利率为9%。甲公司的账务处理如下：

(1) 2×22年1月1日发行可转换公司债券：

借：银行存款　　　　　　　　　　　　　　　　　　200000000
　　应付债券——可转换公司债券(利息调整)　　　　23343600
　　贷：应付债券——可转换公司债券(面值)　　　　　200000000
　　　　其他权益工具　　　　　　　　　　　　　　　23343600

可转换公司债券负债成分的初始入账价值 = 200000000 × 0.6499 + 200000000 × 6% × 3.8897 = 176656400(元)

可转换公司债券权益成分的初始入账价值 = 200000000 - 176656400 = 23343600(元)

(2) 2×22年12月31日确认利息费用时：

借：财务费用等　　　　　　　　　　　　　　　　　15899076
　　贷：应付利息——可转换公司债券利息　　　　　　12000000
　　　　应付债券——可转换公司债券(利息调整)　　　3899076

(3) 2×23年1月1日债券持有人行使转换权时：

转换的股份数 = (200000000 + 12000000) ÷ 10 = 21200000(股)

借：应付债券——可转换公司债券(面值)　　　　　　200000000
　　应付利息——可转换公司债券利息　　　　　　　 12000000
　　其他权益工具　　　　　　　　　　　　　　　　 23343600
　　贷：股本　　　　　　　　　　　　　　　　　　 21200000
　　　　应付债券——可转换公司债券(利息调整)　　 19444524
　　　　资本公积——资本溢价　　　　　　　　　　 194699076

企业发行附有赎回选择权的可转换公司债券，其在赎回日可能支付的利息补偿金，即债券约定赎回期届满日应当支付的利息减去应付债券票面利息的差额，应当在债券发行日至债券约定赎回届满日期间计提，计提的应付利息，分别计入相关资产成本或财务费用。

第三节　其他非流动负债的核算

一、长期借款的核算

长期借款是企业向银行或其他金融机构借入期限在1年以上(不含1年)的各项借款。

企业借入各种长期借款时按实际收到的金额，借记"银行存款"科目，贷记"长期借款——本金"科目，按其差额，借记"长期借款——利息调整"科目。

在资产负债表日，应按摊余成本和实际利率计算确定的长期借款的利息费用，借记"在建工程""制造费用""财务费用""研发支出""工程施工"等科目，按合同利率计算确定的应付未付利息，贷记"应付利息"科目，按其差额，贷记"长期借款——利息调整"科目。

实际利率与合同利率差异较小的，也可以采用合同利率计算确定利息费用。

企业归还长期借款，按归还的长期借款本金，借记"长期借款——本金"科目，按转销的利息调整金额,贷记"长期借款——利息调整"科目,按实际归还的款项,贷记"银行存款"科目,按借贷双方之间的差额,借记"在建工程""财务费用""制造费用"等科目。

二、租赁负债的核算

根据新的《企业会计准则第 21 号——租赁》(以下简称租赁准则),租赁是指在一定期间内,出租人将资产的使用权让与承租人以获取对价的合同。如果合同一方让渡了在一定期间内控制一项或多项已识别资产使用的权利以换取对价,则该合同为租赁或者包含租赁。与原准则相比,承租人会计处理不再区分经营租赁和融资租赁,而是采用单一的会计处理模型,也就是说,除采用简化处理(即与原经营租赁相似的方式)的短期租赁和低价值资产租赁外,对所有租赁均确认使用权资产和租赁负债,参照固定资产准则对使用权资产计提折旧,采用固定的周期性利率确认每期利息费用。同时新准则仍将出租人租赁分为融资租赁和经营租赁两大类,并分别规定了不同的会计处理方法。

为正确记录和反映企业发生的租赁业务,承租人通常应设置"租赁负债"(核算承租人尚未支付的租赁付款额的现值)、"使用权资产"(核算承租人持有的使用权资产的原价)、"使用权资产累计折旧"(核算使用权资产的累计折旧)、"使用权资产减值准备"(核算使用权资产的减值准备)等会计科目进行会计核算,出租人通常应设置"应收融资租赁款"(核算出租人融资租赁产生的租赁投资净额)、"应收融资租赁款减值准备"(核算应收融资租赁款的减值准备)、"租赁收入"(核算租赁企业作为出租人确认的融资租赁和经营租赁的租赁收入)、"融资租赁资产"(核算租赁企业作为出租人为开展融资租赁业务而取得资产的成本)等会计科目进行会计核算。

承租人应按租赁准则规定识别被分类为租赁合同中的一项单独租赁,确定租赁期和租赁期开始日。租赁期是指承租人有权使用租赁资产且不可撤销的期间。租赁期开始日是指出租人提供租赁资产使其可供承租人使用的起始日期。如果承租人在租赁协议约定的起租日或租金起付日之前,已获得对租赁资产使用权的控制,则表明租赁期已经开始。租赁协议中对起租日或租金支付时间的约定,并不影响租赁期开始日的判断。

租赁期是指承租人有权使用租赁资产且不可撤销的期间。确定租赁期时不仅应考虑不可撤销的租赁期间,如果承租人合理确定将行使续租选择权或终止租赁选择权,租赁期应包含不可撤销租赁期间、续租选择权涵盖期间和终止租赁选择权涵盖期间。包含购买选择权的租赁即使租赁期不超过 12 个月,也不属于短期租赁。

对于在租赁期开始日,租赁期不超过 12 个月的短期租赁以及单项租赁资产为全新资产时价值较低的低价值资产租赁,承租人可以选择不确认使用权资产和租赁负债。作出该选择的,承租人应当将短期租赁和低价值资产租赁的租赁付款额,在租赁期内各个期间按照直线法或其他系统合理的方法计入相关资产成本或当期损益。其他系统合理的方法能够更好地反映承租人的受益模式的,承租人应当采用该方法。

(一)初始计量及相应的后续计量

在租赁期开始日,承租人应当对租赁确认租赁负债和使用权资产,应用短期租赁和低价值资产租赁简化处理的除外。租赁负债应当按照租赁期开始日尚未支付的租赁付款额的现值进行初始计量,使用权资产应当按照成本进行初始计量。支付的租金等款项中包含的应缴纳的增值税不属于租赁付款额的范畴,不纳入租赁负债和使用权资产的计量。

1. 租赁付款额的现值

租赁付款额,是指承租人向出租人支付的与在租赁期内使用租赁资产的权利相关的款项,包括:

(1)固定付款额及实质固定付款额,存在租赁激励的,扣除租赁激励相关金额;

(2)取决于指数或比率的可变租赁付款额,该款项在初始计量时根据租赁期开始日的指数或比率确定;

(3)购买选择权的行权价格,前提是承租人合理确定将行使该选择权;

(4)行使终止租赁选择权需支付的款项,前提是租赁期反映出承租人将行使终止租赁选择权;

(5)根据承租人提供的担保余值预计应支付的款项。

实质固定付款额,是指在形式上可能包含变量但实质上无法避免的付款额。

租赁激励,是指出租人为达成租赁向承租人提供的优惠,包括出租人向承租人支付的与租赁有关的款项、出租人为承租人偿付或承担的成本等。

可变租赁付款额,是指承租人为取得在租赁期内使用租赁资产的权利,向出租人支付的因租赁期开始日后的事实或情况发生变化(而非时间推移)而变动的款项。其中,仅取决于指数或比率的可变租赁付款额,包括与消费者价格指数挂钩的款项、与基准利率挂钩的款项和为反映市场租金费率变化而变动的款项等,纳入租赁负债的初始计量中;除此之外,其他可变租赁付款额均不纳入租赁负债的初始计量中,如按照租赁物当年运营收入的一定比例计算的当年租赁付款额。

担保余值,是指与出租人无关的一方向出租人提供担保,保证在租赁结束时租赁资产的价值至少为某指定的金额。如果承租人提供了对余值的担保,则租赁付款额应包含该担保下预计应支付的款项,它反映了承租人预计将支付的金额,而不是承租人担保余值下的最大敞口。

在计算租赁付款额的现值时,承租人应当采用租赁内含利率作为折现率;无法确定租赁内含利率的,应当采用承租人增量借款利率作为折现率。

租赁内含利率,是指使出租人的租赁收款额的现值与未担保余值的现值之和等于租赁资产公允价值与出租人的初始直接费用之和的利率。其中:未担保余值,是指租赁资产余值中,出租人无法保证能够实现或仅由与出租人有关的一方予以担保的部分。初始直接费用,是指为达成租赁所发生的增量成本。增量成本是指若企业不取得该租赁,则不会发生的成本,如佣金、印花税等。无论是否实际取得租赁都会发生的支出,不属于初始直接费用,如为评估是否签订租赁而发生的差旅费、法律费用等,此类费用应当在发生时计入当期损益。承租人为使租赁资产达到企业计划用途所发生的运输、安装费用,与达成租赁无关,企业应按其他准则或基本准则进行处理。

承租人增量借款利率,是指承租人在类似经济环境下为获得与使用权资产价值接近的资产,在类似期间以类似抵押条件借入资金须支付的利率。

2. 使用权资产的成本

使用权资产是指承租人可在租赁期内使用租赁资产的权利。其成本包括:

(1)租赁负债的初始计量金额;

(2)在租赁期开始日或之前支付的租赁付款额,存在租赁激励的,应扣除已享受的租赁激励相关金额;

(3)承租人发生的初始直接费用;

(4)承租人为拆卸及移除租赁资产、复原租赁资产所在场地或将租赁资产恢复至租赁条款约定状态预计将发生的成本。前述成本属于为生产存货而发生的,适用《企业会计准则第1号——存货》。

关于上述(4)所述成本,承租人有可能在租赁期开始日就承担了上述成本的支付义务,也可能在特定期间内因使用标的资产而承担了相关义务。承租人应在其有义务承担上述成本时,将这些成本确认为使用权资产成本的一部分。但是,承租人由于在特定期间内将使用权资产用于生产存货而发生的上述成本,应按照《企业会计准则第1号——存货》进行会计处理。承租人应当按照《企业会计准则第13号——或有事项》对上述(4)所述成本的支付义务进行确认和计量。

承租人发生的租赁资产改良支出不属于使用权资产,应当计入长期待摊费用,同时导致的预计复原支出按上述(4)处理。

在某些情况下,承租人可能在租赁期开始前就发生了与标的资产相关的经济业务或事项。例如:租赁合同双方经协商在租赁合同中约定,标的资产需经建造或重新设计后方可供承租人使用;根据合同条款与条件,承租人需支付与资产建造或设计相关的成本。承租人如发生与标的资产建造或设计相关的成本,应适用其他相关准则(如《企业会计准则第4号——固定资产》)进行会计处理。同时,需要注意的是与标的资产建造或设计相关的成本不包括承租人为获取标的资产使用权而支付的款项,此类款项无论在何时支付,均属于租赁付款额。

在租赁期开始日,承租人应当按成本借记"使用权资产"科目;按尚未支付的租赁付款额与其现值的差额,借记"租赁负债——未确认融资费用"科目;按尚未支付的租赁付款额,贷记"租赁负债——租赁付款额"科目;按在租赁期开始日之前支付的租赁付款额(扣除已享受的租赁激励),贷记"预付款项"等科目;按发生的初始直接费用,贷记"银行存款"等科目;按预计将发生的为拆卸及移除租赁资产、复原租赁资产所在场地或将租赁资产恢复至租赁条款约定状态等成本的现值,贷记"预计负债"科目。

在租赁期开始日或之前,承租人按租赁合同约定向出租人支付的租赁保证金,属于合同履约保证金,承租人应单独作为应收款项核算。

在租赁期开始日后,承租人应当采用成本模式对使用权资产进行后续计量(即以成本减累计折旧及累计减值损失计量使用权资产),参照《企业会计准则第4号——固定资产》有关折旧规定,对使用权资产计提折旧。承租人能够合理确定租赁期届满时取得租赁资产所有权的,应当在租赁资产剩余使用寿命内计提折旧。无法合理确定租赁期届满时能够取得租赁资产所有权的,应当在租赁期与租赁资产剩余使用寿命两者孰短的期间内计提折旧。如果使用权资产的剩余使用寿命短于前两者,则应在使用权资产的剩余使用寿命内计提折旧。

除此之外还应当:

1. 按照固定的周期性利率计算租赁负债在租赁期内各期间的利息费用(等于本期期初租赁负债余额乘以周期性利率),并计入当期损益,但按照《企业会计准则第17号——借款费用》等其他准则规定应当计入相关资产成本的,从其规定。此处的周期性利率,是指承租人对租赁负债进行初始计量时所采用的折现率,或者因租赁付款额发生变动或因租赁变更而需按照修订后的折现率对租赁负债进行重新计量时,承租人所采用的修订后的折现率。承租人在确认租赁期内各个期间的利息时,应当借记"财务费用——利息费用""在建工程"

等科目,贷记"租赁负债——未确认融资费用"科目。

需要注意的是,通常租赁期开始日使用权资产即可供承租人使用,因此无论租赁资产本身是否达到企业计划用途,使用权资产于租赁开始日便达到预定可使用状态,租赁负债相关利息费用不应资本化计入使用权资产。

2. 按期支付租赁付款额。未纳入租赁负债计量的可变租赁付款额,即并非取决于指数或比率的可变租赁付款额,应当在实际发生时计入当期损益,但按照《企业会计准则第1号——存货》等其他准则规定应当计入相关资产成本的,从其规定。

承租人支付租赁付款额时,应当借记"租赁负债——租赁付款额"科目,贷记"银行存款"等科目。

【例13-5】 承租人甲公司就某栋建筑物的某一层楼与出租人乙公司签订了为期10年的租赁协议,并拥有5年的续租选择权。有关资料如下:①初始租赁期内的不含税租金为每年50000元,续租期间为每年55000元,所有款项应于每年年初支付;②租赁期间若甲公司年销售额超过10000000元,当年应再支付按销售额的1‰计算的租金,于当年年底支付;③为获得该项租赁,甲公司发生的初始直接费用为20000元,其中,15000元为向该楼层前任租户支付的款项,5000元为向促成此租赁交易的房地产中介支付的佣金;④作为对甲公司的激励,乙公司同意补偿甲公司5000元的佣金;⑤在租赁期开始日,甲公司评估后认为,不能合理确定将行使续租选择权,因此,将租赁期确定为10年;⑥甲公司无法确定租赁内含利率,其增量借款利率为每年5%,该利率反映的是甲公司以类似抵押条件借入期限为10年、与使用权资产等值的相同币种的借款而必须支付的利率。为简化处理,假设不考虑相关税费影响。

承租人甲公司的会计处理如下:

第一步,计算租赁期开始日租赁付款额的现值,并确认租赁负债和使用权资产。

在租赁期开始日,由于可变租赁付款额与未来的销售额挂钩,而并非取决于指数或比率的,因此不应被纳入租赁负债的初始计量中。

在租赁期开始日,甲公司支付第1年的租金50000元,并以剩余9年租金(每年50000元)按5%的年利率折现后的现值计量租赁负债。计算租赁付款额现值的过程如下:

剩余9期租赁付款额 = $50000 \times 9 = 450000$(元)

租赁负债 = 剩余9期租赁付款额的现值 = $50000 \times (P/A, 5\%, 9) = 355391$(元)

未确认融资费用 = 剩余9期租赁付款额 − 剩余9期租赁付款额的现值 = $450000 - 355391 = 94609$(元)

在租赁期开始日,甲公司使用权资产的初始成本 = $355391 + 50000 + 20000 - 5000 = 420391$(元)。

借:使用权资产　　　　　　　　　　　　　　　　　405391
　　租赁负债——未确认融资费用　　　　　　　　　94609
　贷:租赁负债——租赁付款额　　　　　　　　　　450000
　　　银行存款(第1年的租赁付款额)　　　　　　　50000

将初始直接费用计入使用权资产的初始成本：

借：使用权资产　　　　　　　　　　　　　　　　　　　　20000
　　贷：银行存款　　　　　　　　　　　　　　　　　　　　　20000

将已收的租赁激励相关金额从使用权资产入账价值中扣除：

借：银行存款　　　　　　　　　　　　　　　　　　　　　　5000
　　贷：使用权资产　　　　　　　　　　　　　　　　　　　　5000

第二步，计算租赁负债在租赁期内各期间的利息费用，按期支付租赁付款额50000元。

第2年的利息费用 = (450000 − 94609) × 5% = 17769.55(元)

第3年的利息费用 = [400000 − (94609 − 17769.55)] × 5% = 16158.03(元)

第4年的利息费用 = [350000 − (76839.45 − 16158.03)] × 5% = 14465.93(元)

依此类推。

第2年应作的会计分录为：

借：财务费用——利息费用　　　　　　　　　　　　　　　17769.55
　　贷：租赁负债——未确认融资费用　　　　　　　　　　　17769.55
借：租赁负债——租赁付款额　　　　　　　　　　　　　　50000
　　贷：银行存款　　　　　　　　　　　　　　　　　　　　50000

第三步，确认是否发生可变租赁付款额。若第3年公司的年销售额为12000000元，则当年底应当支付的可变租赁付款额为12000000 × 1‰ = 12000(元)。

借：营业成本（或销售费用）　　　　　　　　　　　　　　12000
　　贷：银行存款等　　　　　　　　　　　　　　　　　　　12000

(二) 重新计量

在租赁期开始日后，当发生下列四种情形时，承租人应当按照变动后的租赁付款额的现值重新计量租赁负债，并相应调整使用权资产的账面价值。使用权资产的账面价值已调减至零，但租赁负债仍需进一步调减的，承租人应当将剩余金额计入当期损益。

1. 实质固定付款额发生变动。

如果租赁付款额最初是可变的，但在租赁期开始日后的某一时点转为固定，那么，在潜在可变性消除时，该付款额成为实质固定付款额，应纳入租赁负债的计量中。承租人应当按照变动后租赁付款额的现值重新计量租赁负债。在该情形下，承租人采用的折现率不变，即，采用租赁期开始日确定的折现率。

2. 担保余值预计的应付金额发生变动。

在租赁期开始日后，承租人应对其在担保余值下预计支付的金额进行估计。该金额发生变动的，承租人应当按照变动后租赁付款额的现值重新计量租赁负债。在该情形下，承租人采用的折现率不变。

3. 用于确定租赁付款额的指数或比率发生变动。

在租赁期开始日后、因浮动利率的变动而导致未来租赁付款额发生变动的，承租人应当按照变动后租赁付款额的现值重新计量租赁负债。在该情形下、承租人应采用反映利率变动的修订后的折现率进行折现。

在租赁期开始日后,因用于确定租赁付款额的指数或比率(浮动利率除外)的变动而导致未来租赁付款额发生变动的,承租人应当按照变动后租赁付款额的现值重新计量租赁负债。在该情形下承租人采用的折现率不变。

需要得注意的是,仅当现金流量发生变动时,即租赁付款额的变动生效时,承租人才应重新计量租赁负债,以反映变动后的租赁付款额。承租人应基于变动后的合同付款额,确定剩余租赁期内的租赁付款额。

4. 购买选择权、续租选择权或终止租赁选择权的评估结果或实际行使情况发生变化。

租赁期开始日后,发生下列情形的,承租人应采用修订后的折现率对变动后的租赁付款额进行折现,以重新计量租赁负债:

(1)发生承租人可控范围内的重大事件或变化,且影响承租人是否合理确定将行使续租选择权或终止租赁选择权的,承租人应当对其是否合理确定将行使相应选择权进行重新评估。上述选择权的评估结果发生变化的,承租人应当根据新的评估结果重新确定租赁期和租赁付款额。前述选择权的实际行使情况与原评估结果不一致等导致租赁期变化的,也应当根据新的租赁期重新确定租赁付款额。

(2)发生承租人可控范围内的重大事件或变化,且影响承租人是否合理确定将行使购买选择权的,承租人应当对其是否合理确定将行使购买选择权进行重新评估。评估结果发生变化的,承租人应根据新的评估结果重新确定租赁付款额。

上述两种情形下,承租人在计算变动后租赁付款额的现值时,应当采用剩余租赁期间的租赁内含利率作为折现率;无法确定剩余租赁期间的租赁内含利率的,应当采用重估日的承租人增量借款利率作为折现率。

在租赁期开始日后,承租人按变动后的租赁付款额的现值重新计量租赁负债的,当租赁负债增加时,应当按租赁付款额现值的增加额,借记"使用权资产"科目,按租赁付款额的增加额,贷记"租赁负债——租赁付款额"科目,按其差额,借记"租赁负债——未确认融资费用"科目;除租赁变更导致租赁范围缩小或租赁期缩短的情形外,当租赁负债减少时,应当按租赁付款额的减少额借记"租赁负债——租赁付款额"科目,按租赁付款额现值的减少额,贷记"使用权资产"科目,按其差额,贷记"租赁负债——未确认融资费用"科目;若使用权资产的账面价值已调减至零,应当按仍需进一步调减的租赁付款额借记"租赁负债——租赁付款额"科目,按仍需进一步调减的租赁付款额现值贷记"营业成本""制造费用""销售费用""管理费用""研发支出"等科目,按其差额,贷记"租赁负债——未确认融资费用"科目。

【例13-6】 承租人甲公司签订了一项为期10年的不动产租赁合同,每年的租赁付款额为50000元,于每年年初支付。合同规定,租赁付款额在租赁期开始日后每两年基于过去24个月消费者价格指数的上涨进行上调。假设甲公司在租赁期开始日采用的折现率为5%,租赁期开始日的消费者价格指数为125,在租赁第3年年初的消费者价格指数为135。分析如下:

1. 甲公司在初始计量租赁负债时,应基于租赁期开始日的消费者价格指数确定租赁付款额,无须对后续年度因消费者价格指数变动而导致的租金变动作出估计。因此,在租赁期开始日,甲公司应以每年50000元的租赁付款额为基础计量租赁负债。

2. 第3年年初,在对因消费者价格指数变化而导致未来租赁付款额的变动进行会计处理以及支付第3年的租赁付款额之前,租赁负债为339320元[即50000 + 50000 × (P/A,5%,7)]。

3. 因用于确定租赁付款额的消费者价格指数的变动,而导致未来租赁付款额发生变动,甲公司应当于第3年年初重新计量租赁负债,以反映变动后的租赁付款额。经消费者价格指数调整后的第3年租赁付款额为54000元(即50000 × 135 ÷ 125),租赁负债应当以每年54000元的租赁付款额(剩余8笔)为基础进行重新计量。在第3年年初,甲公司按以下金额重新计量租赁负债:每年54000元的租赁付款额按不变的折现率(即5%)进行折现,为366466元[即54000 + 54000 × (P/A,5%,7)]。因此,甲公司的租赁负债将增加27146元(即366466 - 339320)。不考虑其他因素,甲公司相关账务处理如下:

借:使用权资产　　　　　　　　　　　　　　　　27146
　　租赁负债——未确认融资费用　　　　　　　4854
　贷:租赁负债——租赁付款额　　　　　　　　　　32000

(三)租赁变更

租赁变更是指原合同条款之外的租赁范围、租赁对价、租赁期限的变更,包括增加或终止一项或多项租赁资产的使用权,延长或缩短合同规定的租赁期等。租赁变更生效日是指双方就租赁变更达成一致的日期。

1. 租赁变更作为一项单独租赁处理

租赁发生变更且同时符合下列条件的,承租人应当将该租赁变更作为一项单独租赁进行会计处理:①该租赁变更通过增加一项或多项租赁资产的使用权而扩大了租赁范围或延长了租赁期限;②增加的对价与租赁范围扩大部分或租赁期限延长部分的单独价格按该合同情况调整后的金额相当。

2. 租赁变更未作为一项单独租赁处理

租赁变更未作为一项单独租赁进行会计处理的,在租赁变更生效日,承租人应当按照租赁准则有关租赁分拆的规定对变更后合同的对价进行分摊;按照有关租赁期的规定确定变更后的租赁期;并采用变更后的折现率对变更后的租赁付款额进行折现,以重新计量租赁负债。在计算变更后租赁付款额的现值时,承租人应当采用剩余租赁期间的租赁内含利率作为折现率;无法确定剩余租赁期间的租赁内含利率的,应当采用租赁变更生效日的承租人增量借款利率作为折现率。就上述租赁负债调整的影响,承租人应区分以下情形进行会计处理:

(1)租赁变更导致租赁范围缩小或租赁期缩短的,承租人应当调减使用权资产的账面价值,以反映租赁的部分终止或完全终止。承租人应将部分终止或完全终止租赁的相关利得或损失计入当期损益。承租人应当按缩小或缩短的相应比例,借记"租赁负债——租赁付款额""使用权资产累计折旧""使用权资产减值准备"科目,贷记"租赁负债——未确认融资费用""使用权资产"科目,差额借记或贷记"资产处置损益"科目。

(2)其他租赁变更,承租人应当相应调整使用权资产的账面价值。

租赁合同变更导致租赁期缩短至1年以内的,不得改按短期租赁进行简化处理或追溯调整。

企业在租赁到期前直接购买租赁资产的,因已导致租赁终止,应将使用权资产和租赁负债的账面价值的差额调整固定资产初始确认成本。

(四)转租赁

转租情况下,原租赁合同和转租赁合同通常都是单独协商的,交易对手也是不同的企业,租赁准则要求转租出租人对原租赁合同和转租赁合同分别根据承租人和出租人会计处理要求,进行会计处理。

承租人在对转租赁进行分类时,转租出租人应基于原租赁中产生的使用权资产,而不是租赁资产(如作为租赁对象的不动产或设备)进行分类。原租赁资产不归转租出租人所有,原租赁资产也未计入其资产负债表,因此转租出租人应基于其控制的资产(即使用权资产)进行会计处理。

原租赁为短期租赁,且转租出租人作为承租人已按照租赁准则采用简化会计处理方法的,应将转租赁分类为经营租赁。

企业转租使用权资产形成融资租赁的,应当借记"应收融资租赁款""使用权资产累计折旧""使用权资产减值准备"科目,贷记"使用权资产"科目,差额借记或贷记"资产处置损益"科目。

(五)售后租回交易

若企业(卖方兼承租人)将资产转让给其他企业(买方兼出租人),并从买方兼出租人租回该项资产,则卖方兼承租人和买方兼出租人均应按照售后租回交易的规定进行会计处理。企业应当按照《企业会计准则第14号——收入》的规定,评估确定售后租回交易中的资产转让是否属于销售,并区别进行会计处理。

在标的资产的法定所有权转移给出租人并将资产租赁给承租人之前,承租人可能会先获得标的资产的法定所有权。但是,是否具有标的资产的法定所有权本身并非会计处理的决定性因素。如果承租人在资产转移给出租人之前已经取得对标的资产的控制,则该交易属于售后租回交易。然而,如果承租人未能在资产转移给出租人之前取得对标的资产的控制,那么即便承租人在资产转移给出租人之前先获得标的资产的法定所有权,该交易也不属于售后租回交易。

1. 售后租回交易中的资产转让属于销售

卖方兼承租人应当按原资产账面价值中与租回获得的使用权有关的部分,计量售后租回所形成的使用权资产,并仅就转让至买方兼出租人的权利确认相关利得或损失。买方兼出租人根据其他适用的《企业会计准则》对资产购买进行会计处理,并根据准则对资产出租进行会计处理。

如果销售对价的公允价值与资产的公允价值不同,或者出租人未按市场价格收取租金,企业应当进行以下调整:

(1)销售对价低于市场价格的款项作为预付租金进行会计处理;

(2)销售对价高于市场价格的款项作为买方兼出租人向卖方兼承租人提供的额外融资进行会计处理。

同时,承租人按照公允价值调整相关销售利得或损失,出租人按市场价格调整租金收入。

在进行上述调整时,企业应当按以下二者中较易确定者进行:①销售对价的公允价值与资产的公允价值的差异;②合同付款额的现值与按市场租金计算的付款额的现值的差异。

2. 售后租回交易中的资产转让不属于销售

卖方兼承租人不终止确认所转让的资产,而应当将收到的现金作为金融负债,并按照《企业会计准则第22号——金融工具确认和计量》进行会计处理。买方兼出租人不确认被转让资产,而应当将支付的现金作为金融资产,并按照《企业会计准则第22号——金融工具确认和计量》进行会计处理。

上述转租赁业务和售后租回交易中均提到了出租人要作相应的会计处理。根据规定,出租人应当在租赁开始日将租赁分为融资租赁和经营租赁。租赁开始日,是指租赁合同签署日与租赁各方就主要租赁条款作出承诺日中的较早者。租赁开始日可能早于租赁期开始日,也可能与租赁期开始日重合。

一项租赁属于融资租赁还是经营租赁取决于交易的实质,而不是合同的形式。如果一项租赁实质上转移了与租赁资产所有权有关的几乎全部风险和报酬,出租人应当将该项租赁分类为融资租赁。出租人应当将除融资租赁以外的其他租赁分类为经营租赁。租赁开始日后,除非发生租赁变更,出租人无须对租赁的分类进行重新评估。租赁资产预计使用寿命、预计余值等会计估计变更或发生承租人违约等情况变化的,出租人不对租赁进行重分类。租赁合同可能包括因租赁开始日与租赁期开始日之间发生的特定变化而需对租赁付款额进行调整的条款与条件,如出租人标的资产的成本发生变动等,在此情况下,出于租赁分类目的,此类变动的影响均视为在租赁开始日已发生。

出租人应根据租赁准则规定的分类标准,将一项租赁分类为融资租赁。出租人对融资租赁的会计处理如下:在租赁期开始日,出租人应当对融资租赁确认应收融资租赁款,并终止确认融资租赁资产。出租人对应收融资租赁款进行初始计量时,应当以租赁投资净额作为应收融资租赁款的入账价值。租赁投资净额为未担保余值和租赁期开始日尚未收到的租赁收款额按照租赁内含利率折现的现值之和。租赁内含利率,是指使出租人的租赁收款额的现值与未担保余值的现值之和(即租赁投资净额)等于租赁资产公允价值与出租人的初始直接费用之和的利率。因此,出租人发生的初始直接费用包括在租赁投资净额中,也即包括在应收融资租赁款的初始入账价值中。

租赁收款额,是指出租人因让渡在租赁期内使用租赁资产的权利而应向承租人收取的款项,包括:

(1)承租人需支付的固定付款额及实质固定付款额。存在租赁激励的,应当扣除租赁激励相关金额。

(2)取决于指数或比率的可变租赁付款额。该款项在初始计量时根据租赁期开始日的指数或比率确定。

(3)购买选择权的行权价格,前提是合理确定承租人将行使该选择权。

(4)承租人行使终止租赁选择权需支付的款项,前提是租赁期反映出承租人将行使终止租赁选择权。

(5)由承租人、与承租人有关的一方以及有经济能力履行担保义务的独立第三方向出租人提供的担保余值。

在租赁期开始日,出租人应当按尚未收到的租赁收款额,借记"应收融资租赁款——租赁收款额"科目,按预计租赁期结束时的未担保余值,借记"应收融资租赁款——未担保余值"科目,按已经收取的租赁款,借记"银行存款"等科目,按融资租赁方式租出资产的账面价值,贷记"融资租赁资产"等科目,按融资租赁方式租出资产的公允价值与其账面价值的差额,借记或贷记"资产处置损益"科目,按发生的初始直接费用,贷记"银行存款"等科目,差额贷记"应收融资租赁款——未实现融资收益"科目。

企业认为有必要对发生的初始直接费用进行单独核算的,也可以按照发生的初始直接费用的金额,借记"应收融资租赁款——初始直接费用"科目,贷记"银行存款"等科目;然后借记"应收融资租赁款——未实现融资收益"科目,贷记"应收融资租赁款——初始直接费用"科目。

若融资租赁合同必须以收到租赁保证金为生效条件,出租人收到承租人交来的租赁保证金,借记"银行存款"科目,贷记"其他应收款——租赁保证金"科目。承租人到期不交租金,以保证金抵作租金时,借记"其他应收款——租赁保证金"科目,贷记"应收融资租赁款——租赁收款额"科目。承租人违约,按租赁合同或协议规定没收保证金时,借记"其他应收款——租赁保证金"科目,贷记"营业外收入"等科目。

租赁期开始日后,出租人应当按照由租赁准则规定采用的固定的周期性利率计算并确认租赁期内各个期间的利息收入。出租人在确认租赁期内各个期间的利息收入时,应当借记"应收融资租赁款——未实现融资收益"科目,贷记"租赁收入——利息收入""其他业务收入"等科目。出租人收到租赁收款额时,应当借记"银行存款"等科目,贷记"应收融资租赁款——租赁收款额"科目。

出租人确认未计入租赁收款额的可变租赁付款额(即未纳入租赁投资净额计量的可变租赁付款额)时,应当借记"银行存款""应收账款"等科目,贷记"租赁收入——可变租赁付款额"科目。

出租人根据规定确认应收融资租赁款(租赁收款额)发生减值的,应按应收融资租赁款(租赁收款额)的预期信用损失应当计提的金额,借记"信用减值损失"科目,贷记"应收融资租赁款减值准备"科目。转回已计提的减值准备时,借记"应收融资租赁款减值准备"科目,贷记"信用减值损失"科目。

出租人对经营租赁的会计处理如下:

(1)租金的处理。在租赁期内各个期间,出租人应采用直线法或者其他系统合理的方法将经营租赁的租赁收款额确认为租金收入。如果其他系统合理的方法能够更好地反映因使用租赁资产所产生经济利益的消耗模式的,则出租人应采用该方法。

(2)出租人对经营租赁提供激励措施。出租人提供免租期的,整个租赁期内,按直线法或其他合理的方法进行分配,免租期内应当确认租金收入。出租人承担了承租人某些费用的,出租人应将该费用自租金收入总额中扣除,按扣除后的租金收入余额在租赁期内进行分配。

(3)初始直接费用。出租人发生的与经营租赁有关的初始直接费用应当资本化至租赁标的资产的成本,在租赁期内按照与租金收入相同的确认基础分期计入当期损益。

(4)折旧和减值。对于经营租赁资产中的固定资产,出租人应当采用类似资产的折旧政策计提折旧;对于其他经营租赁资产,应当根据该资产适用的企业会计准则,采用系统合理的方法进行摊销。出租人应当按照《企业会计准则第8号——资产减值》的规定,确定经营租赁资产是否发生减值,并对已识别的减值损失进行会计处理。

(5)可变租赁付款额。出租人取得的与经营租赁有关的可变租赁付款额,如果是与指数或比率挂钩的,应在租赁期开始日计入租赁收款额;除此之外的,应当在实际发生时计入当期损益。

(6)经营租赁的变更。经营租赁发生变更的,出租人应自变更生效日开始,将其作为一项新的租赁进行会计处理,与变更前租赁有关的预收或应收租赁收款额视为新租赁的收款额。

对于由新冠肺炎疫情直接引发的、承租人与出租人就现有租赁合同达成的租金减免、延期支付等租金减让业务,承租人与出租人可以根据《新冠肺炎疫情相关租金减让会计处理规定》(财会〔2020〕10号),选择采用规定的简化办法进行会计处理。且该选择应当一致地应用于类似租赁合同,不得随意变更。

三、长期应付款的核算

长期应付款是指除长期借款、应付债券、租赁负债以外的其他各种长期应付款项,包括以分期付款方式购入固定资产和无形资产发生的应付账款等。为了核算企业各种长期应付款,应设置"长期应付款"科目,该科目应按其种类和债权人进行明细核算。该科目期末贷方余额,反映企业应付未付的长期应付款项。

企业购入有关资产超过正常信用条件延期支付价款,实质上具有融资性质的,应按购买价款的现值,借记"固定资产""在建工程""无形资产""研发支出"等科目,按应支付的金额,贷记"长期应付款"科目,按其差额,借记"未确认融资费用"科目。

按期支付价款时,借记"长期应付款"科目,贷记"银行存款"科目。同时,企业应当采用实际利率法计算确定当期的利息费用(即摊销未确认融资费用),借记"财务费用""在建工程""研发支出"等科目,贷记"未确认融资费用"科目。

【例13-7】 某公司2×20年1月1日以分期付款方式购入一台设备,总价款为150万元,购货合同约定购买之日首付60万元,以后每年年末支付30万元,分3年于2×22年12月31日全部付清,假设银行同期贷款利率为10%。根据上述经济业务,公司应作会计处理如下:

(1)2×20年1月1日购入时:

分期应付款的应付本金 = 每期分期付款300000元的年金现值
$$= 300000 \times PVA(3,10\%) = 300000 \times 2.4869$$
$$= 746070(元)[查表得知 PVA(3,10\%) = 2.4869]$$

总价款的现值 = 600000 + 746070 = 1346070(元)

未确认融资费用 = 1500000 - 1346070 = 153930(元)

借:固定资产　　　　　　　　　　　　　　　1346070
　　未确认融资费用　　　　　　　　　　　　153930
　　贷:长期应付款　　　　　　　　　　　　　　900000
　　　　银行存款　　　　　　　　　　　　　　　600000

(2)按期支付价款、分摊未确认融资费用:

合同付款期内采用实际利率法分摊融资费用,如表13-3所示。

表 13-3　　　　　实际利率法下融资费用的分摊　　　　　单位:元

日期①	每期付款金额②	确认的融资费用③ = 期初⑤×10%	应付本金减少额④ = ②-③	应付本金余额期末⑤ = 期初⑤-④
				746070
(1) 2×20.12.31	300000	74607	225393	520677
(2) 2×21.12.31	300000	52067.70	247932.30	272744.70
(3) 2×22.12.31	300000	27255.30	272744.70	0
合计	900000	153930	746070	

2×20年12月31日,支付第一期应付款:

借:长期应付款　　　　　　　　　　　　　300000
　　贷:银行存款　　　　　　　　　　　　　　300000
借:财务费用　　　　　　　　　　　　　　74607
　　贷:未确认融资费用　　　　　　　　　　　74607

2×21年12月31日,支付第二期应付款:

借:长期应付款　　　　　　　　　　　　　300000
　　贷:银行存款　　　　　　　　　　　　　　300000
借:财务费用　　　　　　　　　　　　　　52067.70
　　贷:未确认融资费用　　　　　　　　　　　52067.70

2×22年12月31日,支付第三期应付款:

借:长期应付款　　　　　　　　　　　　　300000
　　贷:银行存款　　　　　　　　　　　　　　300000
借:财务费用　　　　　　　　　　　　　　27255.30
　　贷:未确认融资费用　　　　　　　　　　　27255.30

四、专项应付款的核算

专项应付款是指企业取得的国家指定为资本性投入的具有专项或特定用途的款项,如属于工程项目的资本性拨款等。该科目应当按照拨入资本性投资项目的种类进行明细核算。

企业收到资本性拨款时,借记"银行存款"科目,贷记"专项应付款"科目。

将专项或特定用途的拨款用于工程项目,借记"在建工程""公益性生物资产"等科目,贷记"银行存款""应付职工薪酬"等科目。

工程项目完工,形成固定资产或公益性生物资产的部分,借记"专项应付款"科目,贷记"资本公积——资本溢价"科目;对未形成固定资产需要核销的部分,借记"专项应付款"科目,贷记"在建工程"等科目;拨款结余需要返还的,借记"专项应付款"科目,贷记"银行存款"科目。

中央企业在收到中央财政按规定预拨的工业企业结构调整专项奖补资金时,应当暂通过"专项应付款"科目核算,借记"银行存款"等科目,贷记"专项应付款"科目。中央企业按要求开展化解产能相关工作后,按照相关文件规定的计算标准等,能够合理可靠地确定因完成任务所取得的专项奖补资金金额的,借记"专项应付款"科目,贷记有关损益科目;不能合理可靠地确定因完成任务所取得的专项奖补资金金额的,应当经财政部核查清算后,按照清算的有关金额,借记"专项应付款"科目,贷记有关损益科目,预拨的专项奖补资金小于企业估计应享有的金额的,不足部分的差额借记"其他应收款"科目。因未能完成有关任务而按规定向财政部缴回资金的,按缴回资金金额,借记"专项应付款"科目,贷记"银行存款"等科目。

第四节 预计负债的核算

一、或有事项及其特征

或有事项是指过去的交易或者事项形成的,其结果须由某些未来事项的发生或不发生才能决定的不确定事项。常见的或有事项主要包括:未决诉讼或仲裁、债务担保、产品质量保证(含产品安全保证)、承诺、亏损合同、重组义务、环境污染整治、修改其他债务条件方式的债务重组等。

或有事项与不确定性联系在一起,但在会计处理过程中存在的不确定性并不都形成或有事项,如固定资产折旧,虽然存在固定资产使用年限和残值等不确定性,但由于固定资产的原价本身是确定的,其价值最终转移到产品中去也是确定的,因而固定资产折旧不是或有事项。其他的如固定资产大修理、正常维护等,计提存货跌价准备、资产减值准备、金融工具减值准备等,均不属于或有事项。或有事项具有以下基本特征:

1. 由过去交易或事项形成,是指或有事项的现存状况是过去交易或事项引起的客观存在。

比如,未决诉讼虽然是正在进行中的诉讼,但该诉讼是企业因过去的经济行为导致起诉其他单位或被其他单位起诉。这是现存的一种状况而不是未来将要发生的事项。未来可能发生的自然灾害、交通事故、经营亏损等,不属于或有事项。

2. 结果具有不确定性,是指或有事项的结果是否发生具有不确定性,或者或有事项的结果预计将会发生,但发生的具体时间或金额具有不确定性。

比如,债务担保事项的担保方到期是否承担和履行连带责任,需要根据被担保方债务到期时能否按时还款加以确定。这一事项的结果在担保协议达成时具有不确定性。

3. 由未来事项决定,是指或有事项的结果只能由未来不确定事项的发生或不发生才能决定。

比如,债务担保事项只有在被担保方到期无力还款时,企业(担保方)才履行连带责任。

二、预计负债的核算

(一)预计负债的确认

根据《企业会计准则第13号——或有事项》的规定,与或有事项相关的义务同时满足下列三个条件的,应当确认为预计负债:

1. 该义务是企业承担的现时义务。
2. 履行该义务很可能导致经济利益流出企业。
3. 该义务的金额能够可靠地计量。

"该义务是企业承担的现时义务"是指与或有事项相关的义务是在企业当前条件下已承担的义务,而非潜在义务。企业没有其他现实的选择,只能履行该义务,如法律要求企业履行、有关各方合理预期企业应当履行等。

"履行该义务很可能导致经济利益流出企业"是指履行与或有事项相关的现时义务时，导致经济利益流出企业的可能性超过50%。

履行或有事项相关义务导致经济利益流出企业的可能性，通常应当结合下列情况加以判断，如表13-4所示。

表13-4　　　　　　履行或有事项相关义务导致经济利益流出企业的可能性

结果的可能性	对应的概率区间
基本确定	大于95%但小于100%
很可能	大于50%但小于或等于95%
可能	大于5%但小于或等于50%
极小可能	大于0但小于或等于5%

"该义务的金额能够可靠地计量"是指与或有事项相关的现时义务的金额能够合理地估计。企业通常应当考虑下列情况，计量预计负债的金额：

1. 充分考虑与或有事项有关的风险和不确定性，在此基础上按照最佳估计数确定预计负债的金额。

2. 预计负债的金额通常等于未来应支付的金额，但未来应支付金额与其现值相差较大的，如油井或核电站的弃置费用等，应当按照未来应支付金额的现值确定。

3. 有确凿证据表明相关未来事项将会发生的，如未来技术进步、相关法规出台等，确定预计负债金额时应考虑相关未来事项的影响。

4. 确定预计负债的金额不应考虑预期处置相关资产形成的利得。

在实务中，企业应当注意以下两点：

1. 不应当就未来经营亏损确认预计负债。

2. 不应当确认或有负债和或有资产。

或有负债，是指过去的交易或者事项形成的潜在义务，其存在须通过未来不确定事项的发生或不发生予以证实；或过去的交易或者事项形成的现时义务，履行该义务不是很可能导致经济利益流出企业或该义务的金额不能可靠计量。

或有资产，是指过去的交易或者事项形成的潜在资产，其存在须通过未来不确定事项的发生或不发生予以证实。

(二)预计负债的计量

预计负债的计量包括初始计量和后续计量。

1. 预计负债的初始计量

预计负债应当按照履行相关现时义务所需支出的最佳估计数进行初始计量。

最佳估计数的确定分两种情况考虑。第一，如果所需支出存在一个连续范围(或区间，下同)，且该范围内各种结果发生的可能性相同的，最佳估计数应当按照该范围内的中间值确定，即最佳估计数应按该范围的上、下限金额的平均数确定。例如，某公司售出产品发生的保修费用为销售额的1%~1.5%，则最佳估计数的比例应为销售额的1.25%。第二，在其他情况下，最佳估计数应按涉及的项目多少分别确定：①或有事项涉及单个项目的，按照最可能发生金额确定。例如,某公司涉及一起诉讼,根据类似案件的经验以及公司所聘律师的意见判断,该公司在该起诉讼中胜诉的可能性有30%,败诉的可能性有70%,如果败诉将要赔偿50万元,在这种情况下,该公司应确认的负债金额(最佳估计数)应为最可能发生金额50万元。②或有事项涉及多个项目的,按照各种可能结果及相关概率计算确定。例如,某公司本年销售甲产品5000万元,根据产品质量保证条款的规定,产品售出1年内,如发生正常质量问题,企业将负责免费修理。根据公司以往经验,如果出现小的质量问题则发生的修理费为销售额的2%,而出现较大的质量问题则发生的修理费为销售额的5%。据预测,本年度售出的产品中有85%不会发生质量问题,有10%将发生较小的质量问题,有5%将发生较大的质量问题。据此,本年度末该公司应确认的负债金额(最佳估计数)= 5000×2%×10% + 5000×5%×5% = 22.5(万元)。

当企业清偿预计负债所需支出全部或部分预期由第三方补偿的,补偿金额只有在基本确定能够收到时才能作为资产单独确认,而且确认的补偿金额不应当超过预计负债的账面价值,并且不能作为预计负债的扣减进行处理。例如,发生交通事故等情况时,可以从保险公司获得合理的补偿;在某些索赔诉讼中,企业可以通过反诉的方式对索赔人或第三方另行提出赔偿要求;在债务担保业务中,企业履行担保义务的同时,通常可以向被担保企业提出额外追偿要求。

2. 预计负债的后续计量

企业应当在资产负债表日对预计负债的账面价值进行复核。有确凿证据表明该账面价值不能真实反映当前最佳估计数的,应当按照当前最佳估计数对该账面价值进行调整,调整金额计入当期损益。但属于会计差错的,应当根据《企业会计准则第28号——会计政策、会计估计变更和差错更正》的规定进行处理。

企业对已经确认的预计负债在实际支出发生时,应当仅限于最初为之确定该预计负债的支出。也就是说,只有与该预计负债有关的支出才能冲减预计负债,否则将会混淆不同预计负债确认事项的影响。

(三)预计负债的账务处理

为了正确核算企业确认的对外提供担保、未决诉讼、产品质量保证、重组义务、亏损性合同等的预计负债,并区别于其他负债项目,企业应设置"预计负债"科目,该科目借方反映实际发生的费用以及预计负债的冲销额,如支付产品维修费用、因败诉而支付的赔偿款等;贷方反映确认的预计负债金额;期末贷方余额反映企业已确认但尚未支付的预计负债。同时企业应在"预计负债"科目下按形成预计负债的交易或事项设置"产品质量保证""未决诉讼""担保损失""重组损失"等明细科目,进行明细核算。

1. 产品质量保证

产品质量保证是企业为了树立信誉、扩大销售、提高市场竞争能力所采取的对于出售的产品附有的各种各样的质量保证,如对售出产品实行"三包",即包退、包换和包修等措施。由于产品的质量问题通常在所难免,所以伴随企业对售出产品的质量保证而发生的费用,如修理费用等,其发生的可能性是相当肯定的,其发生的金额往往也可以根据以往经验合理预计,所以产品质量保证通常可以确认为一项预计负债。通常可以在产品售出后,根据产品质量保证条款的规定、产品的销售额以及预计质量保证费用的最佳估计数确认产品质量保证负债金额,在确认时,应借记"销售费用——产品质量保证"科目,贷记"预计负债——产品质量保证"科目;平时,实际发生产品质量保证费用时,应借记"预计负债——产品质量保证"科目,贷记"银行存款"等科目。

【例13-8】 华宝公司是生产和销售空调器的企业。本年第1季度销售A型空调器5000台,每台售价8000元。华宝公司A型空调器的质量保证条款规定:产品在售出2年内如出现非意外事件造成的故障和质量问题,公司免费负责保修。根据以往经验,发生的保修费一般为销售额的1%~3%。根据上述业务,华宝公司在第1季度应确认的产品质量保证负债金额为800000元[(5000×8000)×(1%+3%)÷2],应编制会计分录如下:

借:销售费用——产品质量保证　　　　　　　　800000
　　贷:预计负债——产品质量保证　　　　　　　　800000

若华宝公司在第1季度实际以银行存款支出的A型空调器维修费为50000元,则应编制如下会计分录:

借:预计负债——产品质量保证　　　　　　　　50000
　　贷:银行存款　　　　　　　　　　　　　　　50000

需要注意的是,产品质量保证负债核算时,如果发现保证费用的实际发生额与预计数相差较大,应及时对预计比例进行调整;企业针对特定批次产品确认预计负债,在保修期结束时,应将"预计负债——产品质量保证"余额冲销,不留余额;已对其确认预计负债的产品,如企业不再生产,则应在相应的产品质量保证期满后,将"预计负债——产品质量保证"余额冲销,不留余额。

2. 未决诉讼

企业在经营活动中经常会涉及经济诉讼、仲裁等案件,但这些审理中的诉讼、仲裁事项将对企业的财务状况和经营成果产生多大影响,企业因此要承担多大风险,具有不确定性。如果这些未决诉讼引起的相关义务符合预计负债确认条件、预计败诉的可能性属于"很可能"、要发生的诉讼等费用也能可靠预计,则企业应将预计要发生的支出确认为预计负债,借记"营业外支出""管理费用"等科目,贷记"预计负债——未决诉讼"科目;因败诉实际支付诉讼等费用时,应借记"预计负债——未决诉讼"科目,贷记"银行存款"等科目。

【例13-9】 2×21年11月20日,华通公司从A银行取得一笔信用贷款5000万元,期限为1年,年利率为7.2%。2×22年11月20日,华通公司的贷款(本金和利息)到期。华通公司具有还款能力,但因与A银行之间存在其他经济纠纷,而未按时归还A银行的贷款。A银行遂与华通公司协商,但未达成协议,于2×22年12月20日向法院提起诉讼。截至2×22年12月31日,法院尚未对A银行提起的诉讼进行审理。2×22年12月31日,华通公司对此诉讼案件进行分析,认为如无特殊情况,本公司很可能败诉,为此不仅要偿还贷款本息,还需要支付罚息和承担诉讼费等费用。假设华通公司预计将要支付的罚息、诉讼费等费用估计为50万~60万元,其中包括对方支付的诉讼费5万元,则华通公司在2×22年12月31日应确认的负债为55万元[(50+60)÷2],编制会计分录如下:

```
借:管理费用——诉讼费                    50000
    营业外支出——罚息支出                500000
  贷:预计负债——未决诉讼                           550000
```

3. 对外担保事项

企业对外提供担保可能产生的负债,如果符合预计负债的确认条件,应当确认为预计负债。

(1)在担保涉及诉讼的情况下,如果企业已被判决败诉,则应当按照法院判决的应承担的损失金额,确认为预计负债,并计入当期营业外支出(不含诉讼费,实际发生的诉讼费应记入当期的"管理费用"科目,下同);如果已判决败诉,但企业正在上诉,或者经上一级法院裁定暂缓执行,或者由上一级法院发回重审等,企业应当在资产负债表日,根据已有判决结果合理估计可能产生的损失金额,确认为预计负债,并计入当期营业外支出;如果法院尚未判决,企业应向其律师或法律顾问等咨询,估计败诉的可能性,以及败诉后可能发生的损失金额,并取得有关书面意见。如果败诉的可能性大于胜诉的可能性,并且损失金额能够合理估计的,应当在资产负债表日将预计担保损失金额,确认为预计负债,并计入当期营业外支出。

(2)企业当期实际发生的担保诉讼损失金额与已计提的相关预计负债之间的差额,应分别以下情况处理:

①企业在前期资产负债表日,依据当时实际情况和所掌握的证据,合理预计了预计负债,应当将当期实际发生的担保诉讼损失金额与已计提的相关预计负债之间的差额,直接计入当期营业外支出或营业外收入。

②企业在前期资产负债表日,依据当时实际情况和所掌握的证据,原本应当能够合理估计并确认和计量因担保诉讼所产生的损失,但企业所作的估计却与当时的事实严重不符(如未合理预计损失或不恰当地多计或少计损失),应当视为滥用会计估计,按照重大会计差错更正的方法进行会计处理。

③企业在前期资产负债表日,依据当时实际情况和所掌握的证据,确实无法合理确认和计量因担保诉讼所产生的损失,因而未确认预计负债的,则在该项损失实际发生的当期,直接计入当期营业外支出。

(3)资产负债表日后至财务报告批准报出日之间发生的需要调整或说明的担保诉讼事项,按照《企业会计准则第29号——资产负债表日后事项》的有关规定进行会计处理。

4. 待执行合同变成亏损合同事项

待执行合同是指合同各方尚未履行任何合同义务,或部分地履行了同等义务的合同。企业与其他方签订的尚未履行或部分履行了同等义务的合同,如商品买卖合同、劳务合同、租赁合同等,均属于待执行合同。

亏损合同是指履行合同义务不可避免会发生的成本超过预期经济利益的合同。这里,"履行合同义务不可避免会发生的成本"应当反映退出该合同的最低净成本,即履行该合同的成本与未能履行该合同而发生的补偿或处罚两者之间的较低者。企业履行该合同的成本包括履行合同的增量成本和与履行合同直接相关的其他成本的分摊金额。其中,履行合同的增量成本包括直接人工、直接材料等;与履行合同直接相关的其他成本的分摊金额包括用于履行合同的固定资产的折旧费用分摊金额等。

根据《企业会计准则第 13 号——或有事项》的规定,待执行合同变成亏损合同的,该亏损合同产生的义务满足预计负债确认条件的,应当确认为预计负债。预计负债的计量反映了退出该合同的最低净成本,即履行该合同的成本与未能履行该合同而发生的补偿或处罚两者之中的较低者。

企业在履行合同义务过程中,如发生的成本预期将超过与合同相关的未来流入的经济利益的,待执行合同即变成了亏损合同,此时,如果与该合同相关的义务无须支付任何补偿即可撤销,通常不存在现时义务,不应确认预计负债。如果与该合同相关的义务不可撤销,企业就存在了现时义务,同时满足该义务很可能导致经济利益流出企业和金额能够可靠地计量的,通常应当确认预计负债。

例如,某公司 2×21 年 1 月采用经营租赁方式租入生产线生产产品,租赁期为 3 年,生产的产品预计每年均可获利。2×22 年 12 月,市政规划要求公司迁址,加之宏观政策调整,该公司决定停产上述产品,原经营租赁合同为不可撤销合同,还要持续 1 年,生产线无法转租给其他单位。此时,该公司执行原经营租赁合同发生的费用很可能超过预期获得的经济利益,该租赁合同变为亏损合同,应当在 2×22 年 12 月 31 日根据未来期间(2×23 年)应支付的租金确认预计负债。

待执行合同变成亏损合同时,企业拥有部分或全部合同标的资产的,应当先对标的资产进行减值测试并按规定确认减值损失,如预计亏损超过该减值损失,应将超过部分确认为预计负债。企业没有合同标的资产的,亏损合同相关义务满足规定条件时,应当确认为预计负债。

例如,商品销售合同属于待执行合同,在其售价低于成本时,该合同即变为亏损合同,该合同存在全部标的资产(存货)的,应当确认减值损失和存货跌价准备,不确认预计负债;如果合同不存在或者部分不存在标的资产(存货),企业应在满足负债确认条件时确认预计负债。

5. 重组事项

重组是指企业制定和控制的,将显著改变企业组织形式、经营范围或经营方式的计划实施行为。属于重组的事项主要包括:

(1)出售或终止企业的部分经营业务;

(2)对企业的组织结构进行较大调整;

(3)关闭企业的部分营业场所,或将营业活动由一个国家或地区迁移到其他国家或地区。

重组不同于企业合并和债务重组。重组通常是企业内部资源的调整和组合,谋求现有资产效能的最大化;企业合并是在不同企业之间的资本重组和规模扩张;债务重组是债权人对债务人作出让步,债务人减轻债务负担,债权人尽可能减少损失。

根据《企业会计准则第 13 号——或有事项》的规定,同时存在下列情况时,表明企业承担了重组义务:

(1)有详细、正式的重组计划,包括重组涉及的业务、主要地点、需要补偿的职工人数及其岗位性质、预计重组支出、计划实施时间等;

(2)该重组计划已对外公告,重组计划已开始实施,或已向受其影响的各方通告了该计划的主要内容,从而使各方形成了对该企业将实施重组的合理预期。

根据《企业会计准则第 13 号——或有事项》的规定,企业承担的重组义务满足预计负债确认条件的,应当确认为预计负债,并计入当期营业外支出。

例如,某公司董事会决定关闭一个事业部。如果有关决定尚未传达到受影响的各方,也未采取任何措施实施该项决定,表明该公司没有承担重组义务,不应确认预计负债;如果有关决定已经传达到受影响的各方,各方预期公司将关闭该事业部,通常表明公司开始承担重组义务,同时满足预计负债确认条件的,应当确认预计负债。

企业应当按照与重组有关的直接支出确定预计负债金额,计入当期损益。直接支出不包括留用职工岗前培训、市场推广、新系统和营销网络投入等支出。

由于企业在计量预计负债时,不应当考虑预期处置相关资产的利得或损失,在计量与重组义务相关的预计负债时,不考虑处置相关资产(厂房、店面,有时是一个事业部整体)可能形成的利得或损失,即使资产的出售构成重组的一部分也是如此。这些利得或损失应当单独确认。

第五节 债务重组的核算

一、债务重组的概念和方式

(一)债务重组的概念和方式

1. 债务重组概念

根据新的《企业会计准则第 12 号——债务重组》(以下简称债务重组准则),债务重组是指在不改变交易对手方的情况下,经债权人和债务人协定或法院裁定,就清偿债务的时间、金额或方式等重新达成协议的交易。显然,达成的新的偿债方式与原来约定的偿债方式不同。

债务重组涉及的债权和债务是指《企业会计准则第 22 号——金融工具确认和计量》规范的金融工具。对合同资产、合同负债、预计负债等进行的交易安排,不属于债务重组准则规范的范围。

与原准则相比,新准则不再强调在债务人发生财务困难的背景下进行,也不论债权人是否作出让步。也就是说,无论何种原因导致债务人未按原定条件偿还债务,也无论债权人是否同意债务人以低于债务的金额偿还债务,只要债权人和债务人就债务条款重新达成了协议,就符合债务重组的定义,属于准则规范的范围。例如,债权人在减免债务人部分债务本金的同时提高剩余债务的利息,或者债权人同意债务人用等值库存商品抵偿到期债务等,均属于准则规范的债务重组。

债务重组过程中不改变债务方和债权方(即不改变交易对手方),但在实务中经常出现第三方参与重组,如:某公司以不同于原合同条款的方式代债务人向债权人偿债;新组建的公司承接原债务人的债务,与债权人进行债务重组;资产管理公司从债权人处购得债权,再与债务人进行债务重组。在上述情形下,企业应当首先考虑债权和债务是否发生终止确认,按《企业会计准则第 22 号——金融工具确认和计量》和《企业会计准则第 23 号——金融资产转移》等先进行会计处理,处理后的债务、债权方再就债务重组交易适用债务重组准则。

2. 债务重组方式

债务重组一般包括下列方式,或下列一种以上方式的组合:

(1)债务人以资产清偿债务;

(2) 债务人将债务转为权益工具;

(3) 修改其他条款。除上述第(1)项和第(2)项以外,采用调整债务本金、改变债务利息、变更还款期限等方式修改债权和债务的其他条款。经修改其他条款后的债权和债务分别形成重组债权和重组债务。

组合方式,是采用债务人以资产清偿债务、债务人将债务转为权益工具、修改其他条款三种方式中一种以上方式的组合清偿债务的债务重组方式。例如,债权人和债务人约定,由债务人以机器设备清偿部分债务,将另一部分债务转为权益工具,调减剩余债务的本金,但利率和还款期限不变;再如,债务人以现金清偿部分债务,同时将剩余债务展期等。

债务人用于偿债的资产分为金融资产和非金融资产,通常是已经在资产负债表中确认的资产,例如,现金、应收账款、长期股权投资、投资性房地产、固定资产、在建工程、生物资产、无形资产等。债务人以日常活动产出的商品或服务清偿债务的,用于偿债的资产可能体现为存货等资产。债权人在受让上述资产后,按照相关会计准则要求和本企业会计核算要求,核算相关受让资产的类别可能与债务人不同,例如,债务人以作为固定资产核算的房产清偿债务,债权人可能将受让的房产作为投资性房地产核算;债务人以部分长期股权投资清偿债务,债权人可能将受让的投资作为金融资产核算;债务人以存货清偿债务,债权人可能将受让的资产作为固定资产核算等。

除上述已经在资产负债表中确认的资产外,债务人也可能以不符合确认条件而未予确认的资产清偿债务。例如,债务人以未确认的内部产生的品牌清偿债务,债权人在获得的商标权符合无形资产确认条件的前提下作为无形资产核算。在少数情况下,债务人还可能以处置组(即一组资产和与这些资产直接相关的负债)清偿债务。

权益工具,是指根据《企业会计准则第37号——金融工具列报》分类为"权益工具"的金融工具,会计处理上体现为股本、实收资本、资本公积等。实务中,有些债务重组名义上采用"债转股"的方式,但同时附加相关条款,如约定债务人在未来某个时点有义务以某一金额回购股权,或债权人持有的股份享有强制分红权等。对于债务人,这些"股权"可能并不是根据《企业会计准则第37号——金融工具列报》分类为权益工具的金融工具,从而不属于债务人将债务转为权益工具的债务重组方式。债权人和债务人还可能协议以一项同时包含金融负债成分和权益工具成分的复合金融工具替换原债权债务,这类交易也不属于债务人将债务转为权益工具的债务重组方式。

债务重组中涉及的债权、重组债权、债务、重组债务和其他金融工具的确认、计量和列报,分别适用《企业会计准则第22号——金融工具确认和计量》和《企业会计准则第37号——金融工具列报》等金融工具相关准则。

3. 准则适用范围

通过债务重组形成企业合并的,适用《企业会计准则第20号——企业合并》。债务人以股权投资清偿债务或者将债务转为权益工具,可能对应导致债权人取得被投资单位或债务人控制权,在债权人的个别财务报表层面和合并财务报表层面,债权人取得长期股权投资或者资产和负债的确认和计量适用《企业会计准则第20号——企业合并》的有关规定。但导致债权人将债权转为对联营企业或合营企业的权益性投资的,适用债务重组准则。

债权人或债务人中的一方直接或间接对另一方持股且以股东身份进行债务重组的;或者债权人与债务人在债务重组前后均受同一方或相同的多方最终控制,且该债务重组的交易实质是债权人或债务人进行了权益性分配或接受了权益性投入的,债务重组构成权益性交易,适用权益性交易的有关会计处理规定。

企业在判断债务重组是否构成权益性交易时应当遵循实质重于形式原则,例如,假设债权人对债务人的权益性投资通过其他人代持,债权人不具有股东身份但实质上以股东身份进行债务重组,债权人和债务人应当认为该债务重组构成权益性交易。

债务重组构成权益性交易的,债权人和债务人不确认构成权益性交易的债务重组相关损益。例如,甲公司是乙公司股东,为了弥补乙公司临时性经营现金流短缺,甲公司向乙公司提供1000万元无息借款,并约定于6个月后收回。借款期满时,尽管乙公司具有充足的现金流,甲公司仍然决定免除乙公司部分本金还款义务,仅收回600万元借款。在此项交易中,如果甲公司不以股东身份而是以市场交易者身份参与交易,在乙公司具有足够偿债能力的情况下不会免除其部分本金。因此,甲公司和乙公司应当将该交易作为权益性交易,不确认债务重组相关损益。但债务重组中不属于权益性交易的部分仍然适用债务重组准则。假设上例中债务人乙公司确实出现财务困难,其他债权人对其债务普遍进行了减半的豁免,那么甲公司作为股东比其他债务人多豁免100万元债务的交易应当作为权益性交易,正常豁免300万元债务的交易适用债务重组准则。

对债务人在破产清算期间进行的债务重组,因债务人已不按持续经营进行会计核算,不适用债务重组准则,应当按照企业破产清算有关会计处理规定处理。

(二)债务重组涉及的债权和债务的终止确认

债务重组中涉及的债权和债务的终止确认,应当遵循《企业会计准则第22号——金融工具确认和计量》和《企业会计准则第23号——金融资产转移》有关金融资产和金融负债终止确认的规定。债权人在收取债权现金流量的合同权利终止时终止确认债权,债务人在债务的现时义务解除时终止确认债务。

债权人在判断是否具有收取债权现金流量的合同权利时,应基于资产负债表日已存在的、具有法律效力的协议及相关事实,审慎判断资产负债表日债权人是否取得合法有效的债权人资格、是否具有向债务人主张债权的权利。债务人在判断相关债务的现时义务是否解除时,除非债务豁免协议后续不可撤销,且豁免债务附加的条件完全满足,否则债务人仍对该项债务负有现时义务,相关负债不得终止确认。

由于债权人与债务人之间进行的债务重组涉及债权和债务的认定,以及清偿方式和期限等的协商,通常需要经历较长时间,例如破产重整中进行的债务重组。只有在符合上述终止确认条件时才能终止确认相关债权和债务,并确认债务重组相关损益。在签署债务重组合同的时点,如果债务的现时义务尚未解除,债务人不能确认债务重组相关损益。对于在报告期间已经开始协商、但在报告期资产负债表日后的债务重组,不属于资产负债表日后调整事项。

对于终止确认的债权,债权人应当结转已计提的减值准备中对应该债权终止确认部分的金额。对于终止确认的分类为以公允价值计量且其变动计入其他综合收益的债权,之前计入其他综合收益的累计利得或损失应当从其他综合收益中转出,记入"投资收益"科目。

1. 以资产清偿债务或将债务转为权益工具

对于以资产清偿债务或者将债务转为权益工具方式进行的债务重组,由于债权人在拥有或控制相关资产时,通常其收取债权现金流量的合同权利也同时终止,债权人一般可以终止确认该债权。同样的,由于债务人通过交付资产或权益工具解除了其清偿债务的现时义务,债务人一般可以终止确认该债务。

2. 修改其他条款

对于债权人,债务重组通过调整债务本金、改变债务利息、变更还款期限等修改合同条款方式进行的,合同修改前后的交易对手方没有发生改变,合同涉及的本金、利息等现金流量很难在本息之间及债务重组前后作出明确分割,即很难单独识别合同的特定可辨认现金流量。因此通常情况下,应当整体考虑是否对全部债权的合同条款作出了实质性修改。如果作出实质性修改,或者债权人与债务人之间签订协议,以获取实质上不同的新金融资产方式替换债权,应当终止确认原债权,并按照修改后的条款或新协议确认新金融资产。

对于债务人,如果对债务或部分债务的合同条款作出实质性修改形成重组债务,或者债权人与债务人之间签订协议,以承担实质上不同的重组债务方式替换债务,债务人应当终止确认原债务,同时按照修改后的条款确认一项新金融负债。其中,如果重组债务未来现金流量(包括支付和收取的某些费用)现值与原债务的剩余期间现金流量现值之间的差异超过10%,则意味着新的合同条款进行了实质性修改或者重组债务是实质上不同的,有关现值的计算均采用原债务的实际利率。

3. 组合方式

对于债权人,与上述"修改其他条款"部分的分析类似,通常情况下应当整体考虑是否终止确认全部债权。由于组合方式涉及多种债务重组方式,一般可以认为对全部债权的合同条款作出了实质性修改,从而终止确认全部债权,并按照修改后的条款确认新金融资产。

对于债务人,组合中以资产清偿债务或者将债务转为权益工具方式进行的债务重组,如果债务人清偿该部分债务的现时义务已经解除,应当终止确认该部分债务。组合中以修改其他条款方式进行的债务重组,需要根据具体情况,判断对应的部分债务是否满足终止确认条件。

二、债务重组的会计处理

(一)以资产清偿债务或将债务转为权益工具

1. 债权人的会计处理

以资产清偿债务或将债务转为权益工具方式进行债务重组的,债权人应当在相关资产符合其定义和确认条件时予以确认。

(1)债权人受让金融资产

债权人受让包括现金在内的单项或多项金融资产的,应当按照《企业会计准则第22号——金融工具确认和计量》的规定进行确认和计量。金融资产初始确认时应当以其公允价值计量。金融资产确认金额与债权终止确认日账面价值之间的差额,记入当期损益"投资收益"科目。但收取的金融资产的公允价值与交易价格(即放弃债权的公允价值)存在差异的,应当按照《企业会计准则第22号——金融工具确认和计量》第三十四条的规定处理,参见第十一章第一节"二、以摊余成本计量的金融资产的计量"。

对于终止确认的分类为以公允价值计量且其变动计入其他综合收益的债权,之前计入其他综合收益的累计利得或损失应当从其他综合收益中转出,记入"投资收益"科目(下同)。

(2) 债权人受让非金融资产

债权人初始确认受让的金融资产以外的资产时,应当按照下列原则以成本计量:

存货的成本,包括放弃债权的公允价值和使该资产达到当前位置和状态所发生的可直接归属于该资产的税金、运输费、装卸费、保险费等其他成本。

对联营企业或合营企业投资的成本,包括放弃债权的公允价值和可直接归属于该资产的税金等其他成本。

投资性房地产的成本,包括放弃债权的公允价值和可直接归属于该资产的税金等其他成本。

固定资产的成本,包括放弃债权的公允价值和使该资产达到预定可使用状态前所发生的可直接归属于该资产的税金、运输费、装卸费、安装费、专业人员服务费等其他成本。确定固定资产成本时,应当考虑预计弃置费用因素。

生物资产的成本,包括放弃债权的公允价值和可直接归属于该资产的税金、运输费、保险费等其他成本。

无形资产的成本,包括放弃债权的公允价值和可直接归属于使该资产达到预定用途所发生的税金等其他成本。

放弃债权的公允价值与账面价值之间的差额,应当记入当期损益"投资收益"科目。

如果债权人与债务人之间的债务重组是在公平交易的市场环境中达成的交易,放弃债权的公允价值通常与受让资产的公允价值相等,且通常不高于放弃债权的账面余额。

(3) 债权人受让多项资产

债权人受让多项非金融资产,或者包括金融资产、非金融资产在内的多项资产的,应当按照《企业会计准则第 22 号——金融工具确认和计量》的规定确认和计量受让的金融资产。按照受让的金融资产以外的各项资产在债务重组合同生效日的公允价值比例,对放弃债权在合同生效日的公允价值扣除受让金融资产当日公允价值后的净额进行分配,并以此为基础分别确定各项资产的成本。放弃债权的公允价值与账面价值之间的差额,应当记入当期损益"投资收益"科目。

(4) 债权人受让处置组

债务人以处置组清偿债务的,债权人应当分别按照《企业会计准则第 22 号——金融工具确认和计量》和其他相关准则的规定,对处置组中的金融资产和负债进行初始计量,然后按照金融资产以外的各项资产在债务重组合同生效日的公允价值比例,对放弃债权在合同生效日的公允价值以及承担的处置组中负债的确认金额之和,扣除受让金融资产当日公允价值后的净额进行分配,并以此为基础分别确定各项资产的成本。放弃债权的公允价值与账面价值之间的差额,应当记入当期损益"投资收益"科目。

(5) 债权人将受让的资产或处置组划分为持有待售类别

债务人以资产或处置组清偿债务,且债权人在取得日未将受让的相关资产或处置组作为非流动资产和非流动负债核算而是将其划分为持有待售类别的,债权人应当在初始计量时,比较假定其不划分为持有待售类别情况下的初始计量金额和公允价值减去出售费用后的净额,以两者孰低计量。

2. 债务人的会计处理

(1) 以资产清偿债务

以资产清偿债务方式进行债务重组的,债务人应当在相关资产和所清偿债务符合终止确认条件时予以终止确认,所清偿债务账面价值与转让资产账面价值之间的差额计入当期损益。

①债务人以金融资产清偿债务

债务人以单项或多项金融资产清偿债务的,债务的账面价值与偿债金融资产账面价值的差额,记入当期损益"投资收益"科目。偿债金融资产已计提减值准备的,应结转已计提的减值准备。对于以分类为以公允价值计量且其变动计入其他综合收益的债务工具投资清偿债务的,之前计入其他综合收益的累计利得或损失应当从其他综合收益中转出,记入"投资收益"科目。对于以指定为以公允价值计量且其变动计入其他综合收益的非交易性权益工具投资清偿债务的,之前计入其他综合收益的累计利得或损失应当从其他综合收益中转出,记入"盈余公积""利润分配——未分配利润"等科目。

②债务人以非金融资产清偿债务

债务人以单项或多项非金融资产(如固定资产、日常活动产出的商品或服务等)清偿债务,或者以包括金融资产和非金融资产在内的多项资产清偿债务的,不需要区分资产处置损益和债务重组损益,也不需要区分不同资产的处置损益,而应将所清偿债务账面价值与转让资产账面价值之间的差额,记入当期损益"其他收益——债务重组收益"科目。偿债资产已计提减值准备的,应结转已计提的减值准备。例如,债务人以存货清偿债务进行债务重组的,不应作为存货的销售处理、所清偿债务账面价值与存货账面价值之间的差额,记入"其他收益"科目。

债务人以包含非金融资产的处置组清偿债务的,应当将所清偿债务和处置组中负债的账面价值之和,与处置组中资产的账面价值之间的差额,记入当期损益"其他收益——债务重组收益"科目。处置组所属的资产组或资产组组合按照《企业会计准则第8号——资产减值》分摊了企业合并中取得的商誉的,该处置组应当包含分摊至处置组的商誉。处置组中的资产已计提减值准备的,应结转已计提的减值准备。

(2)将债务转为权益工具

以将债务转为权益工具方式进行债务重组的,债务人应当在所清偿债务符合终止确认条件时予以终止确认。债务人初始确认权益工具时应当按照权益工具的公允价值计量,权益工具的公允价值不能可靠计量的,应当按照所清偿债务的公允价值计量。所清偿债务账面价值与权益工具确认金额之间的差额,应当记入当期损益"投资收益"科目。债务人因发行权益工具而支出的相关税费等,应当依次冲减资本溢价、盈余公积、未分配利润等。

上述债权债务的"账面价值"如有利息的,还应加上应计未付利息,如长期借款;有溢(折)价的,还应加上尚未摊销的溢价或减去尚未摊销的折价(如应付债券,下同)。

对用于清偿债务的资产中的增值税应税项目,债权人和债务人还要考虑是否另行收付增值税款。

【例13-10】 光明公司于2月10日销售一批材料给长江公司,含税价格为234000元。3月20日,长江公司无法按合同规定偿还债务,经双方协议,光明公司同意减免长江公司40000元债务,余额用银行存款立即偿清。光明公司已对该债权计提了1000元坏账准备。

(1) 光明公司应作如下账务处理：

借：银行存款　　　　　　　　　　　　　　　　194000
　　坏账准备　　　　　　　　　　　　　　　　　1000
　　投资收益　　　　　　　　　　　　　　　　 39000
　　贷：应收账款　　　　　　　　　　　　　　234000

(2) 长江公司应作如下账务处理：

借：应付账款　　　　　　　　　　　　　　　　234000
　　贷：银行存款　　　　　　　　　　　　　　194000
　　　　投资收益　　　　　　　　　　　　　　 40000

【例 13-11】 甲公司于 6 月 18 日向乙公司销售一批商品，应收乙公司款项的入账金额为 95 万元。甲公司将该应收款项分类为以摊余成本计量的金融资产，乙公司将该应付账款分类为以摊余成本计量的金融负债。10 月 18 日，双方签订债务重组合同，乙公司以一项作为无形资产核算的非专利技术偿还该欠款。该无形资产的账面余额为 100 万元，累计摊销额为 10 万元，已计提减值准备 2 万元。10 月 22 日，双方办理完成该无形资产转让手续，甲公司支付评估费用 4 万元，作为无形资产核算。当日，甲公司应收款项的公允价值为 87 万元，已计提坏账准备 7 万元，乙公司应付款项的账面价值仍为 95 万元。假设不考虑相关税费。

(1) 甲公司（债权人）的会计处理

10 月 22 日，甲公司取得该无形资产的成本为债权公允价值 87 万元与评估费用 4 万元，合计 91 万元。甲公司的账务处理如下：

借：无形资产　　　　　　　　　　　　　　　　910000
　　坏账准备　　　　　　　　　　　　　　　　 70000
　　投资收益　　　　　　　　　　　　　　　　 10000
　　贷：应收账款　　　　　　　　　　　　　　950000
　　　　银行存款　　　　　　　　　　　　　　　4000

(2) 乙公司（债务人）的会计处理

乙公司 10 月 22 日的账务处理如下：

借：应付账款　　　　　　　　　　　　　　　　950000
　　累计摊销　　　　　　　　　　　　　　　　100000
　　无形资产减值准备　　　　　　　　　　　　 20000
　　贷：无形资产　　　　　　　　　　　　　1000000
　　　　其他收益——债务重组收益　　　　　　 70000

承本例，假设甲公司管理层决议，受让该非专利技术后将在半年内将其出售，当日无形资产的公允价值为 87 万元，预计未来出售该非专利技术时将发生 1 万元的出售费用，该非专利技术满足持有待售资产确认条件。

10 月 22 日，甲公司对该非专利技术进行初始确认时，按照无形资产入账 91 万元与公允价值减出售费用 86(87-1)万元孰低计量。债权人甲公司的账务处理如下：

借:持有待售资产——无形资产	860000	
坏账准备	70000	
资产减值损失	60000	
贷:应收账款		950000
银行存款		40000

【例13-12】 2×21年11月5日,甲公司向乙公司赊购一批材料,含税价为234万元。2×22年9月10日,甲公司因发生财务困难,无法按合同约定偿还债务,双方协商进行债务重组。乙公司同意甲公司用其生产的商品、固定资产用的机器设备和一项债券投资抵偿欠款。当日,该债权的公允价值为210万元,甲公司用于抵债的商品市价(不含增值税)为90万元,用于抵债设备的公允价值为75万元,用于抵债的债券投资市价为23.55万元。

抵债资产于2×22年9月20日转让完毕,甲公司发生设备运输费用0.65万元,乙公司发生设备安装费用1.5万元。

乙公司以摊余成本计量该项债权。2×22年9月20日,乙公司对该债权已计提坏账准备19万元,债券投资市价为21万元。乙公司将受让的商品、设备和债券投资分别作为低值易耗品、固定资产和以公允价值计量且其变动计入当期损益的金融资产核算。

甲公司以摊余成本计量该项债务。2×22年9月20日,甲公司用于抵债的商品成本为70万元;抵债设备的账面原价为150万元,累计折旧为40万元,已计提减值准备18万元;甲公司以摊余成本计量用于抵债的债券投资,债券票面价值总额为15万元,票面利率与实际利率一致,按年计息,假定甲公司尚未对债券确认利息收入。当日,该项债务的账面价值仍为234万元。

甲、乙公司均为增值税一般纳税人,适用增值税税率为13%,按规定,该项交易中商品和设备的计税价格分别为90万元和75万元,并开具相应的增值税专用发票。不考虑其他相关税费。

(1)乙公司(债权人)的会计处理

低值易耗品可抵扣增值税=90×13%=11.7(万元)

设备可抵扣增值税=75×13%=9.75(万元)

债务重组合同生效日为9月10日,低值易耗品和固定资产的成本应当以其公允价值比例(90:75)对放弃债权公允价值扣除受让金融资产公允价值后的净额进行分配后的金额为基础确定。

低值易耗品的成本=90÷(90+75)×(210-23.55-11.7-9.75)=90(万元)

固定资产的成本=75÷(90+75)×(210-23.55-11.7-9.75)=75(万元)

2×22年9月20日,乙公司的账务处理如下:

①处理债务重组事项

借:低值易耗品	900000	
在建工程——在安装设备	750000	

应交税费——应交增值税(进项税额)	214500
交易性金融资产	210000
坏账准备	190000
投资收益	75500
贷:应收账款——甲公司	2340000

②支付安装费用

借:在建工程——在安装设备	15000
贷:银行存款	15000

③安装完毕达到可使用状态

借:固定资产——××设备	765000
贷:在建工程——在安装设备	765000

(2)甲公司(债务人)的会计处理

甲公司9月20日的账务处理如下:

借:固定资产清理	920000
累计折旧	400000
固定资产减值准备	180000
贷:固定资产	1500000
借:固定资产清理	6500
贷:银行存款	6500
借:应付账款	2340000
贷:固定资产清理	926500
库存商品	700000
应交税费——应交增值税(销项税额)	214500
债权投资——面值	150000
其他收益——债务重组收益	349000

【例13-13】 光明公司于12月30日销售一批材料给长江公司(与光明公司属非关联方),含税价为234000元。次年3月1日,经双方协议,光明公司同意长江公司将其拥有的丙公司长期股权投资用于清偿债务,并向长江公司支付补价10000元。该项长期股权投资(长江公司采用成本法核算)的账面余额为260000元,已计提的相关减值准备为40000元,长江公司转让该项长期股权投资时发生相关费用4000元,光明公司对该项债权提取了24000元坏账准备。假定光明公司将收到的丙公司股权作为长期股权投资核算,不考虑其他相关税费。

从上述资料可以看出,双方确认的股权、债权的公允价值为230000元。

(1)光明公司(债权人)应作如下账务处理:

借:长期股权投资——丙公司	230000
坏账准备	24000
贷:应收账款	234000

银行存款	10000
投资收益	10000

(2) 长江公司(债务人)应作如下账务处理：

借：应付账款	234000
银行存款	10000
长期股权投资减值准备	40000
贷：长期股权投资——丙公司	260000
银行存款	4000
其他收益——债务重组收益	20000

【例13-14】 甲公司于2月10日从乙公司购买一批材料，约定6个月后甲公司应结清款项100万元(假定无重大融资成分)。乙公司将该应收款项分类为以公允价值计量且其变动计入当期损益的金融资产；甲公司将该应付款项分类为以摊余成本计量的金融负债。8月12日，甲公司因无法支付货款与乙公司协商进行债务重组，双方商定乙公司将该债权转为对甲公司的股权投资。10月20日，乙公司办结了对甲公司的增资手续，甲公司和乙公司分别支付手续费等相关费用1.5万元和1.2万元。债转股后甲公司总股本为100万元，乙公司持有的抵债股权占甲公司总股本的25%，对甲公司具有重大影响，甲公司股权公允价值不能可靠计量。甲公司应付款项的账面价值仍为100万元。

3月31日，应收款项和应付款项的公允价值均为100万元。

6月30日，应收款项和应付款项的公允价值均为85万元。

8月12日，应收款项和应付款项的公允价值均为76万元。

10月20日，应收款项和应付款项的公允价值仍为76万元。

假定不考虑其他相关税费。

(1) 乙公司(债权人)的会计处理

乙公司的账务处理如下：

①6月30日

借：公允价值变动损益	150000
贷：交易性金融资产——公允价值变动	150000

②8月12日

借：公允价值变动损益	90000
贷：交易性金融资产——公允价值变动	90000

③10月20日，乙公司对甲公司长期股权投资的成本为应收款项公允价值76万元与相关税费1.2万元的合计77.2万元。

借：长期股权投资——甲公司	772000
交易性金融资产——公允价值变动	240000
贷：交易性金融资产——成本	1000000
银行存款	12000

(2) 甲公司 (债务人) 的会计处理

10月20日，由于甲公司股权的公允价值不能可靠计量，初始确认权益工具公允价值时应当按照所清偿债务的公允价值76万元计量，并扣除因发行权益工具支出的相关税费1.5万元。甲公司的账务处理如下：

借：应付账款　　　　　　　　　　　　　　　1000000
　　贷：实收资本　　　　　　　　　　　　　　　250000
　　　　资本公积——资本溢价　　　　　　　　　495000
　　　　银行存款　　　　　　　　　　　　　　　15000
　　　　投资收益　　　　　　　　　　　　　　　240000

(二) 修改其他条款

1. 债权人的会计处理

采用修改其他条款方式进行债务重组的，债权人应当按照《企业会计准则第22号——金融工具确认和计量》的规定，确认和计量重组债权。

如果修改其他条款导致全部债权终止确认，债权人应当按照修改后的条款以公允价值初始计量重组债权，重组债权的确认金额与债权终止确认日账面价值之间的差额，记入当期损益"投资收益"科目。

如果修改其他条款未导致债权终止确认，债权人应当根据其分类，继续以摊余成本、以公允价值计量且其变动计入其他综合收益，或者以公允价值计量且其变动计入当期损益进行后续计量。对于以摊余成本计量的债权，债权人应当根据重新议定合同的现金流量变化情况，重新计算该重组债权的账面余额，并将相关利得或损失记入"投资收益"科目。重新计算的该重组债权的账面余额，应当根据将重新议定或修改的合同现金流量按债权原实际利率折现的现值确定，购买或源生的已发生信用减值的重组债权，应按经信用调整的实际利率折现。对于修改或重新议定合同所产生的成本或费用，债权人应当调整修改后的重组债权的账面价值，并在修改后重组债权的剩余期限内摊销。

2. 债务人的会计处理

采用修改其他条款方式进行债务重组的，债务人应当按照《企业会计准则第22号——金融工具确认和计量》和《企业会计准则第37号——金融工具列报》的规定，确认和计量重组债务。

如果修改其他条款导致债务终止确认，债务人应当按照公允价值计量重组债务，终止确认的债务账面价值与重组债务确认金额之间的差额，记入当期损益"投资收益"科目。

如果修改其他条款未导致债务终止确认，或者仅导致部分债务终止确认，对于未终止确认的部分债务，债务人应当根据其分类，继续以摊余成本、以公允价值计量且其变动计入当期损益或其他适当方法进行后续计量。对于以摊余成本计量的债务，债务人应当根据重新议定合同的现金流量变化情况，重新计算该重组债务的账面价值，并将相关利得或损失记入"投资收益"科目。重新计算的该重组债务的账面价值应当根据将重新议定或修改的合同现金流量按债务的原实际利率或按《企业会计准则第24号——套期会计》第二十三条规定的重新计算的实际利率（如适用）折现的现值确定。对于修改或重新议定合同所产生的成本或费用，债务人应当调整修改后的重组债务的账面价值，并在修改后重组债务的剩余期限内摊销。

【例 13-15】 假设海星公司 2×22 年 12 月 31 日应付昌河公司票据的账面余额为 208000 元,其中,8000 元为累计未付的利息,票面年利率为 8%。由于海星公司连年亏损,资金困难,不能偿付应于 2×23 年 12 月 31 日前支付的应付票据。经双方协商,于 2×23 年 1 月 1 日进行债务重组。昌河公司同意将债务本金减至 160000 元,免去债务人 2×22 年 12 月 31 日前所欠的全部利息;将利率从 8% 降低到 5%,并将债务到期日延长至 2×24 年 12 月 31 日,利息按年支付。假设昌河公司已对该项债权计提坏账准备 52000 元,现行类似债权资产市场折现率为 5%。

根据上述资料,债务重组后债务的公允价值为 160000 元。

(1) 海星公司(债务人)应作如下账务处理:

债务重组日原债务应终止确认

借:应付票据		208000
贷:应付账款——昌河公司(重组债务)		160000
投资收益		48000

(2) 昌河公司(债权人)应作如下账务处理:

①债务重组日原债权应终止确认

借:应收账款——海星公司(重组债权)		160000
坏账准备		52000
贷:应收票据		208000
投资收益		4000

② 2×23 年 12 月 31 日收到利息 8000 元

借:银行存款		8000
贷:财务费用		8000

③ 2×24 年 12 月 31 日收回本金和最后一年利息

借:银行存款		168000
贷:应收账款——海星公司(债务重组)		160000
财务费用		8000

(三)组合方式

1. 债权人的会计处理

以组合方式进行债务重组的,一般可以认为对全部债权的合同条款作出了实质性修改,债权人应当根据修改后的条款,首先按照《企业会计准则第 22 号——金融工具确认和计量》的规定,确认并以公允价值初始计量受让的金融资产和重组债权,然后按照受让的金融资产以外的各项非金融资产在债务重组合同生效日的公允价值比例,对放弃债权在债务重组合同生效日的公允价值扣除受让金融资产和重组债权确认金额后的净额进行分配,并以此为基础,按照以资产清偿债务方式时债权人初始确认受让的金融资产以外的资产的成本计量原则,分别确定各项资产的成本。放弃债权的公允价值与账面价值之间的差额,应当记入当期损益"投资收益"科目。

2. 债务人的会计处理

以组合方式进行债务重组的,债务人应当按照将债务转为权益工具方式进行债务重组和采用修改其他条款方式进行债务重组的规定,确认和计量权益工具和重组债务,所清偿债务的账面价值与转让资产的账面价值以及权益工具和重组债务的确认金额之和的差额,应当记入当期损益"其他收益——债务重组收益"或"投资收益"科目(仅涉及金融工具时)。

【例13-16】 A公司为上市公司,2×19年1月1日,A公司取得B银行贷款5000万元,约定贷款期限为4年(即2×22年12月31日到期),年利率6%,按年付息,A公司已按时支付所有利息。2×22年12月31日,A公司出现严重资金周转问题,多项债务违约,信用风险增加,无法偿还贷款本金。2×23年1月10日,B银行同意与A公司就该项贷款重新达成协议,新协议约定:①A公司将一项作为固定资产核算的房产转让给B银行,用于抵偿债务本金1000万元,该房产账面原值1200万元,累计折旧400万元,未计提减值准备;②A公司向B银行增发股票500万股,面值1元/股,占A公司股份总额的1%,用于抵偿债务本金2000万元,A公司股票2×23年1月10日的收盘价为4元/股;③在A公司履行上述偿债义务后,B银行免除A公司500万元债务本金,并将尚未偿还的债务本金1500万元展期至2×23年12月31日,年利率8%;如果A公司未能履行①②所述偿债义务,B银行有权终止债务重组协议,尚未履行的债权调整承诺随之失效。

B银行以摊余成本计量该贷款,已计提贷款损失准备300万元。该贷款2×23年1月10日的公允价值为4600万元,予以展期的贷款的公允价值为1500万元。2×23年3月2日,双方办理完成房产转让手续,B银行将该房产作为投资性房地产核算。2×23年3月31日,B银行为该笔贷款补提了100万元的损失准备。2×23年5月9日,双方办理完成股权转让手续,B银行将该股权投资分类为以公允价值计量且其变动计入当期损益的金融资产,A公司股票当日收盘价为4.02元/股。

A公司以摊余成本计量该贷款,截至2×23年1月10日,该贷款的账面价值为5000万元。不考虑相关税费。

(1)B银行(债权人)的会计处理

A公司与B银行以组合方式进行债务重组,同时涉及以资产清偿债务、将债务转为权益工具、包括债务豁免的修改其他条款等方式,可以认为对全部债权的合同条款作出了实质性修改,债权人在收取债权现金流量的合同权利终止时应当终止确认全部债权,即在2×23年5月9日该债务重组协议的执行过程和结果不确定性消除时,可以确认债务重组相关损益,并按照修改后的条款确认新金融资产。

B银行的账务处理如下:

①3月2日

投资性房地产成本=放弃债权公允价值4600-受让股权公允价值2000-重组债权公允价值1500=1100(万元)

借:投资性房地产	11000000	
贷:贷款——本金		11000000

② 3月31日

借:信用减值损失	1000000	
贷:贷款损失准备		1000000

③ 5月9日

受让股权的公允价值 = 4.02 × 500 = 2010(万元)

借:交易性金融资产	20100000	
贷款——本金(重组债权)	15000000	
贷款损失准备	4000000	
贷:贷款——本金		39000000
投资收益		100000

(2) A公司(债务人)的会计处理

该债务重组协议的执行过程和结果不确定性于2×23年5月9日消除时,债务人清偿该部分债务的现时义务已经解除,可以确认债务重组相关损益,并按照修改后的条款确认新金融负债。

A公司的账务处理如下:

① 3月2日

借:固定资产清理	8000000	
累计折旧	4000000	
贷:固定资产		12000000
借:长期借款——本金	8000000	
贷:固定资产清理		8000000

② 5月9日

借款的新现金流量现值 = 1500 × (1 + 8%) ÷ (1 + 6%) = 1528.3(万元)

现金流变化 = (1528.3 − 1500) ÷ 1500 = 1.9% < 10%

因此,针对1500万元本金部分的合同条款的修改不构成实质性修改,不终止确认该部分负债。

借:长期借款——本金	42000000	
贷:股本		5000000
资本公积		15100000
长期借款——本金		15283000
其他收益——债务重组收益		6617000

本例中,即使没有"A公司未能履行①②所述偿债义务,B银行有权终止债务重组协议,尚未履行的债权调整承诺随之失效"的条款,债务人仍然应当谨慎处理,考虑在债务的现时义务解除时终止确认原债务。

第十四章 所有者权益

第一节 所有者权益核算的基本要求

一、金融负债和权益工具的区分

(一) 金融负债和权益工具的区分的总体要求

按照《企业会计准则第37号——金融工具列报》要求，企业发行金融工具，应当按照该金融工具的合同条款及其所反映的经济实质而非法律形式，结合金融资产、金融负债和权益工具的定义，在初始确认时将该金融工具或其组成部分分类为金融资产、金融负债或权益工具。

权益工具，是指能证明拥有某个企业在扣除所有负债后的资产中的剩余权益的合同。在同时满足下列条件的情况下，企业应当将发行的金融工具分类为权益工具：①该金融工具应当不包括交付现金或其他金融资产给其他方，或在潜在不利条件下与其他方交换金融资产或金融负债的合同义务；②将来须用或可用企业自身权益工具结算该金融工具。如为非衍生工具，该金融工具应当不包括交付可变数量的自身权益工具进行结算的合同义务；如为衍生工具，企业只能通过以固定数量的自身权益工具交换固定金额的现金或其他金融资产结算该金融工具。其中，企业自身权益工具既不包括应按照特殊金融工具分类为权益工具的金融工具，也不包括本身就要求在未来收取或交付企业自身权益工具的合同。

区分金融负债和权益工具需考虑的因素：

(1) 合同所反映的经济实质。在判断一项金融工具是否应划分为金融负债或权益工具时，应当以相关合同条款及其所反映的经济实质而非仅以法律形式为依据。对金融工具合同所反映经济实质的评估应基于合同的具体条款，合同条款以外的因素一般不予考虑。

(2) 工具的特征。有些金融工具可能既有权益工具的特征，又有金融负债的特征。例如，企业发行的某些优先股。因此，企业应当全面细致地分析此类金融工具各组成部分的合同条款，以确定其显示的是金融负债还是权益工具的特征，并进行整体评估，以判定整个工具应划分为金融负债、权益工具，还是既包括金融负债成分又包括权益工具成分的复合金融工具。

(二) 金融负债和权益工具区分的基本原则

1. 是否存在无条件地避免交付现金或其他金融资产的合同义务

(1) 如果企业不能无条件地避免以交付现金或其他金融资产来履行一项合同义务，则该合同义务符合金融负债的定义。

(2) 如果企业能够无条件地避免交付现金或其他金融资产，例如，能够根据相应的议事机制自主决定是否支付股息（即无支付股息的义务），同时所发行的金融工具没有到期日且持有方没有回售权，或虽有固定期限但发行方有权无限期递延（即无支付本金的义务），则此类交付现金或其他金融资产的结算条款不构成金融负债。如果发放股利由发行方根据相应的议事机制自主决定,则股利是累积股利还是非累积股利本身均不会影响该金融工具被分类为权益工具。

实务中,优先股等金融工具发行时还可能会附有与普通股股利支付相联结的合同条款。这类工具常见的联结条款包括"股利制动机制""股利推动机制"等。"股利制动机制"的合同条款要求企业如果不宣派或支付(视具体合同条款而定,下同)优先股等金融工具的股利,则其也不能宣派或支付普通股股利。"股利推动机制"的合同条款要求企业如果宣派或支付普通股股利,则其也需宣派或支付优先股等金融工具的股利。如果优先股等金融工具所联结的是诸如普通股的股利,发行方根据相应的议事机制能够自主决定普通股股利的支付,则"股利制动机制"及"股利推动机制"本身均不会导致相关金融工具被分类为一项金融负债。

【例 14-1】 甲公司发行了一项年利率为8%、无固定还款期限、可自主决定是否支付利息的不可累积永续债,其他合同条款如下(假定没有其他条款导致该工具分类为金融负债):①该永续债嵌入了一项看涨期权,允许甲公司在发行第5年及之后以面值回购该永续债;②如果甲公司在第5年年末没有回购该永续债,则之后的票息率增加至12%(通常称为"票息递增"特征);③该永续债票息在甲公司向其普通股股东支付股利时必须支付(即"股利推动机制")。

假设:甲公司根据相应的议事机制能够自主决定普通股股利的支付;该公司发行该永续债之前多年来均支付普通股股利。

本例中,尽管甲公司多年来均支付普通股股利,但由于甲公司能够根据相应的议事机制自主决定普通股股利的支付,并进而影响永续债利息的支付,对甲公司而言,该永续债并未形成支付现金或其他金融资产的合同义务;尽管甲公司有可能在第5年年末行使其回购权,但是甲公司并没有回购的合同义务,因此,该永续债应整体被分类为权益工具。

(3)有些金融工具虽然没有明确地包含交付现金或其他金融资产义务的条款和条件,但有可能通过其他条款和条件间接地形成合同义务。

(4)判断一项金融工具是划分为权益工具还是金融负债,不受下列因素的影响:
①以前实施分配的情况;
②未来实施分配的意向;
③相关金融工具如果没有发放股利对发行方普通股的价格可能产生的负面影响;
④发行方各种储备(即未分配利润等可供分配的权益)的金额;
⑤发行方对一段期间内的损益的预期;
⑥发行方是否有能力影响其当期损益。

2. 是否通过交付固定数量的自身权益工具结算

如果一项金融工具须用或可用企业自身权益工具进行结算,企业需要考虑用于结算该工具的自身权益工具,是作为现金或其他金融资产的替代品,还是为了使该工具持有方享有在发行方扣除所有负债后的资产中的剩余权益。如果是前者,该工具是发行方的金融负债;如果是后者,该工具是发行方的权益工具。因此,对于以企业自身权益工具结算的金融工具,其分类需要考虑所交付的自身权益工具的数量是可变的还是固定的。

对于将来须用或可用企业自身权益工具结算的金融工具的分类,应当区分衍生工具还是非衍生工具。例如,甲公司发行了一项无固定期限、能够自主决定支付本息的可转换优先股。按相关合同规定,甲公司将在第5年年末将发行的该工具强制转换为可变数量的普通股。该可转换优先股是一项非衍生工具。又如,甲公司发行一项5年期分期付息到期还本,同时到期可转换为甲公司普通股的可转换债券。该可转换债券中嵌入的转换权是一项衍生工具。

(1) 基于自身权益工具的非衍生工具。

对于非衍生工具,如果发行方未来有义务交付可变数量的自身权益工具进行结算,则该非衍生工具是金融负债;否则,该非衍生工具是权益工具。

某项合同并不仅仅因为其可能导致企业交付自身权益工具而成为一项权益工具。企业可能承担交付一定数量的自身股票或其他权益工具的合同义务,如果将交付的企业自身权益工具数量是变化的,使得将交付的企业自身权益工具的数量乘以其结算时的公允价值恰好等于合同义务的金额,则无论该合同义务的金额是固定的,还是完全或部分地基于除企业自身权益工具的市场价格以外变量(例如,利率、某种商品的价格或某项金融工具的价格)的变动而变化,该合同应当分类为金融负债。

【例14-2】 甲公司与乙公司签订的合同约定,甲公司以100万元等值的自身权益工具偿还所欠乙公司债务。

本例中,甲公司需偿还的负债金额100万元是固定的,但甲公司需交付的自身权益工具的数量随着其权益工具市场价格的变动而变动。在这种情况下,甲公司发行的该金融工具应当划分为金融负债。

【例14-3】 甲公司发行了名义金额人民币100元的优先股,合同条款规定甲公司在3年后将优先股强制转换为普通股,转股价格为转股日前一工作日的该普通股市价。

本例中,转股价格是变动的,未来须交付的普通股数量是可变的,实质可视作甲公司将在3年后使用自身普通股并按其市价履行支付优先股每股人民币100元的义务。在这种情况下,该强制可转换优先股整体是一项金融负债。

在【例14-2】【例14-3】中,虽然企业通过交付自身权益工具来结算合同义务,该合同仍属于一项金融负债,而并非企业的权益工具,因为企业以可变数量的自身权益工具作为合同结算方式,该合同不能证明持有方享有发行方在扣除所有负债后的资产中的剩余权益。

(2) 基于自身权益工具的衍生工具。

对于衍生工具,如果发行方只能通过以固定数量的自身权益工具交换固定金额的现金或其他金融资产进行结算(即"固定换固定"原则),则该衍生工具是权益工具;如果发行方以固定数量自身权益工具交换可变金额现金或其他金融资产,或以可变数量自身权益工具交换固定金额现金或其他金融资产,或以可变数量自身权益工具交换可变金额现金或其他金融资产,则该衍生工具应当确认为衍生金融负债或衍生金融资产。因此,除非满足"固定换固定"原则,否则将来须用或可用企业自身权益工具结算的衍生工具应分类为衍生金融负债或衍生金融资产。例如,发行在外的股票期权赋予了工具持有方以固定价格购买固定数量的企业股票的权利。该合同的公允价值可能会随着股票价格以及市场利率的波动而变动。但是,只要该合同的公允价值变动不影响结算时发行方可收取的现金或其他金融资产的金额,也不影响需交付的权益工具的数量,则发行方应将该股票期权作为一项权益工具处理。

运用上述"固定换固定"原则来判断会计分类的金融工具常见于可转换债券,具备转股条款的永续债、优先股等。实务中,转股条款呈现的形式可能纷繁复杂,发行方应审慎确定其合同条款及所反映的经济实质是否能够满足"固定换固定"原则。

(三)以外币计价的配股权、期权或认股权证

如果企业的某项合同是通过固定金额的外币(即企业记账本位币以外的其他货币)交换固定数量的自身权益工具进行结算,由于固定金额的外币代表的是以企业记账本位币计价的可变金额,因此不符合"固定换固定"原则。但是,对以外币计价的配股权、期权或认股权证提供了一个例外情况:企业对全部现有同类别非衍生自身权益工具的持有方同比例发行配股权、期权或认股权证,使之有权按比例以固定金额的任何货币交换固定数量的该企业自身权益工具的,该类配股权、期权或认股权证应当分类为权益工具。这是一个范围很窄的例外情况,不能以类推方式适用于其他工具(例如,以外币计价的可转换债券和并非按比例发行的配股权、期权或认股权证)。

【例14-4】 一家在多地上市的企业,向其所有的现有普通股股东提供每持有2股股份可购买其1股普通股的权利(配股比例为2股配1股),配股价格为配股当日股价的70%。由于该企业在多地上市,受到各地区当地的法规限制,配股权行权价的币种须与当地货币一致。

本例中,由于企业是按比例向其所有同类普通股股东提供配股权,该配股权应当分类为权益工具。

(四)或有结算条款

附有或有结算条款的金融工具,指是否通过交付现金或其他金融资产进行结算,或者是否以其他导致该金融工具成为金融负债的方式进行结算,需要由发行方和持有方均不能控制的未来不确定事项(如股价指数、消费价格指数变动,利率或税法变动,发行方未来收入、净收益或债务权益比率等)的发生或不发生(或发行方和持有方均不能控制的未来不确定事项的结果)来确定的金融工具。对于附有或有结算条款的金融工具,发行方不能无条件地避免交付现金、其他金融资产或以其他导致该工具成为金融负债的方式进行结算的,应当分类为金融负债。但是,满足下列条件之一的,发行方应当将其分类为权益工具:①要求以现金、其他金融资产或以其他导致该工具成为金融负债的方式进行结算的或有结算条款几乎不具有可能性,即相关情形极端罕见、显著异常或几乎不可能发生;②只有在发行方清算时,才需以现金、其他金融资产或以其他导致该工具成为金融负债的方式进行结算;③特殊金融工具中分类为权益工具的可回售工具。

(五) 结算选择权

对于存在结算选择权的衍生工具(例如,合同规定发行方或持有方能选择以现金净额或以发行股份交换现金等方式进行结算的衍生工具),发行方应当将其确认为金融资产或金融负债,但所有可供选择的结算方式均表明该衍生工具应当确认为权益工具的除外。

常见的结算选择权,例如,为防止附有转股权的金融工具的持有方行使转股权时导致发行方的普通股股东的股权被稀释,发行方会在衍生工具合同中要求加入一项现金结算选择权:发行方有权以等值于所应交付的股票数量乘以股票市价的现金金额支付给工具持有方,而不再发行新股。

如果转股权这样的衍生工具给予合同任何一方选择结算方式的权利,除非所有可供选择的结算方式均表明该衍生工具应当确认为权益工具,否则发行方应当将这样的转股权确认为衍生金融负债或衍生金融资产。

(六) 金融负债和权益工具之间的重分类

由于发行的金融工具原合同条款约定的条件或事项随着时间的推移或经济环境的改变而发生变化,可能会导致已发行金融工具(含特殊金融工具)的重分类。发行方原分类为权益工具的金融工具,自不再被分类为权益工具之日起,发行方应当将其重分类为金融负债,以重分类日该工具的公允价值计量,重分类日权益工具的账面价值和金融负债的公允价值之间的差额确认为权益。发行方原分类为金融负债的金融工具,自不再被分类为金融负债之日起,发行方应当将其重分类为权益工具,以重分类日金融负债的账面价值计量。

二、复合金融工具

企业应对发行的非衍生工具进行评估,以确定所发行的工具是否为复合金融工具。企业所发行的非衍生工具可能同时包含金融负债成分和权益工具成分。对于复合金融工具,发行方应于初始确认时将各组成部分分别分类为金融负债、金融资产或权益工具。企业发行的一项非衍生工具同时包含金融负债成分和权益工具成分的,应于初始计量时先确定金融负债成分的公允价值(包括其中可能包含的非权益性嵌入衍生工具的公允价值),再从复合金融工具公允价值中扣除负债成分的公允价值,作为权益工具成分的价值。

可转换债券等可转换工具可能被分类为复合金融工具。发行方对该类可转换工具进行会计处理时,应当注意以下四个方面:

1. 在可转换工具转换时,应终止确认负债成分,并将其确认为权益。原来的权益成分仍旧保留为权益(从权益的一个项目结转到另一个项目,如从"其他权益工具"科目转入"资本公积——资本或股本溢价"科目)。可转换工具转换时不产生损益。

2. 企业通过在到期日前赎回或回购而终止一项仍具有转换权的可转换工具时,应在交易日将赎回或回购所支付的价款,以及发生的交易费用分配至该工具的权益成分和负债成分。分配价款和交易费用的方法应与该工具发行时采用的分配方法一致。价款和交易费用分配后,所产生的利得或损失应分别根据权益成分和负债成分所适用的会计原则进行处理,分配至权益成分的款项计入权益,与债务成分相关的利得或损失计入损益。

3. 企业可能修订可转换工具的条款以促成持有方提前转换,例如,提供更有利的转换比率或在特定日期前转换则支付额外的对价。在条款修订日,对于持有方根据修订后的条款进行转换所能获得的对价的公允价值与根据原有条款进行转换所能获得的对价的公允价值之间的差额,企业应将其确认为一项损失。

4. 企业发行认股权和债权分离交易的可转换公司债券,所发行的认股权符合有关权益工具定义的,应当确认为一项权益工具(其他权益工具),并以发行价格减去不附认股权且其他条件相同的公司债券公允价值后的净额进行计量。如果认股权持有方到期没有行权的,应当在到期时将原计入其他权益工具的部分转入资本公积(股本溢价)。

第二节 实收资本和其他权益工具的核算

一、实收资本概述

实收资本是投资者投入资本形成法定资本的价值,所有者向企业投入的资本,在一般情况下无须偿还,可以长期周转使用。实收资本的构成比例,即投资者的出资比例或股东的股份比例,通常是确定所有者在企业所有者权益中所占的份额和参与企业财务经营决策的基础,也是企业进行利润分配或股利分配的依据,同时还是企业清算时确定所有者对净资产的要求权的依据。

企业应当设置"实收资本"科目,核算企业接受投资者投入的实收资本,股份有限公司应将该科目改为"股本"科目。投资者可以用现金投资,也可以用现金以外的其他有形资产投资,符合国家规定比例的,还可以用无形资产投资。企业收到投资时,一般应作如下会计处理:收到投资人投入的现金,应在实际收到或者存入企业开户银行时,按实际收到的金额,借记"银行存款"科目,以实物资产投资的,应在办理实物产权转移手续时,借记有关资产科目,以无形资产投资的,应按照合同、协议或公司章程规定移交有关凭证时,借记"无形资产"科目,按投入资本在注册资本或股本中所占份额,贷记"实收资本"科目或"股本"科目,按其差额,贷记"资本公积——资本溢价"科目或"资本公积——股本溢价"等科目。

有限责任公司成立时,各投资者按照合同、协议或公司章程投入企业的资本,应全部记入"实收资本"科目,注册资本为在公司登记机关登记的全体股东认缴的出资额。在企业增资时,如有新投资者介入,新介入的投资者缴纳的出资额大于其按约定比例计算的其在注册资本中所占的份额部分,不记入"实收资本"科目,而作为资本公积,记入"资本公积"科目。

股份有限公司与其他企业相比较,最显著的特点就是将企业的全部资本划分为等额股份,并通过发行股票的方式来筹集资本。股东以其所认购股份对公司承担有限责任。股票的面值与股份总数的乘积为股本,股本应等于企业的注册资本,在会计处理上,股份有限公司应设置"股本"科目。"股本"科目核算股东投入股份有限公司的股本,企业应将核定的股本总额、股份总数、每股面值在股本账户中作备查记录。为提供企业股份的构成情况,企业可在"股本"科目下按股东单位或姓名设置明细账。企业的股本应在核定的股本总额范围内,发行股票取得。但值得注意的是,企业发行股票取得的收入与股本总额往往不一致,公司发行股票取得的收入大于股本总额的,称为溢价发行;小于股本总额的,称为折价发行;等于股本总额的,称为面值发行。我国不允许企业折价发行股票。在采用溢价发行股票的情况下,企业应将相当于股票面值的部分记入"股本"科目,其余部分在扣除发行手续费、佣金等发行费用后记入"资本公积——股本溢价"科目。

二、实收资本增减变动的会计处理

《公司登记管理条例》规定,公司增加注册资本的,有限责任公司股东认缴新增资本的出资和股份有限公司的股东认购新股,应当分别依照《公司法》设立有限责任公司缴纳出资和设立股份有限公司缴纳股款的有关规定执行。公司法定公积金转增为注册资本的,验资证明应当载明留存的该项公积金不少于转增前公司注册资本的25%。公司减少注册资本的,应当自公告之日起45日后申请变更登记,并应当提交公司在报纸上登载公司减少注册资本公告的有关证明和公司债务清偿或者债务担保情况的说明。公司减资后的注册资本不得低于法定的最低限额。公司变更实收资本的,应当提交依法设立的验资机构出具的验资证明,并应当按照公司章程载明的出资时间、出资方式缴纳出资。公司应当自足额缴纳出资或者股款之日起30日内申请变更登记。

(一)实收资本增加的会计处理

1. 企业增加资本的一般途径

企业增加资本的途径一般有三条:一是将资本公积转为实收资本或者股本。会计上应借记"资本公积——资本溢价"或"资本公积——股本溢价"科目,贷记"实收资本"或"股本"科目。二是将盈余公积转为实收资本。会计上应借记"盈余公积"科目,贷记"实收资本"或"股本"科目。这里要注意的是,资本公积和盈余公积均属所有者权益,转为实收资本或者股本时,企业如为独资企业的,核算比较简单,直接结转即可;如为股份有限公司或有限责任公司的,应按原投资者所持股份同比例增加各股东的股权。三是所有者(包括原企业所有者和新投资者)投入。企业接受投资者投入的资本,借记"银行存款""固定资产""无形资产""长期股权投资"等科目,贷记"实收资本"或"股本"等科目。

2. 股份有限公司发放股票股利

股份有限公司采用发放股票股利实现增资的,在发放股票股利时,按照股东原来持有的股数分配,如股东所持股份按比例分配的股利不足1股时,应采用恰当的方法处理。股东大会批准的利润分配方案中分配的股票股利,应在办理增资手续后,借记"利润分配"科目,贷记"股本"科目。

3. 可转换公司债券持有人行使转换权利

可转换公司债券持有人行使转换权利,将其持有的债券转换为股票,按可转换公司债券的余额,借记"应付债券——可转换公司债券(面值、利息调整)"科目,按其权益成分的金额,借记"其他权益工具"科目,按股票面值和转换的股数计算的股票面值总额,贷记"股本"科目,按其差额,贷记"资本公积——股本溢价"科目。

4. 企业将重组债务转为资本

企业将重组债务转为资本的,应按重组债务的账面余额,借记"应付账款"等科目,按债权人因放弃债权而享有本企业股份的面值总额,贷记"实收资本"或"股本"科目,按股份的公允价值总额与相应的实收资本或股本之间的差额,贷记或借记"资本公积——资本溢价"或"资本公积——股本溢价"科目,按其差额,贷记"投资收益"科目。

5. 以权益结算的股份支付的行权

以权益结算的股份支付换取职工或其他方提供服务的,应在行权日,按根据实际行权情况确定的金额,借记"资本公积——其他资本公积"科目,按应计入实收资本或股本的金额,贷记"实收资本"或"股本"科目。

(二)实收资本减少的会计处理

企业实收资本减少的原因大体有两种:一是资本过剩;二是企业发生重大亏损而需要减少实收资本。企业因资本过剩而减资,一般要发还股款。有限责任公司和一般企业发还投资的会计处理比较简单,按法定程序报经批准减少注册资本的,借记"实收资本"科目,贷记"库存现金""银行存款"等科目。

股份有限公司由于采用的是发行股票的方式筹集股本,发还股款时,则要回购发行的股票,发行股票的价格与股票面值可能不同,回购股票的价格也可能与发行价格不同,会计处理较为复杂。股份有限公司因减少注册资本而回购本公司股份的,应按实际支付的金额,借记"库存股"科目,贷记"银行存款"等科目。注销库存股时,应按股票面值和注销股数计算的股票面值总额,借记"股本"科目,按注销库存股的账面余额,贷记"库存股"科目,按其差额,冲减股票发行时原计入资本公积的溢价部分,借记"资本公积——股本溢价"科目,回购价格超过上述冲减"股本""资本公积——股本溢价"科目的部分,应依次借记"盈余公积""利润分配——未分配利润"等科目;如回购价格低于回购股份所对应的股本,所注销库存股的账面余额与所冲减股本的差额作为增加股本溢价处理,按回购股份所对应的股本面值,借记"股本"科目,按注销库存股的账面余额,贷记"库存股"科目,按其差额,贷记"资本公积——股本溢价"科目。

三、其他权益工具的账务处理

企业发行的除普通股(作为实收资本或股本)以外,按照金融负债和权益工具区分原则分类为权益工具的其他权益工具,按照以下原则进行会计处理。

(一)其他权益工具处理的基本原则

企业发行的金融工具应当按照《企业会计准则第22号——金融工具确认和计量》的规定进行初始确认和计量;其后,于每个资产负债表日计提利息或分派股利,按照相关会计准则进行处理。即企业应当以所发行金融工具的分类为基础,确定该工具利息支出或股利分配等的会计处理。对于归类为权益工具的金融工具,无论其名称中是否包含"债",其利息支出或股利分配都应当作为发行企业的利润分配,其回购、注销等作为权益的变动处理;对于归类为金融负债的金融工具,无论其名称中是否包含"股",其利息支出或股利分配原则上按照借款费用进行处理,其回购或赎回产生的利得或损失等计入当期损益。

企业(发行方)发行金融工具,其发生的手续费、佣金等交易费用,如分类为债务工具且以摊余成本计量的,应当计入所发行工具的初始计量金额;如分类为权益工具的,应当从权益(其他权益工具)中扣除。

(二)科目设置

金融工具发行方应当设置下列会计科目,对发行的金融工具进行会计核算:

1. 发行方对于归类为金融负债的金融工具在"应付债券"科目核算。"应付债券"科目应当按照发行的金融工具种类进行明细核算,并在各类工具中按"面值""利息调整""应计利息"设置明细账,进行明细核算(发行方发行的符合流动负债特征并归类为流动负债的金融工具,以相关流动性质的负债类科目进行核算,本章节在账务处理部分均以"应付债券"

科目为例)。

对于需要拆分且形成衍生金融负债或衍生金融资产的,应将拆分的衍生金融负债或衍生金融资产按照其公允价值在"衍生工具"科目核算。对于发行的且嵌入了非紧密相关的衍生金融资产或衍生金融负债的金融工具,如果发行方选择将其整体指定为以公允价值计量且其变动计入当期损益的,则应将发行的金融工具的整体在"交易性金融负债"等科目核算。

2. 在所有者权益类科目中设置"其他权益工具"科目,核算企业发行的除普通股以外的归类为权益工具的各种金融工具。"其他权益工具"科目应按发行金融工具的种类等进行明细核算。

(三)主要账务处理

1. 发行方的账务处理

(1)发行方发行的金融工具归类为债务工具并以摊余成本计量的,应按实际收到的金额,借记"银行存款"等科目,按债务工具的面值,贷记"应付债券——优先股""应付债券——永续债(面值)"等科目,按其差额,贷记或借记"应付债券——优先股""应付债券——永续债(利息调整)"等科目。

在该工具存续期间,计提利息并对账面的利息调整进行调整等的会计处理,按照《企业会计准则第22号——金融工具确认和计量》中有关金融负债按摊余成本后续计量的规定进行会计处理。

(2)发行方发行的金融工具归类为权益工具的,应按实际收到的金额,借记"银行存款"等科目,贷记"其他权益工具——优先股""其他权益工具——永续债"等科目。

分类为权益工具的金融工具,在存续期间分派股利(含分类为权益工具的工具所产生的利息,下同)的,作为利润分配处理。发行方应根据经批准的股利分配方案,按应分配给金融工具持有者的股利金额,借记"利润分配——应付优先股股利""利润分配——应付永续债利息"等科目,贷记"应付股利——优先股股利""应付股利——永续债利息"等科目。

(3)发行方发行的金融工具为复合金融工具的,应按实际收到的金额,借记"银行存款"等科目,按金融工具的面值,贷记"应付债券——优先股""应付债券——永续债(面值)"等科目,按负债成分的公允价值与金融工具面值之间的差额,借记或贷记"应付债券——优先股""应付债券——永续债(利息调整)"等科目,按实际收到的金额扣除负债成分的公允价值后的金额,贷记"其他权益工具——优先股""其他权益工具——永续债"等科目。

发行复合金融工具发生的交易费用,应当在负债成分和权益成分之间按照各自占总发行价款的比例进行分摊。与多项交易相关的共同交易费用,应当在合理的基础上,采用与其他类似交易一致的方法,在各项交易之间进行分摊。

(4)发行的金融工具本身是衍生金融负债或衍生金融资产,或者内嵌了衍生金融负债或衍生金融资产的,按照《企业会计准则第22号——金融工具确认和计量》中有关衍生工具的规定进行处理。

(5)由于发行的金融工具原合同条款约定的条件或事项随着时间的推移或经济环境的改变而发生变化,导致原归类为权益工具的金融工具重分类为金融负债的,应当于重分类日,按该工具的账面价值,借记"其他权益工具——优先股""其他权益工具——永续债"等科目,按该工具的面值,贷记"应付债券——优先股""应付债券——永续债(面值)"等科目,按该工具的公允价值与面值之间的差额,借记或贷记"应付债券——优先股""应付债券——永续债(利息调整)"等科目,按该工具的公允价值与账面价值的差额,贷记或借记"资本公积——资本溢价(或股本溢价)"科目,如资本公积不够冲减的,依次冲减盈余公积和未分配利润。发行方以重分类日计算的实际利率作为应付债券后续计量利息调整等的基础。

因发行的金融工具原合同条款约定的条件或事项随着时间的推移或经济环境的改变而发生变化,导致原归类为金融负债的金融工具重分类为权益工具的,应于重分类日,按金融负债的面值,借记"应付债券——优先股""应付债券——永续债(面值)"等科目,按利息调整余额,借记或贷记"应付债券——优先股""应付债券——永续债(利息调整)"等科目,按金融负债的账面价值,贷记"其他权益工具——优先股""其他权益工具——永续债"等科目。

(6)发行方按合同条款约定赎回所发行的除普通股以外的分类为权益工具的金融工具,按赎回价格,借记"库存股——其他权益工具"科目,贷记"银行存款"等科目;注销所购回的金融工具,按该工具对应的其他权益工具的账面价值,借记"其他权益工具"科目,按该工具的赎回价格,贷记"库存股——其他权益工具"科目,按其差额,借记或贷记"资本公积——资本溢价(或股本溢价)"科目,如资本公积不够冲减的,依次冲减盈余公积和未分配利润。

发行方按合同条款约定赎回所发行的分类为金融负债的金融工具,按该工具赎回日的账面价值,借记"应付债券"等科目,按赎回价格,贷记"银行存款"等科目,按其差额,借记或贷记"财务费用"科目。

(7)发行方按合同条款约定将发行的除普通股以外的金融工具转换为普通股的,按该工具对应的金融负债或其他权益工具的账面价值,借记"应付债券""其他权益工具"等科目,按普通股的面值,贷记"实收资本(或股本)"科目,按其差额,贷记"资本公积——资本溢价(或股本溢价)"科目(如转股时金融工具的账面价值不足转换为1股普通股而以现金或其他金融资产支付的,还需按支付的现金或其他金融资产的金额,贷记"银行存款"等科目)。

2. 投资方的账务处理

金融工具投资方(持有人)考虑持有的金融工具或其组成部分是权益工具还是债务工具投资时,应当遵循《企业会计准则第22号——金融工具确认和计量》和《企业会计准则第37号——金融工具列报》的相关规定,通常应当与发行方对金融工具的权益或负债属性的分类保持一致。例如,对于发行方归类为权益工具的非衍生金融工具,投资方通常应当将其归类为权益工具投资。

对于属于权益工具投资的永续债,持有方应当按照《企业会计准则第22号——金融工具确认和计量》的规定将其分类为以公允价值计量且其变动计入当期损益的金融资产,或在符合条件时对非交易性权益工具投资初始指定为以公允价值计量且其变动计入其他综合收益。对于不属于权益工具投资的永续债,持有方应当按照该准则规定将其分类为以摊余成本计量的金融资产,以公允价值计量且其变动计入其他综合收益的金融资产,或以公允价值计量且其变动计入当期损益的金融资产。

第三节　资本公积和其他综合收益的核算

一、资本公积

资本公积是所有者权益的组成部分,指企业收到投资者出资超出其在注册资本(或股本)中所占的份额以及直接计入所有者权益的利得和损失等。在我国,资本公积的内容包括:资本溢价或股本溢价和直接计入所有者权益的利得和损失等。

根据《公司法》等法律的规定,资本公积的用途主要是用来转增资本(或股本)。但对于其他资本公积项目,在相关资产处置之前,不能用于转增资本或股本。

会计核算上应设置"资本公积"科目,用以反映资本公积的增减变动情况。增加资本公积贷记该科目,减少资本公积借记该科目,该科目余额在贷方,反映企业实有的资本公积。

该科目应按资本公积形成的类别设置明细账,进行明细核算。资本公积一般应设置"资本(或股本)溢价""其他资本公积"等明细科目。

(一)资本(或股本)溢价

资本(或股本)溢价是指企业收到投资者的超出其在企业注册资本(或股本)中所占份额的部分,形成资本(或股本)溢价的原因有溢价发行股票、投资者超额缴入资本等。如有限责任公司的投资者实际交付的出资额超出接受投资企业确认为实收资本的差额,即为资本溢价。在企业创立之初,投资者所认缴的出资额应全部作为实收资本,记入"实收资本"科目。在企业创立之后,如有新的投资者加入,其出资额未必全部作为实收资本处理,究其原因是:一方面,在企业正常经营过程中投入与企业创立之时同样数额的资本,其获利能力未必相同,企业创立时要经过筹建、试营业,为产品寻觅市场、开辟市场等一系列艰辛的创立过程,从资本投入到取得投资回报,需要许多时间,冒较大风险,其间的资本利润率又源于企业创办之初必要的垫支资本,企业的创办者为此付出了代价,因此同样数额的资本,出资时间越早,对企业的影响就越大,相应地,投资者享有的权利也大些,这样新加入的投资者为了取得一定的投资比例,往往需要付出大于按这一投资比例计算的实收资本额;另一方面,企业经营过程中因盈利而形成的留存收益是企业所有者的权益,但未转入实收资本,新加入的投资者如要分享这部分留存收益,也应该付出大于按一定投资比例计算的出资额。投资者投入的资本中按其投资比例计算的出资额部分,应记入"实收资本"科目,大于部分应记入"资本公积——资本溢价"科目。

(二)其他资本公积

其他资本公积,是指除资本溢价(或股本溢价)项目以外所形成的资本公积。

1. 以权益结算的股份支付

以权益结算的股份支付换取职工或其他方提供服务的,应按照确定的金额,记入"管理费用"等科目,同时增加资本公积(其他资本公积)。在行权日,应按实际行权的权益工具数量计算确定的金额,借记"资本公积——其他资本公积"科目,按计入实收资本或股本的金额,贷记"实收资本"科目或"股本"科目,并将其差额记入"资本公积——资本溢价"科目或"资本公积——股本溢价"科目。

2. 采用权益法核算的长期股权投资

长期股权投资采用权益法核算的,被投资单位除净损益、其他综合收益和利润分配以外的所有者权益的其他变动,投资企业按持股比例计算应享有的份额,应当增加或减少长期股权投资的账面价值,同时增加或减少资本公积(其本资本公积)。当处置采用权益法核算的长期股权投资时,应当将原计入资本公积(其他资本公积)的相关金额转入投资收益(除不能转入损益的项目外)。

二、其他综合收益

其他综合收益,是指企业根据《企业会计准则》规定未在当期损益中确认的各项利得和损失。包括以后会计期间不能重分类进损益的其他综合收益和以后会计期间满足规定条件时将重分类进损益的其他综合收益两类。

1. 以后会计期间不能重分类进损益的其他综合收益项目。主要包括:

(1)重新计量设定受益计划净负债或净资产导致的变动、按照权益法核算因被投资单位重新计量设定受益计划净负债或净资产变动导致的权益变动,投资企业按持股比例计算确认的该部分其他综合收益项目。

(2)在初始确认时,企业可以将非交易性权益工具指定为以公允价值计量且其变动计入其他综合收益的金融资产,该指定后不得撤销,即当该类非交易性权益工具终止确认时原计入其他综合收益的公允价值变动损益不得重分类进损益。

2. 以后会计期间有满足规定条件时将重分类进损益的其他综合收益项目。主要包括:

(1)符合金融工具准则规定,同时符合两个条件的金融资产应当分类为以公允价值计量且其变动计入其他综合收益:①企业管理该金融资产的业务模式既以收取合同现金流量为目标又以出售该金融资产为目标;②该金融资产的合同条款规定,在特定日期产生的现金流量,仅为对本金和以未偿付本金金额为基础的利息的支付。当该类金融资产终止确认时,之前计入其他综合收益的累计利得或损失应当从其他综合收益中转出,计入当期损益。

(2)按照金融工具准则规定,对金融资产重分类按规定可以将原计入其他综合收益的利得或损失转入当期损益的部分。

(3)采用权益法核算的长期股权投资,按照被投资单位实现其他综合收益以及持股比例计算应享有或分担的金额,调整长期股权投资的账面价值,同时增加或减少其他综合收益,其会计处理为:借记(或贷记)"长期股权投资——其他综合收益"科目,贷记(或借记)"其他综合收益"科目,待该项股权投资处置时,将原计入其他综合收益的金额转入当期损益。

(4)存货或自用房产转换为投资性房地产(详见第十一章"第四节 投资性房地产的核算")。

(5)现金流量套期工具产生的利得或损失中属于有效套期的部分。

(6)外币财务报表折算差额。按照外币折算的要求,企业在处置境外经营的当期,将已列入合并财务报表所有者权益的外币报表折算差额中与该境外经营相关部分,自其他综合收益项目转入处置当期损益。如果是部分处置境外经营,应当按处置的比例计算处置部分的外币报表折算差额,转入处置当期损益。

第四节 留存收益的核算

留存收益,是指企业从历年实现的利润中提取或形成的留存于企业的内部积累。它是从企业经营所得的净利润中积累而形成的,也属于所有者权益,但不同于实收资本和资本公积。其区别在于,实收资本和资本公积来源于企业的资本投入,而留存收益则来源于企业资本增值。留存收益主要包括盈余公积和未分配利润。

一、盈余公积

(一)盈余公积的组成内容

一般企业和股份有限公司的盈余公积主要包括以下两种:

1. 法定盈余公积,是指企业按照法律规定的比例从净利润中提取的盈余公积。例如,按照《公司法》的规定,有限责任公司和股份有限公司应按照净利润的10%提取法定公积金,计提的法定盈余公积累计额达到注册资本的50%以上时,可以不再提取。公司的法定公积金不足以弥补以前年度亏损的,在提取法定公积金之前,应当先用当年利润弥补亏损。

2. 任意盈余公积,是指企业经股东大会或类似机构批准按照规定的比例从净利润中提取的盈余公积。任意盈余公积的提取比例由企业自行确定,国家有关法规不作强制规定。

这里应当注意,因为我国有关外商投资企业法律的特别规定,外商投资企业盈余公积的组成内容与一般企业和股份有限公司有所不同,具体包括以下内容:

1. 储备基金,是指按照法律、行政法规规定从净利润中提取的,经批准用于弥补亏损和增加资本的储备基金。

2. 企业发展基金,是指按照法律、行政法规规定从净利润中提取的,用于企业发展和经批准用于增加资本的企业发展基金。

3. 利润归还投资,是指中外合作经营企业按规定在合作期间以利润归还投资者的投资。

(二)盈余公积的用途

企业提取盈余公积(法定盈余公积和任意盈余公积)可以用于以下三个方面。

1. 弥补亏损

企业发生经营亏损的弥补方式有三种:①用以后年度税前利润弥补,按规定企业亏损在规定期限(现行制度规定为5年)内可由税前利润弥补;②用以后年度税后利润弥补,即指超过税前利润弥补期的剩余亏损额应由税后利润弥补;③用盈余公积弥补,用盈余公积弥补亏损应当由董事会提议,股东大会批准,或者由类似的机构批准。

2. 转增资本(股本)

经股东大会决议,可将盈余公积转增资本。转增时,应先办理增资手续并经股东大会或类似机构批准,再按所有者(股东)的原出资比例增加资本。按规定,用盈余公积转增资本时,转增后留存的盈余公积不得少于转增前公司注册资本的25%。

3. 扩大企业生产经营

企业盈余公积的结存数是企业所有者权益的组成部分,构成企业生产经营资金的一个重要来源,会随同企业的其他来源所形成的资金进行循环周转,用于企业的生产经营。

(三) 账务处理

为了总括反映企业各项盈余公积的提取和使用情况，企业应设置"盈余公积"总账科目，该科目贷方反映从税后利润中提取的各项盈余公积，借方反映盈余公积的使用，贷方余额反映提取的盈余公积余额。为了具体反映各项盈余公积的提取和使用，该科目应按盈余公积的种类设置明细账，进行明细核算。一般企业和股份有限公司应设置"法定盈余公积""任意盈余公积"两个明细科目；外商投资企业应设置"储备基金""企业发展基金""利润归还投资"三个明细科目。

1. 盈余公积形成的账务处理

企业按规定提取的盈余公积，借记"利润分配——提取法定盈余公积""利润分配——提取任意盈余公积"等科目，贷记"盈余公积——法定盈余公积""盈余公积——任意盈余公积"等科目。

外商投资企业按规定提取储备基金、企业发展基金、职工奖励及福利基金，借记"利润分配——提取储备基金""利润分配——提取企业发展基金""利润分配——提取职工奖励及福利基金"等科目，贷记"盈余公积——储备基金""盈余公积——企业发展基金""应付职工薪酬"等科目。

2. 盈余公积使用的账务处理

企业经股东大会或类似机构决议，用盈余公积转增资本，应借记"盈余公积"科目，贷记"实收资本"科目或"股本"科目。

企业在用盈余公积弥补亏损后，如果仍有结余，经股东大会或类似机构决议，用于发放现金股利或利润时，应当借记"盈余公积"科目，贷记"应付股利"科目。

企业经股东大会或类似机构决议，将盈余公积用于弥补亏损时，应当借记"盈余公积"科目，贷记"利润分配——盈余公积补亏"科目。

此外，企业经股东大会决议，可用盈余公积派送新股，按派送新股计算的金额，借记"盈余公积"科目，按股票面值和派送新股总数计算的股票面值总额，贷记"股本"科目，按其差额，贷记"资本公积——股本溢价"科目。

二、未分配利润

(一) 分配股利或利润的会计处理

经股东大会或类似机构决议，分配给股东或投资者的现金股利或利润，借记"利润分配——应付现金股利"科目，贷记"应付股利"科目。经股东大会或类似机构决议，分配给股东的股票股利，应在办理增资手续后，借记"利润分配——转作股本的股利"科目，贷记"股本"科目。

(二) 期末结转的会计处理

企业期末结转利润时，应将各损益类科目的余额转入"本年利润"科目，结平各损益类科目。结转后"本年利润"的贷方余额为当年实现的净利润，借方余额为当期发生的净亏损。年度终了，应将本年收入和支出相抵后结出的本年实现的净利润或净亏损，转入"利润分配——未分配利润"科目。同时，将"利润分配"科目所属的其他明细科目的余额，转入"未分配利润"明细科目。结转后，"未分配利润"明细科目的贷方余额，就是未分配利润的金额；如出现借方余额，则表示未弥补亏损的金额。"利润分配"科目所属的其他明细科目应无余额。

(三)弥补亏损的会计处理

企业在生产经营过程中既有可能发生盈利,也有可能出现亏损。企业在当年发生亏损的情况下,与实现利润的情况相同,应当将本年发生的亏损自"本年利润"科目,转入"利润分配——未分配利润"科目,借记"利润分配——未分配利润"科目,贷记"本年利润"科目,结转后"利润分配"科目的借方余额,即为未弥补亏损的数额。然后通过"利润分配"科目核算有关亏损的弥补情况。

由于未弥补亏损形成的时间长短不同等原因,以前年度未弥补亏损的,有的可以以当年实现的税前利润弥补,有的则需用税后利润弥补。以当年实现的利润弥补以前年度结转的未弥补亏损,不需要进行专门的会计处理。

第十五章 收入、费用、利润和产品成本

第一节 收 入

一、收入的概念

收入,是指企业在日常活动中形成的、会导致所有者权益增加的、与所有者投入资本无关的经济利益的总流入。企业代第三方收取的款项,如增值税销项税款、代收利息等,应当作为负债处理,不应当确认为收入。本节不涉及企业对外出租资产收取的租金、进行债权投资收取的利息、进行股权投资取得的现金股利、保险合同取得的保费收入等。企业以存货换取客户的存货、固定资产、无形资产以及长期股权投资等,按照本章进行会计处理;其他非货币性资产交换,按照非货币性资产交换的规定进行会计处理。企业处置固定资产、无形资产等的,在确定处置时点以及计量处置损益时,按照本节的有关规定进行处理。

二、收入的确认与计量

收入确认和计量大致分为五步:第一步,识别与客户订立的合同;第二步,识别合同中的单项履约义务;第三步,确定交易价格;第四步,将交易价格分摊至各单项履约义务;第五步,履行各单项履约义务时确认收入。其中,第一步、第二步和第五步主要与收入的确认有关,第三步和第四步主要与收入的计量有关。

(一)收入的确认

1. 识别与客户订立的合同

企业应当在履行了合同中的履约义务,即在客户取得相关商品控制权时确认收入。

取得相关商品控制权,是指能够主导该商品的使用并从中获得几乎全部的经济利益。

客户,是指与企业订立合同以向该企业购买其日常活动产出的商品或服务(以下简称商品)并支付对价的一方。

合同,是指双方或多方之间订立有法律约束力的权利义务的协议。合同有书面形式、口头形式以及其他形式。

履约义务,是指合同中企业向客户转让可明确区分商品的承诺。履约义务既包括合同中明确的承诺,也包括由于企业已公开宣布的政策、特定声明或以往的习惯做法等导致合同订立时客户合理预期企业将履行的承诺。企业为履行合同而应开展的初始活动,通常不构成履约义务,除非该活动向客户转让了承诺的商品。

(1)收入确认的条件。

当企业与客户之间的合同同时满足下列条件时,企业应当在客户取得相关商品控制权时确认收入:①合同各方已批准该合同并承诺将履行各自义务;②该合同明确了合同各方与所转让商品或提供劳务(以下简称转让商品)相关的权利和义务;③该合同有明确

的与所转让商品相关的支付条款;④该合同具有商业实质,即履行该合同将改变企业未来现金流量的风险、时间分布或金额;⑤企业因向客户转让商品而有权取得的对价很可能收回。

在合同开始日即满足上述条件的合同,企业在后续期间无须对其进行重新评估,除非有迹象表明相关事实和情况发生重大变化。合同开始日通常是指合同生效日。

在合同开始日不满足上述条件的合同,企业应当对其进行持续评估,并在其满足上述条件时,企业才能在客户取得相关商品控制权时确认收入。

对于不符合上述条件的合同,企业只有在不再负有向客户转让商品的剩余义务,且已向客户收取的对价无须退回时,才能将已收取的对价确认为收入;否则,应当将已收取的对价作为负债进行会计处理。没有商业实质的非货币性资产交换,不确认收入。

当企业向客户销售商品涉及其他方参与其中时,企业不应仅局限于合同的法律形式,而应当综合考虑所有相关事实和情况,评估特定商品在转让给客户之前是否控制该商品,确定其自身在该交易中的身份是主要责任人还是代理人。控制该商品的,其身份为主要责任人,用总额法确认收入;不控制该商品的,其身份为代理人,用净额法确认收入。为便于准则实施,企业在判断时通常也可以参考如下三个迹象:企业承担向客户转让商品的主要责任;企业在转让商品之前或之后承担了该商品的存货风险;企业有权自主决定所交易商品的价格。需要强调的是,企业在判断其是主要责任人还是代理人时,应当以该企业在特定商品转移给客户之前是否能够控制该商品为原则,上述三个迹象仅为支持对控制权的评估,不能取代控制权的评估,也不能凌驾于控制权评估之上,更不是单独或额外的评估。

【例15-1】 某供电公司与客户签订2年的供电合同,合同约定:供电公司自2×22年1月1日起每月向客户供电,并在月末收取电费,合同签订日向客户一次收取入网费10万元,合同期限为2年,并预期能够取得2年的全部电费收入。客户从2×22年7月起未支付电费,根据地方政府规定,不能立即停止供电,需要先履行催交程序。经催告后仍不缴费的,则可自首次欠费后的第5个月起停止供电。

本例中的合同在合同开始日满足合同成立的5个条件,直到2×22年7月出现了新情况,即客户停止缴费。但是供电公司经评估后认为仍很有可能取得对价,故此时仍满足合同成立的条件,仍可继续确认供电收入,但同时需要考虑计提应收账款的坏账准备。

2×22年9月,客户已持续2个月未缴费,供电公司经评估后认为不是很可能收回对价,此时已不满足合同成立的条件,不能继续确认供电收入。虽然供电公司收取的一次入网费未摊销部分无须退还,但根据地方政府规定,供电公司仍负有向客户转让商品的剩余履约义务(持续到12月),所以此时不能将未摊销的入网费确认为收入,而应继续作为负债处理。

2×22年12月,供电公司已不再负有向客户转让商品的剩余履约义务,供电公司收取的一次入网费未摊销部分也无须退还,所以此时可将未摊销的入网费确认为收入。

(2)合同合并与变更。

企业与同一客户(或该客户的关联方)同时订立或在相近时间内先后订立的两份或多份合同,在满足下列条件之一时,应当合并为一份合同进行会计处理:

①该两份或多份合同基于同一商业目的而订立并构成一揽子交易;②该两份或多份合同中的一份合同的对价金额取决于其他合同的定价或履行情况;③该两份或多份合同中所承诺的商品(或每份合同中所承诺的部分商品)构成单项履约义务。

合同变更,是指经合同各方批准对原合同范围或价格作出的变更。企业应当区分下列三种情形对合同变更分别进行会计处理:

①合同变更增加了可明确区分的商品及合同价款,且新增合同价款反映了新增商品单独售价的,应当将该合同变更部分作为一份单独的合同进行会计处理。

②合同变更不属于①规定的情形,且在合同变更日已转让的商品或已提供的服务(以下简称已转让的商品)与未转让的商品或未提供的服务(以下简称未转让的商品)之间可明确区分的,应当视为原合同终止,同时,将原合同未履约部分与合同变更部分合并为新合同进行会计处理。

③合同变更不属于①规定的情形,且在合同变更日已转让的商品与未转让的商品之间不可明确区分的,应当将该合同变更部分作为原合同的组成部分进行会计处理,由此产生的对已确认收入的影响,应当在合同变更日调整当期收入。

企业向客户承诺的商品同时满足下列条件的,应当作为可明确区分商品:①客户能够从该商品本身或从该商品与其他易于获得资源一起使用中受益;②企业向客户转让该商品的承诺与合同中其他承诺可单独区分。

下列情形通常表明企业向客户转让该商品的承诺与合同中其他承诺不可单独区分:①企业需提供重大的服务以将该商品与合同中承诺的其他商品整合成合同约定的组合产出转让给客户;②该商品将对合同中承诺的其他商品予以重大修改或定制;③该商品与合同中承诺的其他商品具有高度关联性。

【例15-2】 A酒店与B公司于2×22年3月3日签订了一份会议室租赁合同,每天5000元共4天。3月4日又签订了一份增加会议室投影仪、音响、会议主持和会务服务等内容的合同,在原租赁合同的基础上,每天增加500元。

A酒店与B公司签订的两份合同的商业目的一样,都是服务于客户的会议;两份合同的价格构成了承办会议的总收入;两份合同的义务又必须同时履行,其形成了单项履约义务。因此应将两份合同合并,成为一项办理会议服务的合同。

【例15-3】 某健身房执行的会员政策为:月度会员150元,季度会员400元,年度会员1500元,会员补差即可升级。某客户2×22年1月1日缴纳150元加入月度会员;2月1日补差250元,升级为季度会员;4月1日又补差1100元,升级为年度会员。

客户会员资格升级前后,健身房提供的商品不可区分,故健身房应将会员升级变更部分作为原合同的组成部分进行会计处理。假设收入金额的计量是按月平均计算,则健身房每月确认的收入如下:

2×22 年 1 月确认收入:150 元

2×22 年 2 月确认收入:400÷3×2−150=117(元)

2×22 年 3 月确认收入:400−150−117=133(元)

2×22 年 4 月确认收入:1500÷12×4−400=100(元)

2×22 年 5 月确认收入:1500÷12=125(元)

2×22 年 6—12 月每月确认收入:1500÷12=125(元)

2. 识别合同中的单项履约义务

合同开始日,企业应当对合同进行评估,识别该合同所包含的各单项履约义务,并确定各单项履约义务是在某一时段内履行,还是在某一时点履行,然后,在履行了各单项履约义务时分别确认收入。

履约义务,是指合同中企业向客户转让可明确区分商品的承诺。下列情况下,企业应当将向客户转让商品的承诺作为单项履约义务:一是企业向客户转让可明确区分商品(或者商品的组合)的承诺。二是企业向客户转让一系列实质相同且转让模式相同的、可明确区分商品的承诺。

企业为履行合同而开展的初始活动,通常不构成履约义务,除非该活动向客户转让了承诺的商品。

(1)企业向客户承诺的商品同时满足下列两项条件的,应当作为可明确区分的商品:一是客户能够从该商品本身或从该商品与其他易于获得资源一起使用中受益,即该商品本身能够明确区分。二是企业向客户转让该商品的承诺与合同中其他承诺可单独区分,即转让该商品的承诺在合同中是可明确区分的。

企业确定了商品本身能够明确区分后,还应当在合同层面继续评估转让该商品的承诺是否与合同中其他承诺彼此之间可明确区分。下列情形通常表明企业向客户转让商品的承诺与合同中的其他承诺不可单独区分:①企业需提供重大的服务以将该商品与合同中承诺的其他商品进行整合,形成合同约定的某个或某些组合产出转让给客户。②该商品将对合同中承诺的其他商品予以重大修改或定制。③该商品与合同中承诺的其他商品具有高度关联性。

需要说明的是,在企业向客户销售商品的同时,约定企业需要将商品运送至客户指定的地点的情况下,企业需要根据相关商品的控制权转移时点判断该运输活动是否构成单项履约义务。通常情况下,控制权转移给客户之前发生的运输活动不构成单项履约义务,而只是企业为了履行合同而从事的活动,相关成本应当作为合同履约成本;相反,控制权转移给客户之后发生的运输活动则可能表明企业向客户提供了一项运输服务,企业应当考虑该项服务是否构成单项履约义务。

【例 15−4】 甲公司与乙公司签订合同,向其销售一批产品,并负责将该批产品运送至乙公司指定的地点,甲公司承担相关的运输费用。假定销售该产品属于在某一时点履行的履约义务,且控制权在送达乙公司指定地点时转移给乙公司。

本例中,甲公司向乙公司销售产品,并负责运输。该批产品在送达乙公司指定地点时,控制权转移给乙公司。由于甲公司的运输活动是在产品的控制权转移给客户之前发生的,因此不构成单项履约义务,而是甲公司为履行合同发生的必要活动。

(2)当企业向客户连续转让某项承诺的商品时,如每天提供类似劳务的长期劳务合同等,如果这些商品属于实质相同且转让模式相同的一系列商品,企业应当将这一系列商品作为单项履约义务。其中,转让模式相同,是指每一项可明确区分的商品均满足在某一时段内履行履约义务的条件,且采用相同方法确定其履约进度。

3. 履行每一单项履约义务时确认收入

满足下列条件之一的,属于在某一时段内履行履约义务;否则,属于在某一时点履行履约义务:①客户在企业履约的同时即取得并消耗企业履约所带来的经济利益;②客户能够控制企业履约过程中在建的商品;③企业履约过程中所产出的商品具有不可替代用途,且该企业在整个合同期间内有权就累计至今已完成的履约部分收取款项。

上述③中:具有不可替代用途,是指因合同限制或实际可行性限制,企业不能轻易地将商品用于其他用途。有权就累计至今已完成的履约部分收取款项,是指在由于客户或其他方原因终止合同的情况下,企业有权就累计至今已完成的履约部分收取能够补偿其已发生成本和合理利润的款项,并且该权利具有法律约束力。

对于在某一时段内履行的履约义务,企业应当在该段时间内按照履约进度确认收入,但是,履约进度不能合理确定的除外。企业应当考虑商品的性质,采用产出法或投入法确定恰当的履约进度。其中,产出法是根据已转移给客户的商品对于客户的价值确定履约进度;投入法是根据企业为履行履约义务的投入确定履约进度。对于类似情况下的类似履约义务,企业应当采用相同的方法确定履约进度。对于每一项履约义务,企业只能采用一种方法来确定履约进度,并加以一贯运用,不得在同一会计期间内或不同会计期间随意变更确定履约进度的方法。

当履约进度不能合理确定时,企业已经发生的成本预计能够得到补偿的,应当按照已经发生的成本金额确认收入,直到履约进度能够合理确定为止。

对于在某一时点履行的履约义务,企业应当在客户取得相关商品控制权时点确认收入。在判断客户是否已取得商品控制权时,企业应当考虑下列迹象:

(1)企业就该商品享有现时收款权利,即客户就该商品负有现时付款义务。

(2)企业已将该商品的法定所有权转移给客户,即客户已拥有该商品的法定所有权。

(3)企业已将该商品实物转移给客户,即客户已实物占有该商品。

(4)企业已将该商品所有权上的主要风险和报酬转移给客户,即客户已取得该商品所有权上的主要风险和报酬。

(5)客户已接受该商品。

(6)其他表明客户已取得商品控制权的迹象。

【例15-5】 甲企业与客户签订合同建造一项设备,有关条款如下:

(1)在合同签订之初收取10%的合同价款;

(2)50%的合同对价在整个建造期间逐步收取;

(3)剩余40%的合同对价在建造完成并且设备已通过测试后收取;

(4)除非甲企业违约,否则已收取的合同价款不可退回;

(5)如果客户终止合同,甲企业只能获得客户按照相应进度已支付的价款;

(6)企业没有向客户要求获取合同规定以外的进一步补偿的权利。

从这些条款可以看出,客户在甲企业履约的同时并未获得履约所带来的经济利益;客户不能够控制甲企业履约过程中在建的商品;在任一时点,客户支付的不可返还的款项都低于当时已完工部分的设备项目的售价。因此,甲企业应将该合同的履约义务作为在某一时点履行的履约义务确认收入。

【例15-6】 2×22年10月,甲公司与客户签订合同,为客户装修一栋办公楼,包括安装一部电梯,合同总金额为100万元。甲公司预计的合同总成本为80万元,其中包括电梯的采购成本30万元。

2×22年12月,甲公司将电梯运达施工现场并经过客户验收,客户已取得对电梯的控制权,但是,根据装修进度,预计到2×23年2月才会安装该电梯。截至2×22年12月,甲公司累计发生成本40万元,其中包括支付给电梯供应商的采购成本30万元以及因采购电梯发生的运输和人工等相关成本10万元。假定:该装修服务(包括安装电梯)构成单项履约义务,并属于在某一时段内履行的履约义务,甲公司是主要责任人,但不参与电梯的设计和制造;甲公司采用成本法确定履约进度;上述金额均不含增值税。

本例中,截至2×22年12月,甲公司发生成本40万元(包括电梯采购成本30万元以及因采购电梯发生的运输和人工等相关成本10万元),甲公司认为其已发生的成本和履约进度不成比例,因此需要对履约进度的计算作出调整,将电梯的采购成本排除在已发生成本和预计总成本之外。在该合同中,该电梯不构成单项履约义务,其成本相对于预计总成本而言是重大的,甲公司是主要责任人,但是未参与该电梯的设计和制造,客户先取得了电梯的控制权,随后才接受与之相关的安装服务,因此,甲公司在客户取得该电梯控制权时,按照该电梯采购成本的金额确认转让电梯产生的收入。

2×22年12月,该合同的履约进度为20%[(40-30)÷(80-30)],应确认的收入和成本金额分别为44万元[(100-30)×20%+30]和40万元[(80-30)×20%+30]。

(二)收入的计量

企业应当按照分摊至各单项履约义务的交易价格计量收入。

1. 确定交易价格

交易价格,是指企业因向客户转让商品而预期有权收取的对价金额。企业代第三方收取的款项(如增值税销项税额)以及企业预期将退还给客户的款项(如质量保证金),应当作为负债进行会计处理,不计入交易价格。

企业应当根据合同条款,并结合其以往的习惯做法确定交易价格。在确定交易价格时,企业应当考虑可变对价、合同中存在的重大融资成分、非现金对价、应付客户对价等因素的影响。

(1) 可变对价。

如果合同中存在折扣、返利、货款抵扣、价格折让、绩效激励或类似条款的，均可能导致交易价格有所不同，使合同中存在可变对价。

合同中存在可变对价的，企业应当按照期望值或最可能发生金额确定可变对价的最佳估计数，但包含可变对价的交易价格，应当不超过在相关不确定性消除时累计已确认收入极可能不会发生重大转回的金额。企业在评估累计已确认收入是否极可能不会发生重大转回时，应当同时考虑收入转回的可能性及其比重，如在销售附有现金折扣条件下，交易价格实际上属于可变对价，如果最终产生现金折扣，应当冲减当期销售收入。

期望值是指各种可能的对价金额按概率加权平均数。最可能发生金额是指各种可能的对价金额中单一最有可能发生的金额。

每一资产负债表日，企业应当重新估计应计入交易价格的可变对价金额。可变对价金额发生变动的，应按规定重新分摊可变对价金额。

(2) 重大融资成分。

合同中存在重大融资成分的，企业应当按照假定客户在取得商品控制权时即以现金支付的应付金额确定交易价格。该交易价格与合同对价之间的差额，应当在合同期间内采用实际利率法摊销。

合同开始日，企业预计客户取得商品控制权与客户支付价款间隔不超过一年的，可以不考虑合同中存在的重大融资成分。

企业采用分期收款方式销售商品时，如果延期收取的货款具有融资性质，其实是企业向购货方提供的一种信贷。在满足收入确认条件时，企业应当按照应收的合同或协议价款的公允价值确定收入的金额。应收的合同或协议价款的公允价值，通常应当按照其未来现金流量现值或商品现销价格计算确定。应收的合同或协议价款与其公允价值之间的差额确认为未实现的融资收益，应当在合同或协议期间内，按照应收款项的摊余成本和实际利率计算确定的金额进行摊销，作为财务费用的抵减处理。

【例 15-7】 2×21 年 1 月 1 日，甲公司与乙公司签订合同，向其销售一批产品。合同约定，该批产品将于 2 年之后交货。合同中包含两种可供选择的付款方式，即乙公司可以在 2 年后交付产品时支付 449.44 万元，或者在合同签订时支付 400 万元。乙公司选择在合同签订时支付货款。该批产品的控制权在交货时转移。甲公司于 2×21 年 1 月 1 日收到乙公司支付的货款。上述价格均不包含增值税，且假定不考虑相关税费影响。

本例中，按照上述两种付款方式计算的内含利率为 6%。考虑到乙公司付款时间和产品交付时间之间的间隔以及现行市场利率水平，甲公司认为该合同包含重大融资成分，在确定交易价格时，应当对合同承诺的对价金额进行调整，以反映该重大融资成分的影响。假定该融资费用不符合借款费用资本化的要求。甲公司的账务处理为：

(1) 2×21 年 1 月 1 日收到货款。

借：银行存款　　　　　　　　　　　　　　　　　　　　4000000
　　未确认融资费用　　　　　　　　　　　　　　　　　　494400

贷：合同负债　　　　　　　　　　　　　　　　　　　4494400
(2)2×21年12月31日确认融资成分的影响。
　　借：财务费用　　　　　　　　　　　240000(4000000×6%)
　　　　贷：未确认融资费用　　　　　　　　　　　　　　240000
(3)2×22年12月31日交付产品。
　　借：财务费用　　　　　　　　　　　254400(4240000×6%)
　　　　贷：未确认融资费用　　　　　　　　　　　　　　254400
　　借：合同负债　　　　　　　　　　　　　　　　　　　4494400
　　　　贷：主营业务收入　　　　　　　　　　　　　　　4494400

(3)非现金对价。

客户支付非现金对价的,企业应当按照非现金对价的公允价值确定交易价格。非现金对价的公允价值不能合理估计的,企业应当参照其承诺向客户转让商品的单独售价间接确定交易价格。非现金对价的公允价值因对价形式以外的原因而发生变动的,应当作为可变对价处理。单独售价,是指企业向客户单独销售商品的价格。

(4)应付客户对价。

企业应付客户(或向客户购买本企业商品的第三方,本部分下同)对价的,应当将该应付对价冲减交易价格,并在确认相关收入与支付(或承诺支付)客户对价二者孰晚的时点冲减当期收入,但应付客户对价是为了向客户取得其他可明确区分商品的除外。

企业应付客户对价是为了向客户取得其他可明确区分商品的,应当采用与本企业其他采购相一致的方式确认所购买的商品。企业应付客户对价超过向客户取得可明确区分商品公允价值的,超过金额应当冲减交易价格。向客户取得的可明确区分商品公允价值不能合理估计的,企业应当将应付客户对价全额冲减交易价格。

常见的应付客户对价如:货位费(交易价格减少),合作广告安排(需要分析),价格保护(交易价格减少),优惠券和折扣(交易价格减少),收费服务安排(交易价格减少)。

【例15-8】　甲公司签订一项合同,向大型连锁零售店乙公司销售商品,合同期限为1年。乙公司承诺,在合同期限内以约定价格购买至少价值1500万元的产品。合同约定,甲公司需在合同开始时向乙公司支付150万元的不可退回款项,用于乙公司更改货架以使其适合放置甲公司产品。

甲公司支付乙公司的款项并非为获取单独可区分商品,因为甲公司不享有改造货架的任何控制权,因此,甲公司支付的款项应作为后续商品销售收入的抵减项。

根据合同约定,乙公司承诺购货总价为1500万元,因此,甲公司支付的150万元相当于给予了每项商品10%的折扣。甲公司在确认商品销售收入时,可按10%的折扣计量收入金额。

2. 将交易价格分摊至单项履约义务

合同中包含两项或多项履约义务的,企业应当在合同开始日,按照各单项履约义务所承诺商品的单独售价的相对比例,将交易价格分摊至各单项履约义务。企业不得因合同开始日之后单独售价的变动而重新分摊交易价格。

(1) 分摊方法。

企业在类似环境下向类似客户单独销售商品的价格,应作为确定该商品单独售价的最佳证据。单独售价无法直接观察的,企业应当综合考虑其能够合理取得的全部相关信息,采用市场调整法、成本加成法、余值法等方法合理估计单独售价。在估计单独售价时,企业应当最大限度地采用可观察的输入值,并对类似的情况采用一致的估计方法。

市场调整法,是指企业根据某商品或类似商品的市场售价考虑本企业的成本和毛利等进行适当调整后,确定其单独售价的方法。

成本加成法,是指企业根据某商品的预计成本加上其合理毛利后的价格,确定其单独售价的方法。

余值法,是指企业根据合同交易价格减去合同中其他商品可观察的单独售价后的余值,确定某商品单独售价的方法。企业在商品近期售价波动幅度巨大,或者因未定价且未曾单独销售而使售价无法可靠确定时,可采用余值法估计其单独售价。

【例15-9】 2×22年3月1日,甲公司与客户签订合同,向其销售A、B两项商品,A商品的单独售价为6000元;B商品的单独售价为24000元,合同价款为25000元。合同约定,A商品于合同开始日交付,B商品在1个月之后交付,只有当两项商品全部交付之后,甲公司才有权收取25000元的合同对价。假定A商品和B商品分别构成单项履约义务,其控制权在交付时转移给客户。上述价格均不包含增值税,且假定不考虑相关税费影响。

首先分摊至A商品的合同价款为5000元[6000÷(6000+24000)×25000],分摊至B商品的合同价款为20000元[24000÷(6000+24000)×25000]。甲公司的账务处理如下:

(1) 交付A商品时:

借:合同资产　　　　　　　　　　　　　　　5000
　　贷:主营业务收入　　　　　　　　　　　　　　5000

(2) 交付B商品时:

借:应收账款　　　　　　　　　　　　　　　25000
　　贷:合同资产　　　　　　　　　　　　　　　5000
　　　　主营业务收入　　　　　　　　　　　　20000

合同资产,是指企业已向客户转让商品而有权收取对价的权利,且该权利取决于时间流逝之外的其他因素。应收款项是企业无条件收取合同对价的权利,该权利应当作为应收款项单独列示。二者的区别在于,应收款项代表的是无条件收取合同对价的权利,即企业仅仅随着时间的流逝即可收款,而合同资产并不是一项无条件收款权,该权利除了时间流逝之外,还取决于其他条件(例如,履行合同中的其他履约义务)才能收取相应的合同对价。因此,与合同资产和应收款项相关的风险是不同的,应收款项仅承担信用风险,而合同资产除信用风险之外,还可能承担其他风险,如履约风险等。合同资产的减值的计量、列报和披露应当按照相关金融工具准则的要求进行会计处理。

合同负债,是指企业已收或应收客户对价而应向客户转让商品的义务。如企业在转让承诺的商品之前已收取的款项。

(2)合同折扣的分摊。

对于合同折扣,企业应当在各单项履约义务之间按比例分摊。

有确凿证据表明合同折扣仅与合同中一项或多项(而非全部)履约义务相关的,企业应当将该合同折扣分摊至相关一项或多项履约义务。

合同折扣仅与合同中一项或多项(而非全部)履约义务相关,且企业采用余值法估计单独售价的,应当首先按照规定在该一项或多项(而非全部)履约义务之间分摊合同折扣,然后采用余值法估计单独售价。

合同折扣,是指合同中各单项履约义务所承诺商品的单独售价之和高于合同交易价格的金额。

【例15-10】 某企业与客户签订一合同以出售A、B、C三种产品,给予折扣后的交易总价为100万元。A、B、C各产品的单独售价分别为40万元、55万元、45万元,合计140万元。假设该企业经常将B及C产品合并按60万元价格出售,经常将A产品按40万元出售,则合同中40万元的折扣应全部分摊给B及C产品:

B产品分配的交易价格 = 55÷100×60 = 33(万元)

C产品分配的交易价格 = 45÷100×60 = 27(万元)

A产品的交易价格 = 40(万元)

(3)可变对价及可变对价后续变动的分摊。

对于可变对价及可变对价的后续变动额,企业应当按照上述规定,将其分摊至与之相关的一项或多项履约义务,或者分摊至构成单项履约义务的一系列可明确区分商品中的一项或多项商品。对于已履行的履约义务,其分摊的可变对价后续变动额应当调整变动当期的收入。

合同变更之后发生可变对价后续变动的,企业应当区分下列三种情形分别进行会计处理:

①部分作为一份单独合同的,企业应当判断可变对价后续变动与哪一项合同相关,并按照本处的规定进行会计处理。

②合同变更时将原合同未履约部分与合同变更部分合并为新合同,且可变对价后续变动与合同变更前已承诺可变对价相关的,企业应当首先将该可变对价后续变动额以原合同开始日确定的基础进行分摊,然后再将分摊至合同变更日尚未履行履约义务的该可变对价后续变动额以新合同开始日确定的基础进行二次分摊。

③合同变更之后发生除①②规定情形以外的可变对价后续变动的,企业应当将该可变对价后续变动额分摊至合同变更日尚未履行的履约义务。

三、特定交易的会计处理

(一)附有销售退回条款的销售业务处理

对于附有销售退回条款的销售,企业应当在客户取得相关商品控制权时,按照因向客户转让商品而预期有权收取的对价金额(即不包含预期因销售退回将退还的金额)确认收入,按照预期因销售退回将退还的金额确认负债;同时,按照预期将退回商品转让时的账面价值,扣除收回该商品预计发生的成本(包括退回商品的价值减损)后的余额,确认为一项资产,按照所转让商品转让时的账面价值,扣除上述资产成本的净额结转成本。

每一资产负债表日,企业应当重新估计未来销售退回情况,如有变化,应当作为会计估计变更进行会计处理。

【例 15-11】 零售商以每件 200 元的价格销售 50 件甲产品,收到 10000 元的货款。按照销售合同,客户可以在 30 天内退回任何没有损坏的产品,并得到全额现金退款。每件甲产品的成本为 150 元。零售商预计会有 3 件(即 6%)甲产品被退回,而且即使估算发生后续变化,也不会导致大量收入的转回。零售商预计收回产品的成本不会太大,并认为再次出售产品时还能获得利润。假设不考虑相关税费,作如下会计处理:

将产品的控制权转移给客户时,应确认的收入 = (50-3)×200 = 9400(元)。

借:银行存款　　　　　　　　　　　　　　　　10000
　　贷:主营业务收入　　　　　　　　　　　　　　9400
　　　　预计负债——应付退货款　　　　　　　　　600
借:主营业务成本　　　　　　　　　　　　　　7050
　　应收退货成本　　　　　　　　　　　　　　　450
　　贷:库存商品　　　　　　　　　　　　　　　7500

如果实际退回 2 件产品,则:

借:库存商品　　　　　　　　　　　　　　　　300
　　贷:应收退货成本　　　　　　　　　　　　　300

对未退回的 1 件产品:

借:主营业务成本　　　　　　　　　　　　　　150
　　贷:应收退货成本　　　　　　　　　　　　　150

同时冲减预计负债:

借:预计负债——应付退货款　　　　　　　　　600
　　贷:主营业务收入　　　　　　　　　　　　　200
　　　　银行存款　　　　　　　　　　　　　　　400

实务中,对于没有附客户有退货权的销售退回,企业发生销售退回后,应按照有关的原始凭证,办理商品入库手续。凡是本月发生已确认收入的销售退回,无论是属于本年度还是以前年度销售的商品,均应冲减本月的销售收入,借记"主营业务收入""应交税费——应交增值税(销项税额)"科目,贷记"银行存款""应收账款""应付账款"等科目。如已经结转销售成本,同时应冲减同一月份的主营业务成本,借记"库存商品"科目,贷记"主营业务成本"科目。尚未确认收入的发出商品的退回按记入"发出商品"或"合同资产"科目的金额,借记"库存商品"等科目,贷记"发出商品"或"合同资产"科目。资产负债表日及之前售出的商品在资产负债表日至财务会计报告批准报出日之间发生退回的,应当作为资产负债表日后事项的调整事项处理。

(二)附有质量保证条款的销售业务处理

对于附有质量保证条款的销售,企业应当评估该质量保证是否在向客户保证所销售商品符合既定标准之外提供了一项单独的服务。企业提供额外服务的,应当作为单项履约义务,按照上述规定进行会计处理;否则,质量保证责任应当按照《企业会计准则第13号——或有事项》规定进行会计处理。在评估质量保证是否在向客户保证所销售商品符合既定标准之外提供了一项单独的服务时,企业应当考虑该质量保证是否为法定要求、质量保证期限以及企业承诺履行任务的性质等因素。客户能够选择单独购买质量保证的,该质量保证构成单项履约义务。

【例15-12】 某企业是电脑制造商和销售商,与甲公司签订了销售一批电脑的合同,合同约定:电脑销售价款360万元,同时提供"延长保修"服务,即从法定质保90天到期之后的3年内该企业将对任何损坏的部件进行保修或更换。该批电脑和"延长保修"服务各自的单独售价分别为320万元和40万元。该批电脑的成本为144万元。而且基于其自身经验,该企业估计维修在法定型质保的90天保修期内出现损坏的部件将花费2万元。假设企业在交付电脑时全额收取款项,不考虑相关税费。

该销售合同存在销售电脑和"延长保修"服务两项履约义务,分摊的交易价格分别为:销售电脑320万元,"延长保修"服务40万元。

交付电脑时:

借:银行存款　　　　　　　　　　　　　　　　　3600000
　　贷:主营业务收入　　　　　　　　　　　　　　　3200000
　　　　合同负债　　　　　　　　　　　　　　　　　400000
借:主营业务成本　　　　　　　　　　　　　　　1440000
　　贷:库存商品　　　　　　　　　　　　　　　　　1440000
借:销售费用　　　　　　　　　　　　　　　　　　20000
　　贷:预计负债——产品质量保证　　　　　　　　　20000

"延长保修"分期确认收入时(可以用直线法):

借:合同负债　　　　　　　　　　　　　　　　　400000
　　贷:主营业务收入　　　　　　　　　　　　　　　400000

(三)多方交易主要责任人或代理人的识别与处理

企业应当根据其在向客户转让商品前是否拥有对该商品的控制权,来判断其从事交易时的身份是主要责任人还是代理人。企业在向客户转让商品前能够控制该商品的,该企业为主要责任人,应当按照已收或应收对价总额确认收入;否则,该企业为代理人,应当按照预期有权收取的佣金或手续费的金额确认收入,该金额应当按照已收或应收对价总额扣除应支付给其他相关方的价款后的净额,或者按照既定的佣金金额或比例等确定。

企业向客户转让商品前能够控制该商品的情形包括:

1. 企业自第三方取得商品或其他资产控制权后,再转让给客户。
2. 企业能够主导第三方代表本企业向客户提供服务。
3. 企业自第三方取得商品控制权后,通过提供重大的服务将该商品与其他商品整合成某组合产出转让给客户。

在具体判断向客户转让商品前是否拥有对该商品的控制权时,企业不应仅局限于合同的法律形式,而应当综合考虑所有相关事实和情况,这些事实和情况包括:①企业承担向客户转让商品的主要责任;②企业在转让商品之前或之后承担了该商品的存货风险;③企业有权自主决定所交易商品的价格;④其他相关事实和情况。

【例15-13】 甲旅行社与东方航空公司协商以折扣价格购买一定数量的机票,并且无论甲旅行社能否转售,都必须对这些机票进行支付。甲旅行社自主决定向哪个旅客出售机票,并自主决定向旅客出售机票时的价格。甲旅行社协助旅客解决针对东方航空公司所提供服务的投诉。但是,东方航空公司将自行负责履行与票务相关的义务,包括对客户不满意服务的补救措施。

本例中甲旅行社是主要责任人不是代理人,因为:

(1)甲旅行社向东方航空公司购买了机票后,即取得了乘坐特定航班的权利,然后才向客户销售该项权利。

(2)甲旅行社可以自主决定以何价格、向哪个旅客出售机票,或者自行使用(如用于提供员工福利)。

(3)甲旅行社承担了所购机票带来的存货风险。

对在实务中常见的企业之间的委托代销和受托代销业务,账务处理如下:

1. 视同买断方式。视同买断方式委托代销商品,是指由委托方和受托方签订协议,委托方按协议价收取所代销商品的货款,实际售价可由受托方自定,实际售价与协议价之间的差额归受托方所有的销售方式。在这种销售方式下,委托方在交付商品后,根据收入确认条件判断何时确认收入。①如果委托方和受托方之间的协议明确标明,受托方在取得代销商品后,无论是否能够卖出、是否获利,均与委托方无关。在符合销售商品收入确认条件时,委托方应确认相关销售商品收入;②如果委托方和受托方之间的协议明确标明,将来受托方没有将商品售出时可以将商品退回给委托方,或受托方因代销商品出现亏损时可以要求委托方补偿,那么委托方在交付商品时不确认收入,受托方也不作购进商品处理;受托方将商品销售后,按实际售价确认销售收入,并向委托方开具代销清单;委托方收到代销清单时,再确认本企业的销售收入。确认收入时,按应收的款项,借记"应收账款""应收票据"等科目,按实现的营业收入,贷记"主营业务收入"等科目,按应交的增值税税额,贷记"应交税费——应交增值税(销项税额)"科目。

2. 收取手续费方式。收取手续费方式委托代销商品是指受托方根据所代销的商品数量向委托方收取手续费的销售方式。在这种代销方式下,委托方应在受托方将商品销售后,并收到受托方开具的代销清单时,确认收入,根据代销清单上注明的已销商品货款的实现情况,按应收的款项,借记"应收账款""应收票据"等科目;按实现的营业收入,贷记"主营业务收入"等科目;按应交的增值税税额,贷记"应交税费——应交增值税(销项税额)"

科目;按应支付的代销手续费,借记"销售费用"科目,贷记"应收账款"等科目。

企业将委托代销的商品发交受托方时,按实际成本(或进价)或计划成本(或售价),借记"发出商品(或委托代销商品)"科目,贷记"库存商品"科目;确认委托代销商品收入时按代销商品的实际成本(或进价)或计划成本(或售价),借记"主营业务成本"等科目,贷记"发出商品(或委托代销商品)"科目;采用计划成本(或售价)核算的企业,月末应结转售出委托代销商品应分摊的产品成本差异或商品进销差价,调整当期的主营业务成本。

企业应与受托方订立代销合同,规定代销方应于代销后及时、定期或至少按月报送已销商品清单(载明售出商品的名称、数量、销售单价和销售金额,应扣的代缴税金和代销手续费等),并将货款净额及时汇交企业。

关于受托方的账务处理,参见第十二章第四节"三、受托代销商品款的核算"。

【例15-14】 2×22年10月5日,A企业委托B企业销售甲商品100件,协议价为100元/件,该商品实际成本为60元/件,适用的增值税税率为13%。A企业收到B企业开来的代销清单时确认销售收入并开具增值税专用发票,发票上注明售价为10000元,增值税税额为1300元。B企业实际销售时开具的增值税专用发票上注明售价为12000元,增值税税额为1560元。假设B企业对代销商品采用进价核算。

(1)A企业应作如下会计分录:

① A企业将甲商品交付B企业时

借:发出商品	6000	
贷:库存商品		6000

② A企业收到代销清单时

借:应收账款——B企业	11300	
贷:主营业务收入		10000
应交税费——应交增值税(销项税额)		1300
借:主营业务成本	6000	
贷:发出商品		6000

③ 收到B企业汇来的货款11300元时

借:银行存款	11300	
贷:应收账款——B企业		11300

(2)B企业应作如下会计分录:

① 收到甲商品时

借:受托代销商品	10000	
贷:受托代销商品款		10000

② 实际销售时

借:银行存款	13560	
贷:主营业务收入		12000
应交税费——应交增值税(销项税额)		1560

借:主营业务成本	10000	
贷:受托代销商品		10000

③收到 A 企业开具的增值税专用发票时

借:受托代销商品款	10000	
应交税费——应交增值税(进项税额)	1300	
贷:应付账款——A 企业		11300

④实际向 A 企业付款时

借:应付账款——A 企业	11300	
贷:银行存款		11300

(四)客户有额外选择权的销售业务处理

对于附有客户额外购买选择权的销售,企业应当评估该选择权是否向客户提供了一项重大权利。企业提供重大权利的,应当作为单项履约义务,按照"交易价格分摊至单项履约义务"的要求,将交易价格分摊至该履约义务,在客户未来行使购买选择权取得相关商品控制权时,或者该选择权失效时,确认相应的收入。客户额外购买选择权的单独售价无法直接观察的,企业应当综合考虑客户行使和不行使该选择权所能获得的折扣的差异、客户行使该选择权的可能性等全部相关信息后,予以合理估计。

客户虽然有额外购买商品选择权,但客户行使该选择权购买商品时的价格反映了这些商品单独售价的,不应被视为企业向该客户提供了一项重大权利。

【例 15-15】 甲公司 2×20 年起设有一项授予积分计划,客户每购买 10 元商品即被授予 1 个积分,每个积分可在未来购买企业商品时按 1 元的折扣兑现。2×20 年度,客户购买了 100000 元的商品,获得可在未来购买时兑现的 10000 个积分。客户已购买商品的单独售价为 100000 元,每个积分的单独售价为 0.95 元。2×21 年甲公司预计共有 9500 个积分被兑现,至年末客户兑现积分 4500 个;2×22 年甲公司预计共有 9700 个积分被兑现,至年末客户累计兑现积分 8500 个。

2×20 年账务处理:

分摊交易价格:商品销售 = 100000 ÷ (100000 + 9500) × 100000 = 91324(元)

　　　　　　　积分价格 = 100000 ÷ (100000 + 9500) × 9500 = 8676(元)

借:银行存款	100000	
贷:主营业务收入		91324
合同负债		8676

2×21 年账务处理:

积分兑现的收入 = 4500 ÷ 9500 × 8676 = 4110(元)

借:合同负债	4110	
贷:主营业务收入		4110

2×22 年账务处理:

积分兑现的收入 = 8500 ÷ 9700 × 8676 - 4110 = 3493(元)

借：合同负债　　　　　　　　　　　　　　　　　　　　　　　　　　　3493
　　贷：主营业务收入　　　　　　　　　　　　　　　　　　　　　　　　　3493
至此，合同负债的余额=8676-4110-3493=1073（元）。

（五）涉及知识产权许可的销售业务处理

企业向客户授予知识产权许可的，应当按照"识别合同中的单项履约义务"的要求，评估该知识产权许可是否构成单项履约义务，构成单项履约义务的，应当进一步确定其是在某一时段内履行还是在某一时点履行。

企业向客户授予知识产权许可，同时满足下列条件时，应当作为在某一时段内履行的履约义务确认相关收入；否则，应当作为在某一时点履行的履约义务确认相关收入：

1. 合同要求或客户能够合理预期企业将从事对该项知识产权有重大影响的活动。
2. 该活动对客户将产生有利或不利影响。
3. 该活动不会导致向客户转让某项商品。

企业向客户授予知识产权许可，并约定按客户实际销售或使用情况收取特许权使用费的，应当在下列两项孰晚的时点确认收入：

1. 客户后续销售或使用行为实际发生。
2. 企业履行相关履约义务。

【例15-16】 甲俱乐部就其名称和队徽向客户授予许可证。客户为一家服装设计公司，有权在一年内在包括T恤、帽子、杯子和毛巾在内的各个项目上使用该俱乐部的名称和队徽。因提供许可证，俱乐部将收取固定对价200万元以及按使用队名和队徽的项目的售价5%收取特许权使用费。客户预期企业将继续参加比赛并保持队伍的竞争力。假设客户每月销售100万元，不考虑相关税费，作如下会计处理：

该授予合同只有一个履约义务，且在一年内履行。合同交易价格200万元，需要分12个月平均分摊确认；与销售量对应的5%特许权使用费，初始无法计量，不能计入交易价格。

收到合同固定对价时：
借：银行存款　　　　　　　　　　　　　　　　　　　　　　　　　2000000
　　贷：合同负债　　　　　　　　　　　　　　　　　　　　　　　　　2000000
月末，按实际发生的销售额计算确认的特许权使用费=100×5%=5（万元）。
借：合同负债　　　　　　　　　　　　　　　　　　　　　　　　　166667
　　应收账款　　　　　　　　　　　　　　　　　　　　　　　　　　50000
　　贷：主营业务收入　　　　　　　　　　　　　　　　　　　　　　　216667

（六）售后回购销售业务处理

对于售后回购交易，企业应当区分下列两种情形分别进行会计处理：

1. 企业因存在与客户的远期安排而负有回购义务或企业享有回购权利的，表明客户在销售时点并未取得相关商品控制权，企业应当作为租赁交易或融资交易进行相应的会计处理。其中,回购价格低于原售价的,应当视为租赁交易,按照《企业会计准则第 21 号——租赁》的相关规定进行会计处理;回购价格不低于原售价的,应当视为融资交易,在收到客户款项时确认金融负债,并将该款项和回购价格的差额在回购期间内确认为利息费用等。企业到期未行使回购权利的,应当在该回购权利到期时终止确认金融负债,同时确认收入。

2. 企业负有应客户要求回购商品义务的,应当在合同开始日评估客户是否具有行使该要求权的重大经济动因。客户具有行使该要求权重大经济动因的,企业应当将售后回购作为租赁交易或融资交易,按照上述 1 的要求进行会计处理;否则,企业应当将其作为附有销售退回条款的销售交易进行会计处理。

售后回购,是指企业销售商品的同时承诺或有权选择日后再将该商品(包括相同或几乎相同的商品,或以该商品作为组成部分的商品)购回的销售方式。

(七)客户有未行使合同权利的销售业务处理

企业向客户预收销售商品款项的,应当首先将该款项确认为负债,待履行了相关履约义务时再转为收入。当企业预收款项无须退回,且客户可能会放弃其全部或部分合同权利时,企业预期将有权获得与客户所放弃的合同权利相关的金额的,应当按照客户行使合同权利的模式按比例将上述金额确认为收入;否则,企业只有在客户要求其履行剩余履约义务的可能性极低时,才能将上述负债的相关余额转为收入。

【例 15-17】 某软件开发企业(适用增值税税率为 13%)于 2×22 年 10 月 5 日为客户定制一项软件,工期大约 5 个月,合同总收入 4520000 元(含税),至 2×22 年 12 月 31 日已发生成本 2200000 元(不考虑进项税额),预收账款 2925000 元。预计开发完整个软件还将发生成本 800000 元。2×22 年 12 月 31 日经专业测量师测量,软件的开发程度为 60%。

2×22 年确认收入 = 劳务总收入 × 劳务的完成程度 - 以前年度已确认的收入
$$= 4000000 \times 60\% - 0 = 2400000(元)$$

2×22 年确认营业成本 = 劳务总成本 × 劳务的完成程度 -
以前年度已确认的营业成本
$$= (2200000 + 800000) \times 60\% - 0 = 1800000(元)$$

该企业应作如下会计分录:

(1)发生成本时:

借:劳务成本	2200000
贷:银行存款	2200000

(2)预收款项时:

借:银行存款	2925000
贷:合同负债	2925000

(3)确认收入时:

借:合同负债	2712000
贷:主营业务收入	2400000
应交税费——应交增值税(销项税额)	312000

(4) 结转成本时：

借：主营业务成本　　　　　　　　　　　　　　　　　　　　　　1800000
　　贷：劳务成本　　　　　　　　　　　　　　　　　　　　　　　　　　1800000

发生的成本为2200000元，扣除已结转的成本1800000元，余额400000元应并入年度资产负债表"存货"项目内反映。

(八) 客户支付的不可退还的初始费处理

企业在合同开始（或接近合同开始）日向客户收取的无须退回的初始费（如俱乐部的入会费等）应当计入交易价格。企业应当评估该初始费是否与向客户转让已承诺的商品相关。该初始费与向客户转让已承诺的商品相关，并且该商品构成单项履约义务的，企业应当在转让该商品时，按照分摊至该商品的交易价格确认收入；该初始费与向客户转让已承诺的商品相关，但该商品不构成单项履约义务的，企业应当在包含该商品的单项履约义务履行时，按照分摊至该单项履约义务的交易价格确认收入；该初始费与向客户转让已承诺的商品不相关的，该初始费应当作为未来将转让商品的预收款，在未来转让该商品时确认为收入。

企业收取了无须退回的初始费且为履行合同应开展初始活动，但这些活动本身并没有向客户转让已承诺的商品的，该初始费与未来将转让的已承诺商品相关，应当在未来转让该商品时确认为收入，企业在确定履约进度时不应考虑这些初始活动；企业为该初始活动发生的支出应当按照合同成本确认的相关要求确认为一项资产或计入当期损益。

【例15-18】 承【例15-1】，假设1—8月客户发生的电费均为10000元。

供电公司应作如下会计处理：

收到一次性入网费时：

借：银行存款　　　　　　　　　　　　　　　　　　　　　　　　100000
　　贷：合同负债　　　　　　　　　　　　　　　　　　　　　　　　　100000

1—6月末确认电费收入时：

借：银行存款　　　　　　　　　　　　　　　　　　　　　　　　 10000
　　合同负债　　　　　　　　　　　　　　　　　　　　　　　　　　4167
　　贷：主营业务收入　　　　　　　　　　　　　　　　　　　　　　　14167

7—8月末确认电费收入时：

借：应收账款　　　　　　　　　　　　　　　　　　　　　　　　 10000
　　合同负债　　　　　　　　　　　　　　　　　　　　　　　　　　4167
　　贷：主营业务收入　　　　　　　　　　　　　　　　　　　　　　　14167

9—11月不作账务处理。

12月末将未摊销的入网费确认为收入时：

借：合同负债　　　　　　　　　　　　　　　　　　　　　　　　 66664
　　贷：主营业务收入　　　　　　　　　　　　　　　　　　　　　　　66664

同时将已确认的应收账款作坏账损失处理。

企业应当对在收入的确认和计量、特殊交易收入的确认和计量过程中确认的合同资产，按《企业会计准则第22号——金融工具确认和计量》的规定进行减值会计处理并确认损失准备。

四、合同成本

(一)为履行合同发生的成本的处理

企业为履行合同发生的成本，不属于其他企业会计准则规范范围且同时满足下列条件的，应当作为合同履约成本确认为一项资产：

1. 该成本与一份当前或预期取得的合同直接相关，包括直接人工、直接材料、制造费用（或类似费用）、明确由客户承担的成本以及仅因该合同而发生的其他成本。

2. 该成本增加了企业未来用于履行履约义务的资源。

3. 该成本预期能够收回。

企业应当在下列支出发生时，将其计入当期损益：

1. 管理费用。

2. 非正常消耗的直接材料、直接人工和制造费用（或类似费用），这些支出为履行合同发生，但未反映在合同价格中。

3. 与履约义务中已履行部分相关的支出。

4. 无法在尚未履行的与已履行的履约义务之间区分的相关支出。

(二)为取得合同发生的增量成本的处理

企业为取得合同发生的增量成本预期能够收回的，应当作为合同取得成本确认为一项资产；但是，该资产摊销期限不超过一年的，可以在发生时计入当期损益。

增量成本，是指企业不取得合同就不会发生的成本（如销售佣金等）。

企业为取得合同发生的、除预期能够收回的增量成本之外的其他支出（如无论是否取得合同均会发生的差旅费、销售人员的工资等），应当在发生时计入当期损益，但是，明确由客户承担的除外。

上述(一)(二)情形确认的资产，称为"与合同成本有关的资产"。

(三)与合同成本有关的资产的后续计量

与合同成本有关的资产，应当采用与该资产相关的商品收入确认相同的基础进行摊销，计入当期损益。

与合同成本有关的资产，其账面价值高于下列两项的差额的，超出部分应当计提减值准备，并确认为资产减值损失：

1. 企业因转让与该资产相关的商品预期能够取得的剩余对价；

2. 为转让该相关商品估计将要发生的成本。

以前期间减值的因素之后发生变化，使得差额高于该资产账面价值的，应当转回原已计提的资产减值准备，并计入当期损益，但转回后的资产账面价值不应超过假定不计提减值准备情况下该资产在转回日的账面价值。

在确定与合同成本有关的资产的减值损失时，企业应当首先对按照其他相关企业会计准则确认的、与合同有关的其他资产确定减值损失，然后再确定与合同成本有关的资产的减值损失。

企业按照《企业会计准则第 8 号——资产减值》测试相关资产组的减值情况时,应当将与合同成本有关的资产确定减值后的新账面价值计入相关资产组的账面价值。

【例 15-19】 2×21 年 1 月 1 日,甲建筑公司与乙公司签订一项大型设备建造工程合同,根据双方合同,该工程的造价为 6300 万元,工程期限为一年半,甲公司负责工程的施工及全面管理,乙公司按照第三方工程监理公司确认的工程完工量,每半年与甲公司结算一次;预计 2×22 年 6 月 30 日竣工;预计可能发生的总成本为 4000 万元。假定该建造工程整体构成单项履约义务,并属于在某一时段履行的履约义务,甲公司采用成本法确定履约进度,增值税税率为 9%,不考虑其他相关因素。2×21 年 6 月 30 日,工程累计实际发生成本 1500 万元,甲公司与乙公司结算合同价款 2500 万元,甲公司实际收到价款 2000 万元;2×21 年 12 月 31 日,工程累计实际发生成本 3000 万元,甲公司与乙公司结算合同价款 1100 万元,甲公司实际收到价款 1000 万元;2×22 年 6 月 30 日,工程累计实际发生成本 4100 万元,乙公司与甲公司结算了合同竣工价款 2700 万元,并支付剩余工程款 3300 万元,上述价款均不含增值税额。假定甲公司与乙公司结算时即发生增值税纳税义务,乙公司在实际支付工程价款的同时支付其对应的增值税款。甲公司的账务处理:

(1)2×21 年 1 月 1 日至 6 月 30 日实际发生工程成本时:

借:合同履约成本　　　　　　　　　　　　　　　　　15000000
　　贷:原材料、应付职工薪酬等　　　　　　　　　　　15000000

(2)2×21 年 6 月 30 日:

履约进度 = 1500 ÷ 4000 = 37.5%
合同收入 = 6300 × 37.5% = 2362.5(万元)

借:合同结算——收入结转　　　　　　　　　　　　　23625000
　　贷:主营业务收入　　　　　　　　　　　　　　　　23625000
借:主营业务成本　　　　　　　　　　　　　　　　　15000000
　　贷:合同履约成本　　　　　　　　　　　　　　　　15000000
借:应收账款　　　　　　　　　　　　　　　　　　　27250000
　　贷:合同结算——价款结算　　　　　　　　　　　　25000000
　　　　应交税费——应交增值税(销项税额)　　　　　　2250000
借:银行存款　　　　　　　　　　　　　　　　　　　21800000
　　贷:应收账款　　　　　　　　　　　　　　　　　　21800000

当日,"合同结算"科目的余额为贷方 137.5 万元(2500 − 2362.5),表明甲公司已经与客户结算但尚未履行履约义务的金额为 137.5 万元,由于甲公司预计该部分履约义务将在 2×21 年内完成,因此,应在资产负债表中作为合同负债列示。

(3)2×21 年 7 月 1 日至 12 月 31 日实际发生工程成本时:

借:合同履约成本　　　　　　　　　　　　　　　　　15000000
　　贷:原材料、应付职工薪酬等　　　　　　　　　　　15000000

(4) 2×21年12月31日:

履约进度 = 3000÷4000 = 75%

合同收入 = 6300×75% − 2362.5 = 2362.5(万元)

借:合同结算——收入结转	23625000
贷:主营业务收入	23625000
借:主营业务成本	15000000
贷:合同履约成本	15000000
借:应收账款	11990000
贷:合同结算——价款结算	11000000
应交税费——应交增值税(销项税额)	990000
借:银行存款	10900000
贷:应收账款	10900000

当日,"合同结算"科目的金额为借方1125万元(2362.5 − 1100 − 137.5),表明甲公司已经履行履约义务但尚未与客户结算的金额为1125万元,由于该部分金额将在2×22年内结算,因此,应在资产负债表中作为合同资产列示。

(5) 2×22年1月1日至6月30日实际发生工程成本时:

借:合同履约成本	11000000
贷:原材料、应付职工薪酬等	11000000

(6) 2×22年6月30日:

由于合同当日已竣工结算,其履约进度100%。

合同收入 = 6300 − 2362.5 − 2362.5 = 1575(万元)

借:合同结算——收入结转	15750000
贷:主营业务收入	15750000
借:主营业务成本	11000000
贷:合同履约成本	11000000
借:应收账款	29430000
贷:合同结算——价款结算	27000000
应交税费——应交增值税(销项税额)	2430000
借:银行存款	35970000
贷:应收账款	35970000

当日,"合同结算"科目的金额为0(1125 + 1575 − 2700)。

收入准则采用了"五步法"收入确认模型来确认和计量收入,不再区分销售商品、提供劳务和建造合同等具体交易形式,而是按照统一的收入确认模型来确认收入。在该模型下,建造合同的会计核算也发生变化,体现在"合同资产""合同负债""合同履约成本"和"合同结算"等会计科目的变化上。

第二节 费 用

一、费用的概念

费用,是指企业在日常活动中发生的、会导致所有者权益减少的、与向所有者分配利润无关的经济利益的总流出。

费用形成于企业的日常活动使其有别于产生于非日常活动的损失。企业从事的某些活动或事项也能导致经济利益流出企业,但不属于企业的日常活动。例如,企业非流动资产毁损报废损失,因违约支付罚款、对外捐赠、因自然灾害等非常原因造成的财产损失等,这些活动或事项形成的经济利益的总流出属于企业的损失而不是费用,应确认为营业外支出。

费用应按照权责发生制和配比原则确认。企业在费用确认时,应划清三个界限,不得混淆,即生产费用和非生产费用的界限,生产费用和产品成本的界限,以及生产费用和期间费用的界限。生产费用应当计入产品成本,而期间费用应直接计入当期损益。

二、期间费用

期间费用是指企业日常活动发生的不能直接或间接计入特定核算对象的成本,而应计入发生当期损益的费用。它是企业当期发生的费用中重要组成部分,包括管理费用、销售费用和财务费用。

(一)管理费用

管理费用是指企业为组织和管理企业生产经营所发生的费用,包括企业在筹建期间发生的开办费、董事会和行政管理部门在企业的经营管理中发生的或者应由企业统一负担的公司经费(包括行政管理部门职工薪酬、物料消耗、低值易耗品摊销、办公费和差旅费、经营租赁费、折旧费等)、工会经费、董事会费(包括董事会成员津贴、会议费和差旅费等)、聘请中介机构费、咨询费(含顾问费)、诉讼费、业务招待费、技术转让费、无形资产摊销、矿产资源补偿费、研究费用、排污费、行政管理部门发生的不满足资本化确认条件的固定资产日常修理费用和大修理费用等。

企业发生的管理费用,应设置"管理费用"科目核算,并在"管理费用"科目中按费用项目设置明细账进行明细核算。期末应将"管理费用"科目的余额转入"本年利润"科目,结转后应无余额。

商品流通企业管理费用不多的,可不设置"管理费用"科目,而将应核算内容并入"销售费用"科目核算。

管理费用中的研发费用是指企业进行研究与开发过程中发生的费用化支出,以及计入管理费用的自行开发无形资产的摊销金额。应在"管理费用"科目下设置"研究费用"和"无形资产摊销"两个明细科目分别核算其当期发生额。

(二)销售费用

销售费用是指企业在销售商品和材料、提供劳务的过程中发生的各种费用,包括保险费、包装费、展览费和广告费、业务宣传费、商品维修费、长期待摊费用的摊销、预计产品质量保证损失、运输费、装卸费等,以及为销售本企业商品而专设的销售机构(含销售网点、售后服务网点等)的职工薪酬、业务费、折旧费等经营费用。

企业发生的销售费用,应设置"销售费用"科目核算,并在"销售费用"科目中按费用项目设置明细账进行明细核算。期末应将"销售费用"科目的余额转入"本年利润"科目,结转后应无余额。

企业发生的与专设销售机构相关的不满足资本化确认条件的固定资产日常修理费用和大修理费用等固定资产后续支出,也在"销售费用"科目核算。

企业在销售商品过程中发生的包装费、保险费、展览费、广告费、运输费和装卸费等费用,借记"销售费用"科目,贷记"库存现金""银行存款"科目。

摊销长期待摊费用时,借记"销售费用"科目,贷记"长期待摊费用"科目。

企业发生的为销售本企业商品而专设的销售机构的职工薪酬、业务费等经营费用,借记"销售费用"科目,贷记"应付职工薪酬""银行存款""累计折旧"等科目。

(三)财务费用

财务费用是指企业为筹集生产经营所需资金等而发生的筹资费用,包括利息支出(减利息收入)、汇兑损益以及相关的手续费、未确认融资费用摊销、分期收款销售方式下"未实现融资收益"的摊销等。

企业发生的财务费用,应设置"财务费用"科目核算,并在"财务费用"科目中按费用项目设置明细账进行明细核算。期末应将"财务费用"科目的余额转入"本年利润"科目,结转后应无余额。

为购建或生产满足资本化条件的资产发生的应予资本化借款费用,在"在建工程""制造费用"等科目核算,不在"财务费用"科目核算。

企业发生的财务费用,借记"财务费用"科目,贷记"银行存款""未确认融资费用"等科目。发生的应冲减财务费用的利息收入、汇兑差额、现金折扣,借记"银行存款""应付账款"等科目,贷记"财务费用"科目。

第三节 利 润

一、利润总额的计算

利润是指企业在一定期间的经营成果。利润包括收入减去费用后的净额、直接计入当期利润的利得和损失等。其中,收入减去费用后的净额反映的是企业日常活动的经营业绩,直接计入当期利润的利得和损失反映的是企业非日常活动的业绩。直接计入当期利润的利得和损失,是指应当计入当期损益、最终会引起所有者权益发生增减变动的、与所有者投入资本或者向所有者分配利润无关的利得或者损失。企业应当严格区分收入和利得、费用和损失之间的区别,以更加全面地反映企业的经营业绩。

利润总额取决于收入和费用、直接计入当期利润的利得和损失金额的计量。根据利润表,利润总额的计算公式如下:

营业利润=营业收入-营业成本-税金及附加-销售费用-管理费用-研发费用-财务费用+其他收益±投资收益±净敞口套期收益±公允价值变动损益-信用减值损失-资产减值损失±资产处置收益

$$利润总额 = 营业利润 + 营业外收入 - 营业外支出$$

$$净利润 = 利润总额 - 所得税费用$$

在上述公式中：

营业收入是指企业经营业务所确认的收入总额，包括主营业务收入和其他业务收入。

营业成本是指企业经营业务所发生的实际成本总额，包括主营业务成本和其他业务成本。其中，主营业务成本是指企业销售商品、提供服务等经常性活动所发生的成本。企业一般在确认销售商品、提供服务等主营业务收入时，或在月末，将已销商品、已提供服务的成本转入主营业务成本。其他业务成本是指企业除主营业务活动以外的其他经营活动所发生的成本。

税金及附加是指企业经营活动应负担的相关税费。

研发费用是指企业进行研究与开发过程中发生的费用化支出，以及计入管理费用的自行开发无形资产的摊销。

资产减值损失是指企业计提各项资产减值准备所形成的损失。

公允价值变动收益（或损失）是指企业以公允价值计量且其变动计入当期损益的金融资产等公允价值变动形成的应计入当期损益的利得（或损失）。

投资收益（或损失）是指企业以各种方式对外投资所取得的收益（或发生的损失）。

信用减值损失是指计提的各项金融工具信用减值准备所确认的信用损失。

资产处置收益（或损失）是指企业出售划分为持有待售的非流动资产（金融工具、长期股权投资和投资性房地产除外）或处置组（子公司和业务除外）时确认的处置利得或损失，以及处置未划分为持有待售的固定资产、在建工程、生产性生物资产及无形资产而产生的处置利得或损失。

其他收益是指计入其他收益的政府补助以及其他与日常活动相关且计入其他收益的项目。如企业作为个人所得税的扣缴义务人，根据《中华人民共和国个人所得税法》收到的扣缴税款手续费等。

所得税费用是指企业确认的应从当期利润总额中扣除的所得税费用。具体内容详见"第十六章　所得税"。

二、营业外收入的核算

营业外收入是指企业发生的营业利润以外的收益。营业外收入并不是由企业经营资金耗费产生，不需要企业付出代价，不存在与有关费用进行配比。主要包括：非流动资产毁损报废利得、与企业日常活动无关的政府补助、盘盈利得、捐赠利得等。

其中，捐赠利得是指企业接受捐赠产生的利得。企业接受的捐赠和债务豁免，按照《企业会计准则》规定符合确认条件的，通常应当确认为当期收益（营业外收入）。但是，企业接受控股股东（或控制股东的子公司）或非控股股东（或非控股股东的子公司）直接或间接代为偿债、债务豁免或捐赠，经济实质表明属于控股股东或非控股股东对企业的资本性投入，应当将相关利得计入所有者权益（资本公积）。

企业发生破产重整，其非控股股东因执行人民法院批准的破产重整计划，通过让渡所持有的该企业部分股份向企业债权人偿债的,企业应将非控股股东所让渡股份按照其在让渡之日的公允价值计入所有者权益(资本公积),减少所豁免债务的账面价值,并将让渡股份公允价值与被豁免的债务账面价值之间的差额计入当期损益(营业外收入)。控股股东按照破产重整计划让渡了所持有的部分该企业股权向企业债权人偿债的,该企业也按此原则处理。

企业发生的营业外收入,应设置"营业外收入"科目核算,并在"营业外收入"科目中按具体项目进行明细核算。期末应将"营业外收入"科目余额转入"本年利润"科目,结转后应无余额。

三、营业外支出的核算

营业外支出是指企业发生的营业利润以外的支出,主要包括:非流动资产毁损报废损失、罚款支出、公益性捐赠支出、非常损失、盘亏损失等。

其中,非常损失是指企业对于因客观因素(如自然灾害等)造成的损失,在扣除保险公司赔偿后计入营业外支出的净损失。

企业发生的营业外支出,应设置"营业外支出"科目核算,并在"营业外支出"科目中按具体支出项目进行明细核算。期末应将"营业外支出"科目余额转入"本年利润"科目,结转后应无余额。

四、政府补助的核算

(一)政府补助的概念与特征

1. 政府补助的概念

政府补助是指企业从政府无偿取得的货币性资产或非货币性资产,但不包括政府作为企业所有者投入的资本。其中,政府包括各级政府及其机构,国际类似组织也在此范围之内。政府补助主要形式包括政府对企业的无偿拨款、税收返还、财政贴息,以及无偿给予非货币性资产等。通常情况下,直接减征、免征、增加计税抵扣额、抵免部分税额等不涉及资产直接转移的经济资源,不适用政府补助准则。需要说明的是,增值税出口退税不属于政府补助。根据税法规定,在对出口货物取得的收入免征增值税的同时,退付出口货物前道环节发生的进项税额,增值税出口退税实际上是政府退回企业事先垫付的进项税,所以不属于政府补助。

2. 政府补助的特征

(1)来源于政府的经济资源。对于企业收到的来源于其他方的补助,有确凿证据表明政府是补助的实际拨付者,其他方只起到代收代付作用的,该项补助也属于来源于政府的经济资源。

(2)无偿性。即企业取得来源于政府的经济资源,不需要向政府交付商品或服务等对价。

企业从政府取得的经济资源,如果与企业销售商品或提供服务等活动密切相关,且是企业商品或服务的对价或者是对价的组成部分,不属于政府补助,适用《企业会计准则第14号——收入》等相关会计准则。

(二)政府补助的分类

政府补助分为与资产相关的政府补助和与收益相关的政府补助。

与资产相关的政府补助,是指企业取得的、用于购建或以其他方式形成长期资产的政府补助。其中"与资产相关",是指与购建固定资产、无形资产等长期资产相关。

与收益相关的政府补助,是指除与资产相关的政府补助之外的政府补助。此类政府补助不是以"购买、建造或以其他方式取得长期资产"作为政策条件或使用条件。

(三)政府补助的会计处理

1. 会计处理方法

根据政府补助准则的规定,政府补助同时满足下列条件的,才能予以确认:一是企业能够满足政府补助所附条件;二是企业能够收到政府补助。

政府补助的计量。政府补助为货币性资产的,应当按照收到或应收的金额计量。如果企业已经实际收到补助资金,应当按照实际收到的金额计量;如果资产负债表日企业尚未收到补助资金,但企业在符合了相关政策规定后就相应获得了收款权,且与之相关的经济利益很可能流入企业,企业应当在这项补助成为应收款时按照应收的金额计量。政府补助为非货币性资产的,应当按照公允价值计量;公允价值不能可靠取得的,按照名义金额计量。

政府补助有两种会计处理方法:总额法和净额法。总额法是在确认政府补助时,将其全额一次或分次确认为收益,而不是作为相关资产账面价值或者成本费用等的扣减。净额法是将政府补助确认为对相关资产账面价值或者所补偿成本费用等的扣减。需要说明的是,根据《企业会计准则——基本准则》的要求,同一企业不同时期发生的相同或者相似的交易或者事项,应当采用一致的会计政策,不得随意变更;确需变更的,应当在附注中说明。企业应当根据经济业务的实质,判断某一类政府补助业务应当采用总额法还是净额法进行会计处理,通常情况下,对同类或类似政府补助业务只能选用一种方法,同时,企业对该业务应当一贯地运用该方法,不得随意变更。企业对某些补助只能采用一种方法,例如,对一般纳税人增值税即征即退只能采用总额法进行会计处理。

与企业日常活动相关的政府补助,应当按照经济业务实质,计入其他收益或冲减相关成本费用。与企业日常活动无关的政府补助,计入营业外收支。通常情况下,若政府补助补偿的成本费用是营业利润之中的项目,或该补助与日常销售等经营行为密切相关(如增值税即征即退等),则认为该政府补助与日常活动相关。企业选择总额法对与日常活动相关的政府补助进行会计处理的,应增设"其他收益"科目进行核算。"其他收益"科目核算总额法下与日常活动相关的政府补助以及其他与日常活动相关且应直接计入本科目的项目。对于总额法下与日常活动相关的政府补助,企业在实际收到或应收时,或者将先确认为"递延收益"的政府补助分摊计入损益时,借记"银行存款""其他应收款""递延收益"等科目,贷记"其他收益"科目。

2. 与资产相关的政府补助

实务中,企业通常先收到补助资金,再按照政府要求将补助资金用于购建固定资产或无形资产等长期资产。企业在取得与资产相关的政府补助时,应当选择采用总额法或净额法进行会计处理。

总额法下,企业在取得与资产相关的政府补助时应当按照补助资金的金额借记"银行存款"等科目,贷记"递延收益"科目;然后在相关资产使用寿命内按合理、系统的方法分期计入损益。如果企业先取得与资产相关的政府补助,再确认所购建的长期资产,总额法下应当在开始对相关资产计提折旧或进行摊销时按照合理、系统的方法将递延收益分期计入当期收益;如果相关长期资产投入使用后企业再取得与资产相关的政府补助,总额法下应当在相关资产的剩余使用寿命内按照合理、系统的方法将递延收益分期计入当期收益。需要说明的是,采用总额法的,如果对应的长期资产在持有期间发生减值损失,递延收益的摊销仍保持不变,不受减值因素的影响。企业对与资产相关的政府补助选择总额法的,应当将递延收益分期转入其他收益或营业外收入,借记"递延收益"科目,贷记"其他收益"或"营业外收入"科目。相关资产在使用寿命结束时或结束前被处置(出售、报废、转让、发生毁损等),尚未分配的相关递延收益余额应当转入资产处置当期的损益,不再予以递延。对相关资产划分为持有待售类别的,先将尚未分配的递延收益余额冲减相关资产的账面价值,再按照《企业会计准则第42号——持有待售的非流动资产、处置组和终止经营》的要求进行会计处理。

净额法下,企业在取得政府补助时应当按照补助资金的金额冲减相关资产的账面价值。如果企业先取得与资产相关的政府补助,再确认所购建的长期资产,净额法下应当将取得的政府补助先确认为递延收益,在相关资产达到预定可使用状态或预定用途时将递延收益冲减资产账面价值;如果相关长期资产投入使用后企业再取得与资产相关的政府补助,净额法下应当在取得补助时冲减相关资产的账面价值,并按照冲减后的账面价值和相关资产的剩余使用寿命计提折旧或进行摊销。

实务中存在政府无偿给予企业长期非货币性资产的情况,如无偿给予土地使用权、天然起源的天然林等。企业取得的政府补助为非货币性资产的,应当按照公允价值计量;公允价值不能可靠取得的,按照名义金额(1元)计量。企业在收到非货币性资产的政府补助时,应当借记有关资产科目,贷记"递延收益"科目;然后在相关资产使用寿命内按合理、系统的方法分期计入损益,借记"递延收益"科目,贷记"其他收益"或"营业外收入"科目。但是,对以名义金额计量的政府补助,在取得时计入当期损益。

3. 与收益相关的政府补助

对与收益相关的政府补助,企业同样可以选择采用总额法或净额法进行会计处理:选择总额法的,应当计入其他收益或营业外收入;选择净额法的,应当冲减相关成本费用或营业外支出。

(1)与收益相关的政府补助如果用于补偿企业以后期间的相关成本费用或损失,企业在取得时应当先判断企业能否满足政府补助所附条件。根据准则规定,只有满足政府补助确认条件的才能予以确认,而客观情况通常表明企业能够满足政府补助所附条件,企业应当将其确认为递延收益,并在确认相关成本费用或损失的期间,计入当期损益或冲减相关成本。

(2)与收益相关的政府补助如果用于补偿企业已发生的相关成本费用或损失的,直接计入当期损益或冲减相关成本。这类补助通常与企业已经发生的行为有关,是对企业已发生的成本费用或损失的补偿,或是对企业过去行为的奖励。

4. 政府补助的退回

已确认的政府补助需要退回的,应当在需要退回的当期分情况按照以下规定进行会计处理:①初始确认时冲减相关资产账面价值的,调整资产账面价值;②存在相关递延收益的,冲减相关递延收益账面余额,超出部分计入当期损益;③属于其他情况的,直接计入当期损益。

此外,对于属于前期差错的政府补助退回,应当按照《企业会计准则第28号——会计政策、会计估计变更和差错更正》作为前期差错更正进行追溯调整。

5. 综合性项目政府补助

对于同时包含与资产相关部分和与收益相关部分的政府补助,企业应当将其进行分解,区分不同部分分别进行会计处理;难以区分的,企业应当将其整体归类为与收益相关的政府补助进行会计处理。

五、利润总额的核算

企业应设置"本年利润"科目,核算企业当期实现的净利润(或发生的净亏损)。企业期(月)末结转利润时,应将各损益类科目的余额转入本科目,结平各损益类科目。具体地说,期(月)末应将"主营业务收入""其他业务收入""营业外收入"等科目的期末余额转入本科目的贷方;将"主营业务成本""税金及附加""其他业务成本""销售费用""管理费用""财务费用""资产减值损失""营业外支出""所得税费用"等科目的期末余额转入本科目的借方;将"公允价值变动损益""投资收益""资产处置损益""其他收益"科目的净收益转入本科目的贷方,或将净损失转入本科目的借方。结转以后,"本年利润"科目余额如在贷方,则反映企业当期累计实现的净利润;余额如在借方,则表示企业当期累计发生的净亏损。年度终了,应将本年累计实现的净利润转入"利润分配"科目的贷方,借记本科目,贷记"利润分配——未分配利润"科目;或将本年累计发生的净亏损转入"利润分配"科目的借方,作相反的会计分录。结转后本科目应无余额。

【例15-20】 假设某企业2×22年12月末未转账前损益类科目的余额如下(单位:元):

收入科目(贷方余额)

| 主营业务收入 | 30000 | 投资收益 | 3000 |
| 其他业务收入 | 5000 | 营业外收入 | 2000 |

支出科目(借方余额)

税金及附加	2000		
主营业务成本	22000	管理费用	380
销售费用	1000	财务费用	200
其他业务成本	2000	营业外支出	800

根据上述资料,企业年终应作会计分录如下:

(1)将所有收入类科目余额转入"本年利润"科目:

借:主营业务收入　　　　　　　　　　　　　　　30000
　　其他业务收入　　　　　　　　　　　　　　　 5000
　　投资收益　　　　　　　　　　　　　　　　　 3000
　　营业外收入　　　　　　　　　　　　　　　　 2000
　　贷:本年利润　　　　　　　　　　　　　　　 40000

(2)将所有支出科目余额转入"本年利润"科目：

借：本年利润　　　　　　　　　　　　　　　28380
　　贷：税金及附加　　　　　　　　　　　　　　2000
　　　　主营业务成本　　　　　　　　　　　　22000
　　　　销售费用　　　　　　　　　　　　　　　1000
　　　　其他业务成本　　　　　　　　　　　　　2000
　　　　管理费用　　　　　　　　　　　　　　　　380
　　　　财务费用　　　　　　　　　　　　　　　　200
　　　　营业外支出　　　　　　　　　　　　　　　800

经过以上结转后，该企业2×22年12月"本年利润"科目增加贷方余额11620元（40000-28380），即该企业2×22年12月实现的利润总额为11620元。

年终，企业按上述步骤和方法计算出"本年利润"余额后，不论盈利还是亏损，均应按照国家税收的有关规定计算当期应交所得税，确认当期所得税费用，并将所得税费用转入"本年利润"科目的借方，然后才能将"本年利润"科目的最终余额（即净利润）转入"利润分配"科目。若为借方余额，则借记"利润分配——未分配利润"科目，贷记"本年利润"科目；若为贷方余额，则借记"本年利润"科目，贷记"利润分配——未分配利润"科目。结转后，"本年利润"科目应无余额。

六、利润分配的核算

（一）利润分配的一般程序

企业年度净利润，除法律、行政法规另有规定外，按照以下顺序分配：

1. 弥补以前年度亏损。
2. 提取10%法定公积金。法定公积金累计额达到注册资本50%以后，可以不再提取。
3. 提取任意公积金。任意公积金提取比例由投资者决议。
4. 向投资者分配利润。企业以前年度未分配的利润，并入本年度利润，在充分考虑现金流量状况后，向投资者分配。

企业发生的年度经营亏损，可以用以前或以后年度的利润弥补，也可以经投资者审议后用盈余公积弥补。

企业弥补以前年度亏损和提取盈余公积后，当年没有可供分配的利润时，不得向投资者分配利润，但法律、行政法规另有规定的除外。

向投资者分配利润区分为：应分配给股东或投资者的现金股利或利润和应分配给股东的股票股利。

需要说明的是，外商投资企业实现的净利润在首先弥补以前年度尚未弥补的亏损之后，应当按照法律、行政法规的规定按净利润提取储备基金、企业发展基金、职工奖励及福利基金等。中外合作经营企业按规定在合作期内以利润归还投资者的投资，以及国有工业企业按规定以利润补充的流动资本，也应从中扣除，随后的净额才为可供投资者分配的利润。

(二) 科目设置

为了核算企业利润的分配(或亏损的弥补)和历年分配(或弥补)后的余额,企业应设置"利润分配"科目,并在该科目下设置"提取法定盈余公积""提取任意盈余公积""提取储备基金""提取企业发展基金""提取职工奖励及福利基金""利润归还投资""应付现金股利或利润""转作股本的股利""盈余公积补亏""未分配利润"等明细科目进行明细核算。

"利润分配"科目借方登记利润的分配数和年末从"本年利润"科目转来的全年发生的净亏损;贷方登记用盈余公积弥补的亏损和年末从"本年利润"科目转来的全年实现的净利润。本科目年末余额,反映企业历年积存的未分配利润(或未弥补亏损)。

年度终了,企业应将"利润分配"科目下除"未分配利润"明细科目外的所有明细科目的余额,转入"未分配利润"明细科目,结转后,"利润分配——未分配利润"科目的贷方余额,为企业历年积存的可供分配利润;如为借方余额,为尚未弥补的亏损。结转后,其他明细科目应无余额。

(三) 利润分配的账务处理

企业按规定提取的盈余公积,借记"利润分配(提取法定盈余公积、提取任意盈余公积)"科目,贷记"盈余公积——法定盈余公积""盈余公积——任意盈余公积"科目。

外商投资企业按规定提取的储备基金、企业发展基金、职工奖励及福利基金,借记"利润分配(提取储备基金、提取企业发展基金、提取职工奖励及福利基金)"科目,贷记"盈余公积——储备基金""盈余公积——企业发展基金""应付职工薪酬"科目。

企业经股东大会或类似机构决议,分配给股东或投资者的现金股利或利润,借记"利润分配(应付现金股利或利润)"科目,贷记"应付股利"科目。

经股东大会或类似机构决议,分配给股东的股票股利,应在办理增资手续后,借记"利润分配(转作股本的股利)"科目,贷记"股本"科目。如有差额,贷记"资本公积——股本溢价"科目。

企业用盈余公积弥补亏损,借记"盈余公积——法定盈余公积""盈余公积——任意盈余公积"科目,贷记"利润分配(盈余公积补亏)"科目。

中外合作经营企业在经营期间用利润归还投资的,应按实际归还投资的金额,借记"利润分配(利润归还投资)"科目,贷记"盈余公积——利润归还投资"科目。

企业实际支付股利(或利润)时,借记有关科目,贷记"银行存款"等科目。

第四节 产品成本

2006年《企业会计准则》发布后,为了加强企业产品成本核算,保证产品成本信息真实、完整,促进企业和经济社会的可持续发展,根据《会计法》《企业会计准则》等国家有关规定,财政部于2013年发布了《企业产品成本核算制度(试行)》。该制度作为产品成本核算的基本规范,确定了成本核算的基本要求和一般原则,使企业能通过财务报告,向外部信息使用者提供产品成本的有关信息,并满足内部管理决策的需要。

该制度适用于大中型企业,包括制造业、农业、批发零售业、建筑业、房地产业、采矿业、交通运输业、信息传输业、软件及信息技术服务业、文化业及其他行业,并以制造业为蓝本,规范了产品成本核算基本要求,产品成本核算对象,产品成本核算项目和范围,产品成本归集、分配和结转。本节内容以该制度为依据。

一、产品成本概念

产品,是指企业日常生产经营活动中持有以备出售的产成品、商品、提供的劳务或服务。因此,本节所述的产品包括有形产品(产成品、商品)和无形产品(劳务或服务)。

产品成本,是指企业在生产产品过程中所发生的材料费用、职工薪酬等,以及不能直接计入而按一定标准分配计入的各种间接费用。即产品成本包括采购成本、加工成本和其他成本。企业在日常生产经管活动中所发生的耗费,能够归属于使产品达到目前场所和状态的,应当计入产品成本,否则应计入期间费用。

实务中,人们常常使用"生产成本""生产费用"的说法。生产成本(即生产费用)是指在企业的生产和经营管理过程中发生的,与生产产品有关,可以计入产品成本的耗费,它是产品成本计算的基础。将生产成本按用途进行归集,然后分配到一定的成本核算对象上就是产品成本。因此,产品成本是对象化的生产成本,它是为生产一定种类和数量的产品而发生的生产成本总和。

企业生产的产品,通过销售商品、提供劳务等方式对外出售以后,在确认收入的同时结转产品成本,产品成本就转化成营业成本。

二、产品成本核算对象和成本项目

(一)产品成本核算对象

为了正确计算产品成本,先要确定产品成本核算对象,以便按照每一个成本核算对象,分别设置产品成本明细账(或成本计算单),来归集各个对象所应承担的生产成本,计算出各对象的总成本和单位成本。

产品成本核算对象,是指归集和分配生产成本的具体对象,即生产成本的承担者。不同行业在计算产品成本时确定的成本核算对象不尽相同,同一行业计算产品成本时所确定的成本核算对象也不一定相同。企业应当根据生产经营特点和管理要求,确定成本核算对象,归集成本费用,计算产品的生产成本。

(二)产品成本核算项目

为了正确进行产品成本核算,企业必须在每一成本核算对象下划分具体的成本核算项目,明确成本核算的范围。

制造企业一般设置直接材料、燃料和动力、直接人工和制造费用等成本项目。

1. 直接材料,是指构成产品实体的原材料以及有助于产品形成的主要材料和辅助材料。
2. 燃料和动力,是指直接用于产品生产的燃料和动力。
3. 直接人工,是指直接从事产品生产的工人的职工薪酬。
4. 制造费用,是指企业为生产产品和提供劳务而发生的各项间接费用,包括企业生产部门(如生产车间)发生的水电费、固定资产折旧、无形资产摊销、管理人员的职工薪酬、劳动保护费、国家规定的有关环保费用、季节性和修理期间的停工损失、正常废品范围内的废品损失等。

如果企业不设置"燃料及动力"成本项目,则外购的动力计入直接材料项目中。

三、制造企业产品成本核算的一般程序

成本核算的一般程序,是指对企业在生产经营过程中发生的各项生产成本,按照成本

核算的要求,逐步进行归集和分配,最后计算出各种产品的总成本和单位成本的基本过程。根据产品成本核算的要求,将产品成本核算的一般程序归纳如下:

1. 归集和分配要素费用

根据成本核算的要求,对制造企业发生的各项要素费用进行严格审核和控制,并按照国家有关规定划清哪些耗费应当计入产品成本和期间费用,哪些耗费不应计入产品成本和期间费用;对应当计入产品成本和期间费用的耗费,划清应计入产品成本还是期间费用;对应当计入产品成本的耗费,划清应计入基本生产成本,辅助生产成本,还是制造费用;对计入基本生产成本的耗费,进一步划清是否应计入本期产品成本,从而准确地分配各项要素费用,防止企业乱摊成本。

2. 归集和分配辅助生产成本

要素费用归集和分配以后,对于归集在"生产成本——辅助生产成本"科目借方的辅助生产车间所发生的各项成本,应按一定的方法在各受益对象之间进行分配。辅助生产费用分配方法的选择是否合理,对产品成本和当期损益的计算具有重大影响。

3. 归集和分配制造费用

要素费用和辅助生产费用归集和分配以后,对于归集在"制造费用"科目借方的基本生产车间发生的各项间接费用,应当采用适当的方法分配计入有关产品成本。制造费用分配方法的选择是否合理,对产品成本的计算具有重大影响。

4. 结转完工产品成本

通过上述步骤后,对于月末既有完工产品又有在产品的产品,将该种产品的生产成本(月初在产品成本与本月生产成本之和)在完工产品与月末在产品之间进行分配,计算出该种产品的完工产品成本和月末在产品成本。然后将完工产品的成本转入"库存商品"科目。

上述制造企业产品成本核算的一般程序如图 15-1 所示。

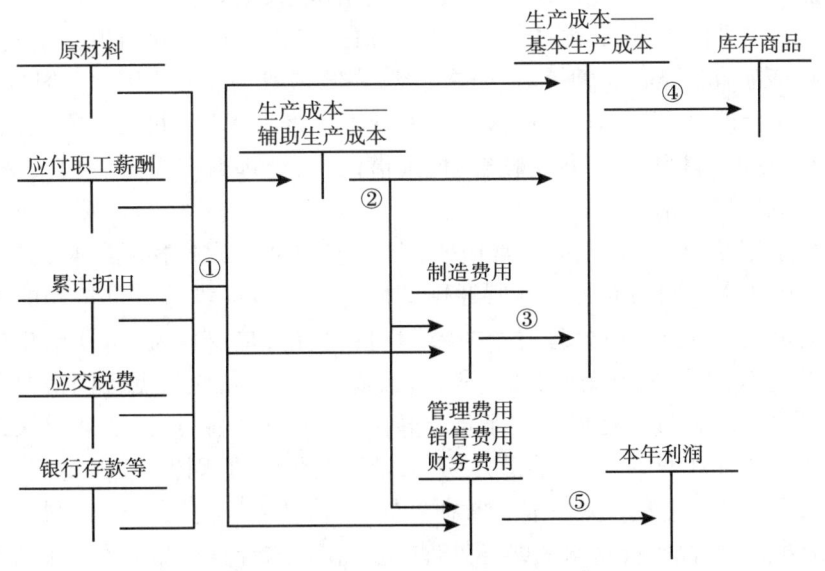

图 15-1 制造企业产品成本核算的一般程序

注:①分配要素费用;②分配辅助生产成本;③分配制造费用;④结转完工产品成本;⑤结转期间费用。

四、制造企业生产费用在完工产品和在产品之间的归集和分配

生产费用在各种产品之间归集和分配后,当月初、月末都没有在产品时,本月发生的生产费用就是本月完工产品的成本;如果月初、月末都有在产品时,本月发生的生产费用与月初在产品成本之和,还应在完工产品和月末在产品之间进行分配,以计算完工产品成本。根据公式"月初在产品成本+本月生产费用=本月完工产品成本+月末在产品成本",生产费用在完工产品与月末在产品之间的分配方法有两种:一种是将公式前两项之和按一定比例在后两项之间进行分配,同时算出完工产品和月末在产品的成本;另一种是先确定月末在产品的成本,再计算出完工产品的成本。

(一)在产品数量的核算

核算在产品的数量,先要划分哪些属于在产品,哪些不属于在产品。企业在产品是指没有完成全部生产过程、不能作为商品销售的产品。包括正在车间加工的产品、已经完成一个或几个加工步骤但还需继续加工的半成品;未经装配和未经验收入库的产品以及返修的废品等。应该指出,不可修复的废品应当及时报废,已领未用的原材料应当办理"假退料"手续,这些都不应列入在产品之内,对外销售的自制半成品,属于商品产品,验收入库后也不应列入在产品之内。以上对在产品的划分,是就整个企业来说的。从某一个生产步骤、某一车间来说,在产品包括正在车间加工中的那部分在产品(包括返修废品),以及车间已完工但尚未验收转出(入库或转下一生产步骤)的产品(或半成品)。

在产品数量的核算,同其他材料物资的核算一样,应同时具备账面核算资料和实际盘点资料。一方面要做好在产品收发结存的日常核算工作,另一方面又要做好在产品的定期清查工作。

在产品收发结存的日常核算,在车间内应按产品的品种和在产品的品名(如零部件的品名)设置"在产品收发结存账"(实际工作中也称"在产品台账"),根据领料凭证、在产品内部转移凭证,以及产品交库凭证,随时登记在产品的收发数量。

为了核实在产品的数量,必须做好在产品的清查工作。清查的结果应编制"在产品盘点表",并与在产品收发结存账相核对,如果账实不符,应查明盈亏原因并及时处理。

发生在产品盘盈时,应借记"生产成本——基本生产成本"科目及其有关的明细账,贷记"待处理财产损溢"科目;按照规定核转时,则借记"待处理财产损溢"科目,贷记"管理费用"科目,以冲减管理费用。

发生在产品盘亏、毁损,以及非正常损失,应借记"待处理财产损溢"科目,贷记"生产成本——基本生产成本"科目;同时将其所耗用的购进货物或应税劳务已抵扣的进项税额和准予抵扣的消费税额,借记"待处理财产损溢"科目,贷记"应交税费——应交增值税(进项税额转出)""应交税费——应交消费税"科目;按规定核销时,应根据不同情况分别将损失从"待处理财产损溢"科目及有关明细账贷方转出,记入有关科目:其中准予核销计入产品成本的损失,转入"管理费用"科目的借方;应由过失人赔偿的,则转入"其他应收款"科目及其有关的明细账的借方,要求赔偿;非正常损失的部分,转入"营业外支出"科目。为了正确地计算产品成本,在产品清查结果的账务处理,应当在月末计算产品成本之前进行。

(二)生产费用在完工产品和在产品之间的分配

企业应当根据产品的生产特点(如在产品数量的多少及其各月变化的大小,各项费用

在成本中所占比重等),选择既合理又简便的分配方法。常用的方法有以下6种:

1. 不计算在产品成本(即在产品成本为零)。这种方法是本月发生的产品费用,全部由其完工产品成本负担。一般在各月末的在产品数量很小,在产品成本计算与否对完工产品成本影响不大时,为简化核算工作,可以不计算在产品成本。

2. 在产品成本按年初数固定计算。这种方法与第一种方法类似。因为在产品成本每月都按年初数固定不变,也就是说,每月初在产品成本与月末在产品成本相等,当月发生的费用,全部由当月完工产品成本负担。只有在年终时,才根据实际盘点的在产品数量,重新计算在产品成本。这种方法一般是在各月末在产品数量比较稳定、相差不多的情况下应用。

3. 在产品成本按其所耗用的原材料费用计算。这种方法是在产品成本按其所耗用的原材料费用计算,其他费用全部由完工产品成本负担。当原材料费用在生产成本中占的比重大,而且原材料是在生产开始时一次就全部投入时,为了简化核算工作,可以采用这种方法,月末在产品可以只计算原材料费用,其他费用全部由完工产品负担。

4. 按约当产量比例计算。将实际结存的在产品数量按其完工程度折合为大约相当的完工产品产量,称为在产品的约当产量,然后按照在产品约当产量和完工产品产量的比例分配生产费用。这种分配方法称为约当产量比例法。它适用于在产品数量较多,各月在产品数量变动也较大,同时产品成本中各项费用的比重又相差不多的企业。计算公式如下:

在产品约当产量 = 在产品数量 × 完工百分比

某项费用分配率 = 某项费用总额 ÷ (完工产品产量 + 在产品约当产量)

完工产品应负担费用 = 完工产品产量 × 费用分配率

在产品应负担费用 = 在产品约当产量 × 费用分配率

采用这种方法分配费用应按成本项目进行,在分配直接材料费用时,应按产品生产时原材料的不同投料方式,采用不同的分配程序。如果原材料是生产开工时一次投入,在产品无论完工程度如何,都应负担全部原材料费用,即按在产品实际数量与完工产品产量的比例直接分配材料费用;如果原材料是分次投入,则在产品的直接材料费用负担额应按完工程度确定,此时,在产品应按完工程度折合为约当产量与完工产品产量的比例进行分配。对于加工费用的分配,应按上述公式计算分配。

【例15-21】 某企业基本生产车间生产甲产品,本月完工300件,月末在产品40件,甲产品月初在产品成本和本期生产费用总额为147500元,其中直接材料为71400元,直接人工为25600元,制造费用为50500元。原材料在开工时一次投入,月末在产品完工程度为50%。按约当产量比例法计算分配如下:

(1)在产品约当产品量的计算:

约当产量 = 40 × 50% = 20(件)

(2)直接材料的分配:

直接材料分配率 = 71400 ÷ (300 + 40) = 210

在产品应负担的直接材料费用 = 40 × 210 = 8400(元)
完工产品应负担的直接材料费用 = 300 × 210 = 63000(元)
(3) 直接人工的分配：
直接人工分配率 = 25600 ÷ (300 + 20) = 80
在产品应负担的直接人工费用 = 20 × 80 = 1600(元)
完工产品应负担的直接人工费用 = 300 × 80 = 24000(元)
(4) 制造费用的分配：
制造费用分配率 = 50500 ÷ (300 + 20) = 157.8125
在产品应负担的制造费用 = 20 × 157.8125 = 3156.25(元)
完工产品应负担的制造费用 = 300 × 157.8125 = 47343.75(元)
(5) 完工产品成本和在产品成本的计算：
月末在产品总成本 = 8400 + 1600 + 3156.25 = 13156.25(元)
完工产品总成本 = 63000 + 24000 + 47343.75 = 134343.75(元)

采用约当产量比例法，确定期末在产品的完工程度是重要的一环，一般是根据月末在产品的数量，用技术测定或其他方法来计算在产品的完工程度。如果企业具备较健全的产品工时定额资料，也可以按每道工序累计单位工时定额计算在该工序的在产品完工程序，计算公式为：

$$产品完工率 = \frac{前工序累计工时定额 + 本工序工时定额 \times 50\%}{单位产品工时定额 \times 100\%}$$

根据各工序在产品完工程度和各工序在产品数量，就可以计算出各工序在产品的约当产量，各工序在产品约当产量的合计数即为某产品月末在产品约当产量。

5. 定额比例法。在各月在产品数量变动较大的情况下，如果各项消耗定额比较准确、稳定，完工产品和月末在产品成本可以按照定额消耗量或定额费用的比例进行分配，这种方法称为定额比例法。计算公式如下：

$$\frac{定额比例}{(费用分配率)} = \frac{月初在产品实际费用 + 本月实际费用}{完工产品定额消耗量(定额费用) + 月末在产品定额消耗量(定额费用)}$$

完工产品实际费用 = 完工产品定额消耗量(定额费用) × 费用分配率

月末在产品实际费用 = 月末在产品定额消耗量(定额费用) × 费用分配率

采用该法分配时，直接材料一般按定额消耗量或定额费用比例分配，加工费用一般按定额工时比例分配。

【例 15-22】 某种产品的月初在产品直接材料费用为 3200 元，直接人工费用为 500 元，制造费用为 300 元；本月内发生的直接材料费用为 8400 元，直接人工费用为 1000 元，制造费用为 600 元。本月完工产品 400 件，每件产品的材料定额消耗量为 5 千克，工时定额为 10 小时；月末在产品材料定额消耗量共计为 500 千克，月末在产品定额工时共计为 1000 小时。按定额比例法计算分配如下：

(1) 直接材料费用的分配：

直接材料费用分配率 = (3200 + 8400) ÷ (400 × 5 + 500) = 4.64

在产品应负担的直接材料费用 = 500 × 4.64 = 2320(元)

完工产品应负担的直接材料费用 = 2000 × 4.64 = 9280(元)

(2) 直接人工费用的分配：

直接人工费用分配率 = (500 + 1000) ÷ (400 × 10 + 1000) = 0.3

在产品应负担的直接人工费用 = 1000 × 0.3 = 300(元)

完工产品应负担的直接人工费用 = 4000 × 0.3 = 1200(元)

(3) 制造费用的分配：

制造费用分配率 = (300 + 600) ÷ (400 × 10 + 1000) = 0.18

在产品应负担的制造费用 = 1000 × 0.18 = 180(元)

完工产品应负担的制造费用 = 4000 × 0.18 = 720(元)

(4) 完工产品成本和月末在产品成本的计算：

在产品总成本 = 2320 + 300 + 180 = 2800(元)

完工产品总成本 = 9280 + 1200 + 720 = 11200(元)

6. 在产品按定额成本计算。根据月末实际结存的在产品数量和各项费用的单位定额，计算出月末在产品定额成本。再将月初在产品费用加上本月生产费用，减去按定额成本计算的月末在产品成本，即为完工产品成本。按定额成本计算在产品成本时，月末在产品成本脱离定额的差异全部由完工产品成本负担。因此，这种方法适合在各月在产品数量变动不大、各项消耗定额比较准确、稳定的情况下采用。计算公式如下：

月末在产品直接材料定额成本 = 月末在产品数量 × 单位在产品材料消耗定额 × 材料计划单价

月末在产品直接人工定额成本 = 月末在产品数量 × 单位在产品工时定额 × 单位定额工时的人工费用

月末在产品制造费用定额成本 = 月末在产品数量 × 单位在产品工时定额 × 单位定额工时的费用

月末在产品定额成本 = 月末在产品直接材料定额成本 + 月末在产品直接人工定额成本 + 月末在产品制造费用定额成本

完工产品成本 = 月初在产品成本 + 本月生产费用 − 月末在产品定额成本

【例 15-23】 某产品所耗直接材料在生产开始时一次投入，完工产品的直接材料费用定额就是在产品的直接材料费用定额为 85 元；月末在产品 300 件，定额工时共计 1650 小时，单位定额工时的直接人工定额为 4.35 元，制造费用定额为 3.48 元；月初在产品和本月生产费用累计为：直接材料费用为 63450 元，直接人工费用为 15460 元，制造费用为 12580 元。按定额成本计算法分配如下：

(1) 月末在产品定额成本：
月末在产品直接材料定额成本 = 300 × 85 = 25500(元)
月末在产品直接人工定额成本 = 1650 × 4.35 = 7177.5(元)
月末在产品制造费用定额成本 = 1650 × 3.48 = 5742(元)
月末在产品定额成本 = 25500 + 7177.5 + 5742 = 38419.5(元)
(2) 完工产品成本：
完工产品直接材料成本 = 63450 − 25500 = 37950(元)
完工产品直接人工成本 = 15460 − 7177.5 = 8282.5(元)
完工产品制造费用 = 12580 − 5742 = 6838(元)
完工产品成本 = 37950 + 8282.5 + 6838 = 53070.5(元)

工业企业的生产费用，通过各项费用的归集和分配，计算出各种完工产品的生产成本后，其完工入库产品的成本，应从"生产成本——基本生产成本"科目转入"库存商品"科目。经过转账后，"生产成本——基本生产成本"科目的月末余额即为在产品成本。

五、制造企业产品成本计算的基本方法

(一) 成本计算对象的确定

成本计算对象应根据生产特点和管理要求来确定。工业企业的生产按工艺过程的特点，可分为单步骤生产和多步骤生产两种类型。单步骤生产指工艺过程不可间断或不能分散在不同地点进行的生产，如发电、采煤等。多步骤生产指工艺过程是由许多工艺上可间断的加工步骤组成，生产活动可以在不同时间、地点进行的生产，如纺织生产和机械制造等。工业企业的生产按生产组织的特点，可分为大量生产、成批（分批）生产和单件生产三种类型；成批生产按批量大小，又可分为大批生产和小批生产。大量生产是指不断重复生产一种或几种产品，如面粉和化肥生产；大批生产类似于大量生产；小批生产和单件生产，是企业根据订货单位的要求按照批别或件别组织生产，如服装生产和造船。企业的生产特点不同，管理要求也不同，有的要求计算各种产品的成本，有的要求计算不同批别产品的成本，有的还要求计算各生产步骤的成本。

生产特点和成本管理要求决定了三种不同的成本计算对象，即产品品种、产品生产批别和产品的生产步骤。

(二) 成本计算的主要方法

以上述三种成本计算对象为标志，产生了三种主要的成本计算方法。

1. 品种法

品种法是以产品品种为成本计算对象计算产品成本的一种方法。这种方法，既不要求按产品批别计算成本，也不要求按生产步骤计算成本。它适用于大量大批的单步骤生产，如发电、采掘等生产，或者管理上不要求分步计算产品成本的大量大批多步骤生产。

品种法计算产品成本的一般程序如下：
(1) 按产品品种设置明细账，按成本项目设置专栏。
(2) 根据各种费用分配表，将各项费用分别按产品品种计入各有关成本项目。

(3)计算各种产品的总成本和单位成本。月末,将各种产品成本明细账按成本项目归集的各种成本费用分别加总,扣除在产品成本后,就是各种产品的总成本,分别除以各自的产量,即为各种产品的单位成本。

2. 分批法

分批法是按产品批别(或订单)计算产品成本的一种方法。由于每批或单件产品的品种、数量以及计划开工、完工时间一般都是按客户的订单确定,所以分批法又称订单法。它适用于单件小批单步骤生产和管理上不要求分步计算成本的多步骤生产,如精密仪器和船舶制造、服装加工等生产。

分批法计算产品成本的一般程序如下:

(1)按批别或订单设置成本明细账,按成本项目分设专栏。

(2)根据各种费用分配表,将各项费用分别按产品批别或订单产品成本明细账计入各有关成本项目。

(3)根据批别或订单产品完工通知单,将计入已完工的该批或该订单产品成本明细账中的各项费用,按成本项目加以汇总,计算该批或该订单产品总成本,以总成本除以产量计算出产品的单位成本。

(4)如同批或同订单产品中有跨月陆续完工并已销售或提货,需要按计划成本结转已完工产品成本者,可先按完工数量和计划单位成本计算结转"产成品"科目,在该批产品全部完工后,应按实际发生的各项生产费用加以汇总计算出该批或该订单产品的实际总成本,再将实际总成本扣除已按计划成本结转的差额结转"产成品"科目,将原按计划成本结转数自动调整为实际成本。

3. 分步法

分步法是按产品的生产步骤计算产品成本的一种方法。它适用于大量大批多步骤生产,而且管理上要求分步计算产品成本的工业企业。如纺织、冶金、造纸及机械制造等生产。

分步法按其是否计算半成品成本又可分为逐步结转分步法和平行结转分步法。

(1)逐步结转分步法。

逐步结转分步法是按产品加工步骤的先后顺序,逐步计算并结转各步骤半成品成本,直至最后计算出产品成本的一种方法。它适用于各步骤半成品有独立的经济意义,管理上要求核算半成品成本的企业。

如将各步骤半成品视作产成品,就可以发现,逐步结转分步法实际上是品种法的连续应用,因此其计算产品成本的程序与品种法基本相同。

(2)平行结转分步法。

平行结转分步法是指不计算各步骤的半成品成本,而只计算本步骤发出的费用和应由产成品负担的份额,将各步骤成本计算单中产成品应负担的份额平行汇总来计算产品成本的一种方法。

平行结转分步法计算产品成本的一般程序如下:

①按照品种法成本计算的程序,根据各种费用分配表和记账凭证登记各步骤半成品成本明细账;

②将各步骤半成品成本明细账所归集的生产费用,在本步骤完工半成品与在产品之间

采用适当方法进行分配,计算出完工半成品的总成本和单位成本;

③将最终产品耗用本步骤半成品的数量乘以单位成本求得本步骤应转入最终产品的"份额",并平行结转入最终产品成本明细账;

④将各步骤平行结转入最终产品成本明细账的"份额"加以汇总求得最终产品的总成本和单位成本。

企业应当根据本企业的生产经营特点和管理要求,确定适合本企业的成本核算对象、成本项目和成本计算方法。成本核算对象、成本项目以及成本计算方法一经确定,不得随意变更,如需变更,应当根据管理权限,经股东大会或董事会,或经理(厂长)会议或类似机构批准,并在会计报表附注中予以说明。

第十六章 所 得 税

第一节 所得税会计概述

在我国,会计的确认、计量、报告应当遵循《企业会计准则》的规定,目的在于真实、完整地反映企业的财务状况、经营成果和现金流量等,为投资者、债权人以及其他会计信息使用者提供对其决策有用的信息。《企业所得税法》第二十一条规定:"在计算应纳税所得额时,企业财务、会计处理办法与税收法律、行政法规的规定不一致的,应当依照税收法律、行政法规的规定计算。"即企业的应纳税所得额的确定应当遵循国家有关税收法律、法规的规定,目的在于确定一定时期内纳税人应缴纳的税额。因此,企业的会计核算和税收处理分别遵循不同的原则,服务于不同的目的。会计与税法的差异主要体现在以下四个方面:

1. 会计上确认为收入,税收上不征企业所得税,如国债利息收入、符合条件的居民企业之间的股息红利等权益性投资收益、交易性金融资产等金融工具的期末的公允价值变动、企业综合利用资源生产符合国家产业政策规定的产品所取得的收入,可以在计算应纳税所得额时进行减计等。

2. 会计不确认为收入,税收上要作为收入征税,如不符合税法规定的折扣折让、税法视同销售(如非货币性资产交换不具有商业实质且公允价值不能够可靠计量时,会计上不确认收入,但税收上需确认收入)、将闲置的专门借款存入银行取得的利息收入或进行暂时性投资取得的投资收益(会计上作为减少借款费用资本化金额,税法上应确认为利息收入)、按权益法核算的投资收益、具有融资性质的分期收款方式销售商品、接受权益性捐赠等。

3. 会计上确认为成本费用,税收上不得税前抵扣,如资产减值准备、不符合税前扣除条件的资产损失、预计负债、未实际发生的工资薪金、限额扣除的业务招待费、广告费、福利费、教育经费、捐赠支出、借款费用(如借款费用资本化的起止时间。会计规定:购建期间发生的符合条件才可以资本化,当固定资产达到预定可使用状态时需停止资本化;税法规定:购建过程中发生的予以资本化,资产交付使用后停止资本化。又如利率限制。会计规定:无利率限制;税法规定:高于银行同期贷款利率,或贷款系从关联企业取得并超过规定比例,应按税法规定进行纳税调整)、固定资产折旧、无形资产摊销等。

4. 会计上不作为成本费用,税收上可以税前扣除。如符合条件的研究开发费用的加计扣除等。

所得税会计的形成和发展是所得税法规和《企业会计准则》规定相互分离的必然结果,两者分离的程度和差异的种类、数量直接影响和决定了所得税会计处理方法。《企业会计准则第 18 号——所得税》确立了我国所得税会计采用资产负债表债务法,要求企业从资产负债表出发,通过比较资产负债表上列示的资产、负债按照会计准则规定确定的账面价值与按照税法规定确定的计税基础,对于两者之间的差异分别应纳税暂时性差异与可抵扣暂时性差异,确认相关的递延所得税负债与递延所得税资产,并在此基础上确定每一会计期间利润表中的所得税费用。

一、资产负债表债务法的理论基础

资产负债表债务法较为完全地体现了资产负债观,在所得税的会计核算方面贯彻了资产、负债的界定。从资产负债表角度考虑,资产的账面价值代表的是企业在持续持有及最终处置某项资产的一定期间内,该项资产能够为企业带来的未来经济利益金额,而其计税基础代表的是在这特定期间内,就该项资产按照税法规定可以税前扣除的金额。当一项资产的账面价值小于其计税基础时,表明该项资产于未来期间产生的经济利益流入低于按照税法规定允许税前扣除的金额,产生可抵减未来期间应纳税所得额的因素,减少未来期间以应交企业所得税的方式流出企业的经济利益,应确认为资产。反之,一项资产的账面价值大于其计税基础的,两者之间的差额将会于未来期间产生应税金额,增加未来期间的应纳税所得额及应交企业所得税,对企业形成经济利益流出的义务,应确认为递延所得税负债。

二、所得税会计的一般程序

企业除了在发生特殊交易或事项时,如企业合并,在确认因交易或事项取得的资产、负债时即应确认相关的所得税影响外,一般应于每一资产负债表日进行所得税的核算。企业进行所得税核算一般应遵循以下程序:

1. 按照相关会计准则规定确定资产负债表中除递延所得税资产和递延所得税负债以外的其他资产和负债项目的账面价值。资产、负债的账面价值是指企业按照相关会计准则的规定进行核算后在资产负债表中列示的金额。对于计提了减值准备资产的账面价值为其账面余额减去已计提的减值准备后的金额。例如,甲公司某项应收账款账面余额为2000万元,企业对此应收账款计提了200万元坏账准备,则其账面价值为1800万元。该应收账款在资产负债表中的列示金额也为1800万元。

2. 按照相关会计准则中对于资产和负债计税基础的确定方法,以适用的税收法律法规为基础,确定资产负债表中有关资产、负债项目的计税基础。

3. 比较资产、负债的账面价值与其计税基础,对于两者之间存在差异的,分析其产生的原因与性质,除相关会计准则规定的特殊情况外,分别应纳税暂时性差异与可抵扣暂时性差异并乘以企业所得税税率,从而确定资产负债表日递延所得税资产和递延所得税负债的应有金额,并与期初递延所得税资产和递延所得税负债的余额相比较,确定当期应予进一步确认的递延所得税资产和递延所得税负债金额或应予转销的金额,作为构成利润表中所得税费用的其中组成部分——递延所得税。

4. 按照适用的税收法律、法规的规定计算确定当期应纳税所得额,将应纳税所得额与适用的所得税税率计算的结果确认为当期应交所得税,作为利润表中应予确认的所得税费用的其中组成部分——当期所得税。

5. 确定利润表中的所得税费用。利润表中的所得税费用包括当期所得税和递延所得税两个组成部分,企业在计算确定了当期所得税和递延所得税后,两者之和(或之差),即是利润表中的所得税费用。

第二节 资产、负债的计税基础及暂时性差异

一、资产的计税基础

资产的计税基础是指企业收回资产账面价值过程中,按照税收法律、法规的规定计算应纳税所得额时可以自应税经济利益中抵扣的金额,即某项资产在未来期间计税时按照税收法律、法规规定可以税前扣除的金额。

资产在初始确认时,其计税基础一般为取得成本,即企业为取得某项资产支付的成本在未来期间准予税前扣除。在资产持续持有的过程中,其计税基础是指资产的取得成本减去以前期间按照税收法律、法规规定已经税前扣除的金额后的余额,该余额代表的是按照税法规定,就涉及的资产在未来期间计税时仍然可以税前扣除的金额。如固定资产在特定资产负债表日的计税基础是指其成本扣除按照税收法律、法规规定已在以前期间税前扣除的累计折旧额后的金额。对资产负债表中部分资产项目计税基础确定举例如下。

(一)计提了资产减值准备的相关资产

资产计提了减值准备后,其账面价值随之下降,但税收法律、法规规定在资产未发生实际损失之前,不允许进行税前扣除,即其计税基础不会因减值准备的计提而发生变化,从而造成了其因减值准备计提后的资产账面价值与计税基础之间的差异。

【例16-1】 甲公司2×22年12月31日应收账款余额为1000万元,该公司期末对应收账款计提了100万元的坏账准备。按税收法律、法规的规定,除国务院财政、税务主管部门规定的资产减值准备外,均不允许税前扣除。假设该公司期初应收账款及坏账准备的余额均为0。应收账款在2×22年资产负债表日的账面价值为900万元(1000-100),由于坏账准备不允许税前扣除,其计税基础为1000万元,该计税基础与其账面价值之间产生100万元暂时性差异,在应收账款发生实质性损失时,会减少未来期间的应纳税所得额。

(二)以公允价值计量且其变动计入当期损益的金融资产

按照《企业会计准则第22号——金融工具确认和计量》的规定,对于以公允价值计量且其变动计入当期损益的金融资产于某一会计期末的账面价值为其公允价值。按税收法律、法规的规定,企业以公允价值计量的金融资产,持有期间公允价值的变动不计入应纳税所得额,在实际处置或结算时,处置取得的价款扣除其历史成本后的差额应计入处置或结算期间的应纳税所得额,即以公允价值计量的金融资产在持有期间市价的波动在计税时不作考虑,有关金融资产在某会计期末的计税基础仍为其取得的实际成本,因此造成在公允价值变动的情况下,以公允价值计量的金融资产账面价值与计税基础之间存在差异。

企业持有的以公允价值计量且变动计入其他综合收益的金融资产计税基础的确定,与以公允价值计量且其变动计入当期损益的金融资产类似,可比照上述内容进行处理。

【例16-2】 甲公司于2×22年11月1日,自公开市场取得一项权益性投资,支付价款100万元,并作为交易性金融资产核算。假设该项权益性投资2×22年

12月31日的市值为120万元。按税收法律、法规的规定对于交易性金融资产,持有期间公允价值的变动不计入应纳税所得额,在出售时一并计算应计入应纳税所得额。该项交易性金融资产的期末市值为120万元,其按照会计准则规定进行核算在2×22年资产负债表日的账面价值为120万元。因税法规定交易性金融资产在持有期间的公允价值变动不计入应纳税所得额,其在2×22年资产负债表日的计税基础仍为原取得成本100万元。故该交易性金融资产的账面价值120万元与其计税基础100万元之间产生了20万元的暂时性差异,该暂时性差异在未来期间转回时会增加未来期间的应纳税所得额,导致企业应交企业所得税的增加。

(三) 固定资产

按各种不同方式取得的固定资产,在初始确认时按照会计准则规定确定的入账价值一般等于计税基础。但由于会计准则与税收法律、法规的规定在折旧方法、折旧年限以及固定资产减值准备的提取等处理方面存在不同,在固定资产在持有期间进行后续计量时,会造成固定资产的账面价值与计税基础之间的差异。

1. 折旧方法、折旧年限的差异。按会计准则的规定,企业应当根据与固定资产有关的经济利益的预期实现方式合理选择折旧方法,如可以按年限平均法计提折旧,也可以按照年数总和法、双倍余额递减法等加速折旧方法计提折旧。税收法律、法规规定,除某些按照规定可以加速折旧的固定资产外,可以税前扣除的折旧额一般应是按照年限平均法计提的折旧。此外,会计处理时按照会计准则规定折旧年限是由企业根据固定资产的性质和使用情况合理确定的,但税法通常就每一类固定资产的折旧年限作出最低折旧年限的规定。若企业进行会计处理时确定的折旧年限与税收法律、法规规定的不同,也会造成固定资产持有期间账面价值与计税基础的差异。

2. 因计提固定资产减值准备产生的差异。在持有固定资产期间内,对固定资产计提了减值准备以后,因税收法律、法规规定企业计提的资产减值准备在资产发生实际损失前不允许税前扣除,从而造成了固定资产的账面价值与计税基础的差异。

【例16-3】 甲公司于2×20年12月以1200万元购入一项无须安装即可投入生产使用的设备,按照该项设备的预计使用情况,甲公司估计其可使用年限为10年,按照年限平均法计提折旧,预计净残值为0。假设税收法律、法规规定的折旧年限、折旧方法及净残值与会计规定相同。2×22年12月31日甲公司估计该设备的可收回金额为900万元。

该设备在2×22年12月31日的账面余额=1200-1200÷10×2=960(万元)

因估计该设备在2×22年12月31日的可收回金额为900万元,故需计提减值准备60万元。

该设备在2×22年12月31日的计税基础为960万元。该设备的账面价值900万元与其计税基础960万元之间产生了60万元的暂时性差异。

(四) 无形资产

除内部研究开发形成的无形资产外,以其他方式取得的无形资产,初始确认时按照相关会计准则规定确定的入账价值与按照税收法律、法规规定确定的成本之间一般不存在差异。无形资产的账面价值与计税基础之间的差异主要存在于内部研究开发形成的无形资产、使用寿命不确定的无形资产是否需要摊销及无形资产减值准备的提取。

1. 对内部研究开发形成的无形资产,相关会计准则规定有关内部研究开发活动区分为研究和开发两个阶段。研究阶段的支出应当费用化,计入当期损益,开发阶段符合资本化条件以后至达到预定用途前发生的支出应当资本化,计入无形资产的成本。对于研究开发费用的税前扣除,税法中规定企业为开发新技术、新产品、新工艺发生的研究开发费用,未形成无形资产计入当期损益的,在按照规定可据实扣除的基础上,还可以按照研究开发费用的75%(或100%)加计扣除;形成无形资产的,按照无形资产成本的175%(或200%)摊销。如该无形资产的确认不是产生于合并交易、同时在确认时既不影响会计利润也不影响应纳税所得额,按照《企业会计准则第18号——所得税》的规定,不确认该暂时性差异的所得税影响。

【例16-4】 甲公司2×22年为内部开发新技术发生研究开发支出共计1000万元,其中研究阶段支出为200万元,开发阶段符合资本化条件前发生的支出为200万元,符合资本化条件后至达到预定用途前发生的支出为600万元。税收法律、法规规定,企业研究开发支出未形成无形资产计入当期损益的,按照研究开发费用的100%加计扣除;形成无形资产的,按照无形资产成本的200%摊销。假定该内部开发形成的无形资产在当期期末已达到预定用途(尚未开始摊销)。

甲公司2×22年发生的该内部开发新技术发生的研究开发支出中,按照会计准则规定应予费用化的金额为400万元,期末所形成无形资产的账面价值为600万元。

甲公司2×22年发生的该内部开发新技术发生的研究开发支出为1000万元,按照税收法律、法规的规定可在当期税前扣除的金额为800万元(400+400×100%)。所形成无形资产在未来期间可予税前扣除的金额为1200万元,其计税基础为1200万元,形成暂时性差异600万元,但不确认相关的递延所得税资产。

2. 无形资产在后续计量时,会计与税收的差异主要存在于无形资产是否需要摊销及无形资产减值准备的提取。相关会计准则规定,应根据无形资产使用寿命情况区分为使用寿命有限的无形资产与使用寿命不确定的无形资产两类。对使用寿命不确定的无形资产,不要求摊销,但持有期间每年需进行减值测试。税收法律、法规规定,除外购商誉外,所有的无形资产(不论其使用寿命确定或不确定)成本均应在一定期间内摊销。即对于使用寿命不确定的无形资产,会计处理时不予摊销,但计税时可按照税收法律、法规的规定确定的摊销额允许税前扣除,从而造成该类无形资产的账面价值与计税基础的差异。

因计提无形资产减值准备产生的差异。在持有无形资产期间内,对无形资产计提了减值准备以后,因税收法律、法规规定企业计提的资产减值准备在资产发生实际损失前不允许税前扣除,从而造成了无形资产的账面价值与计税基础的差异。

(五)投资性房地产

企业持有的投资性房地产进行后续计量时,按照《企业会计准则第3号——投资性房地产》的规定,可以采用两种模式:第一种是成本模式,采用该模式计量时,投资性房地产的账面价值与计税基础的确定与固定资产、无形资产相同;第二种是在符合规定条件的情况下,可以采用公允价值模式,采用该模式计量时,投资性房地产计税基础的确定类似于固定资产或无形资产计税基础的确定。

【例16-5】 甲公司2×22年1月1日将其所拥有自用的成本为2000万元的办公楼对外出租。该办公楼预计可使用年限为20年,采用年限平均法计提折旧,预计净残值为0。假设税收法律、法规规定的折旧方法、折旧年限及净残值与会计规定相同;同时税收法律、法规规定资产在持有期间公允价值的变动不计入应纳税所得额,待处置时一并计入应纳税所得额。转为投资性房地产前已使用5年。甲公司将其转为投资性房地产核算后,预计能够持续可靠取得公允价值,采用公允价值模式进行后续计量。2×22年12月31日该办公楼的公允价值为1500万元。

该投资性房地产在2×22年12月31日的公允价值为1500万元。

该投资性房地产在2×22年12月31日的计税基础 = 2000 - 2000 ÷ 20 × 6 = 1400(万元)

该投资性房地产的账面价值1500万元与其计税基础1400万元之间产生了100万元的暂时性差异。

二、负债的计税基础

负债的计税基础是指负债的账面价值减去未来期间计算应纳税所得额时按照税收法律、法规规定可予抵扣的金额。即:

$$\text{负债的计税基础} = \text{负债的账面价值} - \text{未来期间按照税收法律、法规规定可予税前扣除的金额}$$

负债的确认与偿还一般不会影响企业的损益,也不会影响其应纳税所得额,未来期间计算应纳税所得额时按照税法规定可予抵扣的金额为零,计税基础即为账面价值。如短期借款、应付账款等。但在某些情况下,负债的确认也可能会影响企业的损益,进而影响不同期间的应纳税所得额,使得其计税基础与账面价值之间产生差额,如按照相关会计准则规定确认的某些预计负债。

(一)企业因销售商品提供售后服务等原因确认的预计负债

按照《企业会计准则第13号——或有事项》规定,企业对于预计提供售后服务将发生的支出在满足有关确认条件时,销售当期即应确认为费用,同时确认预计负债。如果税收法律、法规规定,与销售产品相关的支出应于实际发生时税前扣除。因该类事项产生的预计负债在期末的计税基础为其账面价值与未来期间可税前扣除的金额之间的差额,即为零。

因其他交易或事项中确认的预计负债,应按照税收法律、法规规定的计税原则确定其计税基础。在某些情况下,因有些事项确认的预计负债,税收法律、法规规定其支出无论是否实际发生均不允许税前扣除,即未来期间按照税收法律、法规规定可予抵扣的金额为零,账面价值等于计税基础。

【例16-6】 甲公司2×22年因销售产品承诺提供2年的保修服务,在2×22年度利润表中确认了100万元的销售费用,同时确认为预计负债,2×22年度尚未发生任何保修支出。假设按照税收法律、法规规定,与产品售后服务相关的费用在实际发生时允许税前扣除。

甲公司该项预计负债在2×22年12月31日资产负债表中的账面价值为100万元。

因税收法律、法规规定与产品保修相关的支出在未来期间实际发生时允许税前扣除,则甲公司该项负债的计税基础=账面价值-未来期间计算应纳税所得额时按照税法规定可予抵扣的金额=100-100=0。

甲公司该项预计负债的账面价值100万元与计税基础0之间产生了暂时性差异100万元。

(二)合同负债

企业在收到客户预付的款项时,因尚未符合收入确认条件,会计上仍将其确认为负债。税收法律、法规的规定中对于收入的确认原则一般与会计规定相同,即会计上未确认收入时,计税时一般也不计入应纳税所得额,该部分经济利益在未来期间计税时可予税前扣除的金额为零,计税基础等于账面价值。

在某些情况下,因不符合相关会计准则规定的收入确认条件未确认为收入的合同负债,但按照税收法律、法规规定应计入当期应纳税所得额时,有关预收并确认为合同负债的计税基础为0,即因其产生时已经计算缴纳企业所得税,未来期间可全额税前扣除。

(三)应付职工薪酬

《企业会计准则第9号——职工薪酬》规定,企业为获得职工提供的服务给予的各种形式的报酬以及其他相关支出均应作为企业的成本费用,在未支付之前确认为负债。税收法律、法规规定中对于企业实际发生的真实、合理的职工薪酬允许税前扣除,但税收法律、法规规定中如果规定了税前扣除标准的,按照相关会计准则规定计入成本费用的金额超过规定标准部分,应进行纳税调整。因超过部分在发生当期不允许税前扣除,在以后期间也不允许税前扣除,即该部分差额对未来期间计税不产生影响,所产生应付职工薪酬负债的账面价值等于计税基础。

【例16-7】 甲公司2×22年12月计入成本费用的职工工资总额为300万元,至2×22年12月31日尚未支付,仍体现在资产负债表中的应付职工薪酬中。假定按照税收法律、法规的规定,当期计入成本费用的300万元工资支出中,可予税前扣除的金额为200万元。

甲公司2×22年12月31日该项应付职工薪酬负债的账面价值为300万元。

甲公司2×22年12月31日该项应付职工薪酬负债的计税基础=账面价值-未来期间计算应纳税所得额时按照税法规定可予抵扣的金额=300-0=300(万元)。

由于100万元差异在产生当期不能税前扣除,在未来期间亦不能税前扣除,其不会对未来期间的计税产生影响。

甲公司该项负债的账面价值300万元与其计税基础300万元相同,不形成暂时性差异。

（四）其他负债

企业的其他负债项目，如应交的罚款和滞纳金等，在尚未支付之前按照会计规定确认为费用，同时作为负债反映。但税收法律、法规规定，罚款和滞纳金不能税前扣除，即该部分费用无论是在发生当期还是在以后期间均不允许税前扣除，其计税基础为账面价值减去未来期间计税时可予税前扣除的金额之间的差额，即计税基础等于账面价值。

其他交易或事项产生的负债，其计税基础应当按照适用税收法律、法规的具体规定确定。

三、特殊交易或事项中产生资产、负债计税基础的确定

除企业在正常生产经营活动过程中取得的资产和负债以外，对于某些特殊交易中产生的资产、负债，其计税基础的确定应遵从税收法律、法规规定，如企业合并过程中取得资产、负债计税基础的确定。

《企业会计准则第 20 号——企业合并》规定，视参与合并各方在合并前及合并后是否为同一方或相同的多方最终控制，分为同一控制下的企业合并与非同一控制下的企业合并两种类型。对于同一控制下的企业合并，合并中取得的有关资产、负债基本上维持其原账面价值不变，合并中不产生新的资产和负债；对于非同一控制下的企业合并，合并中取得的有关资产、负债应按其在购买日的公允价值计量，企业合并成本大于合并中取得可辨认净资产公允价值的份额部分确认为商誉，企业合并成本小于合并中取得可辨认净资产公允价值的份额部分计入合并当期损益。

对于企业合并的税收处理，通常情况下，被合并企业应视为按公允价值转让、处置全部资产，计算资产的转让所得，依法缴纳企业所得税。合并企业接受被合并企业的有关资产，计税时可以按经评估确认的价值确定计税基础。另外，在考虑有关于企业合并是一般性合并还是特殊性合并时，还需要考虑在合并中涉及的获取资产或股权的比例、非股权支付的比例，具体划分标准和条件应遵从税收法律、法规的规定。

由于相关会计准则与税收法律、法规对企业合并的划分标准不同，处理原则不同，在某些情况下，会造成企业合并中取得的有关资产、负债的入账价值与其计税基础的差异。

四、暂时性差异

暂时性差异是指资产、负债的账面价值与其计税基础不同产生的差额。由于资产、负债的账面价值与其计税基础不同，产生了在未来收回资产或清偿负债的期间内，应纳税所得额增加或减少并导致未来期间应交所得税增加或减少的情况，形成企业的资产和负债，在相关暂时性差异发生当期，在符合条件时，应当确认相关的递延所得税资产和递延所得税负债。

根据暂时性差异对未来期间应纳税所得额的影响，可分为应纳税暂时性差异和可抵扣暂时性差异。某些交易或事项发生后按照税收法律、法规规定能够确定计税基础，但因不符合会计资产、负债确认条件而未体现为资产负债表中的资产或负债，如企业发生的符合条件的广告费和业务宣传费、职工教育经费等，其为零的账面价值与计税基础之间的差异也构成暂时性差异。

(一)应纳税暂时性差异

应纳税暂时性差异是指在确定未来收回资产或清偿负债期间的应纳税所得额时,将导致产生应税金额的暂时性差异,即在未来期间不考虑该事项影响的应纳税所得额的基础上,由于该暂时性差异的转回,会进一步增加转回期间的应纳税所得额和应交企业所得税金额。在其产生当期应当确认相关的递延所得税负债。应纳税暂时性差异通常产生于以下情形:

1. 资产的账面价值大于其计税基础。一项资产的账面价值意味着企业在持续使用或最终出售该项资产时将取得的经济利益的总额,但计税基础意味着该项资产在未来期间可予税前扣除的总额。如果资产的账面价值大于其计税基础,则该项资产未来期间产生的经济利益不能全部税前抵扣,两者之间的差额需要缴税,产生了应纳税暂时性差异。例如,企业持有的一项交易性金融资产成本为1 000万元,期末公允价值为1 500万元,即期末账面价值为1 500万元,而计税基础仍维持1 000万元不变。由于该项资产的升值部分500万元,在将来处置时将会产生应交企业所得税,产生了应纳税暂时性差异,因此,应在产生两者的差额500万元当期确认相关的递延所得税负债。

2. 负债的账面价值小于其计税基础。一项负债的账面价值为企业预计在未来期间清偿该项负债时的经济利益流出,而其计税基础则是账面价值在扣除税收法律、法规规定未来期间允许税前扣除的金额之后的差额。负债的账面价值与其计税基础不同产生的暂时性差异,实质上是税收法律、法规规定就该项负债在未来期间可以税前扣除的金额(即与该项负债相关的费用支出在未来期间可予税前扣除的金额)。负债的账面价值小于其计税基础,则意味着就该项负债在未来期间可以税前抵扣的金额为负数,即应在未来期间应纳税所得额的基础上调增,增加未来期间的应纳税所得额和应交企业所得税金额,产生应纳税暂时性差异,应确认相关的递延所得税负债。

(二)可抵扣暂时性差异

可抵扣暂时性差异是指在确定未来收回资产或清偿负债期间的应纳税所得额时,将导致产生可抵扣金额的暂时性差异。该差异在未来期间转回时会减少转回期间的应纳税所得额,减少未来期间的应交企业所得税。在可抵扣暂时性差异产生当期,符合确认条件的情况下,应当确认相关的递延所得税资产。可抵扣暂时性差异通常产生于以下情形:

1. 资产的账面价值小于其计税基础,即资产在未来期间产生的经济利益少,按照税法法律、法规规定允许税前扣除的金额多,那么账面价值与计税基础之间的差额,企业在未来期间可以减少应纳税所得额并减少应交企业所得税,形成可抵扣暂时性差异,在符合相关条件时,应当确认相关的递延所得税资产。

2. 负债的账面价值大于其计税基础,负债产生的暂时性差异实质上是税收法律、法规规定就该项负债可以在未来期间税前扣除的金额。即:

$$\begin{aligned}负债产生的暂时性差异 &= 账面价值 - 计税基础 \\ &= 账面价值 - (账面价值 - 未来期间计税时税收法律、\\ &\quad 法规规定可予税前扣除的金额)\\ &= 未来期间计税时按照税法规定可予税前扣除的金额\end{aligned}$$

当一项负债的账面价值大于其计税基础时,意味着未来期间按照税收法律、法规规定与该项负债相关的全部或部分支出可以自未来应税经济利益中扣除,减少未来期间的应纳税所得额和应交企业所得税,产生可抵扣暂时性差异,符合相关确认条件时,应确认相关的递延所得税资产。

按照税收法律、法规规定允许用以后年度的应纳税所得额弥补的可弥补亏损及可结转以后年度的税款抵减,视同可抵扣暂时性差异处理,符合相关确认条件时,应确认相关的递延所得税资产。

(三)特殊项目产生的暂时性差异

1. 未作为资产、负债确认的项目产生的暂时性差异

某些交易或事项发生以后,因为不符合资产、负债确认条件而未体现为资产负债表中的资产或负债,但按照税法规定能够确定其计税基础的,其账面价值零与计税基础之间的差异也构成暂时性差异。如企业发生的符合条件的广告费和业务宣传费支出,除另有规定外,不超过当年销售收入15%的部分准予扣除;超过部分准予在以后纳税年度结转扣除。该类费用在发生时按照会计准则规定即计入当期损益,不形成资产负债表中的资产,但按照税法规定可以确定其计税基础,两者之间的差异形成暂时性差异。

【例16-8】 甲公司2×22年度实现销售收入8000万元,发生广告费支出1500万元。该广告费支出按照会计准则规定已作为销售费用计入当期损益,不体现为期末资产负债表中的资产,如果将其视为资产,其账面价值为零。

按照税法规定,该广告费支出不超过当年销售收入15%的部分准予扣除;超过部分准予在以后纳税年度结转扣除。根据甲公司当期销售收入15%计算,当期可予税前扣除的广告费支出为1200万元(8000×15%),当期未予税前扣除的300万元可以向以后年度结转,其计税基础为300万元。

该项资产的账面价值与计税基础之间的差异300万元形成暂时性差异,在未来期间可减少企业的应纳税所得额,为可抵扣暂时性差异,符合确认条件时,应确认相关的递延所得税资产。

2. 可抵扣亏损及税款抵减产生的暂时性差异

按照税法规定可以结转以后年度的未弥补亏损及税款抵减,虽不是因资产、负债的账面价值与计税基础不同产生的,但与可抵扣暂时性差异具有同样的作用,均能够减少未来期间的应纳税所得额,会计处理上视同可抵扣暂时性差异,符合条件的情况下,以很可能获得用来抵扣可抵扣亏损及税款抵减的未来应纳税所得额为限,确认与其相关的递延所得税资产。

第三节 递延所得税资产及递延所得税负债的确认和计量

企业在计算确定可抵扣暂时性差异与应纳税时间差异后,应当按照《企业会计准则第18号——所得税》规定的原则确认相关的递延所得税资产与递延所得税负债。

一、递延所得税资产的确认与计量

(一)递延所得税资产的确认

1. 确认的一般原则

递延所得税资产产生于可抵扣暂时性差异。资产、负债的账面价值与其计税基础不同产生可抵扣暂时性差异的,在估计未来期间能够取得足够的应纳税所得额用以利用该可抵扣暂时性差异时,应当以很可能取得用来抵扣可抵扣暂时性差异的应纳税所得额为限,确认相关的递延所得税资产。

有关交易或事项发生时,对税前会计利润或是应纳税所得额产生影响的,所确认的递延所得税资产应作为利润表中所得税费用的调整;有关的可抵扣暂时性差异产生于直接计入所有者权益的交易或事项的,确认的递延所得税资产也应计入所有者权益;企业合并中取得的有关资产、负债产生的可抵扣暂时性差异,其所得税影响应相应调整合并中确认的商誉或是应计入合并当期损益的金额。

在可抵扣暂时性差异转回的未来期间内,企业无法产生足够的应纳税所得额用以利用可抵扣暂时性差异的影响,使得与可抵扣暂时性差异相关的经济利益无法实现的,则不应确认递延所得税资产;企业有明确的证据表明其于可抵扣暂时性差异转回的未来期间能够产生足够的应纳税所得额,进而利用可抵扣暂时性差异的,则应以很可能取得的应纳税所得额为限,确认相关的递延所得税资产。

在判断企业于可抵扣暂时性差异转回的未来期间是否能够产生足够的应纳税所得额时,应考虑企业在未来期间通过正常的生产经营活动能够实现的应纳税所得额,以及以前期间产生的应纳税暂时性差异在未来期间转回时将增加的应纳税所得额。

(1)对与子公司、联营企业、合营企业的投资相关的可抵扣暂时性差异,同时满足下列条件的,应当确认相关的递延所得税资产:一是暂时性差异在可预见的未来很可能转回;二是未来很可能获得用来抵扣可抵扣暂时性差异的应纳税所得额。

对联营企业和合营企业等的投资产生的可抵扣暂时性差异,主要源于权益法下被投资单位发生亏损时,投资企业按照持股比例确认应予承担的部分相应减少长期股权投资的账面价值,但税法规定长期股权投资的成本在持有期间不变,从而造成了长期股权投资的账面价值小于其计税基础,产生可抵扣暂时性差异。长期股权投资减值准备的计提也会产生可抵扣暂时性差异。

(2)对于按照税法规定可以结转以后年度的可弥补亏损和税款抵减,应视同可抵扣暂时性差异处理。在预计可利用可弥补亏损或税款抵减的未来期间内很可能取得足够的应纳税所得额时,应当以很可能取得的应纳税所得额为限,确认相应的递延所得税资产,同时减少确认当期的所得税费用。

2. 不确认递延所得税资产的特殊情况

某些情况下,企业发生的某项交易或事项不属于企业合并,并且交易发生时既不影响会计利润也不影响应纳税所得额,且该项交易中产生的资产、负债的初始确认金额与其计税基础不同,产生可抵扣暂时性差异的,《企业会计准则第18号——所得税》中规定在交易或事项发生时不确认相关的递延所得税资产。

(二)递延所得税资产的计量

企业在确认递延所得税资产时,应当以预期收回该资产期间的适用企业所得税税率为基础计算确定。无论相关的可抵扣暂时性差异转回期间如何,递延所得税资产均不要求折现。

企业在确认了递延所得税资产以后,在资产负债表日,应当对递延所得税资产的账面价值进行复核。如果未来期间很可能无法取得足够的应纳税所得额用以利用可抵扣暂时性差异带来的经济利益时,应当减记递延所得税资产的账面价值。减记的递延所得税资产,除原确认时计入所有者权益的递延所得税资产,其减记金额也应计入所有者权益外,其他的情况应增加所得税费用。

因无法取得足够的应纳税所得额利用可抵扣暂时性差异而减记递延所得税资产账面价值的,以后期间根据新的环境和情况判断能够产生足够的应纳税所得额利用可抵扣暂时性差异,使得递延所得税资产包含的经济利益能够实现的,应相应恢复递延所得税资产的账面价值。

二、递延所得税负债的确认与计量

(一)递延所得税负债的确认

递延所得税负债产生于应纳税暂时性差异。因应纳税暂时性差异在转回期间将增加企业的应纳税所得额和应交所得税,导致企业经济利益的流出,在其发生当期,构成企业应支付税金的义务,应作为负债确认并遵循以下原则:

1. 除《企业会计准则第18号——所得税》中明确规定可不确认递延所得税负债的情况以外,企业对于所有的应纳税暂时性差异均应确认相关的递延所得税负债。除与直接计入所有者权益的交易或事项以及企业合并中取得资产、负债相关的以外,在确认递延所得税负债的同时,应增加利润表中的所得税费用。

2. 不确认递延所得税负债的特殊情形。

有些情况下,虽然资产、负债的账面价值与其计税基础不同,产生了应纳税暂时性差异,但出于各方面考虑,《企业会计准则第18号——所得税》中规定不确认相应的递延所得税负债,主要包括以下三种情况:

(1)商誉的初始确认。非同一控制下的企业合并中,企业合并成本大于合并中取得的被购买方可辨认净资产公允价值份额的差额,按照相关会计准则规定应确认为商誉。因会计与税收的划分标准不同,会计上作为非同一控制下的企业合并,但若税收法律、法规规定计税时作为特殊性税务处理的合并情形下,商誉的计税基础为零,其账面价值与计税基础之间的差额形成应纳税暂时性差异。对于商誉的账面价值与其计税基础不同产生的该应纳税暂时性差异,会计准则中规定不确认与其相关的递延所得税负债。

(2)除企业合并以外的其他交易或事项中,如果该项交易或事项发生时既不影响会计利润,也不影响应纳税所得额,则所产生的资产、负债的初始确认金额与其计税基础不同,形成应纳税暂时性差异的,交易或事项发生时不确认相应的递延所得税负债。

(3)与子公司、联营企业、合营企业投资等相关的应纳税暂时性差异,一般应确认相关的递延所得税负债,但同时满足以下两个条件的除外:一是投资企业能够控制暂时性差异转回的时间;二是该暂时性差异在可预见的未来很可能不会转回。满足上述条件时,投资企业可以运用自身的影响力决定暂时性差异的转回,如果不希望其转回,则在可预见的未来该项暂时性差异即不会转回,对未来期间不会产生所得税影响,无须确认相应的递延所得税负债。

对于采用权益法核算的长期股权投资,其账面价值与计税基础产生的暂时性差异是否应确认相关的所得税影响,应考虑该项投资的持有意图:

(1)如果企业拟长期持有该项投资,则因初始投资成本的调整产生的暂时性差异预计未来期间不会转回,对未来期间没有所得税影响;因确认投资损益产生的暂时性差异,如果在未来期间逐期分回现金股利或利润时免税,也不存在对未来期间的所得税影响;因确认应享有被投资单位其他权益的变动而产生的暂时性差异,在长期持有的情况下预计未来期间也不会转回,因此在这种情况下,对于采用权益法核算的长期股权投资账面价值与计税基础之间的差异,一般不确认相关的所得税影响。

(2)如果投资企业改变持有意图拟对外出售的情况下,按照税收法律、法规的规定,企业在转让或者处置投资资产时,投资资产的成本准予扣除。在持有意图由长期持有转变为拟近期出售的情况下,因长期股权投资账面价值与计税基础不同产生的有关暂时性差异,均应确认相关的所得税影响。

(二)递延所得税负债的计量

《企业会计准则第18号——所得税》规定,资产负债表日,对于递延所得税负债,应当根据适用税法规定,按照预期收回该资产或清偿该负债期间的适用税率计量,即递延所得税负债应以相关应纳税暂时性差异转回期间按照税法规定适用的所得税税率计量。无论应纳税暂时性差异的转回期间如何,相关的递延所得税负债不要求折现。

另外,需要说明的是,无论是递延所得税资产还是递延所得税负债的计量,均应考虑资产负债表日企业预期收回资产或清偿负债方式的所得税影响,在计量递延所得税资产和递延所得税负债时,应当采用与收回资产或清偿债务的预期方式相一致的税率和计税基础。

三、特殊交易或事项中所涉及递延所得税的确认

(一)与直接计入所有者权益的交易或事项相关的所得税

与当期及以前期间直接计入所有者权益的交易或事项相关的当期所得税及递延所得税应当计入所有者权益。直接计入所有者权益的交易或事项有:会计政策变更采用追溯调整法或对前期差错更正采用追溯重述法调整期初留存收益的,以公允价值计量且变动计入其他综合收益的金融资产公允价值的变动计入所有者权益的,同时包含负债及权益成分的金融工具在初始确认时计入所有者权益等。

(二)与企业合并相关的递延所得税

在企业合并中,购买方取得的可抵扣暂时性差异,如购买日取得的被购买方在以前期间发生的未弥补亏损等可抵扣暂时性差异,按照税收法律、法规的规定可以用于抵减以后年度应纳税所得额,但在购买日不符合递延所得税资产确认条件的而不应予以确认。购买日后12个月内,如果取得新的或进一步的信息表明相关情况在购买日已经存在,预期被购买方在购买日可抵扣暂时性差异带来的经济利益能够实现的,应当确认相关的递延所得税资产,同时减少商誉,商誉不足冲减的,差额部分确认为当期损益。除上述情况以外,确认与企业合并相关的递延所得税资产,应当计入当期损益。

(三)与股份支付相关的当期及递延所得税

与股份支付相关的支出在按照相关会计准则规定确认为成本费用时,其相关的所得税影响应区别于税收法律、法规的规定进行处理:如果税收法律、法规规定与股份支付相关的支出不允许税前扣除,则不形成暂时性差异;如果税收法律、法规规定与股份支付相关的支出允许税前扣除,在按照会计准则规定确认成本费用的期间,企业应当根据会计期末取得的信息估计可税前扣除的金额计算确定其计税基础及由此产生的暂时性差异,符合确认条件的情况下应当确认相关的递延所得税。其中预计未来期间可税前扣除的金额超过相关会计准则规定确认的与股份支付相关的成本费用,超过部分的所得税影响应直接计入所有者权益。

四、适用税率变化对已确认递延所得税资产和递延所得税负债的影响

因适用税收法律、法规的变化,导致企业在某一会计期间适用的所得税税率发生变化的,企业应对已确认的递延所得税资产和递延所得税负债按照新的税率进行重新计量。递延所得税资产和递延所得税负债的金额代表的是有关可抵扣暂时性差异或应纳税暂时性差异于未来期间转回时,导致应交企业所得税金额的减少或增加的情况。在适用税率变动的情况下,应对原已确认的递延所得税资产及递延所得税负债的金额进行调整,反映税率变化带来的影响。

除直接计入所有者权益的交易或事项产生的递延所得税资产及递延所得税负债,相关的调整金额应计入所有者权益以外,其他情况下因税率变化产生的调整金额应确认为变化当期的所得税费用(或收益)。

第四节 所得税费用的确认和计量

一、当期所得税

当期所得税是指企业按照税法规定计算确定的针对当期发生的交易和事项,应向税务部门缴纳的企业所得税金额,即应缴企业所得税。当期所得税应以税收法律、法规等为基础计算确定。企业在计算确定当期企业所得税税额时,对于当期发生的交易或事项,会计处理与税收处理存在不同的,应首先在会计利润的基础上,按照税收法律、法规的规定进行纳税调整后,计算得出当期应纳税所得额,其次按照应纳税所得额与适用的企业所得税税率乘积计算确定当期应纳企业所得税税额。按照以下公式计算确定:

$$应纳税所得额 = 会计利润 \pm 纳税调整额$$
$$当期应纳企业所得税税额 = 应纳税所得额 \times 企业所得税税率$$

二、递延所得税

递延所得税是指按照《企业会计准则第18号——所得税》规定应予确认的递延所得税资产和递延所得税负债金额,即递延所得税资产及递延所得税负债当期发生额的综合结果,但不包括计入所有者权益的交易或事项的所得税影响。

递延所得税 =（期末递延所得税负债 – 期初递延所得税负债）–
（期末递延所得税资产 – 期初递延所得税资产）

企业因确认递延所得税资产和递延所得税负债产生的递延所得税，通常应当计入所得税费用，但以下两种情况除外：

1. 某项交易或事项按照相关会计准则规定应当计入所有者权益的，由该交易或事项产生的递延所得税资产或递延所得税负债及其变化也应计入所有者权益，不构成利润表中的递延所得税费用（或收益）。

【例 16 – 9】 甲公司适用的企业所得税税率为 25%。其持有一项成本为 100 万元的其他债权投资，会计期末公允价值为 140 万元。假设甲公司期初递延所得税资产和递延所得税负债不存在余额，且除此之外，不存在其他会计与税法之间的差异。有关账务处理如下：

(1) 会计期末确认 40 万元（140 – 100）的公允价值变动：

借：其他债权投资　　　　　　　　　　　　400000
　　贷：其他综合收益　　　　　　　　　　　400000

(2) 确认应纳税暂时性差异的所得税影响：

借：其他综合收益　　　　　　　　　　　　100000
　　贷：递延所得税负债　　　　　　　　　　100000

2. 企业合并中取得的资产、负债，其账面价值与计税基础不同，应确认相关递延所得税的，该递延所得税的确认影响合并中产生的商誉或是计入当期损益的金额，不影响所得税费用。

三、所得税费用

通过如上计算确定当期所得税和递延所得税后，利润表中应予确认的所得税费用为：

所得税费用 = 当期所得税 + 递延所得税

【例 16 – 10】 甲公司适用的企业所得税税率为 25%。2×22 年度利润表中利润总额为 1000 万元，递延所得税资产及递延所得税负债不存在期初余额。与企业所得税核算有关交易或事项如下：

(1) 2×22 年期末对账面余额为 240 万元的存货计提存货跌价准备 40 万元。按税法规定，存货跌价准备不允许当期税前扣除。

(2) 2×22 年期末持有的交易性金融资产市值 600 万元，其成本为 400 万元。按税法规定，以公允价值计量的金融资产持有期间市值变动无须计入应纳税所得额。

(3) 2×22 年 6 月因未及时纳税申报，缴纳税收滞纳金 10 万元。

(4) 2×22 年 1 月开始对一项 2×21 年 12 月以 600 万元购入无须安装即可投入使用的固定资产采用双倍余额递减法计提折旧，使用年限为 10 年，净残值为 0。按税法规定，应按年限平均法计提折旧。假设税法规定的该固定资产的使用年限及净残值与会计规定一致。

除上述交易或事项外,会计处理与税法规定一致。

根据上述资料,甲公司 2×22 年度所得税会计相关计算和账务处理如下:

(1) 2×22 年度应纳税所得额 = 1000 + 40 − 200 + 10 + 60 = 910(万元)

(2) 2×22 年度应纳所得税额 = 910 × 25% = 227.5(万元)

(3) 2×22 年度递延所得税资产 = 100 × 25% = 25(万元)

(4) 2×22 年度递延所得税负债 = 200 × 25% = 50(万元)

(5) 2×22 年度递延所得税 = 50 − 25 = 25(万元)

(6) 2×22 年度利润表中应确认的所得税费用 = 227.5 + 25 = 252.5(万元)

借:所得税费用　　　　　　　　　　　　　2525000
　　递延所得税资产　　　　　　　　　　　 250000
　　贷:应交税费——应交所得税　　　　　 2275000
　　　　递延所得税负债　　　　　　　　　　500000

甲公司 2×22 年资产负债表相关项目金额及其计税基础如表 16-1 所示。

表 16-1　　　　甲公司 2×22 年资产负债表相关项目金额及其计税基础　　　　单位:元

项目	账面价值	计税基础	差异	
			应纳税暂时性差异	可抵扣暂时性差异
存货	2000000	2400000		400000
交易性金融资产	6000000	4000000	2000000	
固定资产原价	6000000	6000000		
减:累计折旧	1200000	600000		
固定资产账面价值	4800000	5400000		600000
总计			2000000	1000000

四、所得税的列报

企业对所得税的核算最终结果,一方面要在利润表中单独列示所得税费用,另一方面要在资产负债表中列示递延所得税资产、递延所得税负债及"应交税费——应交所得税"。其中递延所得税资产和递延所得税负债一般应当分别作为非流动资产和非流动负债在资产负债表中列示。

企业应当在附注中披露与所得税有关的下列信息:

1. 所得税费用(收益)的主要组成部分。

2. 所得税费用(收益)与会计利润关系的说明。

3. 未确认递延所得税资产的可抵扣暂时性差异、可抵扣亏损的金额(如果存在到期日,还应披露到期日)。

4. 对每一类暂时性差异和可抵扣亏损,在列报期间确认的递延所得税资产或递延所得税负债的金额,确认递延所得税资产的依据。

5. 未确认递延所得税负债的,与对子公司、联营企业及合营企业投资相关的暂时性差异金额。

第十七章 会 计 调 整

第一节 会计政策变更

一、会计政策变更

会计政策是指企业在会计确认、计量和报告中所采用的原则、基础和会计处理方法。企业采用的会计计量基础也属于会计政策。

在实际工作中,企业应在国家法律、法规和会计准则所规定的会计政策范围内,结合本企业实际情况,确定会计政策,经股东大会或董事会、经理(厂长)会议或类似机构批准,并按照法律、行政法规等的规定报送有关各方备案。

企业应当对相同或者相似的交易或者事项采用相同的会计政策进行处理。如在实务中某项交易或事项的会计处理,具体会计准则或其应用指南未作规范的,企业应当根据《企业会计准则——基本准则》规定的原则、基础和方法进行处理;待作出具体规定时,从其规定。

企业采用的会计政策,在每一会计期间和前后各期应当保持一致,不得随意变更。如需变更,应重新履行上述程序。

会计政策变更,是指企业对相同的交易或事项由原来采用的会计政策改用另一会计政策的行为。也就是说,在不同的会计期间执行不同的会计政策。

满足下列条件之一的,可以变更会计政策:

第一,法律、行政法规或者国家统一的会计制度(含《企业会计准则》)等要求变更。即制定了新的国家统一的会计制度,或修订了原有的国家统一的会计制度,要求变更会计政策。比如,发布实施了《企业会计准则第3号——投资性房地产》,对投资性房地产的确认和计量采用新的会计政策。

第二,会计政策变更能够提供更可靠、更相关的会计信息。企业会计政策的选择,总是根据企业当时所处的特定经济环境以及某类业务的实际情况作出,但是随着经济环境和客观情况发生变化,继续采用原来的会计政策不能保证会计信息的可靠性和相关性时,就需要改变会计政策。例如,企业一直采用成本模式对投资性房地产进行后续计量,如果企业能够从房地产交易市场上持续地取得同类或类似房地产的市场价格及其他相关信息,从而能够对投资性房地产的公允价值作出合理的估计,此时,企业可以将投资性房地产的后续计量方法由成本模式变更为公允价值模式。

会计政策变更,并不意味着以前期间的会计政策是错误的,只是由于情况发生了变化,或者掌握了新的信息、积累了更多的经验,使得变更会计政策能够更好地反映企业的财务状况、经营成果和现金流量。如果以前期间会计政策的运用是错误的,则属于前期差错,应按前期差错更正的会计处理方法进行会计处理。

对会计政策变更的认定,直接影响着会计处理方法的选择,因此,在会计实务中,企业应当分清哪些情形属于会计政策变更,哪些情形不属于会计政策变更。以下两种情形不属于会计政策变更:

第一,本期发生的交易或者事项与以前相比具有本质差别而采用新的会计政策。这是因为,会计政策总是针对特定类型的交易或事项,如果发生交易或事项与其他交易或事项有本质区别,那么,企业实际上是为新的交易或事项选择适当的会计政策,并没有改变原有的会计政策。例如,将自用的办公楼改为出租,不属于会计政策变更,而是采用新的会计政策。

第二,对初次发生的或不重要的交易或者事项采用新的会计政策。与上述第一种情况类似,初次发生某类交易或事项,或者不重要的交易或事项,采用适当的会计政策,并没有改变原有的会计政策。例如,企业以前没有建造合同业务,当年承接的建造合同则属于初次发生的交易,企业采用完工百分比法进行核算,并不是会计政策变更。

二、会计政策变更的会计处理

企业根据法律、行政法规或者国家统一的会计制度等要求变更会计政策的,应当按照国家相关会计规定执行。国家发布相关会计处理方法的,按照国家发布的相关会计处理规定处理;国家没有发布相关会计处理方法的,则采用追溯调整法进行处理。

会计政策变更能够提供更可靠、更相关的会计信息的,在能切实可行地确定该项会计政策变更累积影响数时,应当采用追溯调整法处理,将会计政策变更累积影响数调整列报前期最早期初留存收益,其他相关项目的期初余额和列报前期披露的其他比较数据也应当一并调整;在不能切实可行地确定该项会计政策变更累积影响数时,应当从可追溯调整的最早期间期初开始应用变更后的会计政策;在当期期初确定会计政策变更对以前各期累积影响数不切实可行的,应当采用未来适用法处理。

(一)追溯调整法

追溯调整法,是指对某项交易或事项变更会计政策,视同该项交易或事项初次发生时即采用变更后的会计政策,并以此对财务报表相关项目进行调整的方法。即应当计算会计政策变更的累积影响数,并相应调整变更年度的期初留存收益以及会计报表的相关项目。

追溯调整法运用的步骤如下:

第一步,计算确定会计政策变更的累积影响数;

第二步,进行相关的账务处理;

第三步,调整会计报表相关项目;

第四步,披露信息。

其中,会计政策变更的累积影响数,是指按照变更后的会计政策对以前各期追溯计算的列报前期最早期初留存收益应有金额与现有金额之间的差额。即会计政策变更的累积影响数,是以下两个金额之间的差额:①在变更会计政策的当期,按变更后的会计政策对以前各期追溯计算,所得到的期初留存收益金额;②变更会计政策当期期初的留存收益金额。

上述留存收益包括当期和以前各期的未分配利润和按照相关法律规定提取并累积的盈余公积。调整期初留存收益是指对期初未分配利润和盈余公积两个项目的调整,不考虑由于损益的变化而应当补分配的利润或股利。例如,由于会计政策变化,增加了以前期间可供分配的利润,该企业通常按净利润的20%分派股利。但在计算调整会计政策变更当期期初的留存收益时,不应当考虑由于以前期间净利润的变化而需要分派的股利。

上述变更会计政策当期期初的留存收益,即为上期资产负债表所反映的留存收益,可以从上期资产负债表项目中获得,需要计算确定的是第一项,即按变更后的会计政策对以前各期追溯计算,得到新的期初留存收益金额。上述留存收益金额,都是指所得税后的净额。即按新的会计政策计算确定留存收益时,应当考虑由于损益变化所导致的递延所得税费用的变化。

会计政策变更的累积影响数,可以通过以下五个步骤计算获得:

第一步,根据新的会计政策重新计算受影响的前期交易或事项;
第二步,计算两种会计政策下的差异;
第三步,计算差异的所得税影响金额;
第四步,确定以前各期的税后差异;
第五步,计算会计政策变更的累积影响数。

【例17-1】 甲公司2×18年、2×19年分别以840000元和1200000元的价格从股票市场购入A、B两种以交易为持有目的的股票(假设不考虑购入股票时发生的交易费用),购入后其市价一直高于购入成本,且采用成本与市价孰低法对购入的股票进行计量。公司从2×20年起对其持有以交易为目的的股票由成本与市价孰低法改为以公允价值计量,公司保存的会计资料比较齐备,可以通过会计资料追溯计算。公司适用的所得税税率为25%,公司按净利润的10%提取法定盈余公积,按净利润的5%提取任意盈余公积。2×19年公司发行在外的普通股加权平均为3600万股,未发行任何稀释性潜在的普通股。A、B股票的有关成本及公允价值资料如表17-1所示。

表17-1　　　　　A、B股票有关成本及公允价值　　　　　单位:元

股　　票	购入成本	2×18年末公允价值	2×19年末公允价值
A股票	840000	980000	980000
B股票	1200000		1320000

根据上述资料,甲公司的会计处理如下:

第一步,计算改变以公允价值计量且其变动计入当期损益的金融资产计量方法后的累积影响数,如表17-2所示。

表 17-2 改变以公允价值计量且其变动计入当期损益的
金融资产计量方法后的累积影响数 单位:元

时间	公允价值	成本与市价孰低法计量的账面价值	税前差异	所得税影响	税后影响
2×18年末	980000	840000	140000	35000	105000
2×19年末	2300000	2040000	260000	65000	195000

甲公司 2×20 年 12 月 31 日的比较财务报表最早期初为 2×19 年 1 月 1 日。

甲公司在 2×18 年末以公允价值计量且其变动计入当期损益的金融资产按公允价值计量的账面价值为 980000 元,按成本与市价孰低法计量的账面价值为 840000 元,两者的所得税影响合计为 35000 元,两者差异的税后净影响额为 105000 元,为该公司 2×19 年期初以公允价值计量且其变动计入当期损益的金融资产由成本与市价孰低法改为以公允价值计量的累积影响数。

甲公司在 2×19 年末以公允价值计量且其变动计入当期损益的金融资产按公允价值计量的账面价值为 2300000 元,按成本与市价孰低法计量的账面价值为 2040000 元,两者的所得税影响合计为 65000 元,两者差异的税后净影响额为 195000 元,其中,105000 元是调整 2×19 年初累积影响数,90000 元是调整 2×19 年当期金额。

甲公司按照公允价值重新计量 2×19 年末 B 股票账面价值,其结果为公允价值变动收益少计 120000 元,所得税费用少计 30000 元,净利润少计 90000 元。

第二步,编制有关项目的调整分录。

(1) 调整交易性金融资产:

借:交易性金融资产——公允价值变动　　260000
　　贷:利润分配——未分配利润　　　　　　　　195000
　　　　递延所得税负债　　　　　　　　　　　　65000

(2) 调整利润分配:

借:利润分配——未分配利润　　29250
　　贷:盈余公积　　　　　　　　　　29250

其中,按净利润的 10% 提取法定盈余公积,按净利润的 5% 提取任意盈余公积。

第三步,财务报表调整和重述(财务报表略)。

甲公司在列报 2×20 年度的财务报表时,应调整 2×20 年末资产负债表有关项目的年初余额、利润表有关项目的上期金额及所有者权益变动表有关项目的上年余额和本年金额。

(1) 资产负债表项目的调整:

调增以公允价值计量且其变动计入当期损益的金融资产年初余额 260000 元;调增递延所得税负债年初余额 65000 元;调增盈余公积年初余额 29250 元,调增未分配利润年初余额 165750 元。

(2) 利润表项目的调整数:

调增公允价值变动收益上期金额 120000 元;调增所得税费用上期金额 30000

元;调增净利润上期金额90000元;调增基本每股收益上期金额0.0025元。

(3)所有者权益变动表项目的调整:

调增会计政策变更项目中盈余公积上年金额15750元;未分配利润上年金额89250元,所有者权益合计上年金额105000元。

调增会计政策变更项目中盈余公积本年金额13500元;未分配利润本年金额76500元,所有者权益合计本年金额90000元。

第四步,附注说明。

甲公司2×20年对以公允价值计量且其变动计入当期损益的金融资产计量由成本与市价孰低法改为以公允价值计量,此项会计政策变更应采用追溯调整法。2×20年的比较财务报表已重新表述。2×19年期初运用新会计政策追溯计算的会计政策变更累积影响数为105000元。调增2×19年的期初留存收益105000元,其中,调增未分配利润89250元,调增盈余公积15750元。会计政策变更对2×19年度财务报表本年金额的影响为调增未分配利润76500元,调增盈余公积13500元,调整净利润90000元。

(二)未来适用法

未来适用法,是指将变更后的会计政策应用于变更日及以后发生的交易或者事项,或者在会计估计变更当期和未来期间确认会计估计变更影响数的方法。既不计算会计政策变更的累积影响数,也不必调整变更当年年初的留存收益,只在变更当年采用新的会计政策,并计算确定会计政策变更对当期净利润的影响数。

【例17-2】 M公司原对存货采用移动加权平均法,由于管理的需要,公司从2×22年1月1日起改用先进先出法。2×22年1月1日存货的价值为2500000元,公司购入存货实际成本为18000000元,2×22年12月31日按先进先出法计算确定的存货价值为2200000元,当年销售额为25000000元,适用所得税税率为25%,税法允许按先进先出法计算的存货成本在税前扣除。假设2×22年12月31日按移动平均法计算的存货价值为4500000元。

M公司由于管理环境发生变化而改变会计政策,因而属于会计政策变更。由于采用先进先出法对以前年度的存货成本不能进行合理的调整,因此,采用未来适用法进行处理,即对存货采用先进先出法从2×22年起才适用,不需要计算2×22年1月1日以前按移动加权平均法计算存货应有的余额,以及对留存收益的影响金额。

(1)采用先进先出法计算的销售成本为:

期初存货 + 购入存货实际成本 − 期末存货 = 2500000 + 18000000 − 2200000
$$= 18300000(元)$$

(2)采用移动加权平均法计算的销售成本为:

期初存货 + 购入存货实际成本 − 期末存货 = 2500000 + 18000000 − 4500000
$$= 16000000(元)$$

即由于会计政策变更使公司当期净利润减少:

当期利润减少额 = (18300000 − 16000000) × (1 − 25%) = 1725000(元)

第二节　会计估计变更

一、会计估计变更

会计估计是指企业对其结果不确定的交易或事项以最近可利用的信息为基础所作的判断。需要进行会计估计的项目通常有：坏账准备计提的比率；存货遭受毁损，全部或部分陈旧过时；固定资产折旧方法；固定资产的使用年限与净残值；无形资产的受益年限；递延资产的分摊期间；收入确认中投入法或产出法的确定；等等。

企业应当根据会计准则的规定，结合本企业的实际情况，确定会计估计，经股东大会或董事会、经理(厂长)会议或类似机构批准，并按照法律、行政法规等的规定报送有关各方备案。企业的会计估计一经确定，不得随意变更。如需变更，应重新履行上述程序。

随着时间的推移，企业据以进行估计的基础发生了变化，或者由于取得新信息、积累更多经验以及后来的发展变化，可能需要对会计估计进行修订。

会计估计变更，是指由于资产和负债的当前状况及预期经济利益和义务发生了变化，从而对资产或负债的账面价值或者资产的定期消耗金额进行调整。会计估计变更的依据应当真实、可靠。

会计估计变更，并不意味着以前期间的会计估计是错误的，只是由于情况发生变化，或者掌握了新的信息，积累了更多的经验，使得变更会计估计能够更好地反映企业的资产和负债状况。如果以前期间的会计估计是错误的，则属于前期差错，按前期差错更正的会计处理办法进行处理。

通常，企业可能由于以下两个原因而发生会计估计变更：

第一，赖以进行估计的基础发生了变化。例如，企业某项无形资产的摊销年限原定为10年，后来发生的情况表明，该资产的收益年限已变为8年，相应调减摊销年限。

第二，取得了新的信息、积累了更多的经验。例如，企业根据当时能够得到的信息，对应收账款每年按其余额的5%计提坏账准备。现在掌握了新的信息，判定不能收回的应收账款比例已达15%，企业改按15%的比例计提坏账准备。

企业应当以变更事项的会计确认、计量基础和列报项目是否发生变更为划分基础确定是会计政策变更还是会计估计变更。一般地，对会计确认、计量基础的指定或选择是会计政策，其相应的变更是会计政策变更；会计确认、计量基础的变更一般会引起列报项目的变更，对列报项目的指定或选择是会计政策，其相应的变更是会计政策变更。

根据会计确认、计量基础和列报项目所选择的、为取得与该项目有关的金额或数值所采用的处理方法，不是会计政策，而是会计估计，其相应的变更是会计估计变更。

二、会计估计变更的会计处理

对于会计估计变更，企业应采用未来适用法。即在会计估计变更当年及以后期间，采用新的会计估计，不改变以前期间的会计估计，也不调整以前期间的报告结果。具体处理方法为：

1. 如果会计估计变更仅影响变更当期的，其影响数应当在变更当期予以确认。例如，企业原按应收账款余额的5%提取坏账准备,由于企业估计不能收回的应收账款的比例已达10%,则企业改按应收账款余额的10%提取坏账准备,这类会计估计的变更,只影响变更当期。因此,应于变更当期确认。

2. 如果会计估计的变更既影响变更当期又影响未来期间的,其影响数应当在变更当期和未来期间予以确认。例如,可计提折旧固定资产,其有效使用年限或预计净残值的估计发生变更,常常影响变更当期及以后使用年限内各个期间的折旧费用。因此,这类会计估计的变更,应于变更当期及以后各期确认。

3. 会计估计变更的影响数应计入变更当期与前期相同的项目中。为了使不同期间的财务报表能够可比,如果以前期间的会计估计变更的影响数计入日常经营活动损益,则以后期间也应计入日常经营活动损益;如果以前期间的会计估计变更的影响数计入特殊项目,则以后期间也应计入特殊项目。

【例17-3】 A公司2×17年12月30日购入的一台管理用设备,原始价值为84000元,原估计使用年限为8年,预计净残值为4000元,按年限平均法计提折旧。由于技术因素以及更新办公设施的原因,已不能继续按原定使用年限计提折旧,于2×22年1月1日将该设备的折旧年限改为6年,预计残值为2000元。假设税法允许按变更后的折旧额在税前扣除。

A公司的管理用设备已计提折旧4年,累计折旧为40000元,固定资产净值为44000元。2×22年1月1日起,改按新的使用年限计提折旧,每年折旧费用 = (44000 - 2000) ÷ (6 - 4) = 21000(元)。

2×22年12月31日,该公司编制会计分录如下:

借:管理费用　　　　　　　　　　　　　　　　　　　　　21000
　　贷:累计折旧　　　　　　　　　　　　　　　　　　　　21000

第三节　前期差错更正

一、前期差错

前期差错,是指由于没有运用或错误运用下列两种信息,而对前期财务报表造成省略或错报。

1. 编报前期财务报表时预期能够取得并加以考虑的可靠信息。
2. 前期财务报告批准报出时能够取得的可靠信息。

前期差错通常包括计算错误、应用会计政策错误、疏忽或曲解事实以及舞弊产生的影响等。

二、前期差错更正的会计处理

企业发现前期差错时,确定前期差错累积影响数切实可行的,应当采用追溯重述法更正重要的前期差错;确定前期差错累积影响数不切实可行的,可以从可追溯重述的最早期间开始调整留存收益的期初余额,财务报表其他相关项目的期初余额也应当一并调整,也可以采用未来适用法。

企业应当在重要的前期差错发现当期的财务报表中,调整前期比较数据。

追溯重述法,是指在发现前期差错时,视同该项前期差错从未发生过,从而对财务报表的相关项目进行更正的方法。

企业应设置"以前年度损益调整"科目核算企业本年度发现的重要前期差错更正涉及调整以前年度损益的事项,以及本年度发生的调整以前年度损益的事项。

1. 企业调整增加以前年度利润或减少以前年度亏损,借记有关科目,贷记"以前年度损益调整"科目;调整减少以前年度利润或增加以前年度亏损,借记"以前年度损益调整"科目,贷记有关科目。

2. 由于以前年度损益调整增加的所得税费用,借记"以前年度损益调整"科目,贷记"应交税费——应交所得税"科目或"递延所得税资产"科目或"递延所得税负债"科目;由于以前年度损益调整减少的所得税费用,借记"应交税费——应交所得税"科目或"递延所得税资产"科目或"递延所得税负债"科目,贷记"以前年度损益调整"科目。

3. 经上述调整后,应将"以前年度损益调整"科目的余额转入"利润分配——未分配利润"科目。如为贷方余额,借记"以前年度损益调整"科目,贷记"利润分配——未分配利润"科目;如为借方余额,作相反的会计分录。

【例17-4】 E公司于2×22年12月发现,2×21年漏记了一项固定资产的折旧费用150000元,但在所得税申报表中扣除了该项折旧费用。此外,2×21年适用所得税税率为25%,并对该项固定资产记录了37500元的递延所得税负债,无其他纳税调整事项。该公司按净利润的15%提取盈余公积金。

根据以上资料,E公司应进行如下会计处理:

(1)前期差错的分析:

2×21年少计提折旧费用150000元;多计递延所得税费用37500元(150000×25%);多计净利润112500元;多计递延所得税负债37500元;多提盈余公积金16875元。

(2)账务处理:

① 补提折旧

借:以前年度损益调整	150000
贷:累计折旧	150000

② 转回递延所得税负债

借:递延所得税负债	37500
贷:以前年度损益调整	37500

③ 将"以前年度损益调整"科目余额转入利润分配

借:利润分配——未分配利润	112500
贷:以前年度损益调整	112500

④调整利润分配有关数字

借:盈余公积　　　　　　　　　　　　　　　　　　　　　16875
　　贷:利润分配——未分配利润　　　　　　　　　　　　　　　　16875

(3)调整报表(如表17-3、表17-4所示):

表17-3　　　　　　　　　　资产负债表(局部)

编制单位:E公司　　　　　　2×22年12月31日　　　　　　　　单位:元

资产	年初数			负债和所有者权益	年初数		
	调整前	调增(减)	调整后		调整前	调增(减)	调整后
固定资产净值	1600000	-150000	1450000	递延所得税负债	37500	-37500	0
				盈余公职	60000	-16875	43125
				未分配利润	100000	-95625	4375
……		……	……				……

表17-4　　　　　　　　　　利润表(局部)

编制单位:E公司　　　　　　2×22年度　　　　　　　　　　　单位:元

项目	上年数		
	调整前	调增(减)	调整后
……			
减:管理费用	150000	150000	300000
……		……	……
三、营业利润	1110000	-150000	960000
……		……	……
四、利润总额	1200000	-150000	1050000
减:所得税费用	396000	-37500	358500
净利润	804000	-112500	691500

第四节　资产负债表日后事项

一、资产负债表日后事项的类型

资产负债表日后事项,是指资产负债表日至财务报告批准报出日之间发生的有利或不利事项。这里的"资产负债表日"包括年度末和中期(指短于一个完整的会计年度的报告期间)期末。这里的"财务报告批准报出日"是指董事会或类似机构批准财务报告报出的日期,通常是指对财务报告的内容负有法律责任的单位或个人批准财务报告向企业外部公布的日期。董事会或类似机构批准财务报告可以对外公布的日期至实际对外公布的日期之间发生的事项,也属于资产负债表日后事项,由此影响财务报告对外公布日期的,以董事会或类似机构再次批准财务报告对外公布的日期为准。

资产负债表日后事项限定在一个特定的期间内,即资产负债表日至财务报告批准报出日之间发生的事项,它是对资产负债表日存在状况的一种补充或说明。资产负债表日后事项表明持续经营假设不再适用的,企业不应当在持续经营基础上编制财务报表。

资产负债表日后事项包括资产负债表日后调整事项和资产负债表日后非调整事项。

(一)调整事项

资产负债表日后调整事项,是指对资产负债表日已经存在的情况提供了新的或进一步证据的事项。这类事项所提供的新的或进一步的证据有助于对资产负债表日存在状况的有关金额作出重新估计,并据此对资产负债表日所确认的资产、负债和所有者权益,以及资产负债表日所属期间的收入、费用等进行调整。调整事项的特点是:①在资产负债表日或以前已经存在,资产负债表日后得以证实的事项;②对按资产负债表日存在状况编制的会计报表产生重大影响的事项。

调整事项的例子如下:

1. 资产负债表日后诉讼案件结案,法院判决证实了企业在资产负债表日已经存在现时义务,需要调整原先确认的与该诉讼案件相关的预计负债,或确认一项新负债。这一事项是指在资产负债表日已经存在的某项现时义务未完全确认或尚未确认,资产负债表日后至财务报告批准报出日之间获得了新的或进一步的证据,表明需要对已确认的金额进行调整,或确认一项新负债。例如,甲企业与丁企业未按合同规定按时提供商品,致使丁企业发生经济损失,丁企业于2×21年10月提起诉讼,要求甲企业赔偿违约经济损失500000元。由于案件尚在审理过程中,2×21年12月31日尚未作出最终判决,甲企业于2×21年12月31日根据当时的资料判断可能会败诉,估计赔偿金额为200000元,按此估计金额确认为预计负债。但在2×22年3月1日财务报告批准报出前经一审判决,甲企业需赔偿丁企业经济损失为450000元,甲企业和丁企业均接受此判决,不再上诉。对此,甲企业应对资产负债表日编制的会计报表中有关预计负债、费用或支出等相关项目的数字进行调整。

2. 资产负债表日后取得确凿证据,表明某项资产在资产负债表日发生了减值或者需要调整该项资产原先确认的减值金额。这一事项是指在资产负债表日,根据当时资料判断某项资产可能发生了减值,但没有最后确定是否会发生,因而按照当时最佳的估计金额反映在会计报表中;但在资产负债表日至财务报告批准报出日之间,所取得的新的或进一步的证据能证明该事实成立,即某项资产已经发生了减值,则应对资产负债表日所作的估计予以修正。例如:甲企业应收乙企业账款5600000元,按合同约定应在2×21年11月10日前偿还。在2×21年12月31日结账时,甲企业尚未收到这笔应收账款,并已知乙企业财务状况不佳,近期内难以偿还债务,甲企业对该项应收账款提取10%的坏账准备。2×22年2月10日,在甲企业报出财务会计报告之前收到乙企业通知,乙企业已宣告破产,无法偿付部分欠款。由这一例子可见,甲企业于2×21年12月31日结账时已经知道乙企业财务状况不佳,即在2×21年12月31日资产负债表日,乙企业财务状况不佳的事实已经存在,但未得到乙企业破产的确切证据。2×22年2月10日甲企业正式收到乙企业通知,得知乙企业已破产,并且无法偿还部分货款,即2×22年2月10日对2×21年12月31日存在的状况提供了新的证据,表明根据2×21年12月31日存在状况提供的资产负债表所反映的应收乙企业账款中已有部分成为坏账,依据资产负债表日存在状况编制的会计报表所提供的信息已不能真实反映企业的实际情况,因此,应据此对会计报表相关项目的数字进行调整。

3. 资产负债表日后进一步确定了资产负债表日前购入资产的成本或售出资产的收入。例如,乙企业2×20年12月销售一批商品,乙企业发出商品后,按照正常情况已确认了收入并结转了成本;2×22年1月10日财务报告批准报出日前,乙企业收到退回的2×20年12月销售的商品,对于这一销售退回事项,虽然是2×20年销售的,但在2×21年报告年度的资产负债表日后(2×22年1月10日)退回,也应当作为调整事项,调整报告年度(2×21年度)会计相关项目的数字。

4. 资产负债表日后发现了财务报表舞弊或差错。

(二)非调整事项

资产负债表日后非调整事项,是指表明资产负债表日后发生的情况的事项。非调整事项的特点是:①资产负债表日并未发生或存在,完全是期后才发生的事项;②对理解和分析财务报告有重大影响的事项。

例如,A企业应收B企业一笔货款,在2×20年12月31日时,B企业经营状况良好,并无显示财务困难的迹象。但在2×21年1月25日,B企业发生火灾,烧毁了全部厂房、设备和存货,无法偿还A企业的货款。对于这一事项,完全是在资产负债表日后新发生的,与资产负债表日存在的状况无关。

企业发生的资产负债表日后非调整事项,通常包括下列各项:①资产负债表日后发生重大诉讼、仲裁、承诺;②资产负债表日后资产价格、税收政策、外汇汇率发生重大变化;③资产负债表日后因自然灾害导致资产发生重大损失;④资产负债表日后发行股票和债券以及其他巨额举债;⑤资产负债表日后资本公积转增资本;⑥资产负债表日后发生巨额亏损;⑦资产负债表日后发生企业合并或处置子公司;⑧资产负债表日后,企业利润分配方案中拟分配的,以及经审议批准宣告发放的股利或利润。

调整事项与非调整事项的区别在于:调整事项是存在于资产负债表日或以前,资产负债表日后提供了证据对以前已存在的事项所作的进一步说明;而非调整事项是在资产负债表日尚未存在,但在财务会计报告批准报出日之前发生或存在。

二、资产负债表日后事项的会计处理

企业发生的资产负债表日后调整事项,应当调整资产负债表日的财务报表。

企业发生的资产负债表日后非调整事项,不应当调整资产负债表日的财务报表。

资产负债表日后,企业利润分配方案中拟分配的,以及经审议批准宣告发放的股利或利润,不确认为资产负债表日的负债,但应当在附注中单独披露。

资产负债表日后发生的调整事项应当分别以下四种情况进行账务处理:

1. 涉及损益的事项通过"以前年度损益调整"科目核算。调整增加以前年度收益或调整减少以前年度亏损的事项,以及其调整减少的所得税,记入"以前年度损益调整"科目的贷方;调整减少以前年度收益或调整增加以前年度亏损的事项,以及调整增加的所得税,记入"以前年度损益调整"科目的借方。"以前年度损益调整"科目的贷方或借方余额,转入"利润分配——未分配利润"科目。

2. 涉及利润分配调整的事项,直接在"利润分配——未分配利润"科目核算。

3. 不涉及损益以及利润分配的事项,调整相关科目。

4. 通过上述账务处理后,还应同时调整财务报表相关项目的数字,主要包括以下三种:

(1)资产负债表日编制的财务报表相关项目的数字;

(2)当期编制的财务报表相关项目的年初数;

(3)经过上述调整后,如果涉及财务报表附注的,还应当调整财务报表附注相关项目的数字。

以下举例说明调整事项的会计处理方法。【例17-5】【例17-6】均是针对上市公司而言的,并假定财务报告批准报出日均为次年4月30日,所得税税率为25%,资产负债表日计算的税前会计利润和按税法规定计算的应纳税所得额均大于0,经调整后不会发生亏损。公司按净利润的15%提取盈余公积,提取盈余公积之后,不再作其他分配。

【例17-5】 E公司2×21年4月销售给F企业一批产品,价款为45200万元(含应向购货方收取的增值税税额),F企业于2×21年5月收到所购物资并验收入库。按合同规定,F企业应于收到所购货物后1个月内付款。由于F企业财务状况不佳,到2×21年12月31日仍未付款。E公司于2×21年12月31日编制2×21年度会计报表时,已为该项应收账款提取坏账准备2340万元。2×21年12月31日,"应收账款"科目的余额为80000万元,"坏账准备"科目的余额为4000万元。E公司于2×22年3月2日收到F企业通知,F企业已进行破产清算,无力偿还所欠部分货款,预计E公司可收回应收账款的40%。假定税法不允许税前扣除计提的坏账准备。

E公司在接到F企业通知时,应先判断是否属于资产负债表日后事项中的调整事项,并根据调整事项的处理原则进行如下处理:

(1)补提坏账准备:

应补提的坏账准备 = 45200 × 60% - 2340 = 24780(万元)

借:以前年度损益调整　　　　　　　　　247800000
　　贷:坏账准备　　　　　　　　　　　　　　　247800000

(2)调整所得税费用:

借:递延所得税资产　　　　　　　　　　61950000
　　贷:以前年度损益调整　　　　　　　　　　　61950000

(3)将"以前年度损益调整"科目的余额转入利润分配:

借:利润分配——未分配利润　　　　　185850000
　　贷:以前年度损益调整　　　　　　　　　　185850000

(4)调整利润分配有关数字:

借:盈余公积　　　　　　　　　　　　　27877500
　　贷:利润分配——未分配利润　　　　　　　27877500

(5)调整报告年度财务报表相关项目的数字(略)。

【例17-6】 甲公司与乙公司签订一项供销合同,合同中订明甲公司在2×21年11月供给乙公司一批物资。由于甲公司未能按照合同发货,致使乙公司发生重大损失。乙公司通过法律程序要求甲公司赔偿经济损失55000万元。该诉讼案件在2×21年12月31日尚未判决,甲公司登记了40000万元的预计负债,并将该项赔偿款反映在2×21年12月31日的财务报表中,乙公司未登记应收赔偿款。2×22年2月7日,经法院一审判决,甲公司需要赔付乙公司经济损失50000万元,甲公司不再上诉,并于2×22年2月12日以银行存款支付了赔偿款。根据税法的相关规定,假定在所得税汇算清缴之前,对于上述事项可以申请在纳税年度的税前确认,且设甲公司在2×22年2月7日前尚未进行年终纳税申报。

甲公司应先根据《企业会计准则第29号——资产负债表日后事项》的规定,判断该事项属于调整事项,并分别按调整事项的处理原则进行如下处理:

(1) 记录应支付的赔偿款:

借:以前年度损益调整　　　　　　　　　　　　　100000000
　　预计负债　　　　　　　　　　　　　　　　　400000000
　　贷:其他应付款　　　　　　　　　　　　　　　　　　500000000

(2) 调整应交所得税:

借:应交税费——应交所得税　　　　　　　　　　125000000
　　贷:以前年度损益调整　　　　　　　　　　　　　　　25000000
　　　　递延所得税资产　　　　　　　　　　　　　　　100000000

(3) 将"以前年度损益调整"科目余额转入利润分配:

借:利润分配——未分配利润　　　　　　　　　　75000000
　　贷:以前年度损益调整　　　　　　　　　　　　　　　75000000

(4) 调整利润分配有关数字:

借:盈余公积　　　　　　　　　　　　　　　　　11250000
　　贷:利润分配——未分配利润　　　　　　　　　　　　11250000

(5) 调整报告年度财务报表相关项目的数字(略)。

(6) 2×22年2月12日实际付款时:

借:其他应付款　　　　　　　　　　　　　　　　500000000
　　贷:银行存款　　　　　　　　　　　　　　　　　　　500000000

乙公司应作如下会计处理:

(1) 记录已收到的赔偿款:

借:其他应收款　　　　　　　　　　　　　　　　500000000
　　贷:以前年度损益调整　　　　　　　　　　　　　　　500000000

借:银行存款　　　　　　　　　　　　　　　　　500000000
　　贷:其他应收款　　　　　　　　　　　　　　　　　　500000000

(2) 调整应交所得税:

借:以前年度损益调整　　　　　　　　　　　　　125000000
　　贷:应交税费——应交所得税　　　125000000(500000000×25%)

(3) 将"以前年度损益调整"科目余额转入利润分配:

借:以前年度损益调整　　　　　　　　　　　　　375000000
　　贷:利润分配——未分配利润　　　　　　　　　　　　375000000

(4) 调整利润分配有关数字：

借：利润分配——未分配利润　　　　　　　　　　56250000
　　贷：盈余公积　　　　　　　　　　56250000（375000000×15%）

(5) 调整报告年度财务报表相关项目的数字（略）。

第十八章 财务报告

财务报告是指企业对外提供的反映企业某一特定日期的财务状况和某一会计期间的经营成果、现金流量等会计信息的文件。财务报告包括财务报表和其他应当在财务报告中披露的相关信息和资料。

财务报表是对企业财务状况、经营成果和现金流量的结构性表述。财务报表至少应当包括下列组成部分：①资产负债表；②利润表；③现金流量表；④所有者权益（或股东权益，下同）变动表；⑤附注。

第一节 资产负债表

一、资产负债表的格式和内容

资产负债表是反映企业在某一特定日期财务状况的会计报表。它是根据"资产＝负债＋所有者权益（股东权益）"这一会计基本等式，按照一定的分类标准和顺序，把企业在一定日期的资产、负债和所有者权益各项目予以适当排列编制而成的。资产负债表是企业的基本会计报表之一，该报表主要为报表使用者提供企业所拥有或控制的经济资源及这些经济资源的分布和构成的信息，提供企业资金的来源构成的信息，包括企业所承担的债务，所有者在企业中所拥有的权益等，同时，通过对该表的分析，可以使使用者了解企业的财务状况，尤其是企业偿债能力的情况，若把前后期的资产负债表加以对比分析，还可以把握企业资金结构的变化情况及财务状况的发展趋势等方面的信息。

资产负债表的结构，一般有两种：一种是账户式的，即报表左右对称结构，左方列资产各项目反映全部资产的分布及存在形态，一般按资产流动性大小排列，右方列负债和所有者权益（股东权益）各项目反映全部负债和所有者权益的内容及构成情况，一般按要求清偿时间先后顺序排列；另一种是报告式的，即按上下顺序依次列资产、负债及所有者权益（股东权益）项目。我国采用账户式的资产负债表。

资产负债表按照资产、负债和所有者权益（或股东权益）分类分项列示。资产类项目主要按项目的流动性排列，即流动资产、非流动资产两大类，并分项列示。负债类项目按照流动负债、非流动负债进行分类并分项列示。所有者权益（股东权益）按照实收资本（股本）、资本公积、盈余公积、未分配利润项目分别列示。资产负债表中资产类项目金额合计与负债和所有者权益（股东权益）项目金额合计必须相等。各项资产与负债的金额一般不应相互抵销。

对于资产负债表中有关重要项目的明细资料，以及其他有助于理解和分析资产负债表的重要事项，应在报表附注中逐一列示和说明。

另外，资产负债表除了列示各项资产、负债和所有者权益（股东权益）项目的期末余额外，通常还列示这些项目的年初余额，通过对年初数与期末数的比较，可以看出各项资产、负债及所有者权益（股东权益）的变动。这种格式的资产负债表称为比较资产负债表。

二、资产负债表的编制方法

一般企业资产负债表的格式和内容如表18-1所示。

表18-1　　　　　　　　　　　　　　　　资产负债表

会企01表

编制单位：　　　　　　　　　　　　　　　年　　月　　日　　　　　　　　　　　　单位：

资产	期末余额	上年年末余额	负债和所有者权益（或股东权益）	期末余额	上年年末余额
流动资产：			流动负债：		
货币资金			短期借款		
交易性金融资产			交易性金融负债		
衍生金融资产			衍生金融负债		
应收票据			应付票据		
应收账款			应付账款		
应收款项融资			预收款项		
预付款项			合同负债		
其他应收款			应付职工薪酬		
存货			应交税费		
合同资产			其他应付款		
持有待售资产			持有待售负债		
一年内到期的非流动资产			一年内到期的非流动负债		
其他流动资产			其他流动负债		
流动资产合计			流动负债合计		
非流动资产：			非流动负债：		
债权投资			长期借款		
其他债权投资			应付债券		
长期应收款			其中：优先股		
长期股权投资			永续股		
其他权益工具投资			租赁负债		
其他非流动金融资产			长期应付款		
投资性房地产			预计负债		
固定资产			递延收益		
在建工程			递延所得税负债		
生产性生物资产			其他非流动负债		
油气资产			非流动负债合计		
使用权资产			负债合计		
无形资产			所有者权益（或股东权益）：		
开发支出			实收资本（或股本）		

续表

资　产	期末余额	上年年末余额	负债和所有者权益（或股东权益）	期末余额	上年年末余额
商誉			其他权益工具		
长期待摊费用			其中：优先股		
递延所得税资产			永续股		
其他非流动资产			资本公积		
非流动资产合计			减：库存股		
			其他综合收益		
			专项储备		
			盈余公积		
			未分配利润		
			所有者权益（或股东权益）合计		
资产总计			负债和所有者权益（或股东权益）总计		

（一）"期末余额"栏的填列方法

资产负债表内"期末余额"栏内各项数字，一般应根据资产、负债和所有者权益类科目的期末余额填列。主要包括以下方式：

1. 根据相关总账科目期末余额直接填列

"其他权益工具投资""递延所得税资产""长期待摊费用""短期借款""交易性金融负债""应付票据""持有待售负债""租赁负债""递延收益""递延所得税负债""实收资本（或股本）""其他权益工具""资本公积""库存股""其他综合收益""专项储备""盈余公积"等项目。

2. 根据几个总账科目期末余额计算填列

"货币资金"项目，需根据"库存现金""银行存款""数字货币""其他货币资金"四个总账科目的期末余额的合计数填列；"其他应付款"项目，需根据"其他应付款""应付利息""应付股利"三个总账科目余额的合计数填列。

3. 根据明细账科目余额计算填列

"应付账款"项目，需要根据"应付账款""预付款项"两个科目所属的相关明细科目的期末贷方余额合计数填列；"预收款项"项目，应根据"应收账款""预收账款"科目所属各明细科目的期末贷方余额合计数填列；"开发支出"项目，应根据"研发支出"科目中所属的"资本化支出"明细科目期末余额填列；"应收款项融资"项目，应根据"应收票据""应收账款"科目的明细科目期末余额分析填列，如："交易性金融资产""其他债权投资""预计负债""应交税费""应付职工薪酬"应根据相应明细科目期末余额分析填列；"未分配利润"项目，应根据"利润分配"科目中所属的"未分配利润"明细科目期末余额填列。

"一年内到期的非流动资产""一年内到期的非流动负债"项目，应根据有关非流动资产或负债项目的明细科目余额分析填列；对于按照相关会计准则采用折旧（或摊销、折耗）方法进行后续计量的固定资产、无形资产和长期待摊费用等非流动资产，折旧（或摊销、折耗）

年限(或期限)只剩一年或不足一年的,或预计在一年内(含一年)进行折旧(或摊销、折耗)的部分,不得归类为流动资产,仍在各该非流动资产项目中填列,不转入"一年内到期的非流动资产"项目。"递延收益"项目中摊销期限只剩一年或不足一年的,或预计在一年内(含一年)进行摊销的部分,不得归类为流动负债,仍在该项目中填列,不转入"一年内到期的非流动负债"项目。

4. 根据总账科目和明细账科目余额分析计算填列

"长期借款""应付债券"项目,应分别根据"长期借款""应付债券"总账科目余额扣除"长期借款""应付债券"科目所属的明细科目中将在资产负债表日起1年内到期,且企业不能自主地将清偿义务展期的部分后的金额计算填列。"其他非流动负债"项目,应根据有关科目的期末余额减去将于1年内(含1年)到期偿还数后的金额填列。

5. 根据有关科目余额减去其备抵科目余额后的净额填列

"持有待售资产""长期股权投资""商誉"项目,应根据相关科目的期末余额填列,已计提减值准备的,还应扣减相应的减值准备;"在建工程"项目,应根据"在建工程"和"工程物资"科目的期末余额,减去"在建工程减值准备"和"工程物资减值准备"科目的期末余额后的金额填列;"固定资产"项目,应根据"固定资产"和"固定资产清理"科目的期末余额,减去"累计折旧"和"固定资产减值准备"科目的期末余额后的金额填列;"无形资产""投资性房地产""生产性生物资产""油气资产"项目,应根据相关科目的期末余额扣减相关的累计折旧(或摊销、折耗)填列,已计提减值准备的,还应扣减相应的减值准备,采用公允价值计量的上述资产,应根据相关科目的期末余额填列;"长期应收款"项目,应根据"长期应收款"科目的期末余额,减去相应的"未实现融资收益"科目和"坏账准备"科目所属相关明细科目期末余额后的金额填列;"使用权资产"项目,应根据"使用权资产"科目的期末余额,减去"使用权资产累计折旧"和"使用权资产减值准备"科目的期末余额后的金额填列;"长期应付款"项目,应根据"长期应付款"和"专项应付款"科目的期末余额,减去相应的"未确认融资费用"科目期末余额后的金额填列。

6. 综合运用上述填列方法分析填列

"应收票据"项目,应根据"应收票据"科目的期末余额,减去"坏账准备"科目中相关坏账准备期末余额后的金额分析填列;"应收账款"项目,应根据"应收账款"科目的期末余额,减去"坏账准备"科目中相关坏账准备期末余额后的金额分析填列;"其他应收款"项目,应根据"其他应收款""应收利息""应收股利"科目的期末余额合计数,减去"坏账准备"科目中相关坏账准备期末余额后的金额填列;"预付款项"项目,应根据"预付账款"和"应付账款"科目所属各明细科目的期末借方余额合计数,减去"坏账准备"科目中相关坏账准备期末余额后的金额填列;"债权投资"项目,应根据"债权投资"科目的相关明细科目的期末余额,减去"债权投资减值准备"科目中相关减值准备的期末余额后的金额分析填列,自资产负债表日起一年内到期的长期债权投资,在"一年内到期的非流动资产"项目中填列,购入的以摊余成本计量的一年内到期的债权投资,在"其他流动资产"项目中填列。

"合同资产"和"合同负债"项目,应根据"合同资产"科目和"合同负债"科目的明细科目期末余额分析填列,同一合同下的合同资产和合同负债应当以净额列示,其中净额为借方余额的,应当根据其流动性在"合同资产"或"其他非流动资产"项目中填列,已计提减值准备的,还应减去"合同资产减值准备"科目中相应的期末余额后的金额填列,其中净额为贷方余额的,应当根据其流动性在"合同负债"或"其他非流动负债"项目中填列。

"存货"项目,应根据"材料采购""原材料""发出商品""库存商品""周转材料""委托加工物资""生产成本""受托代销商品"等科目的期末余额及"合同履约成本"科目的明细科目中初始确认时摊销期限不超过一年或一个正常营业周期的期末余额合计,减去"受托代销商品款""存货跌价准备"科目期末余额及"合同履约成本减值准备"科目中相应的期末余额后的金额填列,材料采用计划成本核算,以及库存商品采用计划成本核算或售价核算的企业,还应按加或减材料成本差异商品进销差价后的金额填列。"其他非流动资产"项目,应根据有关科目的期末余额减去将于一年内(含一年)收回数后的金额,及"合同取得成本"科目和"合同履约成本"科目的明细科目中初始确认时摊销期限在一年或一个正常营业周期以上的期末余额,减去"合同取得成本减值准备"科目和"合同履约成本减值准备"科目中相应的期末余额后的金额填列。

(二)"上年年末余额"栏的填列方法

资产负债表"上年年末余额"栏内各项数字,应根据上年年末资产负债表"期末余额"栏内所列数字填列。如果上年度资产负债表规定的各个项目的名称和内容同本年度不一致,应对上年年末资产负债表各项目的名称和数字按照本年度的规定进行调整,填入本表"上年年末余额"栏内。

第二节 利 润 表

一、利润表的格式和内容

利润表是反映企业在一定会计期间的经营成果的会计报表。利润表的列报必须充分反映企业经营业绩的主要来源和构成,有助于使用者判断净利润的质量及其风险,有助于使用者预测净利润的持续性,从而作出正确的决策。通过利润表可以反映企业一定会计期间的收入实现情况,例如,实现的营业收入有多少,实现的投资收益有多少,实现的营业外收入有多少等;可以反映一定会计期间的费用耗费情况,例如,耗费的营业成本有多少,营业税费有多少,销售费用、管理费用、财务费用各有多少,营业外支出有多少等;可以反映企业生产经营活动的成果,即净利润的实现情况,据以判断资本保值、增值情况。将利润表中的信息与资产负债表中的信息相结合,还可以提供进行财务分析的基本资料,如将赊销收入净额与应收账款平均余额进行比较,计算出应收账款周转率;将销货成本与存货平均余额进行比较,计算出存货周转率;将净利润与资产总额进行比较,计算出资产收益率等,可以表现企业资金周转情况以及企业的盈利能力和水平,便于报表使用者判断企业未来的发展趋势,作出经济决策。

由于不同的国家和地区对会计信息要求不完全相同,利润表的结构也不完全相同。但目前比较普遍的利润表的结构有单步式和多步式两种。我国一般采用多步式利润表格,一般企业利润表的格式和内容如表18-2所示。

表 18-2　　　　　　　　　　　　　　　利　润　表

编制单位：　　　　　　　　　　　　　　　___年___月　　　　　　　　　　　　　　　会企 02 表
　　单位：

项　目	本期金额	上期金额
一、营业收入		
减：营业成本		
税金及附加		
销售费用		
管理费用		
研发费用		
财务费用		
其中：利息费用		
利息收入		
加：其他收益		
投资收益（损失以"－"号填列）		
其中：对联营企业和合营企业的投资收益		
以摊余成本计量的金融资产终止确认收益（损失以"－"号填列）		
净敞口套期收益（损失以"－"号填列）		
公允价值变动收益（损失以"－"号填列）		
信用减值损失（损失以"－"号填列）		
资产减值损失（损失以"－"号填列）		
资产处置收益（损失以"－"号填列）		
二、营业利润（亏损以"－"号填列）		
加：营业外收入		
减：营业外支出		
三、利润总额（亏损总额以"－"号填列）		
减：所得税费用		
四、净利润（净亏损以"－"号填列）		
（一）持续经营净利润		
（二）终止经营净利润		
五、其他综合收益的税后净额		
（一）不能重分类进损益的其他综合收益		
1. 重新计量设定受益计划变动额		
2. 权益法下不能转损益的其他综合收益		

续表

项　　目	本期金额	上期金额
3. 其他权益工具投资公允价值变动		
4. 企业自身信用风险公允价值变动		
……		
(二)将重分类进损益的其他综合收益		
1. 权益法下可转损益的其他综合收益		
2. 其他债权投资公允价值变动		
3. 金融资产重分类计入其他综合收益的金额		
4. 其他债权投资信用减值准备		
5. 现金流量套期储备		
6. 外币财务报表折算差额		
……		
六、综合收益总额		
七、每股收益		
(一)基本每股收益		
(二)稀释每股收益		

利润表主要反映以下七方面的内容：

1. 营业收入，由主营业务收入和其他业务收入组成。

2. 营业利润，营业收入减去营业成本（主营业务成本、其他业务成本）、税金及附加、销售费用、管理费用、研发费用、财务费用，加上其他收益、投资收益、净敞口套期收益、公允价值变动收益、资产减值损失、信用减值损失，资产处置收益即为营业利润。

3. 利润总额，营业利润加上营业外收入，减去营业外支出，即为利润总额。

4. 净利润，利润总额减去所得税费用，即为净利润。包括持续经营净利润和终止经营净利润。

5. 其他综合收益的税后净额。反映根据会计准则规定未在当期损益中确认的有关利得和损失扣除所得税影响后的净额。

6. 综合收益总额，反映企业净利润与其他综合收益扣除所得税影响后的净额的合计金额。

7. 每股收益，普通股或潜在普通股已公开交易的企业，以及正处于公开发行普通股或潜在普通股过程中的企业，还应当在利润表中列示每股收益信息，包括基本每股收益和稀释每股收益两项指标。

此外，为了使报表使用者通过比较不同期间利润的实现情况，判断企业经营成果的未来发展趋势，企业需要提供比较利润表，利润表还就各项目再分为"本期金额"和"上期金额"两栏分别填列。

二、利润表的编制方法

1. 利润表"本期金额"栏一般应根据损益类科目和所有者权益类有关科目的发生额

填列。

(1)"营业收入""营业成本""税金及附加""销售费用""管理费用""财务费用""其他收益""投资收益""净敞口套期收益""公允价值变动收益""信用减值损失""资产减值损失""资产处置收益""营业外收入""营业外支出""所得税费用"等项目,应根据有关损益类科目的发生额分析填列。

(2)"研发费用"项目,应根据"管理费用"科目下的"研发费用"明细科目的发生额,以及"管理费用"科目下的"无形资产摊销"明细科目的发生额分析填列。

(3)"其中:利息费用"和"利息收入"项目,应根据"财务费用"科目所属的相关明细科目的发生额分析填列,且这两个项目作为"财务费用"项目的其中项以正数填列。

(4)"其中:对联营企业和合营企业的投资收益"和"以摊余成本计量的金融资产终止确认收益"项目,应根据"投资收益"科目所属的相关明细科目的发生额分析填列。

(5)"其他综合收益的税后净额"项目及其各组成部分,应根据"其他综合收益"科目及其所属明细科目的本期发生额分析填列。

(6)"营业利润""利润总额""净利润""综合收益总额"项目,应根据利润表中相关项目计算填列。

(7)"(一)持续经营净利润"和"(二)终止经营净利润"项目,应根据《企业会计准则第42号——持有待售的非流动资产、处置组和终止经营》的相关规定分别填列。

2. 利润表"上期金额"栏应根据上年同期利润表"本期金额"栏内所列数字填列。如果上年同期利润表规定的项目名称和内容与本期不一致,应对上年同期利润表各项目的名称和金额按照本期的规定进行调整,填入"上期金额"栏。

第三节 现金流量表

一、现金流量表的作用

现金流量表是反映企业在一定会计期间的现金和现金等价物的流入和流出的会计报表。现金流量表反映企业在一定会计期间内现金和现金等价物流入和流出的信息,表明企业获得现金和现金等价物的能力。

编制现金流量表,主要是为企业会计报表使用者提供企业一定会计期间内现金和现金等价物流入和流出的信息,以便于报表使用者了解和评价企业获取现金和现金等价物的能力,并据以预测企业未来现金流量。通过编报现金流量表,能够说明企业一定期间内现金流入和流出的原因,企业的偿债能力和支付股利的能力;也能够用以分析企业未来获取现金的能力,分析企业投资和理财活动对经营成果和财务状况的影响,有助于对企业的整体财务状况作出客观评价。

二、现金流量表的编制基础

现金流量表以现金及现金等价物为基础编制,划分为经营活动、投资活动和筹资活动,按照收付实现制原则编制,将权责发生制下的盈利信息调整为收付实现制下的现金流量信息。

(一) 现金

现金,是指企业库存现金以及可以随时用于支付的存款。不能随时用于支付的存款不属于现金。现金主要包括以下四类:

1. 库存现金,是指企业持有可随时用于支付的现金,也就是目前企业会计核算中"库存现金"科目核算的内容。

2. 银行存款,是指企业存放在银行或其他金融机构随时可以用于支付的存款,与目前企业会计核算中"银行存款"科目核算的内容基本一致,它不包括不能随时支取的定期存款,但提前通知金融企业便可支取的定期存款,应包括在现金范围内。

3. 其他货币资金,是指企业存在银行有特定用途的资金,包括外埠存款、银行汇票存款、银行本票存款等,与目前企业会计核算中"其他货币资金"科目核算的内容一致。

4. 数字货币,要根据有关规定判断是否属于现金及现金等价物。

(二) 现金等价物

现金等价物是指企业持有的期限短、流动性强、易于转换为已知金额现金、价值变动风险很小的投资。期限短,一般是指从购买日起 3 个月内到期。判断一项投资是否属于现金等价物的四个条件:①期限短;②流动性强;③易于转换为已知金额的现金;④价值变动风险很小。其中,期限短、流动性强,强调了变现能力,而易于转换为已知金额的现金、价值变动风险很小,则强调了支付能力的大小。现金等价物通常包括 3 个月内到期的短期债券投资。权益性投资变现的金额通常不确定,因而一般不属于现金等价物。企业应当根据具体情况,确定现金等价物的范围,一经确定不得随意变更,如改变划分标准,应视为会计政策的变更。企业确定现金等价物的原则及其变更,应在会计报表附注中披露。

三、现金流量的分类

现金流量指企业现金和现金等价物的流入和流出。在现金流量表中,现金及现金等价物被视为一个整体,企业现金(含现金等价物,下同)形式的转换不会产生现金的流入和流出。例如,企业从银行提取现金,是企业现金存放形式的转换,并未流出企业,不构成现金流量。同样,现金与现金等价物之间的转换也不属于现金流量,例如,企业用现金购买 3 个月内到期的国库券。

根据企业业务活动的性质和现金流量的来源,企业一定期间产生的现金流量分为三类:经营活动现金流量、投资活动现金流量和筹资活动现金流量。

1. 经营活动,是指企业投资活动和筹资活动以外的所有交易和事项。各类企业由于行业特点不同,对经营活动的认定存在一定差异。对于工商企业而言,经营活动主要包括销售商品、提供劳务、购买商品、接受劳务、支付税费等。对于商业银行而言,经营活动主要包括吸收存款、发放贷款、同业存放、同业拆借等。对于保险公司而言,经营活动主要包括原保险业务和再保险业务等。对于证券公司而言,经营活动主要包括自营证券、代理承销证券、代理兑付证券、代理买卖证券等。

2. 投资活动,是指企业长期资产的购建和不包括在现金等价物范围内的投资及其处置活动。长期资产是指固定资产、无形资产、在建工程、其他资产等持有期限在 1 年或一个营业周期以上的资产。这里所讲的投资活动,既包括实物资产投资,也包括非实物资产投资。之所以将"包括在现金等价物范围内的投资"排除在外,是因为已经将"包括在现金等价物范围内的投资"视同现金。不同企业由于行业特点不同,对投资活动的认定也存在差异。

3. 筹资活动,是指导致企业资本及债务规模和构成发生变化的活动。这里所说的资本,既包括实收资本(股本),也包括资本溢价(股本溢价);所说的债务,指对外举债,包括向银行借款、发行债券以及偿还债务等。通常情况下,应付账款、应付票据等属于经营活动,不属于筹资活动。

对于企业日常活动之外特殊的、不经常发生的特殊项目,如自然灾害损失、保险赔款、捐赠等,应当归并到相关类别中,并单独反映。比如,对于自然灾害损失和保险赔款,如果能够确定属于流动资产损失,应当列入经营活动产生的现金流量;属于固定资产损失,应当列入投资活动产生的现金流量。如果不能确定,则可以列入经营活动产生的现金流量。捐赠收入和支出,可以列入经营活动。如果特殊项目的现金流量金额不大,则可以列入现金流量类别下的"其他"项目,不单列项目。

四、现金流量表列报的基本格式

一般企业现金流量表基本格式如表18-3所示。

现金流量表后一般包含一个补充资料,用以反映企业的财务变动,其格式如表18-4所示。

表18-3　　　　　　　　　　现金流量表

会企03表

编制单位:××公司　　　　　　　　　　____年　　　　　　　　　　单位:元

项　目	行次	本期金额	上期金额
一、经营活动产生的现金流量			
销售商品、提供劳务收到的现金			
收到的税费返还			
收到其他与经营活动有关的现金			
经营活动现金流入小计			
购买商品、接受劳务支付的现金			
支付给职工以及为职工支付的现金			
支付的各项税费			
支付其他与经营活动有关的现金			
经营活动现金流出小计			
经营活动产生的现金流量净额			
二、投资活动产生的现金流量			
收回投资收到的现金			
取得投资收益收到的现金			
处置固定资产、无形资产和其他长期资产收回的现金净额			
处置子公司及其他营业单位收到的现金净额			
收到其他与投资活动有关的现金			
投资活动现金流入小计			
购建固定资产、无形资产和其他长期资产支付的现金			
投资支付的现金			

续表

项目	行次	本期金额	上期金额
取得子公司及其他营业单位支付的现金净额			
支付其他与投资活动有关的现金			
投资活动现金流出小计			
投资活动产生的现金流量净额			
三、筹资活动产生的现金流量			
吸收投资收到的现金			
取得借款收到的现金			
收到其他与筹资活动有关的现金			
筹资活动现金流入小计			
偿还债务支付的现金			
分配股利、利润或偿付利息支付的现金			
支付其他与筹资活动有关的现金			
筹资活动现金流出小计			
筹资活动产生的现金流量净额			
四、汇率变动对现金及现金等价物的影响			
五、现金及现金等价物净增加额			
加:期初现金及现金等价物余额			
六、期末现金及现金等价物余额			

表 18-4　　　　　　　　　　　　　现金流量表补充资料　　　　　　　　　　　　　单位:元

补充资料	行次	本期金额	上期金额
1. 将净利润调节为经营活动现金流量:			
净利润			
加:资产减值准备			
信用损失准备			
固定资产折旧、油气资产折耗、生产性生物资产折旧			
无形资产摊销			
长期待摊费用摊销			
处置固定资产、无形资产和其他长期资产的损失(收益以"-"号填列)			
固定资产报废损失(收益以"-"号填列)			
净敞口套期损失			
公允价值变动损失(收益以"-"号填列)			
财务费用(收益以"-"号填列)			

续表

补充资料	行次	本期金额	上期金额
投资损失（收益以"－"号填列）			
递延所得税资产减少（增加以"－"号填列）			
递延所得税负债增加（减少以"－"号填列）			
存货的减少（增加以"－"号填列）			
经营性应收项目的减少（增加以"－"号填列）			
经营性应付项目的增加（减少以"－"号填列）			
其他			
经营活动产生的现金流量净额			
2. 不涉及现金收支的重大投资和筹资活动：			
债务转为资本			
一年内到期的可转换公司债券			
融资租入固定资产			
3. 现金及现金等价物净变动情况：			
现金的期末余额			
减：现金的期初余额			
加：现金等价物的期末余额			
减：现金等价物的期初余额			
现金及现金等价物净增加额			

五、现金流量表的编制方法

编制现金流量表时，列报经营活动现金流量的方法有两种：一是直接法；二是间接法。这两种方法通常也称为编制现金流量表的方法。

直接法，是指按现金收入和现金支出的主要类别直接反映企业经营活动产生的现金流量，如销售商品、提供劳务收到的现金；购买商品、接受劳务支付的现金等就是按现金收入和支出的类别直接反映的。在直接法下，一般是以利润表中的营业收入为起算点，调节与经营活动有关的项目的增减变动，然后计算出经营活动产生的现金流量。

间接法，是指以净利润为起算点，调整不涉及现金的收入、费用、营业外收支等有关项目，剔除投资活动、筹资活动对现金流量的影响，据此计算出经营活动产生的现金流量。由于净利润是按照权责发生制原则确定的，且包括了与投资活动和筹资活动相关的收益和费用，将净利润调节为经营活动现金流量，实际上就是将按权责发生制原则确定的净利润调整为现金净流入，并剔除投资活动和筹资活动对现金流量的影响。

采用直接法编报的现金流量表，便于分析企业经营活动产生的现金流量的来源和用途,预测企业现金流量的未来前景;采用间接法编报的现金流量表,便于将净利润与经营活动产生的现金流量净额进行比较,了解净利润与经营活动产生现金流量差异的原因,从现金流量的角度分析净利润的质量。我国相关会计准则规定企业应当采用直接法编报现金流量表,同时要求在附注中提供以净利润为基础调节到经营活动现金流量的信息。

六、现金流量表的编制

现金流量表的项目主要有:经营活动产生的现金流量、投资活动产生的现金流量、筹资活动产生的现金流量、汇率变动对现金及现金等价物的影响、现金及现金等价物净增加额、期末现金及现金等价物余额等。

(一)经营活动产生现金流量的编制

上述现金流量表(见表18-3)中的经营活动现金流入和流出各项目,其编制方法,分别说明如下:

1. "销售商品、提供劳务收到的现金"项目,反映企业本期销售商品、提供劳务收到的现金,以及前期销售商品、提供劳务本期收到的现金(包括销售收入和应向购买者收取的增值税销项税额)和本期预收的款项,减去本期销售本期退回的商品和前期销售本期退回的商品支付的现金。企业销售材料和代购代销业务收到的现金,也在本项目反映。

2. "收到的税费返还"项目,反映企业收到返还的增值税、所得税、消费税、关税和教育费附加等各种税费返还款,以及企业收到的留抵退税款项。

3. "收到其他与经营活动有关的现金"项目,反映企业收到的罚款收入、经营租赁收到的租金等其他与经营活动有关的现金流入,金额较大的应当单独列示。

4. "购买商品、接受劳务支付的现金"项目,反映企业本期购买商品、接受劳务实际支付的现金(包括增值税进项税额),以及本期支付前期购买商品、接受劳务的未付款项和本期预付款项,减去本期发生的购货退回收到的现金。

5. "支付给职工以及为职工支付的现金"项目,反映企业本期实际支付给职工的工资、奖金、各种津贴和补贴等职工薪酬,但是应由在建工程、无形资产负担的职工薪酬以及支付的离退休人员的职工薪酬除外。

6. "支付的各项税费"项目,反映企业按规定支付的各项税费,包括本期发生并支付的税费,以及本期支付以前各期发生的税费和预缴的税金,如支付的增值税、消费税、所得税、教育费附加、印花税、房产税、土地增值税、车船税,以及企业缴回并继续按规定抵扣进项税额的留抵退税款项等,计入固定资产价值、实际支付的耕地占用税、本期退回的增值税、所得税等除外。

7. "支付其他与经营活动有关的现金"项目,反映企业支付的罚款支出、差旅费、业务招待费、保险费等其他与经营活动有关的现金流出,金额较大的应当单独列示。

(二)投资活动产生的现金流量的编制

现金流量表中投资活动现金流入和流出各项目的编制方法如下:

1. "收回投资收到的现金"项目,反映企业出售、转让或到期收回除现金等价物以外的交易性金融资产、长期股权投资而收到的现金,以及收回长期债权投资本金而收到的现金,但长期债权投资收回的利息除外。

2. "取得投资收益收到的现金"项目,反映企业因股权性投资而分得的现金股利,从子公司、联营企业或合营企业分回利润而收到的现金,以及因债权性投资而取得的现金利息收入,但股票股利除外。

3."处置固定资产、无形资产和其他长期资产收回的现金净额"项目,反映企业出售、报废固定资产、无形资产和其他长期资产所取得的现金(包括因资产毁损而收到的保险赔偿收入),减去为处置这些资产而支付的有关费用后的净额,但现金净额为负数的除外。

4."处置子公司及其他营业单位收到的现金净额"项目,反映企业处置子公司及其他营业单位所取得的现金减去相关处置费用后的净额。

5."购建固定资产、无形资产和其他长期资产支付的现金"项目,反映企业购买、建造固定资产、取得无形资产和其他长期资产所支付的现金及增值税款、支付的应由在建工程和无形资产负担的职工薪酬现金支出,但为购建固定资产而发生的借款利息资本化部分、融资租入固定资产所支付的租赁费除外。

6."投资支付的现金"项目,反映企业取得的除现金等价物以外的权益性投资和债权性投资所支付的现金,以及支付的佣金、手续费等附加费用。

7."取得子公司及其他营业单位支付的现金净额"项目,反映企业购买子公司及其他营业单位购买出价中以现金支付的部分,减去子公司或其他营业单位持有的现金和现金等价物后的净额。

8."收到其他与投资活动有关的现金""支付其他与投资活动有关的现金"项目,反映企业除上述1—7各项目外,收到或支付的其他与投资活动有关的现金流入或流出,金额较大的应当单独列示。

(三)筹资活动产生的现金流量的编制

现金流量表中筹资活动现金流入和流出各项目的编制方法如下:

1."吸收投资收到的现金"项目,反映企业以发行股票等方式筹集资金实际收到的款项,减去直接支付给金融企业的佣金、手续费、宣传费、咨询费、印刷费等发行费用后的净额。

2."取得借款收到的现金"项目,反映企业举借各种短期、长期借款而收到的现金以及发行债券实际收到的款项净额(发行收入减去直接支付的佣金等发行费用后的净额)。

3."偿还债务支付的现金"项目,反映企业以现金偿还债务的本金。

4."分配股利、利润或偿付利息支付的现金"项目,反映企业实际支付的现金股利、支付给其他投资单位的利润或用现金支付的借款利息、债券利息。

5."收到其他与筹资活动有关的现金""支付其他与筹资活动有关的现金"项目,反映企业除上述1—4各项目外,收到或支付的其他与筹资活动有关的现金流入或流出,包括以发行股票、债券等方式筹集资金而由企业直接支付的审计和咨询等费用,为购建固定资产而发生的借款利息资本化部分、融资租入固定资产所支付的租赁费,以分期付款方式购建固定资产、无形资产以后各期支付的现金等。

(四)汇率变动对现金及现金等价物的影响

"汇率变动对现金及现金等价物的影响"项目,反映下列项目之间的差额:

1. 企业外币现金流量及境外子公司的现金流量折算为记账本位币时,所采用的现金流量发生日的即期汇率或按照系统合理的方法确定的,与现金流量发生日即期汇率近似的汇率折算的金额。

2."现金及现金等价物净增加额"中外币现金净增加额按期末汇率折算的金额。

七、现金流量表补充资料的编制

企业应当采用间接法在现金流量附注中披露将净利润调节为经营活动现金流量的信息。现金流量表补充资料包括将净利润调节为经营活动现金流量、不涉及现金收支的重大投资和筹资活动、现金及现金等价物净变动情况等项目。

(一)将净利润调节为经营活动现金流量的编制

1."资产减值准备"项目,这里所指的资产减值准备是指当期计提扣除转回的减值准备,包括:存货跌价准备、长期股权投资减值准备、投资性房地产减值准备、固定资产减值准备、在建工程减值准备、无形资产减值准备、商誉减值准备、生产性生物资产减值准备、油气资产减值准备等资产减值准备。

2."信用损失准备"项目,反映企业当期计提扣除转回的金融工具预期信用损失。

3."固定资产折旧""油气资产折耗""生产性生物资产折旧"项目,分别反映企业本期计提的固定资产折旧、油气资产折耗、生产性生物资产折旧。

4."无形资产摊销""长期待摊费用摊销"项目,分别反映企业本期计提的无形资产摊销、长期待摊费用摊销。

5."处置固定资产、无形资产和其他长期资产的损失"项目,反映企业本期处置固定资产、无形资产和其他长期资产发生的损益。

6."固定资产报废损失"项目,反映企业本期固定资产报废的净损失。

7."净敞口套期损失"项目,反映企业本期净敞口套期损失。

8."公允价值变动损失"项目,反映企业持有的金融资产、金融负债以及采用公允价值计量模式的投资性房地产的公允价值变动损益。

9."财务费用"项目,反映企业利润表"财务费用"项目的金额。

10."投资损失"项目,反映企业利润表"投资收益"项目的金额。

11."递延所得税资产减少"项目,反映企业资产负债表"递延所得税资产"项目的期初余额与期末余额的差额。

12."递延所得税负债增加"项目,反映企业资产负债表"递延所得税负债"项目的期初余额与期末余额的差额。

13."存货的减少"项目,反映企业资产负债表"存货"项目的期初余额与期末余额的差额。

14."经营性应收项目的减少"项目,反映企业本期经营性应收项目(包括应收票据、应收账款、预付款项、长期应收款和其他应收款中与经营活动有关的部分及应收的增值税销项税额等)的期初余额与期末余额的差额。

15."经营性应付项目的增加"项目,反映企业本期经营性应付项目(包括应付票据、应付账款、预收款项、应付职工薪酬、应交税费、应付利息、应付股利、长期应付款、其他应付款中与经营活动有关的部分及应付的增值税进项税额等)的期初余额与期末余额的差额。

(二)不涉及现金收支的重大投资和筹资活动披露

不涉及现金收支的重大投资和筹资活动,反映企业一定期间内影响资产或负债但不形成该期现金收支的所有投资和筹资活动的信息。这些投资和筹资活动虽然不涉及当期现金收支，但对以后各期的现金流量有重大影响。

1."债务转为资本"项目，反映企业本期转为资本的债务金额。

2."一年内到期的可转换公司债券"项目，反映企业1年内到期的可转换公司债券的本息。

3."融资租入固定资产"项目，反映企业本期融资租入固定资产的最低租赁付款额扣除应分期计入利息费用的未确认融资费用的净额。

(三)"现金及现金等价物净增加额"与现金流量表中的"现金及现金等价物净增加额"项目的金额应当相等

八、影响企业现金流量其他重要信息的披露

(一)企业当期取得或处置子公司及其他营业单位

企业应当在附注中以总额披露当期取得或处置子公司及其他营业单位的有关信息，如表18-5所示。

表18-5　　　　　　当期取得或处置子公司及其他营业单位的有关信息　　　　　　单位:元

项　目	金额
一、取得子公司及其他营业单位有关信息	
1. 取得子公司及其他营业单位的价格	
2. 取得子公司及其他营业单位支付的现金和现金等价物	
减:取得子公司及其他营业单位持有的现金和现金等价物	
3. 取得子公司及其他营业单位支付的现金净额	
4. 取得子公司的净资产	
其中:流动资产	
非流动资产	
流动负债	
非流动负债	
二、处置子公司及其他营业单位有关信息	
1. 处置子公司及其他营业单位的价格	
2. 处置子公司及其他营业单位收到的现金和现金等价物	
减:处置子公司及其他营业单位持有的现金和现金等价物	
3. 处置子公司及其他营业单位收到的现金净额	
4. 处置子公司的净资产	
其中:流动资产	
非流动资产	
流动负债	
非流动负债	

(二)现金和现金等价物的有关信息(见表18-6)

表18-6　　　　　　　　　　　现金和现金等价物的有关信息　　　　　　　　　　　单位:元

项　　目	本期金额	上期金额
一、现金		
其中:库存现金		
可随时用于支付的银行存款		
可随时用于支付的其他货币资金		
二、现金等价物		
其中:交易性债券投资		
三、调整前现金和现金等价物余额		
加:汇率变动对现金的影响		
四、期末现金及现金等价物余额		
其中:母公司或集团内子公司使用受限制的现金和现金等价物		

企业应当在附注中披露现金和现金等价物的构成、现金和现金等价物在资产负债表中列报项目的相应金额,以及企业持有但不能由其母公司或集团内其他子公司使用的大额现金和现金等价物的金额,如国外经营的子公司受当地外汇管制等限制而不能由集团内母公司或其他子公司正常使用的现金和现金等价物等。

第四节　所有者权益变动表

一、所有者权益变动表的格式和内容

所有者权益变动表是指反映构成所有者权益各组成部分当期增减变动情况的报表。所有者权益变动表应当全面反映一定时期所有者权益变动的情况,不仅包括所有者权益总量的增减变动,还包括所有者权益增减变动的重要结构性信息,特别是要反映直接计入所有者权益的利得和损失,让报表使用者准确理解所有者权益增减变动的根源。

为了清楚地表明构成所有者权益的各组成部分当期的增减变动情况,所有者权益变动表应当以矩阵的形式列示。一方面,列示导致所有者权益变动的交易或事项,改变了以往仅仅按照所有者权益的各组成部分反映所有者权益变动情况,而是从所有者权益变动的来源对一定时期所有者权益变动情况进行全面反映;另一方面,按照所有者权益各组成部分(包括实收资本、其他权益工具、资本公积、其他综合收益、盈余公积、未分配利润和库存股)及其总额列示交易或事项对所有者权益的影响。此外,企业还需要提供比较所有者权益变动表,所有者权益变动表还就各项目再分为"本年金额"和"上年金额"两栏分别填列。

一般企业所有者权益变动表的格式和内容如表18-7所示。

表18-7

所有者权益变动表

编制单位：　　　　　　　　　　　　　　　　　　　　年度

会企04表
单位：元

项目	本年金额										上年金额									
	实收资本（或股本）	其他权益工具			资本公积	减：库存股	其他综合收益	专项储备	盈余公积	未分配利润	所有者权益合计	实收资本（或股本）	其他权益工具			资本公积	减：库存股	其他综合收益	盈余公积	未分配利润	所有者权益合计
		优先股	永续债	其他									优先股	永续债	其他						
一、上年年末余额																					
加：会计政策变更																					
前期差错更正																					
其他																					
二、本年年初余额																					
三、本年增减变动金额（减少以"－"号填列）																					
（一）综合收益总额																					
（二）所有者投入和减少资本																					
1.所有者投入的普通股																					
2.其他权益工具持有人所有者投入资本																					
3.股份支付计入所有者权益的金额																					
4.其他																					
（三）利润分配																					
1.提取盈余公积																					
2.对所有者（或股东）的分配																					
3.其他																					
（四）所有者权益内部结转																					
1.资本公积转增资本（或股本）																					
2.盈余公积转增资本（或股本）																					
3.盈余公积弥补亏损																					
4.其他																					
四、本年年末余额																					

二、所有者权益变动表的编制方法

(一)上年金额栏的填列方法

所有者权益变动表"上年金额"栏内各项数字,应根据上年度所有者权益变动表"本年金额"栏内所列数字填列。如果上年度所有者权益变动表规定的各个项目的名称和内容同本年度不相一致,应对上年度所有者权益变动表各项目的名称和数字按本年度的规定进行调整,填入所有者权益变动表"上年金额"栏内。

(二)本年金额栏的填列方法

所有者权益变动表"本年金额"栏内各项数字一般应根据"实收资本(或股本)""资本公积""盈余公积""利润分配""库存股""以前年度损益调整"科目的发生额分析填列。

第五节 财务报表附注

财务报表附注是对在资产负债表、利润表、现金流量表和所有者权益变动表等报表中列示项目的文字描述或明细资料,以及对未能在这些报表中列示项目的说明等。

财务报表附注是财务报表不可或缺的组成部分,报表使用者为了了解企业的财务状况、经营成果和现金流量,应当全面阅读附注,附注相对于报表而言,同样具有重要性。

财务报表附注的相关信息应当与资产负债表、利润表、现金流量表和所有者权益变动表等报表中列示的项目相互参照。

根据相关会计准则规定,财务报表附注应当按照一定的结构进行系统合理的排列和分类,有顺序地披露信息。相关会计准则应用指南规定了附注中至少披露下列内容,但是,非重要项目除外。具体的附注披露要求和内容应当遵循相关会计准则具体准则的规定。

一、企业的基本情况

1. 企业注册地、组织形式和总部地址。
2. 企业的业务性质和主要经营活动。
3. 母公司以及集团最终母公司的名称。
4. 财务报告的批准报出者和财务报告批准报出日。按照有关法律、行政法规等规定,企业所有者或其他方面有权对报出的财务报告进行修改的事实。

二、财务报表的编制基础

1. 会计年度。
2. 记账本位币。
3. 会计计量所运用的计量基础。
4. 现金和现金等价物的构成。

三、遵循《企业会计准则》的声明

企业应当明确说明编制的财务报表符合相关会计准则的要求,真实、完整地反映企业的财务状况、经营成果和现金流量等有关信息。以此明确企业编制财务报表所依据的制度基础。如果企业编制的财务报表只是部分地遵循了会计准则,附注中不得做出这种表述。

四、重要会计政策和会计估计

企业应当披露采用的重要会计政策和会计估计,不重要的会计政策和会计估计可以不披露。

1. 重要会计政策的说明

由于企业经济业务的复杂性和多样化,某些经济业务可以有多种会计处理方法,也即存在不止一种可供选择的会计政策。企业在发生某项交易或事项选择不同的会计处理方法时,应当根据会计准则的规定从允许的会计处理方法中选择适合本企业特点的会计政策,企业选择不同的会计处理方法,可能极大地影响企业的财务状况和经营成果,进而编制出不同的财务报表。为了有助于使用者理解,有必要对这些会计政策加以披露。

需要特别指出的是,说明会计政策时还需要披露下列两项内容:

(1) 财务报表项目的计量基础。会计计量属性包括历史成本、重置成本、可变现净值、现值和公允价值,这直接显著影响报表使用者的分析,这项披露要求便于使用者了解企业财务报表中的项目是按何种计量基础予以计量的,如存货是按成本还是可变现净值计量等。

(2) 会计政策的确定依据。主要是指企业在运用会计政策过程中所作的对报表中确认的项目金额最具影响的判断。例如,企业如何判断持有的金融资产是持有至到期的投资而不是交易性投资;又如,对于拥有的持股不足50%的关联企业,企业为何判断企业拥有控制权因此将其纳入合并范围;再如,企业如何判断与租赁资产相关的所有风险和报酬已转移给企业,从而符合融资租赁的标准,以及投资性房地产的判断标准是什么等,这些判断对在报表中确认的项目金额具有重要影响。因此,这项披露要求有助于使用者理解企业选择和运用会计政策的背景,增加财务报表的可理解性。

2. 重要会计估计的说明

企业应当披露会计估计中所采用的关键假设和不确定因素的确定依据,这些关键假设和不确定因素在下一会计期间内很可能导致资产、负债账面价值进行重大调整。在确定报表中确认的资产和负债的账面金额过程中,企业有时需要对不确定的未来事项在资产负债表日对这些资产和负债的影响加以估计。例如,固定资产可收回金额的计算需要根据其公允价值减去处置费用后的净额与预计未来现金流量的现值两者之间的较高者确定,在计算资产预计未来现金流量的现值时需要对未来现金流量进行预测,并选择适当的折现率,应当在附注中披露未来现金流量预测所采用的假设及其依据、所选择的折现率为什么是合理的等。这些假设的变动对这些资产和负债项目金额的确定影响很大,有可能会在下一个会计年度内作出重大调整。因此,强调这一披露要求,有助于提高财务报表的可理解性。

五、会计政策和会计估计变更以及差错更正的说明

1. 会计政策变更的性质、内容和原因。
2. 当期和各个列报前期财务报表中受影响的项目名称和调整金额。
3. 会计政策变更无法进行追溯调整的事实和原因,以及开始应用变更后的会计政策的时点、具体应用情况。

4. 会计估计变更的内容和原因。

5. 会计估计变更对当期和未来期间的影响金额。

6. 会计估计变更的影响数不能确定的事实和原因。

7. 前期差错的性质。

8. 各个列报前期财务报表中受影响的项目名称和更正金额；前期差错对当期财务报表也有影响的，还应披露当期财务报表中受影响的项目名称和金额。

9. 前期差错无法进行追溯重述的事实和原因，以及对前期差错开始进行更正的时点、具体更正情况。

六、重要报表项目的说明

企业应当尽可能以列表形式披露重要报表项目的构成或当期增减变动情况。对重要报表项目的明细说明，应当按照资产负债表、利润表、现金流量表、所有者权益变动表的顺序以及报表项目列示的顺序，以文字和数字描述相结合的方式进行披露，并与报表项目相互参照。

七、或有事项和承诺事项的说明

1. 预计负债的种类、形成原因以及经济利益流出不确定性的说明。

2. 与预计负债有关的预期补偿金额和本期已确认的预期补偿金额。

3. 或有负债的种类、形成原因及经济利益流出不确定性的说明。

4. 或有负债预计产生的财务影响，以及获得补偿的可能性；无法预计的，应当说明原因。

5. 或有资产很可能会给企业带来经济利益的，其形成的原因、预计产生的财务影响等。

6. 在涉及未决诉讼、未决仲裁的情况下，披露全部或部分信息预期对企业造成重大不利影响的，该未决诉讼、未决仲裁的性质以及没有披露这些信息的事实和原因。

八、资产负债表日后事项的说明

每项重要的资产负债表日后非调整事项的性质、内容及其对财务状况和经营成果的影响无法作出估计的，应当说明原因。

九、关联方关系及其交易的说明

1. 母公司和子公司的名称。母公司不是该企业最终控制方的，说明最终控制方名称。

母公司和最终控制方均不对外提供财务报表的，说明母公司之上与其最相近的对外提供财务报表的母公司名称。

2. 母公司和子公司的业务性质、注册地、注册资本（或实收资本、股本）及其当期发生的变化。

3. 母公司对该企业或者该企业对子公司的持股比例和表决权比例。

4. 企业与关联方发生关联方交易的，该关联方关系的性质、交易类型及交易要素。交易要素至少应当包括以下四项内容：

（1）交易的金额。

（2）未结算项目的金额、条款和条件，以及有关提供或取得担保的信息。

（3）未结算应收项目的坏账准备金额。

（4）定价政策。

5. 企业应当分别通过关联方以及交易类型披露关联方交易。

十、此外还应披露的信息

1. 持有待售的非流动资产或处置组的出售费用和主要类别，以及每个类别的账面价值和公允价值。

2. 持有待售的非流动资产或处置组的出售原因、方式和时间安排。

3. 列报持有待售的非流动资产或处置组的分部。

4. 持有待售的非流动资产或持有待售的处置组中的资产确认的减值损失及其转回金额。

5. 与持有待售的非流动资产或处置组有关的其他综合收益累计金额。

6. 终止经营的收入、费用、利润总额、所得税费用（收益）和净利润。

7. 终止经营的资产或处置组确认的减值损失及其转回金额。

8. 终止经营的处置损益总额、所得税费用（收益）和处置净损益。

9. 终止经营的经营活动、投资活动和筹资活动现金流量净额。

10. 归属于母公司所有者的持续经营损益和终止经营损益。

非流动资产或处置组在资产负债表日至财务报告批准报出日之间满足持有待售类别划分条件的，应当作为资产负债表日后非调整事项进行会计处理，并按照以上1—3的规定进行披露。

企业专为转售而取得的持有待售的子公司，应当按照以上2—5和10的规定进行披露。

第十九章 企业破产清算会计

第一节 企业破产清算会计概述

为进一步规范企业破产清算的会计处理,向人民法院和债权人会议等提供企业破产清算期间的相关财务信息,根据《会计法》和《中华人民共和国破产法》(以下简称《破产法》)及其相关规定,财政部于2016年12月20日制定印发了《企业破产清算有关会计处理规定》(财会〔2016〕23号,以下称该规定),并规定自发布之日起开始实施。同时废止了《国有企业试行破产有关会计处理问题暂行规定》(财会字〔1997〕28号)。

一、企业破产清算概述

(一)破产清算业务

破产清算业务是指人民法院依照《破产法》的规定,宣告债务人破产后,由破产管理人对破产企业的资产、负债进行清理、登记,并通过资产处置、债务清偿、清缴税款、分配破产财产,了结其债权债务关系,最终由人民法院裁定破产终结,向破产企业的原登记机关申请注销原注册登记,终结其民事行为能力的法律活动。

(二)破产清算的适用范围

该规定适用于经法院宣告破产处于破产清算期间的企业法人,即破产企业。

在该规定施行之后经法院宣告破产的企业,应当按照该规定进行会计处理。换言之,在该规定施行之前已经法院宣告破产的企业仍应按此前的相关规定执行。

二、企业破产清算的会计基础和计量属性

破产清算会计作为财务会计的一个分支,无论在会计理论上还是在会计实务上,均与传统的财务会计有十分密切的联系,同时又具有与传统的财务会计不同的特点。

(一)企业破产清算的会计基础

破产企业会计确认、计量和报告以非持续经营为前提。原因有三:

第一,传统财务会计的基本假设对破产清算会计不再适用。

财务会计的会计主体、会计分期、持续经营和货币计量四个基本假设是进行会计核算的基本前提,也是设计和选择会计方法的重要依据。但是企业进入破产清算程序后,由于所处的环境发生了巨大的变化,使这些会计假设赖以存在的条件已不复存在,自然也使这些原来的假设变得不再合理和必要,具体体现在以下方面:

会计主体假设:企业在正常经营的情况下,会计主体是企业自身,而进入清算后,由于破产管理人的进入和接管,使会计主体发生了变化。在法院宣告企业破产后,破产管理人进入以前,企业仍作为一个会计主体,而破产管理人进入以后,破产管理人作为一个新的会计主体出现。

持续经营假设:对传统财务会计而言,只有在这一假设的前提下,企业在会计信息的收集和处理上所使用的会计处理方法才能保持稳定,企业的会计记录和会计报表才能真实可靠。但是,在破产清算的情况下,持续经营的假设显然不再成立,资产的价值必须按照破产清算净值进行计量,负债必须按照破产债务清偿价值计量。

会计期间假设:是指将企业持续不断的经营活动分割为一定的期间,据以结算账目,编制会计报表,从而及时地提供有关财务状况和经营成果的会计信息。但是,在破产清算的情况下,由于持续经营的前提条件已不复存在,会计分期假设也自然随之消失。

第二,破产清算会计超越了传统的财务会计一些基本原则和要求规范。

在破产清算的情况下,由于企业所处的经济环境的变化,会计核算假设发生重大的变化,从而使许多原来的会计核算信息质量要求难以为破产清算会计所采用。具体包括:

历史成本:在传统的财务会计中,这是企业计量资产成本的基本要求,但在破产清算会计中,资产的价值更注重以破产资产清算净值来计量。

配比性:在传统的财务会计中,企业的营业收入与其对应的成本、费用相互配合,这样有利于正确计算和考核企业的经营成果。而在企业进入破产清算以后,其会计核算的目的等不再是要求正确核算企业的经营成果,而是侧重于资产的变现和债务的偿还,自然也无须强调配比性。

合理划分收益性支出与资本性支出:这在传统财务会计中是十分重要的,尤其对于计算企业当期的损益更为重要。但是在破产清算中,由于持续经营的假设不复存在,自然不必再对支出做类似的划分。包括待摊费用等。

第三,会计报告的目标、种类、格式、基本内容以及报告的需要者发生较大的变化。

从会计报告的目标看,传统财务会计报告的目标着眼于企业的收益以及净资产的变化过程及结果;而破产清算会计报告的主要目标是反映破产财产的处理情况以及债务的清偿情况。

从会计报告的种类看,按照我国现行会计规定,企业在正常经营情况下,应提供的报表主要有资产负债表、利润表、现金流量表、股东权益变动表等;但在破产清算的情况下,由于会计报告目标的变化,使得会计报告的种类也发生变化,比如,设计了清算资产负债表、清算损益表、清算现金流量表、债务清偿表等,这些报表均与传统财务会计的要求有所不同。

从会计报告的需要者(或称阅读者)看,企业财务报告的需要者主要是企业的投资者、债权人和政府有关部门;而对破产清算报表来讲,其需要者则主要是受理破产案件的人民法院、债权人以及国有资产管理部门等。

(二)企业破产清算的计量属性

1. 破产清算期间的资产的计量属性

破产企业在破产清算期间的资产应当以破产资产清算净值计量。所谓的资产指《破产法》规定的债务人(破产企业,下同)财产。

破产资产清算净值,是指在破产清算的特定环境下和规定时限内,最可能的变现价值扣除相关的处置税费后的净额。最可能的变现价值应当为公开拍卖的变现价值,但是债权人会议另有决议或国家规定不能拍卖或限制转让的资产除外;债权人会议另有决议的,最可能的变现价值应当为其决议的处置方式下的变现价值;按照国家规定不能拍卖或限制转让的,应当将按照国家规定的方式处理后的所得作为变现价值。

2. 破产清算期间的负债的计量属性

破产企业在破产清算期间的负债应当以破产债务清偿价值计量。

破产债务清偿价值，是指在不考虑破产企业的实际清偿能力和折现等因素的情况下，破产企业按照相关法律规定或合同约定应当偿付的金额。

3. 企业破产清算的科目设置及核算内容

破产企业的会计档案等财务资料经法院裁定由破产管理人接管的，应当在企业被法院宣告破产后，比照原有资产、负债类会计科目，根据实际情况设置相关科目，并增设相关负债类、清算净值类和清算损益类等会计科目。破产企业还可以根据实际需要，在一级科目下自行设置明细科目。

（1）负债类科目设置。

①"应付破产费用"科目，核算破产企业在破产清算期间发生的《破产法》规定的各类破产费用。

②"应付共益债务"科目，核算破产企业在破产清算期间发生的《破产法》规定的各类共益债务。

共益债务，是指在人民法院受理破产申请后，为全体债权人的共同利益而管理、变卖和分配破产财产而负担的债务，主要包括因管理人或者债务人请求对方当事人履行双方均未履行完毕的合同所产生的债务、债务人财产受无因管理所产生的债务、因债务人不当得利所产生的债务、为债务人继续营业而应当支付的劳动报酬和社会保险费用以及由此产生的其他债务、管理人或者相关人员执行职务致人损害所产生的债务以及债务人财产致人损害所产生的债务。

（2）清算净值类科目设置。

"清算净值"科目，核算破产企业在破产报表日结转的清算净损益科目余额。破产企业资产与负债的差额，也在此科目核算。

（3）清算损益类科目设置。

①"资产处置净损益"科目，核算破产企业在破产清算期间处置破产资产产生的、扣除相关处置费用后的净损益。

②"债务清偿净损益"科目，核算破产企业在破产清算期间清偿债务产生的净损益。

③"破产资产和负债净值变动净损益"科目，核算破产企业在破产清算期间按照破产资产清算净值调整资产账面价值，以及按照破产债务清偿价值调整负债账面价值产生的净损益。

④"其他收益"科目，核算除资产处置、债务清偿以外，在破产清算期间发生的其他收益。

⑤"破产费用"科目，核算破产企业破产清算期间发生的《破产法》规定的各项破产费用，主要包括破产案件的诉讼费用，管理、变价和分配债务人资产的费用，管理人执行职务的费用、报酬和聘用工作人员的费用。本科目应按发生的费用项目设置明细账。

⑥"共益债务支出"科目，核算破产企业破产清算期间发生的《破产法》规定的共益债务相关的各项支出。

⑦"其他费用"科目，核算破产企业破产清算期间发生的除破产费用和共益债务支出之外的各项其他费用。

⑧"所得税费用"科目,核算破产企业破产清算期间发生的企业所得税费用。

⑨"清算净损益"科目,核算破产企业破产清算期间结转的上述各类清算损益科目余额。

破产企业可根据具体情况增设、减少或合并某些会计科目。

三、企业破产清算的确认、计量和账务处理

(一)企业破产清算资产的确认和计量

破产企业被法院宣告破产的,应当按照破产资产清算净值对破产宣告日的资产进行初始确认计量;按照破产债务清偿价值对破产宣告日的负债进行初始确认计量;相关差额直接计入清算净值。

破产企业在破产清算期间的资产,应当按照破产资产清算净值进行后续计量,负债按照破产债务清偿价值进行后续计量。破产企业应当按照破产报表日的破产资产清算净值和破产债务清偿价值,对资产和负债的账面价值分别进行调整,差额计入清算损益。

破产清算期间发生资产处置的,破产企业应当终止确认相关被处置资产,并将处置所得金额与被处置资产的账面价值的差额扣除直接相关的处置费用后,计入清算损益。

破产清算期间发生债务清偿的,破产企业应当按照偿付金额,终止确认相应部分的负债。在偿付义务完全解除时,破产企业应当终止确认该负债的剩余账面价值,同时确认清算损益。

(二)破产清算期间税费的会计核算

(1)破产清算期间发生各项费用、取得各项收益应当直接计入清算损益。

(2)在破产清算期间,破产企业按照税法规定需缴纳企业所得税的,应当计算所得税费用,并将其计入清算损益。所得税费用应当仅反映破产企业当期应缴的所得税。

(3)破产企业因盘盈、追回等方式在破产清算期间取得的资产,应当按照取得时的破产资产清算净值进行初始确认计量,初始确认计量的账面价值与取得该资产的成本之间存在差额的,该差额应当计入清算损益。

(4)破产企业在破产清算期间新承担的债务,应当按照破产债务清偿价值进行初始确认计量,并计入清算损益。

(三)具体的账务处理

1. 破产宣告日余额结转

法院宣告企业破产时,应当根据破产企业移交的科目余额表,将部分会计科目的相关余额转入以下新科目,并编制新的科目余额表。

(1)原"应付账款""其他应付款"等科目中属于《破产法》所规定的破产费用的余额,转入"应付破产费用"科目。

(2)原"应付账款""其他应付款"等科目中属于《破产法》所规定的共益债务的余额,转入"应付共益债务"科目。

(3)原"商誉""长期待摊费用""递延所得税资产""递延所得税负债""递延收益""股本""资本公积""盈余公积""其他综合收益""未分配利润"等科目的余额,转入"清算净值"科目。

2. 破产宣告日余额调整

(1) 关于各类资产。破产企业应当对拥有的各类资产(包括原账面价值为零的已提足折旧的固定资产、已摊销完毕的无形资产等)登记造册,估计其破产资产清算净值,按照其破产资产清算净值对各资产科目余额进行调整,并相应调整"清算净值"科目。

(2) 关于各类负债。破产企业应当对各类负债进行核查,按照规定对各负债科目余额进行调整,并相应调整"清算净值"科目。

3. 处置破产资产

(1) 破产企业收回应收票据、应收款项类债权、应收款项类投资,按照收回的款项,借记"现金""银行存款"等科目,按照应收款项类债权或应收款项类投资的账面价值,贷记相关资产科目,按其差额,借记或贷记"资产处置净损益"科目。

(2) 破产企业出售各类投资,按照收到的款项,借记"现金""银行存款"等科目,按照相关投资的账面价值,贷记相关资产科目,按其差额,借记或贷记"资产处置净损益"科目。

(3) 破产企业出售存货、投资性房地产、固定资产及在建工程等实物资产,按照收到的款项,借记"现金""银行存款"等科目,按照实物资产的账面价值,贷记相关资产科目,按应当缴纳的税费贷记"应交税费"科目,按上述各科目发生额的差额,借记或贷记"资产处置净损益"科目。

(4) 破产企业出售无形资产,按照收到的款项,借记"现金""银行存款"等科目,按照无形资产的账面价值,贷记"无形资产"科目,按应当缴纳的税费贷记"应交税费"科目,按上述各科目发生额的差额,借记或贷记"资产处置净损益"科目。

(5) 破产企业的划拨土地使用权被国家收回,国家给予一定补偿的,按照收到的补偿金额,借记"现金""银行存款"等科目,贷记"其他收益"科目。

(6) 破产企业处置破产资产发生的各类评估、变价、拍卖等费用,按照发生的金额,借记"破产费用"科目,贷记"现金""银行存款""应付破产费用"等科目。

4. 清偿债务

(1) 破产企业清偿破产费用和共益债务,按照相关已确认负债的账面价值,借记"应付破产费用""应付共益债务"等科目,按照实际支付的金额,贷记"现金""银行存款"等科目,按其差额,借记或贷记"破产费用""共益债务支出"科目。

(2) 破产企业按照经批准的职工安置方案,支付的所欠职工的工资和医疗、伤残补助、抚恤费用,应当划入职工个人账户的基本养老保险、基本医疗保险费用和其他社会保险费用,以及法律、行政法规规定应当支付给职工的补偿金,按照相关账面价值借记"应付职工薪酬"等科目,按照实际支付的金额,贷记"现金""银行存款"等科目,按其差额,借记或贷记"债务清偿净损益"科目。

(3) 破产企业支付所欠税款,按照相关账面价值,借记"应交税费"等科目,按照实际支付的金额,贷记"现金""银行存款"等科目,按其差额,借记或贷记"债务清偿净损益"科目。

(4) 破产企业清偿破产债务,按照实际支付的金额,借记相关债务科目,贷记"现金""银行存款"等科目。

破产企业以非货币性资产清偿债务的,按照清偿的价值借记相关负债科目,按照非货币性资产的账面价值,贷记相关资产科目,按其差额,借记或贷记"债务清偿净损益"科目。

债权人依法行使抵销权的,按照经法院确认的抵销金额,借记相关负债科目,贷记相关资产科目,按其差额,借记或贷记"债务清偿净损益"科目。

5. 其他账务处理

(1)在破产清算期间通过清查、盘点等方式取得的未入账资产,应当按照取得日的破产资产清算净值,借记相关资产科目,贷记"其他收益"科目。

(2)在破产清算期间通过债权人申报发现的未入账债务,应当按照破产债务清偿价值确定计量金额,借记"其他费用"科目,贷记相关负债科目。

(3)在编制破产清算期间的财务报表时,应当对所有资产项目按其于破产报表日的破产资产清算净值重新计量,借记或贷记相关资产科目,贷记或借记"破产资产和负债净值变动净损益"科目;应当对所有负债项目按照破产债务清偿价值重新计量,借记或贷记相关负债科目,贷记或借记"破产资产和负债净值变动净损益"科目。

(4)破产企业在破产清算期间,作为买入方继续履行尚未履行完毕的合同的,按照收到的资产的破产资产清算净值,借记相关资产科目,按照相应的增值税进项税额,借记"应交税费"科目,按照应支付或已支付的款项,贷记"现金""银行存款""应付共益债务"科目或"预付款项"等科目,按照上述各科目的差额,借记"其他费用"科目或贷记"其他收益"科目;企业作为卖出方继续履行尚未履行完毕的合同的,按照应收或已收的金额,借记"现金""银行存款""应收账款"等科目,按照转让的资产账面价值,贷记相关资产科目,按照应缴纳的相关税费,贷记"应交税费"科目,按照上述各科目的差额,借记"其他费用"科目或贷记"其他收益"科目。

(5)破产企业发生《破产法》第四章相关事实,破产管理人依法追回相关破产资产的,按照追回资产的破产资产清算净值,借记相关资产科目,贷记"其他收益"科目。

(6)破产企业收到的利息、股利、租金等孳息,借记"现金""银行存款"等科目,贷记"其他收益"科目。

(7)破产企业在破产清算终结日,剩余破产债务不再清偿的,按照其账面价值,借记相关负债科目,贷记"其他收益"科目。

(8)在编制破产清算期间的财务报表时,有已实现的应纳税所得额的,考虑可以抵扣的金额后,应当据此提存应缴所得税,借记"所得税费用"科目、贷记"应交税费"科目。

(9)在编制破产清算期间的财务报表时,应当将"资产处置净损益""债务清偿净损益""破产资产和负债净值变动净损益""其他收益""破产费用""共益债务支出""其他费用""所得税费用"科目结转至"清算净损益"科目,并将"清算净损益"科目余额转入"清算净值"科目。

第二节　企业破产清算财务报表的列报

一、企业破产清算财务报表的组成

企业经法院宣告破产的,应当按照法院或债权人会议要求的时点(包括破产宣告日、债权人会议确定的编报日、破产终结申请日等)编制清算财务报表,并由破产管理人签章。

破产企业应当按照规定编制清算财务报表,向法院、债权人会议等报表使用者反映破产企业在破产清算过程中的财务状况、清算损益、现金流量变动和债务偿付状况。破产企业的财务报表包括清算资产负债表、清算损益表、清算现金流量表、债务清偿表及相关附注。

法院宣告企业破产的,破产企业应当以破产宣告日为破产报表日编制清算资产负债表及相关附注。法院或债权人会议等要求提供清算财务报表的,破产企业应当根据其要求提供清算财务报表的时点确定破产报表日,编制清算资产负债表、清算损益表、清算现金流量表、债务清偿表及相关附注。

向法院申请裁定破产终结的,破产企业应当编制清算损益表、债务清偿表及相关附注。

二、清算资产负债表、清算损益表、清算现金流量表、债务清偿表及清算财务报表附注的格式、内容及编制方法

1. 清算资产负债表反映破产企业在破产报表日资产的破产资产清算净值,以及负债的破产债务清偿价值。资产项目和负债项目的差额在清算资产负债表中作为清算净值列示。

(1)清算资产负债表的格式和内容(见表19-1)

表19-1　　　　　　　　　　　　　　清算资产负债表

会清01表

编制单位：　　　　　　　　　　　___年___月___日　　　　　　　　　　　单位:元

资　产	行　次	期末数	负债及清算净值	行　次	期末数
货币资金			负债:		
应收票据			借款		
应收账款			应付票据		
其他应收款			应付账款		
预付款项			预收款项		
存货			其他应付款		
金融资产投资			应付债券		
长期股权投资			应付破产费用		
投资性房地产			应付共益债务		
固定资产			应付职工薪酬		
在建工程			应交税费		
无形资产			……		
……					
资产总计			负债合计		
			清算净值:		
			清算净值		
			负债及清算净值总计		

(2)编制方法

①本表反映破产企业在破产报表日关于资产、负债、清算净值及其相互关系的信息。

②本表列示的项目不区分流动和非流动,其中,"应收账款"或"其他应收款"项目,应分

别根据"应收账款"或"其他应收款"的科目余额填列,同时,"长期应收款"科目余额也在上述两项目中分析填列;"借款"项目,应根据"短期借款"和"长期借款"科目余额合计数填列;"应付账款"或"其他应付款"项目,应分别根据"应付账款""其他应付款"的科目余额填列,同时,"长期应付款"科目余额也在该项目中分析填列;"金融资产投资"项目,应根据"以公允价值计量且其变动计入当期损益的金融资产""以摊余成本计量的金融资产"和"以公允价值计量且变动计入其他综合收益的金融资产"的科目余额合计数填列。

③本表的"清算净值"项目反映破产企业于破产报表日的清算净值。本项目应根据"清算净值"科目余额填列。

2. 清算损益表反映破产企业在破产清算期间发生的各项收益、费用。清算损益表至少应当单独列示反映下列信息的项目:资产处置净收益(损失)、债务清偿净收益(损失)、破产资产和负债净值变动净收益(损失)、破产费用、共益债务支出、所得税费用等。

(1)清算损益表的格式和内容(见表19-2)

表19-2 清算损益表

编制单位: ____年__月__日至____年__月__日

会清02表
单位:元

项 目	行 次	本期数	累计数
一、清算收益(清算损失以"-"号表示)			
(一)资产处置净收益(净损失以"-"号表示)			
(二)债务清偿净收益(净损失以"-"号表示)			
(三)破产资产和负债净值变动净收益(净损失以"-"号表示)			
(四)其他收益			
小计			
二、清算费用			
(一)破产费用(以"-"号表示)			
(二)共益债务支出(以"-"号表示)			
(三)其他费用(以"-"号表示)			
(四)所得税费用(以"-"号表示)			
小计			
三、清算净收益(清算净损失以"-"号表示)			

(2)编制方法

①本期数反映破产企业从上一破产报表日至本破产报表日期间有关项目的发生额,累计数反映破产企业从被法院宣告破产之日至本破产报表日期间有关项目的发生额。

②"资产处置净收益"项目,根据"资产处置净损益"科目的发生额填列,如为净损失以"-"号表示。

③"债务清偿净收益"项目,根据"债务清偿净损益"科目的发生额填列,如为净损失以"－"号表示。

④"破产资产和负债净值变动净收益"项目,根据"破产资产和负债净值变动净损益"科目的发生额填列,如为净损失以"－"号表示。

⑤"清算净收益"项目,根据"清算净损益"科目的发生额填列,如为清算净损失以"－"号表示。"清算净收益"项目金额应当为"清算收益"与"清算费用"之和。

3. 清算现金流量表反映破产企业在破产清算期间货币资金余额的变动情况。清算现金流量表应当采用直接法编制,至少应当单独列示反映下列信息的项目:处置资产收到的现金净额、清偿债务支付的现金、支付破产费用的现金、支付共益债务支出的现金、支付所得税的现金等。

(1)清算现金流量表的格式和内容(见表19－3)

表19－3　　　　　　　　　　　　　　清算现金流量表

会清03表

编制单位:　　　　　　　____年__月__日至____年__月__日　　　　　　　单位:元

项　　目	行　次	本期数	累计数
一、期初货币资金余额			
二、清算现金流入			
(一)处置资产收到的现金净额			
(二)收到的其他现金			
清算现金流入小计			
三、清算现金流出			
(一)清偿债务支付的现金			
(二)支付破产费用的现金			
(三)支付共益债务的现金			
(四)支付所得税费用的现金			
(五)支付的其他现金			
清算现金流出小计			
四、期末货币资金余额			

(2)编制方法

本表应当根据货币资金科目的变动额分析填列。本期数反映破产企业从上一破产报表日至本破产报表日期间有关项目的发生额,累计数反映破产企业从被法院宣告破产之日至本破产报表日期间有关项目的发生额。

4. 债务清偿表反映破产企业在破产清算期间发生的债务清偿情况。债务清偿表应当根据《破产法》规定的债务清偿顺序,按照各项债务的明细单独列示。债务清偿表中列示的各项债务至少应当反映其确认金额、清偿比例、实际需清偿金额、已清偿金额、尚未清偿金额等信息。

(1)债务清偿表的格式和内容(见表19-4)

表19-4   债务清偿表

编制单位:　　　　　　　　　　　　　　　　　年　月　日　　　　　　　　　　　　　　　　　　　会清04表
单位:元

债务项目	行次	期末数 ①	经法院确认债务的金额 ②	清偿比例 ③	实际需清偿金额 ④=②×③	已清偿金额 ⑤	尚未清偿金额 ⑥=④-⑤
有担保的债务:							
××银行				×			
××企业				×			
……				×			
小计				×			
普通债务:							
第一顺序:劳动债务							
其中:应付职工薪酬							
……							
……							
第二顺序:国家税款债务							
其中:应交税费							
……							
……							
第三顺序:普通债务							
其中:借款							
——××银行							
——××企业							
应付债务工具							
——××银行							
——××企业							
应付票据							
应付款项							
——××银行							
——××企业							
小计				×			
合计				×			

（2）编制方法

①本表应按有担保的债务和普通债务分类设项。

②期末数为负债按照破产债务清偿价值确定的金额。

③经法院确认的债务金额为经债权人申报并由法院确认的金额；未经确认的债务，无须填写该金额。

④清偿比例为根据《破产法》的规定，当破产资产不足以清偿同一顺序的清偿要求时，按比例进行分配时所采用的比例。

5. 破产企业应当在清算财务报表附注中披露的信息。

（1）破产资产明细信息，需区分是否用作担保，进行分别披露。

（2）破产管理人依法追回的账外资产明细信息，包括追回资产的时间、名称、破产资产清算净值等。

（3）破产管理人依法取回的质物和留置物的明细信息，包括取回资产的时间、名称、破产资产清算净值等。

（4）经法院确认以及未经法院确认的债务的明细信息，如债务项目名称以及有关金额等。

（5）应付职工薪酬的明细信息，如所欠职工的工资和医疗、伤残补助、抚恤费用，所欠的应当划入职工个人账户的基本养老保险、基本医疗保险费用，以及法律、行政法规规定应当支付给职工的补偿金。

（6）期末货币资金余额中已经提存用于向特定债权人分配或向国家缴纳税款的金额。

（7）资产处置损益的明细信息，包括资产性质、处置收入、处置费用及处置净收益。

（8）破产费用的明细信息，包括费用性质、金额等。

（9）共益债务支出的明细信息，包括具体项目、金额等。

附录

附表 1

复利终值系数表

期数	1%	2%	3%	4%	5%	6%	7%	8%	9%	10%	11%
1	1.0100	1.0200	1.0300	1.0400	1.0500	1.0600	1.0700	1.0800	1.0900	1.1000	1.1100
2	1.0201	1.0404	1.0609	1.0816	1.1025	1.1236	1.1449	1.1664	1.1881	1.2100	1.2321
3	1.0303	1.0612	1.0927	1.1249	1.1576	1.1910	1.2250	1.2597	1.2950	1.3310	1.3676
4	1.0406	1.0824	1.1255	1.1699	1.2155	1.2625	1.3108	1.3605	1.4116	1.4641	1.5181
5	1.0510	1.1041	1.1593	1.2167	1.2763	1.3382	1.4026	1.4693	1.5386	1.6105	1.6851
6	1.0615	1.1262	1.1941	1.2653	1.3401	1.4185	1.5007	1.5869	1.6771	1.7716	1.8704
7	1.0721	1.1487	1.2299	1.3159	1.4071	1.5036	1.6058	1.7138	1.8280	1.9487	2.0762
8	1.0829	1.1717	1.2668	1.3686	1.4775	1.5938	1.7182	1.8509	1.9926	2.1436	2.3045
9	1.0937	1.1951	1.3048	1.4233	1.5513	1.6895	1.8385	1.9990	2.1719	2.3579	2.5580
10	1.1046	1.2190	1.3439	1.4802	1.6289	1.7908	1.9672	2.1589	2.3674	2.5937	2.8394
11	1.1157	1.2434	1.3842	1.5395	1.7103	1.8983	2.1049	2.3316	2.5804	2.8531	3.1518
12	1.1268	1.2682	1.4258	1.6010	1.7959	2.0122	2.2522	2.5182	2.8127	3.1384	3.4985
13	1.1381	1.2936	1.4685	1.6651	1.8856	2.1329	2.4098	2.7196	3.0658	3.4523	3.8833
14	1.1495	1.3195	1.5126	1.7317	1.9799	2.2609	2.5785	2.9372	3.3417	3.7975	4.3104
15	1.1610	1.3459	1.5580	1.8009	2.0789	2.3966	2.7590	3.1722	3.6425	4.1772	4.7846
16	1.1726	1.3728	1.6047	1.8730	2.1829	2.5404	2.9522	3.4259	3.9703	4.5950	5.3109
17	1.1843	1.4002	1.6528	1.9479	2.2920	2.6928	3.1588	3.7000	4.3276	5.0545	5.8951
18	1.1961	1.4282	1.7024	2.0258	2.4066	2.8543	3.3799	3.9960	4.7171	5.5599	6.5436
19	1.2081	1.4568	1.7535	2.1068	2.5270	3.0256	3.6165	4.3157	5.1417	6.1159	7.2633
20	1.2202	1.4859	1.8061	2.1911	2.6533	3.2071	3.8697	4.6610	5.6044	6.7275	8.0623
21	1.2324	1.5157	1.8603	2.2788	2.7860	3.3996	4.1406	5.0338	6.1088	7.4002	8.9492
22	1.2447	1.5460	1.9161	2.3699	2.9253	3.6035	4.4304	5.4365	6.6586	8.1403	9.9336
23	1.2572	1.5769	1.9736	2.4647	3.0715	3.8197	4.7405	5.8715	7.2579	8.9543	11.0263
24	1.2697	1.6084	2.0328	2.5633	3.2251	4.0489	5.0724	6.3412	7.9111	9.8497	12.2392
25	1.2824	1.6406	2.0938	2.6658	3.3864	4.2919	5.4274	6.8485	8.6231	10.8347	13.5855
26	1.2953	1.6734	2.1566	2.7725	3.5557	4.5494	5.8076	7.3964	9.3992	11.9182	15.0799
27	1.3082	1.7069	2.2213	2.8834	3.7335	4.8823	6.2139	7.9881	10.2451	13.1100	16.7387
28	1.3213	1.7410	2.2879	2.9987	3.9201	5.1117	6.6488	8.6271	11.1671	14.4210	18.5799
29	1.3345	1.7758	2.3566	3.1187	4.1161	5.4184	7.1143	9.3173	12.1722	15.8631	20.6237
30	1.3478	1.8114	2.4273	3.2434	4.3219	5.7435	7.6123	10.0627	13.2677	17.4494	22.8923

$(F/P,i,n) = (1+i)^n$

12%	13%	14%	15%	16%	17%	18%	19%	20%	25%	30%
1.1200	1.1300	1.1400	1.1500	1.1600	1.1700	1.1800	1.1900	1.2000	1.2500	1.3000
1.2544	1.2769	1.2996	1.3225	1.3456	1.3689	1.3924	1.4161	1.4400	1.5625	1.6900
1.4049	1.4429	1.4815	1.5209	1.5609	1.6016	1.6430	1.6852	1.7280	1.9531	2.1970
1.5735	1.6305	1.6890	1.7490	1.8106	1.8739	1.9388	2.0053	2.0736	2.4414	2.8561
1.7623	1.8424	1.9254	2.0114	2.1003	2.1924	2.2878	2.3864	2.4883	3.0518	3.7129
1.9738	2.0820	2.1950	2.3131	2.4364	2.5652	2.6996	2.8398	2.9860	3.8147	4.8268
2.2107	2.3526	2.5023	2.6600	2.8262	3.0012	3.1855	3.3793	3.5832	4.7684	6.2749
2.4760	2.6584	2.8526	3.0590	3.2784	3.5115	3.7589	4.0214	4.2998	5.9605	8.1573
2.7731	3.0040	3.2519	3.5179	3.8030	4.1084	4.4355	4.7854	5.1598	7.4506	10.6045
3.1058	3.3946	3.7072	4.0456	4.4114	4.8068	5.2338	5.6947	6.1917	9.3132	13.7858
3.4785	3.8359	4.2262	4.6524	5.1173	5.6240	6.1759	6.7767	7.4301	11.6415	17.9216
3.8960	4.3345	4.8179	5.3503	5.9360	6.5801	7.2876	8.0642	8.9161	14.5519	23.2981
4.3635	4.8980	5.4924	6.1528	6.8858	7.6987	8.5994	9.5964	10.6993	18.1899	30.2875
4.8871	5.5348	6.2613	7.0757	7.9875	9.0075	10.1472	11.4198	12.8392	22.7374	39.3738
5.4736	6.2543	7.1379	8.1371	9.2655	10.5387	11.9737	13.5895	15.4070	28.4217	51.1859
6.1304	7.0673	8.1372	9.3576	10.7480	12.3303	14.1290	16.1715	18.4884	35.5271	66.5417
6.8660	7.9861	9.2765	10.7613	12.4677	14.4265	16.6722	19.2441	22.1861	44.4089	86.5042
7.6900	9.0243	10.5752	12.3755	14.4625	16.8790	19.6733	22.9005	26.6233	55.5112	112.4554
8.6128	10.1974	12.0557	14.2318	16.7765	19.7484	23.2144	27.2516	31.9480	69.3889	146.1920
9.6463	11.5231	13.7435	16.3665	19.4608	23.1056	27.3930	32.4294	38.3376	86.7362	190.0496
10.8038	13.0211	15.6676	18.8215	22.5745	27.0336	32.3238	38.5910	46.0051	108.4202	247.0645
12.1003	14.7138	17.8610	21.6447	26.1864	31.6293	38.1421	45.9233	55.2061	135.5253	321.1839
13.5523	16.6266	20.3616	24.8915	30.3762	37.0062	45.0076	54.6487	66.2474	169.4066	417.5391
15.1786	18.7881	23.2122	28.6252	35.2364	43.2973	53.1090	65.0320	79.4968	211.7582	542.8008
17.0001	21.2305	26.4619	32.9190	40.8742	50.6578	62.6686	77.3881	95.3962	264.6978	705.6410
19.0401	23.9905	30.1666	37.8568	47.4141	59.2697	73.9490	92.0918	114.4755	330.8722	917.3333
21.3249	27.1093	34.3899	43.5353	55.0004	69.3455	87.2598	109.5893	137.3706	413.5903	1192.5333
23.8839	30.6335	39.2045	50.0656	63.8004	81.1342	102.9666	130.4112	164.8447	516.9879	1550.2933
26.7499	34.6158	44.6931	57.5755	74.0085	94.9271	121.5005	155.1893	197.8136	646.2349	2015.3813
29.9599	39.1159	50.9502	66.2118	85.8499	111.0647	143.3706	184.6753	237.3763	807.7936	2619.9956

附表 2

复利现值系数表

期数	1%	2%	3%	4%	5%	6%	7%	8%	9%	10%	11%
1	0.9901	0.9804	0.9709	0.9615	0.9524	0.9434	0.9346	0.9259	0.9174	0.9091	0.9009
2	0.9803	0.9612	0.9426	0.9246	0.9070	0.8900	0.8734	0.8573	0.8417	0.8264	0.8116
3	0.9706	0.9423	0.9151	0.8890	0.8638	0.8396	0.8163	0.7938	0.7722	0.7513	0.7312
4	0.9610	0.9238	0.8885	0.8548	0.8227	0.7921	0.7629	0.7350	0.7084	0.6830	0.6587
5	0.9515	0.9057	0.8626	0.8219	0.7835	0.7473	0.7130	0.6806	0.6499	0.6209	0.5935
6	0.9420	0.8880	0.8375	0.7903	0.7462	0.7050	0.6663	0.6302	0.5963	0.5645	0.5346
7	0.9327	0.8706	0.8131	0.7599	0.7107	0.6651	0.6227	0.5835	0.5470	0.5132	0.4817
8	0.9235	0.8535	0.7894	0.7307	0.6768	0.6274	0.5820	0.5403	0.5019	0.4665	0.4339
9	0.9143	0.8368	0.7664	0.7026	0.6446	0.5919	0.5439	0.5002	0.4604	0.4241	0.3909
10	0.9053	0.8203	0.7441	0.6756	0.6139	0.5584	0.5083	0.4632	0.4224	0.3855	0.3522
11	0.8963	0.8043	0.7224	0.6496	0.5847	0.5268	0.4751	0.4289	0.3875	0.3505	0.3173
12	0.8874	0.7885	0.7014	0.6246	0.5568	0.4970	0.4440	0.3971	0.3555	0.3186	0.2858
13	0.8787	0.7730	0.6810	0.6006	0.5303	0.4688	0.4150	0.3677	0.3262	0.2897	0.2575
14	0.8700	0.7579	0.6611	0.5775	0.5051	0.4423	0.3878	0.3405	0.2992	0.2633	0.2320
15	0.8613	0.7430	0.6419	0.5553	0.4810	0.4173	0.3624	0.3152	0.2745	0.2394	0.2090
16	0.8528	0.7284	0.6232	0.5339	0.4581	0.3936	0.3387	0.2919	0.2519	0.2176	0.1883
17	0.8444	0.7142	0.6050	0.5134	0.4363	0.3714	0.3166	0.2703	0.2311	0.1978	0.1696
18	0.8360	0.7002	0.5874	0.4936	0.4155	0.3503	0.2959	0.2502	0.2120	0.1799	0.1528
19	0.8277	0.6864	0.5703	0.4746	0.3957	0.3305	0.2765	0.2317	0.1945	0.1635	0.1377
20	0.8195	0.6730	0.5537	0.4564	0.3769	0.3118	0.2584	0.2145	0.1784	0.1486	0.1240
21	0.8114	0.6598	0.5375	0.4388	0.3589	0.2942	0.2415	0.1987	0.1637	0.1351	0.1117
22	0.8034	0.6468	0.5219	0.4220	0.3418	0.2775	0.2257	0.1839	0.1502	0.1228	0.1007
23	0.7954	0.6342	0.5067	0.4057	0.3256	0.2618	0.2109	0.1703	0.1378	0.1117	0.0907
24	0.7876	0.6217	0.4919	0.3901	0.3101	0.2470	0.1971	0.1577	0.1264	0.1015	0.0817
25	0.7798	0.6095	0.4776	0.3751	0.2953	0.2330	0.1842	0.1460	0.1160	0.0923	0.0736
26	0.7720	0.5976	0.4637	0.3604	0.2812	0.2198	0.1722	0.1352	0.1064	0.0839	0.0663
27	0.7644	0.5859	0.4502	0.3468	0.2678	0.2074	0.1609	0.1252	0.0976	0.0763	0.0597
28	0.7568	0.5744	0.4371	0.3335	0.2551	0.1956	0.1504	0.1159	0.0895	0.0693	0.0538
29	0.7493	0.5631	0.4243	0.3207	0.2429	0.1846	0.1406	0.1073	0.0822	0.0630	0.0485
30	0.7419	0.5521	0.4120	0.3083	0.2314	0.1741	0.1314	0.0994	0.0754	0.0573	0.0437

$(P/F, i, n) = (1+i)^{-n}$

12%	13%	14%	15%	16%	17%	18%	19%	20%	25%	30%
0.8929	0.8850	0.8772	0.8696	0.8621	0.8547	0.8475	0.8403	0.8333	0.8000	0.7692
0.7972	0.7831	0.7695	0.7561	0.7432	0.7305	0.7182	0.7062	0.6944	0.6400	0.5917
0.7118	0.6931	0.6750	0.6575	0.6407	0.6244	0.6086	0.5934	0.5787	0.5120	0.4552
0.6355	0.6133	0.5921	0.5718	0.5523	0.5337	0.5158	0.4987	0.4823	0.4096	0.3501
0.5674	0.5428	0.5194	0.4972	0.4762	0.4561	0.4371	0.4190	0.4019	0.3277	0.2693
0.5066	0.4803	0.4556	0.4323	0.4104	0.3898	0.3704	0.3521	0.3349	0.2621	0.2072
0.4523	0.4251	0.3996	0.3759	0.3538	0.3332	0.3139	0.2959	0.2791	0.2097	0.1594
0.4039	0.3762	0.3506	0.3269	0.3050	0.2848	0.2660	0.2487	0.2326	0.1678	0.1226
0.3606	0.3329	0.3075	0.2843	0.2630	0.2434	0.2255	0.2090	0.1938	0.1342	0.0943
0.3220	0.2946	0.2697	0.2472	0.2267	0.2080	0.1911	0.1756	0.1615	0.1074	0.0725
0.2875	0.2607	0.2366	0.2149	0.1954	0.1778	0.1619	0.1476	0.1346	0.0859	0.0558
0.2567	0.2307	0.2076	0.1869	0.1685	0.1520	0.1373	0.1240	0.1122	0.0687	0.0429
0.2292	0.2042	0.1821	0.1625	0.1452	0.1299	0.1163	0.1042	0.0935	0.0550	0.0330
0.2046	0.1807	0.1597	0.1413	0.1252	0.1110	0.0985	0.0876	0.0779	0.0440	0.0254
0.1827	0.1599	0.1401	0.1229	0.1079	0.0949	0.0835	0.0736	0.0649	0.0352	0.0195
0.1631	0.1415	0.1229	0.1069	0.0930	0.0811	0.0709	0.0618	0.0541	0.0281	0.0150
0.1456	0.1252	0.1078	0.0929	0.0802	0.0693	0.0600	0.0520	0.0451	0.0225	0.0116
0.1300	0.1108	0.0946	0.0808	0.0691	0.0592	0.0508	0.0437	0.0376	0.0180	0.0089
0.1161	0.0981	0.0829	0.0703	0.0596	0.0506	0.0431	0.0367	0.0313	0.0144	0.0068
0.1037	0.0868	0.0728	0.0611	0.0514	0.0433	0.0365	0.0308	0.0261	0.0115	0.0053
0.0926	0.0768	0.0638	0.0531	0.0443	0.0370	0.0309	0.0259	0.0217	0.0092	0.0040
0.0826	0.0680	0.0560	0.0462	0.0382	0.0316	0.0262	0.0218	0.0181	0.0074	0.0031
0.0738	0.0601	0.0491	0.0402	0.0329	0.0270	0.0222	0.0183	0.0151	0.0059	0.0024
0.0659	0.0532	0.0431	0.0349	0.0284	0.0231	0.0188	0.0154	0.0126	0.0047	0.0018
0.0588	0.0471	0.0378	0.0304	0.0245	0.0197	0.0160	0.0129	0.0105	0.0038	0.0014
0.0525	0.0417	0.0331	0.0264	0.0211	0.0169	0.0135	0.0109	0.0087	0.0030	0.0011
0.0469	0.0369	0.0291	0.0230	0.0182	0.0144	0.0115	0.0091	0.0073	0.0024	0.0008
0.0419	0.0326	0.0255	0.0200	0.0157	0.0123	0.0097	0.0077	0.0061	0.0019	0.0006
0.0374	0.0289	0.0224	0.0174	0.0135	0.0105	0.0082	0.0064	0.0051	0.0015	0.0005
0.0334	0.0256	0.0196	0.0151	0.0116	0.0090	0.0070	0.0054	0.0042	0.0012	0.0004

附表 3

年金终值系数表

期数	1%	2%	3%	4%	5%	6%	7%	8%	9%	10%	11%
1	1.0000	1.0000	1.0000	1.0000	1.0000	1.0000	1.0000	1.0000	1.0000	1.0000	1.0000
2	2.0100	2.0200	2.0300	2.0400	2.0500	2.0600	2.0700	2.0800	2.0900	2.1000	2.1100
3	3.0301	3.0604	3.0909	3.1216	3.1525	3.1836	3.2149	3.2464	3.2781	3.3100	3.3421
4	4.0604	4.1216	4.1836	4.2465	4.3101	4.3746	4.4399	4.5061	4.5731	4.6410	4.7097
5	5.1010	5.2040	5.3091	5.4163	5.5256	5.6371	5.7507	5.8666	5.9847	6.1051	6.2278
6	6.1520	6.3081	6.4684	6.6330	6.8019	6.9753	7.1533	7.3359	7.5233	7.7156	7.9129
7	7.2135	7.4343	7.6625	7.8983	8.1420	8.3938	8.6540	8.9228	9.2004	9.4872	9.7833
8	8.2857	8.5830	8.8923	9.2142	9.5491	9.8975	10.2598	10.6366	11.0285	11.4359	11.8594
9	9.3685	9.7546	10.1591	10.5828	11.0266	11.4913	11.9780	12.4876	13.0210	13.5795	14.1640
10	10.4622	10.9497	11.4639	12.0061	12.5779	13.1808	13.8164	14.4866	15.1929	15.9374	16.7220
11	11.5668	12.1687	12.8078	13.4864	14.2068	14.9716	15.7836	16.6455	17.5603	18.5312	19.5614
12	12.6825	13.4121	14.1920	15.0258	15.9171	16.8699	17.8885	18.9771	20.1407	21.3843	22.7132
13	13.8093	14.6803	15.6178	16.6268	17.7130	18.8821	20.1406	21.4953	22.9534	24.5227	26.2116
14	14.9474	15.9739	17.0863	18.2919	19.5986	21.0151	22.5505	24.2149	26.0192	27.9750	30.0949
15	16.0969	17.2934	18.5989	20.0236	21.5786	23.2760	25.1290	27.1521	29.3609	31.7725	34.4054
16	17.2579	18.6393	20.1569	21.8245	23.6575	25.6725	27.8881	30.3243	33.0034	35.9497	39.1899
17	18.4304	20.0121	21.7616	23.6975	25.8404	28.2129	30.8402	33.7502	36.9737	40.5447	44.5008
18	19.6147	21.4123	23.4144	25.6454	28.1324	30.9057	33.9990	37.4502	41.3013	45.5992	50.3959
19	20.8109	22.8406	25.1169	27.6712	30.5390	33.7600	37.3790	41.4463	46.0185	51.1591	56.9395
20	22.0190	24.2974	26.8704	29.7781	33.0660	36.7856	40.9955	45.7520	51.1601	57.2750	64.2028
21	23.2392	25.7833	28.6765	31.9692	35.7193	39.9927	44.8652	50.4229	56.7645	64.0025	72.2651
22	24.4716	27.2990	30.5368	34.2480	38.5052	43.3923	49.0057	55.4568	62.8733	71.4027	81.2143
23	25.7163	28.8450	32.4529	36.6179	41.4305	46.9958	53.4361	60.8933	69.5319	79.5430	91.1479
24	26.9735	30.4219	34.4265	39.0826	44.5020	50.8156	58.1767	66.7648	76.7898	88.4973	102.1742
25	28.2432	32.0303	36.4593	41.6459	47.7271	54.8645	63.2490	73.1059	84.7009	98.3471	114.4133
26	29.5256	33.6709	38.5530	44.3117	51.1135	59.1564	68.6765	79.9544	93.3240	109.1818	127.9988
27	30.8209	35.3443	40.7096	47.0842	54.6691	63.7058	74.4838	87.3508	102.7231	121.0999	143.0786
28	32.1291	37.0512	42.9309	49.9676	58.4026	68.5281	80.6977	95.3388	112.9682	134.2099	159.8173
29	33.4504	38.7922	45.2189	52.9663	62.3227	73.6398	87.3465	103.9659	124.1354	148.6309	178.3972
30	34.7849	40.5681	47.5754	56.0849	66.4388	79.0582	94.4608	113.2832	136.3075	164.4940	199.0209

$(F/A,i,n) = [(1+i)^n - 1]/i$

12%	13%	14%	15%	16%	17%	18%	19%	20%	25%	30%
1.0000	1.0000	1.0000	1.0000	1.0000	1.0000	1.0000	1.0000	1.0000	1.0000	1.0000
2.1200	2.1300	2.1400	2.1500	2.1600	2.1700	2.1800	2.1900	2.2000	2.2500	2.3000
3.3744	3.4069	3.4396	3.4725	3.5056	3.5389	3.5724	3.6061	3.6400	3.8125	3.9900
4.7793	4.8498	4.9211	4.9934	5.0665	5.1405	5.2154	5.2913	5.3680	5.7656	6.1870
6.3528	6.4803	6.6101	6.7424	6.8771	7.0144	7.1542	7.2966	7.4416	8.2070	9.0431
8.1152	8.3227	8.5355	8.7537	8.9775	9.2068	9.4420	9.6830	9.9299	11.2588	12.7560
10.0890	10.4047	10.7305	11.0668	11.4139	11.7720	12.1415	12.5227	12.9159	15.0735	17.5828
12.2997	12.7573	13.2328	13.7268	14.2401	14.7733	15.3270	15.9020	16.4991	19.8419	23.8577
14.7757	15.4157	16.0853	16.7858	17.5185	18.2847	19.0859	19.9234	20.7989	25.8023	32.0150
17.5487	18.4197	19.3373	20.3037	21.3215	22.3931	23.5213	24.7089	25.9587	33.2529	42.6195
20.6546	21.8143	23.0445	24.3493	25.7329	27.1999	28.7551	30.4035	32.1504	42.5661	56.4053
24.1331	25.6502	27.2707	29.0017	30.8502	32.8239	34.9311	37.1802	39.5805	54.2077	74.3270
28.0291	29.9847	32.0887	34.3519	36.7862	39.4040	42.2187	45.2445	48.4966	68.7596	97.6250
32.3926	34.8827	37.5811	40.5047	43.6720	47.1027	50.8180	54.8409	59.1959	86.9495	127.9125
37.2797	40.4175	43.8424	47.5804	51.6595	56.1101	60.9653	66.2607	72.0351	109.6868	167.2863
42.7533	46.6717	50.9804	55.7175	60.9250	66.6488	72.9390	79.8502	87.4421	138.1085	218.4722
48.8837	53.7391	59.1176	65.0751	71.6730	78.9792	87.0680	96.0218	105.9306	173.6357	285.0139
55.7497	61.7251	68.3941	75.8364	84.1407	93.4056	103.7403	115.2659	128.1167	218.0446	371.5180
63.4397	70.7494	78.9692	88.2118	98.6032	110.2846	123.4135	138.1664	154.7400	273.5558	483.9734
72.0524	80.9468	91.0249	102.4436	115.3797	130.0329	146.6280	165.4180	186.6880	342.9447	630.1655
81.6987	92.4699	104.7684	118.8101	134.8405	153.1385	174.0210	197.8474	225.0256	429.6809	820.2151
92.5026	105.4910	120.4360	137.6316	157.4150	180.1721	206.3448	236.4385	271.0307	538.1011	1067.2796
104.6029	120.2048	138.2970	159.2764	183.6014	211.8013	244.4868	282.3618	326.2369	673.6264	1388.4635
118.1552	136.8315	158.6586	184.1678	213.9776	248.8076	289.4945	337.0105	392.4842	843.0329	1806.0026
133.3339	155.6196	181.8708	212.7930	249.2140	292.1049	342.6035	402.0425	471.9811	1054.7912	2348.8033
150.3339	176.8501	208.3327	245.7120	290.0883	342.7627	405.2721	479.4306	567.3773	1319.4890	3054.4443
169.3740	200.8406	238.4993	283.5688	337.5024	402.0323	479.2211	571.5224	681.8528	1650.3612	3971.7776
190.6989	227.9499	272.8892	327.1041	392.5028	471.3778	566.4809	681.1116	819.2233	2063.9515	5164.3109
214.5828	258.5834	312.0937	377.1697	456.3032	552.5121	669.4475	811.5228	984.0680	2580.9394	6714.6042
241.3327	293.1992	356.7868	434.7451	530.3117	647.4391	790.9480	966.7122	1181.8816	3227.1743	8729.9855

附表 4

年金现值系数表

期间	1%	2%	3%	4%	5%	6%	7%	8%	9%	10%	11%
1	0.9901	0.9804	0.9709	0.9615	0.9524	0.9434	0.9346	0.9259	0.9174	0.9091	0.9009
2	1.9704	1.9416	1.9135	1.8861	1.8594	1.8334	1.8080	1.7833	1.7591	1.7355	1.7125
3	2.9410	2.8839	2.8286	2.7751	2.7232	2.6730	2.6243	2.5771	2.5313	2.4869	2.4437
4	3.9020	3.8077	3.7171	3.6299	3.5460	3.4651	3.3872	3.3121	3.2397	3.1699	3.1024
5	4.8534	4.7135	4.5797	4.4518	4.3295	4.2124	4.1002	3.9927	3.8897	3.7908	3.6958
6	5.7955	5.6014	5.4172	5.2421	5.0757	4.9173	4.7665	4.6229	4.4859	4.3553	4.2305
7	6.7282	6.4720	6.2303	6.0021	5.7864	5.5824	5.3893	5.2064	5.0330	4.8684	4.7122
8	7.6517	7.3255	7.0197	6.7327	6.4632	6.2098	5.9713	5.7466	5.5348	5.3349	5.1461
9	8.5660	8.1622	7.7861	7.4353	7.1078	6.8017	6.5152	6.2469	5.9952	5.7590	5.5370
10	9.4713	8.9826	8.5302	8.1109	7.7217	7.3601	7.0236	6.7101	6.4177	6.1446	5.8892
11	10.3676	9.7868	9.2526	8.7605	8.3064	7.8869	7.4987	7.1390	6.8052	6.4951	6.2065
12	11.2551	10.5753	9.9540	9.3851	8.8633	8.3838	7.9427	7.5361	7.1607	6.8137	6.4924
13	12.1337	11.3484	10.6350	9.9856	9.3936	8.8527	8.3577	7.9038	7.4869	7.1034	6.7499
14	13.0037	12.1062	11.2961	10.5631	9.8986	9.2950	8.7455	8.2442	7.7862	7.3667	6.9819
15	13.8651	12.8493	11.9379	11.1184	10.3797	9.7122	9.1079	8.5595	8.0607	7.6061	7.1909
16	14.7179	13.5777	12.5611	11.6523	10.8378	10.1059	9.4466	8.8514	8.3126	7.8237	7.3792
17	15.5623	14.2919	13.1661	12.1657	11.2741	10.4773	9.7632	9.1216	8.5436	8.0216	7.5488
18	16.3983	14.9920	13.7535	12.6896	11.6896	10.8276	10.0591	9.3719	8.7556	8.2014	7.7016
19	17.2260	15.6785	14.3238	13.1339	12.0853	11.1581	10.3356	9.6036	8.9601	8.3649	7.8393
20	18.0456	16.3514	14.8775	13.5903	12.4622	11.4699	10.5940	9.8181	9.1285	8.5136	7.9633
21	18.8570	17.0112	15.4150	14.0292	12.8212	11.7641	10.8355	10.0168	9.2922	8.6487	8.0751
22	19.6604	17.6580	15.9369	14.4511	13.4886	12.3034	11.0612	10.2007	9.4424	8.7715	8.1757
23	20.4558	18.2922	16.4436	14.8568	13.4886	12.3034	11.2722	10.3711	9.5802	8.8832	8.2664
24	21.2434	18.9139	16.9355	15.2470	13.7986	12.5504	11.4693	10.5288	9.7066	8.9847	8.3481
25	22.0232	19.5235	17.4131	15.6221	14.0939	12.7834	11.6536	10.6748	9.8226	9.0770	8.4217
26	22.7952	20.1210	17.8768	15.9828	14.3752	13.0032	11.8258	10.8100	9.9290	9.1609	8.4881
27	23.5596	20.7059	18.3270	16.3296	14.6430	13.2105	11.9867	10.9352	10.0266	9.2372	8.5478
28	24.3164	21.2813	18.7641	16.6631	14.8981	13.4062	12.1371	11.0511	10.1161	9.3066	8.6016
29	25.0658	21.8444	19.1885	16.9837	15.1411	13.5907	12.2777	11.1584	10.1983	9.3696	8.6501
30	25.8077	22.3965	19.6004	17.2920	15.3725	13.7648	12.4090	11.2578	10.2737	9.4269	8.6938

$(P/A,i,n) = [1-(1+i)^{-n}]/i$

12%	13%	14%	15%	16%	17%	18%	19%	20%	25%	30%
0.8929	0.8850	0.8772	0.8696	0.8621	0.8547	0.8475	0.8403	0.8333	0.8000	0.7692
1.6901	1.6681	1.6467	1.6257	1.6052	1.5852	1.5656	1.5465	1.5278	1.4400	1.3609
2.4018	2.3612	2.3216	2.2832	2.2459	2.2096	2.1743	2.1399	2.1065	1.9520	1.8161
3.0373	2.9745	2.9173	2.8550	2.7982	2.7432	2.6901	2.6386	2.5887	2.3616	2.1662
3.6048	3.5172	3.4331	3.3522	3.2743	3.1993	3.1272	3.0576	2.9906	2.6893	2.4356
4.1114	3.9975	3.8887	3.7845	3.6847	3.5892	3.4976	3.4098	3.3255	2.9514	2.6427
4.5638	4.4226	4.2882	4.1604	4.0386	3.9224	3.8115	3.7057	3.6046	3.1611	2.8021
4.9676	4.7988	4.6389	4.4873	4.3436	4.2072	4.0776	3.9544	3.8372	3.3289	2.9247
5.3282	5.1317	4.9464	4.7716	4.6065	4.4506	4.3030	4.1633	4.0310	3.4631	3.0190
5.6502	5.4262	5.2161	5.0188	4.8332	4.6586	4.4941	4.3389	4.1925	3.5705	3.0915
5.9377	5.6869	5.4527	5.2337	5.0286	4.8364	4.6560	4.4865	4.3271	3.6564	3.1473
6.1944	5.9176	5.6603	5.4206	5.1971	4.9884	4.7932	4.6105	4.4392	3.7251	3.1903
6.4235	6.1218	5.8424	5.5831	5.3423	5.1183	4.9095	4.7147	4.5327	3.7801	3.2233
6.6282	6.3025	6.0021	5.7245	5.4675	5.2293	5.0081	4.8023	4.6106	3.8241	3.2487
6.8109	6.4624	6.1422	5.8474	5.5755	5.3242	5.0916	4.8759	4.6755	3.8593	3.2682
6.9740	6.6039	6.2651	5.9542	5.6685	5.4053	5.1624	4.9377	4.7296	3.8874	3.2832
7.1196	6.7291	6.3729	6.0472	5.7487	5.4746	5.2223	4.9897	4.7746	3.9099	3.2948
7.2497	6.8399	6.4674	6.1280	5.8178	5.5339	5.2732	5.0333	4.8122	3.9279	3.3037
7.3658	6.9380	6.5504	6.1982	5.8775	5.5845	5.3162	5.0700	4.8435	3.9424	3.3105
7.4694	7.0248	6.6231	6.2593	5.9288	5.6278	5.3527	5.1009	4.8696	3.9539	3.3158
7.5620	7.1016	6.6870	6.3125	5.9731	5.6647	5.3837	5.1268	4.8913	3.9631	3.3198
7.6446	7.1695	6.7429	6.3587	6.0113	5.6964	5.4099	5.1486	4.9094	3.9705	3.3230
7.7184	7.2297	6.7921	6.3988	6.0442	5.7234	5.4321	5.1668	4.9245	3.9764	3.3254
7.7843	7.2829	6.8351	6.4338	6.0726	5.7465	5.4509	5.1822	4.9371	3.9811	3.3272
7.8431	7.3300	6.8729	6.4641	6.0971	5.7662	5.4669	5.1951	4.9476	3.9849	3.3286
7.8957	7.3717	6.9061	6.4906	6.1182	5.7831	5.4804	5.2060	4.9563	3.9879	3.3297
7.9426	7.4086	6.9352	6.5135	6.1364	5.7975	5.4919	5.2151	4.9636	3.9903	3.3306
7.9844	7.4412	6.9607	6.5335	6.1520	5.8099	5.5016	5.2228	4.9697	3.9923	3.3312
8.0218	7.4701	6.9830	6.5509	6.1656	5.8204	5.5098	5.2292	4.9747	3.9938	3.3317
8.0552	7.4957	7.0027	6.5660	6.1772	5.8294	5.5168	5.2347	4.9789	3.9950	3.3321

《财务与会计》考试大纲
（2023年度）

本科目考试涉及的主要会计、税收法律、法规、规章和规范性文件的截止日期为2023年3月31日。

一、本科目考试总体目标

熟练掌握财务与会计的基本原理，能够运用相关法规解决实践中的具体问题。

二、本科目考试内容特点

一是涉及范围包括财务管理与财务会计两部分的内容；二是财务会计部分以《企业会计准则》为基础；三是因涉及较多的会计计量内容，计算题量较大；四是多数考试内容与实务应用场景相结合，偏重会计实务处理。

三、难易程度区分

考试大纲中将全部内容标注为了解、熟悉、掌握三个层级：了解的内容主要集中在基本概念、作用、原则和特点，主要考核基本原理的把握，在全部考试内容中占比较少；熟悉的内容主要是基本规定，属于法规知识的考核和简单运用；掌握的内容是实务中的重点规定，涉及相关法规在实践中的运用，以及对实践中疑难问题的处理，考试中的计算题和综合题以此内容为主。

四、大纲修订变化

2023年度大纲总体结构无大的变化，只是将部分具体内容进行了修改、补充与完善。

上篇 财　　务

第一章　财务管理概论和基础

一、财务管理内容

　　熟悉财务管理的内容

二、财务管理目标

　　（一）了解财务管理目标

　　（二）熟悉利益相关者的要求

三、财务管理的环境

　　了解法律环境、经济环境和金融环境

四、货币时间价值

　　掌握终值和现值的计算

五、风险与收益

　　（一）掌握资产的收益与收益率的含义与计算

（二）了解风险管理理念与工具方法
　　（三）掌握资产的风险及其衡量
　　（四）熟悉证券资产组合的风险与收益
　　（五）掌握资本资产定价模型
　　（六）了解财务估值方法

第二章　财务预测和财务预算

一、资金需要量预测
　　（一）了解资金需要量预测的意义
　　（二）掌握资金需要量预测的方法
二、利润预测
　　（一）了解本量利分析的含义及基本假设
　　（二）熟悉本量利分析的原理
　　（三）掌握利润预测相关指标的计算与分析
三、财务预算
　　（一）了解全面预算的内容和作用
　　（二）熟悉财务预算的内容
　　（三）熟悉财务预算的编制方法

第三章　筹资与股利分配管理

一、筹资管理概述
　　（一）了解筹资的分类
　　（二）了解筹资管理的原则
二、筹资方式
　　（一）熟悉各种筹资方式
　　（二）掌握各种筹资方式的特点
三、资本成本与资本结构
　　（一）了解资本成本的概念
　　（二）掌握各种资本成本的计算
　　（三）掌握杠杆效应的计算
　　（四）掌握最优资本结构决策方法
四、股利分配
　　（一）了解股利分配方式与支付程序
　　（二）掌握各种股利分配政策及其优缺点
　　（三）熟悉股票分割与股票回购

第四章　投资管理

一、投资管理的主要内容
　　（一）了解投资管理的意义与特点

（二）了解投资的分类

二、固定资产投资管理

（一）掌握固定资产投资项目现金流量的估计

（二）掌握固定资产投资决策的各种方法

三、有价证券投资管理

（一）了解股票投资的优缺点

（二）掌握股票的估价模型

（三）了解债券投资的优缺点

（四）掌握债券的估价模型

四、公司并购与收缩

（一）了解公司并购的动因

（二）熟悉被并购企业的价值评估

（三）熟悉并购支付的方式

（四）了解公司收缩的概念

（五）熟悉公司收缩的主要方式

第五章　营运资金管理

一、营运资金管理的主要内容

（一）了解营运资金的概念和特点

（二）掌握营运资金的管理策略

二、现金管理

（一）熟悉持有现金的动机

（二）掌握最佳现金持有量的确定

（三）熟悉现金收支日常管理

三、应收账款管理

（一）了解应收账款的管理目标

（二）掌握应收账款成本的计算

（三）掌握信用政策

（四）熟悉应收账款的日常管理

四、存货管理

（一）了解存货管理的目标

（二）掌握存货成本的计算

（三）掌握经济订货基本模型

（四）熟悉存货的日常控制

五、流动负债管理

（一）掌握短期借款的信用条件与成本计算

（二）熟悉商业信用的形式与成本计算

第六章　财务分析与评价

一、财务分析概述
　　（一）了解财务分析的意义和内容
　　（二）熟悉财务分析的基本方法
二、基本财务分析
　　（一）掌握偿债能力分析的各项指标计算及其意义
　　（二）掌握资产质量状况分析的各项指标计算及其意义
　　（三）掌握盈利能力分析的各项指标计算及其意义
　　（四）掌握经济增长状况分析的各项指标计算及其意义
　　（五）掌握获取现金能力分析的各项指标计算及其意义
　　（六）掌握上市公司特殊财务分析指标的计算及其意义
三、综合分析与评价
　　（一）掌握杜邦分析法
　　（二）熟悉综合绩效评价的内容与指标

下篇　会　　计

第七章　财务会计概论

一、财务会计目标、会计基本假设和会计基础
　　（一）了解财务会计目标
　　（二）掌握会计基本假设
　　（三）了解会计基础
二、财务会计要素及其确认、计量和报告
　　（一）熟悉财务会计要素及其确认
　　（二）掌握财务会计的计量属性
　　（三）了解财务报告
三、我国企业财务会计核算规范及其信息质量要求
　　（一）了解我国企业财务会计核算规范
　　（二）掌握财务会计信息质量要求

第八章　流动资产（一）

一、货币资金的核算
　　（一）了解现金的核算
　　（二）熟悉银行存款的核算
　　（三）了解数字货币的核算
　　（四）掌握其他货币资金的核算
二、应收款项的核算
　　（一）熟悉应收票据的种类及其核算

(二)掌握应收票据贴现及其账务处理
(三)掌握应收账款的范围、计价及其账务处理
(四)了解预付账款、应收股利和应收利息、其他应收款的内容及其账务处理
(五)掌握应收款项减值的判断、确定及其账务处理

三、以公允价值计量且其变动计入当期损益的金融资产的核算
(一)了解金融资产及其分类
(二)熟悉以公允价值计量且其变动计入当期损益的金融资产的特征
(三)掌握以公允价值计量且其变动计入当期损益的金融资产的确认、计量及其账务处理

四、外币业务的核算
(一)了解外币业务的内容
(二)掌握外币业务的会计处理

第九章 流动资产(二)

一、存货的确认和计量
(一)熟悉存货的种类及其确认条件
(二)掌握存货的初始及后续计量
(三)掌握存货的期末计量及其账务处理

二、原材料
(一)了解原材料的核算内容及其方法
(二)掌握按实际成本计价的原材料核算
(三)掌握按计划成本计价的原材料核算

三、其他存货的核算
(一)掌握委托加工物资的核算
(二)熟悉周转材料的核算
(三)掌握库存商品的核算
(四)了解发出商品的核算

四、存货清查的核算
(一)了解存货数量的确定方法
(二)熟悉存货清查的账务处理

第十章 非流动资产(一)

一、固定资产的确认和计量
(一)熟悉固定资产的确认方法
(二)掌握固定资产的计量

二、固定资产取得时的核算
(一)熟悉固定资产取得的主要来源
(二)掌握不同来源固定资产取得时的账务处理

三、固定资产折旧的核算
(一)了解固定资产折旧的性质

（二）熟悉影响固定资产折旧的基本因素

（三）掌握固定资产折旧的范围、方法及其账务处理

四、固定资产后续支出、处置的核算

（一）熟悉固定资产后续支出的内容及其会计处理

（二）掌握固定资产处置的方式及其会计处理

五、无形资产的核算

（一）熟悉无形资产内容、特征

（二）掌握无形资产的确认与计量

（三）掌握无形资产取得、摊销、处置和报废的核算

六、固定资产、无形资产等资产减值的核算

（一）了解固定资产、无形资产等资产发生减值的判断

（二）熟悉资产可收回金额的计量

（三）掌握资产减值损失的账务处理

七、持有待售的非流动资产、处置组和终止经营

（一）了解非流动资产、处置组适用范围

（二）熟悉持有待售的非流动资产或处置组的分类

（三）掌握持有待售的非流动资产或处置组的计量

第十一章　非流动资产（二）

一、以摊余成本计量的金融资产的核算

（一）熟悉以摊余成本计量的金融资产的确认

（二）熟悉以摊余成本计量的金融资产的计量

（三）掌握以摊余成本计量的金融资产的账务处理

二、以公允价值计量且其变动计入其他综合收益的金融资产的核算

（一）熟悉以公允价值计量且其变动计入其他综合收益的金融资产的确认

（二）熟悉以公允价值计量且其变动计入其他综合收益的金融资产的计量

（三）掌握以公允价值计量且其变动计入其他综合收益的金融资产的账务处理

三、长期股权投资的核算

（一）掌握长期股权投资取得的核算

（二）掌握长期股权投资核算的成本法

（三）掌握长期股权投资核算的权益法

（四）掌握长期股权投资核算方法转换的核算

（五）掌握长期股权投资处置的核算和期末计量

四、投资性房地产的核算

（一）了解投资性房地产的范围

（二）熟悉投资性房地产的确认和计量

（三）熟悉投资性房地产的转换与处置

（四）掌握投资性房地产业务的账务处理

第十二章 流动负债

一、应付账款和应付票据的核算
  (一)熟悉应付账款的核算
  (二)熟悉应付票据的核算

二、应交税费的核算
  (一)掌握增值税的账务处理
  (二)掌握消费税的账务处理
  (三)掌握其他税费的账务处理

三、应付职工薪酬的核算
  (一)熟悉应付职工薪酬的内容
  (二)掌握应付职工薪酬的确认和计量
  (三)掌握应付职工薪酬及其应交社保费的账务处理
  (四)掌握以现金结算的股份支付形成的应付职工薪酬的账务处理

四、其他流动负债的核算
  (一)熟悉短期借款、预收账款、受托代销商品款的核算
  (二)掌握以公允价值计量其变动计入当期损益的金融负债的核算
  (三)掌握应付利息、应付股利和其他应付款的核算

第十三章 非流动负债

一、借款费用的核算
  (一)了解借款费用的内容
  (二)掌握借款费用的确认和计量
  (三)掌握借款费用的账务处理

二、应付债券的核算
  (一)了解应付债券的种类
  (二)掌握应付债券发行、利息费用和偿还的账务处理
  (三)掌握应付可转换公司债券的账务处理

三、其他非流动负债的核算
  (一)掌握长期借款的核算
  (二)掌握租赁负债的核算
  (三)掌握长期应付款的核算
  (四)熟悉专项应付款的核算

四、预计负债的核算
  (一)了解或有事项及其特征
  (二)掌握预计负债的核算

五、债务重组的核算
  (一)熟悉债务重组的方式
  (二)掌握债权人和债务人的会计处理

第十四章 所有者权益

一、所有者权益核算的基本要求

　　（一）熟悉金融负债和权益工具的区分

　　（二）了解复合金融工具

　　（三）了解所有者权益的分类

二、实收资本和其他权益工具的核算

　　（一）熟悉投资者投入资本的形式及计价

　　（二）掌握有限责任公司实收资本、股份有限公司股本的账务处理

　　（三）掌握企业增资和减资的账务处理

　　（四）掌握其他权益工具的账务处理

三、资本公积和其他综合收益的核算

　　（一）熟悉资本公积的内容及其用途

　　（二）掌握资本公积的账务处理

　　（三）掌握其他综合收益的内容及其账务处理

四、留存收益的核算

　　（一）了解留存收益的内容

　　（二）熟悉盈余公积的组成内容及其用途

　　（三）掌握盈余公积的账务处理

　　（四）熟悉未分配利润及其账务处理

第十五章 收入、费用、利润和产品成本

一、收入

　　（一）掌握收入的确认

　　（二）掌握收入的计量

　　（三）掌握特定交易的会计处理

　　（四）掌握合同成本的会计处理

二、费用

　　（一）掌握管理费用的核算

　　（二）掌握销售费用的核算

　　（三）掌握财务费用的核算

三、利润

　　（一）了解利润总额的计算公式

　　（二）掌握资产减值损失、公允价值变动损益、投资收益、资产处置收益的核算

　　（三）掌握营业外收入、营业外支出等的核算

　　（四）掌握政府补助的核算

　　（五）掌握利润总额的核算

　　（六）掌握利润分配的核算

四、产品成本核算的一般程序及基本方法
   (一)了解产品成本的核算内容
   (二)熟悉产品成本核算的一般程序
   (三)掌握制造企业生产费用在完工产品和在产品之间的归集和分配方法
   (四)熟悉制造企业产品成本计算的基本方法

第十六章　所得税

一、所得税会计概述
   (一)了解资产负债表债务法的理论基础
   (二)熟悉所得税会计的一般程序
二、资产、负债的计税基础及暂时性差异
   (一)掌握资产的计税基础
   (二)掌握负债的计税基础
   (三)掌握暂时性差异的类别及内容
三、递延所得税资产及递延所得税负债的确认与计量
   (一)掌握递延所得税资产的确认与计量
   (二)掌握递延所得税负债的确认与计量
   (三)掌握特殊交易或事项中所涉及递延所得税的确认
四、所得税费用的确认和计量
   (一)掌握当期所得税、递延所得税及所得税费用的确认与计量
   (二)了解所得税的列报

第十七章　会计调整

一、会计政策变更
   掌握会计政策变更的会计处理
二、会计估计变更
   掌握会计估计变更的会计处理
三、前期差错更正
   掌握前期差错更正的会计处理
四、资产负债表日后事项
   (一)熟悉资产负债表日后事项的类型
   (二)掌握资产负债表日后事项的会计处理

第十八章　财务报告

一、资产负债表
   (一)了解资产负债表的格式和内容
   (二)熟悉资产负债表的编制方法
二、利润表
   (一)了解利润表的格式和内容

(二)熟悉利润表的编制方法

三、现金流量表

(一)了解现金流量表的作用

(二)熟悉现金流量表的编制基础

(三)了解现金流量的分类

(四)了解现金流量表的基本格式

(五)掌握现金流量表及补充资料的编制方法

四、所有者权益变动表

(一)了解所有者权益变动表的格式和内容

(二)熟悉所有者权益变动表的编制方法

五、财务报表附注

(一)了解财务报表附注的作用

(二)熟悉财务报表附注应披露的主要内容

第十九章　企业破产清算会计

一、企业破产清算概述

(一)了解破产清算业务

(二)熟悉企业破产清算的适用范围

(三)熟悉企业破产清算的编制基础

(四)掌握破产清算的计量属性

(五)熟悉企业破产清算的科目设置及核算内容

二、企业破产清算财务报表的列报

(一)了解企业破产清算财务报表的组成

(二)熟悉企业破产清算财务报表的格式、内容及编制方法